TRAITÉ
DES ÉTUDES

TOME I.

TYPOGRAPHIE DE H. FIRMIN DIDOT. — MESNIL. (EURE)

TRAITÉ
DES ÉTUDES

PAR ROLLIN

NOUVELLE ÉDITION, REVUE

PAR M. LÉTRONNE

Membre de l'Institut (Académie des Inscriptions et Belles-Lettres)

ET ACCOMPAGNÉE DES REMARQUES

DE CRÉVIER

TOME PREMIER

PARIS

LIBRAIRIE DE FIRMIN DIDOT FRÈRES, FILS ET Cⁱᵉ

IMPRIMEURS DE L'INSTITUT, RUE JACOB, 56

1863

DISCOURS PRÉLIMINAIRE.

PREMIÈRE PARTIE.

RÉFLEXIONS GÉNÉRALES SUR LES AVANTAGES DE LA BONNE ÉDUCATION.

[*L'instruction des jeunes gens a trois objets.*] L'université de Paris, fondée par les rois de France pour travailler à l'instruction de la jeunesse, se propose dans cet emploi si important trois grands objets, qui sont : la science, les mœurs, la religion. Elle songe premièrement à cultiver l'esprit des jeunes gens, et à l'orner par toutes les connaissances dont ils sont alors capables. Ensuite, elle s'applique à rectifier et à régler leur cœur par des principes d'honneur et de probité, pour en faire de bons citoyens. Enfin, elle tâche d'achever et de perfectionner ce qu'elle n'a fait qu'ébaucher jusque-là, et elle travaille à mettre pour ainsi dire le comble à son ouvrage en formant en eux l'homme chrétien.

C'est là le but que se sont proposé nos rois en établissant l'université : et c'est aussi l'ordre des devoirs qu'ils lui ont eux-mêmes prescrits dans les divers règlements qu'ils lui ont donnés pour la mettre en état de répondre à leurs vues. Celui de Henri IV, de glorieuse mémoire, commence par ces mots : « La félicité des royaumes et des « peuples, et surtout d'un État chrétien, dépend de la bonne éduca- « tion de la jeunesse, où l'on a pour but de cultiver, de polir par « l'étude des sciences l'esprit encore brut des jeunes gens; de les dis- « poser ainsi à remplir dignement les différentes places qui leur sont « destinées, sans quoi ils seraient inutiles à la république; enfin, de « leur apprendre le culte religieux et sincère que Dieu exige d'eux, « l'attachement inviolable qu'ils doivent à leurs pères et mères et à « leur patrie, le respect et l'obéissance qu'ils sont obligés de rendre « au prince et aux magistrats. » *Quum omnium regnorum et populorum felicitas, tum maxime reipublicæ christianæ salus, a recta juventutis institutione pendet : quæ quidem rudes adhuc animos ad humanitatem flectit; steriles alioquin et infructuosos reipublicæ muniis idoneos et utiles reddit; Dei cultum, in parentes et patriam pietatem, erga magistratus reverentiam et obedientiam promovet.*

1

Nous allons examiner chacun de ces trois objets en particulier, et nous tâcherons de montrer combien il est nécessaire de les avoir toujours en vue dans l'éducation des jeunes gens.

PREMIER OBJET DE L'INSTRUCTION.

AVANTAGES DE L'ÉTUDE DES BEAUX-ARTS ET DES SCIENCES POUR FORMER L'ESPRIT.

[*Différence que l'étude met entre les hommes.*] Pour concevoir une juste idée de l'importance des fonctions de ceux qui sont destinés à apprendre aux jeunes gens les langues, les belles-lettres, l'histoire, la rhétorique, la philosophie, et les autres sciences qui conviennent à cet âge, et pour connaître combien de telles études peuvent contribuer à la gloire d'un royaume; il ne faut que considérer la différence que les bonnes études mettent, non-seulement entre les particuliers, mais aussi entre les peuples.

Les Athéniens n'occupaient pas un fort grand terrain dans la Grèce : mais jusqu'où leur réputation ne s'étendit-elle point? En portant les sciences à leur perfection, ils portèrent leur propre gloire à son comble. La même école forma des hommes rares en tout genre: De là sortirent les grands orateurs, les fameux capitaines, les sages législateurs, les habiles politiques. Cette source féconde répandit les mêmes avantages sur tous les beaux-arts qui semblent y avoir le moins de rapport : la musique, la peinture, la sculpture, l'architecture. Elle les rectifia, les ennoblit, les perfectionna; et, comme s'ils étaient sortis de la même racine et nourris de la même séve, elle les fit tous fleurir en même temps.

Rome, devenue la maîtresse du monde par ses victoires, en devint l'admiration et le modèle par la beauté des ouvrages d'esprit qu'elle produisit presque en tout genre; et par là elle s'acquit sur les peuples qu'elle avait soumis à son empire une autre sorte de supériorité, infiniment plus flatteuse que celle qui ne vient que des armes et des conquêtes.

L'Afrique, autrefois si fertile en beaux esprits et en grandes lumières, est tombée, par l'oubli des belles-lettres, dans une stérilité entière; et même dans la barbarie, dont elle porte le nom, sans que, pendant le cours de tant de siècles, elle ait produit un seul homme qui se soit distingué par quelque talent, et qui ait fait ressouvenir du mérite de ses ancêtres, ou qui s'en soit souvenu lui-même. On en peut dire autant de l'Égypte en particulier, qui avait été considérée comme la source de toutes les sciences.

Le contraire est arrivé parmi les peuples de l'Occident et du Septentrion. Ils ont été longtemps regardés comme grossiers et barbares, parce qu'ils étaient sans goût pour les ouvrages d'esprit. Mais, aussitôt que les bonnes études y ont pénétré, ils ont donné de grands hommes qui ont égalé en toute sorte de littérature et de profession ce que les autres nations avaient eu de plus solide, de plus éclairé, de plus profond, et de plus sublime.

On voit tous les jours qu'à mesure que les sciences passent chez de nouveaux peuples, elles les transforment en d'autres hommes, et qu'en leur donnant des inclinations et des mœurs plus douces, une police mieux réglée, des lois plus humaines, elles les tirent de l'obscurité où ils avaient langui jusque-là, et de là grossièreté qui leur était naturelle. Ils deviennent ainsi une preuve évidente que, dans les différents climats, les esprits sont à peu près les mêmes; que les sciences seules y mettent une si honorable distinction; que, selon qu'elles sont ou cultivées ou négligées, elles élèvent ou rabaissent les nations, qu'elles les tirent des ténèbres ou les y replongent, et qu'elles semblent décider de leur destinée.

Mais, sans parcourir l'histoire, il suffit d'ouvrir les yeux sur ce qui se passe dans la nature. Elle nous montre la différence infinie que la culture met entre deux terres, d'ailleurs assez semblables. L'une, parce qu'elle est abandonnée, demeure brute, sauvage, hérissée d'épines; l'autre, remplie de toutes sortes de grains et de fruits, ornée d'une agréable variété de fleurs, rassemble dans un petit espace tout ce qu'il y a de plus rare, de plus salutaire, de plus délicieux, et devient, par les soins de son maître, un heureux abrégé de toutes les beautés des saisons et des régions différentes. Il en est ainsi de notre esprit, et nous sommes toujours payés avec usure du soin que nous prenons de le cultiver. C'est ce fonds que tout homme qui sent la noblesse de son origine et de sa destinée est chargé de mettre en valeur; ce fonds si riche et si fertile, si capable de productions immortelles, et seul digne de toute son attention.

[*L'étude donne à l'esprit de l'élévation et de l'étendue.*] En effet, l'esprit se nourrit et se fortifie par les sublimes vérités que l'étude

---

[1] « Nihil est feracius ingeniis, iis præsertim quæ disciplinis exculta sunt. » (Cic. *Orat.* n. 48.)

lui fournit. Il croit et grandit pour ainsi dire avec les grands hommes
dont il étudie les ouvrages, de même qu'on prend les manières et les
sentiments de ceux avec qui l'on vit ordinairement. Il se pique, par
une noble émulation, d'atteindre à leur gloire; et il l'espère par la
vue du succès qu'ils ont eu. Il oublie sa propre faiblesse; et il fait
d'heureux efforts pour s'élever avec eux au-dessus de lui-même.
Stérile quelquefois de son propre fonds, et renfermé dans des bornes
très-étroites, il invente peu, et s'épuise aisément. Mais l'étude supplée à sa stérilité, et lui fait tirer d'ailleurs ce qui lui manque. Elle
étend ses connaissances et ses lumières par des secours étrangers,
porte plus loin ses vues, multiplie ses idées, les rend plus variées,
plus distinctes, plus vives : elle lui apprend à envisager les vérités
par plusieurs faces, lui découvre la fécondité des principes, et l'aide
à en tirer les conséquences les plus éloignées.

[*L'étude donne de la justesse.*] Nous naissons dans les ténèbres de
l'ignorance, et la mauvaise éducation y ajoute beaucoup de faux préjugés. L'étude dissipe les premières, et corrige les autres. Elle donne
à nos pensées et à nos raisonnements de la justesse et de l'exactitude.
Elle nous accoutume à mettre de l'ordre et de l'arrangement dans
toutes les matières dont nous avons ou à parler ou à écrire. Elle nous
présente pour guides et pour modèles les hommes les plus éclairés et
les plus sages de l'antiquité[1], qu'on peut bien appeler en ce sens,
avec Sénèque, les maitres et les précepteurs du genre humain. En
nous prêtant leur discernement et leurs yeux, elle nous fait marcher
avec sûreté à la lumière que portent devant nous ces guides choisis,
qui, après avoir passé par l'examen rigoureux de tant de siècles et de
tant de peuples, et avoir survécu à la ruine de tant d'empires, ont
mérité par un suffrage unanime d'être pour tous les âges suivants les
arbitres souverains du bon goût et les modèles achevés de ce que
la littérature a de plus parfait.

[*L'étude donne de la capacité pour les affaires.*] Mais l'utilité de
l'étude ne se borne pas à ce qu'on appelle *science*; elle donne aussi
de la capacité pour les affaires et pour les emplois.

Paul Émile, qui remporta une célèbre victoire sur Persée, dernier
roi des Macédoniens, savait bien comment se formaient les plus grands
hommes. Plutarque observe le soin particulier qu'il prit de l'éducation de ses enfants. Il ne se contenta pas de leur faire apprendre leur

---

[1] « Quam venerationem parentibus generis humani, a quibus tanti boni
meis debeo; eamdem illis præceptoribus initia fluxerunt. » (SENEC. *Epist.* 64.)

propre langue par règles, comme c'était alors la coutume; il leur fit aussi étudier la langue grecque. Il leur donna toutes sortes de maîtres, de grammaire, de rhétorique, de dialectique, outre ceux qui devaient les instruire de l'art militaire; et il assistait lui-même, le plus souvent qu'il lui était possible, à tous leurs exercices. Quand il eut vaincu Persée, il ne daigna pas même jeter les yeux sur les richesses immenses qui se trouvèrent dans ses trésors. Il permit seulement à ses enfants, qui, selon l'historien, aimaient fort les lettres [1], de prendre les livres de la bibliothèque de ce roi.

Le succès répondit aux soins d'un père si éclairé et si attentif. Il eut l'avantage de donner à Rome un second Scipion l'Africain, vainqueur de Carthage et de Numance, et qui ne fut pas moins recommandable par son goût merveilleux pour les belles-lettres et pour toutes les sciences, que par ses vertus militaires [2]. Ce grand homme avait toujours auprès de lui, soit pendant la paix, soit pendant la guerre, l'historien Polybe et le philosophe Panétius, qu'il honorait d'une amitié particulière. « Personne (dit un historien en parlant de « Scipion) ne savait mieux que lui entremêler le repos et l'action, ni « mettre plus à profit les vides que lui laissaient les affaires. Partagé « entre les occupations de la guerre et celles de la paix, entre les « armes et l'étude, où il exerçait son corps dans les dangers, où il « cultivait son esprit par les sciences. » Il y a apparence que c'est de lui que Cicéron dit [3] qu'il avait toujours entre les mains les ouvrages de Xénophon; car je ne sais si cela peut aussi convenir au premier Scipion.

Lucullus [4] tira aussi un grand secours de la lecture des bons auteurs et de l'étude de l'histoire. En le voyant paraître tout d'un coup

---

[1] « Μόνα τὰ βιβλία τοῦ βασιλέως φιλογραμματοῦσι τοῖς υἱέσιν ἐπέτρεψεν ἐξελέσθαι. » (PLUT. in Æmilio, § 28.) — L.

[2] « Scipio tam elegans liberalium studiorum omnisque doctrinæ et auctor et admirator fuit, ut Polybium Panætiumque, præcellentes ingenio viros, domi militiæque secum habuerit. Neque enim quisquam hoc Scipione elegantius intervalla negotiorum otio dispunxit, semperque aut belli aut pacis serviit artibus : semper inter arma ac studia versatus, aut corpus periculis, aut animum disciplinis exercuit. » (VELL. PATERC. l. 1, cap. 13.)

[3] « Africanus semper socraticum Xe-

nophontem in manibus habebat. » (CIC. lib. 2, Tusc. Quæst. n. 62.)

[4] « Magnum ingenium Luculli, magnumque optimarum artium studium, tum omnis liberalis et digna homine nobili ab eo percepta doctrina... Ab eo laus imperatoria non admodum expectabatur... Sed incredibilis quædam ingenii magnitudo non desideravit indocilem usus disciplinam. Itaque, quum totum iter et navigationem consumpsisset partim in percontando a peritis, partim rebus gestis legendis, in Asiam factus imperator venit, quum esset Roma profectus rei militaris rudis. » (Lib. 4, Academ. Quæst. n. 1 et 2.)

1.

à la tête des armées, on admira sa capacité consommée. Il était parti de Rome sans avoir encore un grand usage de l'art militaire, dit Cicéron; et il arriva en Asie capitaine tout formé et parfait. C'est que son génie excellent, cultivé par l'étude des beaux-arts, lui tint lieu d'expérience, qui semble pourtant ne pouvoir se suppléer.

Brutus passait une partie des nuits à s'instruire de l'art militaire par les relations des campagnes des plus fameux capitaines; et ne comptait pas pour perdu le temps qu'il donnait à lire les historiens, et surtout Polybe, sur les ouvrages duquel on le trouva occupé à travailler peu de temps avant la fameuse bataille de Pharsale.

Il n'est pas difficile de comprendre que le soin particulier que les Romains prirent, dans les derniers temps de la république, de bien cultiver l'esprit des jeunes gens, devait naturellement ajouter un nouveau mérite et un nouveau lustre aux grandes qualités qu'ils avaient d'ailleurs, en les mettant en état d'exceller également dans les exercices des armes et du barreau, et de soutenir avec un pareil succès les emplois de l'épée et ceux de la robe.

Il arrive quelquefois que des généraux d'armée, faute d'avoir cultivé leur esprit par l'étude des belles-lettres, diminuent eux-mêmes l'éclat de leurs victoires par des relations sèches, informes, languissantes; et que leur plume soutient mal les exploits de leur épée. Ils sont en cela bien différents de César, de Polybe, de Xénophon et de Thucydide, qui, par la vivacité de leurs peintures, transportent le lecteur sur le champ de bataille, lui rendent raison de la disposition des troupes et du terrain, des commencements et des progrès du combat, des inconvénients survenus et des remèdes appliqués, des balancements différents, et de leurs causes; et par ces divers degrés le conduisent comme par la main à l'événement.

On en peut dire autant des négociations, des magistratures, des intendances, des commissions; en un mot, de tous les emplois qui obligent à parler, soit en public, soit en particulier; à écrire, à rendre compte de son ministère; à ménager les esprits, à les gagner, à les persuader : et quel emploi y a-t-il qui n'exige presque tous ces devoirs?

[*Autres avantages de l'étude.*] Rien n'est plus ordinaire que d'entendre des gens du monde, qu'une longue expérience et de sérieuses réflexions ont instruits, se plaindre amèrement de ce que leur éducation a été négligée, et regretter de n'avoir pas été nourris dans le goût des sciences, dont ils commencent trop tard à connaître l'usage et le prix. Ils avouent que ce défaut les a éloignés des emplois importants, ou les a laissés fort au-dessous de leurs charges, ou les a même fait succomber sous leur poids.

Lorsque, dans de certaines occasions d'éclat et dans des places distinguées, on voit un jeune magistrat, cultivé par les belles-lettres, s'attirer des applaudissements du public, qui est le père qui ne désirât pas un tel fils? et qui est le fils un peu sensé qui ne désirât pas un tel succès? Tous alors s'accordent à sentir l'avantage des sciences; tous comprennent combien elles sont capables d'élever un homme au-dessus de son âge, et quelquefois même au-dessus de sa naissance.

Mais quand cette étude ne servirait qu'à acquérir l'habitude du travail, à en adoucir la peine, à arrêter et à fixer la légèreté de l'esprit, à vaincre l'aversion pour une vie sédentaire et appliquée, et pour tout ce qui assujettit et captive, ce serait déjà un très-grand avantage. En effet, elle retire de l'oisiveté, du jeu, de la débauche. Elle remplit utilement les vides de la journée, qui pèsent si fort à tant de personnes, et rend très-agréable un loisir [1] qui, sans le secours des belles-lettres, est une espèce de mort, et comme le tombeau d'un homme vivant. Elle met en état de juger sainement des ouvrages qui paraissent; de lier société avec les gens d'esprit; d'entrer dans les meilleures compagnies; de prendre part aux entretiens les plus savants; de fournir de son côté à la conversation, où sans cela on demeurerait muet; de la rendre plus utile et plus agréable, en mêlant les faits aux réflexions, et relevant les uns par les autres.

J'avoue que souvent, dans les conversations, dans les affaires, dans les discours même que l'on a à composer, il n'est point question d'histoire grecque ou romaine, de philosophie, de mathématique: cependant l'étude [2] de ces sciences, quand elle est bien faite, donne à l'esprit une justesse, une solidité, une précision, une grâce même dont les connaisseurs s'aperçoivent facilement.

Mais il est temps de passer au second avantage qu'on doit retirer de l'étude, et à la seconde vue que les maîtres doivent se proposer dans l'instruction des jeunes gens, qui est de régler leurs mœurs et de former en eux l'honnête homme.

[1] « Otium sine litteris mors est, et etiam aliud agentes nos ornat; atque hominis vivi sepultura. » (Senec. *Epist.* ubi minime credas, eminet et excellit. ▼ 28.) (*Dialog. de Orat.* c. 32.)
[2] « Ipsa multarum artium scientia.

SECOND OBJET DE L'INSTRUCTION.

SOIN DE FORMER LES MOEURS.

[Nécessité de travailler à former les mœurs.] Si l'instruction n'avait pour but que de former l'homme aux belles-lettres et aux sciences ; si elle se bornait à le rendre habile, éloquent, propre aux affaires, et si en cultivant l'esprit elle négligeait de régler le cœur, elle ne répondrait pas à tout ce qu'on a droit d'en attendre, et ne nous conduirait pas à une des principales fins pour lesquelles nous sommes nés. Pour peu qu'on examine la nature de l'homme, ses inclinations, sa fin, il est aisé de reconnaître qu'il n'est pas fait pour lui seul, mais pour la société. La Providence l'a destiné à y remplir quelque emploi. Il est membre d'un corps dont il doit procurer les avantages ; et, comme dans un grand concert de musique, il se doit mettre en état de bien soutenir sa partie, pour rendre l'harmonie parfaite.

Mais, dans cette variété infinie de fonctions qui partagent et occupent les hommes, les emplois que l'État a le plus d'intérêt de voir bien remplis sont ceux qui s'exercent par les talents de l'esprit, et qui demandent des connaissances supérieures, et plus relevées. Les autres arts, les autres professions, peuvent être négligés jusqu'à un certain point, sans que l'État en reçoive un si notable préjudice. Il n'en est pas de même des emplois qui exigent de la conduite et de la sagesse, puisqu'ils donnent le mouvement à tout le corps de l'État, et qu'ayant plus de part à l'autorité, ils influent plus directement dans les succès du gouvernement et dans la félicité publique.

[Il n'y a que là probité qui remplisse dignement les postes.] Or, c'est la vertu seule qui met les hommes en état de bien remplir les postes publics. Ce sont les bonnes qualités du cœur qui donnent le prix aux autres, et qui, en faisant le vrai mérite de l'homme, le rendent aussi un instrument propre à procurer le bonheur de la société. C'est la vertu qui lui donne le goût de la véritable et de la solide gloire ; qui lui inspire l'amour de la patrie et les motifs pour la bien servir ; qui lui apprend à préférer toujours le bien public au bien particulier, à ne trouver rien de nécessaire que le devoir, rien d'estimable que la droiture et l'équité, rien de consolant que le témoignage de sa conscience et l'approbation des gens de bien ; rien de honteux que le vice. C'est la vertu qui le rend désintéressé pour

le conserver libre ; qui l'élève au-dessus des flatteries, des reproches, des menaces et des malheurs ; qui l'empêche de céder à l'injustice, quelque puissante et quelque redoutable qu'elle soit ; et qui l'accoutume, dans toutes ses démarches, à respecter le jugement durable et incorruptible de la postérité, et à ne lui point préférer une fausse et courte lueur de gloire, qui s'évanouit avec la vie comme une légère fumée.

[*La fin de toutes les études est de rendre l'homme meilleur.*] Voilà ce que se proposent les bons maîtres dans l'éducation de la jeunesse. Ils estiment peu les sciences, si elles ne conduisent à la vertu. Ils comptent pour rien la plus vaste érudition, si elle est sans probité. Ils préfèrent l'honnête homme à l'homme savant, et, en instruisant les jeunes gens de ce que l'antiquité a de plus beau, ils songent moins à les rendre habiles qu'à les rendre vertueux, bons fils, bons pères, bons maîtres, bons amis, bons citoyens.

Sans cela en effet faudrait-il faire tant de cas de ces sortes d'études, qui, selon l'expression d'un sage païen, ne seraient propres qu'à nourrir l'orgueil, et seraient incapables de corriger aucun défaut ? *ex studiorum liberalium vana ostentatione, et nihil sanantibus litteris.*[1] Serviraient-elles à quelqu'un pour guérir ses faux préjugés, ou pour affaiblir ses passions ? Le rendraient-elles plus courageux, plus juste, plus libéral ? *Cujus ista errores minuent? cujus cupiditates prement? Quem fortiorem, quem justiorem, quem liberaliorem facient*[2] ?

Sénèque avait emprunté cette solide pensée de la philosophie de Platon, qui établit en plusieurs endroits de ses écrits ce grand principe, que le but de l'éducation et de l'instruction des jeunes gens, aussi bien que du gouvernement des peuples, est de les rendre meilleurs ; et que quiconque s'écarte de cette fin, quelque mérite qu'il paraisse avoir d'ailleurs, n'est point véritablement digne de l'estime ni de l'approbation du public. C'est le jugement que ce grand philosophe portait de l'un des plus illustres citoyens d'Athènes, qui avait longtemps gouverné la république avec une réputation extraordinaire, qui avait rempli la ville de temples, de théâtres, de statues, d'édifices publics ; qui l'avait ornée par les monuments les plus célèbres, et rendue toute brillante d'or ; qui avait épuisé ce que la sculpture, la peinture et l'architecture ont de plus beau et de plus grand, et avait

---

[1] Senec. *Epist.* 59.   [2] Id. de Brev. vit., cap. 14.

établi dans ses ouvrages le modèle et la règle du goût de toute la
postérité [1]. Mais Platon demandait si l'on pouvait nommer un
seul homme, citoyen ou étranger, esclave ou libre, à commencer
par ses propres enfants, que Périclès eût rendu par ses soins plus
sage et plus homme de bien. Il remarquait très-judicieusement
qu'il avait au contraire, par sa conduite, fait perdre aux Athéniens
les vertus de leurs ancêtres, et qu'il les avait rendus paresseux,
mous, causeurs, curieux, amateurs des folles dépenses, admira-
teurs des choses vaines et superflues. D'où il laissait à conclure que
c'était à tort qu'on donnait de si grandes louanges à son administra-
tion, puisqu'il n'en méritait pas plus qu'un écuyer qui, s'étant
chargé de dresser un beau cheval, ne lui aurait appris qu'à broncher,
qu'à être rude, pesant, vicieux, ombrageux.

Il est aisé de faire l'application de ce principe à l'étude des belles-
lettres et des sciences. Il nous apprend, non à les négliger, mais à en
tirer tout le fruit qu'on en doit attendre; à les considérer, non comme
notre fin, mais comme des moyens qui peuvent nous y conduire. Elles
n'ont pas pour objet immédiat la vertu [2], mais elles y préparent;
et elles sont à son égard ce que les premiers éléments de la grammaire
sont à l'égard des belles-lettres mêmes et des sciences, c'est-à-dire des
instruments très-utiles, si l'on sait en faire un bon usage.

[*Manière de former les mœurs.*] Or, l'usage qu'on en doit faire est
de se servir adroitement de tout ce qui se rencontre de maximes,
d'exemples et d'histoires remarquables dans la lecture des auteurs,
pour inspirer aux jeunes gens de l'amour pour la vertu et de l'horreur pour le vice.

[*Nécessité d'opposer à la corruption naturelle de l'homme, et au
torrent des mauvaises coutumes, de bons exemples et de bons principes.*]
Il y a dans le cœur de l'homme, depuis sa corruption, une malheureuse fécondité pour le mal, qui altère bientôt dans les enfants le peu
de bonnes dispositions qui y reste, si les parents et les maîtres ne
travaillent continuellement à nourrir et à faire croître ces faibles
semences du bien, restes précieux de l'ancienne innocence; et s'ils

[1] PLAT. in Corgia.
[2] « Quare ergo liberalibus studiis filios
erudimus ? Non quia virtutem dare possunt, sed quia animum ad accipiendam
virtutem præparant. Quemadmodum
prima illa, ut antiqui vocabant, litte-
ratura ; per quam pueris elementa tra-
duntur, non docet liberales artes, sed
mox percipiendis locum parat : sic liberales artes non perducunt animum ad
virtutem, sed expediunt. » (SENEC.
Epist. 88.)

n'arrachent avec un soin infatigable les ronces et les épines qu'un si mauvais fonds pousse sans cesse.

Cette pente naturelle au mal est fortifiée le plus souvent dans les jeunes gens par tout ce qui les environne. Y a-t-il beaucoup de pères qui sachent [1] jusqu'où l'on doit porter la retenue et la circonspection en présence des enfants, ou qui veuillent se gêner jusqu'au point de ne jamais tenir devant eux aucun discours qui puisse former quelque faux préjugé dans leur esprit? Tout ne retentit-il pas autour d'eux des louanges que l'on donne à ceux qui amassent de gros biens, qui ont un grand équipage, qui font bonne chère, qui sont logés et meublés magnifiquement? Ne se forme-t-il pas de tous ces suffrages comme un cri public et une voix [2] bien plus dangereuse que celle des Sirènes dont parle la fable, qui, après tout, n'était entendue qu'aux environs du rocher qu'elles habitaient; au lieu que celle-ci se fait entendre dans toutes les villes et presque dans toutes les maisons? Rien ne se dit impunément [3] devant les enfants. Un mot d'estime ou d'admiration échappé à un père sur les richesses suffit pour en allumer en eux un désir qui croîtra avec l'âge, et ne s'éteindra peut-être jamais.

A toutes ces voix enchanteresses il est donc nécessaire d'en opposer une qui se fasse entendre au milieu de ce bruit confus d'opinions dangereuses, et qui dissipe tous ces faux préjugés. Les jeunes gens ont besoin (s'il m'est permis de me servir de ce terme) d'un moniteur fidèle et assidu [4], d'un avocat qui plaide auprès d'eux la cause du vrai, de l'honnête, de la droite raison; qui leur fasse remarquer le faux qui règne dans presque tous les discours et toutes les conversations des hommes, et qui leur donne des règles sûres pour faire ce discernement.

Mais qui sera ce moniteur? Le maître chargé de leur éducation en fera-t-il la fonction? et sera-ce par des leçons réglées qu'il entreprendra de les instruire sur ce point? Au seul nom de leçons ils prennent

---

[1] « Maxima debetur puero reverentia. » (Juv. Sat. XIV, 47.)

[2] « Illa vox, quæ timebatur, erat blanda, non tamen publica : at hæc, quæ timenda est, non ex uno scopulo; sed ex omni terrarum parte circumsonat. » (Sen. Epist. 31.)

[3] « Nulla ad aures nostras vox impune perfertur. » (Id. Epist. 94.)

« Admirationem nobis parentes auri argentique fecerunt : et teneris infusa cupiditas altius sedit, crevitque nobiscum. » (Id. Epist. 115.)

[4] « Sit ergo aliquis custos, et aurem subinde pervellat, abigatque rumores, et reclamet populis laudantibus... Necessarium est admoneri, et habere aliquem advocatum bonæ mentis, eque tanto fremitu falsorum, unam denique audire vocem... quæ tantis clamoribus ambitiosis exsurdato salutaris insusurret. » (Id. Epist. 34.)

l'alarme, ils se tiennent sur leurs gardes, et leur esprit se ferme à
tout ce qu'on leur dit, comme si l'on avait dessein de leur dresser
des embûches.

Il faut leur donner des maîtres qui ne leur soient point suspects,
et dont ils ne puissent se défier. Pour les préserver ou les guérir de
la contagion du siècle présent [1], il faut les transporter dans d'autres pays et d'autres temps, et opposer au torrent des fausses maximes et des mauvais exemples qui entraînent presque tout le monde
les maximes et les exemples des grands hommes de l'antiquité, dont
les auteurs qu'ils ont entre les mains leur parlent. Ils écoutent volontiers les leçons que leur font un Camille, un Scipion, un Cyrus :
et ces sortes d'instructions, cachées et comme déguisées sous le
nom d'histoire, font d'autant plus d'impression sur eux, qu'elles
paraissent moins recherchées, le pur hasard semblant les leur présenter.

[*Opposer à l'amour des richesses et des plaisirs, qui devient le
goût dominant, les exemples de l'antiquité qui y sont contraires.*]
Le goût de la véritable gloire et de la véritable grandeur se perd tous
les jours parmi nous de plus en plus. Des hommes nouveaux [2],
enivrés de leur subite fortune, et dont les dépenses insensées ne
peuvent venir à bout d'épuiser les biens immenses, nous accoutument à ne trouver rien de grand et d'estimable que les richesses, et
des richesses énormes ; à regarder non-seulement la pauvreté, mais
même une honnête médiocrité, comme une honte insupportable ; à
faire consister tout le mérite et tout l'honneur dans la magnificence
des bâtiments, des meubles, des équipages, des tables.

Quel contraste l'histoire ancienne n'oppose-t-elle pas à ce mauvais
goût ! Elle nous montre des consuls et des dictateurs qu'on allait
prendre à la charrue. Quelle bassesse en apparence ! Mais ces mains [3]
endurcies par des travaux rustiques soutenaient l'État chancelant et
sauvaient la république. Loin de songer à s'enrichir [4], ils refusaient
l'or qu'on leur présentait, trouvant qu'il était plus beau de comman-

---

[1] « Si velis vitiis exui, longe a vitiorum exemplis recedendum est... Ad me-
liores transi. Cum Catonibus vive, cum
Lælio, etc. » (Id. *Epist.* 104.)

[2] « Homines novi... omnibus modis pecuniam trahunt, vexant : tamen summa
lubidine divitias suas vincere nequeunt. »
(Sallust. *Catil.* cap. 20.)

[3] « Sed illæ rustico opere attritæ manus

salutem publicam stabilierunt. » (Val.
Max. lib. 4, c. 4.)

[4] « Curio ad focum sedenti magnum
auri pondus Samnites quum attulissent,
repudiati ab eo sunt. Non enim aurum
habere, præclarum sibi videri dixit, sed
iis qui haberent aurum imperare. » (Cic.
de Senect. n. 55.)

der à ceux qui en avaient, que de le posséder eux-mêmes. Les plus grands hommes, comme Aristide chez les Grecs, qui avait gouverné les finances de toute la Grèce pendant plusieurs années, Valérius Publicola, Ménénius Agrippa, et tant d'autres Romains, mouraient souvent sans laisser de quoi fournir aux frais de leurs funérailles, tant la pauvreté était en honneur chez eux, et les richesses méprisées. On voyait un vénérable vieillard, illustré par plusieurs triomphes [1], manger au coin de son feu les légumes qu'il avait lui-même cultivés et cueillis dans son jardin. Ils ne se piquaient pas d'habileté à ordonner un repas [2]; mais en récompense ils savaient bien l'art de vaincre les ennemis dans la guerre et de gouverner les citoyens dans la paix. Magnifiques dans les temples et dans les édifices publics [3], et ennemis déclarés du luxe des particuliers, ils se contentaient pour eux-mêmes de maisons fort modestes, qu'ils ornaient des dépouilles des ennemis, et non de celles des citoyens.

Auguste, qui avait élevé l'empire romain au plus haut point de grandeur où il ait jamais été, et qui, à la vue des superbes bâtiments dont il avait enrichi Rome [4], se vantait avec complaisance, mais avec vérité, qu'il laissait toute de marbre une ville qu'il avait trouvée toute de brique; Auguste, dis-je, pendant tout son règne, qui dura plus de quarante ans, ne s'écarta jamais en rien de l'ancienne simplicité de ses pères. Ses maisons [5], soit à la ville, soit à la campagne, n'avaient rien de magnifique. Il conserva toujours des meubles dont le luxe des particuliers aurait rougi dans la suite. Il coucha toujours dans la même chambre, sans en changer, comme les autres, selon les saisons. Il ne porta presque jamais d'autres habits que ceux que l'impératrice Livie ou sa sœur Octavie avaient filés.

Des traits de cette sorte frappent les jeunes gens. Et qui n'en serait touché? On les aide à faire les réflexions que Sénèque dit qu'il faisait en voyant dans une maison de campagne de Scipion l'Africain des bains d'une extrême simplicité; au lieu que de son temps on en

---

[1] « Fabricius ad focum cœnat illas ipsas radices, quas in agro repurgando triumphalis senex vulsit. » (Senec. de Provid. cap. 3.)

[2] « Parum scite convivium exorno... At illa multo optuma reipublicæ doctus sum, hostes ferire, etc. » (Sallust. Jugurth. cap. 85.)

[3] « In suppliciis deorum magnifici, domi parci. » (Id. in Catil. c. 9.)

[4] « Urbem excoluit adeo, ut jure sit gloriatus, marmoream se relinquere, quam lateritiam accepisset » (Suet. in Aug. cap. 28.)

[5] « Habitabat ædibus neque laxitate neque cultu conspicuis. » (Ibid. cap. 72.)

« Instrumenti ejus et supellectilis parcimonia apparet etiam nunc, residuis lectis atque mensis, quorum pleraque vix privatæ elegantiæ sint. » (Suet. in Aug. cap. 73.)

avait porté la magnificence à un excès incroyable. J'ai un grand plaisir [1], dit-il, lorsque je compare les mœurs de Scipion avec les nôtres. Ce grand homme, la terreur de Carthage et l'honneur de Rome,
après avoir cultivé son champ de ses propres mains, venait prendre
le bain dans cet obscur réduit, habitait sous ce petit toit, se contentait d'une salle pavée si grossièrement. A qui maintenant une telle
médiocrité suffirait-elle? On croit être logé pauvrement et sordide-
ment, si les richesses et la magnificence n'éclatent même dans les
bains.

O quelle merveille [2]! s'écrie-t-il ailleurs, de voir un homme qui
avait passé par le commandement des armées, le gouvernement des
provinces, les honneurs du triomphe, et la plus honorable magis-
trature de Rome; et, pour dire encore quelque chose de plus grand,
de voir Caton n'avoir pour tout équipage qu'un seul cheval, qui portait avec son maître tout son petit bagage! Y a-t-il aucune leçon de
philosophie qui puisse être plus utile que de telles réflexions?

De quel poids ne sont point les admirables paroles de ce même
Scipion dont nous venons de parler, par lesquelles il déclare à Ma-
sinissa qu'entre toutes les vertus la continence est celle dont il se
pique le plus, et que les jeunes gens n'ont pas tant à craindre de la
part des ennemis armés que de la part des voluptés qui environnent
cet âge de tous côtés; et que quiconque a su leur mettre un frein et
les dompter, a remporté une victoire plus glorieuse que n'était celle
qu'ils venaient de remporter contre Syphax! *Non est, non (mihi
crede) tantum ab hostibus armatis ætati nostræ periculum, quantum
ab circumfusis undique voluptatibus. Qui eas sua temperantia
frenavit ac domuit, nec multo majus decus majoremque victoriam
sibi peperit, quam nos Syphace victo habemus* [3].

Il était en droit de parler ainsi, après l'exemple de sagesse qu'il
avait donné quelques années auparavant à l'égard d'une jeune et
belle princesse qu'on lui amena parmi les prisonniers de guerre.

---

[1] « Magna me voluptas subit contem-
plantem mores Scipionis ac nostros. In
hoc angulo ille Carthaginis horror, cui
Roma debet quod tantum semel capta
est, abluebat corpus laboribus rusticis
fessum : exercebat enim opere se, ter-
ramque (ut mos fuit priscis) ipse subi-
gebat. Sub hoc ille tecto tam sordido
stetit : hoc illum tam vile pavimentum
sustinuit. At nunc quis est qui sic lavari
sustineat? Pauper sibi videtur ac sor-
didus, nisi parietes magnis et pretiosis
orbibus refulserint. (Sen. *Epist.* 86.)

[2] « O quantum erat seculi decus, imperatorem triumphalem; censorium, et
(quod super omnia hæc est) Catonem,
uno caballo esse contentum, et ne toto
quidem partem enim sarcinæ, ab utroque latere dependentes, occupabant. »
(Id. *Epist.* 87.)

[3] Tit.-Liv. l. 30, n. 14.

Ayant appris qu'elle était promise en mariage à un jeune seigneur du pays, il la fit garder chez lui avec autant de retenue que si elle avait été dans la maison maternelle. Quand ce seigneur fut arrivé, il la lui remit entre les mains; après lui avoir fait un discours plein de cette grandeur et de cette noblesse romaine qui ne se trouve presque plus que dans les livres; et, pour mettre le comble à une si belle action, il ajoute à la dot de cette princesse la rançon que le père et la mère lui avaient apportée pour racheter leur fille. Cet exemple est d'autant plus merveilleux [1], que Scipion était alors jeune, sans engagement, et vainqueur. Une telle générosité lui gagna les cœurs de tous les peuples d'Espagne [2], et le leur fit regarder comme un dieu descendu du ciel sous une forme humaine, qui se rendait maître de tout, moins par la force des armes que par ses bienfaits et par sa générosité. Remplis d'admiration et de reconnaissance, ils firent graver cette action sur un bouclier [3] d'argent dont ils firent présent à Scipion : présent infiniment plus estimable et plus glorieux que tous les trésors et que tous les triomphes.

[*Accoutumer les jeunes gens à préférer aux actions les plus écla-tantes celles de bonté et de générosité.*] Par ces exemples on accoutume les jeunes gens à sentir le beau; à goûter la vertu; à n'estimer et n'admirer que le vrai mérite; à juger sainement des hommes, non par ce qu'ils paraissent, mais par ce qu'ils sont; à ne point suivre les préjugés populaires; et surtout à ne se laisser point éblouir par un vain éclat d'actions brillantes, qui souvent dans le fond n'ont rien de solide et de grand.

---

[1] « Eximiæ formæ virginem.... accersitis parentibus et sponso inviolatam tradidit, et juvenis, et cœlebs, et victor. » (VAL. MAX., lib. 4, c. 3.)

[2] « Venisse diis simillimum juvenem, vincentem omnia, quum armis, tum benignitate ac beneficiis. » (TIT. LIV. lib. 26, n. 50.)

[3] M. Massieux, dans sa Dissertation sur les Boucliers votifs, remarque que Scipion, retournant à Rome, emporta ce bouclier, qui, au passage du Rhône, périt avec une partie du bagage. Il était demeuré dans ce fleuve jusqu'à l'an 1656, que quelques pêcheurs le trouvèrent. Il est aujourd'hui dans le Cabinet du roi.

—Spon est le premier qui ait vu, dans le sujet représenté sur ce bouclier, la *Continence de Scipion*. L'opinion de cet antiquaire fut adoptée généralement, et reproduite par Massieux, Montfaucon,

Drakenborch (dans son édition de Silius Italicus), etc.

Winckelmann prouve que cette explication est insoutenable, et qu'il faut voir dans ce sujet *Briséis rendue à Achille*. M. Millin a développé l'opinion de Winckelmann, et l'a confirmée par de nouveaux rapprochements (*Monuments inédits*, 2e livraison).

Ce monument n'a jamais pu être un bouclier votif : tous les boucliers de ce genre portent une inscription ou une tête au milieu. On croit généralement que c'est un de ces *plateaux* appelés par les Grecs δίσκοι, πίνακες; par les Latins, *lances*, *tympana*, dont les riches ornaient leurs somptueux buffets.

D'après le style de la sculpture, on pense que ce monument est du temps de Septime Sévère. — L.

On leur apprend à préférer les actions de bonté et de libéralité à celles qui attirent le plus les yeux et l'admiration des hommes ; et, par cette raison, à ne pas moins estimer Scipion l'Africain, second de ce nom, lorsque, adopté dans une riche famille, il abandonne tout son bien à son frère aîné, que lorsqu'il renversa Carthage et Numance.

On leur insinue qu'un service rendu généreusement à un ami dans le pressant besoin l'emporte sur les victoires les plus éclatantes. C'est la belle réflexion que fait Cicéron dans un de ses plaidoyers. L'endroit est des plus éloquents ; et l'on ne manque pas d'en expliquer tout l'art et d'en développer toutes les beautés aux jeunes gens : mais on n'oublie pas aussi de les rendre attentifs à l'excellente maxime qui le termine. Cicéron expose d'un côté les vertus guerrières de César[1], qu'il met dans tout leur jour en le représentant comme vainqueur, non-seulement des ennemis, mais encore des saisons ; et de l'autre, la protection généreuse qu'il accorde à un ancien ami tombé dans la disgrâce, et réduit à la disette par un malheur imprévu : et après avoir pesé comme dans la balance de la vérité ces deux sortes de qualités, il prononce en faveur de la dernière. « Voilà, dit-il, ce qu'on doit appeler une action véritablement grande « et digne d'admiration. Qu'on pense tout ce qu'on voudra du juge- « ment que j'en porte ; mais, pour moi, je crois devoir préférer à « toutes les autres vertus de César celle qui, dans une si grande for- « tune et une si haute élévation, le rend attentif aux besoins d'un « ancien ami, et sensible à sa misère. »

[*Réflexions sur le point d'honneur et sur les duels.*] Je finirai ces

[1] « Multas equidem C. Cæsaris virtutes, magnas incredibilesque cognovi. Sed sunt cæteræ majoribus quasi theatris propositæ, et pene populares : castris locum capere, exercitum instruere, expugnare urbes, aciem hostium profligare ; hanc vim frigorum, hiememque, quam nos vix hujus urbis tectis sustinemus, excipere ; his ipsis diebus hostem persequi, tum quum etiam feræ latibulis se tegant, atque omnia bella jure gentium conquiescant : sunt ea quidem magna, quis negat ? Sed magnis excitata sunt præmiis ad memoriam hominum sempiternam. Quo minus admirandum est, eum facere illa, qui immortalitatem concupiverit. Hæc mira laus est, quæ non poetarum carminibus, non annalium monumentis celebratur, sed pruden- tium judicio expenditur : equitem romanum, veterem amicum suum, studiosum, amantem, observantem sui, non libidine, non turpibus impensis cupiditatum atque jacturis, sed experientia patrimonii amplificandi, labentem excepit, corruere non sivit, fulsit et sustinuit re, fortuna, fide, hodieque sustinet, nec amicum pendentem corruere patitur ; nec illius animi aciem perstringit splendor sui nominis, nec mentis quasi luminibus officit altitudo fortunæ et gloriæ. Sint sane illa magna, quæ revera magna sunt. De judicio animi mei, ut volet, quisque sentiat. Ego enim hanc in tantis opibus, tanta fortuna, liberalitatem in suos, memoriam amicitiæ, reliquis omnibus virtutibus antepono. » (*Pro Rabir. Post.*, n. 42, 43, 44.)

remarques par un trait d'histoire bien capable d'instruire là jeune noblesse. Eurybiade, Lacédémonien, généralissime de la flotte des Grecs alliés armée contre les Perses, ne pouvant souffrir que Thémistocle, chef des Athéniens, encore tout jeune, soutint trop vivement un avis contraire au sien, leva la canne sur lui avec un geste menaçant et des paroles piquantes. Que feraient nos jeunes officiers dans une pareille conjoncture? Thémistocle, sans se troubler ni s'émouvoir : *Frappe*, dit-il, *mais écoute :* Πάταξον μὲν, ἄκουσον δέ. Eurybiade, surpris d'une telle modération, écouta en effet ; et ayant, selon l'avis du jeune Athénien, donné le combat dans le détroit de Salamine, il remporta cette célèbre victoire qui sauva la Grèce et acquit à Thémistocle une gloire immortelle.

Un maître entendu sait profiter d'une telle occasion, et il ne manque pas de faire observer aux jeunes gens que, ni chez les Grecs ni chez les Romains, ces vainqueurs de tant de peuples, qui étaient certainement de bons juges du point d'honneur, et qui savaient bien en quoi consistait la véritable gloire, il n'y a jamais eu pendant une si longue suite de siècles un seul exemple de duel particulier. Cette barbare coutume de s'entr'égorger, quelquefois pour une seule parole échappée par hasard, et de laver dans le sang de ses meilleurs amis une prétendue injure; cette barbare coutume, dis-je, qu'il nous plaît d'appeler noblesse et grandeur d'âme, était inconnue à ces fameux conquérants. «Ils réservaient, dit Salluste, leur haine « et leur ressentiment pour les ennemis, et ne savaient disputer que « de gloire et de vertu avec leurs concitoyens. [*Jurgia, discordias, simultates cum hostibus exercebant : cives cum civibus de virtute pugnabant* [1].

[*La connaissance du caractère et des vertus des grands hommes porte à les imiter.*] On remarque avec raison que rien n'est plus capable d'inspirer des sentiments de vertu [2], et de détourner du vice, que la conversation des gens de bien, parce qu'elle s'insinue peu à peu, et qu'elle pénètre jusqu'au cœur. Les entendre, les voir souvent, tient lieu de préceptes. Leur présence seule, lors même qu'ils se taisent, parle et instruit. C'est là le fruit que l'on doit principalement tirer de la lecture des auteurs. Elle nous met, pour ainsi dire, en

---

[1] SALLUST. *Cat.* c. 9.

[2] « Nulla res magis animis honesta induit, dubiosque et in pravum inclinabiles revocat ad rectum, quam bonorum virorum conversatio. Paulatim enim descendit in pectora : et vim præceptorum obtinet frequenter audiri, aspici frequenter. Occursus mehercule ipse sapientium juvat : et est aliquid quod ex magno viro vel tacente proficias. » (SEN. *Epist.* 94.)

liaison avec tout ce que l'antiquité a eu de plus grands hommes. Nous conversons, vous voyageons, nous vivons avec eux. Nous entendons leurs discours; nous sommes témoins de leurs actions. Nous entrons insensiblement dans leurs sentiments et dans leurs maximes. Nous prenons d'eux cette noblesse et cette grandeur d'âme, ce désintéressement, cette haine de l'injustice, cet amour du bien public, qui éclatent de toutes parts dans leur vie.

[*Les réflexions sur les mœurs doivent être courtes.*] Quand je parle ainsi, ce n'est pas que je croie qu'il faille beaucoup insister sur les réflexions de morale. Les préceptes qui regardent les mœurs, pour faire impression, doivent être courts et vifs, et lancés comme un trait. C'est le moyen le plus sûr de les faire entrer dans l'esprit, et de les y faire demeurer. *Non multis opus est, sed efficacibus. Facilius intrant, sed et hærent.* C'est Sénèque qui parle ainsi : et il ajoute une comparaison bien propre à ce sujet. Il en est [1], dit-il, de ces réflexions comme de la semence. Elle est peu de chose en elle-même; mais si elle tombe dans une terre bien préparée, elle se développe peu à peu; et par des accroissements insensibles, de très-petite qu'elle était d'abord, elle s'étend et s'élève considérablement. Ainsi les préceptes dont nous parlons ne sont quelquefois qu'un mot, qu'une courte réflexion; mais ce mot, cette réflexion, qui paraissent dans le moment même comme tombés et perdus, produiront leur effet dans le temps.

Il ne faut donc pas s'attendre que cet effet soit prompt, et encore moins qu'il soit général. C'est beaucoup qu'un petit nombre en profite; et ce petit nombre ne laissera pas d'être utile à la république. C'est la réflexion que faisait Cicéron en traitant une matière pareille à celle dont je parle; et il avait marqué auparavant [2] qu'on ne pouvait rendre un plus grand et plus important service à l'État que

---

[1] « Seminis modo spargenda sunt : quod quamvis sit exiguum, quum occupavit idoneum locum, vires suas explicat, et ex minimo in maximos auctus diffunditur. Idem facit oratio. Nam late patet, si aspicias : in opere crescit. Pauca sunt quæ dicuntur : sed si illa animus bene exceperit, convalescunt et exsurgunt. Eadem est, inquam, præceptorum conditio, quæ seminum. Multum efficiunt, etsi angusta sunt : tantum, ut dixi, idonea mens rapiat illa, et in se trahat. » (SENEC. *Epist.* 38.)

[2] « Quod munus reipublicæ afferre majus meliusve possumus, quàm si docemus atque erudimus juventutem, his præsertim moribus atque temporibus, quibus ita prolapsa est, ut omnium opibus refrenanda atque coercenda sit? Nec vero id effici posse confido, quod ne postulandum quidem est, ut omnes adolescentes se ad studia convertant. Pauci utinam ! quorum tamen in republica late patere poterit industria. » (CIC. *de Divin.* 2, n. 4, 5.)

de travailler à l'instruction de la jeunesse, surtout dans un temps où, à cause de la licence effrénée des mœurs, elle avait besoin d'être retenue et arrêtée par tous les moyens imaginables.

TROISIÈME OBJET DE L'INSTRUCTION.

ÉTUDE DE LA RELIGION.

[*Sans l'étude de la religion, les écoles chrétiennes ne différeraient pas de celles des païens.*] Ce que nous venons de dire du soin que doivent avoir les maîtres de faire remarquer à leurs disciples les maximes et les exemples de vertu qui se rencontrent dans les auteurs ne tend encore qu'à former dans les jeunes gens l'honnête homme, l'homme de probité, le bon citoyen, le bon magistrat. C'est beaucoup, à la vérité; et quiconque est assez heureux pour y réussir, rend un grand service au public. Cependant, s'il bornait là son travail, il aurait lieu de craindre le reproche que nous lisons dans l'Évangile : *Que faites-vous en cela de particulier? Les païens ne le font-ils pas aussi*[1]?

[*Soins merveilleux des païens au sujet des mœurs.*] En effet, ils ont porté sur cette matière la délicatesse à un point qui doit nous faire rougir. Je me contenterai de rapporter ici quelques traits de Quintilien, l'un des maîtres du paganisme qui a eu en même temps le plus d'habileté et le plus de probité.

Dans l'excellente rhétorique qu'il nous a laissée, songeant à former un orateur parfait[2], il pose pour principe qu'il ne peut être tel, s'il n'est homme de bien; et, par une conséquence nécessaire, il exige de lui non-seulement le talent de la parole, mais encore toutes les vertus morales.

Les précautions qu'il prend pour l'éducation de celui qu'on destine à un si noble emploi sont étonnantes. Attentif[3] à son élève dès le berceau, et sachant quelle est la force des premières impressions, surtout pour le mal, il veut que, dans le choix de tout ce qui l'approche, de tout ce qui l'environne, nourrice, domestiques, enfants de même âge, on ait soin, avant tout, des bonnes mœurs.

[1] Matth., 5, 47.
[2] « Oratorem instituimus illum perfectum, qui esse, nisi vir bonus, non potest : ideoque non dicendi modo eximiam in eo facultatem, sed omnes animi virtutes exigimus. » (Quint., in *Proœm.*, lib. I.)

[3] « Et morum quidem in iis haud dubie prior ratio est... Natura tenacissimi sumus eorum quæ rudibus annis percipimus... Et hæc ipsa magis pertinaciter hærent, quæ deteriora sunt. » (Quint., lib. I, c. I.)

Il regarde l'aveugle indolence [1] des pères et des mères à l'égard
de leurs enfants, et leur négligence à conserver en eux le précieux
trésor de la pudeur, comme la source de tous les désordres. Que
ne dit-il point [2] contre cette molle éducation, à laquelle on donne le
nom de bonté et de tendresse, et qui n'est propre qu'à énerver tout à
la fois et le corps et l'esprit! Combien [3] recommande-t-il d'écarter de
la maison paternelle tous les mauvais discours et tous les mauvais
exemples, de peur que les enfants n'en soient infectés avant que
d'en connaître le danger, et que l'habitude du mal ne devienne en
eux une seconde nature!

Il veut [4] qu'on réprime avec soin les premières saillies des passions; qu'on mette tout à profit pour les mœurs; que les exemples
ou modèles que leur donneront les maitres à écrire renferment des
sentences, des maximes utiles pour la conduite de la vie, et qu'on
leur fasse apprendre aussi par manière de divertissement les paroles
des grands hommes.

Mais quand il s'agit du choix d'un précepteur, d'un régent, de
quelles expressions se sert-il! L'homme le plus vertueux ne l'est
point encore assez selon lui : la discipline la plus exacte l'est encore
trop peu : *Et præceptorem eligere sanctissimum quemque (cujus rei
præcipua prudentibus cura est), et disciplinam quæ maxime severa
fuerit, licet* [5]. La raison qu'il en rend est admirable. C'est, dit-il,
afin que la sagesse du maitre conserve leur innocence dans cet âge
encore tendre, et que dans la suite, lorsqu'ils deviendront plus difficiles à gouverner, sa gravité, leur imposant du respect, les retienne
dans le devoir : *Ut et teneriores annos ab injuria sanctitas docentis
custodiat, et ferociores a licentia gravitas deterreat* [6].

L'un des plus beaux endroits de Quintilien et des plus connus,
est celui où il traite la célèbre question s'il est avantageux d'instruire

[1] « Cæca ac sopita parentum socordia.... Negligentia formandi custodien-
dique in ætate prima pudoris. » (Ibid.
cap. 3.)

[2] « Utinam liberorum nostrorum mores non ipsi perderemus!... Mollis illa
educatio, quam indulgentiam vocamus,
nervos omnes et mentis et corporis fran-
git. » (Ibid.)

[3] « Omne convivium obscœnis canticis
strepit; pudenda spectantur. Fit ex his
consuetudo, deinde natura. Discunt
hæc miseri antequam sciant vitia esse. »
(Ibid.)

[4] « Protinus ne quid cupide, ne quid
improbe, ne quid impotenter faciat,
monendus est puer. » (Lib. I, cap. 4.)

« Ii quoque versus, qui ad imitationem
scribendi proponentur, non otiosas velim sententias habeant, sed honestum
aliquid monentes. Prosequitur hæc memoria in senectutem, et impressa animo
rudi, usque ad mores proficiet... Etiam
dicta clarorum virorum ediscere inter
lusum licet. » (Ibid., cap. 2.)

[5] Lib. I, c. 3.
[6] Lib. II, c. 2.

les enfants dans le particulier, ou s'il faut les envoyer aux écoles publiques. Il embrasse le dernier sentiment, et en apporte plusieurs raisons qui paraissent très-fortes. Mais [1] il déclare dès le commencement que si les écoles publiques étaient dangereuses pour les mœurs, quelque utiles qu'elles pussent être pour les sciences, il ne faudrait point balancer, et que la vertu est infiniment préférable à l'éloquence.

Quand il traite de la lecture des auteurs, il avertit que cette matière demande de grandes précautions [2], afin que les jeunes gens, dans un âge où tout ce qui entre dans leur esprit y laisse de profondes traces, n'apprennent rien non-seulement qui ne soit beau, mais encore plus qui ne soit bon et honnête. Dans cette vue [3], il leur interdit absolument la lecture des ouvrages trop libres et licencieux : il ne leur permet celle des comédies que dans un temps où les mœurs seront en sûreté ; et il recommande de faire choix, non-seulement des auteurs, mais aussi des endroits de celui qu'on leur fait lire. « Pour moi, dit-il, j'avoue qu'il y a de certaines parties d'Horace que « je ne voudrais pas expliquer. » *Horatium in quibusdam nolim interpretari.*

Outre les préceptes et les exemples de vertu que fournira la lecture ordinaire, il souhaite que le professeur insinue adroitement chaque jour dans ses explications quelque principe, quelque maxime utile pour la conduite : *Plurimus ei de honesto ac bono sit sermo ;* parce que ce qui est dit de vive voix [4] par un maître que de bons écoliers ne manquent jamais d'aimer et de respecter, fait une bien plus grande impression que des paroles mortes. Quintilien s'explique ainsi en parlant de la manière de corriger les compositions : mais cela est encore plus vrai pour ce qui regarde les mœurs.

Parait-il manquer quelque chose à une telle exactitude ? Les maitres chrétiens semblent-ils pouvoir aller plus loin ? et tous vont-ils même jusque-là ? Cependant, si leur justice, si leur délicatesse en ce

---

[1] « Si studiis quidem scholas prodesse, moribus autem nocere constaret, potior mihi ratio vivendi honeste, quam vel optime dicendi, videretur. » (Lib. I, cap. 2.)

[2] « Cætera admonitione magna egent : imprimis ut teneræ mentes tracturæque altius quidquid rudibus et omnium ignaris insederit, non modo quæ diserta, sed vel magis quæ honesta sunt, discant. » (Lib. I, cap. 5.)

[3] « Amoveantur, si fieri potest ; si minus, certe ad firmius ætatis robur reserventur... quum mores in tuto fuerint.... In his, non auctores modo, sed etiam partes operis elegeris. « (Ibid.)

[4] « Licet enim satis exemplorum ad imitandum ex lectione suppeditet, tamen viva illa, ut dicitur, vox alit plenius, præcipueque præceptoris quem discipuli, si modo recte sunt instituti, et amant, et verentur. » (Lib. 2, cap. 2.)

point ne passe celle des païens, il est bien sûr *qu'ils n'entreront point dans le royaume des cieux.* Ainsi, après qu'on a travaillé à former dans les jeunes gens l'honnête-homme, l'homme de probité, il reste encore quelque chose de plus essentiel et de plus important, qui est de former en eux l'homme chrétien. Ces premières qualités sont par elles-mêmes d'un très-grand prix : mais la piété en est comme l'âme, et les rehausse infiniment. Quand celle-ci dans la suite, affaiblie et obscurcie par les passions, vient à disparaître, on est bien heureux que les vertus morales demeurent ; et ce serait beaucoup que les personnes en place et destinées à gouverner les autre conservassent toujours une probité romaine. C'est pourquoi l'on ne peut trop s'appliquer à jeter dans l'esprit des jeunes gens ces heureuses semences, et à y poser ces principes.

[*La principale vue de l'université est de former les jeunes gens à la piété.*] Mais le but de tous nos travaux ; la fin de toutes nos instructions doit être la religion. Quoique nous n'en parlions pas toujours, nous devons l'avoir toujours dans l'esprit, et ne la perdre jamais de vue. Pour peu qu'on soit attentif aux anciens règlements de l'université à l'égard des maîtres et des écoliers, aux différentes prières et aux solennités qu'elle a prescrites pour implorer le secours de Dieu, aux processions publiques qu'elle a ordonnées dans chaque saison de l'année, aux jours fixes et marqués où elle fait interrompre les études publiques, pour laisser le temps de se mieux disposer à la célébration des grandes fêtes et à la réception des sacrements, il est aisé de reconnaître que l'intention de cette pieuse mère est de consacrer et de sanctifier les études des jeunes gens par la religion, et qu'elle ne les porte si longtemps dans son sein que pour les enfanter de nouveau à Jésus-Christ : *Filioli mei, quos iterum parturio, donec formetur Christus in vobis* [1].

[*Règlement de l'université pour faire apprendre aux écoliers des sentences tirées de l'Écriture sainte.*] C'est par cette même vue qu'elle a ordonné que dans toutes les classes, outre les autres exercices de piété, les écoliers réciteraient chaque jour quelques sentences tirées de l'Écriture sainte, et surtout du Nouveau Testament, afin, dit-elle, que les autres études soient comme assaisonnées par ce divin sel : *quibus si addatur quotidiana Scripturæ sacræ quantulacumque mentio, hoc velut divino sale, reliqua puerorum studia condientur.*

Elle consent que l'on tire des auteurs païens la beauté et la délicatesse des expressions et des pensées : ce sont de précieux vases qu'on a droit d'enlever aux Égyptiens. Mais elle craindrait que dans ces coupes empoisonnées on ne présentât encore aux jeunes gens le vin de l'erreur, comme s'en plaignait saint Augustin, si, parmi tant de voix profanes dont retentissent continuellement les écoles, celle de Jésus-Christ, l'unique maître des hommes, ne s'y faisait entendre : *Petamus sane a profanis scriptoribus sermonis elegantiam, et ab iis verborum optimam supellectilem mutuemur. Sunt illa quasi pretiosa vasa, quæ ab Ægyptiis furari sine piaculo licet. Sed absit ut in iis (quemadmodum olim Augustinus de suis magistris conquerebatur) incautis adolescentibus vinum erroris ab ebriis doctoribus propinetur. Qui autem poterimus id vitare periculi, nisi tot profanis ethnicorum hominum vocibus inseratur divina vox, christianisque scholis, ut decet, quotidie intersit, imo præsideat, unus hominum magister, Christus?* Elle regarde ce pieux exercice comme un préservatif salutaire et comme un antidote efficace pour prévenir et pour fortifier les jeunes gens, au sortir des études, contre les attraits du plaisir, contre les fausses maximes du siècle corrompu, et contre la contagion du mauvais exemple : *Scilicet ætas illa simplex, docilis, innocens, plena candoris et modestiæ, necdum imbuta pravis artibus, accipiendo Christi Evangelio maxime idonea est. Sed, proh dolor! brevi illam morum castitatem inficiet humanarum opinionum labes, seculi contagio, consuetudinisque imperiosa lex : brevi omnia trahens ad se blandis cupiditatem lenociniis voluptas tenerum puerilis innocentiæ florem subvertet, nisi contra dulce illud venenum adolescentium mentes severis Christi præceptis, tanquam cœlesti antidoto, muniantur.*

[*Réglement du parlement sur le même sujet.*] Le parlement, qui veille à l'observation des statuts de l'université, dans un règlement général qu'il a fait pour l'un de ses collèges, enjoint au principal de tenir la main à ce que *les écoliers ne passent jamais un jour sans apprendre par mémoire une ou deux maximes de l'Écriture sainte, suivant l'esprit des statuts de la faculté des arts* [1].

[*Utilité de la lecture de l'Écriture sainte.*] Les courtes réflexions que le professeur ajoute de vive voix sur la sentence que l'on doit apprendre, jointes à l'instruction qui se fait régulièrement dans cha-

---

[1] Arrêt du 27 juin 1703.

que classe tous les samedis, et à l'étude de l'histoire sainte., suffi-
ront aux jeunes gens pour leur donner une teinture raisonnable de
la doctrine chrétienne. Et s'ils ne l'apprennent pas dans cet âge,
quand le pourront-ils faire? Ne sait-on pas que pour l'ordinaire le
temps qui suit les études est emporté par le vain amusement des bagatelles et des plaisirs, ou par l'occupation des affaires?

Les principes puisés dans la lecture de l'Écriture sainte serviront,
comme l'a sagement remarqué un habile écrivain [1] de ce siècle, à
rectifier une infinité de choses qui se rencontrent dans les ouvrages
des auteurs profanes, « et qui y ont été écrites par l'esprit du démon,
« dans le dessein de tromper les hommes par un faux agrément, qui
« nous rend les vices aimables lorsqu'ils sont représentés avec un tour
« ingénieux. »

[*Remarquer dans les auteurs païens tout ce qui a rapport à la religion.*] A la lueur de ce flambeau on découvrira., dans les écrits des
païens, et ces précieuses étincelles de vérité qui y brillent de toutes
parts au sujet de la Divinité et de la religion., et les erreurs grossières que la superstition y a mêlées. Car il n'y a que la révélation divine
qui puisse nous servir de guide et nous conduire sûrement à travers
ce mélange de ténèbres et de lumières. Sans elle, qu'ont été les peuples les plus estimés pour leur esprit et pour leur savoir, sinon un
amas d'hommes aveugles, insensés, privés d'intelligence et de sagesse? C'est l'idée que nous en donne l'Écriture en plus d'un endroit [2]. Les Grecs et les Romains étaient des nations civilisées,
polies, pleines de personnes habiles dans les sciences et dans les arts.
On y trouve des orateurs, des philosophes, des politiques. Plusieurs
même sont législateurs, interprètes des lois, ministres de la justice.
Et néanmoins, parmi tant de personnes intelligentes aux yeux des
hommes, Dieu ne découvre que des enfants et des insensés : *Dominus de cœlo prospexit super filios hominum, ut videat si est intelli-
gens... Non est usque ad unum* [3].

Demandez aux sages de ces nations ce qu'ils adorent; ce qu'ils es-
pèrent du culte qu'ils rendent à leurs divinités, ce qu'ils sont eux-
mêmes, et ce qu'ils feront; quelle est la source et la règle des devoirs;
quelle est l'origine de l'autorité des magistrats, quelle est la fin des
républiques : vous serez étonnés de voir que ces sages seront des
enfants par rapport à ces importantes questions, peu différents

[1] M. Nicole.
[2] Deut. 32, 21.
[3] Ps. 13, 2-5.

des abeilles et des fourmis qui vivent en républiques, et qui gardent de certaines lois sans savoir ce qu'elles font.

[*Traces du péché originel.*] Ils ont entrevu quelque chose des suites du péché original, mais sans en démêler la source et le principe. Peut-on décrire les misères de l'homme naissant d'une manière plus vive que le fait Pline dans sa belle préface du septième livre? Il représente ce superbe animal, destiné, dit-il, à commander à tout l'univers, dans un dénûment général de tout secours, dans les larmes, dans les douleurs, gisant dans un berceau pieds et mains liés, rebut infortuné de la nature, qui semble l'avoir traité en marâtre plutôt qu'en mère [1], commençant sa triste vie par des supplices, sans qu'on puisse lui reprocher d'autre crime que celui d'être né. *Jacet manibus pedibusque devinctis, flens, animal cœteris imperaturum, et a suppliciis vitam auspicatur; unam tantùm ob culpam, quià natum est.* Toute la conclusion que Pline tire de cet état, c'est qu'il est bien étonnant que l'homme, après de tels commencements, puisse conserver quelque sentiment d'orgueil. *Heu, dementiam ab iis initiis existimantium ad superbiam se genitos!*

Cicéron, dans un livre que nous avons perdu, et dont saint Augustin nous a conservé quelques précieux fragments, avait fait avant Pline une peinture presque toute semblable de l'état de l'homme, excepté qu'il y ajoute des traits qui caractérisent encore mieux les suites du péché originel, en marquant du côté de l'âme l'assujettissement bas et servile où naît l'homme à toutes sortes de passions, et la pente malheureuse qui le porte aux vices et aux déréglements; de sorte pourtant qu'on aperçoit encore en lui quelques rayons échappés de lumière et quelques étincelles de raison. *In libro tertio de Republica Tullius hominem dicit; non ut a matre, sed ut a noverca natura editum in vitam, corpore nudo, fragili et infirmo; animo autem anxio ad molestias, humili ad timores, molli ad labores, prono ad libidines : in quo tamen inesset tanquam obrutus quidam divinus ignis ingenii et mentis [2].*

Xénophon, dans la Cyropédie [3], parle d'un jeune seigneur mède qui, ayant succombé à une tentation dont il n'avait pas cru d'abord devoir même se défier, tant il comptait sur ses forces, avoue à Cyrus sa faiblesse, et reconnaît qu'il y avait en lui deux âmes, dont l'une,

---

[1] Ut non sit satis æstimare parens melior homini an noverca fuerit.
[2] S. August. lib. contr. Julian. c. 12.
n. 60.
[3] Lib. 6.

qui le poussait au bien, l'emportait quand ce prince était présent,
et l'autre, qui l'entraînait au mal, devenait victorieuse dès qu'il dis-
paraissait. Voilà la concupiscence bien marquée.

Les philosophes même en ont été frappés, et se sont approchés de la
foi chrétienne, comme l'observe saint Augustin, en regardant les
erreurs et les misères dont cette vie est pleine comme un effet de la
justice divine, qui punissait ainsi certaines fautes commises dans une
autre vie, qui n'en étaient pas moins réelles et effectives, quoiqu'elles leur fussent inconnues.

Ce mélange étonnant que nous sentons en nous de bassesse et de
grandeur, de faiblesse et de force, d'amour pour la vérité et de cré-
dulité pour l'erreur, de désir de la félicité et d'asservissement à la
misère; qui est l'état où l'homme se trouve depuis le péché d'Adam,
était pour eux une énigme inexplicable. Ils éprouvaient en eux-mêmes
toutes ces contrariétés, mais ils en ignoraient la cause, comme saint
Augustin le remarque de Cicéron : Rem vidit, causam nescivit [2].
Et comment auraient-ils pû la connaître [3], eux qui ignoraient absolument les saintes Écritures, qui seules nous donnent le dénoûment de ces difficultés, en nous apprenant la chute du premier homme
et les suites du péché originel ?

Mais quand on a une fois posé les principes que la révélation nous
apprend sur toutes ces matières, alors les écrivains profanes [4], par
de légers changements dans leurs expressions et dans leurs sentiments, peuvent devenir chrétiens, comme le remarque saint Augustin, et nous sont d'une grande utilité, même pour la religion.

[*Traces de plusieurs autres vérités de la religion.*] On voyoit partout des preuves éclatantes de l'immortalité de l'âme, aussi bien que
des récompenses et des peines de l'autre vie. Partout on y remarque la nécessité et l'existence d'un être suprême, indépendant, éternel, dont la providence s'étend à tout et entre dans les moindres détails; dont la bonté prévient tous les besoins de l'homme et le comble
de biens; dont la justice punit les désordres publics par des calami-
tés publiques, et se laisse fléchir par le repentir; dont la puissance

---

[1] Ex quibus humanæ vitæ erroribus et
ærumnis fit, ut interdum veteres illi, sive
qui nos ob aliqua scelera suscepta in vita
superiore pœnarum luendarum causa natos esse dixerunt, aliquid vidisse videantur. » (Cic. in Hortensio, apud S. Aug.
contra Jul. lib. 4, cap. 15, n. 78.)

[2] S. Augustr. contr. Julian. c. 12,

n. 60.

[3] Harum litterarum illi atque hujus
veritatis expertes, quid de hac re sapere
potuerunt? » (Ibid. cap. 15.)

[4] « Paucis mutatis verbis atque sententiis, christiani fierent » (S. Aug. de
Doct Christi, cap. 4.)

infinie dispose des royaumes et des empires ; et décide souverainement du sort des particuliers et des peuples. On remarque que cet
être, présent et attentif à tout, écoute les prières, reçoit les vœux, in-
tervient dans les serments, et en punit les violateurs ; qu'il porte sa
lumière dans les profondeurs les plus obscures des consciences, et en
trouble le repos ; qu'il enlève aux uns la prudence, la réflexion, le
courage, et qu'il les donne aux autres ; qu'il protége l'innocence, favorise la vertu, hait le vice, et le punit souvent dès cette vie ; qu'il
se plait à humilier les superbes, et à ôter aux injustes le pouvoir dont
ils abusent.

Quel usage un maître habile ne fait-il pas de toutes ces importantes vérités, et de beaucoup d'autres semblables ; qui, reparaissant
tous les jours sous de nouvelles faces, forment peu à peu dans l'esprit
une conviction secrète, intérieure, et comme naturelle, contre laquelle l'infidélité, dans la suite, a bien moins de force.

[*Faire remarquer les endroits des auteurs païens où il est parlé du
christianisme.*] Il n'est pas inutile non plus, pour faire sentir aux jeunes gens le bonheur inestimable qu'ils ont d'être nés dans le sein de la
religion chrétienne, de leur faire remarquer avec quel mépris les
plus illustres d'entre les auteurs païens ont parlé du christianisme
naissant, qui jetait pourtant dès lors un si grand éclat et une si vive
lumière. Je n'en rapporterai que deux ou trois endroits.

Tacite, en parlant de l'embrasement de Rome, dont tout le
monde regardait Néron comme l'auteur, dit que « ce prince voulut
« étouffer cette créance générale, en rejetant la cause et la haine de
« l'incendie sur ceux que le peuple appelait chrétiens ; et qu'il les fit
« tourmenter par des supplices horribles. C'étaient, dit-il, des gens
« infâmes, et qui étaient en horreur à tout le monde, comme cou-
« pables des crimes les plus détestables. Ils tirent leur nom, continue
« cet historien, d'un Christ, que Ponce Pilate, lieutenant en Judée,
« avait fait exécuter sous Tibère. Cette pernicieuse secte, après avoir
« été réprimée pour quelque temps, pullulait tout de nouveau, non
« seulement dans la Judée, qui était le lieu de sa naissance, mais dans
« Rome même, qui est le rendez-vous et comme l'égout de toutes les

---

[1] « Abolendo rumori Nero subdidit
reos, et quæsitissimis pœnis affecit, quos
per flagitia invisos vulgus christianos ap-
pellabat. Auctor nominis ejus Christus,
qui Tiberio imperante per procurato-
rem Pontium Pilatum supplicio affectus
erat. Repressaque in præsens exitiabilis
superstitio rursus erumpebat, non modo
per Judæam, originem ejus mali, sed
per urbem etiam, quo cuncta undique
atrocia aut pudenda confluunt celebran-
turque. » (TACIT. *Annal.* lib. 15, cap.
44.)

« ordures du monde. » Il ajoute ensuite qu'ils ne furent pas tant con-
vaincus du crime dont on les accusait, que de la haine du genre humain : *Haud perinde in crimine incendii, quam odio humani generis
convicti sunt* [1]. Suétone, en parlant de cet embrasement de Rome,
nous donne la même idée du christianisme, qu'il regarde comme une
superstition nouvelle, mêlée de magie : *Afflicti suppliciis christiani,
genus hominum superstitionis novæ ac maleficæ.*

Ces grands génies, dit M. de Tillemont en rapportant ce fait, qui
avaient tant de soin de rechercher la vérité dans l'histoire et dans
des choses indifférentes, n'avaient que de la froideur pour la chose
qu'il leur importait le plus de savoir. Ils condamnaient dans leurs
ouvrages l'injustice des princes qui punissaient avant que de s'assurer
du crime ; et ils ne rougissaient pas de commettre la même injustice
en haïssant pour des crimes inconnus ceux en qui ils ne voyaient rien
qu'ils ne fussent contraints de louer.

On croit avec raison que ce que dit Quintilien [2] de *l'auteur de la
superstition judaïque, qui a ramassé un peuple pernicieux à tous les
autres peuples*, doit s'entendre de Jésus-Christ même, et non de
Moïse : parce que, dans ces premiers temps, il était assez ordinaire
de confondre les chrétiens avec les Juifs. Il devrait paraître étonnant
qu'un homme du caractère de Quintilien, si raisonnable d'ailleurs et
si modéré, et qui eut le bonheur d'entrer dans une maison remplie
d'illustres chrétiens [3] ; et féconde même en martyrs, eût ainsi parlé
du christianisme, si l'on ne savait que la foi n'est point le fruit de la
raison et du bon esprit, mais un don tout gratuit de la miséricorde
divine. Un écrivain capable de porter l'excès de la flatterie jusqu'à
reconnaître pour dieu un empereur tel que Domitien, était digne de
blasphémer contre Jésus-Christ et contre sa religion.

Rien n'est plus célèbre que la lettre de Pline le jeune à l'empereur
Trajan au sujet des chrétiens. On y voit l'attachement au christianisme traité d'entêtement, d'opiniâtreté, de folie, et, sous ce vain
prétexte, puni du dernier supplice, comme le plus énorme de tous
les crimes. Pline ne sait si dans cette matière le repentir peut mériter
le pardon, ou s'il est inutile de cesser d'être chrétien quand une fois

---

[1] In Ner. cap. 16.

[2] « Est conditoribus urbium infamiæ,
contraxisse aliquam perniciosam cæteris
gentem, qualis est primus judaicæ superstitionis auctor. » (QUINTIL. lib. 3
cap. 9.)

[3] Quintilien fut chargé de l'éducation
de deux jeunes princes, enfants de Flavius Clemens, qui eut l'honneur de souffrir pour Jésus-Christ, aussi bien que
Domitile, sa femme, et une autre Domitile, sa nièce.

on l'a été ; si c'est le nom seul qu'on punit en eux, ou les crimes attachés à ce nom : « Ceux que j'ai mis à la question, dit-il, assuraient
« que toute leur faute ou leur erreur avait été qu'à un certain jour
« marqué ils s'assemblaient avant le lever du soleil pour chanter
« alternativement les louanges de Christ comme d'un dieu : qu'ils
« s'engageaient par serment, non à commettre quelque crime, mais
« à ne faire ni vol, ni larcin, ni adultère ; à observer inviolablement
« leur parole ; à ne point nier un dépôt qu'on leur redemanderait :
« qu'après cela ils se retiraient, et se rassemblaient encore pour
« prendre en commun leur repas, dans lequel il n'y avait rien de cri-
« minel. » Il avoue pourtant qu'il a fait mener au supplice ceux qui
ont persisté dans leur aveu, ne doutant pas que, quand le christianisme ne les eût pas rendus criminels, leur obstination et leur opiniâtreté inflexible ne méritât d'être punie.

La réponse de l'empereur fut « qu'il ne fallait faire aucune recher-
« che contre les chrétiens : mais si on les défère, dit-il, et si on les
« accuse en justice, il faut les punir ; de sorte pourtant que ceux qui
« soutiendront n'être point chrétiens, et qui le justifieront par les
« effets, c'est-à-dire en sacrifiant à nos dieux, soient traités comme
« innocents.... Au reste, ajoute Trajan, dans nul genre de crime l'on
« ne doit recevoir des libelles et des dénonciations qui ne soient
« souscrites de personne : car cela est d'un pernicieux exemple, et
« très-éloigné de nos maximes. »

Combien de pareils endroits fournissent-ils de réflexions propres à
faire comprendre aux jeunes gens la sainteté et la pureté de la religion
chrétienne, l'aveuglement volontaire et criminel des plus beaux esprits du paganisme, l'injustice criante des princes les plus modérés
et les plus sages qu'aient jamais eus les Romains, et la contradiction
manifeste de leurs édits contre les chrétiens, où l'on voit que, pour
les condamner, il a fallu renoncer non-seulement à toute équité, mais
encore au bon sens et à la droite raison ! « Ordonnance impériale,
« s'écrie Tertullien en parlant de la lettre de Trajan, pourquoi vous
« combattez-vous vous-même ? Si vous ordonnez la condamnation
« d'un crime, pourquoi n'en ordonnez-vous pas la recherche ? et si
« vous en défendez la recherche, pourquoi n'en ordonnez-vous pas
« l'absolution ¹ ? » Il me semble qu'on ne doit point laisser sortir du
collége les jeunes gens sans leur avoir fait lire ces sortes de passages

_____
¹ Tert. Apol. cap. 2.

3.

d'auteurs païens, dont plusieurs portent avec eux une preuve de la sainteté et de la vérité de notre religion; et qui sont si capables de leur en inspirer du respect.

[Le moyen d'inspirer aux autres la piété est d'en être soi-même pénétré.] Mais le moyen le plus sûr et le plus efficace pour insinuer aux jeunes gens des sentiments de piété, c'est que le maître en soit lui-même bien pénétré. Alors, tout parle en lui, tout est instructif, tout inspiré de l'estime et du respect pour la religion; lors même qu'il s'agit de toute autre chose. Car c'est ici l'affaire du cœur encore plus que celle de l'esprit: et pour la vertu, aussi bien que pour les sciences, la voie des exemples est bien plus courte et plus sûre que celle des préceptes.

Ce caractère dominait souverainement dans saint Augustin; et le récit qu'il nous a laissé de la manière dont il instruisait ses disciples peut être d'une grande utilité pour les écoliers aussi bien que pour les maîtres. On y voit que la qualité la plus essentielle d'un maître chrétien est d'avoir pour ses disciples cet amour de jalousie dont parle saint Paul, qui allume en lui un zèle ardent pour leur salut, et le rende extrêmement sensible à tout ce qui peut y donner la moindre atteinte.

Ce grand saint, après sa conversion, s'était retiré à la campagne avec quelques amis, et il y instruisait deux jeunes gens, nommés Licent et Trygèce[3]. Il avait établi des conférences réglées, où il les faisait parler sur différents sujets que l'on proposait. Chacun soutenait son sentiment et répondait aux questions et aux difficultés qu'on lui faisait. On écrivait tout ce qui se disait de part et d'autre. Il échappa un jour à Trygèce une réponse qui n'était pas tout à fait exacte, et qu'il souhaitait qu'on ne mît point par écrit. Licent[4], de son côté, insista vivement au contraire, et demanda qu'elle fût écrite. On s'échauffa de part et d'autre, comme cela est naturel à des jeunes gens, dit saint Augustin, ou plutôt à tous les hommes, qui sont pleins de vanité et d'orgueil.

Saint Augustin fit une réprimande assez forte à Licent, qui en rougit sur-le-champ. L'autre, ravi du trouble et de la confusion où il

[1] « Longum iter est per præcepta, esse nollet, urgebat Licentius ut mane-
breve et efficax per exempla. » (Sen., rent; puerorum scilicet more, vel potius
Epist. 6.) hominum, proh nefas! pene omnium
[2] 2. Cor. II, 2. quasi vero gloriandi causa inter nos illud
[3] S. Augustr. lib. I, de Ordin. c. 10. ageretur.
[4] « Quùm Trygetius verba sua scripta

voyait son émule, ne put dissimuler sa joie. Le saint, pénétré d'une
vive douleur, en voyant le secret dépit de l'un et la maligne joie de
l'autre, et les apostrophant tous deux : « Est-ce donc ainsi, leur
« dit-il, que vous vous conduisez ? Est-ce là cet amour de la vérité
« dont je me flattais, il n'y a qu'un moment, que vous étiez l'un et
« l'autre embrasés ? » Après plusieurs remontrances, il finit ainsi :
« Mes chers enfants, n'augmentez pas, je vous en conjure, mes mi-
« sères, qui ne sont déjà que trop grandes. Si vous sentez combien je
« vous considère et je vous aime, combien votre salut m'est cher ; si
« vous êtes persuadés que je ne me souhaite rien à moi-même de
« plus avantageux qu'à vous ; enfin si, en m'appelant votre maître,
« vous croyez me devoir quelque retour d'amour et de tendresse,
« toute la reconnaissance que je vous demande est que vous soyez
« gens de bien : *Boni estote.* » Ses larmes coulèrent alors abondamment, et achevèrent ce que son discours avait commencé. Les disciples attendris ne songèrent plus qu'à consoler leur maître par un
prompt repentir pour le présent, et par de sincères promesses pour
l'avenir.

La faute de ces jeunes gens méritait-elle donc que le maître en fût
si touché ? N'est-ce pas l'ordinaire de ces sortes de disputes ? et
vouloir en bannir cette vivacité et cette sensibilité, ne serait-ce pas
éteindre toute ardeur d'étude, et émousser la pointe d'un aiguillon
nécessaire à cet âge ?

Ce n'était point la pensée de saint Augustin. Il ne songeait qu'à
retenir dans de justes bornes une noble émulation, et à l'empêcher
de dégénérer en orgueil, qui est la plus grande maladie de l'homme.
Il était bien éloigné de vouloir la guérir par une autre, qui n'est
peut-être pas moins dangereuse, je veux dire la paresse et l'indolence.
« Que je serais à plaindre, dit-il, d'avoir de tels disciples, en qui
« un vice ne pût se corriger que par un autre vice [1] ! »

Voilà une délicatesse de sentiments qui ne se trouve point parmi
les païens. Ils conviennent, à la vérité, que l'ambition dont nous
parlons ici est un vice ; mais, par une contradiction assez bizarre,
ils le donnent comme un vice qui devient souvent dans les jeunes
gens une source de vertus : [*Licèt ipsa vitium sit ambitio, frequenter
tamen causâ virtutum est* [2]] et ils font tout ce qui est nécessaire pour

[1] Me miserum, si necesse erit, tales
etiam nunc perpeti, a quibus vitia de-
cedere sine aliorum vitiorum successione
non possunt !

[2] Quintil. l. 1, cap. 3.

nourrir et pour augmenter cette maladie [1]. Il n'y a que le christianisme qui remédie à tout, qui déclare généralement la guerre à tous
les vices, et qui puisse rétablir l'homme dans une entière santé. La
philosophie, avec ses plus beaux préceptes, ne va point jusque-là.

[*Soumettre et rapporter tout à la religion.*] Il faut donc, pour
rassembler en peu de mots ce que j'ai dit jusqu'ici, il faut que la
raison, après avoir orné l'esprit de son disciple de toutes les sciences
humaines, et fortifié son cœur par toutes les vertus morales, le
remette entre les mains de la religion, pour lui apprendre à faire
un usage légitime de tout ce qu'elle lui aura enseigné, et à le consacrer par là en le rendant éternel. Elle doit l'avertir que, sans les
leçons de ce nouveau maître, tout son travail ne serait qu'un vain
amusement, puisqu'il se terminerait à la terre, au temps, à une gloire
frivole, à un bonheur fragile; que ce nouveau guide peut seul mener
l'homme à son principe, le reporter dans le sein de la Divinité, le
mettre en possession du souverain bien où il tend, et remplir ses
désirs immenses par une félicité sans bornes. Enfin, le dernier avis
qu'elle doit lui insinuer, et le plus important de tous, c'est d'écouter
avec une entière docilité les sublimes leçons que la religion lui donnera, de lui soumettre toute autre lumière, et de regarder comme le
plus grand bonheur et le plus indispensable devoir de faire servir à sa
gloire toutes ses connaissances et tous ses talents.

SECONDE PARTIE.

PLAN ET DIVISION DE CET OUVRAGE.
RÉFLEXIONS GÉNÉRALES SUR CE QU'ON APPELLE LE GOUT.
OBSERVATIONS PARTICULIÈRES SUR CET OUVRAGE.

I. *Plan et division de cet ouvrage.*

En supposant toujours les trois différents objets que les maitres
doivent se proposer dans l'instruction de la jeunesse, et dont il a été

---

[1] Huic vitio (cupiditati gloriæ) non
solum non resistebant, verum etiam id
excitandum et accendendum esse cense-
bant, putantes hoc utile esse reipublicæ.
(S. Aug. lib. 5 *de Civitate Dei*, cap.
13.)

parlé dans la première partie de ce discours préliminaire, je diviserai cet ouvrage en six parties.

La première aura pour principal objet la grammaire et l'intelligence des langues qu'on doit apprendre au collége, qui sont : la langue française, la grecque, et la latine.

Dans la seconde je parlerai de la poésie.

La troisième sera plus étendue, et regardera la rhétorique. C'est là principalement que j'essayerai de former le goût des jeunes gens en leur mettant devant les yeux les principales règles que les maîtres de l'art nous ont laissées sur ce sujet, et en joignant à ces règles des exemples tirés des meilleurs auteurs latins et français, dont je tâcherai quelquefois de développer les beautés.

L'histoire sera la quatrième partie. Je comprends sous ce nom l'histoire sainte, qui est le fondement de toutes les autres ; la fable, moins ancienne que la vérité, mais qui l'a suivie de près, et qui en a tiré sa naissance en l'altérant et la corrompant ; l'histoire grecque, qui renferme aussi celle de quelques autres peuples ; et enfin l'histoire romaine. Les antiquités et les coutumes de l'une et de l'autre nation, aussi bien que ce qui regarde la chronologie et la géographie, entreront dans le traité de l'histoire.

La philosophie, avec les sciences qui y ont quelque rapport, fera la matière de la cinquième partie.

A ces cinq parties j'en ajouterai une sixième, qui serait d'un grand usage si elle était bien traitée. Outre plusieurs articles qui auront été omis, ou qui n'auront pu entrer dans le reste de l'ouvrage, elle renfermera le détail du gouvernement intérieur des classes et du collége : la manière de conduire les jeunes gens, de connaître leur caractère, leur humeur, leurs penchants, leurs défauts, et de les leur faire connaître à eux-mêmes ; l'attention qu'on doit avoir à leur former l'esprit et le cœur, moins par les instructions publiques que dans des conversations particulières, qui soient libres, aisées, familières, sans gêne, sans contrainte, sans artifice, et telles que les jeunes gens puissent prendre une confiance entière en leurs maîtres.

Comme dans cet ouvrage j'aurai souvent à parler du bon goût par rapport aux belles-lettres et à l'éloquence, qu'il me soit permis auparavant de faire sur cet article quelques réflexions générales, qui aideront à en faire sentir l'importance et la nécessité.

II. Réflexions générales sur ce qu'on appelle le bon goût.

Le goût, tel que nous le considérons ici, c'est-à-dire par rapport à la lecture des auteurs et à la composition, est un discernement délicat, vif, net et précis, de toute la beauté, la vérité et la justesse des pensées et des expressions qui entrent dans un discours. Il distingue ce qu'il y a de conforme aux plus exactes bienséances, de propre à chaque caractère, de convenable aux différentes circonstances. Et pendant qu'il remarque, par un sentiment fin et exquis, les grâces, les tours, les manières, les expressions les plus capables de plaire, il aperçoit aussi tous les défauts qui produisent un effet contraire, et il démêle en quoi précisément consistent ces défauts, et jusqu'où ils s'écartent des règles sévères de l'art et des vraies beautés de la nature.

Cette heureuse qualité, que l'on sent mieux qu'on ne peut la définir, est moins l'effet du génie que du jugement, et d'une espèce de raison naturelle perfectionnée par l'étude. Elle sert dans la composition à guider l'esprit et à le régler. Elle fait usage de l'imagination, mais sans s'y livrer, et en demeure toujours maitresse. Elle consulte en tout la nature, la suit pas à pas, et en est une fidèle expression. Sobre et retenue au milieu de l'abondance et des richesses, elle dispense avec mesure et avec sagesse, les beautés et les grâces du discours. Elle ne se laisse jamais éblouir par le faux, quelque brillant qu'il soit. Elle est également blessée du trop et du trop peu. Elle sait s'arrêter précisément où il faut, et retranche sans regret et sans pitié tout ce qui est au delà du beau et du parfait [1]. C'est le défaut de cette qualité qui fait le vice de tous les styles corrompus; de l'enflure, du faux brillant, des pointes; alors, dit Quintilien, que le génie est destitué de jugement, et qu'il se laisse tromper par l'apparence du beau, *quoties ingenium judicio caret, et specie boni fallitur* [2], ou bien lorsque des expressions particulières, qui soient libres, aisées, etc. Ce goût, simple et unique dans son principe, se varie et se multiplie en une infinité de manières; de sorte pourtant que, sous mille formes différentes, en prose ou en vers, dans un style étendu ou serré, sublime ou simple, enjoué ou sérieux, il est toujours le même, et porte partout un certain caractère de vrai et de naturel qui

[1] « Recideret omne quod ultra perfectum traheretur. » (Hon. lib. 1, *Sat.* 10.) « Quidquid est ultra virtutem. » — (Quintil. lib. 8, cap. 3.
[2] Lib. 8, c. 3.

se fait d'abord sentir à quiconque a du discernement. On ne peut
pas dire que le style de Térence, de Phèdre, de Salluste, de César,
de Cicéron, de Tite-Live, de Virgile, d'Horace, soit le même. Ils ont
tous néanmoins [2], s'il est permis de parler ainsi, une certaine teinture d'esprit qui leur est commune, et qui, dans cette diversité de
génie et de style, les rapproche et les réunit, et met une différence
sensible entre eux et les autres écrivains qui ne sont pas marqués au
coin de la bonne antiquité.

J'ai dit que ce discernement était une espèce de raison naturelle
perfectionnée par l'étude. En effet, tous les hommes apportent avec
eux en naissant les premiers principes du goût, aussi bien que ceux
de la rhétorique et de la logique. La preuve en est, qu'un bon
orateur est presque toujours infailliblement approuvé du peuple, et
qu'il n'y a sur ce point, comme le remarque Cicéron, aucune différence de sentiment et de goût entre les ignorants et les savants.

Il en est ainsi de la musique et de la peinture. Un concert dont
toutes les parties sont bien composées et bien exécutées, tant pour
les instruments que pour les voix, plait généralement. Qu'il y sur-
vienne quelque discordance, quelque cacophonie, elle révolte ceux
mêmes qui ignorent absolument ce que c'est que musique. Ils ne
savent pas ce qui les choque, mais ils sentent que leurs oreilles sont
blessées. C'est que la nature leur a donné du goût et du sentiment pour l'harmonie. De même un beau tableau charme et enlève un spectateur qui n'a aucune idée de peinture. Demandez-lui ce
qui lui plait, et pourquoi cela lui plait, il ne pourra pas aisément en
rendre compte, ni en dire les véritables raisons; mais le sentiment
fait à peu près en lui ce que l'art et l'usage font dans les connaisseurs.

Il en faut dire autant du goût dont nous parlons ici. Presque tous
les hommes en ont en eux-mêmes les premiers principes, quoique
dans la plupart ils soient peu développés, faute d'instruction ou de
réflexion; et qu'ils soient même étouffés ou corrompus par une édu-

[1] « Quod sentitur latente judicio, velut palato. » (QUINTIL. lib. 6, cap. 3.)

[2] « Sua cuique proposita lex; suus
decor est... Habet tamen omnis eloquentia aliquid commune. » (QUINTIL. lib.
10, cap. 2.)

« Nec refert quod inter se specie dif-
ferant; quum genere consentiant... Omnes eamdem sanitatem eloquentiæ ferunt:

ut, si omnium pariter libros in manum
sumpseris, scias, quamvis in diversis ingeniis, esse quamdam judicii ac voluntatis similitudinem et cognationem. »
(Dialog. de Orat. cap. 25.)

[3] « Nunquam de bono oratore, aut
non bono, doctis hominibus cum populo
dissensio fuit. » (CIC. in Brut. n. 185.)

cation vicieuse, par de mauvaises coutumes, par les préventions dominantes du siècle et du pays.

Quelque dépravé néanmoins que soit le goût, il ne périt pas entièrement : il en reste toujours dans les hommes des points fixes, gravés au fond de leur esprit, dans lesquels ils conviennent et se réunissent. Quand ces semences secrètes sont cultivées avec quelque soin, elles peuvent être conduites à une perfection plus distincte et plus démêlée. Et s'il arrive que ces premières notions soient réveillées par quelque lumière dont l'éclat rende les esprits attentifs aux règles immuables du vrai et du beau, qui en découvre les suites naturelles et les conséquences nécessaires, et qui leur serve en même temps de modèle pour en faciliter l'application, on voit ordinairement les plus sensés se détromper avec joie de leurs vieilles erreurs, corriger la fausseté de leurs anciens jugements, revenir à ce qu'un goût épuré et sûr a de plus juste, de plus délicat et de plus fin, et y entraîner peu à peu tous les autres.

On peut s'en convaincre par le succès de certains grands orateurs, ou de quelques auteurs fameux, qui, par leurs talents naturels, savent rappeler ces idées primitives, et faire revivre ces semences cachées dans l'esprit de tous les hommes. En peu de temps ils réunissent en leur faveur les suffrages de ceux qui font le plus usage de leur raison, et bientôt ils enlèvent les applaudissements des personnes de tout âge et de toute condition, des ignorants aussi bien que des savants. Il serait facile de marquer parmi nous la date du bon goût qui y règne dans tous les arts, aussi bien que dans les belles-lettres et dans les sciences ; et, en remontant dans chaque genre jusqu'à la source, on verrait qu'un petit nombre d'heureux génies a procuré cette gloire et cet avantage à la nation.

Ceux mêmes qui, dans des siècles plus cultivés, sont sans étude et sans belles-lettres, ne laissent pas de prendre une teinture du bon goût dominant, qui se mêle sans qu'ils s'en aperçoivent dans leurs conversations, dans leurs lettres, dans leurs manières. Il y a peu de nos guerriers aujourd'hui qui n'écrivissent plus correctement et plus élégamment que Ville-Hardouin, et les autres officiers qui vivaient dans un siècle encore grossier et barbare.

On doit conclure de tout ce que je viens de dire, que l'on peut donner des règles et des préceptes sur ce discernement ; et je ne sais pourquoi Quintilien, qui en fait avec raison un si grand cas, prétend que cette qualité ne peut non plus s'acquérir par l'art que le

goût et l'odorat : *non magis arte traditur, quam gustus aut odor* [1],
à moins qu'il ne veuille dire qu'il y a des esprits si grossiers, et
tellement éloignés de ce discernement, qu'on pourrait croire que
c'est en effet la nature seule qui le donne.

Je ne crois pas même que cette pensée de Quintilien soit vraie par
rapport à l'exemple dont il se sert, du moins pour ce qui regarde le
goût. Il ne faut qu'examiner ce qui arrive à de certaines nations
qu'une longue habitude attache fortement à des ragoûts bizarres et
fort extraordinaires. Elles s'accordent sans peine à louer des liqueurs
exquises, des viandes délicates, des mets apprêtés avec art par
une main habile. Elles apprennent bientôt à discerner les finesses de
l'assaisonnement, quand un maître savant en ce genre les y rend
attentives, et à les préférer à la grossièreté barbare de leur ancienne
nourriture. Quand je parle ainsi, ce n'est pas que je trouve ces nations fort à plaindre d'être privées d'une intelligence et d'une habileté
qui nous est devenue si funeste. Mais on peut juger par là de la ressemblance qui se trouve entre le goût par rapport au sens et au corps,
et le goût par rapport à l'esprit ; et combien le premier est propre à
peindre les caractères du second.

Le bon goût dont nous parlons ici, qui est celui de la littérature,
ne se borne pas à ce qu'on appelle sciences : il influe comme imperceptiblement sur les autres arts, tels que sont l'architecture, la peinture,
la sculpture, la musique. C'est un même discernement qui introduit
partout la même élégance, la même symétrie, le même ordre dans
la disposition des parties ; qui rend attentif à une noble simplicité,
aux beautés naturelles, au choix judicieux des ornements. Au contraire, la dépravation du goût dans les arts a toujours été un indice
et une suite de celle de la littérature. Les ornements chargés, confus, grossiers des anciens édifices gothiques, et placés pour l'ordinaire sans choix, contre les bonnes règles et hors des belles proportions, étaient l'image des écrits des auteurs du même siècle.

Le bon goût de la littérature se communique même aux mœurs
publiques et à la manière de vivre. L'habitude de consulter les règles
primitives sur une matière conduit naturellement à en faire de même
sur d'autres. Paul Émile, si habile et si entendu en tout genre,
ayant donné, après la conquête de la Macédoine, une grande fête à
toute la Grèce, et ayant remarqué qu'on en trouvait l'ordonnance

infiniment plus élégante et plus belle qu'on ne l'attendait d'un homme
de guerre, répondit qu'on avait tort de s'en étonner ; « que le même
« génie qui apprend à bien ranger une armée en bataille apprend
« aussi à bien ordonner une fête [1]. »

Mais, par un renversement tout à fait étrange et cependant ordinaire, et qui est une grande preuve de la faiblesse ou plutôt de la
corruption de l'esprit humain, cette délicatesse même, cette élégance
que le bon goût de la littérature et de l'éloquence a coutume d'introduire dans l'usage de la vie, pour les bâtiments par exemple, et
pour les repas, venant peu à peu à dégénérer en excès et en luxe,
introduit à son tour le mauvais goût dans la littérature et dans l'é-
loquence. C'est ce que Sénèque nous développe d'une manière fort
ingénieuse dans une de ses lettres, où il semble s'être peint lui-
même sans s'en apercevoir [2].

Un de ses amis lui avait demandé [3] d'où pouvait venir le changement qu'on voyait quelquefois arriver dans l'éloquence, et qui
entraînait presque tous les esprits dans certains défauts ; comme
d'affecter des figures hardies et outrées, des métaphores hasardées
sans mesure et sans retenue, des pensées si courtes et si brusques,
qu'elles laissent plutôt à deviner ce qu'elles veulent dire qu'elles ne
le disent.

Sénèque répond à cette question par un proverbe usité chez les
Grecs [4] : Telle est la vie, telles sont les paroles : *Talis hominibus
fuit ratio, qualis vita.* Comme un particulier se peint dans son discours [5], ainsi le style dominant est quelquefois une image des
mœurs publiques. Le cœur entraîne l'esprit [6], et lui communique

---

[1] PLUTARQUE, dans la vie de Paul Émile.

[2] Sen. *Epist.* 114.

[3] « Quare quibusdam temporibus pro-
venerit corrupti generis oratio, quæris ;
et quomodo in quædam vitia inclinatio
ingeniorum facta sit... quare alias sensus audaces et fidem egressi placuerint,
alias abruptæ sententiæ et suspiciosæ,
in quibus plus intelligendum est quam
audiendum ; quare aliqua ætas fuerit,
quæ translationis jure uteretur invere-
cunde ? »

[4] Il paraît que ce, proverbe ou plutôt
cette *sentence* est une pensée de Solon,
qui disait : Le *discours est l'image des
actions*, Ὁ λόγος εἰδωλόν ἐστι τῶν ἔργων
(DIOG. LAERT. I, 58); pensée reproduite
par Démocrite : Λόγος ἔργου σκίη, le

discours est *l'ombre de l'action* (DIOG.
LAERT. IX, 38; PLUT. de *Liber. Educat.*
p. 9).

Térence a dit de même :
Mihi quale ingenium haberes, fuit indicio
oratio tua.
(*Heautontimor.* II, 4, 4.)
Bentley a parlé de cette pensée dans une
de ses dissertations (*Respons. ad Boyle,*
pag. 104. Lennep. *version*). — L.

[5] « Quemadmodum uniuscujusque actio
dicenti similis est, sic genus dicendi
aliquando imitatur publicos mores. »

[6] « Si disciplina civitatis laboravit,
et se in delicias dedit, argumentum est
luxuriæ publicæ oratio lasciva... Non
potest alius esse ingenio, alius animo
color »

ses vices aussi bien que ses vertus. Lorsque, dans les meubles, dans les bâtiments, dans les repas, on se fait un mérite de se distinguer des autres par de nouveaux raffinements, et par une recherche étudiée de tout ce qui est hors de l'usage commun, le même goût se communique à l'éloquence, et y porte aussi la nouveauté et le désordre. L'esprit [1], accoutumé à ne plus suivre de règles dans les mœurs, n'en suit plus dans le style. On ne veut plus rien que de nouveau, de brillant, d'extraordinaire, de hasardé. On ne s'attache qu'à des pensées minces et puériles, ou hardies et outrées jusqu'à l'excès. On affecte un style peigné et fleuri, et une élocution éclatante, qui n'a que du son, et rien de plus.

Et ce qui répand ces sortes de défauts [2] est ordinairement l'exemple d'un homme seul qui s'est fait de la réputation, qui est devenu à la mode, qui s'est rendu maître des esprits, et qui donne le ton aux autres. On se fait honneur de le suivre; on l'étudie, on le copie, et son style devient la règle et le modèle du goût public.

Comme donc dans une ville [3] le luxe des tables et des habits est une marque que les mœurs y sont peu réglées, ainsi la licence du style, quand elle est publique et générale, montre que les esprits sont dépravés et corrompus.

Pour remédier au mal [4], pour réformer dans le style les expressions et les pensées, il faut purifier la source d'où elles partent. C'est l'esprit qu'il faut guérir. Quand il est sain et vigoureux, l'éloquence l'est aussi : mais elle est faible et languissante quand l'esprit l'est devenu, et qu'il s'est laissé affaiblir et énerver par la volupté et par les délices. En un mot, c'est lui qui est le maître, qui commande et qui donne le mouvement à tout; et tout le reste suit ses impressions.

[1] « Quum assuevit animus fastidire quæ ex more sunt, et illi pro sordidis solita sunt; etiam in oratione quod novum est quærit...... Modo id, quod nuper increbuit, pro cultu habetur audax translatio ac frequens.... Non tantum in genere sententiarum vitium est, si aut pusillæ sunt et pueriles, aut improbæ, et plus ausæ quam salvo pudore licet : sed si floridæ sunt, et nimis dulces, si in vanum exeunt et sine effectu, nihil amplius quam sonant. »

[2] « Hæc vitia unus aliquis inducit, sub quo tunc eloquentia est : cæteri imitantur, et alteri tradunt. »

[3] « Quomodo conviviorum luxuria;

quomodo vestium, ægræ civitatis indicia sunt : sic orationis licentia, si modo frequens est, ostendit animos quoque, a quibus verba exeunt, procidisse. »

[4] « Oratio nulli molesta est, nisi animus labat. Ideo ille curetur. Ab illo sensus, ab illo verba exeunt... Illo sano ac valente, oratio quoque robusta, fortis, virilis est; si ille procubuit, et cætera sequuntur ruinam.... Rex noster est animus. Hoc incolumi cætera manent in officio, parent, et obtemperant... Quum vero cessit voluptati; artes quoque ejus actusque marcent, et omnis ex languido fluidoque conatus est. »

Il fait remarquer ailleurs qu'un style trop étudié et trop recherché est la marque d'un petit génie [1]. Il veut qu'un orateur, surtout quand il traite des matières graves et sérieuses, soit moins attentif aux mots et à l'arrangement qu'aux choses et aux pensées. Quand vous voyez un discours travaillé et poli avec tant de soin et d'inquiétude, vous pouvez conclure, dit-il, qu'il part d'un esprit médiocre, et occupé de petites choses. Un écrivain qui a l'esprit grand et élevé ne s'arrête point à de telles minuties. Il pense et parle avec plus de noblesse et de grandeur, et l'on voit dans tout ce qu'il dit un certain air aisé et naturel, qui marque un homme riche de son propre fonds, et qui ne cherche point à le paraître. Ensuite il compare cette sorte d'éloquence fleurie et fardée à des jeunes gens bien frisés et poudrés, et qui sont toujours devant le miroir et à la toilette : *barba et coma nitidos, de capsula totos.* On ne peut rien attendre de grand et de solide de tels caractères. Il en est de même des orateurs. Le discours est comme le visage de l'esprit : s'il est peigné, ajusté, fardé, c'est un signe qu'il y a quelque chose de gâté dans l'esprit, et qu'il n'est pas sain. Une telle parure où il y a tant d'art et d'étude n'est point un ornement digne de l'éloquence : *non est ornamentum virile, concinnitas.*

Qui ne croirait, en entendant parler ainsi Sénèque, qu'il était ennemi déclaré du mauvais goût, et que personne n'était plus capable que lui de s'y opposer et de le prévenir ? Et cependant ce fut lui, plus que tout autre, qui contribua à gâter les esprits et à corrompre l'éloquence. J'aurai lieu d'en parler ailleurs, et je le ferai d'autant plus volontiers, qu'il semble que ce mauvais goût de pensées brillantes et d'une sorte de pointes, qui est proprement le caractère de Sénèque, veuille prendre le dessus dans notre siècle. Et je ne sais si ce ne serait point un indice et un présage de la ruine dont l'éloquence est menacée parmi nous, et dont le luxe énorme qui règne plus que jamais, et la décadence presque générale des mœurs, sont peut-être aussi de funestes avant-coureurs.

Il ne faut quelquefois, comme le remarque Sénèque, et comme

[1] « Nimis anxium esse te circa verba et compositionem, mi Lucili, nolo : habeo majora quæ cures. Quære quid scribas, non quemadmodum.... Cujuscumque orationem videtis sollicitam et politam, scito animum quoque non minus esse pusillis occupatum. Magnus ille remissius loquitur et securius : quæcumque dicit, plus habent fiduciæ quam curæ. Nosti complures juvenes, barba et coma nitidos, de capsula totos : nihil ab illis speraveris forte, nihil solidum. Oratio vultus animi est : si circumtonsa est, et fucata et manufacta, ostendit illum quoque non esse sincerum, et habere aliquid fracti. » (*Epist.* 115.)

lui-même en est un exemple, il ne faut qu'un seul homme, mais
d'un grand nom, et qui, par de rares qualités, se sera acquis un
grand crédit, pour introduire ce mauvais goût et ce style corrompu.
On veut, par une secrète ambition, se distinguer de la foule des
orateurs et des écrivains de son temps, et ouvrir une nouvelle carrière, où l'on marche plutôt seul à la tête de nouveaux disciples qu'à
la suite des anciens maîtres. On préfère la réputation de bel esprit à
celle de bon esprit, le brillant au solide, le merveilleux au naturel
et au vrai. On aime mieux parler à l'imagination qu'au jugement,
éblouir la raison que la convaincre, surprendre son approbation que
la mériter. Et pendant qu'un tel homme, par une espèce de prestige
et par un doux enchantement, enlève l'admiration et les applaudissements des esprits superficiels, qui font la multitude, les autres
écrivains, séduits par l'attrait de la nouveauté et par l'espérance
d'un pareil succès, se laissent insensiblement aller au torrent, et le
fortifient en le suivant. Ainsi ce nouveau goût déplace sans effort
l'ancien goût, quoique meilleur : il passe bientôt en loi, et entraîne
toute une nation.

C'est ce qui doit réveiller dans l'université l'attention des maîtres
pour prévenir et empêcher, autant qu'il est en eux, la ruine du bon
goût : et chargés, comme ils le sont, de l'instruction publique de
la jeunesse, ils doivent regarder ce soin comme une partie essentielle
de leur devoir. Les coutumes, les mœurs, les lois des anciens peuples ont changé ; elles sont souvent opposées à notre caractère et à
nos usages, et la connaissance peut nous en être moins nécessaire.
Les faits sont passés sans retour ; les grands événements ont eu leur
cours sans en faire attendre de semblables ; les révolutions des États
et des empires ont peut-être peu de rapport à notre situation présente et à nos besoins, et par là deviennent moins intéressantes.
Mais le bon goût, qui est fondé sur des principes immuables, est
le même pour tous les temps ; et c'est le principal fruit qu'on doive
faire tirer aux jeunes gens de la lecture des anciens, qu'on a toujours
regardés avec raison comme les maîtres, les dépositaires, les gar-
diens de la saine éloquence et du bon goût. Enfin, parmi tout ce qui
peut contribuer à la culture de l'esprit, on peut dire que cette partie est la plus essentielle, et celle que l'on doit préférer à toutes les
autres.

Ce bon goût ne se borne pas aux belles-lettres : il regarde aussi,
comme on l'a déjà insinué, tous les arts, toutes les sciences, toutes

4.

les connaissances. Il consiste alors dans un certain discernement juste et exact, qui fait sentir ce qu'il y a dans chacune de ces sciences et de ces connaissances de plus rare, de plus beau, de plus utile, de plus essentiel, de plus convenable ou de plus nécessaire à ceux qui s'y appliquent; jusqu'où, par conséquent, il en faut porter l'étude, ce qu'on en doit écarter, ce qui mérite un travail particulier et une préférence sur tout le reste. On peut, faute de ce discernement, manquer à l'essentiel de sa profession sans qu'on s'en aperçoive; et ce défaut n'est pas si rare qu'on le penserait. Un exemple tiré de la Cyropédie de Xénophon rendra la chose plus sensible.

. Le jeune Cyrus, fils de Cambyse, roi des Perses, avait eu long-temps pour le former dans l'art militaire un maître, sans doute le plus habile et le plus estimé de son temps. Un jour Cambyse, s'entretenant avec son fils, le mit sur l'article de son maître, dont ce jeune prince avait une fort grande idée, et de qui il prétendait avoir appris généralement tout ce qui est nécessaire pour bien commander des troupes. Votre maître, lui dit Cambyse, vous a-t-il donné quelques leçons d'économie, c'est-à-dire de la manière dont il faut pourvoir aux besoins d'une armée, préparer des vivres, prévenir les maladies, songer à la santé des soldats, fortifier leur corps par de fréquents exercices, exciter parmi eux l'émulation, savoir se faire obéir, se faire estimer, se faire aimer des troupes? Sur chacun de ces points, et sur beaucoup d'autres que le roi parcourut, Cyrus répondait qu'on ne lui en avait jamais dit un mot, et que tout cela était nouveau pour lui. Et que vous a-t-il donc montré? A faire des armes, répondit le jeune prince, à monter à cheval, à tirer de l'arc, lancer un javelot, dessiner un camp, tracer un plan de fortification, ranger des troupes en bataille, en faire la revue, les voir marcher, défiler, camper. Cambyse se mit à rire, et fit entendre à son fils qu'on ne lui avait rien enseigné de ce qu'il y a de plus essentiel pour un bon officier et pour un habile général; et dans une seule conversation, qui mériterait certainement d'être bien étudiée par les jeunes gens de qualité destinés à la guerre, il lui en apprit infiniment plus que n'avait fait pendant plusieurs années ce maître si renommé.

. On peut en chaque profession tomber dans le même inconvénient, ou parce qu'on n'est point assez attentif au but essentiel qu'on doit se proposer dans l'étude qu'on fait, ou parce qu'on n'a pour guide que la coutume, et qu'on suit aveuglément les traces de ceux qui nous ont précédés. Rien n'est plus utile que la connaissance de l'histoire.

Mais si l'on se contente de charger sa mémoire d'une multitude infinie de faits qui seront peu curieux et peu intéressants, si l'on ne s'arrête qu'à des dates ou à des difficultés de chronologie ou de géographie, si l'on ne se met point en peine de connaître le génie, les mœurs, le caractère des grands hommes, dont il y est parlé, on aura beaucoup appris, et l'on saura peu de chose. Une rhétorique peut être fort étendue, entrer dans un grand détail de préceptes, définir fort exactement chaque trope et chaque figure, en bien marquer la différence, traiter fort au long de pareilles questions agitées autrefois très-vivement par les anciens rhéteurs, et ressembler avec cela à cette rhétorique dont parle Cicéron, qui n'était capable que d'apprendre à ne point parler, ou à mal parler : *Scripsit artem rhetoricam Cleanthes, sed sic, ut, si quis obmutescere concupierit, nihil aliud legere debeat.* [1] On peut, dans la philosophie, employer un temps considérable à des disputes épineuses et abstraites, apprendre même une infinité de choses belles, rares, curieuses, et négliger l'essentiel de cette étude, qui est de former le jugement et de régler les mœurs. En un mot, la qualité la plus nécessaire, non-seulement pour l'art de parler et pour les sciences, mais pour toute la conduite de la vie, est ce goût, cette prudence, ce discernement qui apprend en chaque matière et en chaque occasion ce qu'il faut faire, et comment il faut le faire. *Illud dicere satis habeo, nihil esse, non modo in orando, sed in omni vita, prius consilio* [2].

III. Observations particulières sur cet ouvrage.

Mon dessein, dans cet ouvrage, n'est pas de donner un nouveau plan d'études, ni de proposer de nouvelles règles et une nouvelle méthode d'instruire la jeunesse, mais seulement de marquer ce qui s'observe sur ce sujet dans l'université de Paris [3], ce que j'y ai vu pratiquer par mes maîtres, et ce que j'ai tâché moi-même d'y observer en suivant leurs traces. Ainsi, à l'exception d'un très-petit nombre d'articles, où je pourrai hasarder quelques vues particulières, par exemple sur la nécessité d'apprendre la langue française par principes, et de donner plus de temps à l'histoire, je ne ferai dans tout le reste

---

[1] Cic. de Fin. lib. 4, n. 7.
[2] Quintil. l. 6, cap. 5.
[3] C'est pour cela que j'avais d'abord intitulé cet ouvrage *Traité des études classiques*, parce qu'il me semblait que ce titre convenait mieux au dessein que j'avais d'exposer ce qui se pratique dans les classes : mais plusieurs de mes amis ont cru que je devais le changer, et j'ai suivi leur conseil.

que rapporter fidèlement tout ce qui s'exécute depuis longtemps dans les colléges de l'université. Je prie le lecteur de vouloir bien prendre en ce sens tout ce qu'il trouvera dans cet ouvrage sous le nom d'observations et de préceptes, quoique je paraisse partout dire ce qu'il faut faire, et non ce qui se fait actuellement, n'ayant pu, pour l'ordre et la clarté, m'exprimer autrement.

Je dois aussi dès le commencement déclarer que mon intention n'est point d'instruire les professeurs, surtout ceux qui ont de l'âge et de l'expérience. C'est d'eux que je voudrais tirer des lumières sur la manière d'enseigner ; et j'en ai consulté plusieurs, dont les avis m'ont beaucoup servi. Mais peut-être que cet ouvrage pourra être de quelque utilité pour de jeunes maîtres qui n'ont point encore d'usage, pour de jeunes gens studieux qui ont de l'esprit et de la bonne volonté, mais qui, n'ayant pas trouvé d'abord de bons guides et de bons conducteurs, ont besoin qu'on leur montre la route qu'ils doivent tenir pour se conduire eux-mêmes dans leurs études, et pour se mettre en état de conduire les autres.

Une de mes principales vues dans les observations que j'ai faites sur ce sujet, surtout dans celles qui regardent la rhétorique, a été de fixer s'il se pouvait, par ces remarques, le bon goût qui règne depuis longtemps dans l'université, et qui s'y est conservé comme par tradition et de vive voix, en passant des maîtres aux disciples.

Pour ne point parler au hasard et ne rien avancer qui ne soit fondé en raison, je commence ordinairement, sur chaque matière que je traite, par établir des règles et des principes, que je tire des plus habiles maîtres de l'art, et surtout de Cicéron et de Quintilien. J'applique ensuite leurs préceptes à des exemples tirés des bons auteurs, tant latins que français.

Je cite beaucoup de passages latins des deux auteurs que je viens de nommer, qui sont mes principaux guides, et je me flatte qu'on ne m'en saura pas mauvais gré. Ce sont pour l'ordinaire des endroits choisis, éclatants, et qui sont comme la fleur de la plus pure latinité et des modèles excellents de la plus saine éloquence. Ces passages me semblent par eux-mêmes très-propres à former le goût, ce qui est ma principale vue. J'ai fait aussi grand usage de Sénèque, qui est riche en pensées solides et en belles expressions, quoique son style, par beaucoup d'autres endroits, soit fort défectueux.

On aurait pu ne point citer tous ces passages, fondre seulement leurs pensées dans l'ouvrage, qui aurait été ainsi plus uniforme et

plus original, et cacher soigneusement toutes les traces de ces vols.
Je n'ignore pas que c'est là l'usage qu'on doit faire de la lecture. Un
auteur, semblable en cela aux abeilles[1], qui composent leur miel
du suc qu'elles ont su adroitement cueillir sur diverses fleurs, doit
tourner en sa propre substance les pensées et les beautés qu'il trouve
dans les anciens ; il doit, par l'usage qu'il en fait et par le tour qu'il
leur donne, se les rendre si propres, qu'elles deviennent son bien,
et qu'encore qu'on découvre d'où elles sont tirées, elles paraissent
avoir comme changé de nature en passant par ses mains. Mais comme
il s'agit ici de donner des préceptes d'éloquence et des règles du bon
goût, j'ai cru que je devais citer mes auteurs et produire mes garants, dont le nom seul peut donner du poids à mes réflexions.

Je ne me suis pas fait une loi de traduire toujours littéralement ces
passages, et je me contente souvent d'en exprimer le sens dans mes
remarques. La nouvelle traduction de Quintilien m'a été d'un grand
secours. Je l'ai employée, sans m'y asservir, et j'ai pris la liberté d'y faire quelques changements, aussi bien que dans la plupart
des autres dont j'ai fait usage. Celle d'Homère, faite par madame
Dacier, m'a aussi beaucoup servi. J'ai pourtant quelquefois préféré
la traduction que M. Boivin a faite de quelques livres de ce poëte :
elle fait désirer que tout le reste soit achevé de la même main. *La Manière de bien penser*, du P. Bouhours, m'a fourni de solides réflexions
sur ce qui regarde les pensées : ce livre est très-propre à former le
goût, et peut beaucoup aider les maitres qui le liront avec attention
et avec quelque précaution. J'ai puisé dans les savants écrits qui ont
paru de notre temps sur les livres saints une partie de ce que j'ai dit
sur l'éloquence sacrée. En un mot, tout ce qu'il y a de meilleur
dans cet ouvrage n'est point de moi : et que m'importe d'où il soit,
pourvu qu'il se trouve utile à la jeunesse, ce qui est le seul but que
j'ai dû me proposer ?

Je n'ai garde de me faire honneur des richesses d'autrui : il y aurait en cela quelque chose de plus que de l'imprudence[2]. Je souhaiterais seulement qu'elles pussent couvrir ma pauvreté, et que

[1] « Apes debemus imitari, quæ va-
gantur, et flores nd mel faciendum idoneos carpant : et quæ collègerunt, in
hunc saporem mixtura quadam et pro-
prietate spiritus sui mutant..... Nos quoque has apes debemus imitari, et quæcumque ex diversa lectione congessimus
separare ; deinde, adhibita ingenii nostri cura et facultate, in unum saporem
varia illa libamenta confundere : ut,
etiamsi apparuerit unde sumptum sit,
aliud tamen esse, quam unde sumptum
est, appareat. » (SENEC. *Epist.* 84.)

[2] « Est benignum, et plenum ingenui
pudoris, fateri per quos profeceris. »
(C. PLIN. in præfat.)

cette foule de beautés étrangères qui ornent mon ouvrage fit oublier, ou du moins excuser les défauts qui me sont personnels.

Il pourra venir dans l'esprit de quelques personnes que cet ouvrage, qui est principalement destiné pour l'université, et qui traite des études qui s'y font, aurait dû être composé en latin ; et cette pensée paraît fort raisonnable et fort naturelle.

Il aurait peut-être été de mon intérêt de prendre ce parti ; et j'aurais pu mieux réussir en écrivant dans une langue à l'étude de laquelle j'ai employé une partie de ma vie, et dont j'ai beaucoup plus d'usage que de la langue française. Je ne rougis point de faire cet aveu, afin qu'on soit plus disposé à me pardonner bien des fautes qui me seront échappées dans un genre d'écrire qui est presque nouveau pour moi. Depuis que j'ai achevé les trois premiers livres, qui regardent la grammaire, la poésie et la rhétorique, j'ai lu un ouvrage composé en latin sur le même sujet, qui aurait pu me détourner de faire le mien dans la même langue, ne pouvant pas me flatter d'atteindre à la beauté du style qui y règne. C'est le livre du P. Jouvency, jésuite, qui a longtemps enseigné la rhétorique à Paris avec beaucoup de réputation et de succès. Il a pour titre : *De ratione discendi et docendi*. Ce livre est écrit avec une pureté et une élégance, avec une solidité de jugement et de réflexions, avec un goût de piété, qui ne laissent rien à désirer, sinon que l'ouvrage fût plus long et que les matières y fussent plus approfondies : mais ce n'était pas le dessein de l'auteur.

Plusieurs raisons m'ont déterminé à ne point écrire en latin. Premièrement, il me paraît que cela aurait été directement contraire au but que je me suis proposé, qui est d'instruire des jeunes gens qui ne sont pas encore fort habiles, et qui n'ont pas assez de connaissance de la langue latine pour l'entendre aussi facilement que celle de leur pays. J'ai dû, ce me semble, au défaut des autres attraits qui manqueront à cet ouvrage, leur en faire trouver quelqu'un dans la facilité qu'ils auront à le lire, et n'ayant pu y répandre des fleurs, en écarter au moins les épines.

D'ailleurs j'ai cru devoir ne me pas borner à former des hommes éloquents en latin, mais porter mes vues plus loin avec l'université, en songeant principalement à ceux qui doivent un jour faire usage de l'éloquence et des belles-lettres dans la langue française : et c'est ce qui m'a déterminé à ajouter à mon ouvrage des exemples tirés des auteurs français. Enfin il m'a paru avantageux de mettre tous

les pères, et les mères même, à portée de lire ce traité sur les études,
et de connaitre par ce moyen ce qu'il est nécessaire qu'on apprenne
à leurs enfants.

Mais je dois les avertir qu'ils auraient tort de s'attendre à trouver
d'abord dans un maitre toute l'étendue des connaissances par lesquelles je marque qu'on doit cultiver l'esprit des jeunes gens, belles-
lettres, philosophie, histoire sacrée et profane, géographie, chronologie, et beaucoup d'autres choses de ce genre. Où trouve-t-on de
tels maitres? Je serais bien injuste et bien déraisonnable d'exiger
d'eux ce que je reconnais n'avoir pas moi-même, et dont j'étais
encore bien plus éloigné quand j'entrai dans la profession. Il suffit
d'y porter quelque fonds d'esprit, de la docilité, du désir d'apprendre, et quelque teinture des principes de toutes ces connaissances.
Et mon dessein est d'en répandre assez dans cet ouvrage pour
mettre un jeune maitre en état d'en donner quelque idée à ses disciples.

Il ne me reste, en finissant cet avant-propos, qu'à prier Dieu,
dans la main de qui nous sommes nous et nos discours [1], de vouloir
bénir mes bonnes intentions, et de rendre cet ouvrage utile à la
jeunesse, dont l'instruction m'est toujours chère, et me parait faire
encore partie de ma vocation et de mon devoir dans le tranquille
loisir que la divine Providence m'a procuré.

[1] Sap. 7.16.

TRAITÉ
DES ÉTUDES,

ou

DE LA MANIÈRE

D'ENSEIGNER ET D'ÉTUDIER

LES BELLES-LETTRES.

LIVRE PREMIER.

AVANT-PROPOS.

Avant que d'entrer dans le détail des différents exercices propres à former la jeunesse dans les études publiques, ce qui était d'abord mon unique but, j'ai été conseillé d'insérer ici quelques courtes réflexions sur ce que l'on doit faire apprendre aux enfants dans les premières années, et même sur les études qui peuvent convenir aux jeunes personnes de l'autre sexe jusqu'à un âge plus avancé. On sent bien que je ne dois traiter que très superficiellement ce double sujet, étranger à mon premier plan, et qui est ici comme un hors-d'œuvre. L'habileté des maîtres, et l'attention des pères et des mères sérieusement occupés de l'éducation de leurs enfants, suppléeront aisément à ce qui pourra manquer à ce petit traité.

CHAPITRE PREMIER.

DES EXERCICES QUI CONVIENNENT AUX ENFANTS DANS L'AGE LE PLUS TENDRE.

Je dois avertir dès le commencement que souvent les avis que je donne ici et dans la suite pour un sexe sont également utiles à l'autre : il sera aisé d'en faire le discernement et l'application.

§ I. *A quel âge on peut commencer à faire étudier les enfants.*

Un auteur bien sensé, dont je fais grand usage dans mes livres, et qui a donné d'excellentes règles sur l'éducation de la jeunesse (c'est Quintilien), examine une question fort agitée dès son temps, et qui partageait les sentiments, savoir à quel âge il faut commencer à faire étudier les enfants. Quelques-uns[1] pensaient qu'on ne devait point les appliquer à l'étude avant l'âge de sept ans, parce qu'avant ce temps ils n'ont ni l'esprit assez ouvert pour profiter des leçons qu'on leur donnerait, ni le corps assez robuste pour soutenir un travail sérieux.

Quintilien pense d'une manière différente, et il appuie son sentiment de l'autorité de Chrysippe, célèbre philosophe stoïcien, qui avait traité à fond la matière de l'éducation. Ce philosophe donnait à la vérité trois ans aux nourrices ; mais il voulait que dès lors elles s'appliquassent à former les mœurs des enfants, et à réprimer en eux les premières saillies des passions qui commencent déjà à se faire sentir dans cet âge tendre, et qui croissent avec eux insensiblement ; si l'on n'a soin de les étouffer dans leur naissance. Or[2], dit Quintilien, si cet âge est suceptible de soins par rapport aux mœurs, pourquoi ne le sera-t-il pas aussi par rapport à l'étude ? Que peuvent-ils faire de mieux depuis qu'ils sont en état de parler ? car il faut bien qu'ils fassent quelque chose. Je sais bien (c'est toujours le même auteur qui parle) que, dans tout le temps dont il s'agit, ces enfants ne pourront pas autant avancer qu'ils le feront dans la suite en une seule année. Mais pourquoi mépriser ce petit gain[3], et ne pas mettre à profit cette avance, quelque médiocre qu'elle

---

[1] « Quidam litteris instituendos, qui minores septem annis essent, non putaverunt, quod illa prima ætas et intellectum disciplinarum capere, et laborem pati non possit. » (QUINTIL. lib. I, cap. I.)

[2] « Cur autem non pertineat ad litte-

ras ætas, quæ ad mores jam pertinet ? »

[3] « Cur hoc, quantulumcumque est, lucrum fastidiamus ?.... Hoc per singulos annos prorogatum, in summam proficit ; et, quantum in infantia præsumptum est temporis, adolescentiæ acquiritur. »

soit? Car cette année qu'on aura ainsi gagnée sur l'enfance ac-
croîtra à celles qui suivent, et, somme totale faite, mettra l'enfant en état d'apprendre plus de choses qu'il n'aurait fait sans
cela. Il faut donc tâcher de ne pas perdre ces premières années,
d'autant plus que les commencements de l'étude ne demandent
presque que de la mémoire; et l'on sait que les enfants n'en
manquent pas.

Je trouve encore un autre avantage dans cette pratique : c'est
de plier de bonne heure l'esprit des enfants, de les accoutumer
à une sorte de règle, de les rendre plus dociles et plus soumis,
et d'empêcher une dissipation aussi contraire souvent à la santé
du corps qu'à l'avancement de l'esprit.

J'en puis ajouter un troisième, qui n'est pas moins considérable. La Providence a mis dans les enfants une grande curiosité pour tout ce qui est nouveau, une facilité merveilleuse à apprendre une infinité de choses dont ils entendent parler, un
penchant naturel à imiter les grandes personnes, et à se mouler
sur leurs exemples et sur leurs discours. En différant la culture
de ces jeunes esprits, on renonce à toutes ces heureuses préparations que la nature leur a données en naissant. Et comme la
nature ne peut être oisive, on les oblige à tourner vers le mal ces
premières dispositions destinées à faciliter le bien.

Quintilien n'ignorait pas qu'on pouvait lui objecter l'extrême
faiblesse des enfants dans les années dont il s'agit, et le danger
qu'il y a d'user, par des efforts prématurés, des organes encore
tendres et délicats, qu'une contention un peu forte peut déranger
pour toujours. Je n'ai pas [1], dit-il, si peu de connaissance de la faible complexion des enfants, que je prétende qu'on doive dès lors
les presser vivement, et exiger d'eux une forte application. Il
veut que ce soit un jeu et non une étude; un amusement, et non
un travail sérieux. On peut leur raconter des histoires agréables,
mais courtes et détachées; leur faire de petites questions qui
soient à leur portée, et dont on leur fournisse la réponse par la
manière adroite dont on les interroge; leur laisser le plaisir de

---

[1] « Nec sum adeo ætatum imprudens,   Lusus hic sit. Et rogetur, et laudetur
ut instandum teneris protinus acerbe   et nonnumquam scisse se gaudeat. »
putem, exigendamque plenam operam....

croire que c'est de leur propre fonds qu'ils l'ont tirée, afin de
leur inspirer le désir d'apprendre; les louer de temps en temps,
mais avec sobriété et sagesse, pour leur donner de l'émulation,
sans trop enfler leur amour-propre; répondre à leurs questions,
et toujours avec justesse et selon la vérité; refuser quelquefois
de les laisser étudier quand ils le demandent, pour augmenter
leur ardeur par cet innocent artifice; n'employer jamais dans
cet âge la contrainte ni la violence, et encore moins la punition,
pour les faire travailler. Car la grande application des gouvernantes, et des maîtres qui leur succèdent, est d'éviter que les
enfants, qui ne peuvent pas encore aimer l'étude, n'en conçoivent de l'aversion par l'amertume qu'ils y trouvent dans ces premières années.

Je sais que quelques personnes de mérite ont pensé autrement
que Quintilien, et je suis bien éloigné de les condamner. Le
savant M. le Fèvre de Saumur ne parla à son fils ni de grec ni
de latin avant qu'il eût atteint dix ans : et cependant, à la fin
de sa quatorzième année, qui est le temps où il mourut, il avait
lu et entendait parfaitement plusieurs auteurs tant grecs que
latins. M. le Fèvre lui-même n'avait commencé l'étude de ces
langues qu'à douze ans. Ces exemples sont rares, et ce n'est
point sans de solides raisons que la coutume contraire a prévalu.

Il s'agit maintenant d'examiner à quelles sortes d'études on
peut appliquer les enfants depuis environ trois ans jusqu'à six
ou sept, qui est le temps où ils entrent pour l'ordinaire au collége.

§ II. *De la lecture et de l'écriture.*

Il semble que le premier des soins d'une gouvernante ou d'un
maître auprès des enfants est de leur apprendre à lire. On leur
procure par là une grande avance, la lecture étant un moyen
de les occuper, de les rendre curieux, et de jeter agréablement
dans leur esprit une multitude d'idées plus justes, plus utiles,
plus capables de les former, que toutes celles qui leur viendraient
en abandonnant leur enfance au hasard, ou à la petitesse des
vues de ceux qui les environnent.

Mais je dois avertir qu'il y aurait un extrême danger à leur faire d'abord de la lecture un travail sérieux, et à leur montrer le moindre chagrin lorsqu'ils n'y réussissent pas bien. Peut-être est-ce là une des causes du dégoût que plusieurs enfants contractent dès lors, et qu'ils conservent toute leur vie, pour tout ce qui s'appelle étude et science. La vue d'un livre les remplit de tristesse, parce qu'elle réveille en eux un souvenir confus des reproches et des larmes qui se joignaient toujours à leurs premières lectures.

Il faut [1] donc faire en sorte que la lecture ne soit pour eux qu'un jeu et un amusement, et cela n'est pas si difficile qu'on le pense. Au lieu de leur présenter dès le commencement un livre, où tout est pour eux inintelligible, il serait, ce semble, beaucoup mieux de ne leur montrer que quelques lettres séparées, qu'ils apprendront peu à peu à nommer et à assembler. On peut écrire proprement ces lettres sur différentes cartes, afin qu'ils puissent les manier, et les accoutumer à jeter ces cartes sur une table, en nommant la lettre qui se présente. Quintilien approuve [2] fort une coutume qui se pratiquait de son temps pour animer les enfants à apprendre, et qui revient assez à ce que je viens de dire : c'était de leur donner des figures de lettres d'ivoire, ou quelque autre chose de semblable, qu'ils soient bien aises de toucher, de regarder, de nommer. Saint Jérôme, dans sa belle lettre à Læta [3], lui donne le même conseil; et l'on voit bien que dans tout cet endroit il n'a presque fait que copier Quintilien, quoiqu'il ne le nomme point.

Il y a des maîtres qui se servent de deux boules de bois (l'ivoire conviendrait encore mieux), dont ils font tailler la première à cinq facettes, sur chacune desquelles ils écrivent une voyelle. Ils font tailler la seconde à dix-huit facettes, sur chacune desquelles est une consonne. L'enfant jette l'une ou l'autre de ces deux boules, et s'accoutume à nommer la lettre qui paraît en

---

[1] « Amet quod cogitur discere, ut non opus sit, sed delectatio; non necessitas, sed voluntas. » (S. Hieron. ad Gaudent.)

[2] « Non excludo autem id quod notum est, irritandæ ad discendum infantiæ gratia, eburneas etiam litterarum formas in lusum offerre; vel, si quid aliud,

quo magis illa ætas gaudeat, inveniri potest, quod tractare, intueri, nominare jucundum sit. » (Quint. lib. I, cap. I.)

[3] « Fiant ei litteræ vel buxeæ, vel eburneæ, et suis nominibus appellentur : ludat in eis, ut lusus ipse eruditio sit. »

haut. Puis , les jetant l'une et l'autre ensemble , il s'accoutume de même à assembler la consonne et la voyelle qui paraissent chacune de leur côté. Comme cet exercice est une espèce de jeu pour un enfant , il s'y plaît , et apprend aisément , et pour l'ordinaire assez promptement , à distinguer toutes les lettres et à les réunir. On peut imaginer d'autres moyens aussi faciles et aussi agréables.

On a proposé depuis peu au public une nouvelle manière d'apprendre aux enfants à lire, qu'on appelle le *bureau typographique* : c'est M. du Mas qui en est l'auteur. A ce mot de nouveauté, il est assez ordinaire et assez naturel qu'on entre en défiance, et qu'on se tienne sur ses gardes ; disposition qui me paraît fort sage et fort raisonnable, quand elle nous porte à examiner de bonne foi et sans prévention ce qu'on nous propose de nouveau. Mais il n'y aurait rien de plus opposé à l'équité et à la droite raison que de rejeter et de condamner une invention précisément parce qu'elle est nouvelle. On doit , au contraire, savoir bon gré à un auteur, quand même il ne réussirait pas parfaitement, d'avoir proposé au public ses vues et ses pensées : c'est uniquement par ce moyen que les arts et les sciences se perfectionnent. Il faut donc, pour juger sainement de la nouvelle méthode de lire dont il s'agit, l'examiner avec un esprit impartial et libre de tout préjugé.

Le *bureau typographique* est une table beaucoup plus longue que large, sur laquelle on place une sorte de tablette qui a trois ou quatre étages de petites loges , où l'on trouve les différents sons de la langue exprimés par des caractères simples ou composés sur autant de cartes. Chacune de ces logettes indique par un titre les lettres qui y sont renfermées. L'enfant range sur la table les sons des mots qu'on lui demande , en les tirant de leurs loges, comme fait un imprimeur en tirant des cassetins les différentes lettres dont il compose ses mots ; et c'est ce qui a fait donner à ce bureau l'épithète de *typographique.*

Cette manière d'apprendre à lire, outre plusieurs autres avantages, en a un qui me paraît fort considérable ; c'est d'être amusante et agréable, et de n'avoir point l'air d'étude. Rien n'est plus fatigant ni plus ennuyeux dans l'enfance que la contention de l'esprit et le repos du corps. Ici l'enfant n'a point l'esprit fatigué ; il ne cherche point avec peine dans sa mémoire, parce que la distinction et le titre des loges le frappent sensiblement. Il n'est point contraint à un repos qui l'attriste, en le tenant toujours collé à l'endroit où on le fait lire. Les yeux, les mains, les pieds, tout le corps est en action. L'enfant cherche ses lettres, il les tire, il les arrange, il les renverse, il les sépare, et les remet dans leurs loges. Ce mouvement est fort de son goût, et convient extrêmement au caractère vif et remuant de cet âge.

On cite un grand nombre d'enfants de trois et quatre ans sur qui l'on a fait une heureuse épreuve de cette méthode, et j'en ai été témoin. Ce que je sais encore par moi-même, c'est qu'elle a fort réussi à l'égard d'un enfant de qualité à qui je m'intéresse, en lui ôtant un dégoût horrible qu'il avait pour toute application et pour toute étude, où il n'allait presque jamais qu'en pleurant ; au lieu que maintenant le bureau fait sa joie, et ne lui coûte des larmes que quand il s'en voit privé.

Un autre avantage qu'a cette méthode, c'est que le même maître peut exercer à la fois plusieurs enfants au même bureau (ce qui peut allumer entre eux une utile émulation), et qu'un enfant peut aussi s'y exercer ou y jouer tout seul, sans le secours du maître.

De quelque méthode que l'on se serve pour apprendre à lire (car elles ont toutes leur utilité, et l'ancienne peut réussir et réussit en effet dans un grand nombre d'enfants quand ils sont bien enseignés), l'on demande s'il faut commencer la lecture par le français ou par le latin.

Il me semble qu'il n'y a aucun danger à commencer d'abord par le latin, parce que dans cette langue tout se prononce uniformément, et que le son répond toujours à l'expression des caractères qui se présentent à la vue, ce qui facilite beaucoup la lecture ; au lieu que dans le français il y a quantité de lettres qu'on n'exprime point par le son, ou qu'on prononce tantôt d'une façon, tantôt d'une autre. Mais comme la lecture du latin ne présente à l'enfant que des sons vides de sens, et que l'ennui doit naturellement accompagner un exercice où il ne comprend rien, on ne saurait trop tôt l'amener au français, afin que le sens l'aide à lire et l'habitue à penser.

Je crois pourtant qu'il y a ici une distinction à faire. Des personnes instruites à fond par une longue expérience de tout ce qui regarde les écoles, et que j'ai consultées sur cette matière, sont persuadées que, dans les écoles des pauvres et dans celles de la campagne, il est nécessaire de commencer par la lecture du français; et j'entre fort dans leur sentiment. Car, outre que les enfants apprennent à lire plus volontiers quand ils entendent ce qu'ils lisent, et que l'on sait par expérience que, lorsqu'ils savent lire le français, ils peuvent lire le latin, une raison beaucoup plus forte justifie cet usage. On voit communément, soit à la ville, soit à la campagne, que les pères et mères retirent leurs enfants des écoles aussitôt qu'ils peuvent en tirer quelques services. De là il arrive souvent, quand on commence par le latin, que les enfants sortent des écoles avant qu'ils sachent lire en français, et qu'ils sont privés pour toute leur vie de l'avantage qu'ils tireraient pour leur salut de la lecture des livres de piété.

Quand un enfant commence à lire dans le français, il faut lui expliquer clairement et succinctement tous les mots qui sont nouveaux pour lui (et ils le sont presque tous dans un âge si tendre), et choisir pour sa lecture ceux qui lui sont le plus familiers, et qui entrent le plus ordinairement dans l'usage. *Jour, nuit, soleil, lune, étoiles, pain, eau, fontaine, rivière, habit, linge,* etc. On lui explique tous ces mots, et d'autres semblables, d'une manière agréable.

Quand il joint les mots ensemble, on lui donne à lire des phrases courtes, qui renferment quelque histoire ou quelque chose de curieux. *Caïn tua son frère Abel par envie de sa vertu.* On explique ce qu'étaient Caïn et Abel; ce que c'est que l'envie; pourquoi Caïn portait envie à son frère. *Tous les hommes étant devenus méchants, Dieu les fit périr par le déluge.* On marque que le déluge est une grande inondation qui couvrit d'eau toute la terre. *Noé, qui seul était juste, se sauva avec sa famille par le moyen de l'arche.* On dit que l'arche était un grand vaisseau long et carré, et couvert en forme de coffre. On en montre l'image telle qu'on la trouve dans le Catéchisme historique de M. l'abbé Fleury: car les images plaisent infiniment aux enfants. *Dieu, pour éprouver la foi et l'obéissance d'Abraham, lui ordonna de lui immoler son fils Isaac; mais il l'arrêta, comme il était près de l'égorger.* On lui montre l'image, et on lui en explique toutes les parties, dont il ne manque pas lui-même de demander l'explication. *Les petits d'une poule se retirent sous ses ailes quand ils craignent quelque danger.* On explique tous les termes qui sont nouveaux. *Le berger avec ses chiens garde son troupeau, et le défend contre les loups.* Il serait à souhaiter qu'on eût beaucoup d'images pareilles, faites exprès pour les enfants, qui les instruiraient en les amusant; et qu'il y eût aussi des livres composés pour eux, où l'on trouvât en gros caractères des mots, des phrases, et de petites histoires qui leur convinssent.

Un maître habile et attentif, en expliquant les histoires que j'ai d'abord rapportées, glisse un petit mot pour inspirer l'horreur du vice, l'amour de la vertu, l'obéissance que l'on doit aux ordres de Dieu.

Le meilleur avis qu'on puisse donner aux personnes chargées d'apprendre à lire aux enfants, c'est de consulter ceux qui ont étudié cette matière, et qui ont ajouté à leurs réflexions une longue expérience. Pour moi, si je me trouvais en pareil cas, j'avoue que je serais fort embarrassé, et je ne trouverais point d'autre moyen de me tirer de cet embarras que de prendre conseil de personnes habiles et expérimentées en ce genre.

On a introduit à Paris depuis plusieurs années, dans la plupart des écoles des pauvres, une méthode qui est fort utile aux écoliers, et qui épargne beaucoup de peine aux maîtres. L'école est divisée en plusieurs classes. J'en prends ici une seulement, savoir celle des enfants qui joignent déjà les syllabes; il faut juger des autres à proportion. Je suppose que le sujet de la lecture est, *Dixit Dominus Domino meo : Sede à dextris meis.* Chaque enfant prononce une syllabe, comme *Di*: son émule, qui est vis-à-vis de lui, continue la suivante, *xit;* et ainsi du reste. Toute la classe est attentive: car le maître sans avertir, passe tout d'un coup du commencement d'un banc au milieu, ou à la fin, et il faut continuer sans interruption. Si un écolier manque dans quelque syllabe, le maître donne sur la table un coup de baguette sans parler, et l'émule est obligé de répéter comme il faut la syllabe qui a été mal prononcée. Si celui-ci manque aussi, le suivant, sur un second coup de baguette, recommence la même syllabe, jusqu'à ce qu'elle ait été prononcée correctement. J'ai vu avec un singulier plaisir, il y a plus de trente ans, cette méthode pratiquée heureusement à Orléans, où elle a pris naissance par les soins et l'industrie de M. Garot, qui présidait aux écoles de cette ville. L'école que je visitai était de plus de cent écoliers, et il y régnait un profond silence. Un maître chargé d'une nouvelle école ne ferait-il pas sagement de visiter celles qui réussissent le mieux, et de les prendre pour modèles? J'en dis autant à proportion des personnes que l'on met auprès des enfants pour leur donner les premières instructions.

L'écriture doit suivre d'assez près la lecture. M. le Fèvre, que j'ai déjà cité, ne veut pas qu'à cet âge on se mette fort en peine de la beauté du caractère. Pourvu qu'un enfant ait la main légère, il est content, et n'en demande pas davantage. Il croit même que quand dès lors on peint fort bien, ce qui ne se peut faire que par une application lente et froide, ce n'est pas une bonne marque pour l'esprit. Il aime mieux dans les enfants du feu et de la vivacité, qui ne leur permet pas de s'astreindre scrupuleusement à l'exactitude des règles. D'ailleurs, pour les conduire à la perfection de l'écriture, il faut y mettre tous les jours un temps considérable, qui peut être employé plus utilement. Il suffit donc qu'un jeune homme écrive légèrement, et d'une manière lisible. Lorsqu'il sera arrivé à sa quinzième ou seizième année, il en fera plus en quatre mois pour la beauté de la main qu'il n'en aurait fait en quatre années consécutives dans un âge moins avancé.

Quintilien, en homme sensé, et qui veut qu'on mette tout à profit dans l'éducation des jeunes gens, recommande fortement aux maîtres qui apprennent à écrire[1] de ne leur pas donner à

---

[1] « Li versus, qui ad imitationem scribendi proponentur, non otiosas velim

copier des exemples dont les mots soient mis au hasard et dépourvus de sens, mais d'avoir soin que ces exemples renferment
quelque maxime utile et qui porte à la vertu. Car, ajoute-t-il,
ce qu'on apprend dans ces tendres années, se gravant profondément dans la mémoire, nous suit jusqu'à la vieillesse, et influe
sur la conduite de la vie. Il me suffit d'avertir que c'est un païen
qui parle ainsi.

Quand j'ai dit que la lecture était le premier exercice de l'enfance, je n'ai pas prétendu exclure toute instruction avant que
l'enfant fût en état de lire. Il y en a qui n'arrivent que lentement
à cette petite science, et il n'est pas convenable de perdre tout
le temps qui la précède. On peut le leur faire mettre à profit en
leur racontant de vive voix et leur répétant à beaucoup de reprises
les mêmes choses qu'ils apprendront quelques années après dans
les livres, quand ils sauront y lire : comme quelques réponses
du Catéchisme historique, quelques vers des fables de la Fontaine, et d'autres choses pareilles ; le tout par forme de divertissement, et sans que jamais on les gronde de les apprendre avec
peine et de les mal réciter.

Je viens maintenant aux études auxquelles il convient de faire
passer les enfants quand ils sont un peu fermes dans la lecture.

§ III. *Étude du Catéchisme historique.*

Je commence par le Catéchisme historique de M. l'abbé
Fleury : je parle du premier, qui est fait pour les enfants. On ne
peut faire trop de cas ni trop d'usage de cet excellent livre, ni
trop admirer le goût exquis de ce pieux et savant auteur, qui,
par esprit de religion et par charité pour les enfants, s'est appliqué particulièrement à étudier leur génie et leur portée, à se
rabaisser jusqu'à leur faiblesse, à prendre leur langage, et pour
ainsi dire à bégayer avec eux. Voilà donc le premier livre qu'il faut
mettre entre les mains des enfants, et qu'il faut leur apprendre,
même avant qu'ils sachent lire, comme je l'ai déjà marqué.

sententias habeant, sed honestum aliquid monentes. Prosequitur hæc memoria in senectutem, et impressa animo
rudi usque ad mores proficiet. » (Quintil. lib. i, cap. i.)

Les pères de famille, si chacun était bien instruit et soigneux d'instruire ses enfants et ses domestiques, devraient en être les premiers maîtres et les premiers catéchistes. Je lis avec un plaisir singulier ce que M. Fleury raconte d'un de ses amis, dans le discours préliminaire de son Catéchisme. « Je connais « un homme entre autres, dit-il, qui est passablement instruit « de sa religion, sans avoir jamais appris par cœur les caté- « chismes ordinaires, sans avoir eu pendant l'enfance d'autre « maître que son père. Dès l'âge de trois ans, ce bon homme le « prenait sur ses genoux le soir après s'être retiré, lui contait « familièrement, tantôt le sacrifice d'Abraham, tantôt l'histoire « de Joseph, ou quelque autre semblable : il les lui faisait voir « en même temps dans un livre de figures, et c'était un divertis- « sement dans la famille de répéter ces histoires. A six ou sept « ans, quand cet enfant commença à savoir un peu de latin, son « père lui faisait lire l'Évangile et les livres les plus faciles de « l'Ancien Testament, ayant soin de lui expliquer les difficultés. « Il lui est resté toute sa vie un grand respect et une grande affec- « tion pour l'Écriture sainte et pour tout ce qui regarde la reli- « gion. » Voilà le fruit d'une éducation chrétienne ; voilà le de- voir des pères qui sont instruits, et qui ne sont pas trop occupés par leurs emplois. Telle était la pratique des premiers et des plus saints siècles de l'Église, où les enfants étaient bien ins- truits de la religion chrétienne par le soin des seuls parents, et sans le secours des catéchismes, n'y ayant pas encore pour lors de catéchistes publics et d'office pour la jeunesse.

Les mères ne peuvent s'excuser sur leurs grandes occupa- tions; elles ont beaucoup de loisir. Le soin de l'éducation des enfants jusqu'à l'âge dont nous parlons roule principalement sur elles, et fait partie de ce petit empire domestique que la Provi- dence leur a spécialement assigné. Leur douceur naturelle, leurs manières insinuantes, si elles savaient y joindre une autorité douce mais ferme, les mettent en état d'instruire avec succès leurs enfants. Je connais plusieurs mères qui ont rempli parfai- tement ce devoir; une entre autres qui n'a jamais laissé son en- fant seul avec des domestiques; et qui l'a elle-même parfaite- ment instruit de tout ce qu'un enfant peut savoir jusqu'à l'âge de près de six ans, où elle l'a remis entre les mains d'un précepteur capable de tenir sa place et d'entrer dans ses vues.

J'ai dit que l'éducation des enfants roulait principalement sur les mères. Cela est encore plus vrai à la campagne qu'à la ville, parce que pendant que les hommes sont occupés à des travaux pénibles et nécessaires (et ils le sont pendant presque toute l'année), il n'y a que les femmes à qui il puisse rester quelque loisir. C'est ce qui marque l'étroite et l'indispensable obligation où sont les seigneurs de villages d'y établir des écoles de filles, et le soin particulier que les pasteurs doivent donner à cette partie de leur troupeau, qui seule fait toute la ressource et toute l'espérance d'un village. Car ces filles deviendront mères de famille; et si elles ont eu le bonheur d'être bien instruites dans leur jeunesse, elles communiqueront le même avantage à leurs enfants.

Pour revenir au Catéchisme historique, qui que ce soit qui se charge de l'enseigner aux enfants doit commencer par leur lire le récit historique qui précède les demandes; ou, ce qui serait beaucoup mieux, le leur faire de vive voix. On pourrait, si cela ne les fatigue point, leur en faire une seconde lecture, pour les mettre plus en état de le comprendre. On ne demande encore jusqu'ici que leurs oreilles, et un peu d'attention, que le maître peut s'attirer par la manière gaie et agréable dont il leur lira ou leur fera ce récit. Après cela on passera aux demandes et aux réponses, qu'on répétera chacune plusieurs fois, afin que l'enfant les entende parfaitement. On se contentera d'abord de lui faire apprendre les réponses, soit de vive voix s'il ne sait pas encore lire, soit par la lecture qu'il en fera lui-même en particulier. On lui fera ainsi étudier tout de suite la première partie du Catéchisme, qui est tout historique, et qui renferme vingt-neuf articles ou leçons. Ce sera là comme une première couche que l'on mettra dans l'esprit de l'enfant; et l'on aura grand soin de lui faire considérer toutes les figures, à quoi il se portera avec joie, et de lui en expliquer toutes les parties. J'ai vu avec admiration une jeune demoiselle de qualité, âgée de quatre ans seulement, et qui ne savait pas encore lire, à qui l'on avait appris le Catéchisme historique tout entier, sur lequel elle répondait sans hésiter, dans quelque endroit du livre qu'on la mît.

L'invention des figures est excellente. Les images sont très-propres à frapper l'imagination des enfants et à fixer leur mémoire : c'est proprement l'écriture des ignorants. Il serait à souhaiter que ces figures fussent faites de bonne main, et par d'habiles graveurs. Elles en plairaient beaucoup plus, attacheraient davantage les yeux, et par là feraient plus d'impression sur les esprits. Mais la dépense rendrait ces livres inaccessibles aux pauvres, et c'est pour eux qu'on doit principalement travailler. Serait-ce une libéralité indigne d'un prince, d'un grand seigneur ou d'un homme extrêmement riche, que d'en faire lui-même la dépense, et de gratifier le public, sans distinction de riches et de pauvres, d'un don qui serait fort utile à tous, et qui ferait un honneur immortel au donateur ?

Après qu'on aura parcouru de la sorte le Catéchisme historique, on le recommencera, en y joignant les demandes, et les lui faisant aussi apprendre par cœur, parce qu'elles sont naturellement jointes aux réponses et en contiennent souvent le précis.

Enfin, quand l'enfant saura bien les demandes et les réponses, et qu'il y sera très-ferme, on lui fera apprendre par cœur le récit historique qui les précède. Mais, pour ce qui regarde ce récit, il ne faut point l'assujettir servilement à redire les mêmes mots qu'il aura appris. On ne doit point être fâché qu'il les change quelquefois, pourvu que ce soit sans changer le sens : car c'est une preuve assurée qu'il aura compris la chose, au lieu qu'il y a sujet d'en douter quand il dit les mêmes paroles.

Ces trois différentes répétitions, qui seront toujours accompagnées de quelques changements et de quelque addition, auront par ce moyen la grâce de la nouveauté, ne dégoûteront point les enfants, et se graveront profondément dans leur mémoire et dans leur esprit.

De cette première partie du Catéchisme, purement historique, on les fera passer dans la seconde, qui contient la doctrine chrétienne, et par conséquent des instructions plus sérieuses. On y observera les mêmes règles que dans la première.

Dans l'une et dans l'autre, l'habileté des gouvernantes et des maîtres consiste à ne pas borner leurs soins à exercer la mémoire d'un enfant en lui faisant réciter par cœur ce qu'il a appris, mais à commencer déjà à lui former le jugement, autant que son âge en est capable, en lui proposant de petites questions proportionnées à sa faiblesse, en dérangeant l'ordre des demandes, en lui faisant expliquer à lui-même ses réponses, et par mille autres moyens industrieux que l'affection et le zèle inspirent à un maître qui se fait un plaisir de son devoir.

Cet exercice du Catéchisme historique, qui ne remplira qu'une légère partie de la journée, réglé comme je l'ai marqué, et renouvelé de temps en temps par des répétitions réitérées plus d'une fois, occupera trois ou quatre années de l'enfance, et là conduira jusqu'à la sixième ou septième année, où commenceront des études un peu plus sérieuses.

§ IV. Les Fables de la Fontaine.

En même temps qu'on occupera l'enfant à cet exercice, on lui fera apprendre par cœur quelques fables de la Fontaine, en choisissant d'abord les plus courtes et les plus agréables. On aura soin de lui expliquer clairement et brièvement tous les termes qu'il n'entend point; et après qu'on lui aura lu plusieurs fois une fable, et qu'on la lui aura fait répéter de mémoire, on l'accoutumera à en faire de lui-même un récit simple et naturel. On ne saurait croire combien cette pratique peut être utile à un enfant dans la suite. Pour la lui faciliter, le maître fera d'abord lui-même ce récit, et lui apprendra par son exemple comment il faut s'y prendre. Je n'ai pas besoin d'avertir qu'il faut commencer par exposer aux yeux de l'enfant l'image qui est en tête de la fable et qui en renferme le sujet, et la lui faire bien comprendre : rien n'est plus divertissant pour lui.

Quand il en aura bien appris une par cœur, et qu'il la saura parfaitement, on lui apprendra à la déclamer, en l'accompagnant du ton et du geste convenables à la matière. Le maître pourra consulter ce qui sera dit dans la suite sur les règles de la prononciation. On l'accoutumera ainsi de bonne heure à exprimer comme il faut les voyelles et les consonnes, à en faire sentir la force, à appuyer sur celles qui demandent qu'on s'y arrête, à ne point manger certaines syllabes, surtout les finales ; à faire de certains repos selon la différence de la ponctuation ; en un mot à prononcer avec grâce, clarté et justesse. On doit être fort attentif à leur faire prendre un ton naturel, et à leur faire éviter une sorte de glapissement ordinaire aux enfants, qui les suit jusque dans les classes, et souvent dans un âge encore plus avancé.

§ V. *La géographie.*

On donnera aussi chaque jour un certain temps à la géographie. Elle sera pour eux un divertissement plutôt qu'une étude, si le maître sait l'assaisonner de petites histoires agréables et de faits curieux à l'occasion des pays et des villes dont on leur parlera. Ces histoires et ces faits se trouvent dans les livres de géographie : il en faut faire un triage, et ne choisir que ce qui pourra plaire à l'enfant.

Il y a plusieurs méthodes d'enseigner la géographie, qui la plupart sont fort bonnes, pourvu qu'on y soit fidèle, et qu'elles soient toujours accompagnées de l'inspection des cartes : car c'est ici une science des yeux. Parmi ces différentes méthodes, il me semble qu'on doit préférer celles qui, au lieu de supposer de l'esprit aux enfants, ou d'avoir besoin d'être aidées par leur esprit, aident plutôt l'esprit des enfants, et les amusent par un agréable exercice.

On commencera d'abord par exposer à leurs yeux la mappemonde, qui est la carte du monde entier ; ou plutôt le globe terrestre, beaucoup plus propre à leur donner une juste idée de la figure de la terre. On aura soin de leur faire entendre les termes de cet art, qui seront nécessaires, en les mettant à leur portée : *continent, mer, île, presqu'île, golfe, détroit,* etc.

On peut enseigner la géographie par des divisions exactes et par des détails savants ; mais cette méthode charge beaucoup la mémoire, et ne dédommage presque par aucun plaisir de l'ennui inséparable d'une longue file de noms propres.

Il serait, ce me semble, plus utile de conduire et de faire voyager l'enfant sur une carte, sans y remarquer autre chose que quelque particularité amusante, qui, étant liée avec la figure du pays, aide la mémoire à en conserver le nom et la situation.

Je suppose, par exemple, qu'on veuille faire connaître l'Asie à un jeune enfant qui sait les termes ordinaires. Je voudrais me contenter de lui en faire parcourir toutes les côtes, en l'avertissant de ce que chaque pays a de remarquable.

L'Asie, lui dirais-je, commence où finit l'Afrique, qui y est jointe par l'isthme de Suez, que vous voyez entre la mer Méditerranée et la mer Rouge. Cette mer est appelée *Rouge,* parce que c'était proche de cette mer qu'habitaient les Iduméens descendus d'Ésaü ou Édom, dont le nom signifie *rouge,* ou *de poil roux.*

L'Arabie, que cette mer baigne, se partage en trois : la Pétrée, la Déserte, et l'Heureuse.

La Pétrée est ici à l'extrémité, ou vers le fond de la mer Rouge. C'est là que les Israélites demeurèrent durant quarante ans, après avoir passé à pied sec le lit de la mer Rouge, qui s'était retirée. Remarquez-y le mont Sinaï, où Dieu donna aux Hébreux la loi comprise dans le Décalogue, et beaucoup d'autres règlements. L'Arabie Pétrée prend son nom de l'ancienne ville de Pétra, qui ne subsiste plus.

La Déserte prend son nom de ses vastes solitudes. On y trouve les villes de la Mecque, Médine, et Elcatif. La Mecque est fameuse par la naissance du faux prophète Mahomet. On y a bâti une mosquée considérable, où tous les ans et de tous côtés se rend en caravanes un grand nombre de pèlerins. Médine est le lieu de sa sépulture. Le Catif, ou Elcatif, est situé sur le bord du golfe Persique. C'est là que se fait le commerce des perles, et qu'on tire des nacres, que les plongeurs vont arracher le long des rochers de l'île de Baharen, qui est vis-à-vis. On explique à l'enfant ce que c'est que ces *perles* et ces *nacres,* et comment on les pêche, et ce que signifie ce mot *plongeurs.*

L'Arabie Heureuse porte ce nom, parce qu'elle produit des plantes fort estimées. On y trouve le café, qui est la graine d'un petit fruit rouge comme un bigarreau. On y trouve le baume et l'encens, qui sont des résines d'une agréable odeur, et qui découlent de l'écorce de deux arbrisseaux.

C'est dans ce golfe que se jettent le Tigre et l'Euphrate.

Ensuite, on rencontre l'empire de Perse, dont les principales villes sont Ispahan, Tauris, Schiros ou Schiras, et Bander-Abassi. Ispahan et Tauris ont des marchés ou places publiques si spacieuses, qu'on y met dix mille hommes en bataille. On voit à Shiras[1] les magnifiques ruines de l'ancienne Persépolis. Bander-Abassi est le plus beau port de Perse [2] On y fait aujourd'hui le commerce que faisaient autrefois les Portugais dans la petite île d'Ormus, à l'entrée du golfe, dont on les a chassés.

Assez près de là est la montagne de Chiampa, où l'on trouve des terres de différentes couleurs. L'éclat en est si vif, qu'on n'a jamais pu imiter la beauté de leurs toiles peintes, qui souffrent plusieurs savonnages sans rien perdre de leur vivacité.

En continuant ainsi à parcourir toutes les côtes, et en revenant sur les mêmes endroits, sans changer ce que l'on veut que le jeune homme apprenne, il se fait un jeu de ces connaissances, qui l'amusent, et s'arrangent dans sa mémoire sans aucune contention.

On peut aussi, quand le jeune homme a déjà fait quelques progrès dans la géographie, le faire voyager sur la carte : le faire aller, par exemple, de Paris à Rome en lui faisant passer la mer; et le faire revenir de Rome à Paris par terre, en lui faisant prendre une autre route. Ces petits changements le divertissent; et, chemin faisant, on lui apprend mille curiosités dans tous les lieux qu'il parcourt.

§. VI. *La grammaire française.*

Il me reste à parler de la grammaire française, qui doit être apprise aux enfants dès qu'ils en seront capables, et ils le sont pour l'ordinaire de bonne heure. Il est honteux que nous ignorions notre propre langue; et si nous voulons parler vrai, nous avouerons presque tous que nous ne l'avons jamais étudiée. Je ne m'arrêterai point ici aux réflexions que l'on peut faire sur ce sujet : je parlerai dans la suite assez au long de ce qui regarde cette

---

[1] « Non pas à Schiras, mais à douze lieues N. O. de cette ville. Ces ruines sont connues dans le pays sous le nom de *Tchilminar,* c'est-à-dire les *quarante* *colonnes.* — L.

[2] Il est maintenant bien déchu : l'entrepôt des Anglais est à Bassora. — L.

étude. La prudence du maître peut seule, dans l'âge dont il s'agit, en régler et le temps et la manière. Il prendra dans une grammaire française ce qu'il jugera le plus nécessaire aux enfants et le plus à leur portée, réservant pour un autre temps ce qui lui paraîtra trop abstrait et trop difficile : car il est à souhaiter que l'on continue cet exercice pendant tout le cours des études.

Voilà à peu près ce que je crois qui doit occuper les enfants jusqu'à l'âge de six ans : auquel temps on pourra commencer à les mettre au latin, dont l'intelligence leur deviendra bien plus facile par l'étude qu'ils auront faite de la grammaire française ; car les principes de ces deux langues sont communs en bien des choses.

Il ne faut pas croire que ce que je propose ici soit au-dessus de la force des enfants. J'en ai entendu un tout récemment qui n'a que six ans répondre dans une assez nombreuse assemblée sur le Catéchisme historique tout entier, dont il récitait à l'ouverture du livre tous les endroits qui se présentaient, tant le narré que les demandes et les réponses. Il rendit compte aussi de la plupart des termes de géographie, des quatre parties du monde en général, et de la France dans un assez grand détail. Il exposa avec beaucoup de netteté plusieurs règles de la grammaire française ; et c'est ce qui m'étonna le plus. Il déclama quelques fables de la Fontaine avec beaucoup de grâce ; et il était prêt à répondre sur les principes du blason, mais le temps ne le permit pas.

Je sais bien qu'on n'en doit pas attendre autant de tous les enfants, et je n'ai cité cet exemple que pour montrer de quoi ils sont capables quand ils sont bien conduits. Lors même qu'on en rencontre du caractère de celui dont je parle, qui se portent d'eux-mêmes au travail et qui en font leur plaisir, ce qui est fort rare et fort heureux, on doit être extrêmement attentif à modérer leur ardeur, et à la renfermer dans de justes bornes. Rien n'est plus flatteur, et pour des parents et pour un maître, que de voir ainsi réussir un enfant dans un âge si peu avancé : mais, je crois pouvoir le dire, rien en même temps n'est si dangereux. Car si l'on se livre de part et d'autre à ce plaisir, et qu'on ne ménage pas avec assez de soin la santé d'un enfant, on court risque de la ruiner pour toujours par une attention trop suivie, qui épuise les esprits sans qu'on s'en aperçoive, et qui use insensiblement des fibres et des organes qui sont alors d'une extrême délicatesse.

Ce danger est grand, mais il n'est pas ordinaire. On a bien plus souvent besoin d'inspirer de l'ardeur aux enfants que de la modérer, et c'est en cela que je fais consister la principale habileté d'un maître. Mais, pour faire aimer l'étude, il faut qu'il commence par se faire aimer lui-même; et il y réussira infailliblement s'il agit toujours par raison, et jamais par humeur. Je traiterai cette matière fort au long, quand j'exposerai les devoirs des parents et des maîtres dans l'éducation des enfants. Je me contente ici de les avertir qu'ils ne peuvent être trop attentifs à jeter de l'émulation dans leur esprit. Les exercices, à l'âge dont je parle, doivent être plutôt un divertissement qu'une étude. Il faut les varier, les abréger, les interrompre quelquefois entièrement, pour prévenir l'ennui et le dégoût; proposer à l'enfant de petites récompenses[1], et choisir celles qui font le plus de plaisir à cet âge : s'il est naturellement lent à apprendre, ne lui point faire de vifs reproches, et ne le point traiter durement, de peur qu'il ne se rebute, et qu'il ne porte dans un âge plus avancé la haine pour toute étude, dont il n'a senti que l'amertume dans son enfance, n'en pouvant pas comprendre encore l'utilité. Il faut, au contraire, l'exciter, l'encourager, le louer même, pour peu qu'il réussisse; lui opposer quelque compagnon dont le succès et les louanges piquent son amour-propre, sur qui il se réjouisse de l'avoir emporté, et par qui il soit fâché d'avoir été vaincu. Ce sont là d'innocents artifices dont saint Jérôme, en copiant Quintilien, conseille à une dame chrétienne d'user à l'égard de sa fille, qui n'avait alors que cinq ou six ans, et sur l'éducation de laquelle il lui donne d'admirables préceptes. Des mères chrétiennes exigent de moi que j'en donne aussi quelques-uns sur le même sujet, et je ne puis me refuser à un désir si juste et si

---

[1] « Syllabas jungat ad præmium, et quibus illa ætas deliniri potest, manusculis invitetur. Habeat et in discendo socias, quibus invideat, quarum laudibus mordeatur. Non objurganda est, si tardior sit, sed laudibus excitandum est ingenium, ut et vicisse gaudeat, et victa doleat. Cavendum imprimis ne oderit studia; ne amaritudo eorum, præcepta in infantia, ultra rudes annos transeat. » (S. HIERON., lib. 2, *epist.* 15 *ad Lætam.*)

raisonnable. Je dois cette marque de reconnaissance aux témoignages d'estime que les dames même me donnent pour mon *Traité des Études*, dont j'étais bien éloigné de croire que la lecture pût leur causer quelque plaisir.

CHAPITRE II.

DE L'ÉDUCATION DES FILLES.

Monsieur de Fénelon, archevêque de Cambrai, commence l'excellent livre qu'il a composé sur cette matière par se plaindre que l'éducation des filles est presque généralement négligée; et cette plainte n'a que trop de fondement. Quoiqu'on fasse beaucoup de fautes dans celle des garçons, on est pourtant assez communément persuadé qu'elle est d'une grande importance pour le bien public. Le long temps que l'on destine à leurs études, les maîtres qu'on leur donne, les dépenses que l'on fait dans cette vue, sont autant de preuves qu'on a sur ce sujet d'assez justes idées. Mais, sous prétexte qu'il ne faut pas que les filles soient savantes, et que la curiosité les rend vaines et précieuses, on ne se met pas beaucoup en peine de les instruire, comme si l'ignorance était l'apanage de leur sexe. C'est une erreur grossière, et extrêmement préjudiciable à l'État, que de négliger ainsi l'éducation des filles.

On doit s'y proposer une double fin, aussi-bien que dans celle des garçons, qui est de former le cœur et de cultiver l'esprit. Je commencerai par la première partie, qui est la plus importante, mais que je traiterai fort succinctement, parce que les avis que je donnerai dans la suite sur ce sujet par rapport aux garçons conviennent également aux filles.

ARTICLE PREMIER.

Nécessité et manière de former les mœurs des filles dès la plus tendre enfance.

Saint Jérôme, en écrivant à Læta, dame d'une grande qualité, sur l'éducation de sa fille, et à d'autres mères chrétiennes, dit d'excellentes choses sur cette matière. J'en ferai usage, aussi bien que du livre de M. de Fénelon.

J'avertis dès le commencement les mères et les gouvernantes, que je considère ici et qu'elles doivent considérer avec moi les filles comme sorties tout récemment des fonts baptismaux, comme y ayant fait des vœux solennels en présence de Jésus-Christ, dont les parents, les maîtres et les maîtresses sont rendus dépositaires; comme y ayant renoncé à toutes les pompes et à toutes les vanités du siècle; et comme devant par conséquent être élevées dans des principes conformes aux engagements qu'elles y ont pris, non pour quelques années seulement, mais pour toute leur vie. Je ne crois pas qu'on trouve cet avertissement déraisonnable; et cependant il suffit seul pour établir toutes les règles d'une bonne éducation.

Comme les prémices de toutes choses sont dues spécialement à Dieu, les premières pensées et les premières paroles d'un enfant doivent être consacrées par la piété. La joie d'une mère chrétienne[1], telle que sainte Paule, doit être d'entendre sa fille, d'une voix faible et d'une langue bégayante, prononcer le doux nom de Jésus-Christ, à qui elle a été vouée dans le baptême.

Cette consécration demande qu'une fille[2], devenue le temple du Seigneur, n'entende et ne dise jamais rien qui ne respire la crainte de Dieu; que les paroles contraires à l'honnêteté soient pour elle un langage étranger et inconnu, auquel elle ne comprenne rien; qu'elle ignore absolument les chansons mondaines; que ses lèvres encore tendres commencent au contraire à chanter les divins cantiques de David.

Dès que l'âge permettra d'exercer sa mémoire[3], qu'on lui fasse apprendre par cœur quelques versets choisis de l'Ancien ou

---

[1] « Parvulæ adhuc lingua balbutiens Christi alleluia resonabat. » (S. Hieron. ad Lætam.

« Non debeo silentio præterire, quanto (sancta Paula) exultaverit gaudio, quod Paulam, neptem suam, audierit in cunis et crepitaculis balbutiente lingua alleluia cantare. » (Ad Eustoch.)

[2] « Sic erudienda est anima, quæ fu-

tura est templum Dei. Nihil aliud discat audire, nihil loqui, nisi quod ad timorem Dei pertinet. Turpia verba non intelligat : cantica mundi ignoret. Adhuc tenera lingua, psalmis dulcibus imbuatur. » (Ad Lætam.)

[3] « Reddat tibi pensum quotidie de Scripturarum floribus carptum. » (Ibid.)

du Nouveau Testament, qu'elle récitera régulièrement à sa mère, et qui seront comme sa tâche de chaque jour, et comme un bouquet composé de fleurs cueillies dans les saintes Écritures, qu'elle lui offrira tous les matins.

Qu'elle n'ait aucune liaison avec des enfants d'un sexe différent, et qu'on ne lui donne pour la servir que des filles d'un caractère sage et d'un esprit réglé et sûr. La science du monde peut leur être utile jusqu'à un certain point : mais qu'elles se donnent bien de garde d'en communiquer à leur élève l'air contagieux et les maximes pernicieuses. Car dans cet âge il faut bien peu de chose pour nuire à la pureté et à l'innocence d'un enfant : c'est une fleur tendre et délicate, que le moindre souffle empesté peut corrompre et faire périr en un moment.

Saint Jérôme recommande fortement qu'on n'accoutume point ces créatures innocentes aux airs mondains, et qu'on ne les fasse point boire dans la coupe empoisonnée de Babylone ; qu'on ne leur inspire point du goût pour les frivoles ornements du siècle ; qu'on ne gâte et qu'on ne déshonore point leur visage par le fard et le rouge.

Ce n'est pas qu'il veuille qu'on tienne une jeune fille dans un état entièrement opposé à celui du monde pour l'habillement et les manières, ni qu'on lui refuse les ornements qui conviennent à son âge et à sa condition. Ce refus ne servirait qu'à irriter ses désirs et à les rendre plus violents. Elle verra les autres mieux parées qu'elle, et leur portera envie. Le sexe aime naturellement la parure. Une mère sage accordera à cette pente naturelle tout ce qui ne sera point contraire aux règles de la modestie chrétienne. Sa vue sera, en lui permettant l'usage de ces ornements, de lui en inspirer peu à peu le mépris et le dégoût ; et elle aura soin de faire en sorte que des personnes respectées dans le monde

[1] Provide ne bibat de aureo calice Babylonis. » (*Ad Gaudent.*)

[2] « Cave ne aures ejus perfores : ne cerussa et purpurisso consecrata Christo ora depingas : nec collum auro et margaritis premas : nec caput gemmis oneres : nec capillum irrufes, et ei aliquid de gehennæ ignibus auspiceris. » (*Ad*

Lætam.)

[2] « Si ipsa non habuerit, habentes alias non videbit ? Φιλόκοσμον genus femineum est...... Quin potius habendo satietur : et cernat laudari alias, quæ ista non habeant : meliusque est ut satiata contemnat, quam non habendo habere desideret. » (*Ad Gaudent.*)

louent en présence de sa fille celles qui seraient vêtues plus modestement.

Il en sera ainsi dans tout le reste. Une fille, dit M. de Cambrai, qui n'a été détachée du monde qu'à force de l'ignorer, et
en qui la vertu n'a pas encore jeté de profondes racines, est bientôt tentée de croire qu'on lui a caché ce qu'il y a de plus merveilleux. Il vaut beaucoup mieux qu'elle s'accoutume peu à peu
au monde, auprès d'une mère pieuse et discrète, qui ne lui en
montre que ce qu'il lui convient d'en voir, qui lui en découvre
les défauts dans l'occasion, et qui lui donne l'exemple de n'en
user qu'avec modération pour le seul besoin.

Le choix d'une gouvernante est l'affaire la plus importante que
puisse avoir une mère. Elle doit l'avoir longtemps demandée à
Dieu par des prières humbles et ferventes, et l'avoir méritée par
des intentions pures, et par un désir sincère de procurer à sa fille
une éducation véritablement chrétienne. Je ne m'étendrai point
ici sur cette matière : on peut consulter ce qui sera dit dans la
suite sur le choix, sur les qualités et sur les devoirs d'un précepteur.

Le moins qu'on puisse exiger d'une gouvernante, c'est qu'elle
ait le sens droit, un esprit docile, une humeur traitable, et une
véritable crainte de Dieu. Une mère éclairée et prudente sup-
pléera facilement au reste. Elle s'appliquera dans des conversations aisées et familières à la former par ses avis, qu'elle accom-
pagnera toujours d'une douceur et d'une bonté qui les fassent
passer jusqu'au cœur : car, sans cela, les avis les plus sages ne
feront que révolter l'amour-propre, et trouveront tous les accès
fermés.

Un des premiers soins d'une mère est de s'instruire d'abord
elle-même à fond de tout ce qui est nécessaire pour bien élever
des enfants. Elle trouvera ce secours dans le livre que M. de
Fénelon a composé sur l'éducation des filles, qui est fort court
et fort intelligible. Elle en doit faire une étude particulière qui
aille jusqu'à le lui rendre familier, et le faire lire plusieurs fois
à la gouvernante. Ce n'est pas encore assez. Prenez, dit M. de
Fénelon lui-même à une mère qui l'avait consulté sur ce sujet,
prenez la peine de lire ce livre avec elle. Donnez-lui la liberté de

vous arrêter sur tout ce qu'elle n'entend pas, et dont elle ne se sent pas persuadée. Ensuite mettez-la dans la pratique ; et, à mesure que vous verrez qu'elle perd de vue, en parlant à l'enfant, les règles de ce livre qu'elle était convenue de suivre, faites-le lui remarquer doucement en secret.

Cette application, continue M. de Cambrai, vous sera d'abord pénible ; mais songez qu'en qualité de mère c'est là votre devoir essentiel. D'ailleurs vous n'aurez pas longtemps de grandes difficultés là-dessus ; car cette gouvernante, si elle est sensée et de bonne volonté, en apprendra plus en un mois par sa pratique et par vos avis, que par de longs raisonnements. Bientôt elle marchera d'elle-même dans le droit chemin. Vous aurez encore cet avantage pour vous décharger, qu'elle trouvera tout faits dans ce petit ouvrage les principaux discours qu'il faut tenir aux enfants sur les plus importantes maximes, en sorte qu'elle n'aura presque qu'à les suivre. Ainsi elle aura devant ses yeux un recueil des conversations qu'elle doit avoir avec l'enfant sur les choses les plus difficiles à lui faire entendre. C'est une espèce d'éducation pratique qui la conduira comme par la main.

A ce livre de M. de Fénelon il faut joindre l'admirable préface du Catéchisme historique de M. l'abbé Fleury, qui renferme ce que l'on peut désirer de plus solide et de plus sensé sur la manière d'instruire les enfants et de leur enseigner la religion.

Voilà ce qui doit faire l'étude des mères, des gouvernantes, des religieuses chargées de l'instruction des filles, et, je puis ajouter, des précepteurs à qui l'on confie le soin des jeunes enfants. Si l'on s'appliquait sincèrement et de bonne foi à mettre en pratique les excellents avis renfermés dans ces deux ouvrages, il n'y aurait pas lieu de se plaindre, comme on le fait si souvent, du peu de succès de l'éducation des jeunes personnes de l'un et de l'autre sexe.

S'il m'était permis de me joindre à ces deux grands hommes, sans me comparer à eux pour le mérite ni pour la réputation, j'ajouterais qu'on pourra peut-être trouver dans le septième livre de cet ouvrage, où je traite du gouvernement intérieur des classes et du collège, quelques réflexions utiles aux personnes chargées de l'éducation, soit des filles, soit des garçons.

Je ne puis mieux finir ce premier article , qui concerne les mœurs, que par une réflexion importante que me fournit M. de Fénelon : je ne ferai que le copier.

Le plus grand obstacle à la bonne éducation des filles est l'irrégularité de la conduite des parents. Tout le reste est inutile, s'ils ne veulent concourir eux-mêmes dans ce travail. Le [1] fondement de tout est qu'ils ne donnent à leurs enfants que des maximes droites et des exemples édifiants. C'est ce qu'on ne peut espérer que d'un très-petit nombre de familles. Souvent une mère qui passe sa vie au jeu , à la comédie et dans des conversations indécentes, se plaint d'un ton grave qu'elle ne peut pas trouver une gouvernante capable d'élever ses filles. Mais qu'est-ce que peut la meilleure éducation sur des filles à la vue d'une telle mère? Souvent encore , on voit des parents qui , comme dit saint Augustin, mènent eux-mêmes leurs enfants aux spectacles publics et à d'autres divertissements , qui ne peuvent manquer de les dégoûter de la vie sérieuse et occupée dans laquelle ces parents mêmes les veulent engager. Ainsi ils mêlent le poison avec l'aliment salutaire. Ils ne parlent que de sagesse, mais ils accoutument l'imagination volage des enfants aux violents ébranlements des représentations passionnées et de la musique ; après quoi ils ne peuvent plus s'appliquer. Ils leur donnent le goût des passions, et leur font trouver fades les plaisirs innocents. Après cela ils veulent encore que l'éducation réussisse, et ils la regardent comme triste et austère si elle ne souffre ce mélange du bien et du mal.

Il est temps de passer à la seconde partie de ce petit traité.

ARTICLE II.

Des études qui peuvent convenir aux jeunes filles.

Ce que j'ai dit qu'on pouvait faire apprendre aux enfants jusqu'à l'âge de six ou sept ans est , à peu de chose près, commun à ceux de l'un et de l'autre sexe. Il s'agit maintenant d'examiner

---

[1] « Te habeat magistram : te rudis miretur infantia. Nihil in te et in patre suo videat , quod si fecerit , peccet. Mementote, vos parentes virginis, magis eam exemplis doceri posse, quam voce. » (S Hieron. epist. ad Lætam.)

quelles sortes d'études peuvent convenir aux filles dans un âge plus avancé.

§ I. *L'étude de la langue latine convient-elle aux filles?*

La première question qui se présente à l'esprit est de savoir si l'on doit permettre aux filles d'apprendre la langue latine. On ne peut douter que parmi elles il n'y en ait beaucoup aussi capables de cette étude que les garçons : le sexe par lui-même ne met point de différence dans les esprits. On a vu des femmes réussir dans les sciences autant que les hommes. Pour ne point parler de beaucoup d'autres, madame Dacier, qui a illustré notre siècle, ne le cédait en rien à la vaste érudition de son mari, et, d'un consentement général, l'emportait beaucoup sur lui pour la finesse du goût et la délicatesse du style.

Mais ce n'est point sur ce principe que la question dont il s'agit doit être décidée. Le monde n'est point gouverné au hasard : les différents états qui le partagent ne sont point abandonnés à notre caprice. Il y a une providence qui règle les conditions, et qui assigne à chacun ses devoirs. Parmi les hommes, plusieurs sont destinés à des emplois qui demandent une certaine étendue de connaissances pour en bien remplir les fonctions. Et comme les langues grecque et latine ouvrent l'entrée à toutes les sciences et en sont comme la clef, voilà pourquoi on les fait apprendre à ceux des jeunes gens que l'on prévoit devoir être un jour appelés aux emplois où ces connaissances sont nécessaires.

Il n'en est pas ainsi des femmes. Elles ne sont point destinées à instruire les peuples, à gouverner les États, à faire la guerre, à rendre la justice, à plaider des causes, à exercer la médecine. Leur partage est renfermé dans l'intérieur de la maison, et se borne à des fonctions non moins utiles, mais moins laborieuses, et plus conformes à la douceur de leur caractère, à la délicatesse de leur complexion, et à leur inclination naturelle. Il faut bien que ce partage de fonctions entre les hommes et les femmes soit fondé dans la nature, puisqu'il est le même dans tous les temps et dans tous les pays. Il est vrai que l'histoire nous montre des femmes qui ont excellé dans le métier de la guerre, dans le gouvernement des États, dans l'étude des sciences : mais ces exemples sont rares, et ne doivent être regardés que comme des exceptions; qui, loin de détruire la règle générale, ne servent qu'à la confirmer.

On peut donc conclure de tout ce que je viens de dire, que l'étude de la langue latine, généralement parlant, ne convient point aux personnes du sexe.

Mais il y a des cas particuliers où non-seulement elle peut être permise à de jeunes filles, mais où elle leur devient en quelque sorte nécessaire, ou du moins où elle leur serait d'un grand secours pour toute leur vie. Je parle de celles qui se destinent à l'état religieux, et qui, par leur profession même, seront obligées à chanter ou à réciter l'office de l'Église en latin. Ne serait-ce pas pour elles une grande consolation d'entendre ce qu'elles chantent, de se joindre aux sentiments du prophète-roi, aussi bien qu'à ses paroles, et de ne pas faire à son égard la simple fonction d'un écho qui répète des mots sans y rien comprendre? Ne semble-t-il pas que c'est à ces saintes vierges, qui sont les anges de la terre, non-seulement par leur pureté, mais par l'honneur qu'elles ont d'être occupées continuellement à chanter les louanges du Seigneur, que c'est à elles, dis-je, que David adresse ces paroles d'un psaume : *Chantez, chantez des psaumes à notre Dieu; chantez des psaumes à notre roi...; mais chantez-les avec goût et avec intelligence* [1]. Comme s'il leur disait : Les psaumes que prononce votre bouche sont la moindre partie du tribut que vous devez à votre Dieu. L'esprit doit en avoir l'intelligence, et le cœur les sentiments. Serait-ce une pratique blâmable dans les maisons religieuses, d'apprendre la langue latine aux novices et aux jeunes professes, pour les mettre en état d'entendre au moins le Bréviaire et l'Écriture sainte? Il y en a qui pourraient porter cette étude plus loin (et l'on en a plusieurs exemples), et qui pourraient arriver jusqu'à l'intelligence des saints Pères. Cette étude, qui ne tendrait qu'à éclairer, qu'à nourrir, qu'à fortifier la piété, doit-elle être interdite à une religieuse?

[1] *Psallite sapienter.* L'hébreu porte, *intelligenter.*

Il y a une route particulière pour les jeunes filles qui songeraient ainsi à apprendre le latin; et on doit la leur abréger le plus qu'il est possible. La composition des thèmes doit être absolument retranchée, et l'on doit tout réduire à l'intelligence et à l'explication du latin. Pour cela, les principes sont absolument nécessaires. Ils sont comme les fondements de cette connaissance; et l'on sait ce que c'est que de bâtir sans fondement. J'avoue que ce travail n'est point agréable, et qu'il satisfait peu l'esprit. La légèreté de l'âge, et la vivacité d'un caractère actif et prompt, ont peine à s'y assujettir. Mais, sans cela, on n'ira jamais à pas sûr dans l'intelligence du latin; on sera toujours incertain, flottant, hésitant : au lieu qu'un travail de quelques mois, soutenu avec courage et persévérance, pour se rendre ferme et inébranlable dans l'étude des déclinaisons et des conjugaisons, épargnerait pour le reste du temps presque toute peine et tout dégoût; et ces premières épines qui se présentent d'abord, étant une fois arrachées, ne laisseraient plus que le soin ou plutôt le plaisir de cueillir des fleurs et de se nourrir de fruits agréables. Je marquerai dans la suite de cet ouvrage la manière dont il faut s'y prendre pour enseigner utilement ces premiers principes.

Il semble que M. de Fénelon ne bornait pas cette étude simplement aux jeunes filles qui songeraient à entrer en religion. « Je ne voudrais faire apprendre le latin, dit-il en général, « qu'aux filles d'un jugement ferme et d'une conduite modeste; « qui sauraient ne prendre cette étude que pour ce qu'elle vaut; « qui renonceraient à la vaine curiosité; qui cacheraient ce qu'el« les auraient appris, et qui n'y chercheraient que leur édifica« tion. » J'en connais quelques-unes de ce caractère, élevées avec un soin infini dans des familles chrétiennes où tout respire la religion; qui sont destinées pour le monde, mais sans en avoir le goût et les maximes; qui joignent à une piété éclairée un esprit très-solide, et capable de toutes les sciences. On leur a fait apprendre le latin; et elles y ont fait un tel progrès, qu'elles sont parvenues à entendre parfaitement et sans peine les lettres de saint Jérôme, de saint Paulin, de saint Cyprien, et à en faire des traductions avec une justesse et une élégance qui feraient

7.

honneur aux plus habiles maîtres. On ne les a point renfermées dans l'étude seule du latin : on leur a fait apprendre tout ce qui convient à des filles qui doivent être dans le monde, et qui deviendront des mères de famille. Quand les qualités et les dispositions dont je viens de parler se rencontrent dans de jeunes filles, les pères et les mères ne doivent point, ce me semble, s'opposer au désir qu'elles auraient d'apprendre la langue latine.

Il y a encore d'autres personnes du sexe à qui il peut être permis d'apprendre le latin; des vierges et des veuves chrétiennes qui, vivant dans le monde, mais en étant séparées d'esprit et de cœur, ont entièrement renoncé à ses dangereux plaisirs. Pourquoi leur interdirait-on cette consolation et cette joie, qui est la seule qu'elles se soient réservée, surtout là rapportant principalement à la piété, et cherchant dans cette étude un moyen de réciter les psaumes avec plus d'attention et de ferveur, et de mieux entendre les saintes Écritures? N'ont-elles pas d'illustres exemples pour justifier leur conduite? Sainte Marcelle, sainte Paule, sainte Eustoquie, c'est-à-dire ce qu'il y avait de plus grand à Rome pour la naissance, pour les richesses, pour les dignités. Elles ne laissaient aucun repos à saint Jérôme, qui leur tenait lieu de maître dans l'étude des saints livres; et il nous marque lui-même qu'il avait expliqué à sainte Paule, et à sainte Eustoquie sa fille, l'Ancien et le Nouveau Testament tout entiers, et que leur zèle avait été jusqu'à apprendre l'hébreu pour se rendre plus habiles dans l'intelligence des saints livres [1]. Mais ce qui fait le plus parfait éloge de cette ardeur pour l'étude, c'est qu'elle ne servit qu'à sanctifier ces illustres dames romaines, et à augmenter en elles la piété et l'humilité; de sorte qu'elles se dépouillèrent de tout pour suivre dans une entière pauvreté un Dieu fait pauvre et anéanti pour elles.

En supposant, comme je le fais, que l'étude de la langue latine ne convient point au commun des filles, à quoi faut-il donc les appliquer quand elles sont dans un âge plus avancé? C'est ce que je vais exposer d'une manière succincte.

---

[1] Epist. ad Eustoch. l. 3, epist. 8

§ II. *Lecture, écriture, arithmétique.*

Je suppose que dans les années précédentes les jeunes filles ont appris à bien lire et à bien écrire; c'est une partie de l'éducation des filles qui est trop négligée. Il est honteux, dit M. de Cambrai, mais ordinaire, de voir des femmes qui ont de l'esprit et de la politesse ne savoir pas bien prononcer ce qu'elles lisent : ou elles hésitent, ou elles chantent en lisant; au lieu qu'il faut prononcer d'un ton simple et naturel, mais ferme et uni. Elles manquent encore plus grossièrement pour l'orthographe. On ne doit pas leur faire un crime de cette ignorance presque générale dans leur sexe, et qui, par cette raison, semble ne le pas déshonorer. Mais pourquoi ne tâcherait-on pas de bonne heure à prévenir ce reproche en leur apprenant à écrire correctement? Ce soin ne demande pas un grand travail. Une légère connaissance de la grammaire française pour distinguer les différentes parties du discours, pour savoir décliner et conjuguer, pour connaître les diverses manières de ponctuer, voilà à quoi se borne, par rapport aux filles, la science qui leur est nécessaire pour ce point. Ces règles se trouvent dans toutes les grammaires françaises. Un maître habile en fera le choix, et en très-peu de temps et très-peu de leçons mettra une jeune fille en état d'écrire très-correctement.

Il sera bon que les jeunes filles apprennent les quatre opérations de l'arithmétique, qui leur seront fort utiles, et même nécessaires, pour remplir des devoirs dont je parlerai dans la suite.

§ III. *Lecture des poëtes, musique, danse.*

La lecture des comédies et des tragédies, même de celles qui paraissent n'avoir rien de contraire à la modestie et aux bonnes mœurs, peut être fort dangereuse pour cet âge. Car, outre que cette lecture conduit presque infailliblement au désir de les voir représenter par des acteurs qui y ajoutent de l'âme et de la vie, l'imagination vive des jeunes personnes saisit avidement tout ce qui flatte les sens et qui est favorable à la cupidité; et presque tout la réveille dans ces sortes de poésies. Tout ce qui peut faire

sentir l'amour, dit M. de Cambrai, plus il est adouci et enve-
loppé, plus il me paraît dangereux. Les deux tragédies sacrées
de Racine, *Esther* et *Athalie*, n'ont point ce danger pour les
-filles, et on peut leur en faire apprendre des endroits choisis.

La musique, aussi bien que la poésie, demande de grandes
précautions. Les plus sages législateurs du paganisme ont cru
que rien n'était plus pernicieux à une république bien policée
que d'y laisser introduire une musique efféminée. Des mères
chrétiennes, pour peu qu'elles soient instruites, doivent comprendre jusqu'où elles sont obligées de porter la délicatesse sur
ce point.

Premièrement, soit dans la maison paternelle, soit dans les
couvents, on ne doit pas appliquer si tôt les jeunes filles à apprendre à chanter et à jouer des instruments. Une expérience
presque universelle montre que l'étude de la musique les dissipe
extraordinairement, et leur inspire du dégoût et de l'aversion
pour toutes les autres occupations, qui sont néanmoins infiniment plus importantes et plus essentielles à cet âge.

En second lieu, une mère chrétienne ne doit jamais permettre
qu'on mette entre les mains de sa fille ces sortes de pièces de
musique qui ne respirent qu'un air mondain, et ne contiennent
que des maximes antichrétiennes, où il semble qu'on a pris à
tâche de rétablir le paganisme avec toutes ses divinités; où
l'amour, l'ambition, la vengeance, en un mot, où toutes les
passions règnent et sont mises en honneur. N'est-ce pas rétrac-
ter ouvertement les vœux de son baptême, que d'approuver et de
permettre cet usage, qui y est si directement contraire? Est-il
raisonnable que l'autorité des maîtres de musique, souvent peu
religieux, l'emporte sur celle des saints Pères, qui sont nos maîtres pour la religion? Croit-on n'avoir point de reproche à se
faire d'obliger de saintes religieuses, dont la demeure retentit
continuellement des cantiques du Seigneur, à souffrir qu'on enseigne en leur présence, à de jeunes filles confiées à leurs soins,
des cantiques qui semblent composés à dessein de contredire
ouvertement l'Évangile? Des motets, et il y en a d'excellents;
les chœurs d'*Esther* et d'*Athalie*, quelques cantiques que l'on
peut choisir ailleurs, ne suffiraient-ils pas? Et quand il y man-

querait quelque chose pour ce goût fin et délicat en matière de musique, le dédommagement par rapport aux mœurs ne doit-il être compté pour rien?

Je ne sais pas comment la coutume de faire apprendre à grands frais aux jeunes filles à chanter et à jouer des instruments est devenue si commune, et est regardée comme une partie essentielle de leur éducation. J'entends dire que, dès qu'elles sont établies dans le monde, elles n'en font plus aucun usage. Pourquoi donc y donner pendant la jeunesse un temps si considérable, qui pourrait être employé à des choses plus utiles et non moins agréables, comme serait, entre autres, le dessin, qui peut beaucoup servir aux ouvrages dont les dames ont coutume de s'occuper?

La danse aussi fait ordinairement une des parties les plus essentielles de l'éducation des filles, et l'on y consacre sans peine beaucoup de temps et beaucoup d'argent. On ne s'attend pas que j'entreprenne ici d'en faire l'éloge ou l'apologie. Je me borne à examiner simplement et sans prévention quel est, sur cet article, le devoir d'une mère chrétienne et raisonnable. Comme il y a des études déstinées à cultiver et à orner l'esprit, il y a aussi des exercices propres à former le corps; et l'on ne doit pas les négliger. Ils contribuent à régler la démarche, à donner un air aisé et naturel, à inspirer une sorte d'honnêteté et de politesse extérieure qui n'est pas indifférente dans le commerce de la vie, et à faire éviter des défauts de grossièreté et de rusticité qui sont choquants, et qui marquent peu d'éducation. Mais il suffit pour cela d'apprendre à de jeunes personnes à ne point s'abandonner à une molle nonchalance, qui gâte et corrompt toute l'attitude du corps; à se tenir droites, à marcher d'un pas uni et ferme, à entrer décemment dans une chambre ou dans une compagnie, à se présenter de bonne grâce, à faire une révérence à propos; en un mot, à garder toutes les bienséances qui font partie de la science du monde, et auxquelles on ne peut manquer sans se rendre méprisable. Voilà, ce me semble, à quoi naturellement doit tendre l'exercice dont je parle; et j'ai vu avec joie des maîtres à danser de la première réputation se renfermer dans ces bornes pour satisfaire aux désirs de mères chrétiennes, qui joignent à une grande naissance une piété encore plus grande.

Il n'est pas nécessaire que je m'arrête ici à montrer combien tout ce qui est au delà de ce que je viens de marquer peut devenir dangereux pour de jeunes demoiselles, et combien les suites en peuvent être funestes. Une dame un peu jalouse de sa réputation ne serait pas contente qu'on lui fît un mérite d'exceller dans le chant et dans la danse. C'est la remarque que fait Salluste [1], en disant de Sempronia, dame de naissance, mais absolument décriée pour les mœurs, « qu'elle chantait et dansait avec « plus d'art et de grâce qu'il ne convenait à une honnête femme : « *psallere, saltare elegantius quam necesse est probæ.* »

§. IV. Étude de l'histoire.

L'étude la plus propre à orner l'esprit des jeunes demoiselles, et même à leur former le cœur, est celle de l'histoire. Elle leur ouvre un vaste champ, qui peut les occuper utilement et agréablement pendant plusieurs années. On trouvera dans la suite de cet ouvrage quelques réflexions plus étendues sur la manière dont il faut s'appliquer à cette étude.

1. Histoire sainte.

L'ordre des temps demande qu'on commence par l'histoire sainte. Comme elle est le fondement de la religion, il faut s'y arrêter plus que sur toutes les autres, et faire en sorte qu'une jeune fille la possède en perfection. Elle lui sera d'un grand usage tout le reste de sa vie, soit pour entendre les instructions publiques, soit pour lire en particulier avec fruit les livres de piété. Car dans les unes et dans les autres on suppose que l'auditeur et le lecteur sont instruits des faits de l'histoire sainte, et par cette raison on se contente de les leur indiquer en un mot : mais c'est un langage étranger pour ceux à qui cette histoire est inconnue, et le nombre en est grand.

Outre cet avantage, qui est certainement bien considérable,

---

[1] *In Bello. Catilin.*

mais qui ne regarde que les annéés suivantes, il y en a un autre
actuel et présent, qui est encore d'une plus grande importance.
M. Fleury et M. de Fénelon ont tous deux remarqué que l'étude
de l'histoire sainte, sans parler de l'agrément qui s'y trouve
par la beauté et la grandeur des événements, et qui la rend par
cette raison bien plus utile à la jeunesse, est la manière la plus
sûre et la plus solide de l'instruire à fond et pour toujours de la
religion. Ces histoires paraissent allonger l'instruction ; mais véritablement elles l'abrégent, et lui ôtent la sécheresse des catéchismes, où les mystères sont détachés des faits. Aussi voyons-nous
saint Augustin, dans l'admirable ouvrage qui a pour titre, *De
la manière d'instruire les simples* [1], n'en prescrit point d'autre
que celle dont nous parlons ici. Et cette méthode ne lui était
point particulière ni d'une nouvelle invention ; c'était la méthode
et la pratique universelle de l'Église, observées dans tous les
temps. Elle consistait à montrer, par la suite de l'histoire, la
religion aussi ancienne que le monde ; Jésus-Christ attendu dans
l'Ancien Testament, et Jésus-Christ régnant dans le Nouveau.
C'est le fond de l'instruction chrétienne.

Cela demande un peu plus de temps et de soin que l'instruction à laquelle beaucoup de gens se bornent. Mais aussi on sait
véritablement la religion quand on sait ce détail ; au lieu que,
quand on l'ignore, on n'en a que des idées confuses. Le temps
que les jeunes filles mettront à apprendre cette histoire sera donc
pour elles un temps bien utilement employé.

Je suppose qu'elles en ont déjà une idée abrégée par l'étude
qu'elles ont faite du Catéchisme historique, qui a servi de pré-
paration à une connaissance plus étendue et plus détaillée. Elles
la trouveront dans le livre qui a pour titre, *Abrégé de l'histoire
et de la morale de l'Ancien Testament,* imprimé depuis peu d'années, et dont on a déjà fait quatre éditions. Il est merveilleusement propre pour les jeunes personnes, parce qu'il est composé
avec beaucoup de clarté, et souvent dans les termes mêmes
de l'Écriture sainte, dont la divine simplicité est préférable à
tout ce que l'art a de plus pompeux et de plus brillant. Une
jeune fille en apprendra tous les jours un chapitre. On pourra

[1] De catechizandis rudibus.

même d'abord se contenter de la moitié d'un chapitre : car il vaut mieux qu'elle en apprenne moins, et qu'elle le sache mieux. On prendra un jour, comme le samedi, pour lui faire répéter ce qu'elle aura appris pendant la semaine, et de même un jour chaque mois. De cette sorte, les leçons nouvelles ne feront point oublier les anciennes. Il est bon, pour exercer et affermir sa mémoire, qu'elle s'accoutume à rendre l'histoire fidèlement, et telle qu'elle est dans le livre, sans pourtant exiger une exactitude scrupuleuse, qui aille jusqu'à n'oser changer aucun mot : pourvu qu'elle en substitue qui aient le même sens, on doit être content. Car, avant tout, la grande attention doit être de lui rendre cette étude agréable, et d'en écarter autant qu'il se pourra toutes les épines.

Après qu'elle aura récité son histoire, la gouvernante ou le maître pourront lui faire quelques petites questions pour lui former l'esprit et le jugement, pour lui apprendre à parler et à s'exprimer, et pour l'accoutumer à faire des réflexions sur ce qu'elle lit. Ainsi, quand on verra Joseph vendu par ses frères, calomnié par la femme de Putiphar, mis en prison, on paraîtra étonné, et on demandera à la jeune fille si c'est ainsi que Dieu récompense ses fidèles serviteurs. Elle trouvera facilement ce qu'il faut répondre à cette question. Quand on verra le même Joseph élevé en gloire, on la priera d'examiner par quelles voies Dieu l'y a conduit; et, par les interrogations mêmes qu'on lui fera, on l'aidera à observer que les obstacles mêmes que les hommes avaient prétendu mettre à sa grandeur sont devenus des moyens efficaces pour l'y faire arriver, et que telle est ordinairement la conduite de la Providence à l'égard des hommes.

Quand Dieu donne sa loi aux Israélites sur la montagne de Sinaï au milieu des éclairs et des tonnerres, et qu'un moment après ce même peuple la viole dans le premier et le plus important des dix commandements en adorant le veau d'or, on demande à la jeune fille d'où a pu venir une prévarication si subite, si énorme, si générale; et s'il a manqué quelque chose à ce peuple dans la manière dont il a accepté cette loi, qui paraît pourtant bien respectueuse et bien soumise, puisqu'il tremble devant la majesté du Dieu qui lui parle, et qu'il promet sans restriction et sans exception d'observer inviolablement tout ce que le Seigneur lui commandera. On la conduira peu à peu à répondre que la faute du peuple, en promettant ainsi d'accomplir exactement les ordonnances de Dieu, a été de n'avoir compté que sur ses propres forces pour accomplir ces ordonnances, de n'avoir pas connu sa faiblesse et son impuissance à tout bien, et de n'avoir pas recouru par la prière à celui qui seul pouvait le mettre en état de lui obéir.

Quand la jeune personne ne trouve pas d'elle-même les réponses, on les lui fournit, et on tâche de les lui rendre intelligibles par la manière facile et claire dont on les lui explique. J'ai toujours souhaité, pour le secours des personnes chargées de l'éducation des filles, et je puis bien ajouter aussi de celle des garçons, qu'on trouvât dans quelque livre ces réflexions toutes digérées et toutes préparées. La Providence procure encore ce secours à la jeunesse. L'auteur de l'Abrégé de l'histoire sainte, dont j'ai parlé, a ajouté au récit des histoires qu'il a rendu plus complet des réflexions qui m'ont paru fort solides, et très-propres à instruire du fond de la religion, non-seulement les jeunes gens, mais beaucoup d'autres personnes. Les maîtres ou maîtresses commenceront par s'en bien instruire eux-mêmes : après quoi ils seront fort en état d'en instruire les autres, en se proportionnant à leur force, et prenant de ces réflexions ce qui convient à leur âge.

Quand les jeunes personnes, au bout d'une ou de plusieurs années, savent raisonnablement l'histoire sainte, il y a une manière de la leur remettre devant les yeux, et de leur en faire rappeler les principaux événements, qui peut leur être fort utile, et qui ne peut manquer de leur être fort agréable : je l'ai pratiquée avec beaucoup de succès lorsque j'étais chargé de la conduite d'un collége. Je suppose que la jeune fille a plusieurs compagnes qui font les mêmes études qu'elle ; sinon, la mère ou la gouvernante en tiendront la place. On propose quelque matière, et l'on ramasse tous les exemples que l'on en trouve dans l'histoire sainte. Chaque personne fournit le sien à son rang, ou alternativement si l'on n'est que deux ; et cela en très-peu de mots, et simplement pour indiquer le fait. J'en donnerai ici quelques exemples.

ö

Confiance en Dieu dans les plus extrêmes dangers.

Abraham près de perdre son fils en l'immolant.

Jacob délivré de la colère de Laban, puis de celle d'Ésaü.

Moïse enfermé entre l'armée de Pharaon et la mer Rouge.

Les Gabaonites, près d'être exterminés comme les autres peuples de Chanaan, trouvent le moyen de se dérober à l'anathème commun.

Gédéon, avec trois cents hommes, marche contre les Madianites.

Combat de David contre Goliath.

David près d'être saisi par Saül, qui le poursuivait sur une colline.

Asa attaqué par Zara, roi d'Éthiopie, qui avait un million d'hommes.

Élisée enfermé dans la ville de Dothan, et poursuivi par Achab.

Samarie réduite à la dernière extrémité, et sauvée.

Confiance d'Ézéchias assiégé dans Jérusalem par Sennachérib.

Susanne condamnée à mort, et conduite au supplice.

Les trois jeunes hommes dans la fournaise.

Daniel dans la fosse aux lions.

Jonas jeté dans la mer.

Béthulie réduite à l'extrémité, et délivrée par Judith.

Les Juifs condamnés à périr, et délivrés par Esther, etc.

Réflexions sur le même sujet.

On peut quelquefois engager une jeune personne à développer un fait, en le racontant plus au long : par là elle s'accoutume et apprend à narrer. Mais ce qui est encore plus important, c'est de mêler au récit des faits quelques courtes réflexions, et, s'il se peut, les lui faire trouver à elle-même en l'interrogeant d'une manière qui les lui rende faciles. J'en rapporterai trois ou quatre sur la matière qui vient d'être proposée.

1. C'est lorsque le danger est le plus pressant, et qu'il ne paraît aucune ressource du côté des hommes, qu'on doit le plus compter sur la protection de Dieu. C'est ce que prouvent claire-

ment la délivrance de David, lorsque Saül, arrivé presque à l'extrémité d'une colline d'où il ne pouvait se tirer, était près de le saisir; la délivrance des villes de Samarie, de Jérusalem, de Béthulie, toutes réduites à la dernière extrémité, et sans espérance humaine.

2. Dieu se plaît pour lors à faire éclater sa puissance, et à se montrer quand les hommes disparaissent entièrement, afin que la délivrance ne puisse être attribuée qu'à Dieu seul. C'est ce qu'il dit lui-même quand il ordonna à Gédéon de réduire son armée à trois cents hommes : *De peur qu'Israël ne se glorifie contre moi, et ne dise : C'est par mes propres forces que j'ai été délivré de mes ennemis* [1].

3. Ce qui attire la protection de Dieu est une pleine confiance en son pouvoir infini et en sa bonté, qui ne l'est pas moins [2]. *Il est également facile au Seigneur*, dit Jonathas, *de donner la victoire avec un grand ou avec un petit nombre.* C'est dans le même esprit que David dit à Goliath : *Vous venez à moi avec l'épée, la lance et le bouclier; mais moi je viens à vous au nom du Seigneur des armées* [3]. L'Écriture croit faire un éloge parfait du saint roi Josaphat par ce seul mot : *Il a espéré dans le Seigneur* [4].

4. La protection de Dieu, quoiqu'elle ne soit pas visible, n'en est pas moins réelle. Élisée, près d'être assiégé dans Dothan par l'armée des Syriens, et voyant son serviteur tout effrayé, pria Dieu de lui ouvrir les yeux [5]. Il vit la montagne couverte de chevaux et de chariots de feu qui étaient autour d'Élisée. La foi devrait produire en nous le même effet.

Avantage des bonnes liaisons et compagnies; dangers des mauvaises.

Lot connut peu d'abord de quel prix était la compagnie d'Abraham, puisqu'il s'en sépara.

Il s'exposa aux plus grands dangers en le quittant, et en s'établissant à Sodome.

---

[1] Judic. 7, 2.
[2] I Reg. 14, 6.
[3] I Reg. 17, 45.
[4] 4 Reg. 18, 5.
[5] 4 Reg. 6, 17.

Abraham le tire des mains des quatre rois vainqueurs.

Le même Lot est sauvé de l'incendie de Sodome par la protection d'Abraham.

Un petit nombre de justes aurait sauvé Sodome.

La présence de Joseph attire la bénédiction de Dieu sur la maison de Putiphar.

Les Israélites entraînés dans le crime et dans l'idolâtrie par la compagnie des filles moabites et madianites.

Bonheur de Ruth de s'être attaché à Noémi : malheur d'Orpha sa belle-sœur de s'en être séparée.

Voyage de Bethsabée, funeste à David.

Liaison de David et de Jonathas, modèle d'une parfaite amitié.

Chute de Salomon causée par la mauvaise compagnie de ses femmes.

Roboam perdu par la mauvaise compagnie et les mauvais conseils des jeunes seigneurs de sa cour.

Jézabel pousse son mari Achab aux derniers crimes.

Connaissance d'Élie, source de bonheur pour la veuve de Sarepta, aussi bien que celle d'Élisée pour la Sunamite.

Une esclave qui était dans la maison de Naaman est cause que son maître va trouver le prophète Élisée.

Un domestique de ce grand seigneur l'engage, par ses sages remontrances, à exécuter l'ordre du prophète.

Mort ressuscité par la présence du corps d'Élisée.

Os du prophète de Béthel conservés, parce qu'ils se trouvent unis à ceux d'un autre prophète de Juda.

Joas, roi de Juda, préservé d'abord par les sages conseils du grand prêtre Joïada, puis corrompu par les flatteries des courtisans.

De quelle utilité ne furent point les conseils d'Isaïe pour le saint roi Ézéchias.

Heureuse éducation du jeune Tobie dans la vertueuse maison de ses parents. Secours infinis qu'il tire de son conducteur.

Cette sorte de dispute peut être fort utile aux jeunes personnes. Elle les réveille, elle les anime, elle leur fait faire des efforts ; elle les rend plus attentives à leurs lectures, elle leur apprend à en faire usage. Je connais une famille où souvent les récréations du soir se passaient dans une pareille dispute entre la demoiselle du logis et le gouverneur du frère, entre lesquels il y avait une émulation si vive de fournir chacun son mot à propos, et de ne pas demeurer à sec, que, toute la compagnie étant en haleine et prenant parti pour l'un ou pour l'autre, personne n'était tenté de s'endormir. Ne pourrait-on pas établir dans les couvents cette ingénieuse et agréable récréation parmi les jeunes pensionnaires? et ne serait-ce pas un moyen de les engager à l'étude de l'histoire, tant sainte que profane? car l'une et l'autre peuvent entrer également dans l'exercice dont je parle.

Cette étude de l'histoire sainte doit toujours être accompagnée de celle de la géographie et de la chronologie, qu'il faut réduire à très-peu de chose par rapport aux jeunes personnes, pour ne point trop charger leur mémoire.

A mesure qu'il se présente quelque nom de province, de ville, de rivière, de montagne, dans l'histoire qu'on explique, il faut aussitôt les montrer sur la carte. Ainsi Abraham part d'Ur en Chaldée, s'arrête quelque temps à Aran dans la Mésopotamie, arrive dans le pays de Chanaan, appelé autrement *la terre promise;* passe de là en Égypte, etc. Voilà bien des endroits différents dont il faut faire connaître la situation. Il ne faut pas se rebuter de ce que les cartes de la terre sainte sont en latin. Les noms n'en sont guère moins faciles à discerner que s'ils étaient en français. *Samaria,* Samarie; *Hierosolyma,* Jérusalem. Mais, pour aider les jeunes personnes à trouver sans peine les villes sur la carte, on dressera une table alphabétique de toutes celles qui sont énoncées dans l'*Abrégé de l'histoire de l'Ancien Testament,* laquelle indiquera la tribu où chacune de ces villes est située.

J'en dis autant de la chronologie, qui est la connaissance du temps où les événements dont il est parlé dans l'histoire sont arrivés. On donnera de même une petite table où seront désignés les six âges qui partagent et renferment toute l'histoire sainte; et chaque âge sera divisé en un petit nombre d'époques, qu'il sera facile de retenir en les répétant exactement à mesure qu'on avancera dans l'histoire. D'ailleurs il suffit aux jeunes demoi-

selles de savoir, à quelques années près, le temps où ont vécu les
personnes les plus connues, et où sont arrivés les faits les plus
mémorables. Il faut bien se donner de garde de charger leur
mémoire d'un grand nombre de dates, qui ne serviraient qu'à y
jeter du trouble et de la confusion. Les six âges sont des points
fixes, auxquels tous les autres se rapportent, et qu'il faut par
cette raison apprendre très-exactement. Quand on sait que la
sortie d'Égypte est arrivée l'an du monde 2513, et que le temple
a été bâti par Salomon en 2992 (ce sont les dates du troisième
et du quatrième âge), il est aisé de placer les événements qui
sont entre deux. Si l'on demande dans quel temps a vécu Josué,
comme on sait qu'il a succédé à Moïse, et que celui-ci a passé
quarante ans dans le désert, on répondra que Josué vivait environ en l'an du monde 2550. Quand on ne dirait une date qu'à
vingt ou trente ans près, cela doit suffire dans cet âge, parce
que tout ce qu'on peut demander alors, c'est de ne pas tomber
dans des fautes grossières d'anachronisme, comme de placer
Abraham avant le déluge, David avant Moïse, et d'autres bévues
pareilles.

2. Histoire grecque.

Quand une jeune fille possède parfaitement l'histoire sainte,
il la faut faire passer à la profane, et commencer par la grecque.
Je comprends sous ce nom toute l'histoire ancienne, distinguée
de celle de Rome.

Je lui conseille pourtant de ne point abandonner entièrement
l'histoire sainte, qui doit faire l'étude de toute la vie, mais d'en
relire tous les jours quelque petite partie dans l'Abrégé, jusqu'à
ce qu'elle soit en état et qu'on lui conseille de passer à la lecture
de l'Ancien Testament même. Lire un chapitre historique par
jour n'est pas un grand travail, et n'emporte pas beaucoup de
temps; mais c'est un hommage, ce me semble, et un respect
que l'on doit à l'unique histoire du monde que l'esprit de Dieu ait
dictée.

J'ai tâché de faciliter l'étude de l'histoire grecque par l'ouvrage
que j'ai donné sur cette matière. Les jeunes personnes qui n'ont
point de secours étranger peuvent facilement s'en passer; en

observant exactement tout ce que font celles qui ont un maître.
Il ne faut pas qu'elles se contentent d'une lecture rapide, qui ne
laisse presque point de vestiges après soi, et qui n'est propre
qu'à satisfaire la curiosité; défaut naturel au sexe, qu'on doit
combattre de bonne heure, et non l'entretenir et l'augmenter en
s'y livrant. Il faut revenir sur ses pas, et, après avoir vu un fait
tout de suite, le reprendre de nouveau; le relire plusieurs fois,
en s'arrêtant davantage sur les plus beaux endroits; s'en rendre
compte ensuite à soi-même avec une sorte de sévérité, et, s'il se
peut, en faire un extrait et un abrégé : je marquerai bientôt comment il faut s'y prendre. La plupart des dames se plaignent
qu'elles ne retiennent rien de ce qu'elles ont lu : c'est qu'elles
ne se donnent pas la peine de lire comme il faudrait, et que
dans leur jeunesse elles n'ont pas eu soin de cultiver leur mémoire, qui est naturellement paresseuse, et qui fuit le travail.
Il serait à souhaiter que les mères, qui sont les premières maîtresses de leurs filles, leur en tinssent lieu dans cette étude, s'y
appliquassent elles-mêmes, et se missent en état de leur en faire
rendre compte.

Plusieurs, depuis quelque temps, ont pris des maîtres pour
étudier l'histoire, et en ont tiré de grands secours. Les jeunes
filles commencent par l'étudier en particulier; et quand le maître
vient, elles lui font le récit de ce qu'elles ont lu et de ce qu'elles
ont remarqué. Cette nécessité de rendre compte à un autre, et
souvent en présence d'une mère, est un puissant aiguillon qui
pique l'amour-propre, et qui oblige de faire des efforts. On a de
la peine à être à soi-même son propre censeur; et si l'on fait tant
que de le devenir, c'est toujours avec beaucoup d'indulgence : on
est plus porté à satisfaire ceux qui exercent à notre égard cette
fonction. Le maître ici observe si l'on a fait un fidèle récit, si
l'on n'a point omis des circonstances essentielles, si l'on a insisté
sur celles qui sont les plus importantes, et surtout si l'on a été
attentif aux réflexions qui sont répandues dans l'ouvrage, et qui
sont, à proprement parler, le principal fruit de l'histoire, surtout
par rapport aux jeunes personnes dont il s'agit de former le jugement, et à qui l'on cherche à inspirer le goût du vrai et du solide:
Le maître, dans cette vue, fait des questions, demande ce qu'on

pense sur certaines actions, si l'on n'en connaît point de semblables dans une autre histoire, et quel jugement on porte
des grands hommes et de leur caractère. Voilà ce qui forme l'esprit.

Une jeune demoiselle, âgée seulement de neuf ou dix ans,
me racontait l'histoire de Cyrus, qui ne voulut pas voir une jeune
princesse qui avait été faite prisonnière, et dont on lui vantait
la rare beauté : il chargea seulement un officier d'en prendre tout
le soin possible, et d'avoir pour elle tous les égards que son âge
et sa naissance exigeaient. Je demandai à la jeune demoiselle si
elle n'avait rien vu de pareil dans l'histoire. Elle ne manqua pas
de me citer l'exemple de Scipion l'Africain, premier de ce nom,
qui vit une princesse dans le même cas, et la traita comme sa
sœur. Je voulus savoir ce qu'elle pensait de Cyrus et de Scipion,
et auquel des deux elle donnait la préférence dans une action
presque toute pareille. *D'un côté*, me dit-elle, *il y a plus de
force, et de l'autre plus de prudence.*

Quand la leçon est finie, la jeune personne repasse ce qui a
été expliqué, et en fait l'extrait, qu'elle montre ensuite au maître.
Il corrige ce qu'il y a de défectueux, soit pour les pensées, soit
pour l'expression ; ajoute ce qui manque au récit, retranche ce
qu'il a de superflu ; fait remarquer les fautes de langage et d'orthographe. Je ne sache rien qui puisse être plus utile à de jeunes
personnes que cette sorte d'exercice. J'en ai vu plusieurs composer leurs extraits avec beaucoup d'exactitude et de justesse. On
n'arrive pas tout d'un coup à cette perfection, mais on y vient
peu à peu. L'application et le travail sont toujours suivis ici d'un
heureux succès.

Un des maîtres qui enseignaient l'histoire aux demoiselles,
pour leur apprendre comme il fallait faire ces extraits, leur en
donnait un modèle, que j'ai cru devoir insérer ici. Il y a trois
manières de faire ces extraits : l'une, qui est plus longue, et qu'il
appelle *abrégé ;* l'autre, qui est plus succincte, et à qui il donne
le nom d'*analyse ;* enfin la troisième, qui n'est qu'un *sommaire,*
et qui renferme en gros les principaux événements d'une histoire.

Abrégé d'un morceau de l'histoire de Cyrus.

Cyrus, fils de Cambyse, roi de Perse, et de Mandane, fille d'Astyage, roi des Mèdes, fut élevé selon les lois de sa nation, qui pour lors étaient excellentes. Le bien public était le principe et le but de toutes ces lois. On regardait l'éducation de la jeunesse comme le point le plus essentiel du gouvernement. L'état s'en chargeait; et l'on envoyait les enfants aux écoles, moins pour y étudier les sciences que pour y apprendre la justice. Le crime qu'on y punissait le plus sévèrement était l'ingratitude; mais on était plus attentif à prévenir les fautes par une bonne éducation qu'à les arrêter par le châtiment. Tout y était réglé par rapport aux jeunes gens : exercices, repas, punitions. Une vie toujours occupée, jointe à une nourriture frugale, leur procurait un fonds de santé capable de soutenir dans la suite les plus dures fatigues. On était dans la classe des enfants jusqu'à seize ou dix-sept ans. De là on passait dans celle des jeunes gens; ils y étaient tenus de plus court, et y demeuraient dix ans. La troisième était pour les hommes faits. Après y être resté vingt-cinq ans, on entrait dans la dernière, d'où l'on tirait les plus sages pour former le conseil public et les compagnies des juges, comme de la troisième on tirait les officiers d'armée.

Cyrus, âgé de douze ans, alla avec Mandane chez Astyage, son grand-père, qui désirait ardemment de le voir. Les mœurs des Mèdes étaient toutes différentes de celles des Perses. Cyrus, sans être ébloui du vain éclat de la cour d'Astyage, et sans rien critiquer, sut se maintenir dans les principes qu'il avait reçus dès son enfance, et se concilier tous les cœurs.

Dans un repas somptueux que son grand-père donna en sa faveur, et où tout fut prodigué, il regardait cette magnificence d'un œil fort indifférent. Le roi en paraissant surpris, le jeune prince lui répondit qu'en son pays, pour apaiser la faim, ou prenait un moyen plus aisé et plus court; qu'un peu de pain, d'eau et de cresson leur suffisait. Il distribua, avec la permission d'Astyage, tous les mets aux différents officiers; mais il oublia exprès Sacas, grand échanson, parce qu'ayant de plus la charge d'introduire dans l'appartement du roi ceux à qui l'on donnait audience, il n'y laissait pas entrer Cyrus aussi souvent qu'il l'eût souhaité. Astyage eut de la peine de ce que son petit-fils avait fait cet affront à un officier qu'il considérait particulièrement pour son adresse à lui verser à boire. Ne faut-il que cela, mon papa, reprit Cyrus, pour gagner vos bonnes grâces ? elles sont à moi. Je me fais fort de vous mieux servir que lui. On l'équipe aussitôt en échanson. Il s'avance gravement ; et, tenant la coupe, il la présente avec une grâce et une dextérité merveilleuse. Puis se jetant au cou de son grand-père : *O Sacas*, s'écria-t-il, *pauvre Sacas, te voilà perdu! j'aurai ta charge.* Vous avez oublié de faire l'essai, et de goûter le vin, lui dit le roi. Mon papa, répliqua-t-il, ce n'est point un oubli de ma part : j'ai craint d'être empoisonné ; car, dans un autre repas, j'ai remarqué qu'après qu'on eut bu de cette liqueur, la tête tourna à tous les conviés. Eh quoi! dit Astyage, la même chose n'arrive-t-elle pas chez votre père ? Jamais, répondit Cyrus. Tout ce qui arrive, c'est qu'après avoir bu l'on n'a plus soif.

On ne peut trop admirer l'habileté de l'historien Xénophon, qui use de ce détour ingénieux pour donner aux princes une excellente leçon de sobriété.

Lorsque Mandane retourna en Perse, Cyrus demeura encore en Médie, sur les instances que lui en fit son grand-père ; et profita de ce délai pour apprendre à bien monter à cheval, exercice inconnu en Perse jusqu'alors. Il se fit universellement estimer et aimer. Doux, affable, officieux, libéral, il sollicitait les grâces, et se rendait volontiers médiateur pour les autres. Il était dans sa seizième année lorsqu'il fit son apprentissage de l'art militaire sous Astyage, à l'occasion d'une petite irruption du fils du roi des Babyloniens dans les terres des Mèdes. L'année d'après, Cambyse le rappela pour lui faire achever son temps dans les écoles des Perses. Il partit sur-le-champ, regretté de toute la cour. A son arrivée en Perse, il surprit beaucoup ses anciens compagnons, qui, après un séjour assez long dans une cour voluptueuse, le virent plus sobre et plus retenu que pas un d'eux. De la classe des enfants il passa dans celle des jeunes gens, où il n'eut point d'égal en adresse, en patience, en obéissance ; et dix années après il entra dans celle des hommes faits.

Astyage étant mort, Cyaxare, son fils, frère de Mandane, et par conséquent oncle de Cyrus, lui succéda. Une guerre considérable qu'il eut à soutenir contre les Babyloniens l'engagea à faire venir son neveu avec des troupes auxiliaires. Cambyse l'envoya en effet à la tête d'une armée de trente mille hommes d'infanterie, commandés par mille officiers choisis dans toute la noblesse. Le jeune Cyrus fit à ces officiers un discours propre à les remplir de l'espérance d'un heureux succès. Il n'oublia pas de leur représenter la justice de la cause qu'ils allaient défendre, et les assura qu'il avait consulté et invoqué les dieux avant que de s'y engager; ce qu'il fit encore au moment du départ. Il tenait cette religieuse maxime de son père, qui la lui avait souvent inculquée, et qui, voulant accompagner son fils jusqu'aux frontières de ses États, lui donna en chemin d'excellentes instructions sur les devoirs d'un général d'armée. Il lui fit remarquer que ses maîtres, de qui il croyait avoir tout appris, avaient omis les points les plus essentiels de l'art militaire, et entre autres le grand art de gagner les cœurs de ceux à qui l'on commande, et de se procurer de leur part une obéissance volontaire. Le secret de cet art, selon ce sage politique, consiste à convaincre ses inférieurs que l'on sait mieux qu'eux-mêmes ce qui leur est utile; et ils en sont aisément persuadés, lorsque réellement on est plus habile qu'eux. Or, on le devient en s'appliquant beaucoup à sa profession, en étudiant, en consultant, en ne négligeant rien, et surtout en implorant le secours des dieux.

Cyrus, arrivé près de Cyaxare, s'informa du nombre et de la qualité des troupes de part et d'autre. Les Mèdes et les Perses joints ensemble n'en ayant pas moitié de ce qu'en avaient les Babyloniens, Cyrus remédia à cette fâcheuse inégalité en changeant les armes des Perses, avec lesquelles ils ne combattaient que de loin, genre de combat où le grand nombre a l'avantage, et leur en donnant de propres à combattre de près. Il établit un ordre admirable dans les troupes, et y jeta l'émulation par les récompenses qu'il proposa. Il ne faisait aucun cas de l'argent que pour le donner. Sa libéralité, ses manières honnêtes, la bonté qu'il marquait à tout le monde, lui attachaient également les officiers et les soldats.

Un jour qu'il faisait la revue de son armée, Cyaxare l'envoya
avertir qu'il était arrivé des ambassadeurs du roi des Indes, et
le fit prier de venir promptement, revêtu des habits magnifiques
qu'il lui envoyait. Il partit dans l'instant, et se rendit auprès du
roi, couvert de poussière et de sueur, comptant l'honorer plus
par cette promptitude à exécuter ses ordres qu'il n'aurait fait
par un habillement somptueux. Ces ambassadeurs venaient
s'informer des motifs de la guerre, et ils étaient chargés d'aller
faire la même demande chez les Babyloniens, afin qu'ensuite
leur maître embrassât le parti où il verrait plus de raison et
plus d'équité : noble et glorieux usage d'une grande puissance!
Cyaxare et Cyrus répondirent qu'ils n'avaient donné aucun sujet
de plainte à leurs agresseurs, et qu'ils prendraient avec joie pour
arbitre le roi des Indiens.

Le roi d'Arménie, vassal des Mèdes, prit cette occasion pour
se soustraire à leur obéissance. Cyrus se chargea de le ramener
à son devoir. Pour cela, il engagea une partie de chasse sur ses
terres avec un nombreux cortége, ce qui lui était ordinaire ; et
il se fit suivre de loin par un gros de troupes. Étant à quelque
distance du château où séjournait la cour d'Arménie, il s'empara
d'une hauteur escarpée, fit avancer son monde, et envoya
sommer le roi de payer le tribut accoutumé. Celui-ci, déconcerté
par cette surprise, se sauva avec peu de suite sur une éminence,
où il fut investi et fait prisonnier. Les princesses, en fuyant vers
les montagnes, tombèrent dans une embuscade, et furent amenées au camp. Sur ces entrefaites arriva Tigrane, fils aîné du
roi, qui revenait d'un voyage et qui était nouvellement marié.
Cyrus, en sa présence, interrogea son père sur les articles du
traité qu'il avait fait avec Astyage, et sur l'infraction de ces articles, sur chacun desquels il tirait de lui un aveu de son infidélité. Puis il lui demanda, à différentes reprises, comment
il traiterait quelqu'un qui serait tombé à son égard dans une
faute à peu près semblable. Le roi ayant répondu de manière à
se condamner lui-même à perdre la vie, Tigrane, son fils, dé-
chira ses vêtements de douleur, et les dames qui étaient aussi
présentes poussèrent des cris et des hurlements. Cyrus ayant
fait faire silence, Tigrane lui représenta avec esprit que ses pro-

près intérêts l'engageaient à pardonner à son père ; que cette journée rendrait son vassal d'autant plus fidèle à exécuter les traités, qu'il savait par son expérience ce qu'il lui en coûtait pour les avoir violés ; et d'autant plus propre à le bien servir, que la vue des maux près de fondre sur lui le ferait devenir sage : outre que la reconnaissance qu'il aurait pour le recouvrement de sa liberté et de sa vie, et de celles des siens, s'il les lui accordait, l'attacherait à sa personne et à ses intérêts sans réserve, et pour toujours. Cyrus s'adressant au roi lui-même : Si je me laisse fléchir, lui dit-il, aux prières de votre fils, que me donnerez-vous ? Mes troupes et mes trésors ne sont plus à moi, répondit l'Arménien : vous en pouvez disposer. Alors ils convinrent de ce qu'il fournirait pour la guerre contre les Babyloniens. Puis Cyrus continuant à l'interroger sur ce qu'il donnerait pour la rançon de sa femme et pour celle de ses enfants, le roi s'avoua être son débiteur de moitié plus qu'il ne possédait. Tigrane, de son côté, marqua qu'il aurait donné mille vies, s'il les avait eues, pour le rachat de sa jeune épouse. Cyrus leur donna à souper à tous ; et, après les avoir embrassés, il les renvoya aussi pénétrés de reconnaissance que d'admiration. Dans le retour, chacun relevant à l'envi la bonté, la majesté, la grande taille et la beauté de Cyrus, Tigrane demanda à son épouse ce qu'elle en pensait. Elle répondit qu'elle ne l'avait point regardé. Et qui regardiez-vous donc ? *Celui*, répliqua-t-elle, *qui disait qu'il donnerait mille vies pour racheter la mienne.* Le lendemain, le roi d'Arménie envoya des présents, des rafraîchissements et le double de l'argent qu'il devait fournir. Cyrus prit simplement ce qu'il avait demandé ; et, trois jours après, Tigrane amena un corps de troupes qu'il voulut commander en personne. Il avait un excellent gouverneur, dont Cyrus faisait grand cas ; et, sur les nouvelles qu'il lui en demanda, il lui raconta sa triste fin.

Analyse du même morceau d'histoire.

L'auteur de cette histoire, après le portrait de Cyrus, rapporte en détail l'excellente éducation qui se donnait chez les Perses en ce temps-là. Il décrit les quatre classes par où l'on passait successivement, et le temps que l'on demeurait dans chacune. Il raconte le voyage que Cyrus fit en Médie à l'âge de douze ans, et la manière dont il se conduisit à la cour d'Astyage, son grand-père ; le moyen que ce prince employa inutilement pour lui faire oublier la Perse ; la leçon de sobriété qu'il reçut de son petit-fils ; le séjour de Cyrus en Médie, prolongé après le départ de Mandane, sa mère ; l'utilité qu'il en tira ; l'apprentissage qu'il fit de l'art militaire dans une petite guerre contre les Babyloniens ; son retour en Perse à l'âge de dix-sept ans ; sa supériorité au-dessus de ses compagnons en toute sorte d'exercices.

Ensuite l'auteur vient à la première campagne de Cyrus, qui porta du secours à Cyaxare, son oncle, fils et successeur d'Astyage, dans une guerre dont les suites étaient à craindre. Il fait un précis des sages instructions que Cambyse donna à son fils en le conduisant jusqu'aux confins de son royaume, et du discours que le jeune prince tint aux principaux officiers de son armée. Cyrus, arrivé en Médie, fait preuve de son habileté par l'expédient qu'il trouve pour remédier à l'inégalité des forces de Cyaxare avec celles des Babyloniens. Il établit l'ordre et répand l'émulation dans les troupes : il s'attache tous les cœurs. En cet endroit, il est fait mention d'ambassadeurs indiens, dont la commission montrait la sagesse du roi leur maître, et à l'occasion desquels Cyrus fit voir la force de son jugement. Vient après cela l'incident de la révolte du roi d'Arménie, vassal des Mèdes, qui donne lieu au même Cyrus de signaler toutes ses belles qualités : 1° en surprenant à l'improviste les Arméniens, qu'il met en fuite ; 2° en faisant tomber en sa puissance le roi et toute sa cour ; 3° en tirant de la bouche même de ce prince sa propre condamnation ; 4° en lui faisant promettre sans aucune violence des secours considérables d'or et d'argent ; 5° enfin, en le renvoyant lui et toute sa famille libres, comblés de joie, pénétrés de reconnaissance et d'admiration.

Sommaire du même morceau d'histoire.

Naissance et portrait de Cyrus. Éducation des Perses ; classes successives, exercices et durée de chacune. Voyage de Cyrus en

Médie; sa conduite à la cour d'Astyage; repas somptueux employé vainement pour l'y attacher; gentillesse enfantine de la part de Cyrus. Il reste plus d'un an en Médie, après le départ de Mandane; apprend à monter à cheval; se fait aimer de tout le monde; porte les armes contre les Babyloniens. Il est rappelé en Perse, et y achève ses exercices. Nouveau voyage en Médie, après la mort d'Astyage, pour secourir son oncle Cyaxare; instructions qu'il reçoit de Cambyse, son père; discours qu'il fait aux officiers; remède qu'il apporte à l'inégalité des forces des deux armées; ordre qu'il établit, émulation qu'il fait naître. Ambassade des Indiens : révolte des Arméniens; prise de leur roi et de toute sa famille : beau procédé de Cyrus dans cette rencontre; avantage qu'il en tire.

L'*abrégé* n'a d'étendue que la quatrième partie de ce que contient ce morceau d'histoire dans son entier; l'*analyse*, la huitième partie; le *sommaire*, la seizième.

De ces trois sortes d'extrait, le premier certainement est le plus propre à former l'esprit : mais, comme il emporterait beaucoup de temps si l'on voulait extraire ainsi toute l'histoire, on peut le réserver pour certains endroits choisis, et se contenter de l'un des deux autres pour le travail ordinaire.

Cet exercice peut être d'une grande utilité, encore plus pour les garçons que pour les filles, à quelque profession qu'ils soient destinés, et leur apprendra à tirer d'un livre ou d'un traité ce qui s'y trouve d'essentiel sur la matière qui y est traitée, et à le réduire à une juste mesure qui en mette sous les yeux toutes les parties et toutes les preuves. C'est ce que font tous les jours les rapporteurs, pour mettre les juges au fait d'une affaire chargée d'incidents et de productions sans nombre, dont il faut qu'ils débrouillent le chaos, sans rien omettre de nécessaire ou d'utile. Un commandant, obligé de rendre compte au ministre, ou au prince même, d'un siége ou d'une action; de dresser un mémoire; de donner un projet, n'est-il pas obligé d'en faire un récit, tantôt plus court, tantôt plus étendu, selon les différentes conjonctures? Et les extraits dont nous parlons, s'il s'y est exercé de bonne heure, ne lui seront pas pour lors d'un petit secours. Pour les demoiselles, ils leur donneront de la justesse, de l'exactitude, de la facilité à écrire; et cela ne doit pas leur paraître indifférent, quoiqu'il ne soit pas d'une absolue nécessité : elles se mettront par là en état de rendre compte d'un sermon, d'en exposer l'ordre et la suite, et d'en rapporter les différentes preuves : elles s'accoutumeront à réduire tout ce qu'elles liront à de certains chefs qui fixeront leur mémoire, et leur rendront leurs lectures plus présentes. Il sera bon aussi dans la suite de les faire travailler quelquefois à de pareils extraits sur des matières de raisonnement qui demandent une attention plus suivie, qui sont merveilleusement propres à donner de la justesse d'esprit, et qui accoutument les jeunes personnes à ne se point contenter de paroles, mais à chercher des raisons, et à en sentir le fort et le faible.

3. *Histoire romaine.*

A l'histoire grecque succédera celle de Rome, la plus riche de toutes les histoires en grands événements et en grands exemples. Celle de Laurent Echard, Anglais, traduite en notre langue, qui s'étend depuis la fondation de Rome jusqu'à la translation de l'empire par Constantin, sera d'un grand secours pour les jeunes personnes. Il serait à souhaiter qu'elle fût plus étendue : mais, dans ce qu'elle contient, elle est fort agréable, et n'a point le défaut ordinaire des abrégés, je veux dire une ennuyeuse sécheresse, qui n'intéresse point le lecteur, et qui le fatigue par un amas confus de faits entassés les uns sur les autres, sans être expliqués ni développés. Les Révolutions de la république romaine par M. de Vertot, et l'Histoire du Triumvirat, doivent être lues avec soin. Les jeunes filles qui auront plus de goût et de courage pourront entreprendre la lecture de Tite-Live et de Salluste dans les traductions que nous en avons.

Mais ce qui mérite particulièrement toute l'attention dont elles sont capables, ce sont les réflexions admirables de M. Bossuet, évêque de Meaux, dans son Histoire Universelle, ouvrage qui ne peut être trop lu ni trop estimé.

4. *Histoire de France.*

Après qu'elles auront appris toute cette suite d'histoire ancienne, l'ordre naturel les conduira à celle de leur pays, qui doit les intéresser davantage que les histoires des Grecs et des Romains, et qu'il est honteux à tout bon Français d'ignorer.

Cette étude de l'histoire ne demande point autant de temps ni de travail qu'on pourrait se l'imaginer. Je vois de jeunes demoiselles y faire en une année ou deux des progrès qui m'étonnent, et qui me causent une véritable joie. Quelle ressource ces connaissances ne peuvent-elles pas leur fournir dans la suite, quand elles seront dans le monde, pour s'occuper solidement, et pour n'être pas obligées de se livrer à des visites souvent ennuyeuses, à des conversations froides ou peu intéressantes, à des amusements plus que frivoles, qui deviennent comme nécessaires, faute de meilleures occupations! Je suppose ici deux sortes de compagnies : dans l'une, on s'assemble régulièrement pour jouer pendant deux ou trois heures, et encore plus; et l'on donne toute son application au jeu, sans que la conversation puisse y avoir beaucoup de place : dans l'autre, des dames s'assemblent aussi pendant un pareil espace de temps; mais elles s'occupent du travail des mains pendant que l'une d'elles, chacune à son tour, fait une lecture amusante et agréable, qui donne lieu à des réflexions sur l'ouvrage qu'on lit, dont on porte son jugement avec la modestie et la retenue qui convient au sexe. Je sais qu'il y a de ces sortes de liaisons. Or, je demande de quel côté est le bon esprit, le solide jugement, la justesse du goût, l'emploi raisonnable du temps, la vraie et sincère joie sans mélange d'ennui, de chagrin et de repentir.

§ V. *Travail des mains.*

Il n'est pas nécessaire que j'insiste ici beaucoup sur les avantages du travail des mains par rapport aux personnes du sexe. Cette pratique est devenue assez commune parmi nous, et elle ne peut que leur faire beaucoup d'honneur. Dans ces siècles reculés, qui se ressentaient de l'heureuse simplicité du monde encore jeune, les dames les plus qualifiées s'occupaient à des travaux très-pénibles, et qui nous paraîtraient maintenant bas et méprisables. Sara, dans une maison riche et opulente, et avec un très-nombreux domestique, préparait de ses mains à manger aux hôtes. On voyait Rebecca et Rachel, dans un âge encore tendre, revenir de la fontaine les épaules chargées de vaisseaux pesants remplis d'eau. Chez Alcinoüs, roi des Phéaciens, qui exerçait l'hospitalité avec une magnificence vraiment royale, la jeune princesse Nausicaé, sa fille, ne rougissait point d'aller à la rivière laver elle-même le linge. Le sexe a conservé cette louable coutume du travail des mains dans tous les temps et dans tous les pays. L'histoire remarque qu'Alexandre, le plus grand des conquérants, et l'empereur Auguste, maître de l'univers, portaient des habits travaillés par leurs mères, leurs femmes ou leurs sœurs. Le christianisme nous fournirait d'autres modèles non moins illustres. L'important est d'appliquer le travail des mains, non à des ouvrages frivoles; mais à des choses utiles et d'usage. On voit plusieurs dames se donner par là des ameublements en tout ou en partie; ce qui a son mérite, et doit être estimé. D'autres se font une gloire de préparer des ornements à de pauvres églises de campagne. Quelques-unes enchérissent encore sur la piété de ces dernières, et tiennent à honneur de revêtir et d'orner les temples vivants du Seigneur, en taillant et préparant des chemises pour les pauvres. Quelle récompense et quelle joie pour elles, quand elles entendront un jour Jésus-Christ lui-même leur adresser ces consolantes paroles : « Venez, les bénies de mon Père, prendre possession du royaume qui vous a été préparé dès le commencement du monde. J'étais nu, et vous m'avez revêtu!. » Heureuses les filles à qui leurs mères inspirent de bonne heure, par leur exemple encore plus que par leurs discours, le désir de sanctifier leurs mains par de si pieux travaux !

§ VI. *Étude de ce qui regarde les soins domestiques et le gouvernement intérieur de la maison.*

J'entends par ces soins domestiques tout ce qui a rapport au gouvernement intérieur d'une maison; et tout ce qui regarde les dépenses pour les habits, pour les équipages, pour les meubles, pour la table, pour l'éducation et l'entretien des enfants, pour les gages et la nourriture des domestiques. Voilà, à proprement parler, la science des femmes : voilà l'oc-

cupation que la Providence leur a assignée comme par préciput,
et pour laquelle elle leur a donné plus de talents qu'aux hommes : voilà ce qui les rend véritablement dignes d'estime et de
louange, quand elles sont assez heureuses pour remplir tous ces
devoirs. Pendant que leurs maris sont occupés au dehors dans
les différents ministères qui leur sont confiés, il est bien juste
et raisonnable qu'elles les déchargent de ces petits soins et de
ce menu détail, qui leur emporteraient un temps qu'ils peuvent
employer plus utilement pour le bien public et pour le service de
l'État. Ce travail économique fait partie du secours que Dieu a
prétendu procurer à l'homme en lui donnant une compagne :
« il n'est pas bon que l'homme soit seul ; faisons-lui une aide,
« semblable à lui[1]. »

Si donc j'ai réservé cet article pour la fin, ce n'est pas que je
le croie inférieur aux autres. Je déclare, au contraire, qu'après
la religion, c'est celui qui me paraît le plus important. Une
femme peut n'être pas fort instruite de tout le reste, et être
néanmoins excellente mère de famille ; mais elle ne peut ignorer
ou négliger les devoirs dont je parle, sans manquer à l'une de
ses plus essentielles obligations. Le bel esprit et la science ne
couvrent point un tel défaut, et, loin de relever le sexe, ne servent qu'à le déshonorer.

Les mères doivent comprendre, par ce que je viens de dire,
combien elles sont obligées de former de bonne heure leurs filles
à ces soins domestiques. Elles seules peuvent ici leur tenir lieu
de maîtresses ; elles seules peuvent leur donner sur cet article
les instructions qui leur sont nécessaires.

Après qu'on leur aura enseigné de l'arithmétique ce qui convient à leur âge et à leur sexe, ce qui se borne à très-peu de
chose, c'est-à-dire à leur bien apprendre les deux premières règles et à leur donner une légère teinture des deux dernières ;
après ce travail, il faut les mettre tout d'un coup dans la pratique, leur faire composer à elles-mêmes des mémoires, et leur
faire régler des comptes. Une mère intelligente les forme par
degrés à ces différents exercices, et entre pour cela avec elles dans
le dernier détail. Elle les accoutume à connaître le prix et la

[1] Gen. 2, 18.

qualité des toiles, du linge, des étoffes, de la vaisselle, et de tous les autres ustensiles. Quand elle fait des achats et des emplettes, elle les mène avec elle chez les marchands; elle leur apprend les temps où il faut faire chaque provision : elle les instruit de la manière dont on doit ordonner un repas, et de ce qui se sert ordinairement dans chaque saison, du prix de tout ce qui convient pour meubler un château, une maison, un appartement. Elle entre avec elles en connaissance de ce qu'il faut faire par rapport aux fermes, qui font le plus solide bien des grandes maisons, pour tenir les terres en bon état, pour empêcher qu'on ne les dégrade, et, s'il se peut, pour les améliorer.

Elle a soin surtout d'inspirer à une jeune demoiselle destinée pour le monde les principes d'une sage et noble économie, qui s'éloigne également et d'une sordide avarice et d'une ruineuse prodigalité. C'est cette vertu qui conserve le bien des grandes maisons, et qui les soutient avec honneur dans le monde; et c'est le défaut opposé qui en est la honte et la ruine, comme on le voit tous les jours par une expérience qui n'est que trop ordinaire, et qui cependant n'instruit point les gens de qualité.

On peut réduire l'instruction qu'une mère doit donner à sa fille sur cet article à cinq ou six principes qui renferment tous les autres :

1° Régler sa dépense sur ses revenus et sur son état, sans jamais se laisser emporter au delà des bornes d'une honnête bienséance par la coutume et l'exemple, dont le luxe ne manque pas de se prévaloir.

2° Ne prendre rien à crédit chez les marchands, mais payer argent comptant tout ce qu'on achète. C'est le moyen d'avoir tout ce qu'ils ont de meilleur, et de l'avoir à moindre prix.

3° S'accoutumer à regarder comme une grande injustice de faire attendre les ouvriers et les domestiques pour leur payer ce qui leur est dû. Tobie ne manque pas de donner cet avis à son fils. « Lorsqu'un homme, lui dit-il, aura travaillé pour vous, « payez-lui aussitôt ce qui lui est dû pour son travail; et que « la récompense du mercenaire ne demeure jamais chez vous. » L'Écriture, en plusieurs endroits, parle de ces délais comme

1 Tob. 4, 15.

d'une injustice très-criminelle, dont le cri monte jusqu'aux oreilles de Dieu, et en attire la vengeance et la malédiction.

4° Se faire représenter et arrêter les comptes régulièrement tous les mois, les clore sans manquer à la fin de chaque année, et se donner bien de garde d'abandonner la régie des biens et de la maison à des mains subalternes, qui ne sont pas toujours zélées et fidèles. Ce soin n'est point pénible, et ne coûte presque rien quand on y est exact; au lieu que, si on le néglige, il devient un vrai travail qui rebute, et qui fait qu'on laisse accumuler années sur années; ce qui cause un désordre et un chaos affreux dans les affaires, qu'il n'est plus possible de débrouiller, et qui ruine enfin les maisons les plus opulentes.

5° Dans le règlement qu'on fera des dépenses, qui doit toujours être proportionné aux revenus, mettre à la tête de tout la portion destinée et due aux pauvres. Ce n'est pas une grâce qu'on leur accorde, mais une dette dont on s'acquitte à leur égard, ou plutôt à l'égard de Jésus-Christ, qui leur a transporté ses droits. Le moyen le plus sûr et le plus aisé de s'acquitter fidèlement de ce devoir, c'est de faire cette séparation dans le moment même que l'on reçoit quelque somme de ses revenus, et de la mettre à part comme un dépôt. La libéralité coûte moins quand on a de l'argent devant soi; et, par cette attention, on se ménage toujours un fonds pour les diverses charités qu'on est obligé de faire. Je connais une maison, respectable par bien des endroits, où le père de famille, de concert avec son épouse, payait régulièrement à Jésus-Christ, dans la personne des pauvres, les prémices et la dîme de tous ses revenus; et qui, outre cela, les mettait au lieu et place d'un de ses enfants, selon le conseil de saint Augustin. C'est là une magnificence chrétienne qu'il ne faut pas exiger de tout le monde, mais dont une mère de famille doit se tenir heureuse de pouvoir approcher, quoique de loin, persuadée qu'elle fait partie de cette sagesse dont parle le Saint-Esprit dans les Proverbes : « La femme sage bâtit sa maison; l'insensée détruit de ses mains « celle même qui était déjà bâtie [1]. »

_____
[1] Prov. 14, I.

CONCLUSION.

En proposant, comme j'ai fait, une suite de lectures et d'exercices pour les jeunes personnes du sexe, je n'ai eu en vue que celles à qui leur état laisse le temps et fournit les moyens de s'y occuper. Ces sortes de lectures et d'exercices peuvent remplir utilement et agréablement les premières années de leur vie. Et pourquoi refuserait-on de leur orner l'esprit de ces connaissances, qui certainement ne sont point au-dessus de leur portée ni contraires à leur état? L'affectation de science et de bel esprit ne convient à personne, et encore moins aux dames : mais s'ensuit-il qu'elles doivent être condamnées à une grossière ignorance? L'étude que je conseille ici aux jeunes demoiselles ne les empêchera point, comme je l'ai déjà observé, de s'acquitter exactement de tous leurs devoirs, d'apprendre à travailler utilement des mains, d'entrer déjà dans tous les soins du ménage, de s'instruire de tout ce qui regarde une sage économie et qui a rapport au gouvernement domestique, connaissances absolument essentielles à leur état, et dont le défaut cause ordinairement la ruine des plus grandes maisons. L'étude dont je parle, loin d'être un obstacle à ces devoirs, les y conduira naturellement, et leur en rendra la pratique plus facile, en leur donnant un esprit plus sérieux, plus exact, plus solide, plus capable d'ordre, d'attention, de travail, en leur faisant aimer davantage leurs maisons, et en leur apprenant à se passer de compagnies. Elles ne feront jamais parade de ce qu'elles auront appris, et ne se feront distinguer des autres que par une plus grande modestie. L'avantage qu'elles tireront de leurs connaissances sera de n'être pas obligées, pour éviter l'ennui et le dégoût d'une vie désoccupée, d'en remplir le vide par le jeu, par les spectacles, par des visites inutiles, par des conversations frivoles; et d'être en état, après qu'elles auront satisfait aux bienséances de leur condition, de se réserver des moments précieux, où, libres et retirées, elles puissent s'occuper de lectures capables de nourrir agréablement leur esprit, et de remplir leur cœur d'une joie solide et durable, en lui montrant le seul bien qui peut le rendre heureux.

LIVRE SECOND.

DE L'INTELLIGENCE DES LANGUES.

L'intelligence des langues sert comme d'introduction à toutes les sciences. Par elle [1] nous parvenons presque sans peine à la connaissance d'une infinité de belles choses qui ont coûté de longs travaux à ceux qui les ont inventées. Par elle tous les siècles et tous les pays nous sont ouverts. Elle nous rend en quelque sorte contemporains de tous les âges et citoyens de tous les royaumes; et elle nous met en état de nous entretenir encore aujourd'hui avec tout ce que l'antiquité a produit de plus savants hommes, qui semblent avoir vécu et travaillé pour nous. Nous trouvons en eux comme autant de maîtres qu'il nous est permis de consulter en tout temps; comme autant d'amis qui sont de toutes les heures, et qui peuvent être de toutes nos parties, dont la conversation, toujours utile et toujours agréable, nous enrichit l'esprit de mille connaissances curieuses, et nous apprend à profiter également des vertus et des vices du genre humain. Sans le secours des langues, tous ces oracles sont muets pour nous, tous ces trésors nous sont fermés; et, faute d'avoir la clef qui seule peut nous en ouvrir l'entrée, nous demeurons pauvres au milieu de tant de richesses, et ignorants au milieu de toutes les sciences.

Les langues qui se doivent enseigner dans les colléges de France se réduisent à trois : la grecque, la latine, la française. Je com-

---

[1] « Ad res pulcherrimas ex tenebris ad lucem erutas alieno labore deducimur. Nullo nobis seculo interdictum est : in omnia admittimur. disputare cum Socrate licet, etc. Illi nobis nati sunt, nobis vitam præparaverunt... Illos antistites bonarum artium, quisquis volet, potest habere familiarissimos...... Illi et nocte conveniri, et interdiu ab omnibus mortalibus possunt.... Nemo horum quemquam ad se venientem vacuis a se manibus abire patitur. » (Senec. de Brevit. Vitæ, cap. 14.)

« Pernoctant nobiscum, peregrinantur, rusticantur. » (Cicer. pro Arch. n. 16.)

« Tot nos præceptoribus, tot exemplis instruxit antiquitas, ut possit videri nulla sorte nascendi ætas felicior, quam nostra, cui docendæ priores elaboraverunt. » (Quintil. lib. 12, cap. 11.)

mencerai par la dernière, parce que je crois que c'est par elle que doivent commencer ces études.

CHAPITRE PREMIER.

DE L'ÉTUDE DE LA LANGUE FRANÇAISE.

Les Romains nous ont appris, par l'application qu'ils donnaient à l'étude de leur langue, ce que nous devrions faire pour nous instruire de la nôtre. Chez eux les enfants, dès le berceau, étaient formés à la pureté du langage. Ce soin était regardé comme le premier et le plus essentiel, après celui des mœurs. Il était particulièrement recommandé aux mères mêmes, aux nourrices, aux domestiques. On les avertissait de veiller, autant qu'il était possible, à ce qu'il ne leur échappât jamais d'expression ou de prononciation vicieuse en présence des enfants, de peur que ces premières impressions ne devinssent en eux une seconde nature, qu'il serait presque impossible de changer dans la suite [2].

On commençait, à la vérité, par apprendre le grec aux enfants [3] : mais l'étude du latin suivait de près, et bientôt on faisait marcher ces deux études d'un pas égal. Elles avaient chacune des maîtres distingués, soit pour la grammaire, soit pour la rhétorique ou pour la philosophie; et s'il y avait de la préférence pour l'une des deux langues, elle était toute pour celle du pays, qui seule était en usage dans le maniement des affaires publiques. En effet, les Romains [4], surtout dans les temps de la république, auraient cru déshonorer et avilir la nation si, pour

---

[1] « Ante omnia, ne sit vitiosus sermo nutricibus.... Has primum audiet puer, harum verba effingere imitando conabitur.... Non assuescat ergo, ne dum infans quidem est, sermoni qui dediscendus sit. » (QUINTIL. lib. I, cap. I.)

[2] « Multa linguæ vitia, nisi primis eximuntur annis, inemendabili in posterum pravitate durantur. » (QUINTIL. lib. I, cap. 2.)

[3] « A sermone græco puerum incipere malo.... Non longe latina subsequi debent, et cito pariter ire. » (Ibid.)

[4] « Illud magna cum perseverantia custodiebant, ne Græcis unquam, nisi latine, responsa darent... Quo scilicet latinæ vocis honos per omnes gentes venerabilior diffunderetur. Nec illis deerant studia doctrinæ : sed nulla non in re pallium togæ subjici debere arbitrantur ; indignum esse existimantes, illecebris et suavitate litterarum imperii pondus et auctoritatem domari. » VAL. MAX. lib. 2, cap. 2.)

traiter avec les étrangers, soit à Rome, soit dans les provinces, ils avaient employé une autre langue que la latine. Plutarque nous fait remarquer, dans la vie de Caton le censeur, que ce Romain, ayant été député par la république vers les Athéniens, crut ne devoir les haranguer qu'en latin, quoiqu'il fût très-capable de le faire en grec [1] ; et l'on reprocha à Cicéron d'avoir parlé grec en public chez les Grecs mêmes [2]. Paul Émile parla pourtant en cette langue au roi Persée, qu'il venait de vaincre [3] : ce qu'il accorda peut-être à sa qualité, et encore plus à l'état malheureux où il le voyait.

Il s'en faut bien que nous apportions le même soin pour nous perfectionner dans la langue française. Il y a peu de personnes qui la sachent par principes. On croit que l'usage seul suffit pour s'y rendre habile. Il est rare qu'on s'applique à en approfondir le génie et à en étudier toutes les délicatesses. Souvent on en ignore jusqu'aux règles les plus communes : ce qui paraît quelquefois dans les lettres même des plus habiles gens.

Un défaut si ordinaire vient sans doute de l'éducation. Pour le prévenir, il est nécessaire d'employer tous les jours pendant le cours des classes un certain temps à l'étude de notre langue.

Quatre choses peuvent, ce me semble, contribuer principalement au progrès qu'on en doit attendre : la connaissance des règles, la lecture des livres français, la traduction, la composition.

ARTICLE PREMIER.

De la connaissance des règles.

Comme les premiers éléments du discours sont communs, jusqu'à un certain point, à toutes les langues, il est naturel de commencer l'instruction des enfants par les règles de la grammaire française, dont les principes leur serviront aussi pour l'intelligence du latin et du grec, et paraîtront beaucoup moins difficiles et moins rebutants, puisqu'il ne s'agira presque que de

---

[1] Cicéron, dans son traité *de la Vieillesse*, fait dire à Caton qu'il était déjà vieux quand il apprit le grec : *litteras græcas senex didici.* Cependant il n'avait pas cinquante ans quand il fit le voyage dont il s'agit ici.

[2] Verrin. 6, n. 147.

[3] Liv. lib. 45, n. 8.

leur faire ranger dans un certain ordre des choses qu'ils savent
déjà, quoique confusément.

On leur apprendra d'abord les différentes parties qui forment
un discours, comme le nom, le verbe, etc.; puis les déclinaisons
et les conjugaisons; ensuite les règles les plus communes de la
syntaxe. Quand ils seront un peu rompus par l'habitude dans
ces premiers éléments, on leur en fera voir l'application dans
quelques livres français, et l'on sera exact à leur demander raison de tous les mots qui s'y rencontreront.

Il faut les accoutumer de bonne heure à bien distinguer les
points, les virgules, les accents, et les autres notes grammaticales qui rendent l'écriture correcte, et commencer par leur en
expliquer la nature et l'usage. Il faut aussi leur faire articuler
distinctement toutes les syllabes, surtout les finales. Il est même
nécessaire que le maître étudie avec attention les différents défauts de langage ou de prononciation qui sont particuliers à
chaque province, et quelquefois même aux villes qui se piquent
le plus de politesse, pour les faire éviter aux enfants, ou pour
les en corriger. On ne peut dire combien ces premiers soins leur
épargneront de peine dans un âge plus avancé.

A mesure que les enfants croîtront en âge et en jugement,
les réflexions sur la langue deviendront plus sérieuses et plus
importantes. Un maître judicieux saura faire bon usage des savantes remarques que tant d'habiles gens nous ont laissées sur
ce sujet. Mais il en faudra faire un choix, et écarter tout ce qui
serait ou peu usité, ou au-dessus de la portée des jeunes gens.
Des leçons suivies et longues sur une matière si sèche pourraient
leur devenir fort ennuyeuses. De courtes questions, proposées
régulièrement chaque jour comme par forme de conversation,
où l'on les consulterait eux-mêmes, et où l'on aurait l'art de leur
faire dire ce qu'on veut leur apprendre, les instruiraient en les
amusant, et, par un progrès insensible, continué pendant plusieurs années, leur donneraient une profonde connaissance de
la langue.

L'orthographe est assez ordinairement ignorée ou négligée, et
quelquefois même par les plus savants. Ce défaut, selon toutes
les apparences, vient de ce qu'ils n'y ont pas été exercés de

bonne heure, et avertit les maîtres d'y donner un soin particulier. »

L'usage, qui est le maître souverain en matière de langage, et contre lequel la raison même perd ses droits, est la première règle qu'il faut consulter pour l'orthographe, parce qu'il n'a pas moins d'autorité et de juridiction sur la manière d'écrire et de prononcer les mots que sur les mots mêmes. Aussi a-t-on vu échouer dès le commencement l'entreprise de ceux qui ont voulu, malgré l'usage, réformer notre orthographe; et cette nouvelle manière d'écrire tous les mots généralement comme on les prononce n'a pas moins blessé les yeux du public que l'aurait fait une mode nouvelle de vêtements bizarres, qu'on aurait prétendu introduire tout à coup.

Il y a d'autres changements moins marqués sur lesquels l'usage varie, et qui peuvent laisser quelque doute. Faut-il toujours conserver dans les mots de notre langue certaines lettres, ou qui sont d'un usage très-ancien, ou qui montrent qu'ils tirent leur origine du grec ou du latin, tels que sont, *thrésor, throsne, baptesme, temps, saincteté, clef, genouil, debte, roy, loy, moyen, estre, escrire, rapport*? Tous les noms et les participes qui ont un *é* masculin à leur singulier pour lettre finale doivent-ils prendre un *z* à leur pluriel?

Je crois que dans ces sortes de mots chacun peut user de la liberté que l'usage même nous laisse, et suivre son goût, surtout quand il paraît fondé sur la raison et sur l'utilité. Or il me semble que l'une et l'autre demandent qu'en écrivant on se rapproche autant qu'il est possible de la manière de prononcer[1]. Car les caractères des lettres sont institués pour conserver les divers sons qu'on forme en parlant, et leur fonction est de les rendre fidèlement au lecteur, comme un dépôt qui leur est confié. Il faut donc que la parole écrite soit l'image de la parole prononcée, et que les lettres expriment ce que nous devons dire.

Ainsi la première syllabe de ces deux mots *escrire* et *escrime*, et l'antépénultième de ceux-ci *respondants* et *correspondants*,

---

[1] « Ego, nisi quod consuetudo obtinuerit, sic scribendum quidque judico, quomodo sonat. Hic enim, est usus litterarum, ut custodiant voces, et velut depositum reddant legentibus. Itaque id exprimere debent quod dicturi sumus. » (QUINT. lib, I, cap. 13.)

devant être prononcées tout différemment, pourquoi ne les pas écrire aussi différemment : *écrire, escrime ; répondants, correspondants ?*

Il y a une grande différence dans la manière de prononcer la première syllabe dans les différents temps et les différentes personnes du verbe *faire ;* il serait conforme à la raison d'y en mettre aussi dans la manière d'écrire, et l'usage n'y est pas tout à fait opposé. *Je fais, tu fais, nous fesons, je fesais, je ferais, je ferai, tu feras.*

La règle générale pour former les noms pluriels est d'ajouter une *s* au singulier : *pomme, pommes ; fleur, fleurs.* Pourquoi en excepter les noms et les participes terminés en *é ?* On confond par là *aimez*, qui est la seconde personne du pluriel ; avec le participe ; au lieu qu'écrivant le participe par une *s, aimés,* on distingue ces deux mots, et l'on rentre dans la règle générale.

Pour ce qui regarde les mots dérivés du latin, il semble que notre langue, qui d'abord faisait gloire d'en conserver religieusement toutes les traces, tende peu à peu à dérober aux yeux du lecteur les vestiges de cette espèce de vol. On en peut remarquer une infinité d'exemples : *debvoir, debte, tiltre, poulmon, nostre,* etc.

Au reste, quoiqu'on ne puisse pas absolument prescrire laquelle de ces deux manières l'on doit suivre, il paraît nécessaire que les professeurs d'un même collége conviennent ensemble de l'une ou de l'autre, afin que les écoliers ne soient pas obligés de changer d'orthographe à mesure qu'ils changeront de classes. On ne peut les accoutumer de trop bonne heure à écrire nettement, et correctement, à placer à propos les grandes et les petites lettres, à distinguer les *v* et les *j* consonnes des *u* et des *i* voyelles, et à savoir l'usage qu'il faut faire des points, des virgules, des accents, et des autres marques sagement inventées pour mettre de la clarté et de l'ordre dans l'écriture.

Qu'on me permette, puisqu'il s'agit ici d'écriture, de donner aux jeunes gens un avis qui pourra paraître une minutie, mais qui n'est pas indifférent : c'est d'apprendre, au moins vers la fin de leurs études, à tailler leurs plumes, et à le faire avec art et selon les règles. Beaucoup de gens écrivent mal parce que cette petite adresse leur manque. Pourquoi nous rendre dépendants d'une main étrangère dans une chose si facile et d'un usage si ordinaire?

ARTICLE II.

De la lecture des livres français.

Les maîtres trouveront beaucoup de livres qui les mettront en état de bien instruire leurs disciples des règles de la langue française.

La Grammaire que M. l'abbé Regnier, de l'Académie française, nous a donnée, ne laisse rien à désirer dans ce genre. On peut aussi en parcourir quelques autres qui ont leur mérite. Mais on ne doit pas oublier la Grammaire générale et raisonnée de M. Arnauld, où l'on reconnaît le profond jugement et le génie sublime de ce grand homme. Un maître entendu saura profiter de ces ouvrages, et en tirera ce qu'il jugera utile pour les jeunes gens. J'en dis autant des observations faites sur la langue française par M. de Vaugelas [1], Thomas Corneille, le P. Bouhours, M. Ménage, et par d'autres écrivains habiles, que le maître lira en particulier, et dont il extraira les règles les plus importantes et qui sont le plus d'usage, pour les expliquer aux jeunes gens dans l'occasion. Il serait à souhaiter que l'on composât exprès pour eux une grammaire abrégée qui ne renfermât que les règles et les réflexions les plus nécessaires.

Quand ils auront quelque teinture des langues grecque et latine, ce sera le temps pour lors de leur bien faire sentir par la lecture des auteurs le génie et le caractère de la langue française, en la leur faisant comparer avec ces premières. Elle est destituée de beaucoup de secours et d'avantages qui font leur principale beauté. Sans parler de cette riche abondance de termes et de tours propres à ces deux langues, et surtout à la grecque, la nôtre ne sait presque ce que c'est que de composer un mot de plusieurs. Elle n'a point l'art de varier à l'infini la force et la signification des mots, soit dans les noms, soit dans les

---

[1] Il faut joindre aux remarques de Vaugelas les notes que Th. Corneille y a ajoutées.

verbes, par la variété des prépositions qu'on y joint. Elle est extrêmement gênée et contrainte par la nécessité d'un certain arrangement qui lui laisse rarement la liberté de transposer les mots. Elle est asservie aux mêmes terminaisons dans tous les cas de ses noms et dans plusieurs temps de ses verbes, surtout pour le singulier. Elle a un genre de moins que les deux autres langues, savoir, le neutre. A l'exception d'un très-petit nombre de mots qu'elle a empruntés du latin [1], elle ne connaît ni comparatif ni superlatif. Elle ne fait guère d'usage non plus des diminutifs, qui donnent au grec et au latin tant de grâce et de délicatesse. La quantité, qui contribue tant au nombre et à la cadence du discours, n'a pu s'y faire admettre : j'entends de la manière dont elle est employée dans les langues grecque et latine, surtout par rapport aux pieds des vers. Cependant, malgré tant d'obstacles apparents, s'aperçoit-on dans les écrits des bons auteurs qu'il manque quelque chose à notre langue, soit pour l'abondance, soit pour la variété, soit pour l'harmonie et les autres agréments? et n'a-t-elle pas par-dessus les deux premières cet inestimable avantage d'être tellement ennemie de tout embarras, et de présenter une telle clarté à l'esprit, qu'on ne peut pas ne point l'entendre quand elle est maniée par une habile main? C'est ainsi que par d'heureuses compensations elle se dédommage de ce qui peut lui manquer, et qu'elle devient en état de le disputer aux plus riches langues de l'antiquité.

En apprenant aux jeunes gens les principes et les beautés de leur langue, on commencera aussi à leur former le goût et le discernement. Les réflexions que l'on peut faire sur ce sujet ne regardant point la grammaire, et d'ailleurs étant communes à toutes les langues, je me réserve à traiter cette matière avec l'étendue qu'elle mérite, lorsque je parlerai de la rhétorique.

Il me suffit ici d'avertir que, dans la lecture que l'on fera des livres français, on ne se contentera pas d'examiner les règles du langage, que l'on ne perdra pourtant jamais de vue; on aura soin de remarquer la propriété, la justesse, la force, la délicatesse des expressions et des tours; on sera encore plus attentif à la solidité et à la vérité des pensées et des choses; on

---

[1] Meilleur, pire, moindre.

fera observer la suite et l'économie des différentes preuves et parties du discours. Mais l'on préférera à tout le reste ce qui est capable de former le cœur, ce qui peut inspirer des sentiments de générosité, de désintéressement, de mépris pour les richesses, d'amour pour le bien public, d'aversion pour l'injustice et pour la mauvaise foi; en un mot, tout ce qui fait l'honnête homme, et plus encore ce qui fait le vrai chrétien.

Nous parlerons ailleurs de ce qui regarde le choix des auteurs par rapport aux mœurs. Pour le style, il faut s'en tenir à la règle de Quintilien, qui est de faire lire aux jeunes gens [1], et d'abord et toujours, les meilleurs écrivains. Quand ils commenceront à avoir le jugement formé, il sera bon de leur en proposer où l'on trouve des défauts capables de séduire les jeunes gens [2], comme sont certaines pensées brillantes qui frappent d'abord par leur éclat, mais dont on reconnaît le faux et le vide quand on les examine de près. Il faut les accoutumer de bonne heure à aimer partout le vrai, à sentir ce qui y est contraire, à ne se point laisser éblouir par l'apparence du beau, à juger sainement de ce qu'ils lisent, à rendre raison du jugement qu'ils en portent, de manière cependant qu'ils ne prennent point un air ni un ton décisif et critique, qui convient encore moins à cet âge qu'à tout autre.

Notre langue nous fournit un grand nombre d'excellents ouvrages propres à leur former le goût; mais le peu de temps qu'on peut donner à cette étude, et le peu de dépense que peuvent faire la plupart des écoliers, obligent de se fixer à un petit nombre.

Il faut, s'il se peut, que l'utilité et l'agrément s'y trouvent ensemble, afin que cette lecture ait pour les jeunes gens un attrait qui la leur fasse désirer. Ainsi les livres qui sont purement de piété doivent leur être plus rarement proposés que d'autres, de peur que le dégoût qu'ils en auront une fois conçu ne les suive dans un âge plus avancé. L'histoire est bien plus à leur portée, surtout dans les commencements.

---

[1] « Ego optimos quidem et statim, et semper. » (QUINTIL. lib. 2, cap. 6.)

[2] « Ne id quidem inutile, etiam corruptas aliquando et vitiosas orationes, quas plerique judiciorum pravitate mirantur, legi palam pueris. » (QUINT. lib. 2, cap. 5.)

Les figures de la Bible, les mœurs des Israélites et des chrétiens, conviennent fort aux premières classes. On a plusieurs vies particulières écrites par M. Fléchier et par M. Marsolier, qui sont fort propres pour les classes suivantes. Je parlerai ailleurs de l'histoire abrégée que M. Bossuet a écrite. L'Histoire de l'Académie française, par M. Pellisson, de l'Académie des inscriptions et belles-lettres, par M. de Boze, et celle du renouvellement de l'Académie des sciences, par M. de Fontenelle, plairont infiniment aux jeunes gens par l'élégance du style et par la variété des matières, et leur feront connaître les savants de notre langue qui ont travaillé les premiers à la porter à ce point de perfection où nous la voyons, et qui ont fait tant d'honneur à la France par leur profonde érudition, et par leurs curieuses découvertes en tout genre de science. Il me semble que l'université de Paris, la plus ancienne et comme la mère et la source de toutes les autres académies, doit s'intéresser d'une manière particulière à leur gloire, qui rejaillit sur elle, et met le comble à la sienne.

On a beaucoup de panégyriques et d'oraisons funèbres où les rhétoriciens trouveront des modèles parfaits pour ce genre d'éloquence. Les deux tragédies de M. Racine, intitulées *Esther* et *Athalie*, et différentes pièces de vers de M. Despréaux, pourront suffire pour leur donner quelque idée de notre poésie. La traduction que ce dernier a faite de Longin, et les remarques qu'il y a ajoutées, seront pour eux une bonne rhétorique.

Je réserve pour la philosophie les Essais de Morale de M. Nicole, j'entends les quatre premiers tomes, auxquels on pourrait ajouter les Pensées de M. Pascal. Je ne parle point de la Logique de Port-Royal; elle fait partie de la philosophie, et l'on ne manquera pas de mettre un tel livre entre les mains de ceux qui l'étudient.

Il y a beaucoup d'autres livres dont la lecture peut être utile aux jeunes gens : chaque maître en fera le choix selon son goût. On pourrait faire pour leur usage un recueil des plus belles pièces, et quelquefois des plus beaux endroits de certains ouvrages qu'on ne peut pas leur donner en entier.

On me permettra de donner ici un essai de la manière dont je

crois qu'on peut faire aux jeunes gens la lecture des livres français. Cela pourra être de quelque usage pour les jeunes maîtres
qui commencent, et qui n'ont pas encore beaucoup d'expérience.

Essai sur la manière dont on peut expliquer
les auteurs français.

Le fait que je vais rapporter est tiré de l'Histoire de Théodose
par M. Fléchier, livre 1er, chapitre 35. Il renferme l'élection
de saint Ambroise à l'archevêché de Milan, et marque la part qu'y
eut l'empereur Valentinien.

« Auxence, arien, étant mort après avoir tenu plusieurs an-
« nées le siége de Milan, Valentinien pria les évêques de s'as-
« sembler pour élire un nouveau pasteur. Il leur demanda un
« homme d'un profond savoir et d'une vie irréprochable, *afin,*
« disait-il, *que la ville impériale se sanctifiât par ses instruc-*
« *tions et par ses exemples, et que les empereurs, qui sont les*
« *maîtres du monde, et qui ne laissent pas d'être grands pé-*
« *cheurs, pussent recevoir ses avis avec confiance, et ses cor-*
« *rections avec respect.* Les évêques le supplièrent d'en nommer
« un lui-même, tel qu'il le souhaitait; mais il leur répondit que
« c'était une affaire au-dessus de ses forces, et qu'il n'avait ni
« assez de sagesse ni assez de piété pour s'en mêler; que ce
« choix leur appartenait, parce qu'ils avaient une parfaite con-
« naissance des lois de l'Église, et qu'ils étaient remplis des lu-
« mières de l'esprit de Dieu.

« Les évêques s'assemblèrent donc avec le reste du clergé; et
« le peuple, dont le consentement était requis, y fut appelé.
« Les ariens nommaient un homme de leur secte; les catholi-
« ques en voulaient un de leur communion. Les deux partis
« s'échauffèrent, et cette dispute allait devenir une sédition et
« une guerre ouverte. Ambroise, gouverneur de la province et
« de la ville, homme d'esprit et de probité, fut averti de ce dé-
« sordre, et vint à l'église pour l'empêcher. Sa présence fit cesser
« tous les différends; et l'assemblée, s'étant réunie tout d'un
« coup comme par une inspiration divine, demanda qu'on lui
« donnât Ambroise pour son pasteur. Cette pensée lui parut
« bizarre; mais comme on persistait à le demander, il remonta

« à l'assemblée qu'il avait toujours vécu dans des emplois sé-
« culiers, et qu'il n'était pas même encore baptisé; que les lois
« de l'empire défendaient à ceux qui exerçaient des charges pu-
« bliques d'entrer dans le clergé sans la permission des empe-
« reurs, et que le choix d'un évêque devait se faire par un mouve-
« ment du Saint-Esprit, et non pas par un caprice populaire.
« Quelque raison qu'il alléguât, quelque remontrance qu'il fît, le
« peuple voulut le porter sur le trône épiscopal auquel Dieu
« l'avait destiné. On lui donna des gardes, de peur qu'il ne s'en-
« fuît; et l'on présenta une requête à l'empereur pour lui faire
« agréer cette élection.

« L'empereur y consentit très-volontiers, et donna ordre qu'on
« le fît baptiser promptement, et qu'on le consacrât huit jours
« après. On rapporte que ce prince voulut assister lui-même à
« son sacre; et qu'à la fin de la cérémonie, levant les yeux et
« les mains au ciel, il s'écria, transporté de joie : *Je vous rends*
« *grâces, mon Dieu, de ce que vous avez confirmé mon choix*
« *par le vôtre, en commettant la conduite de nos âmes à celui*
« *à qui j'avais commis le gouvernement de cette province* [1]!
« Le saint archevêque s'appliqua tout entier à l'étude des saintes
« Écritures, et au rétablissement de la foi et de la discipline dans
« son diocèse. »

On fera lire cette histoire tout de suite par un ou deux écoliers,
les autres ayant leurs livres devant leurs yeux, afin de leur
donner une idée du fait dont il s'agit. On aura soin qu'ils obser-
vent dans cette lecture les règles dont il a été parlé; qu'ils s'arrêtent plus ou moins, selon la différente ponctuation; qu'ils prononcent comme il faut chaque mot et chaque syllabe; qu'ils
prennent un ton naturel, et qu'ils le varient; mais sans affectation.

Après cette première lecture, s'il y a quelques remarques à
faire pour l'orthographe ou pour la langue, le maître le fera en
peu de mots. On trouve dans l'imprimé *baptiser, promptement,*
empescher, vescu, throsne, etc. Je n'ai pas cru devoir m'astreindre à cette manière d'écrire, à laquelle j'ai substitué la
mienne. J'userai de la même liberté dans toutes les citations,

[1] Theodor. 4, cap. 7.

pour éviter une bigarrure incommode où me jetterait la nécessité de citer chaque auteur selon l'orthographe qui lui serait particulière.

Bizarre. On expliquera la force de cet adjectif, qui marque qu'il y a dans la personne ou dans la chose à laquelle on l'applique quelque chose d'extraordinaire et de choquant. Il signifie fantasque, capricieux, fâcheux, désagréable : *esprit bizarre, conduite bizarre, voix bizarre.*

Caprice. Ce mot mérite aussi d'être expliqué. Il marque le caractère d'un homme qui se conduit par fantaisie et par humeur, non par raison et par principes. Il faudra en passant faire sentir le ridicule de ces deux défauts, d'agir bizarrement et par caprice.

Procéder à l'élection. Ce terme de *procéder* est propre à cette phrase. Il a d'autres significations qu'on pourra faire observer.

Commettre la conduite des âmes ou *le gouvernement d'une province à quelqu'un. Commettre* signifie ici confier, donner un emploi dont on doit rendre compte. Il vient du mot latin *committere*, qui a le même sens. *Quos adhuc mihi magistratus populus romanus mandavit, sic eos accepi, ut me omnium officiorum obstringi religione arbitrarer. Ita quæstor sum factus, ut mihi honorem illum non tam datum, quam creditum ac* commissum *putarem* [1]. En expliquant ainsi la force de ce mot par le passage de Cicéron, on donne une instruction importante, mais qui n'a point l'air de leçon, sur la nature et les engagements des emplois dont on est chargé, soit dans le monde, soit dans l'Église. *Commettre* a encore d'autres significations. Commettre quelqu'un pour veiller sur d'autres. Commettre une faute. Se commettre avec quelqu'un. Commettre l'autorité du prince. On les explique toutes.

Afin que la ville impériale se sanctifiât par ses instructions et par ses exemples. Ce sera ici une occasion de leur expliquer une règle qu'on trouve dans les remarques de M. de Vaugelas : « La « répétition des prépositions n'est nécessaire aux noms que quand « les deux substantifs ne sont pas synonymes ou équipollents. « Exemple : *par les ruses et les artifices de mes ennemis. Ruses*

[1] Cic. Verr. 7, n. 35.

« et *artifices* sont synonymes ; c'est pourquoi il ne faut point ré-
« péter la préposition *par*. Mais si au lieu d'*artifices* il y avait
« *armes*, alors il faudrait dire *par les ruses et par les armes de*
« *mes ennemis*, parce que *ruses* et *armes* ne sont ni synonymes,
« ni équipollents, ou approchants. Voici un exemple des équi-
« pollents : *pour le bien et l'honneur de son maître. Bien* et *hon-*
« *neur* ne sont pas synonymes, mais ils sont équipollents, à cause
« que *bien* est le genre qui comprend sous soi *honneur*, comme
« son espèce. Que si au lieu d'*honneur* il y avait *mal*, alors il
« faudrait répéter la préposition *pour*, et dire, *pour le bien et*
« *pour le mal de son maître*. Il en est ainsi de plusieurs autres
« prépositions, comme *par, contre, avec, sur, sous*, et leurs
« semblables. »

Après ces observations grammaticales, on fera une seconde
lecture du même récit ; et à chaque période on demandera aux
jeunes gens ce qu'ils trouvent de remarquable, soit pour l'expression, soit pour les pensées, soit pour la conduite des mœurs.
Cette sorte d'interrogation les rend plus attentifs [1], les oblige à
faire usage de leur esprit, donne lieu de leur former le goût et
le jugement, les intéresse plus vivement à l'intelligence de l'auteur par la secrète complaisance qu'ils ont d'en découvrir par
eux-mêmes toutes les beautés, et les met peu à peu en état de
se passer du secours du maître, qui est le but où doit tendre la
peine qu'il se donne de les instruire. Le maître ensuite ajoute
et supplée ce qui manque à leurs réponses, étend et développe
ce qu'ils ont dit trop succinctement, réforme et corrige ce en
quoi ils ont pu se tromper.

*Il leur demanda un homme d'un profond savoir et d'une vie
irréprochable, afin que la ville impériale se sanctifiât par ses
instructions et par ses exemples.* Grande leçon! La science ne
suffit pas pour remplir les places de l'Église ; les bonnes mœurs
sont encore plus nécessaires. Cette dernière qualité doit marcher
avant l'autre. Aussi l'historien Théodoret, dont cet endroit est

---

[1] « Nec solum hoc ipse debebit docere præceptor, sed frequenter interrogare, et judicium discipulorum experiri. Sic audientibus securitas aberit, nec quæ dicentur perfluent aures : simulque ad id perducentur, quod ex hoc quæritur, ut inveniant, et ipsi intelligant. Nam quid aliud agimus docendo eos, quam ne semper docendi sint ? » (QUINTIL. lib. 2, cap. 5.)

tiré, a-t-il mis les mœurs avant le savoir, et l'exemple avant l'instruction, conformément à ce qui est dit de Jésus-Christ, qu'il était *puissant en œuvres et en paroles; qu'il a fait et enseigné* [1].

Afin que les empereurs, qui sont les maîtres du monde, et qui ne laissent pas d'être grands pécheurs, pussent recevoir ses avis avec confiance et ses corrections avec respect. On pouvait mettre simplement : *Afin que les empereurs fussent plus en état de profiter de ses avis et de ses corrections.* Quelle beauté et quelle solidité n'ajoutent point à cette pensée les deux épithètes et les deux qualités qu'on donne ici aux empereurs, dont l'une semble les mettre au-dessus des remontrances, et l'autre marque l'extrême besoin qu'ils en ont? On remarquera aussi la justesse et le rapport des deux parties qui composent le dernier membre : *recevoir les avis avec confiance* et *les corrections avec respect.*

Il répondit que cette affaire était au-dessus de ses forces, et que ce choix leur appartenait. Admirer la piété éclairée de Valentinien, qui ne veut point se charger du choix d'un évêque, sachant qu'il se rendrait responsable des terribles suites qu'un tel choix peut avoir. On rappellera à cette occasion la belle parole de Catherine, reine de Portugal : *Je souhaiterais,* disait-elle, *que durant ma régence les évêques de Portugal fussent immortels, afin de n'avoir aucun évêché à donner.*

Les évêques s'assemblèrent [2]. On expliquera en peu de mots comment anciennement se faisaient les élections, et par quels degrés elles ont été conduites à l'état où nous les voyons.

Ambroise vint à l'église pour empêcher le désordre. On fera remarquer comment la divine Providence préside à toutes les délibérations, et surtout aux assemblées ecclésiastiques; de quelle manière elle se cache sous des événements qui paraissent n'être l'effet que du hasard, mais qu'elle a secrètement ordonnés; avec quel souverain empire elle dispose des volontés des hommes, qu'elle amène toujours infailliblement à ses fins sans donner atteinte à leur liberté; combien elle est maîtresse de nos

[1] Luc. 24, 19. Act. I, 1.   [2] D. Barth. liv. I, ch. 6.

pensées, et avec quelle facilité elle calme et réunit des esprits qui, un moment auparavant, étaient si divisés, et tout près d'en venir à une sédition ouverte.

Qu'il n'était pas même encore baptisé. On dira un mot de l'ancienne coutume de différer le baptême, et l'on en apportera des exemples. On remarquera que ce délai pouvait avoir deux motifs : l'un, de se préparer à recevoir plus dignement le baptême, et de se mettre en état d'en conserver plus sûrement l'effet et la vertu ; l'autre, de vivre impunément dans les plaisirs et dans le crime. L'Église approuvait le premier et détestait le second.

On lui donna des gardes, de peur qu'il ne s'enfuit. On développera les vains efforts de saint Ambroise pour éviter l'épisco-pat ; sa fuite précipitée pendant toute une nuit, et ses courses incertaines, qui le ramenèrent au même lieu d'où il était parti ; l'affectation de cruauté qu'il fit paraître dans un jugement qu'il rendit, d'autres artifices encore plus étonnants qu'il employa contre la bienséance et contre les règles, mais dont le peuple connut bien la véritable cause.

Ce sera ici une occasion naturelle de faire bien remarquer aux jeunes gens que dans les premiers siècles de l'Église il fallait faire violence aux saints pour les engager dans la prêtrise ou dans l'épiscopat, et que l'histoire ecclésiastique en rapporte une infinité d'exemples très-beaux et très-agréables, mais que le temps ne permet pas de leur raconter. Par là on excite leur cu-riosité, et dans d'autres occasions on leur apprend combien saint Basile, saint Grégoire de Nazianze, saint Chrysostome, saint Augustin, saint Paulin, et tant d'autres, répandirent de larmes quand on les força d'accepter le sacerdoce ou l'épiscopat, et com-bien leur crainte était sérieuse et leur douleur profonde et sin-cère. On ajoute que la pesanteur de ce fardeau n'est pas diminuée depuis ce temps-là, et l'on tâche de graver dans leur esprit cette excellente règle de saint Grégoire le Grand [1] : « Que ce-« lui qui possède les vertus nécessaires pour le gouvernement « des âmes ne doit s'y engager qu'y étant contraint ; mais que

---

[1] « Virtutibus pollens, coactus ad regimen veniat : virtutibus vacuus, nec coactus accedat. »

« celui qui reconnaît qu'il ne les a point ne doit point s'y enga-
« ger, quand bien même on l'y voudrait contraindre. »

*L'empereur donna ordre qu'on le fît baptiser promptement,
et qu'on le consacrât huit jours après.* On avertira que cette or-
dination était contraire à la défense que fait saint Paul d'ordonner un néophyte [1], c'est-à-dire un nouveau baptisé, et contraire aussi aux règles ordinaires de l'Église; mais que c'é-
tait l'auteur même de ces règles qui en dispensa saint Ambroise,
par la violence ouverte qu'il permit que le peuple lui fît en cette
occasion, qui alla jusqu'à ne vouloir en aucune sorte écouter
ses remontrances. D'ailleurs l'équité d'Ambroise, sa probité et sa
suffisance reconnue de tout le monde, le mettaient bien au-dessus
des chrétiens nouvellement instruits.

En faisant tous les jours dans la classe une lecture de cette
sorte, il est aisé de comprendre jusqu'où irait le progrès au bout
de plusieurs années; quelle connaissance les jeunes gens acquer-
raient de leur langue; combien ils apprendraient de choses curieuses, soit pour l'histoire, soit pour les coutumes anciennes;
quel fonds de morale s'amasserait imperceptiblement dans leur
esprit; de combien d'excellents principes pour la conduite de la
vie ils se rempliraient eux-mêmes par les différents traits d'histoire qu'on leur ferait lire ou qu'on leur citerait; enfin, quel
goût ils remporteraient du collége pour la lecture, ce qui me
paraît un des principaux fruits qu'on doive attendre de l'éducation, parce que ce goût, comme nous l'avons déjà remarqué,
les préserverait d'une infinité de dangers inséparables de l'oisiveté, leur ferait aimer et rechercher la compagnie des gens de
lettres et d'esprit, et leur rendrait insupportables ces conversations fades et destituées de toute solidité, qui sont une suite de
l'ignorance et la source de mille maux.

Je ne pense pas qu'il y ait personne qui puisse croire qu'une
demi-heure employée chaque jour, ou au moins de deux jours
l'un, à l'étude de la langue du pays, soit un temps trop considérable, pendant que presque tout le reste est destiné à celle
des deux autres langues, dont un des principaux fruits doit être
de nous perfectionner dans la nôtre. J'ai bien plus lieu de crain-

[1] I. Timoth. 3,6.

dre qu'on ne nous reproche d'y en donner trop peu ; mais la multiplicité des choses qu'on doit enseigner dans les classes nous oblige de nous renfermer dans des bornes étroites ; et je dois avertir les professeurs d'être exacts à ne les point passer, et à ne point trop s'étendre sur les réflexions de morale et de piété, qui, pour faire toute l'impression qu'on a lieu d'en attendre, doivent être jetées comme des traits, sans dessein apparent, et toujours sans affectation.

ARTICLE III.

De la traduction.

Dès que les jeunes gens seront un peu avancés dans l'intelligence des auteurs latins, on doit leur en faire traduire par écrit des endroits choisis.

Il faut d'abord que la traduction soit simple, claire, correcte, et qu'elle rende exactement les pensées, et même les expressions, autant que cela se peut. On travaillera dans la suite à l'orner et à l'embellir, en rendant la délicatesse et l'élégance des tours latins par ceux qui peuvent y répondre dans notre langue. Enfin on essayera d'amener peu à peu les jeunes gens à ce point de perfection qui fait le succès dans ce genre d'écrire, je veux dire à ce juste milieu qui, s'écartant également et d'une contrainte servile et d'une liberté excessive, exprime fidèlement toutes les pensées, mais songe moins à rendre le nombre que la valeur des mots.

C'est la règle que Cicéron[1] nous apprend lui-même qu'il pratiqua en traduisant les harangues opposées des deux plus fameux orateurs de la Grèce. « Quel dommage, dit M. de Tourreil « dans la belle préface qui est à la tête de la traduction qu'il a « faite de ces deux harangues, qu'une copie qui existait encore « du temps de saint Jérôme, et qui, par l'excellence du copiste, « devait si fort approcher de l'original, ne soit pas venue jusqu'à

---

[1] « Converti ex Atticis.... nec converti ut interpres, sed ut orator, sententiis iisdem, et earum formis, tanquam figuris ; verbis ad nostram consuetudinem aptis : in quibus non verbum pro verbo necesse habui reddere, sed genus omnium verborum vimque servavi. Non enim ea me annumerare lectori putavi oportere, sed tanquam appendere. » (Cic. de opt. gen. orat. n. 14)

« nous ! Elle nous enseignerait à bien traduire; elle apprendrait
« l'art de secouer à propos le joug d'une triste exactitude et d'une
« sujétion outrée; enfin, elle prescrirait à la fois les bornes de
« la timidité judicieuse et de l'heureuse hardiesse. Cicéron véri-
« tablement indique la méthode qu'il faut suivre; mais l'exem-
« ple instruit tout autrement que le précepte. »

M. de Tourreil, en parlant des difficultés de la traduction,
donne sur ce genre d'écrire quelques règles générales, dont les
maîtres et les écoliers pourront faire un bon usage. « A cette
« gêne perpétuelle, dit-il, se joint la différence des langues.
« Elle vous embarrasse toujours, et souvent vous désespère.
« Vous sentez que le génie particulier de l'une est souvent con-
« traire au génie de l'autre, et qu'il périt presque toujours dans
« une version. De sorte que l'on a justement comparé le com-
« mun des traductions à un revers de tapisserie, qui tout au
« plus retient les linéaments grossiers des figures finies que le
« beau côté représente. ».

Après avoir rapporté un bel endroit de Quintilien sur la difficulté de l'imitation, il ajoute : « Il est vrai que, lorsque je traduis,
« je m'attache à la suite d'un autre, que je choisis pour guide;
« et ce que j'ai de mieux à faire, c'est de prendre garde que
« mon attachement à mon guide n'aille trop loin et ne dégénère
« en esclavage; puisque, autrement, à des originaux pleins
« d'âme et de vie je substituerais des copies mortes et inani-
« mées..... J'ai plus d'un bon garant qui en pareille occasion se
« soustrait à la tyrannie de la lettre [1], se rend maître du sens,
« et, comme par droit de conquête, le soumet aux tours de sa
« langue.

« Mais d'ailleurs la traduction trop libre a ses inconvénients, et,
« se sauvant d'une extrémité, elle tombe dans une autre. Toute
« paraphrase déguise le texte. Loin de présenter l'image qu'elle
« promet, elle peint moitié de fantaisie, moitié d'après un original;
« d'où se forme je ne sais quoi de monstrueux qui n'est ni origi-
« nal ni copie. Cependant un traducteur n'est proprement qu'un
« peintre qui s'assujettit à copier. Or tout copiste qui dérange

[1] « Quasi captivos sensus in suam linguam victoris jure transposuit. » (HIERON.
Epist. ad Pammac.)

« seulement les traits, ou qui les façonne à sa mode, commet
« une infidélité. Il pèche dans le principe, et va contre son plan,
« faute de se souvenir qu'il a tout fait s'il attrape la ressemblance,
« et qu'il ne fait rien s'il la manque. Moi donc, comme simple
« traducteur, j'ai mon modèle, et je ne puis assez m'y conformer.
« Que j'étende ou que j'amplifie ce qu'il serre ou ce qu'il abrége,
« que je le charge d'ornements lorsqu'il se néglige, que j'en
« ternisse les beautés ou que j'en couvre les défauts ; qu'enfin
« le caractère de mon auteur, quel qu'il soit, ne se retrouve point
« dans les paroles que je lui prête : ce n'est plus lui, c'est moi
« que je présente : je trompe sous le nom de truchement ; je ne
« traduis point, je produis....

« La première obligation d'un traducteur, c'est donc de bien
« prendre le génie et le caractère de l'auteur qu'il veut traduire ;
« de se transformer en lui le plus qu'il peut ; de se revêtir des
« sentiments et des passions qu'il s'oblige à nous transmettre ;
« de réprimer dans son cœur cette complaisance intérieure, qui
« ne cesse de nous ramener à nous, et qui, au lieu de nous
« faire à l'image des autres, les fait à la nôtre ; en un mot, de
« retracer avec le même agrément et la même force les tours et
« les figures de l'original : en sorte que si notre langue, trop
« gênée par l'assujettissement au parfait rapport des figures et des
« tours, ne peut fournir le nécessaire pour cela, on doit s'af-
« franchir d'une pareille servitude, et se permettre toutes les
« libertés qui nous procurent de quoi payer nos équivalents. »

J'ajouterai ici une réflexion de madame Dacier, qui pourra
servir de correctif, ou plutôt d'éclaircissement à ce que dit M. de
Tourreil, qu'un traducteur n'est proprement qu'un copiste.
« Quand je parle d'une traduction en prose, je ne veux point
« parler d'une traduction servile : je parle d'une traduction géné-
« reuse et noble, qui, en s'attachant fortement aux idées de
« son original, cherche les beautés de sa langue, et rend ses
« images sans compter les mots. La première, par une fidélité
« trop scrupuleuse, devient très-infidèle ; car, pour conserver la
« lettre, elle ruine l'esprit, ce qui est l'ouvrage d'un froid et
« stérile génie : au lieu que l'autre, en ne s'attachant principale-
« ment qu'à conserver l'esprit, ne laisse pas, dans ses plus gran-

« des libertés, de conserver aussi la lettre; et par ses traits hardis,
« mais toujours vrais, elle devient non-seulement la fidèle copie
« de son original, mais un second original même, ce qui ne peut
« être exécuté que par un génie solide, noble et fécond... Il
« n'en est pas de la traduction comme de la copie d'un tableau,
« où le copiste s'assujettit à suivre les traits, les couleurs, les
« proportions, les contours, les attitudes de l'original qu'il
« imite. Cela est tout différent. Un bon traducteur n'est point si
« contraint... Dans cette imitation, comme dans toutes les autres,
« il faut que l'âme, pleine des beautés qu'elle veut imiter, et
« enivrée des heureuses vapeurs qui s'élèvent de ces sources
« fécondes, se laisse ravir et transporter par cet enthousiasme
« étranger, qu'elle se le rende propre, et qu'elle produise ainsi
« des expressions et des images très-différentes, quoique sem-
« blables [1]. »

Les règles que je viens de rapporter peuvent suffire pour les
écoliers. On doit seulement les avertir que la traduction des
poëtes en a quelques-unes qui lui sont particulières, et que, quoiqu'elle soit en prose, elle doit se sentir du génie de la poésie,
en conserver le feu, la vivacité et la noble hardiesse; et par
conséquent employer sans scrupule des expressions, des tours,
des figures qu'on ne souffrirait pas dans un orateur ou dans un
historien.

J'ai déjà remarqué qu'il est bon de faire choix des plus beaux
endroits des auteurs, pour les faire traduire aux jeunes gens. Outre
qu'ils y trouvent plus d'agrément, et qu'ils les traduisent avec
plus de soin, c'est le moyen le plus sûr de leur former le goût.
Par là ils se familiarisent avec ces auteurs, et ils en prennent
insensiblement les tours, les manières et les pensées.

Il ne sera pas inutile, quand on aura ces auteurs traduits par
une main savante, de comparer cette traduction avec celles des
écoliers, pour leur donner du courage et leur proposer de bons
modèles. Ils ne rougiront point d'être vaincus par de tels maîtres. Ils tiendront à honneur de les suivre, quoique de loin;
ils feront effort pour en approcher le plus près qu'ils pourront.

[1] Préface sur la traduction d'Homère.

Quelquefois ils viendront jusqu'à les atteindre, et peut-être même jusqu'à les surpasser en quelques endroits.

Comme les exemples ont toujours plus de force que les préceptes, j'insérerai ici la traduction de quelques lettres de Pline le jeune, qui fera sans doute beaucoup de plaisir au lecteur, et sera fort utile aux jeunes gens.

C. PLINIUS CORNEL. TACITO SUO S.

Ridebis, et licet rideas. Ego Plinius ille, quem nosti, apros tres, et quidem pulcherrimos, cepi. Ipse? inquis. Ipse : non tamen ut omnino ab inertia mea et quiete discederem, ad retia sedebam ; erant in proximo, non venabulum aut lancea, sed stylus et pugillares. Meditabar aliquid enotabamque, ut, si manus vacuas, plenas tamen ceras reportarem. Non est quod contemnas hoc studendi genus. Mirum est ut animus agitatione motuque corporis excitetur. Jam undique silvæ et solitudo, ipsumque illud silentium quod venationi datur, magna cogitationis incitamenta sunt. Proinde, quum venabere, licebit, auctore me, ut panarium et lagunculam, sic etiam pugillares feras. Experieris non Dianam magis montibus quam Minervam inerrare. Vale [1].

A CORNEILLE TACITE.

« Vous allez rire, et je vous le permets : rirez-en tant qu'il
« vous plaira. Ce Pline que vous connaissez a pris trois sangliers,
« mais très-grands. Quoi ! lui-même ? dites-vous. Lui-même.
« N'allez pourtant pas croire qu'il en ait coûté beaucoup à ma
« paresse. J'étais assis près des toiles. Je n'avais à côté de moi
« ni épieu ni dard, mais des tablettes et une plume. Je rêvais,
« j'écrivais, et je me préparais la consolation de remporter mes
« feuilles pleines, si je m'en retournais les mains vides. Ne mé-
« prisez pas cette manière d'étudier. Vous ne sauriez croire com-
« bien le mouvement du corps donne de vivacité à l'esprit : sans
« compter que l'ombre des forêts, la solitude, et ce profond silence
« qu'exige la chasse, sont très-propres à faire naître d'heureuses
« pensées. Ainsi, croyez-moi, quand vous irez chasser, portez
« votre panetière et votre bouteille, mais n'oubliez pas vos tablet-
« tes. Vous éprouverez que Minerve se plaît autant sur les mon-
« tagnes que Diane. Adieu. »

[1] Lib. I, ep. 6.

Tout est ici rendu à la lettre, et avec une grande fidélité : cependant il n'y a rien de contraint, rien qui sente la traduction ; tout y a un air original.

On fait remarquer aux jeunes gens que, *ego Plinius ille*, ne peut bien se rendre en français par la première personne ; qu'il a fallu substituer à ce mot *ceras*, une autre expression plus conforme à notre usage ; que ce tour, *l'ombre des forêts*, forme un son plus nombreux et plus agréable à l'oreille que si l'on avait mis, comme dans le latin, *sans compter que les forêts, la solitude*, etc.

C. PLINIUS MINUTIO FUND. SUO S.

Mirum est quam singulis diebus in urbe ratio aut constet aut constare videatur pluribus, cunctisque (*ou* junctisque) non constet. Nam, si quem interroges : *Hodie quid egisti ?* respondeat : *Officio togæ virilis interfui, sponsalia aut nuptias frequentavi ; ille me ad signandum testamentum, ille in advocationem, ille in consilium rogavit.* Hæc, quo die feceris, necessaria : eadem, si quotidie fecisse te reputes, inania videntur, multo magis quum secesseris. Tunc enim subit recordatio. Quot dies quam frigidis rebus absumpsi ? Quod evenit mihi postquam in Laurentino meo aut lego aliquid, aut scribo, aut etiam corpori vaco, cujus fulturis animus sustinetur. Nihil audio quod audisse, nihil dico quod dixisse pœniteat. Nemo apud me quemquam sinistris sermonibus carpit : neminem ipse reprehendo, nisi unum me, quum parum commode scribo. Nulla spe, nullo timore sollicitor : nullis rumoribus inquietor. Mecum tantum et cum libellis loquor. O rectam sinceramque vitam ! O dulce otium, honestumque, ac pene omni negotio pulchrius ! O mare, o littus, verum secretumque μουσεῖον ! Quam multa invenitis ! quam multa dictatis ! Proinde tu quoque strepitum istum, inanemque discursum, et multum ineptos labores, ut primum fuerit occasio, relinque, teque studiis vel otio trade. Satius est enim, ut Attilius noster eruditissime simul et facetissime dixit, otiosum esse, quam nihil agere. Vale[1].

A MINUTIUS FUNDANUS.

« C'est une chose étonnante de voir comment le temps se passe
« à Rome. Prenez chaque journée à part, il n'y en a point qui
« ne soit remplie : rassemblez-les toutes, vous êtes surpris de

[1] Lib. I, ep. 9.

« les trouver si vides. Demandez à quelqu'un : Qu'avez-vous fait
« aujourd'hui? J'ai assisté, vous dira-t-il, à la cérémonie de la
« robe virile qu'un tel a donnée à son fils. J'ai été prié à des
« fiançailles ou à des noces. L'on m'a demandé pour la signa-
« ture d'un testament. Celui-ci m'a chargé de sa cause; celui-là
« m'a fait appeler à une consultation. Chacune de ces choses,
« quand on l'a faite, a paru nécessaire : toutes ensemble parais-
« sent inutiles, et bien davantage quand on les repasse dans une
« agréable solitude. Alors vous ne pouvez vous empêcher de
« vous dire : A quelles bagatelles ai-je perdu mon temps! C'est
« ce que je répète sans cesse dans ma terre de Laurentin, soit
« que je lise, soit que j'écrive, soit qu'à mes études je mêle les
« exercices du corps, dont la bonne disposition influe tant sur
« les opérations de l'esprit. Je n'entends, je ne dis rien que je
« me repente d'avoir entendu et d'avoir dit. Personne ne m'y
« fait d'ennemis par de mauvais discours. Je ne trouve à redire
« à personne, sinon à moi-même, quand ce que je compose n'est
« pas à mon gré. Sans désirs, sans crainte, à couvert des bruits
« fâcheux, rien ne m'inquiète. Je ne m'entretiens qu'avec moi
« et avec mes livres. Oh! l'agréable, oh! l'innocente vie! Que cette
« oisiveté est aimable! qu'elle est honnête! qu'elle est préfé-
« rable même aux plus illustres emplois! Mer, rivage dont je
« fais mon vrai cabinet, que vous m'inspirez de nobles et d'heu-
« reuses pensées! Voulez-vous m'en croire, mon cher Fundanus,
« fuyez les embarras de la ville. Rompez au plus tôt cet enchaî-
« nement de soins frivoles qui vous y attachent. Adonnez-vous
« à l'étude ou au repos, et songez que ce qu'a dit si spirituelle-
« ment et si plaisamment notre ami Attilius n'est que trop vrai :
« *Il vaut infiniment mieux ne rien faire que de faire des riens.*
« Adieu. »

Le plaisir qu'on sent en lisant cette traduction en fait mieux
l'éloge que tout ce que je pourrais en dire. Ce qui m'y plaît surtout est la fidélité du traducteur à rendre toutes les pensées et
presque toutes les expressions, et en même temps le tour élégant qu'il leur donne; et c'est ce qu'il faut bien faire remarquer
aux jeunes gens. Quelquefois une épithète ajoutée relève la pensée : *que vous m'inspirez de nobles, d'heureuses pensées!* Le la-

tin pouvait être rendu en mettant simplement, *que vous m'ins-*
pirez de pensées ! Quam multa invenitis ! quam multa dicta-
tis ! D'autres fois c'est une métaphore substituée à l'expression
simple et naturelle, qui orne une phrase. Ces mots latins, *et*
multum ineptos labores, ut primum fuerit occasio, relinque,
pouvaient être ainsi traduits : *quittez au plus tôt ces occupations*
frivoles. Le tour métaphorique a plus de grâce : *rompez au plus*
tôt cet enchaînement de soins frivoles qui vous y attachent. On
insiste sur la justesse des mots qui demeurent toujours dans la
même métaphore : *rompez, enchaînement, attachent,* et l'on
fait remarquer que le français ajoute deux belles pensées au latin. *Enchaînement de soins frivoles,* au lieu de dire simplement,
soins frivoles, ineptos labores ; ce qui est bien plus énergique,
et marque comment ces occupations se succèdent continuellement les unes aux autres. *Qui vous y attachent* n'est point dans
le latin, et était nécessaire pour rendre la phrase plus nombreuse.

Je passe beaucoup d'autres observations pareilles, pour venir
à quelques remarques de critique. Il me semble que dans un
ouvrage aussi beau que celui-ci elles doivent être permises, et
que quand il s'y serait glissé quelques fautes qui peuvent échapper aux plus habiles, elles ne diminuent rien ni du mérite de la
traduction ni de la réputation de l'auteur. D'ailleurs je fais ici
ce que je ferais dans une classe en lisant cette traduction aux
écoliers, auxquels je me croirais obligé de proposer mes doutes,
et de faire remarquer les endroits qui peuvent s'écarter du sens.

Celui-ci m'a chargé de sa cause. Je ne sais si c'est le sens de
ces mots : *ille me in advocationem rogavit.* Dans la bonne latinité, *advocatus* ne signifie point *avocat,* mais celui qui aide le
plaideur de ses conseils ou de son crédit en assistant à la plai-
doirie. Cependant, du temps de Pline, il avait aussi la première
signification, et Quintilien l'emploie très-souvent dans ce sens.
Ce qui me fait douter qu'*advocatio* signifie ici le ministère de
l'avocat, c'est que les différentes occupations dont Pline parle
dans cette lettre sont presque toutes de pure cérémonie, où la
perte du temps se fait plus sentir : au lieu qu'il n'y a rien de plus
sérieux, rien de plus important que le ministère de l'avocat, et

qu'on ne peut pas certainement regarder comme un temps mal
employé celui qu'il donne à défendre ses parties.

Chacune de ces choses, quand on l'a faite, a paru néces-
saire : toutes ensemble pardissent inutiles. Le latin présente
une autre pensée : *En examinant ces choses le jour même qu'on*
les fait, elles paraissent nécessaires : mais quand on vient
ensuite à réfléchir que c'est ainsi que se sont passées toutes les
journées; on y trouve bien du vide et de l'inutilité.

Soit qu'à mes études je mêle les exercices du corps, dont
la bonne disposition influe tant sur les opérations de l'esprit.
Il faut avertir les jeunes gens qu'il y a quelquefois en latin des
pensées et des expressions qui ne peuvent pas se rendre en français, et auxquelles il en faut substituer d'autres qui en approchent le plus qu'il est possible. Cet endroit-ci en peut être un
exemple, et nous en verrons encore d'autres dans la suite. Le
latin présente ici une belle idée. Notre corps est comme un bâtiment, mais un bâtiment ruineux, qui a continuellement besoin
d'être soutenu et appuyé, sans quoi il tomberait et serait bientôt
détruit. La nourriture, le repos, la promenade, les différents
exercices, lui tiennent lieu d'appuis et de soutien. Et tout cela
en même temps sert aussi à soutenir l'esprit : *aut etiam corpori*
vaco, cujus fulturis animus sustinetur. Le français n'a point
rendu cette beauté.

Personne ne m'y fait d'ennemis par de mauvais discours.
Ce n'est point là du tout le sens du latin, et il faut que le traducteur ait lu autrement que nous n'avons dans le texte. *Nemo*
apud me quemquam sinistris sermonibus carpit. Ce qui signifie,
personne devant moi ne se donne la liberté de parler mal de
qui que ce soit.

Que cette oisiveté est aimable... ! qu'elle est préférable même
aux plus illustres emplois ! Le latin n'est pas si décisif, et il met
un correctif qui était nécessaire pour adoucir ce qu'il y a de trop
fort et d'outré dans cette pensée. *O dulce otium, honestumque,*
ac pene omni negotio pulchrius ! En effet, est-il bien vrai que la
douceur du repos soit toujours préférable aux emplois publics, qui
sont extrêmement pénibles et laborieux? Si cette maxime avait
lieu, que deviendrait l'État?

Il vaut infiniment mieux ne rien faire que de faire des riens.
On peut douter d'abord si cette pensée, qui est jolie, est celle de
l'auteur. Car *otiosum esse* ne signifie pas ordinairement *ne rien
faire*, mais être de loisir, être sans affaires, sans occupations nécessaires et pressantes; ce qui n'empêche pas qu'on ne s'occupe,
qu'on ne travaille; ce qui même donne lieu de le faire, mais d'une
manière plus agréable, parce qu'elle est plus libre. Et c'est le
sens du beau mot de Scipion l'Africain, qui avait coutume de
dire, *nunquam se minus otiosum esse quam quum otiosus esset* [1] : qu'il n'était jamais moins de loisir que quand il avait du
loisir [2]; jamais plus occupé que quand il était sans occupation.
Au contraire, *nihil agere* signifie ordinairement *ne rien faire*;
et c'est l'un des trois défauts que Sénèque dit qu'on peut reprocher à la plupart des hommes [3], qui passent la plus grande partie de leur vie ou à ne rien faire, ou à mal faire, ou à faire tout
autre chose que ce qu'ils devraient.

Cependant, quand on examine attentivement l'endroit dont
il s'agit, on reconnaît que le français exprime fidèlement la
pensée du texte. Car Pline exhorte Fundanus à se retirer à la
campagne pour s'adonner à l'étude ou au repos, *teque studiis
vel otio trade :* et cette alternative marque que *otium* ne doit
pas être ici confondu avec le temps que l'on donne à l'étude.
Otiosum esse signifie donc *être de repos, ne rien faire.* Et
nihil agere répond aux occupations frivoles de la ville, que Pline
avait appelées *multum ineptos labores.* Par conséquent *nihil
agere* est heureusement rendu par ces mots, *faire des riens;*
et c'est le sens que lui donne le Trésor d'Estienne, *rebus inanibus implicari.* Et pour lors on conçoit que ce mot est dit
très-spirituellement et très-plaisamment, *eruditissime simul et
facetissime;* au lieu qu'il n'y aurait rien de fort spirituel, et
encore moins de fort plaisant, s'il signifiait *qu'il vaut mieux
être de loisir que de ne rien faire.*

Il me semble que cette sorte de critique peut être utile aux

---

[1] Cic. lib. 3, Offic. n.1.

[2] Je ne sais si la manière dont M. Dubois a traduit cet endroit est exacte :
*Il avait coutume de dire qu'il n'avait ja-
mais plus d'affaires que lorsqu'il était*
sans affaires.

[3] « Si volueris attendere, magna vitæ
pars elabitur male agentibus, maxima
nihil agentibus, tota aliud agentibus. »
(Senec. *Epist.* I.)

jeunes gens, et que c'est un bon moyen pour leur former le jugement que de leur proposer des difficultés comme j'ai fait ici,
et de tâcher de leur en faire trouver à eux-mêmes la solution, si
cela est possible.

C. PLINIUS BEBIO HISPANO SUO S.

Tranquillus, contubernalis meus, vult emere agellum quem venditare
amicus tuus dicitur. Rogo cures quanti æquum est emat : ita enim
delectabit emisse. Nam mala emptio semper ingrata est, eo maxime
quod exprobrare stultitiam domino videtur. In hoc autem agello (si
modo arriserit pretium) Tranquilli mei stomachum multa sollicitant :
vicinitas urbis, opportunitas viæ, mediocritas villæ, modus ruris, qui
avocet magis quam distringat. Scholasticis (aliter dominis) porro
studiosis, ut hic est, sufficit abunde tantum soli, ut relevare caput,
reficere oculos, reptare per limitem, unamque semitam terere, omnes-
que viticulas suas nosse, et numerare arbusculas possint. Hæc tibi
exposui, quo magis scires quantum ille esset mihi, quantum ego tibi
debiturus, si prædiolum istud, quod commendatur his dotibus, tam
salubriter emerit, ut pœnitentiæ locum non relinquat. Vale[1].

A BÉBIUS.

« Suétone, qui loge avec moi, a dessein d'acheter une petite
« terre qu'un de vos amis veut vendre. Faites en sorte, je vous
« prie, qu'elle ne soit vendue que ce qu'elle vaut. C'est à ce
« prix qu'elle lui plaira. Un mauvais marché ne peut être que
« désagréable, mais principalement par le reproche continuel
« qu'il semble nous faire de notre imprudence. Cette acquisi-
« tion (si d'ailleurs elle n'est pas trop chère) tente mon ami par
« plus d'un endroit : son peu de distance de Rome, la commo-
« dité des chemins, la médiocrité des bâtiments, les dépendan-
« ces plus capables d'amuser que d'occuper. En un mot, il ne
« faut à ces messieurs les savants, absorbés comme lui dans
« l'étude, que le terrain nécessaire pour délasser leur esprit et
« réjouir leurs yeux. Il ne leur faut qu'une allée pour se pro-
« mener, qu'une vigne dont ils puissent connaître tous les ceps,
« que des arbres dont ils puissent savoir le nombre. Je vous

---

[1] Lib. 1, épist. 24.

« mandé tout ce détail pour vous apprendre quelle obligation
« il m'aura, et toutes celles que lui et moi vous aurons, s'il
« achète, à des conditions dont il n'ait jamais lieu de se re-
« pentir, une petite maison telle que je viens de la dépeindre.
« Adieu. »

Cette lettre, quoique fort courte et fort simple, est d'une
grande délicatesse. La traduction en rend heureusement toutes
les beautés, excepté une seule dont notre langue n'est point susceptible; je veux dire les diminutifs, qui dans le latin, surtout
quand il s'agit d'égayer un sujet, ont une grâce merveilleuse :
agellum, viticulas, arbusculas, prædiolum. Je mets dans le
même genre ce verbe fréquentatif, *reptare per limitem*, dont
on sent mieux la beauté qu'on ne peut l'expliquer.

C. PLINIUS PROCULO SUO S.

Petis ut libellos tuos in secessu legam, examinemque an editione sint
digni. Adhibes preces : allegas exemplum. Rogas etiam ut aliquid suc-
cisivi temporis studiis meis subtraham, impertiar tuis. Adjicis, M.
Tullium mira benignitate poëtarum ingenia fovisse. Sed ego nec rogan-
dus sum, nec hortandus ; nam et poeticen ipsam religiosissime veneror,
et te validissime diligo. Faciam ergo quod desideras tam diligenter
quam libenter. Videor autem jam nunc posse rescribere, esse opus pulchrum, nec supprimendum, quantum æstimare licuit ex iis, quæ me
præsente recitasti, : si modo mihi non imposuit recitatio tua. Legis enim
suavissime et peritissime. Confido tamen me non sic auribus duci, ut
omnes aculei judicii mei illarum delinimentis refringantur. Hebetantur
fortasse, et paululum retunduntur ; revelli quidem extorquerique non
possunt. Igitur non temere jam de universitate pronuntio : de partibus
experiar legendo. Vale [1].

A PROCULUS.

« Vous me priez de lire vos ouvrages dans ma retraite, et de
« vous dire s'ils sont dignes d'être publiés. Vous m'en pressez :
« vous autorisez vos prières par des exemples. Vous me conju-
« rez même de prendre sur mes études une partie du loisir que
« je leur destine, et de la donner aux vôtres. Enfin vous me ci-
« tez Cicéron, qui se faisait un plaisir de favoriser et d'animer

[1] Lib. 3, epist. 15.

« les poëtes. Vous me faites tort. Il ne faut ni me prier ni me
« presser. Je suis adorateur de la poésie, et j'ai pour vous une
« tendresse que rien n'égale. Ne doutez donc pas que je ne
« fasse avec autant d'exactitude que de joie ce que vous m'or-
« donnez. Je pourrais déjà vous mander que rien n'est plus
« beau, et ne mérite mieux de paraître; du moins autant que
« j'en puis juger par les endroits que vous m'avez fait voir : si
« pourtant votre prononciation ne m'en a point imposé; car
« vous lisez d'un ton fort imposteur. Mais j'ai assez bonne
« opinion de moi pour croire que le charme de l'harmonie ne
« va point jusqu'à m'ôter le jugement. Elle peut bien le sur-
« prendre, mais non pas le corrompre ni l'altérer. Je crois
« donc déjà pouvoir hasarder mon avis sur le corps de l'ouvrage.
« La lecture m'apprendra ce que je dois penser de chaque partie.
« Adieu. »

Je n'examinerai dans cette lettre qu'un seul endroit, qui
n'est pas le moins difficile ni le moins beau: *Confido tamen me
non sic auribus duci, ut omnes aculei judicii mei illarum
delinimentis refringantur. Hebetantur fortasse, et paululum
retunduntur; revelli quidem extorquerique non possunt.*

Pour bien faire entendre aux jeunes gens cet endroit, il faut
commencer par l'explication de la métaphore, qui en fait toute
la beauté et toute la difficulté. Cette métaphore consiste dans
le mot *aculeus*, qui signifie *une pointe*, comme une pointe de
dard ou de javelot, dont l'effet est de percer, de pénétrer. Or
trois choses peuvent ou affaiblir ou empêcher entièrement cet
effet : si la pointe est émoussée, *hebetari*, *retundi*; si elle est
rompue, *refringi*; enfin, si elle est arrachée entièrement du
bois où le fer tient, *revelli*, *extorqueri*.

Pline exprime la pénétration du jugement par l'image d'une
pointe, qui peut bien avoir été émoussée par l'impression que
la grâce de la prononciation avait faite sur ses oreilles, mais non
pas rompue, encore moins totalement emportée.

On pourrait douter si ces deux idées, *delinimenta* et *refrin-
gunt*, cadrent bien ensemble, et si elles sont bien assorties,
l'une exprimant la douceur et l'agrément, l'autre la force et la
violence. Mais je ne sais si ce ne serait point porter l'exactitude

trop loin que d'exiger une telle précision, et s'il ne suffit pas que les charmes de la prononciation puissent produire sur le jugement l'effet dont il s'agit, sans qu'il soit nécessaire de trouver dans la nature quelque sorte de douceur qui émousse une pointe, qui la rompe ou qui l'arrache.

Le traducteur a rendu ainsi cet endroit : *J'ai assez bonne opinion de moi pour croire que le charme de l'harmonie ne va point jusqu'à m'ôter le jugement. Elle peut bien le surprendre, mais non pas le corrompre ni l'altérer.* Je ne doute point qu'étant d'aussi bon goût qu'il est, il n'ait fait tous ses efforts pour exprimer la métaphore latine. Mais voyant que notre langue n'en était pas susceptible, et sentant bien que, s'il voulait s'assujettir servilement aux expressions, il défigurerait la pensée, il a suivi le conseil qu'Horace donne sur un autre sujet, qui est d'abandonner une matière qu'on désespère de pouvoir bien traiter :

Et quæ desperat tractata nitescere posse, relinquit.

Ainsi, en conservant le fond de la pensée, il lui a donné un autre tour qui paraît plus naturel et n'est pas moins beau que celui du latin.

Et c'est ici une des grandes règles de la traduction, qu'il faut bien inculquer aux jeunes gens, et qui est nécessaire, surtout pour les métaphores, qui sont pour l'ordinaire le tourment et le désespoir des traducteurs, et qu'il est souvent impossible de faire passer dans une autre langue sans en altérer toutes les grâces.

C. PLINIUS MAXIMO SUO S.

Nuper me cujusdam amici langùor admonuit, optimos esse nos dum infirmi sumus. Quem enim infirmum aut avaritia aut libido sollicitat ? Non amoribus servit, non appetit honores, opes negligit, et quantulumcumque, ut relicturus, satis habet. Tunc deos, tunc hominem esse se meminit. Invidet nemini, neminem miratur, neminem despicit ; ac ne sermonibus quidem malignis aut attendit, aut alitur. Balinea imaginatur et fontes. Hæc summa curarum, summa votorum : mollemque in posterum et pinguem, si contingat evadere, hoc est innoxiam beatamque destinat vitam. Possum ergo, quod pluribus verbis, pluribus etiam voluminibus philosophi docere conantur, ipse breviter tibi mihique præcipere, ut tales esse sani perseveremus, quales nos futuros esse profitemur infirmi. Vale.

A MAXIME.

« Ces jours passés, la maladie d'un de mes amis me fit faire « cette réflexion, que nous sommes fort gens de bien quand nous « sommes malades. Car quel est le malade que l'avarice ou l'am- « bition tourmente? Il n'est plus enivré d'amour, entêté d'hon- « neurs. Il néglige le bien, et compte toujours avoir assez du « peu qu'il se voit sur le point de quitter. Il croit des dieux, et « il se souvient qu'il est homme. Il n'envie, il n'admire, il ne « méprise la fortune de personne. Les médisances ne lui font ni « impression ni plaisir. Toute son imagination n'est occupée que « de bains et de fontaines. Tout ce qu'il se propose, s'il en peut « échapper, c'est de mener à l'avenir une vie douce et tranquille, « une vie innocente et heureuse. Je puis donc nous faire ici à « tous deux en peu de mots une leçon dont les philosophes font « des volumes entiers. Persévérons à être tels pendant la santé « que nous nous proposons de devenir quand nous sommes ma- « lades. Adieu. »

Au lieu de réflexions sur cette lettre, j'en ajouterai une autre qui m'a paru fort belle et fort intéressante : elle terminera ce petit recueil.

C. PLINIUS TACITO SUO S. [1]

Nec ipse tibi plaudis, et ego nihil magis ex fide quam de te scribo. Posteris an aliqua cura nostri, nescio : nos certe meremur ut sit aliqua, non dico ingenio (id enim superbum); sed studio, sed labore, et reve- rentia posterorum. Pergamus modo itinere instituto : quod ut paucos in lucem famamque provexit, ita multos et tenebris et silentio protulit. Vale [1].

A TACITE.

« Vous n'êtes pas homme à vous en faire accroire, et moi je « n'écris rien avec tant de sincérité que ce que j'écris de vous. « Je ne sais si la postérité aura pour nous quelque considération :

[1] Lib. 7, epist. 3.

« mais en vérité nous en méritons un peu ; je ne dis pas par no-
« tre esprit, il y aurait une sotte présomption à le prétendre,
« mais par notre application, par notre travail, par notre respect
« pour elle. Continuons notre route. Si par là peu de gens sont
« arrivés au comble de la gloire et à l'immortalité, par là au
« moins beaucoup sont parvenus à se tirer de l'obscurité et de
« l'oubli. Adieu. »

TRADUCTION

DE QUELQUES ENDROITS DE CICÉRON.

Lettre de Cicéron à Atticus.

J'ajoute ici deux lettres, ou plutôt deux parties de lettre de
Cicéron à son ami Atticus, qui ne sont pas d'un moindre prix
que celles de Pline. On trouvera deux traductions de chacune
de ces lettres, toutes deux de main de maître : l'une de M. l'abbé
de Saint-Réal, l'autre de M. l'abbé Mongault. Le premier n'avait
traduit que deux livres de ces lettres : M. Mongault, sans être
effrayé de la difficulté de l'entreprise, les a toutes données au
public, et par là a rendu un grand service à une infinité de personnes, qu'il a mises en état de lire avec sûreté et avec plaisir la
partie des ouvrages de Cicéron la plus curieuse pour l'histoire de
son temps, mais la plus difficile et la plus obscure.

Lettre XVII de Cicéron à Atticus, liv. I.

Argument de la lettre. Quintus Cicéron, frère du célèbre
orateur, avait épousé Pomponia, sœur d'Atticus. Le refus que
fit celui-ci de servir de lieutenant en Asie sous son beau-frère
contribua beaucoup à les brouiller, donna lieu à des plaintes fort
amères du côté de Quintus Cicéron, et causa entre eux une espèce de rupture. C'est ce qui fait le sujet du commencement de
cette lettre : car je me borne à cette seule partie.

CICÉRO ATTICO S.

(N. 1.) Magna mihi varietas voluntatis, et dissimilitudo opinionis ac
judicii Quinti fratris mei, demonstrata est ex litteris tuis, in quibus ad
me epistolarum illius exempla misisti. Qua ex re, et molestia sum tanta

affectus, quantam mihi meus amor summus erga utrumque vestrum afferre debuit ; et admiratione, quidnam accidisset, quod afferret Quinto fratri meo aut offensionem tam gravem, aut commutationem tantam voluntatis. (N. 2.) Atque illud a me jam ante intelligebatur, quod te quoque ipsum discedentem a nobis suspicari videbam, subesse nescio quid opinionis incommodæ, sauciumque ejus animum ; et insedisse quas- dam odiosas suspiciones. Quibus ego mederi quum cuperem antea sæpe, et vehementius etiam post sortitionem provinciæ, nec tantum intellige- bam ei esse offensionis, quantum litteræ tuæ declarant ; nec tantum proficiebam, quantum volebam. (N. 3.) Sed tamen hoc me ipse consolabar, quod non dubitabam, quin te ille aut Dyrrachii, aut in istis locis uspiam visurus esset : quod quum accidisset, confidebam, ac mihi persuaseram, fore ut omnia placarentur inter vos non modo sermone ac disputatione, sed conspectu ipso congressuque vestro. Nam, quanta sit in Quinto fratre meo comitas, quanta jucunditas, quam mollis animus et ad ac- cipiendam et ad deponendam offensionem nihil attinet me ad te, qui ea nosti, scribere. Sed accidit perincommode, quod eum nusquam vidisti. Valuit enim plus, quod erat illi nonnullorum artificiis inculcatum, quam aut officium, aut necessitudo, aut amor vester ille pristinus, qui plurimum valere debuit.

(N. 4.) Atque hujus incommodi culpa ubi resideat, facilius possum existimare quam scribere. Vereor enim ne dum defendam meos, non parcam tuis. Nam sic intelligo, ut nihil a domesticis vulneris factum sit, illud quidem, quod erat, eos certe sanare potuisse. Sed hujusce rei totius vitium, quod aliquanto etiam latius patet quam videtur, præ- senti tibi commodius exponam.

(N. 5.) De iis litteris, quas ad te Thessalonica misit, et de sermoni- bus quos ab illo et Romæ apud amicos tuos, et in itinere habitos putas, ecquid tantum causæ sit ignoro : sed omnis in tua posita est humanitate mihi spes hujus levandæ molestiæ. Nam, si ita statueris, et irritabiles ani- mos esse optimorum sæpe hominum, et eosdem placabiles ; et esse hanc agilitatem, ut ita dicam, mollitiemque naturæ plerumque bonitatis ; et, id quod caput est, nobis inter nos nostra sive incommoda, sive vitia, sive injurias esse tolerandas : facile hæc, quemadmodum spero, mitiga- buntur. Quod ego ut facias, te oro. Nam ad me, qui te unice diligo, maxime pertinet, neminem esse meorum, qui aut non amet, aut abs te non ametur.

(N. 6.) Illa pars epistolæ tuæ minime fuit necessaria, in qua exponis quas facultates aut provincialium, aut urbanorum commodorum, et aliis temporibus, et me ipso consule, prætermiseris. Mihi enim perspecta est ingenuitas, et magnitudo animi tui : neque ego inter me atque te

quicquam interesse unquam duxi, præter voluntatem institutæ vitæ,
quod me ambitio quædam ad honorum studium, te autem alia
minime reprehendenda ratio ad honestum otium duxit. Vera quidem
laude probitatis, diligentiæ, religionis, neque me tibi, neque quemquam
antepono. Amoris vero erga me, quum a fraterno amore domesticoque
discessi, tibi primas defero. Vidi enim, vidi, penitusque perspexi
in meis variis temporibus et sollicitudines et lætitias tuas. Fuit mihi
sæpe et laudis nostræ gratulatio tua jucunda, et timoris consolatio
grata.

(N. 7.) Quin mihi nunc, te absente, non solum consilium quo tu
excellis, sed etiam sermonis communicatio quæ mihi suavissima tecum
solet esse, maxime deest. Quid dicam in publica re? quo in genere
mihi negligenti esse non licet. An in forensi labore? quem antea propter
ambitionem sustinebam, nunc, ut dignitatem tueri gratia possim. An
in ipsis domesticis negotiis? in quibus ego quum antea, tum vero post
discessum fratris, te sermonesque nostros desidero. Postremo, non
labor meus, non requies; non negotium, non otium; non forenses res,
non domesticæ; non publicæ, non privatæ, carere diutius tuo suavis-
simo atque amantissimo consilio ac sermone possunt.

TRADUCTION

Num. I. AUTANT par votre lettre que
par la copie que vous m'envoyez de
celle de mon frère, je vois une grande
altération dans son amitié pour vous,
et même dans son estime. J'en suis aussi
affligé que ma tendresse pour tous les
deux m'y oblige, et aussi surpris qu'on
le peut être, ne sachant d'où peut
venir un ressentiment si violent; ou, s'il
n'en a point de sujet, un si grand changement dans son affection.

N. 2. Je comprenais bien déjà ce
dont vous-même vous défiez aussi quand
vous partîtes d'ici, qu'il avait quelque
ombrage contre vous, et que son esprit
était ulcéré, et préoccupé de quelques
soupçons odieux sur votre compte; mais
il ne m'avait pas paru, dans les efforts
que j'ai faits à diverses fois près de lui
pour l'en guérir, non-seulement avant
qu'il fût déclaré préteur d'Asie, mais
encore beaucoup plus fortement depuis;
il ne me paraissait pas, dis-je, qu'il
fût aussi outré qu'il le paraît par sa

TRADUCTION

Num. I. JE vois, et par votre lettre
et par la copie que vous m'avez envoyée
de celle de mon frère, qu'il y a une
grande altération dans les sentiments
et dans les dispositions où il était à votre égard. J'en suis aussi affligé que ma
tendresse pour vous deux le demande,
et je ne conçois pas ce qui a pu si fort
aigrir mon frère, et causer en lui un
si grand changement.

N. 2. J'avais bien remarqué, et vous
vous étiez aussi aperçu avant que de
partir, qu'on l'avait prévenu contre vous,
et qu'on avait rempli son esprit de soupçons fâcheux. Lorsque j'ai travaillé à
l'en guérir, et avant qu'il fût nommé
gouverneur d'Asie, et surtout depuis,
il ne m'a pas paru aussi aigri que vous
me le marquez dans votre lettre, quoiqu'à la vérité je n'aie pu obtenir de lui
tout ce que j'aurais voulu.

lettre, quoique je ne gagnasse pas sur lui tout ce que je voulais.

N. 3. Je m'en consolais dans l'espérance certaine qu'il vous joindrait à Dyrrachium, ou quelque autre part dans vos quartiers; et cela étant, je me flattais, et je n'en doutais pas, que tout s'accommoderait entre vous quand vous ne feriez que vous voir, à plus forte raison quand vous parleriez et que vous seriez éclaircis : car il n'est pas nécessaire que je vous dise ce que vous savez comme moi, combien il est traitable et doux, et jusqu'où va sa facilité, également à se brouiller et à se raccommoder. Le malheur est que vous ne vous êtes point vus. Ainsi ce qu'on lui a inspiré artificieusement contre vous a prévalu dans son esprit sur ce qu'il devait à votre liaison, à votre alliance et à votre ancienne amitié.

N. 4. De savoir à qui en est la faute, c'est ce qu'il m'est plus facile de penser que d'écrire, parce que je crains de ne pas épargner assez vos proches en voulant défendre les miens : car je suis persuadé que si on n'a pas contribué dans sa famille à l'aigrir, du moins y aurait-on pu facilement à l'adoucir. Mais je vous expliquerai plus commodément, quand nous nous reverrons, toute la malignité de cette affaire, qui s'étend plus loin qu'il ne semble.

N. 5. J'ignore, encore une fois, ce qui peut l'avoir obligé à vous écrire comme il a fait de Thessalonique, et à parler ici à vos amis et sur la route de la manière que vous croyez. Toute l'espérance qui me reste d'être délivré de ce chagrin n'est fondée que sur votre seule honnêteté. Si vous considérez que les meilleurs gens sont souvent les plus faciles à s'emporter comme à s'apaiser, et que cette légèreté, pour ne pas dire cette mollesse de sentiments, ne vient la plupart du temps que d'une trop grande bonté de naturel; et, ce qu'il faut dire avant tout, que nous avons à supporter mutuellement les faiblesses, les défauts, et même les outrages les uns des autres; tout cela se calmera facilement, à ce que j'espère, et je vous en prie : car, vous aimant uniquement comme je fais, je ne dois rien oublier pour faire en sorte que tous ceux qui m'appartiennent vous aiment et soient aimés de vous.

N. 6. Rien n'était moins nécessaire que cette partie de votre lettre où vous rapportez tous les emplois qu'il n'a tenu qu'à vous d'avoir, soit à Rome, soit dans es provinces, sous mon consulat et en

N. 3. Ce qui me consolait, c'était que je comptais qu'il vous verrait à Dyrrachium, ou quelque autre part dans vos quartiers; et je me promettais, ou plutôt je ne doutais point que cette entrevue ne suffît pour raccommoder tout, même avant que vous entrassiez dans aucun éclaircissement : car vous savez aussi bien que moi que mon frère est dans le fond le meilleur homme du monde, et que, s'il se brouille aisément, il se raccommode de même. Le malheur est que vous ne vous êtes point vus; et c'est ce qui a été cause que les artifices de quelques mauvais esprits ont prévalu sur ce qu'il devait à la liaison, à l'alliance et à l'ancienne amitié qui est entre vous.

N. 4. Savoir à qui en est la faute, il m'est plus aisé de le deviner que de vous le dire. Je craindrais de ne pas épargner vos proches en défendant les miens. Je suis persuadé que si l'on n'a pas contribué dans sa famille à l'aigrir, on n'a pas du moins travaillé à l'adoucir comme on aurait pu. Mais je vous expliquerai mieux, quand nous nous reverrons, d'où vient tout le mal, ce qui s'étend plus loin qu'il ne semble.

N. 5. Je ne conçois pas ce qui a pu porter mon frère à vous écrire de Thessalonique comme il a fait, et à parler ici à vos amis et sur la route de la manière qu'on vous l'a rapporté. Quoi qu'il en soit, je n'espère être délivré de ce chagrin que par la confiance que j'ai en votre honnêteté. Si vous considérez que les meilleures gens sont souvent ceux qui se fâchent le plus aisément, et qui reviennent de même; et que cette légèreté, ou, pour parler ainsi, cette flexibilité de sentiments est ordinairement une marque de bon naturel; et surtout si vous faites réflexion qu'entre amis on doit se pardonner non-seulement les faiblesses et les défauts, mais même les torts réciproques, j'espère que tout cela se calmera aisément, et je vous le demande en grâce : car, vous aimant autant que je fais, il n'est pas indifférent pour moi que tous mes proches vous aiment et soient aimés de vous.

N. 6. Rien n'était moins nécessaire que l'endroit de votre lettre où vous faites un détail de tous les emplois qu'il n'a tenu qu'à vous d'avoir, soit dans les provinces, soit à Rome, pendant mon

d'autres temps. Je connais à fond la franchise et la grandeur de votre âme, et je n'ai jamais prétendu qu'il y eût d'autre différence entre vous et moi que celle du différent choix de vie ; en ce que quelque sorte d'ambition m'a porté à rechercher les honneurs, au lieu que d'autres motifs nullement blâmables vous ont fait prendre le parti d'une honnête oisiveté. Mais, quant à la véritable gloire, qui est celle de la probité, de l'application et de la régularité, je ne vous préfère ni moi ni homme du monde ; et pour ce qui me regarde en particulier, après mon frère et ma famille, je suis persuadé que personne ne m'aime tant que vous m'aimez. J'ai vu d'une manière à n'en pouvoir douter vos contentements et vos peines dans les diverses rencontres de ma vie, et j'ai ressenti avec une égale satisfaction la part que vous avez prise à mes avantages et à mes dangers.

N. 7. Dans le temps même que je vous parle, non-seulement vos conseils, en quoi vous êtes incomparable, mais votre entretien ordinaire, dont la douceur m'est si sensible, me fait un besoin extrême. Je ne vous regrette pas seulement pour les affaires publiques, qu'il ne m'est pas permis de négliger comme les autres ; c'est encore pour mes fonctions du barreau, que je continue afin de me conserver la considération qui m'est nécessaire pour soutenir la dignité où elles m'ont aidé à parvenir. Je vous regrette aussi pour mes affaires domestiques, dans lesquelles je vous trouve encore plus à dire depuis le départ de mon frère. Enfin, ni dans mon travail, ni dans mon repos, ni dans mes occupations ni dans mon loisir, ni dans mes affaires domestiques ni dans celles de ma profession, ni dans les particulières ni dans les publiques, je ne saurais plus me passer de la douceur de votre aimable conversation et de vos conseils.

consulat et en d'autres temps. Je connais la noblesse et la droiture de votre cœur. J'ai toujours compté qu'il n'y avait point d'autre différence entre vous et moi que celle du différent choix de vie ; en ce que quelque sorte d'ambition m'a porté à rechercher les honneurs, au lieu que d'autres motifs nullement blâmables vous ont fait prendre le parti d'une honnête oisiveté. Mais, quant à cette gloire véritable qui vient de la probité, de l'exactitude, de la régularité dans le commerce, je ne mets au-dessus de vous ni moi ni personne du monde ; et pour ce qui me regarde en particulier, après mon frère et ma famille, je suis persuadé que personne ne m'aime autant que vous m'aimez. J'ai vu, d'une manière à n'en pouvoir douter, et votre joie et votre inquiétude dans les différentes situations où je me suis trouvé. Lorsque j'ai eu quelques succès, votre joie a augmenté la mienne ; et lorsque j'ai été exposé à quelque danger, la part que vous y avez prise m'a rassuré et consolé.

N. 7. Maintenant même que vous êtes absent, je sens combien j'aurais besoin non-seulement de vos conseils, en quoi personne ne peut vous remplacer, mais encore de la douceur et de l'agrément de votre conversation. Je vous souhaite, et pour les affaires publiques qu'il ne m'est pas permis de négliger comme les autres ; et pour mes fonctions du barreau, que je continue afin de me conserver la considération qui m'est nécessaire pour soutenir la dignité à laquelle elles m'ont élevé, et pour mes affaires domestiques, où je vous trouve encore plus à dire depuis le départ de mon frère. Enfin, ni dans le travail ni dans le repos, ni dans mes occupations ni dans mon loisir, ni dans mes affaires domestiques ni dans celles du barreau, ni dans les particulières ni dans les publiques, je ne puis plus me passer de la ressource et de l'agrément que je trouve dans les conseils et dans l'entretien d'un ami tel que vous.

Lettre XVIII de Cicéron à Atticus, liv. I.

CICERO ATTICO S.

(*N*. 1.) Nihil mihi nunc scito tam deesse, quam hominem eum, quocum omnia, quæ me cura aliqua afficiunt, una communicem : qui me amet, qui sapiat, quicum ego colloquar, nihil fingam, nihil dissimulem, nihil obtegam. Abest enim frater ἀφελέστατος, et amantissimus.

Metellus non homo, sed littus, atque aer, et solitudo mera. Tu autem,
qui sæpissime curam et angorem animi mei sermone et consilio levasti
tuo ; qui mihi et in publica re socius, et in privatis omnibus conscius,
et omnium meorum sermonum et consiliorum particeps esse soles, ubinam es ? (N. 2.) Ita sum ab omnibus destitutus, ut tantum requietis
habeam, quantum cum uxore, et filiola, et mellito Cicerone consumitur. Nam illæ ambitiosæ nostræ fucosæque amicitiæ sunt in quodam
splendore forensi ; fructum domesticum non habent. Itaque, quum bene
completa domus est tempore matutino, quum ad forum stipati gregibus
amicorum decendimus, reperire ex magna turba neminem possumus,
quocum aut jocari libere, aut suspirare familiariter possimus.

(N. 3.) Quare te exspectamus, te desideramus, te jam etiam arcessi-
mus. Multa enim sunt quæ me sollicitant anguntque, quæ mihi videor,
aures nactus tuas, unius ambulationis sermone exhaurire posse. Ac
domesticarum quidem sollicitudinum aculeos omnes et scrupulos occul-
tabo : neque ego huic epistolæ atque ignoto tabellario committam. Atque
hi (nolo enim te permoveri) non sunt permolesti, sed tamen insident,
et urgent, et nullius amantis consilio aut sermone requiescunt.

TRADUCTION

DE LA LETTRE XVII

PAR M. DE SAINT-RÉAL.

Num. I. Sachez que rien ne me manque tant à l'heure qu'il est que quelqu'un à qui je puisse communiquer tout
ce qui me fait de la peine, qui ait de
l'amitié pour moi et de la sagesse, avec
qui j'ose parler sans rien feindre, dissimuler ni cacher. Car mon frère, à qui
je pouvais m'ouvrir de mes plus secrètes
pensées avec autant de sûreté qu'aux
bois et aux rochers, qui m'aime tendrement, et qui est la simplicité même,
n'est plus ici, comme vous savez. Où
êtes-vous, vous qui avez soulagé tant
de fois mes soucis et mes peines par
vos discours et par vos conseils, qui
me secondez dans les affaires publiques,
et à qui je ne cache pas les plus particulières ; enfin, sans la participation de
qui je ne saurais ni rien faire ni rien
dire ?
N. 2. Je suis si dépourvu de toute société, que je n'ai plus de bon que le
temps que je passe avec ma femme, ma
fille et mon petit Cicéron. Car ces amitiés importantes et fastueuses que vous
savez ne sont bonnes que pour paraître

TRADUCTION

DE LA MÊME LETTRE

PAR M. L'ABBÉ MONGAULT.

Num. I. Comptez que rien ne me manque tant à présent qu'une personne sûre
à qui je puisse m'ouvrir sur tout ce qui
me fait de la peine, qui ait de l'amitié
pour moi et de la prudence, avec qui
j'ose m'entretenir sans contrainte, sans
dissimulation et sans réserve : car je
n'ai plus mon frère, qui est du meilleur
caractère du monde, qui m'aime si tendrement, et à qui je pouvais m'ouvrir
de mes plus secrètes pensées avec autant
de sûreté qu'aux rochers et aux campagnes les plus désertes. Où êtes-vous
à présent, vous dont l'entretien et les
conseils ont adouci tant de fois mes
peines et mes chagrins ; qui me secondez dans les affaires publiques, et à qui
je ne cache pas les plus particulières ;
que je consulte également sur ce que je
dois faire et sur ce que je dois dire ?
N. 2. Je suis si dépourvu de toute société, que je ne me trouve en repos et à
mon aise qu'avec ma femme, ma fille
et mon petit Cicéron. Ces amitiés extérieures, que l'intérêt et l'ambition concilient, ne sont bonnes que pour paraître

en public : elles ne sont d'aucun usage familier. Cela est si vrai, que ma maison est pleine de gens tous les matins quand je vais à la place; et je suis escorté d'une foule de prétendus amis, sans trouver un seul homme dans tout ce nombre avec qui je puisse ou rire en liberté, ou soupirer sans contrainte.

N. 3. Jugez si je vous attends, si je vous souhaite, et si je vous presse de venir. J'ai mille choses qui m'inquiètent et qui me blessent, dont il me semble qu'une seule promenade avec vous me fera raison. Je ne saurais vous écrire plusieurs petits chagrins domestiques, que je n'oserais confier au papier ni à ce porteur, que je ne connais point. N'en soyez pourtant pas en peine : ils ne sont pas fort considérables; mais ils touchent de près, ils ne donnent aucun relâche, et je n'ai personne qui m'aime, de qui les conseils ou seulement l'entretien puisse les interrompre.

en public avec honneur, et ne sont d'aucun usage dans le particulier. Cela est si vrai, que, quoique ma maison soit remplie tous les matins d'une foule de prétendus amis qui m'accompagnent lorsque je vais à la place, dans un si grand nombre il ne s'en trouve pas un seul avec qui je puisse ou rire avec liberté, ou gémir sans contrainte.

N. 3. Jugez donc par là si je ne dois pas attendre, souhaiter et presser votre retour. J'ai mille choses qui m'inquiètent et me chagrinent, dont une seule promenade avec vous me soulagera. Je ne vous parlerai point ici de plusieurs petits chagrins domestiques : je n'ose les confier au papier ni au porteur de cette lettre, que je ne connais point. N'en soyez pourtant pas en peine : ils ne sont pas considérables; mais ils ne laissent pas de faire impression, parce qu'ils reviennent souvent, et que je n'ai personne qui m'aime véritablement, dont les conseils ou l'entretien puissent les dissiper.

RÉFLEXIONS.

Il n'est pas possible de ne point remarquer dans ces lettres de Cicéron un tour aisé, simple, naturel, qui est le caractère propre du style épistolaire, et en même temps une finesse et une délicatesse d'expression qui y répand des grâces inimitables. Rien n'y est affecté, tout y coule de source : on s'aperçoit aisément que Cicéron écrivait comme il parlait, c'est-à-dire sans art, sans étude, et sans vouloir faire montre d'esprit. C'est par cette raison qu'on a toujours mis ses lettres beaucoup au-dessus de celles de Pline, qui, pour l'ordinaire, sont trop fleuries et trop travaillées, et qui paraissent moins belles aux bons connaisseurs, parce qu'elles le sont trop.

On voit aussi dans ces lettres de Cicéron de quelle adresse et de quels ménagements on a besoin pour concilier les esprits, et pour prévenir les suites fâcheuses des disputes et des brouilleries, qui sont presque inévitables dans les familles; et de quel prix est un ami véritable, dans le sein duquel on puisse répandre en sûreté toutes ses peines et toutes ses inquiétudes.

Mais ce n'est pas de quoi il s'agit maintenant : je ne dois examiner ici que ce qui a rapport à la manière de traduire. Il me semble que c'est un exercice fort utile que de faire ainsi de temps

en temps comparer aux jeunes gens deux traductions d'un même
endroit, et de leur en faire remarquer à eux-mêmes les différences en bien et en mal, surtout après qu'ils l'ont aussi traduit
de leur côté. Par là ils en peuvent mieux sentir et les beautés et
les défauts; et ils apprennent ce qu'il faut suivre et éviter pour
réussir dans la traduction.

Je laisse au lecteur à décider laquelle des deux traductions
que je lui présente ici doit être préférée; et je ne crois pas qu'il
ait beaucoup de peine à se déterminer. Mon jugement dans cette
cause me paraîtrait suspect à moi-même, et je craindrais quelque surprise du côté de l'amour-propre et de la prévention,
M. Mongault ayant été autrefois mon disciple en rhétorique, où
je me souviens encore que dès lors il se distinguait par un goût
particulier et une étude exacte de la langue française. Sans entrer dans un examen suivi de ces deux traductions, je me contenterai de proposer ici quelques réflexions et quelques doutes
pour former le goût des jeunes gens.

Le début par où commence la traduction de M. de Saint-Réal
n'est guère naturel, et n'a point du tout l'air d'une lettre. (N. 1.)
*Autant par votre lettre que par la copie que vous m'envoyez
de celle de mon frère; je vois, etc.*

*Je vois qu'il y a une grande altération dans les sentimens
et dans les dispositions où mon frère était à votre égard.* Cela
me paraît exprimé d'une manière beaucoup moins dure et moins
choquante que dans la traduction de M. de Saint-Réal : *Je vois
une grande altération dans son amitié pour vous, et même
dans son estime.* J'en dis autant de ce qui suit : *ne sachant
d'où peut venir un ressentiment si violent.* M. Mongault a
adouci cette pensée : *je ne conçois pas ce qui a pu si fort aigrir
mon frère.*

(N. 2.) *J'avais bien remarqué...... qu'on l'avait prévenu contre vous, et qu'on avait rempli son esprit de soupçons fâcheux.*
Cette traduction de M. Mongault est naturelle et élégante; mais
elle ne rend pas, ce me semble, toutes les beautés du latin. *Illud a me jam ante intelligebatur.... subesse nescio quid opinionis incommodæ, sauciumque ejus animum, et insedisse
quasdam odiosas suspiciones.*

Il y a une grande délicatesse dans ces mots, *subesse nescio quid opinionis incommodæ.* Toutes les expressions tendent à adoucir et à excuser l'indisposition de Quintus à l'égard de son beau-frère. Ce n'était point un jugement fixe, ni injurieux, mais une prévention peu avantageuse, qui n'était pas encore bien déclarée, et qui ne se montrait point au dehors : c'est ce que signifie, *subesse nescio quid opinionis incommodæ.* Mais comment rendre cela en français?

Sauciumque ejus animum. Cela présente une belle idée : *Il avait l'esprit blessé.* Cette pensée est omise dans M. Mongault. Je ne sais si elle n'est pas trop fortement exprimée dans M. de Saint-Réal : *Son esprit était ulcéré.*

(N. 5.) *Cette légèreté, ou, pour parler ainsi, cette flexibilité de sentiments, est ordinairement une marque de bon naturel.* M. de Saint-Réal avait mis *mollesse de sentiments,* qui en français ne fait pas un bon sens, quoiqu'il réponde davantage au latin : *esse hanc agilitatem, ut ita dicam, mollitiemque naturæ plerumque bonitatis.*

Entre amis on doit se pardonner non-seulement les faiblesses et les défauts, mais même les torts réciproques. Ce dernier mot est bien plus juste que celui de l'autre traducteur, *et même les outrages les uns des autres;* et rend mieux le latin, *sive injurias.*

(N. 3.) *Je me promettais, ou plutôt je ne doutais point que cette entrevue ne suffît pour raccommoder tout.* Je ne sais si notre langue souffre qu'on joigne ainsi deux verbes avec un régime qui ne convient qu'à l'un d'eux; car on ne peut pas dire : (N. 5.) *Je me promettais que cette entrevue ne suffît.* Je doute aussi que cette expression : *les meilleures gens sont ceux qui se fâchent le plus aisément,* puisse être d'usage, même dans le style épistolaire. Mais c'est de M. Mongault, devenu en cela mon maître comme en bien d'autres choses, que je dois recevoir des leçons sur ce qui regarde les délicatesses de la langue française.

Lettre XVIII.

(N. 1.) Il y a dans le commencement de cette lettre un endroit fort obscur, et qui mériterait une longue dissertation ; mais je ne puis pas m'y étendre beaucoup. *Abest frater* ἀφελέστατος*, et amantissimus. Metellus, non homo, sed littus, atque aer, et solitudo mera.* Les deux traducteurs ont suivi la conjecture de quelques habiles interprètes[1], qui corrigent ainsi cet endroit : *abest frater* ἀφελέστατος*, et amantissimus mei. Non homo, sed littus, atque aer, et solitudo mera.* Et l'un et l'autre lui donnent ce sens : *Je n'ai plus mon frère, qui est du meilleur caractère du monde, qui m'aime si tendrement, et à qui je pouvais m'ouvrir de mes plus secrètes pensées avec autant de sûreté qu'aux rochers et aux campagnes les plus désertes.*

Je doute que cette correction, quoiqu'elle ait de si bons garants, doive être admise.

1° Quand il s'agit de changer le texte d'un auteur, il faut y être comme forcé par une nécessité presque indispensable, et par une sorte d'évidence : ce qui ne me paraît pas se rencontrer ici.

2° Si par ces mots, *littus, atque aer, et solitudo mera,* on entend le profond secret dont le frère de Cicéron était capable, que fait ici *aer?* Peut-on dire qu'on confie son secret à un homme *comme à l'air?* Aussi les deux traducteurs ont omis ce mot.

3° Cicéron ne cherchait-il qu'un homme d'un profond secret, à qui il pût confier en sûreté ses plus secrètes pensées? N'avait-il pas besoin, comme il le dit lui-même, d'une personne dont l'entretien et les conseils pussent adoucir ses peines et ses chagrins?

4° Cette expression, *non homo,* porte-t-elle naturellement l'idée d'une louange et d'une qualité avantageuse? Les deux traducteurs l'ont bien senti, et l'ont supprimée.

5° Ce qui suit, *tu autem, qui,* etc., *ubinam es?* semble supposer qu'auparavant il a été parlé de plusieurs personnes : Mon frère est absent. Métellus ne m'est bon à rien. Mais vous, mon cher ami, où êtes-vous?

6° Enfin, il me semble que le texte, sans y rien changer, fait un fort beau sens. Cicéron avait dit auparavant qu'il n'avait per-

---

[1] Malespines, Lambin, et Junius.

sonne avec qui il pût s'entretenir familièrement, ni s'ouvrir de ses peines pour en recevoir quelque consolation ; car, ajoute-t-il, mon frère, qui m'aime si tendrement, n'est point ici. Pour Métellus, ce n'est point un homme ordinaire, dont la conversation puisse m'être d'aucun secours : sa compagnie est pour moi comme la plus affreuse solitude, où l'on ne voit que le ciel et les rochers. Mais vous, mon cher ami, dont l'entretien et les conseils ont adouci tant de fois mes peines et mes chagrins...., où êtes-vous à présent ? *Metellus, non homo, sed littus, atque aer, et solitudo mera. Tu autem.... ubinam es?*

Cependant je suis bien éloigné de condamner absolument l'autre sens, qui peut être fondé sur de bonnes raisons. Je me contente de proposer le mien, pour lequel j'ai aussi de fort bons garants. J'ai cru devoir insérer de temps en temps dans mes réflexions de ces sortes de critiques, pour former l'esprit des jeunes gens.

(N. 2.) *Ita sum ab omnibus destitutus, ut tantum requietis habeam, quantum cum uxore, et filiola, et mellito Cicerone consumitur.* Ces deux derniers mots, *filiola et mellito Cicerone,* font toute la beauté de cet endroit, parce qu'ils expriment le langage naturel d'un père plein de tendresse pour des enfants tout aimables. Il n'est pas possible, je crois, de rendre ces mots dans notre langue; et les deux traducteurs y ont également renoncé.

Nam illæ ambitiosæ nostræ fucosæque amicitiæ sunt in quodam splendore forensi, fructum domesticum non habent. Cette pensée est fort belle, parce qu'elle est dans le vrai. M. Mongault l'a ainsi rendue : *Ces amitiés extérieures, que l'intérêt et l'ambition concilient, ne sont bonnes que pour paraître en public avec honneur, et ne sont d'aucun usage dans le particulier.* Les deux épithètes que Cicéron donne aux amitiés du monde, *ambitiosæ* et *fucosæ*, ne paraissent pas rendues ici avec assez d'exactitude. *Ambitiosæ amicitiæ* ne sont pas des amitiés *que l'intérêt et l'ambition concilient,* mais des amitiés de pompe, d'éclat, d'appareil, et, comme le dit M. de Saint-Réal, des amitiés *importantes et fastueuses.* Le *fucosæ* signifie aussi quelque chose de plus qu'*extérieures*, et marque de *fausses* amitiés, qui n'ont qu'un vain extérieur.

13.

II. Preuves de la Divinité, tirées du second livre de Cicéron sur la nature des dieux.

N. 15. Quartam causam (affert Cleanthes), eamque vel maximam, æquabilitatem motus, conversionem cœlo, solis, lunæ siderumque omnium distinctionem, varietatem, pulchritudinem, ordinem : quarum rerum aspectus ipse satis indicaret, non esse ea fortuita. Ut si quis in domum aliquam, aut in gymnasium, aut in forum venerit; quum videat omnium rerum rationem, modum, disciplinam, nen possit ea sine causa fieri judicare, sed esse aliquem intelligat, qui præsit : et cui pareatur : multo magis in tantis motionibus, tantisque vicissitudinibus, tam multarum rerum atque tantarum ordinibus, in quibus nihil unquam immensa et infinita vetustas mentita sit, statuat necesse est, ab aliqua mente tantos naturæ motus gubernari.

N. 93. Hic ego non mirer esse quemquam, qui sibi persuadeat, corpora quædam solida atque individua vi et gravitate ferri, mundumque effici ornatissimum et pulcherrimum ex eorum corporum concursione, fortuita? Hoc qui existimat fieri potuisse, non intelligo cur non idem putet, si innumerabiles unius et viginti formæ litterarum, vel aureæ, vel quales libet, aliquo conjiciatur, posse ex his in terram excussis annales Ennii, ut deinceps legi possint, effici? quod nescio an ne in uno quidem versu possit tantum valere fortuna.

N. 94. Isti autem quemadmodum asseverant, ex corpusculis non colore, non qualitate aliqua, quam ποιότητα Græci vocant, non sensu præditis, sed concurrentibus temere atque casu, mundum esse perfectum? vel innumerabiles potius in omni puncto temporis alios nasci, alios interire? Quod si mundum efficere potest concursus atomorum, cur porticum, cur templum, cur domum, cur urbem non potest, quæ sunt minus operosa, et multo quidem faciliora? Certe ita temere de mundo effutiunt, ut mihi quidem nunquam hunc admirabilem cœli ornatum, qui locus est proximus, suxisse videantur.

N. 95. Præclare ergo Aristoteles : « Si essent, inquit, qui sub terra semper

N. 15. La quatrième preuve [1] de Cléanthe, et la plus forte de beaucoup, c'est le mouvement égal du ciel, et la distinction, la variété, la beauté, l'arrangement du soleil, de la lune et de tous les astres. Il n'y a qu'à les voir, pour juger que ce ne sont pas des effets du hasard. Comme quand on entre dans une maison, dans un collège, dans un hôtel de ville, d'abord l'exacte discipline et la sage économie qui s'y remarquent, font bien comprendre qu'il y a là quelqu'un pour commander et pour gouverner : de même, et à plus forte raison, quand on voit dans une si prodigieuse quantité d'astres une circulation régulière, qui depuis un temps infini ne s'est pas démentie un seul instant, c'est une nécessité de convenir qu'il y a quelque intelligence pour la régler.

N. 93. Ici ne dois-je pas m'étonner qu'il y ait un homme qui se persuade que de certains corps solides et indivisibles se meuvent eux-mêmes par leur poids naturel, et que de leur concours fortuit s'est fait un monde d'une grande beauté? Quiconque croit cela possible, pourquoi ne croirait-il pas que, si l'on jetait à terre quantité de caractères d'or, ou de quelque matière que ce fût, qui représentassent les vingt et une lettres, ils pourraient tomber arrangés dans un tel ordre, qu'ils formeraient lisiblement les annales d'Ennius? Je doute si le hasard rencontrerait assez juste pour en faire un seul vers.

N. 94. Mais ces gens-là comment assurent-ils que des corpuscules qui n'ont point de couleur, point de qualité, point de sens, qui ne font que voltiger témérairement et fortuitement, ont fait ce monde-ci, ou plutôt en font à tout moment d'innombrables qui en remplacent d'autres? Quoi! si le concours des atomes peut faire un monde, ne pourraitil pas faire des choses bien plus aisées, un portique, un temple, une maison, une ville? Je crois, en vérité, que des gens qui parlent si peu sensément de ce monde n'ont jamais ouvert les yeux pour contempler les magnificences célestes, dont je traiterai dans un moment.

N. 95. Aristote dit très-bien : « Supposons des hommes qui eussent toujours

---

[1] Pour montrer que les hommes ont une idée de l'existence des dieux.

habitavissent bonis et illustribus domi-
ciliis, quæ essent ornata signis atque
picturis, instructaque rebus iis omnibus, quibus abundant ii qui beati pu-
tantur, nec tamen exissent unquam supra terram : accepissent autem fama et
auditione, esse quoddam numen et vim
deorum; deinde aliquo tempore, pate-
factis terræ faucibus, ex illis abditis
sedibus evadere in hæc loca quæ nos
incolimus, atque exire potuissent : quum
repente terram et maria, cœlumque vi-
dissent; nubium magnitudinem, vento-
rumque vim cognovissent; aspexissentque
solem, ejusque tum magnitudinem pul-
chritudinemque, tum etiam efficientiam
cognovissent, quod is diem efficeret, toto
cœlo luce diffusa : quum autem terras
nox opacasset, tum cœlum totum cerne-
rent astris distinctum et ornatum, lunæ-
que luminum varietatem tum crescentis,
tum senescentis, eorumque omnium ortus
et occasus, atque in omni æternitate ratos immutabilesque cursus : hæc quum
viderent, profecto et esse deos; et hæc
tanta opera deorum esse arbitrarentur. »

N. 96. Atque hæc quidem ille. Nos
autem tenebras cogitemus tantas, quantæ
quondam eruptione ætneorum ignium
finitimas regiones obscuravisse dicuntur,
ut per biduum nemo hominem homo
agnosceret : quum autem tertio die sol
illuxisset, tum ut revixisse sibi videren-
tur. Quod si hoc idem ex æternis tenebris contingeret, ut subito lucem aspi-
ceremus : quænam species cœli videretur! Sed assiduitate quotidiana, et consuetudine oculorum assuescunt animi;
neque admirantur, neque requirunt rationes earum rerum, quas semper vident,
proinde quasi novitas nos magis, quam
magnitudo rerum debeat ad exquirendas
causas excitare.

N. 97. Quis enim hunc hominem
dixerit; qui, quum tam certos cœli motus, tam ratos astrorum ordines, tamque omnia inter se connexa et apta viderit, neget in his ullam inesse rationem, eaque casu fieri dicat, quæ quanto
consilio gerantur, nullo consilio assequi
possumus? An quum machinatione quadam moveri aliquid videmus, ut sphæ-
ram, ut horas, ut alia permulta : non
dubitamus quin illa opera sint rationis :
quum autem impetum cœli admirabili
cum celeritate moveri vertique videmus,
constantissime conficientem vicissitudines anniversarias cum summa salute et
conservatione rerum omnium; dubita-

habité sous terre, dans de belles et grandes maisons, ornées de sculptures et de
tableaux, fournies de tout ce qui abonde
chez ceux que l'on croit heureux. Supposons que, sans être jamais sortis de
là, ils eussent pourtant entendu parler
des dieux, et que, tout d'un coup la
terre venant à s'ouvrir, ils quittassent
leur séjour ténébreux pour venir demeurer avec nous, que penseraient-ils en
découvrant la terre, les mers, le ciel;
en considérant l'étendue des nuées, la
violence des vents; en jetant les yeux
sur le soleil; en observant sa grandeur,
sa beauté, l'effusion de sa lumière qui
éclaire tout? Et quand la nuit aurait
obscurci la terre, que diraient-ils en
contemplant le ciel tout parsemé d'astres différents? en remarquant les va-
riétés surprenantes de la lune, son croissant, son décours? En observant enfin
le lever et le coucher de tous ces astres,
et là régularité inviolable de leurs mouvements, pourraient-ils douter qu'il n'y
eût en effet des dieux, et que ce ne fût
là leur ouvrage? ».

N. 96. Ainsi parle Aristote. Figurons-
nous, pareillement, d'épaisses ténèbres,
semblables à celles dont le mont Etna,
par l'éruption de ses flammes, couvrit
tellement ses environs, que l'on fut deux
jours, dit-on, sans pouvoir se connaître,
et que le troisième, voyant reparaître
le soleil, on se croyait ressuscité. Si
nous sortions d'une éternelle nuit, et
qu'il nous arrivât de voir la lumière
pour la première fois, que le ciel nous
paraîtrait beau! Mais parce que nous
sommes faits à le voir, nos esprits n'en
sont plus frappés, et ne s'embarrassent
point de rechercher les principes de ce
que nous avons toujours devant les
yeux : comme si c'était la nouveauté,
plutôt que la grandeur des choses, qui
dût exciter notre curiosité!

N. 97. Est-ce donc être homme que
d'attribuer, non à une cause intelligente,
mais au hasard, les mouvements du ciel
si certains, le cours des astres si régulier, toutes choses si bien liées ensemble,
si bien proportionnées, et conduites avec
tant de raison, que notre raison s'y perd
elle-même? Quand nous voyons des machines qui se meuvent artificiellement,
une sphère, une horloge, et autres semblables, nous ne doutons pas que l'esprit
n'ait eu part à ce travail. Douterons-
nous que le monde soit dirigé, je ne dis
pas simplement par une intelligence, mais
par une excellente, par une divine intelligence, quand nous voyons le ciel se

mus quin ea non solum ratione fiant, sed etiam excellenti divinaque ratione!

mouvoir avec une prodigieuse vitesse, et faire succéder annuellement l'une à l'autre les diverses saisons qui vivifient, qui conservent tout ?

RÉFLEXIONS.

Quand on lit cette traduction, qui est de M. l'abbé d'Olivet, on croit lire un original. Tout y est coulant et naturel. L'énergie et la beauté du texte latin y sont rendues avec une fidélité qui n'a rien de forcé, rien de contraint. Du moins cela me paraît ainsi. La crainte d'être trop long ne me permet pas de m'étendre beaucoup sur ce qu'on pourrait y remarquer : je ne ferai que quelques légères observations.

(N. 15.) *Collége.* Il me semble que ce mot, dans notre langue, offre une autre idée que celui de *gymnasium* en latin, où il ne signifie ordinairement qu'un lieu d'exercice corporel.

(N. 15.) *Hôtel de ville.* Je sens bien, qu'on a rendu ainsi *forum*, faute d'un autre mot qui eût rapport à nos usages. *Forum* ne peut-il pas signifier ici un lieu où l'on rendait la justice; un lieu où se tenaient les assemblées du peuple, et où par conséquent on remarquait un certain ordre et une certaine subordination?

(*Ibid.*) *Pour commander et pour gouverner.* Ces deux mots signifient à peu près la même chose. Le latin dit plus : *esse aliquem intelligat, qui præsit, et cui pareatur :* « qu'il y a quel-« qu'un qui gouverne, et qui se fait obéir. » Car on peut commander, et n'être pas obéi.

(*Ibid.*) *Depuis un temps infini.* J'ai cru, pour conserver à la preuve que j'apporte ici toute sa beauté, pouvoir substituer cette expression à celle dont s'est servi le traducteur, *depuis une éternité;* d'autant plus que les termes latins paraissent m'en laisser la liberté : *immensa et infinita vetustas.*

(N. 94.) *Qui n'ont point de sens.* Cette expression est ambiguë. Elle peut signifier *les sens,* comme la vue, l'ouïe, etc., et *le jugement.* N'aurait-il pas été plus clair de mettre, *qui n'ont point de sentiment?*

(*Ibid.*) *Voltiger témérairement.* Je n'aurais pas cru que ce mot en français pût signifier *au hasard,* comme *temere* en latin.

(N. 97.) *Si bien proportionnées.* Je ne blâme point cette traduction; mais je ne sais si elle rend bien ici la force du mot original. Car *aptus*, outre sa signification ordinaire, que le traducteur paraît avoir suivie, en a une autre plus fine et plus délicate, qui est *conjunctus, alligatus*, comme : *fulgentem gladium e lacunari, seta equina aptum, demitti jussit.* (CIC.)
Non sane optabilis ista quidem est apta rudentibus fortuna.
(CIC.) Or, dans cet endroit, *aptus* a certainement cette dernière
signification : *tamque omnia inter se connexa et apta.* Le
traducteur a rapporté ces mots aux deux membres précédents,
au lieu qu'ils regardent en général tous les autres mouvements
du ciel.

*Conduites avec tant de raison, que notre raison s'y perd
elle-même.* Cette traduction est fort heureuse. Elle rend toute la
force du tour latin, et ne lui cède point en beauté : *quæ quanto
consilio gerantur nullo consilio assequi possumus.*

Rien ne peut être plus utile aux jeunes gens, pour leur apprendre les règles et les beautés de la langue française, que de leur
faire traduire de pareils endroits d'auteurs, et de comparer ensuite
leurs traductions avec celles des habiles maîtres qu'on a en main,
en y joignant les réflexions nécessaires. Cet exercice est facile
pour ceux qu'on enseigne en particulier, et il n'est pas tout à fait
impraticable pour ceux même qui étudient au collége. Car ces
sortes de manières de traductions n'étant proposées que rarement,
et étant tirées de différents livres, il est difficile que les écoliers
aient tous ces livres : et d'ailleurs il ne leur est pas toujours
aisé de deviner de quel auteur elles sont tirées. On peut aussi
dans les classes faire quelquefois traduire sur-le-champ aux écoliers de pareils endroits, soit de vive voix, soit par écrit, et
substituer ces jours-là à la correction de leurs thèmes ce travail,
qui ne demandera pas beaucoup plus de temps, et qui leur sera
infiniment utile.

Il n'y aura pas moins de profit pour eux à leur lire quelques
endroits de traductions vicieuses, en les obligeant d'en porter
leur jugement, d'en marquer les défauts, et, s'il se peut, de les
corriger sur-le-champ.

Je me contenterai d'en apporter ici un exemple. C'est l'endroit du traité de Cicéron intitulé *Brutus*, où il est parlé des Commentaires de César.

Tum Brutus[1] : Orationes quidem ejus (Cæsaris) mihi vehementer probantur ; complures autem legi. Atque etiam commentarios quosdam scripsit rerum suarum : valde quidem, inquam, probando : nudi enim sunt, recti, et venusti ; omni ornatu orationis, tanquam veste, detracto. Sed dum voluit alios habere parata, unde sumerent qui vellent scribere historiam, ineptis gratum fortasse fecit, qui volent illa calamistris inurere : sanos quidem homines a scribendo deterruit. Nihil enim est in historia pura et illustri brevitate dulcius.

Voici comment M. d'Ablancourt a traduit ce passage dans sa préface sur les Commentaires de César :

« Il a laissé, dit Brutus[2], des commentaires qui ne se peuvent
« assez estimer. Ils sont écrits sans fard et sans artifice, et dé-
« pouillés de tout ornement, comme d'un voile. Mais, quoiqu'il
« les ait faits plutôt pour servir de mémoires que pour tenir lieu
« d'histoire, cela ne peut surprendre que les petits esprits, qui
« les voudront peigner et ajuster : car par là il a fait tomber la
« plume des mains à tous les honnêtes gens qui voudraient l'en-
« treprendre. »

Il y a dans cette traduction des endroits faibles, et même quelques fautes contre le sens, que des écoliers un peu forts, et déjà versés dans le latin, apercevront facilement.

Nudi sunt, recti, et venusti, ne me paraît pas assez fidèlement rendu par ces mots, *ils sont écrits sans fard et sans artifice*, qui ne font pas sentir que cette simplicité, exprimée par les premiers mots, *nudi, recti*, a beaucoup de grâce et d'élégance, *venusti*.

Mais le traducteur n'a point du tout entendu ces mots, *omni ornatu orationis, tanquam veste, detracto*, qui font pourtant une des grandes beautés de ce passage : *dépouillés de tout ornement, comme d'un voile*. L'ornement fut-il jamais comparé à un voile ? Le propre de ce dernier est de cacher, de couvrir, de voiler : et l'ornement, qui est comme le vêtement du discours, sert, au contraire, à en relever et à en faire valoir la beauté. Le

sens de cet endroit est donc que les Commentaires de César sont
d'un style simple, naturel, et en même temps pleins de grâce et
d'élégance, quoique dénués de tout ornement et de toute parure.

Cela ne peut surprendre que les petits esprits, etc. Le latin
n'est point encore ici rendu, *ineptis gratum fortasse fecit*. Le
dessein de César, en écrivant ses Commentaires, n'avait été que
de fournir des mémoires, des matériaux à ceux qui voudraient
en composer une histoire en forme. En cela, dit Brutus, il peut
avoir fait plaisir à de petits esprits, qui ne craindront point d'en
défigurer les grâces naturelles par le fard et l'ajustement qu'ils y
ajouteront.

Je ne sais si cette expression, *à tous les honnêtes gens*, convient ici : *sanos quidem homines a scribendo deterruit*. Quand
on parle de composition et d'ouvrage d'esprit, il ne s'agit point
d'*honnêtes gens*, mais de *gens de bon sens*, d'*écrivains sensés*.

Une critique de cette sorte, faite avec modestie, et de manière qu'on commençât par faire dire aux jeunes gens ce qu'ils
pensent, serait, ce me semble, fort propre non-seulement à leur
apprendre la langue, mais encore plus à leur former le jugement.

ARTICLE IV.

De la Composition.

Quand les jeunes gens seront en état de produire quelque
chose d'eux-mêmes, il faudra les exercer dans la composition
française, en les faisant commencer par ce qu'il y a de plus facile et de plus à leur portée, comme sont des fables et des récits
historiques. Ils doivent être aussi formés de bonne heure au
style épistolaire, qui est d'un usage universel pour tous les
âges et pour toutes les conditions, et où cependant l'on voit
peu de personnes réussir, quoique un air simple et naturel, qui
paraît une chose assez facile, en doive faire le principal ornement. Il ne faut pas leur laisser ignorer les bienséances qui doivent être gardées selon la qualité et le rang des personnes à qui
l'on écrit; et l'on peut facilement s'en faire instruire, quand on
n'en a pas l'expérience par soi-même.

A ces premières compositions l'on fera succéder des lieux
communs, des descriptions, de petites dissertations, de courtes

harangues, et d'autres choses pareilles. L'important serait de les tirer toujours de quelque bon auteur, dont on leur ferait ensuite la lecture, et qui leur servirait de modèle. J'en apporterai quelques exemples.

Mais un des exercices les plus utiles pour les jeunes gens, et qui tient quelque chose des deux genres d'écrire dont j'ai parlé, savoir, la traduction et la composition, c'est de leur proposer quelques endroits choisis des auteurs grecs ou latins, non pour en faire de simples traductions où l'on est assujetti aux pensées de son auteur, mais pour les tourner à leur manière, en leur laissant la liberté d'y ajouter ou d'en retrancher ce qu'ils jugeront à propos. Par exemple, la vie d'Agricola par Tacite, son gendre, est un des plus beaux morceaux de l'antiquité pour la vivacité de l'expression, pour la beauté des pensées, pour la noblesse des sentiments ; et je ne sais s'il y a aucun autre ouvrage plus capable de former un sage magistrat, un intendant de province, un habile politique. J'y joindrais volontiers l'admirable lettre de Cicéron à son frère Quintus. J'avais coutume d'engager les bons écoliers, au sortir de la rhétorique, à composer en français, pendant les vacances, la vie d'Agricola ; et je les exhortais à y faire entrer toutes les beautés de l'original, mais en se les rendant propres par le tour qu'ils y donneraient, et tâchant même, si cela était possible, d'enchérir quelquefois sur Tacite. J'en ai vu plusieurs y réussir d'une manière qui m'étonnait, et je crois que les plus habiles maîtres dans la langue n'en auraient pas été malcontents.

CHAPITRE II.

DE L'ÉTUDE DE LA LANGUE GRECQUE.

Je réduis à deux articles ce que j'ai à dire sur l'étude de la langue grecque. Le premier en montrera l'utilité et la nécessité : le second traitera de la méthode qu'il faut observer pour enseigner ou pour apprendre cette langue. J'avais dessein d'y en ajouter un troisième, sur la lecture d'Homère. Mais comme cet article aura quelque étendue, j'ai jugé plus à propos de le rejeter à la fin de ce que je dirai sur la poésie.

ARTICLE PREMIER.

Utilité et nécessité de l'étude de la langue grecque.

L'université de Paris a eu tant de part au renouvellement des belles-lettres dans l'Occident, et en particulier à celui de la langue grecque, qu'elle ne peut en laisser languir ou tomber l'étude sans renoncer à ce qui a fait jusqu'ici l'un des plus solides fondements de sa réputation.

On sait que l'université servit d'asile à plusieurs de ces savants que la ruine de l'empire d'Orient fit passer dans l'Italie et dans la France, et elle sut bien en faire usage. Ce fut sous de si habiles maîtres que se formèrent ces grands hommes dont le nom sera toujours respecté dans la république des lettres, et dont les ouvrages font encore tant d'honneur à la France ; je veux dire les Érasme, les Gesner, les Budé, les Estienne, et tant d'autres. De quels trésors ces derniers n'ont-ils point enrichi l'Europe ! Budé surtout communiqua à la nation française le goût de l'érudition grecque, l'ayant reçu lui-même de Lascaris, son maître, qui avait été employé par Laurent de Médicis à établir cette fameuse bibliothèque de Florence. Ce fut à la sollicitation du maître et du disciple que le roi François Ier forma le dessein de dresser une bibliothèque dans sa maison royale de Fontainebleau, et de fonder à Paris le Collége royal. Ce sont ces deux établissements qui ont le plus contribué à faire fleurir parmi nous la langue grecque, aussi bien que les autres langues savantes, et généralement toutes les sciences.

C'est une chose étonnante que la facilité et la promptitude avec laquelle ce goût d'érudition se répandit dans toute la France. Comme alors l'université de Paris était presque l'unique école du royaume, et que tous les magistrats étaient élevés dans son sein, ils y puisèrent bientôt l'amour et l'estime de la langue grecque. Chacun à l'envi se piqua d'y réussir et de s'y distinguer. Cette étude fut mise en honneur, et devint universelle. Les progrès en furent rapides et presque incroyables ; et l'on est surpris de voir que des jeunes gens de qualité, dans un âge peu avancé, où l'on ne respire ordinairement que le plaisir, faisaient leurs délices de la lecture des auteurs grecs les plus difficiles, et y donnaient souvent tout le temps de leur récréation.

Je ne puis m'empêcher de rapporter ici ce que j'en ai lu dans des mémoires manuscrits que feu M. le premier président de Mesmes a eu la bonté de me communiquer. C'est Henri de Mesmes, l'un de ses plus illustres ancêtres, qui rend compte de ses études dans un écrit qu'il composa, pour donner à sa postérité une idée de son éducation. J'espère qu'on me pardonnera cette digression, qui d'ailleurs n'est pas tout à fait étrangère à mon sujet.

« Mon père, dit-il, me donna pour précepteur Jean Maludan,
« Limosin, disciple de Daurat, homme savant, choisi pour sa
« vie innocente, et d'âge convenable à conduire ma jeunesse,
« jusques à tant que je me sceusse gouverner moi-même, comme
« il fit; car il avança tellement ses études par veilles et travaux
« incroyables, qu'il alla toujours aussi avant devant moi, comme
« il étoit requis pour m'enseigner, et ne sortit de sa charge,
« sinon lorsque j'entrai en office. Avec lui et mon puîsné Jean-
« Jacques de Mesmes, je fus mis au collége de Bourgogne dès
« l'an 1542, en la troisième classe : puis je fis un an peu moins
« de la première. Mon père disoit qu'en cette nourriture du col-
« lége il avoit eu deux regards : l'un à la conversation de la
« jeunesse gaye et innocente; l'autre à la discipline scholasti-
« que, pour nous faire oublier les mignardises de la maison, et
« comme pour nous dégorger en eau courante. Je trouve que ces
« dix-huit mois de collége me firent assez bien. J'appris à répé-
« ter, disputer et haranguer en public; pris connoissance d'hon-
« nêtes enfants, dont aucuns vivent aujourd'hui; appris la vie
« frugale de la scholarité, et à régler mes heures : tellement que,
« sortant de là, je récitai en public plusieurs vers latins, et deux
« mille vers grecs, faits selon l'âge : récitai Homère par cœur
« d'un bout à l'autre. Qui fut cause après cela que j'étois bien
« veu par les premiers hommes du temps, et mon précepteur me
« menoit quelquefois chez Lazarus Baïfius, Tusanus, Strazel-
« lius, Castellanus et Danesius, avec honneur et progrès aux
« lettres. L'an 1545, je fus envoyé à Toulouse pour étudier en
« lois avec mon précepteur et mon frère, sous la conduite d'un

« vieil gentilhomme tout blanc, qui avoit longtemps voyagé par
« le monde. Nous fusmes trois ans auditeurs en plus étroite vie
« et pénibles études que ceux de maintenant ne voudroient sup-
« porter. Nous étions debout à quatre heures; et ayant prié Dieu,
« allions à cinq heures aux études, nos gros livres sous le bras,
« nos écritoires et nos chandeliers à la main. Nous oyons toutes
« les lectures jusques à dix heures sonnées sans intermission :
« puis venions disner, après avoir en haste conféré demie heure
« ce qu'avions écrit des lectures. Après disner, nous lisions, par
« forme de jeu, Sophocles, ou Aristophanes, ou Euripides, et
« quelquefois Démosthènes, Cicero, Virgilius, Horatius. A une
« heure, aux études; à cinq, au logis, à répéter et voir dans nos
« livres les lieux alléguez, jusques après six. Puis nous soupions,
« et lisions en grec ou en latin. Les festes, à la grande messe et
« vespres. Au reste du jour, un peu de musique et de pourme-
« noir. Quelquefois nous allions disner chez nos amis paternels,
« qui nous invitoient plus souvent qu'on ne nous y vouloit me-
« ner. Le reste du jour, aux livres; et avions ordinaires avec
« nous Hadrianus Turnebus et Dionysius Lambinus, et autres
« savants du temps. »

J'ai cru devoir insérer ici tout entier ce morceau précieux,
non pour le proposer aux jeunes gens comme un modèle qu'ils
doivent imiter, notre siècle, énervé par les délices et par le luxe,
n'étant plus capable d'une éducation si mâle et si vigoureuse,
mais pour les exhorter à le suivre au moins de loin, à s'endur-
cir de bonne heure au travail, à mettre à profit ces premières
années de la jeunesse, à faire cas de l'amitié des gens de lettres,
à ne pas regarder comme perdu le temps que l'on donne à entendre
les auteurs grecs, et à se bien persuader que c'est par de telles études qu'on se met en état de faire honneur à sa patrie, d'en remplir dignement les premières places, et de faire revivre ces nobles
sentiments de générosité et de désintéressement, qui ne subsistent
presque plus que dans les livres et dans l'histoire ancienne[1].

On sentait bien alors que tout ce qui va à la perfection des

[1] Le même manuscrit rapporte une belle action de ce Henri de Mesmes, qui refusa une place considérable que le roi lui offrait, et par ce généreux refus la conserva à celui qui l'avait occupée jusque-là, et dont le roi avait eu quelque mécontentement.

sciences contribue aussi à la splendeur et à la gloire d'un État, et qu'il ne peut y avoir de véritable érudition sans une profonde connaissance de la langue grecque.

En effet, par où les Romains vinrent-ils à bout de conduire tous les arts, et la langue latine même, à ce point de perfection où l'on sait qu'ils furent amenés du temps d'Auguste, et par là de procurer à leur empire une gloire non moins solide ni moins durable que celle de leurs conquêtes? Ce fut par l'étude de la langue grecque.

Térence fut le premier qui essaya d'en faire passer toutes les grâces et toute la délicatesse dans le langage romain, jusque-là grossier et barbare ; et il y réussit si parfaitement par les pièces de théâtre qu'il donna, toutes copiées d'après le poëte grec Ménandre, qu'elles furent jugées digues de Lélius et de Scipion, qui étaient alors les plus estimés à Rome pour l'esprit et pour la politesse, et à qui le public les attribua. Il me semble qu'on pourrait fixer à cette époque la naissance du bon goût parmi les Romains, qui commencèrent à rougir des applaudissements qu'ils avaient donnés à la grossièreté d'Ennius et de Pacuvius[1], et de la trop grande patience avec laquelle ils avaient écouté les mauvaises plaisanteries de Plaute.

Ce fut à peu près dans le même temps que trois hommes[2], députés d'Athènes à Rome pour des affaires publiques, y firent tellement admirer leur éloquence, et inspirèrent à la jeunesse romaine un si grand désir de savoir, que tout autre plaisir et tout autre exercice étant comme suspendus, l'étude devint la passion dominante. Elle fut portée si loin, que Caton le censeur craignit que les jeunes gens ne tournassent toute leur vivacité de ce côté-là, *et ne quittassent la gloire des armes et de bien faire pour l'honneur de savoir et de bien dire.* Mais Plutarque ajoute aussitôt que l'expérience fit voir tout le contraire, et que jamais la ville de Rome ne fut si florissante, ni son empire si grand, que quand les lettres et les sciences grecques y furent en honneur et en crédit.

---

[1] At nostri proavi Plautinos et numeros et
Laudavere sales, nimium patienter utrumque,
Ne dicam stulte, mirati.   HORAT. *de Art. poet.*

[2] Carnéade, Critolaus, Diogène. Lib. 2, de Orat. n. 155.

L'intervalle qui s'écoula jusqu'à Cicéron, et qui fut environ de quatre-vingts ans, servit à mûrir, pour ainsi dire, l'esprit des Romains, par l'application sérieuse qu'ils donnèrent à l'étude de la langue grecque, et le mit en état de produire cette fertile moisson d'écrits excellents en tout genre, qui depuis a enrichi tous les siècles. La Grèce alors devint l'école ordinaire des meilleurs esprits de Rome, qui songeaient à se perfectionner dans les arts, et elle conserva cette réputation assez avant sous les empereurs. Quoique Cicéron eût mérité un applaudissement universel par ses premiers plaidoyers, il sentit qu'il manquait encore quelque chose à son éloquence. Déjà fameux orateur à Rome, il ne rougit point de redevenir le disciple des rhéteurs et des philosophes grecs sous qui il avait étudié dans sa jeunesse [1]. Athènes, qui jusque-là avait été regardée comme le domicile de toutes les sciences, et comme la capitale du monde entier pour l'éloquence, vit avec douleur, quoique avec admiration, que ce jeune Romain, par un nouveau genre de conquête [2], allait lui ravir toute ce qui lui restait de son ancienne gloire, et enrichir l'Italie des dépouilles de la Grèce.

Il en sera de même dans tous les siècles. Quiconque aspirera à la réputation de savant sera obligé de voyager, pour ainsi dire, longtemps chez les Grecs. La Grèce a toujours été et sera toujours la source du bon goût. C'est là qu'il faut puiser toutes les connaissances, si l'on veut remonter jusqu'à leur origine. Éloquence, poésie, histoire, philosophie, médecine, c'est dans la Grèce que toutes ces sciences et tous ces arts se sont formés, et, pour la plupart, perfectionnés ; et c'est là qu'il faut les aller chercher.

Il n'y aurait qu'une chose que l'on pourrait opposer à ce sentiment, qui serait de dire que le secours des traductions nous met en état de nous passer des originaux. Mais je ne crois pas que cette réponse puisse contenter aucun esprit raisonnable.

Car premièrement, pour ce qui regarde le goût, y a-t-il quelque version, surtout parmi celles qui sont latines, qui rende tout l'agrément et toute la délicatesse des auteurs grecs ? Est-il

---

[1] Plut. dans la vie de Cicéron.

[2] César disait de Cicéron, *non solum principem atque inventorem copiæ fuisse, sed etiam bene meritum de populi romani nomine et dignitate. Quo enim uno vincebamur a victa Græcia*, ajoute Brutus, *id aut ereptum illis est, aut certe nobis cum illis communicatum.* (Baur. n. 253.)

même possible, principalement quand il s'agit d'un ouvrage
de longue haleine, qu'un interprète y fasse passer toutes les
beautés de son auteur? et n'y trouve-t-on pas toujours un grand
nombre des plus belles pensées affaiblies, tronquées, défigurées?
De telles copies, dénuées d'âme et de vie, ne ressemblent pas
plus aux originaux qu'un squelette décharné à un corps vivant.

Homère, ce poëte si sensé, si harmonieux, si sublime, devient
puéril, insipide, et d'une bassesse insupportable, quand on entreprend de le traduire en latin mot à mot[1], comme saint Jérôme l'a sagement remarqué. Il ne faut qu'ouvrir le livre pour
s'en convaincre. J'en rapporterai seulement quelques exemples.

Longin, dans son traité du Sublime[2], pour faire voir combien
ce poëte, en peignant le caractère d'un héros, est héroïque lui-
même, cite l'endroit de l'Iliade où Ajax, au désespoir de ne
pouvoir signaler son courage dans l'épaisse obscurité qui avait
couvert tout d'un coup l'armée des Grecs, demande que le
jour paraisse, pour faire au moins une fin digne de son grand
cœur.

Ζεῦ πάτερ, ἀλλὰ σὺ ῥῦσαι ὑπ' ἠέρος υἷας Ἀχαιῶν,
Ποίησον δ' αἴθρην, δὸς δ' ὀφθαλμοῖσιν ἰδέσθαι·
Ἐν δὲ φάει καὶ ὄλεσσον, ἐπεί νύ τοι εὔαδεν οὕτως[3].

*Jupiter pater, sed tu libera a caligine filios Achivorum,
facque serenitatem, daque oculis videre: inque luce etiam
perde (nos), quandoquidem tibi placuit ita.* Se sent-on fort ému
par cette version? Celle de M. Despréaux est tout autre:

Grand dieu, chasse la nuit qui nous couvre les yeux,
Et combats contre nous à la clarté des cieux.

Mais il s'en faut bien que le dernier vers ne rende toute la
beauté et toute l'énergie du grec : Ἐν δὲ φάει καὶ ὄλεσσον. Il ne
dit pas, *combats contre nous,* mais *fais-nous même périr, si
tu le veux, pourvu que ce soit en plein jour.* Ajax ne craint pas

---

[1] « Quod si cui non videtur linguæ
gratiam interpretatione mutari, Homerum ad verbum exprimat in latinum.
Plus aliquid dicam : eumdem in sua lingua prosæ verbis interpretetur. Videbit
ordinem ridiculum, et poetam eloquen-
tissimum vix loquentem. » (S. HIERON.
præf. Chronici.)
[2] [C. VIII, § 10.]
[3] [Iliad. XVII, 645.]

même de périr, pourvu que ce soit d'une manière glorieuse, et en se signalant par quelque grande action.

Le même Longin[1], entre plusieurs exemples de pensées sublimes, qui est la partie où il remarque qu'Homère a principalement excellé, cite cet endroit de l'Iliade où le poëte fait la peinture du combat des dieux.

> L'enfer s'émeut au bruit de Neptune en furie.
> Pluton sort de son trône, il pâlit, il s'écrie :
> Il a peur que ce dieu dans cet affreux séjour
> D'un coup de son trident ne fasse entrer le jour,
> Et par le centre ouvert de la terre ébranlée
> Ne fasse voir du Styx la rive désolée ;
> Ne découvre aux vivants cet empire odieux,
> Abhorré des mortels, et craint même des dieux.

Je crois qu'Homère lui-même ne désavouerait pas des vers si harmonieux et si magnifiques. Mais que penserait-il de cette traduction latine, qui est cependant très-fidèle?

> Timuit vero subtus rex inferorum Pluto.
> Territus autem ex throno desiluit, et clamavit; ne ci desuper
> Terram rescinderet Neptunus, quassator terræ,
> Domus autem [ipsius] mortalibus et immortalibus apparerent
> Horrendæ, squalidæ, quasque horrent dii etiam.

Est-ce donc le même homme qui parle? et Homère peut-il être si différent de lui-même? Longin, en lisant cette version, se fût-il écrié comme il fait : « Voyez-vous, mon cher Térentianus, « la terre ouverte jusqu'en son centre, l'enfer prêt à paraître, « et toute la machine du monde sur le point d'être détruite et « renversée, pour montrer que dans ce combat le ciel, les enfers, « les choses mortelles et immortelles, tout enfin combattait avec « les dieux, et qu'il n'y avait rien dans la nature qui ne fût en « danger? »

Voyons dans la prose quelque endroit plus simple, où le latin rende mal la force de quelques mots grecs. Saint Chrysostome remarque, dans une de ses homélies au peuple d'Antioche[2], que c'est un effet particulier de la bonté de Dieu d'avoir voulu

---

[1] [C. VIII, § 6.]   [2] Homil. ad pop. antioch.

que certains plaisirs, que les riches souvent ne peuvent acheter au prix de l'or et de l'argent, fussent comme la suite naturelle du travail et du besoin. Après avoir parlé du boire et du manger, dont la soif et la faim sont le plus sûr assaisonnement : « Un « riche, dit-il, couché mollement sur la plume, tâche en vain « de reposer; le somme semble le fuir, et ne lui permet pas de « fermer les yeux pendant toute la nuit. Au contraire, le pauvre « qui a travaillé tout le jour, avant presque qu'il ait laissé tomber « sur le lit ses membres accablés de fatigue, est saisi tout d'un « coup d'un doux et prompt sommeil, sommeil véritable, sans « interruption, et comme entassé, qui est la juste récompense « de ses longs travaux, ἀθρόον, καὶ ἡδύν, καὶ γνήσιον τὸν ὕπνον « ἐδέξατο. » Ces mots sont ainsi traduits dans le latin : *integrum et suavem, et legitimum somnum suscipit.* Je ne sais si je me trompe, mais il me semble qu'il y a une grande beauté et une énergie particulière dans l'épithète ἀθρόος, qu'il est difficile à notre langue de bien rendre. Ce mot signifie *densus, stipatus, acervatim congestus, derepente et uno velut ictu totus ingruens :* telle est la force de cet adjectif. Le sommeil du pauvre ne vient point lentement, par artifice, et comme par machine; c'est le terme qu'emploie saint Chrysostome pour les riches, πολλὰ μηχανώμενοι : il est prompt, serré, *entassé,* et, comme on dit, tout d'une pièce. Il n'y a point de temps perdu : tout est mis à profit. Les inquiétudes, les agitations, les crudités n'en dérobent pas un moment. Le mot *integer,* que la version latine met au lieu de *densus, stipatus,* rend-il le sens du grec, et fait-il sentir la beauté de la pensée?

Mais quand on se bornerait à ne chercher dans les anciens que les choses mêmes, et les pensées rendues seulement avec fidélité et exactitude, est-on sûr de trouver cet avantage dans les traductions? A quelles absurdités ne s'expose-t-on point quand on ne cite les auteurs grecs que sur la foi des imprimeurs ou des traducteurs, quelque habiles qu'ils soient!

Il y a une infinité de fautes d'impression que la plus légère teinture de la langue grecque ferait d'abord apercevoir. Une version fait dire à Élien[1], dans un endroit de ses histoires diverses.

[1] Édit. de Bâle, an. 1555, p. 431

où il fait l'éloge des plus grands personnages de la Grèce, qu'ils ont été de très-grands menteurs : *Omnium Græcorum clarissimi præstantissimique viri per totam vitam in extrema mendacitate versati sunt.* Il faut lire *mendicitate*, πενέστατοι. Une autre fait dire à Aristote[1] que les mœurs du père et de la mère sont un principe de physionomie pour juger de leurs enfants. *Quidam autem ex moribus a parentibus,* etc., pour, *ex moribus apparentibus.* Ἐκ τῶν ἐπιφαινομένων ἠθῶν. Quel sens peut-on donner à cet endroit de Platon dans le dialogue intitulé *Io*[2]? *Musa minime afflatos ipsa facit. Per hos minime afflatos alii afflantur. Boni poetæ non ex arte, sed minime afflati pulchra poemata dicunt.* Le mot grec ἔνθεος, qui signifie *numine afflatus*, fait voir que le compositeur avait dans sa copie le mot *numine*, pour lequel il a mis trois fois *minime*.

La connaissance de la syntaxe grecque préviendrait d'autres fautes. Ces vers d'Homère

Αὐτὰρ ἔγωγε

Λίσσομ' Ἀχιλλῆϊ μεθέμεν χόλον.... [3].

sont ainsi traduits dans le latin : [4] *Sed ego precabor Achillem deponere iram.* Cependant il est certain qu'Ἀχιλλῆϊ n'est point gouverné par λίσσομαι, dont le régime est toujours un accusatif, et qu'il se rapporte à μεθέμεν χόλον. *At ego supplex rogo te, ut in gratiam Achillis dimittas iram,* ou bien *ut iram contra Achillem tuam dimittas.*

Mais ces fautes sont trop subtiles : on en trouve de bien plus grossières. Celle que le père Vavasseur[5], jésuite, reproche au père Rapin, son confrère et son ami, paraît à peine croyable. Ce dernier, dans ses Réflexions sur la Poétique d'Aristote, raconte cette histoire au sujet d'Homère. « Ce fut autrefois sur cet « original (il parle d'un endroit du premier livre de l'Iliade) « qu'Euphranor forma son idée pour peindre l'image de Jupiter.

---

[1] Arist. de phys. edit. Paris 1629 pag. 1169.

[2] Edit. lat. Basil. an. 1501.

[3] Iliad. l. I, v. 282.

[4] L'abbé Bellanger critique avec beaucoup d'aigreur, selon sa coutume, cette interprétation de Rollin (*Supplément aux Essais de critique,* p. 92-98); elle est cependant de toute justesse : Brunck (*ad Aristoph. Ranas,* v. 856 et seq.), et Heyne (*ad h. l. Iliadis*), ont fait sur le sens de la version latine des observations semblables à celles de Rollin. — L.

[5] Dans ses remarques sur les Réflexions du P. Rapin, art. 28.

« Car, pour y réussir mieux, il alla à Athènes consulter un pro-
« fesseur qui lisait Homère à ses écoliers ; et, sur la description que
« fait ce poëte d'un Jupiter avec ses sourcils noirs, avec ce front
« couvert de nuages, et cette tête accompagnée de tout ce que
« la majesté a de plus terrible, ce peintre fit un portrait qui
« depuis fit l'admiration de son siècle, *comme l'écrit Appion*
« *le grammairien.* » Eustathius, dont cette histoire est tirée[1],
dit que le peintre, étant sorti de chez le professeur, plein de
l'idée que l'explication de cet endroit d'Homère avait fait naître
dans son esprit, traça sur-le-champ l'image de Jupiter, καὶ ἀπιὼν
ἔγραψε, *et egressus pinxit.* Au lieu de cela, le P. Rapin trans-
forme le participe ἀπιὼν en un nom propre, *Appion* ; et il explique ἔγραψε par *scripsit.* Cette faute a été corrigée dans une édition postérieure.

Je ne sais pourquoi les noms propres sont assez souvent mal-
traités par les interprètes. Ces deux vers d'Hésiode, cités par
Plutarque au 9e livre des propos de table, question 15,

Ἕλληνος δ' ἐγένοντο θεμιστόπολοι βασιλῆες
Δῶρός τε, Ξοῦθός τε, καὶ Αἴολος ἱππιοχάρμης,

qui signifient que *d'Hellen naquirent trois fils, tous rois, ren-*
dant la justice aux peuples ; savoir, Dorus, Xuthus, et Æolus,
vaillant cavalier, sont ainsi traduits par Amyot :

Les rois des Grecs, Xuthus le Dorien,
Hippiocharme, aussi Éolien,

où l'on voit que de trois frères il n'en fait que deux, et défigure
leurs noms d'une étrange manière.

Cette faute m'en rappelle une autre à peu près de même genre,
que je me souviens d'avoir vue dans une vieille traduction de
Diodore de Sicile, où le mot grec ὄγδοος, qui signifie *huitième,*
est traduit comme un nom propre de roi, qui, selon le traducteur, s'appelait *Ogdoüs.*

M. Despréaux, dans ses remarques contre le censeur d'Homère
et des anciens, relève un grand nombre de pareilles bévues que

[1] Eustath. in Hom. t. I, fol. 145.

son adversaire, fort estimable d'ailleurs, a faites pour n'avoir lu les écrivains grecs que dans les traductions latines.

Un homme tant soit peu jaloux de sa réputation osera-t-il, après cela, faire usage d'aucun endroit des auteurs grecs sans connaître leur langue par lui-même? et ne s'exposera-t-il pas à adopter les fautes les plus grossières, s'il n'a pour garants que les interprètes?

Cette témérité devient bien plus dangereuse et bien plus condamnable quand il s'agit de matières de religion et de dogmes, où souvent un mot, et quelquefois même une lettre est décisive. Le savant interprète[1] qui a traduit les homélies de saint Chrysostome sur l'épître de saint Paul aux Éphésiens, en expliquant cet endroit : ἐν τοῖς ἄλλοις καιροῖς οὐδὲ καθαροὶ πόλλακις ὄντες προσέρχεσθε· ἐν δὲ τῷ Πάσχα, κἄν ᾖ τι τετολμημένον ὑμῖν πρόσιτε, lui donne, par le retranchement d'une virgule qui devrait être après οὐδὲ, un sens tout contraire à celui de saint Chrysostome[2]. *In aliis temporibus, quum ne mundi quidem sitis, acceditis : in Paschate autem, etiamsi aliquod scelus a vobis sit admissum, acceditis.* C'est-à-dire : « Dans les autres temps, lors même « que vous n'êtes point purs, vous vous approchez de l'Eucha- « ristie; et, à la fête de Pâques, quoique vous ayez commis « un crime considérable, vous osez en approcher. » Ce qui ne fait aucun sens raisonnable, et n'est point conforme au texte, qui est tel : *In aliis temporibus sæpe quum mundi sitis, non acceditis; in Paschate autem, quum scelus a vobis admissum* « *est, acceditis.* C'est-à-dire : « Dans les autres temps, souvent « vous ne communiez pas, quoique vous soyez bien disposés : « et le jour de Pâques vous communiez; quoique vous ayez « commis des crimes. » C'est ainsi que l'a traduit M. Arnaud, docteur de Sorbonne, dans le livre qui a pour titre, *Traditions de l'Église sur la pénitence et sur la communion*[3]. Et l'on voit par cet exemple combien il est important de consulter les originaux, et de ne les pas citer sur la foi des traducteurs.

Il faut l'avouer, et cette seule réflexion suffit pour démontrer la nécessité de l'intelligence de la langue grecque, il n'est pas

---

[1] Gentien Hervet.   [3] Pag. 180.
[2] Homil. 3, in cap. I

possible d'entrer dans une étude sérieuse de la théologie sans le secours de cette langue. Sera-t-on en état de défendre la vérité contre les hérétiques, si l'on ne peut se servir des armes que nous fournissent contre eux les Pères grecs ? Ne pourra-t-on pas même se trouver tout d'un coup arrêté sur quelque passage du Nouveau Testament, où le sens de la Vulgate, incertain quelquefois et suspendu, a besoin d'être déterminé par le texte original? En un mot, combien y a-t-il de difficultés qui ne peuvent se résoudre que par cette seule voie?

Le mot προσκυνεῖν, employé par les Pères du second concile de Nicée[1] pour marquer le culte qu'on peut rendre aux images, bien différent de λατρεύειν, déterminé, dans les auteurs sacrés et ecclésiastiques, au culte et à l'honneur souverain qui n'est dû qu'à Dieu ; ce premier mot, dis-je, n'aurait pas tant révolté les évêques des Gaules et d'Allemagne, dans le concile de Francfort[2], si dans ces siècles d'ignorance la langue grecque eût été plus connue, et si l'on avait été en état de lire les actes de ce concile de Nicée dans la langue originale.

Il y a une dispute entre les théologiens pour savoir si, pendant les sept premiers siècles, on donnait l'absolution immédiatement après la confession des péchés soumis à la pénitence canonique, ou si l'on ne la donnait qu'après que la satisfaction était achevée. Il ne s'agit point, dans cette question, des cas de nécessité pressante. Ceux qui soutiennent le premier sentiment apportent, entre autres, un passage de l'histoire ecclésiastique de Sozomène[3], où, selon la version de Christophorson, et même selon celle de M. de Valois, on lit, en parlant du pénitencier de l'église de Constantinople, qu'après avoir imposé la pénitence à ceux qui s'étaient confessés, il leur donnait l'absolution, en les chargeant d'accomplir dans la suite la satisfaction. *Absolvebat confidentes a se ipsis pœnas criminum exacturos.* Mais le participe grec, qui est à l'aoriste, décide la question, et fait voir qu'on ne donnait l'absolution qu'après que la pénitence était accomplie : ἀπέλυε, παρὰ σφῶν αὐτῶν τὴν δίκην εἰσπραξαμένους : *dimittebat, quum a se ipsis meritas pœnas exegissent.* C'est ainsi que le savant

---

[1] Act. 7, t. 7. conc. Lab. pag. 553.   [3] Lib. 7, cap. 16.
[2] Can. 2, t. 7, pag. 1057.

P. Petau [1] traduit cet endroit dans ses notes sur saint Épiphane [2],
et M. de Valois est obligé, dans ses remarques, de substituer à
l'aoriste le futur εἰσπραξομένους, sans rien apporter qui autorise
ce changement. Quand on ignore le grec, comment se tirer de
ces difficultés?

La différente interprétation de quelques mots grecs dans le
décret du concile de Florence, pour la réunion de l'Église grecque avec l'Église latine, donne aussi lieu à une dispute assez célèbre. Après avoir rapporté les prérogatives du pape, et avoir
dit qu'il a reçu de Jésus-Christ un plein pouvoir, le concile
ajoute, καθ' ὂν τρόπον καὶ ἐν τοῖς πρακτικοῖς τῶν οἰκουμενικῶν συνόδων,
καὶ ἐν τοῖς ἱεροῖς κανόσι διαλαμβάνεται. La difficulté est de savoir si
ces premières paroles καθ' ὂν τρόπον restreignent le pouvoir du
pape dans les bornes marquées par les conciles et par les saints
canons, comme les Grecs l'entendaient, et comme l'entend encore
l'Église de France ; ou si elles confirment seulement par l'autorité
des conciles et des saints canons les prérogatives du pape [3] ; en
un mot, s'il faut traduire QUEMADMODUM ETIAM *in gestis œcumenicorum conciliorum et in sacris canonibus continetur* ; ou,
comme le traduit M. de Launoy : JUXTA EUM MODUM, *qui et
in gestis œcumenicorum conciliorum et in sacris canonibus continetur.* Il est fâcheux pour un théologien de demeurer court
dans ces sortes de questions, faute d'avoir donné quelque temps
à l'étude de la langue grecque.

Je me suis un peu étendu sur cet article, parce qu'il me paraît
d'une extrême importance et pour les maîtres et pour les écoliers.
La plupart des pères regardent comme absolument perdu le temps
qu'on oblige leurs enfants de donner à cette étude, et ils sont
bien aises de leur épargner un travail qu'ils croient également
pénible et infructueux. Ils avaient, disent-ils, appris aussi le grec
dans leur jeunesse, et ils n'en ont rien retenu. C'est le langage
ordinaire, qui marque assez qu'on n'en a pas beaucoup oublié.
Il faut que les professeurs luttent contre ce mauvais goût, devenu fort commun, et qu'ils fassent de continuels efforts pour ne

---

[1] Ad hæres. 59, p. 241.
[2] Rollin ne paraît pas avoir remarqué
que le P. Petau écrit en marge : *Forte*
εἰσπραξομένους; ce qui prouve qu'il
avait la même opinion que Valois. — L.
[3] Epist. Laun. edit. anglic. pag. 295.

pas céder à ce torrent, qui a déjà presque tout entraîné. Et pour cela ils doivent se bien convaincre eux-mêmes que le soin qu'ils donnent à enseigner cette langue est une partie essentielle de leur devoir. En effet, l'université doit se regarder comme responsable au public de ce précieux dépôt qui lui a été confié, et comme chargée de conserver à la France une gloire que les nations voisines semblent vouloir nous enlever. Heureusement la libéralité du roi, qui a rendu l'université indépendante du caprice des parents, en lui assurant sur les messageries, qui est son ancien patrimoine, un honnête revenu, l'a mise par là plus en état que jamais de faire fleurir l'étude des langues et des sciences.

En supposant ainsi l'utilité et la nécessité de l'étude de la langue grecque, il s'agit maintenant de voir comment il faut s'y prendre pour l'enseigner aux jeunes gens.

ARTICLE II.

De la méthode qu'il faut suivre pour enseigner la langue grecque.

Avant que de proposer aucune règle sur ce sujet, je crois devoir avertir ceux qui songent à apprendre la langue grecque, que, de toutes les études qui se font dans les colléges, celle-ci est la plus facile, la plus courte, celle dont le succès est le plus assuré, et où j'ai toujours vu réussir presque tous ceux qui s'y sont appliqués. Ce qui rebute ordinairement de cette étude et les maîtres et les disciples, c'est l'idée qu'on s'en forme d'abord comme d'une entreprise très-longue et très-pénible. L'expérience du contraire devrait bien avoir dissipé ce faux préjugé. Une heure seule, consacrée régulièrement chaque jour à ce travail, met les jeunes gens qui ont quelque esprit en état d'entendre très-raisonnablement cette langue au sortir des études. On en voit dans plusieurs colléges répondre publiquement en rhétorique, les uns sur un grand nombre de harangues de Démosthène, les autres sur cinq ou six vies de Plutarque, quelques-uns sur l'Iliade ou sur l'Odyssée d'Homère, et quelquefois sur l'une et l'autre ensemble. Quand à cet âge on est parvenu à ce point, il n'y a plus d'auteurs grecs dont la lecture doive effrayer dans la suite.

La coutume qui s'était introduite dans les colléges de faire consister toute cette étude dans la composition des thèmes grecs, avait donné lieu, sans doute, au dégoût et à l'aversion presque générale pour le grec, qui y régnait autrefois. L'université a bien senti que, l'usage de cette langue étant maintenant réduit à l'intelligence des auteurs, sans que nous ayons presque jamais besoin ni de la parler ni de l'écrire, elle devait principalement appliquer les jeunes gens à la traduction.

Le premier soin des maîtres est de leur enseigner à bien lire le grec, et de les accoutumer d'abord à la prononciation usitée de tout temps dans l'université, et recommandée si soigneusement par les savants. J'appelle ainsi celle qui apprend à prononcer comme on écrit, et qui fait que, pour entendre ce que d'autres lisent, on n'a pas besoin de joindre le secours des yeux à celui des oreilles.

Quand ils seront un peu plus avancés, il faudra aussi leur apprendre à écrire le grec correctement et nettement, à distinguer les différentes figures, soit des lettres, soit des syllabes, leurs liaisons, leurs abréviations; et pour cela leur mettre devant les yeux les plus belles éditions, et même, quand on en trouvera l'occasion, leur faire voir dans les bibliothèques les anciens manuscrits, dont la beauté surpasse quelquefois celle des impressions les plus achevées. Ce petit travail peut leur tenir lieu de récréation, et leur servira beaucoup dans la suite. J'ai vu des jeunes gens en faire leur plaisir, et y réussir parfaitement.

Quand ils sauront passablement lire, il faut leur faire apprendre la grammaire. Elle doit être courte, nette, française; puisque c'est pour des enfants qui n'ont pas encore beaucoup de connaissance de la langue latine. Celle dont l'on se sert dans la plupart des colléges de l'université me paraît fort bonne. Je souhaiterais seulement qu'elle fût imprimée en caractères plus gros et plus éclatants. Une belle édition, qui frappe les yeux, gagne l'esprit, et par cet attrait innocent invite à l'étude. Les maîtres distingueront aisément dans la grammaire ce qu'il faut faire apprendre d'abord; et ce qu'il faut réserver pour un âge plus avancé.

Ils ne peuvent trop insister, dans les commencements, sur les principes, sur les déclinaisons et sur les conjugaisons. Il faut que les enfants soient rompus par l'usage sur la formation des temps ; qu'ils les récitent tantôt de suite, tantôt en rétrogradant ; que toujours ils rendent raison des différents changements qui y arrivent, et fassent l'application des règles.

Quand ils ont quelque âge et quelque intelligence du latin, cet exercice peut ne durer que trois mois, et encore moins : après quoi on peut leur faire expliquer l'évangile grec selon saint Luc, mais en allant d'abord très-lentement, et rebattant longtemps et souvent les principes. Si l'on commence dès la sixième à les mettre dans le grec, comme je crois que cela est à propos, on consacrera cette première année entière à leur faire apprendre les principes, sauf, vers la fin de l'année, à leur faire expliquer trois ou quatre fables d'Ésope, pour leur donner un peu de courage. On continuera la même méthode en cinquième, où on leur fera répéter plus d'une fois tout ce qu'ils auront vu dans la classe précédente, mais en y ajoutant quelque chose, et y semant de la variété pour éviter le dégoût. Je crois qu'il suffira, pendant ces deux années, de donner chaque jour dans la classe une demi-heure à cette étude.

S'ils ont été ainsi instruits, ils n'auront pas de peine à expliquer en quatrième l'évangile selon saint Luc, ou les Actes des Apôtres, en tout ou en partie. Quelques dialogues de Lucien, quelques endroits choisis ou d'Hérodote, ou de la Cyropédie de Xénophon, et quelques traités d'Isocrate, trouveront leur place en troisième.

Comme la difficulté de la langue grecque consiste principalement dans la grande multitude de mots qu'elle renferme, et qu'il ne faut pour les retenir que de la mémoire, qui pour l'ordinaire ne manque pas aux jeunes gens, c'est une fort bonne méthode de leur faire apprendre les racines grecques mises en vers français, et de les leur faire citer à chaque mot qu'ils voient. On peut diviser ce livre en deux parties : leur en faire apprendre la première en quatrième, l'autre en troisième, et leur faire répéter le tout en seconde et en rhétorique. Cet exercice, qui ne les chargera pas beaucoup, leur donnera une facilité incroyable pour l'intelligence des auteurs, et leur tiendra lieu d'un long usage, qui ne s'acquiert qu'à force de travail et de temps. Il ne faut pas négliger de leur apprendre, chemin faisant, les étymologies des mots latins et des mots français dérivés du grec.

On pourra en seconde faire expliquer quelques livres d'Homère, ou quelques extraits des vies de Plutarque. J'inclinerais beaucoup plus pour le premier, non-seulement parce qu'il est plus facile et plus à la portée des jeunes gens, mais encore parce qu'il convient pour lors de leur donner quelque teinture de la poésie grecque, et quelque idée d'un poëte si ancien et si excellent ; et qu'il ne serait pas raisonnable qu'ayant à voir Virgile presque dans toutes leurs classes, la source où il a puisé tout ce qu'il a de plus beau leur demeurât inconnue. J'aurai lieu d'en parler ailleurs plus au long. Ce qu'il y aurait à craindre, c'est que les jeunes gens, que la nouveauté du langage et des dialectes embarrasse dans les commencements, étant plus sensibles aux difficultés qu'aux beautés du poëte, n'en prissent d'abord du dégoût et n'en conçussent du mépris, ce que je regarderais comme un très-grand malheur en matière d'étude. Mais l'habileté et la prudence du maître peuvent aisément prévenir ce mal.

Les vies de Plutarque peuvent occuper utilement et agréablement les rhétoriciens les plus studieux. Ils ont un droit particulier sur les harangues de Démosthène, le plus parfait des orateurs. On pourrait aussi s'appliquer dans cette classe à leur former le goût par la lecture d'endroits choisis de quelques autres écrivains grecs de l'antiquité, soit orateurs, soit historiens ou poëtes.

Ceux qui auront fait quelque progrès dans cette langue ne doivent pas en interrompre absolument l'étude pendant leur cours de philosophie, mais y donner quelque temps en particulier. En effet, quand prendront-ils quelque idée d'Aristote, et surtout de Platon, le plus estimé des philosophes anciens, s'ils ne le font dans cette classe ? Et d'ailleurs une si longue interruption leur ferait oublier une partie de ce qu'ils auraient appris ; et il en est ainsi de toutes les autres langues, quand on les néglige entièrement.

J'avoue, car il faut être de bonne foi en tout, qu'il y a dans les classes un grand obstacle au progrès que les jeunes gens pourraient faire dans l'intelligence de la langue grecque. S'il était permis à un maître de suivre son inclination et son attrait, il marcherait à grands pas, avec quelques écoliers qui ont plus d'esprit et plus d'ardeur pour le travail que le commun de la classe : mais tous les autres resteraient en arrière, et ne pourraient suffire à cette marche, ou plutôt à cette course. Le maître, qui sait qu'il est redevable à tous, est donc obligé, par ménagement et par devoir, de prendre une espèce de milieu pour s'accommoder, autant qu'il le peut, et à la faiblesse et à la force de ses disciples. C'est une règle que doit garder inviolablement quiconque est préposé à la conduite des autres. Guide [1], berger, précepteur, pasteur spirituel, tous y sont assujettis. Le particulier peut en souffrir, mais le public y gagne; et ce serait tout gâter et renverser l'ordre que de vouloir en user autrement.

Mais n'y a-t-il donc point de remède à cet inconvénient? Je sais que dans quelques colléges de l'université des professeurs, pleins de zèle pour l'avancement de leurs écoliers, en retiennent après la classe plusieurs qui ont bonne volonté, et leur font doubler le pas sans retarder les autres. Mais je n'ose proposer un modèle si parfait, qui me paraît plus admirable qu'imitable, et qui pourrait être nuisible à la santé des professeurs, qu'ils doivent ménager avec soin, sans pourtant s'en rendre esclaves.

J'ai vu pratiquer avec succès un autre moyen, qui n'est pas tout à fait sans inconvénients (car où n'y en a-t-il point?), mais qui a de grands avantages. On employait le premier quart d'heure de la classe à réciter les leçons : immédiatement après on expliquait le grec pendant une demi-heure pour le gros de la classe. Pendant ce temps-là les plus avancés demeuraient dans la chambre, où un maître particulier, qui n'était point gêné par la différence de l'âge et de la capacité, ne consultait que leurs forces dans les leçons qu'il leur faisait. Ce secours n'était que pour les pensionnaires qui demeuraient dans le collége; mais on pourrait y joindre aussi quelques externes. A l'aide de ce ménagement, on en a vu plusieurs faire beaucoup de chemin en peu de temps.

---

[1] « Nosti quod parvulos habeam teneros, et oves, et boves fœtas mecum : quas si plus in ambulando fecero laborare, morientur una die cuncti greges:... Ego sequar paulatim, sicut videro parvulos meos posse. » (Gen. 33, 13, 14.)

L'ordre des classes, que je n'ai pu interrompre, m'a un peu écarté de mon objet : je suis obligé de revenir sur mes pas.

Comme la langue grecque a beaucoup plus de conformité avec la nôtre pour le tour et la phrase qu'avec la latine, d'habiles gens ont cru qu'il était à propos que les enfants traduisissent de grec en français. La coutume de leur faire rendre le grec en latin mot pour mot peut avoir aussi son utilité, du moins dans les commencements. Mais on ne doit jamais leur permettre d'avoir des gloses interlinéaires, qui ne sont propres qu'à entretenir l'esprit dans une espèce d'engourdissement en leur présentant l'ouvrage tout fait, et ne laissant rien au travail ni à la réflexion. Je ne sais même s'il ne serait pas avantageux qu'ils se servissent toujours de textes purement grecs. Car pour lors, quand il se présente quelque difficulté, ils sont obligés de faire effort par eux-mêmes pour la surmonter : au lieu que, s'il y a une version à côté, l'esprit étant naturellement paresseux, les yeux, comme d'intelligence avec lui, se tournent d'abord de ce côté-là, pour lui épargner toute la peine. C'est ce qui arrive ordinairement à ceux mêmes qui sont plus avancés en âge ; et l'expérience ne fait que trop connaître qu'il est très-difficile de résister à cette tentation.

On peut demander s'il est à propos que les jeunes gens se préparent à l'explication par un travail particulier et domestique, en cherchant eux-mêmes les mots dont ils ignorent la signification ; ou si le maître, après leur avoir expliqué le texte de vive voix, peut se contenter de leur faire rendre compte de ce qu'il leur a dit. Pour moi, sans condamner ceux qui pensent autrement, je préférerais cette seconde manière pour les premières années, parce que l'autre entraîne, ce me semble, une grande perte de temps ; et l'on ne peut le ménager avec trop de soin, surtout à cet âge, où tous les moments sont précieux. Mais dans la suite il sera bon qu'ils viennent dans la classe préparés à ce qu'on y doit expliquer. Quand ils seront dans les classes supérieures, comme en rhétorique, c'est une excellente méthode, par rapport à ceux qui seraient assez forts pour cette sorte d'étude, et que l'on ferait travailler en particulier de la manière que je l'ai dit, de les accoutumer à faire seuls leurs lectures, et à pro-

poser au maître, après un certain nombre de jours, les difficultés qu'ils y auront rencontrées. Par là on les rend plus attentifs,
on les oblige de faire usage de leur esprit, et on les conduit
insensiblement à ce qui doit être le but des instructions qu'on
leur donne, qui est de pouvoir étudier par eux-mêmes et sans
secours.

J'ai dit qu'on avait eu raison dans l'université de substituer
l'explication des auteurs grecs à la composition des thèmes : mais
je n'ai pas prétendu que celle-ci dût être entièrement bannie. Elle
a ses avantages, qui ne doivent pas être négligés. Elle rend les
jeunes gens plus exacts, les oblige à faire l'application de leurs
règles, les accoutume à écrire correctement, les familiarise davantage avec le grec, et leur donne plus de connaissance du génie de la langue. On doit donc, dans la troisième et dans les
classes suivantes, les y exercer de temps en temps, et pour cela
leur apprendre quelques règles de syntaxe particulières à cette
langue; ce qui se borne à très-peu de chose.

Il faudra aussi leur donner quelque teinture des accents. Quoiqu'ils soient d'institution nouvelle, et que les anciens Grecs ne
s'en servissent pas, comme le prouvent les inscriptions et les
plus anciens manuscrits, ils sont pourtant d'une grande utilité
pour l'explication, le seul accent distinguant souvent les différents temps des verbes et la différente signification des mots. Il
faut prendre garde dans la prononciation de confondre l'accent
avec la quantité, ce qui ruine toute l'harmonie, qui fait pourtant une des principales beautés de cette langue. L'accent nous
avertit d'élever ou d'abaisser la voix ; et la quantité, de s'arrêter
plus ou moins sur les syllabes. Un peu d'attention et d'exactitude
dès les commencements rendrait cette prononciation facile. La
connaissance des accents n'est pas d'un grand travail, et elle est
souvent trop négligée, même par les savants.

Je ne dois pas oublier d'avertir qu'il est utile de faire apprendre par cœur aux jeunes gens des endroits choisis des auteurs
grecs, et surtout des poëtes. Ce que nous avons rapporté d'un
jeune homme de qualité qui, au sortir du collége, récita Homère tout entier, nous marque combien cet usage était autrefois
commun dans l'université. Pour renfermer tout en peu de mots,

je voudrais que les yeux, les oreilles, la langue, la main, la mémoire, l'esprit, que tout conduisît les jeunes gens à l'intelligence du grec.

Quand ils commenceront à y être un peu formés par la lecture des auteurs, il faudra leur faire remarquer avec soin la phrase, le tour, le génie, la cadence harmonieuse, et surtout l'admirable fécondité de cette langue, qui, par la dérivation et la composition des mots, se multiplie presque à l'infini, et donne au discours une variété prodigieuse. C'est un avantage qui lui est particulier, et qui, ce me semble, ne lui a été contesté que par Cicéron. Ce Romain, amoureux de sa langue jusqu'à la jalousie, s'efforce, en plusieurs endroits de ses ouvrages [1], de la relever au-dessus de la grecque, même pour l'abondance et la richesse des expressions; et il prétend, contre l'évidence et contre le sentiment commun de tous ceux de son temps, que non-seulement la langue latine ne cède pas en ce point à la grecque, mais qu'elle lui est de beaucoup supérieure. La preuve qu'il en apporte est que les Grecs n'ont qu'un mot, savoir πόνος, pour signifier *labor* et *dolor*, qui sont deux choses bien différentes : comme s'ils n'avaient pas ὀδύνη, λύπη, ὠδίς, ἄχος, et d'autres mots encore pour exprimer *dolor*. Il ne laisse pas néanmoins, après une telle preuve, d'insulter à la Grèce d'un ton railleur, comme si la chose était pleinement démontrée, tant il est aisé de s'aveugler quand on se passionne! *O verborum inops interdum*, dit-il, *quibus abundare te semper putas, Græcia* [2]!

Quintilien est de meilleure foi [3]. Dans un chapitre où sa matière l'engage à faire comme un parallèle des deux langues au sujet de l'atticisme, il ne craint point d'égaler la langue latine à la grecque pour toutes les autres parties de l'éloquence; mais

---

[1] « Ita sentio, et sæpe disserui, latinam linguam non modo non inopem, ut vulgo putarent, sed locupletiorem etiam esse quam græcam. » (Lib. 1, *de Fin. bon. et mal.* n. 10.)

« Sæpe diximus, et quidem cum aliqua querela, non Græcorum modo, sed etiam eorum qui se Græcos magis quam nostros haberi volunt, nos non modo non vinci a Græcis verborum copia, sed esse in ea etiam superiores. » (Ibid. lib. 3, n. 5.)

[2] Tuscul. quæst., l. 2, num. 35.

[3] « Latina mihi facundia, ut inventione, dispositione, consilio, cæterisque hujus generis artibus similis græcæ, ac prorsus discipula ejus videtur : ita circa rationem eloquendi vix habere imitationis locum. » (QUINTIL. lib. 12, cap. 10.)

il n'ose pas même la lui comparer pour ce qui regarde l'élocution.

Il remarque d'abord que la première a un son bien plus dur, et il en rapporte plusieurs raisons ; dont je me contenterai d'indiquer ici quelques-unes. Elle manque de certaines lettres, comme *upsilon* et *zéta* [1], qui sont d'une extrême douceur, et qui, selon Quintilien [2], répandent dans le discours je ne sais quelle aménité, quand elle les emprunte pour exprimer des mots grecs, comme *zephyri*, *zopyri*, au lieu que les lettres latines formeraient un son pesant et grossier. La sixième lettre de l'alphabet latin, qui est une F, forme moins une voix humaine qu'un dur sifflement [3]. Il en faut dire autant de l'*u* consonne (*servus*), auquel on avait voulu substituer le *digamma* éolique. Les Latins finissent la plupart des mots par une *m* [4], qui est une lettre comme mugissante ; ce qui n'arrive jamais chez les Grecs, qui, en sa place, emploient le *nu*, lettre d'un son très-clair et très-net, surtout à la fin, où elle est peu d'usage en latin.

[1] Il paraît, par ce passage de Quintilien, que l'*upsilon* des Grecs avait un son moyen, entre l'*u* et l'*i* des Latins, et qu'il répondait à notre *u* français, *usage*, *utile*, et tel que nous autres Français le prononçons en latin, *Dominus*, *lumen*. Mais l'*u* des Latins répondait autrefois à l'*ou* des Français et à l'*ou* des Grecs : *Dominous*, *loumen*. Les exemples le prouvent clairement. Quand les Romains avaient à écrire en caractères latins un nom grec qui avait un ου, ils ne se servaient jamais que du simple *u* : Ἐπίχουρος, *Epicurus*, Πηλούσιον, *Pelusium* ; *Bucephalus*, *Arethusa*, *Plutarchus*, etc. Au contraire, toutes les fois que les Grecs voulaient écrire en lettres grecques un nom romain, ils rendaient l'*u* simple du latin par ου : Τούλλιος, Λούχουλλος. La règle est constante. On n'aurait pas pu même faire autrement ; car on ne trouve jamais dans le latin la diphthongue *ou*, parce que le simple *u* en tenait lieu. Et lorsque les Latins voulaient exprimer le son de l'*u* français, ils employaient l'*upsilon* grec : *Zephyrus*, *Sylla*, *Papyrus*, *Tympanum*.

— Il paraît que la voyelle *u* chez les Latins se prononçait différemment, selon la place qu'elle occupait. Il est incontestable, par exemple, qu'à la fin des mots elle avait un son qui tenait le milieu entre *o* et *eu* ; aussi les Latins avaient-ils rendu par *us* la terminaison *os* des noms grecs : d'où l'on voit qu'ils devaient prononcer *dominos*, *dominom*, et non pas *dominous*, *dominoum*, comme les Italiens : c'est pourquoi dans certaines inscriptions nous lisons *rivom*, *aloom*, *verom*, etc. Il en était de même au commencement de quelques mots, tels que *Publius*, ils prononçaient *Poblios*, puisque les Grecs ont toujours écrit ce mot Πόβλιος ου Πόπλιος. — L.

[2] « Quod quum contingit, nescio quomodo, velut hilarior protinus renidet oratio, ut in *zephyris zopyrisque* : quæ si nostris litteris scribantur, surdum quiddam et barbarum efficient. » (QUINTIL. lib. 12, c. 10.)

[3] « Pene nos humana voce, vel omnino non voce potius, inter discrimina dentium efflanda est. » (Ib.)

[4] « Pleraque non illa quasi mugiente littera cludimus, M, qua nullum græce verbum cadit. At illi N jucundam, et in fine præcipue quasi tinnientem, illius loco ponunt, quæ est apud nos rarissima in clausulis. » (QUINTIL. lib. 12, cap. 10.)

Quintilien passe ensuite à un inconvénient plus considérable de la langue latine, qui manque de mots pour exprimer beaucoup de choses qu'elle ne peut faire entendre que par le secours de la métaphore ou de la périphrase[1] ; et Cicéron même[2], malgré sa prévention, est forcé de l'avouer. Dans les choses même qui ont leur dénomination particulière, la disette de cette langue l'oblige de revenir souvent aux mêmes termes et de tomber dans de fréquentes répétitions : au lieu que les Grecs ont abondance non-seulement de mots[3], mais d'idiomes tous différents les uns des autres.

Il n'en est pas de ces idiomes ou dialectes de la langue grecque comme de différents jargons qui règnent en différentes provinces de notre France, qui sont une manière de parler grossière et corrompue, et qui ne méritent pas d'être appelés un langage. Chaque dialecte était un langage parfait dans son genre, qui avait cours chez certains peuples, qui avait ses règles et ses beautés particulières, et dont nous voyons que d'excellents auteurs ont fait également usage, soit en prose, soit en vers, souvent même en mêlant tous les dialectes ensemble, de sorte pourtant qu'il y en a toujours quelqu'un qui domine dans chaque auteur. De là résultent cette variété et cette richesse de tours et d'expressions qu'on admire dans la langue grecque, et qui ne se trouvent point dans les autres.

Parmi ces différents idiomes, l'atticisme[4], qui était proprement le langage des Athéniens, l'emportait infiniment sur les autres. C'était un goût comme naturel au climat, qui ne se transportait point ailleurs. Athènes était la seule ville de la Grèce où l'on trouvât, même parmi la populace, ces oreilles fines et délicates dont Cicéron parle, *Atticorum aures teretes et reli-*

[1] « His illa potentiora, quod res plurimæ carent appellationibus, ut eas necesse sit transferre, aut circumire. » (Ibid.)

[2] « Equidem soleo etiam quod uno Græci, si aliter non possum, idem pluribus verbis exponere. » (Cic. de Fin. bon. et mal. lib. 3, n. 15.)

[3] « Etiam in iis quæ denominata sunt, summa paupertas in eadem nos frequentissime revolvit : at illis non verborum modo, sed linguarum etiam inter se differentium copia est. » (Quintil. lib. 12, cap. 10.)

[4] « Qualis apud Græcos atticismos ille redolens Athenarum proprium saporem » (Id. lib. 6, cap. 3.)

« Quid est quod in iis demum atticum saporem putent ? Ibi demum thymum redolere dicant ?... Æschines intulit eo studia Athenarum, quæ, velut sata quædam cœlo terraque degenerant, saporem illum atticum peregrino miscuerunt. » (Id. lib. 12, cap. 10.)

giosæ [1], qui discernaient à une phrase, à une expression, au son même de la voix, si l'on était étranger ou non; témoin ce qui arriva à Théophraste [2], et qui rendaient les orateurs attentifs jusqu'au scrupule pour ne pas laisser échapper un seul mot qui pût blesser des auditeurs si difficiles à contenter.

Il est important de faire remarquer aux jeunes gens, dans la lecture des auteurs grecs, autant que cela est possible, ce que c'était que cet atticisme dont parlent si souvent les anciens, et qu'il est plus aisé de sentir que de définir. Cicéron a raison d'avertir de ne le pas borner à une seule espèce d'éloquence. Il est vrai qu'il paraît souvent dans le genre simple, où son caractère propre est de dire les choses les plus communes et les plus petites avec une naïveté, une grâce, une beauté, une délicatesse, inimitables à toute autre langue. D'où vient, comme l'a observé Quintilien [3], que la comédie grecque l'emporte infiniment sur la latine, dont le langage n'est point susceptible de cette finesse que les Grecs eux-mêmes ne peuvent transporter dans un autre dialecte. Ainsi, quelque délicat que nous paraisse Térence, il est encore bien éloigné de la finesse et de la beauté d'Aristophane.

Cependant il faut se souvenir que l'atticisme convient au genre sublime comme au genre simple et au tempéré. Y eut-il jamais un style plus attique que celui de Démosthène [4], et de Platon son maître? et y en eut-il en même temps de plus vif et de plus élevé? Il en était de même de Périclès [5], dont l'éloquence

[1] Orat. n. 27.

[2] « Tincam Granius obruebat nescio quo sapore vernaculo : ut ego jam non mirer illud Theophrasto accidisse, quod dicitur, quum percontaretur ex anicula quadam, quanti aliquid venderet, et respondisset illa, atque addidisset, *Hospes*, non pote minoris : tulisse eum moleste, se non effugere hospitis speciem, quum ætatem ageret Athenis, optimeque loqueretur. Omnino (sicut opinor) in nostris est quidam urbanorum, sicut ille Atticorum, sonus. » (Cic. in *Brut.* n. 172.)

« Quomodo et illa attica anus Theophrastum, hominem alioqui disertissimum, annotata unius affectatione verbi, hospitem dixit : nec alio se id deprehendisse interrogata respondit, quam quod nimium attice loqueretur. » (QUINTIL. lib. 8, cap. 1.)

[3] « In comœdia maxime claudicamus.... Vix levem consequimur umbram, adeo ut mihi sermo ipse romanus non recipere videatur illam solis concessam Atticis venerem, quando eam ne Græci quidem in alio genere linguæ obtinuerint. » (QUINTIL. lib. 10, cap. 1.)

[4] « Quo ne Athenas quidem ipsas, magis credo fuisse atticas. » (Cic. *Orat.*, n. 27.)

[5] « Si solum illud est atticum (eleganter enucleateque dicere), ne Pericles quidem dixit attice. Qui si tenui genere uteretur, nunquam ab Aristophane poeta fulgurare, tonare, permiscere Græciam dictus esset. » (Id. ibid. n. 29.)

« Quid Pericles?... cujus in labris veteres comici .. leporem habitasse dixerunt, tantamque in eo vini fuisse, ut in eorum mentibus, qui audissent, quasi

néanmoins est toujours comparée au foudre et au tonnerre. Mais ils joignaient tous à ce caractère de force et de grandeur une douceur et un agrément qui était proprement l'effet de l'atticisme.

On peut donc accorder ce nom à un discours où tout est naturel et où tout coule de source ; où rien n'est affecté, et cependant où tout plaît ; où les grandes et les petites choses sont dites avec une grâce égale, quoique différente ; où règne [1] un certain sel et un assaisonnement secret qui en relève le goût, qui ne laisse rien d'insipide, qui se fait partout sentir au lecteur ou à l'auditeur, qui pique sa curiosité, et, pour ainsi dire, excite sa soif ; enfin, pour conclure en un mot, où tout est bien dit, car c'est la définition abrégée qu'en donne Cicéron, *ut bene dicere, id sit attice dicere* [2].

C'est sur ce modèle que se forma ce qu'on appelait l'*urbanité romaine* [3], qui ne souffrait, ni dans les pensées, ni dans l'expression, ni même dans la manière de prononcer, rien de rude et de choquant, ou qui sentît l'étranger ; en sorte qu'elle consistait moins dans chaque phrase séparée que dans un certain air du discours, et dans un caractère qui y régnait universellement, et qui était propre à la ville de Rome, comme l'atticisme à celle d'Athènes.

Cicéron y a excellé plus que tout autre ; et je ne sais si l'on peut rien trouver de plus parfait en ce genre que ses traités de l'orateur, surtout dans les dialogues qui y sont insérés, où brille une grâce inimitable d'élocution, et comme une fleur de politesse, en quoi consiste principalement l'urbanité.

Nous avons aussi dans notre langue des ouvrages en ce genre, qui ne le cèdent point aux anciens : où tout est dit avec esprit, mais avec simplicité ; où une raillerie fine et délicate semble

---

aculeos quosdam relinqueret. » (3. de *Orat.* n. 138.)

[1] « Velut simplex orationis condimentum, quod sentitur latente judicio velut palato, excitatque et a tædio defendit orationem. Sane tamen, ut sal in cibis paulo liberalius aspersus, si tamen non sit immodicus, affert aliquid propriæ voluptatis : ita hi quoque in dicendo sales habent quiddam quod nobis faciat audiendi sitim. » (QUINTIL. lib. 6,

cap. 4.)

[2] De opt. gen. orat. n. 13.

[3] « Nam meo quidem judicio illa est urbanitas, in qua nihil absonum, nihil agreste, nihil inconditum, nihil peregrinum, neque sensu, neque verbis, neque ore gestuve possit deprehendi ; ut non tam sit in singulis dictis, quam in toto colore dicendi : qualis apud Græcos atticismos ille redolens Athenarum proprium saporem. » (Id. ibid.)

avoir emprunté le langage de la nature même; où les questions
les plus abstraites deviennent sensibles et palpables par l'air de
naïveté qu'on leur donne; enfin, où l'on voit également les
matières enjouées et sérieuses traitées avec tout l'agrément et
toute la dignité qui leur conviennent.

Je prie le lecteur de me pardonner cette petite digression sur
l'atticisme, qui paraît sortir un peu des bornes de la grammaire,
et être plus du ressort de la rhétorique.

Il y aurait beaucoup d'autres réflexions à faire sur le génie,
le tour, la beauté, la richesse de la langue grecque; mais je
laisse ces réflexions à l'habileté des maîtres. Ils trouveront dans
leur propre fonds de quoi suppléer à tout ce qui manque ici; et
la méthode grecque, qui est depuis longtemps entre les mains
de tout le monde, leur fournira à eux-mêmes tout ce qu'on peut
désirer sur ce sujet.

CHAPITRE III.

DE L'ÉTUDE DE LA LANGUE LATINE.

C'est l'étude de cette langue qui fait proprement l'occupation
des classes, et qui est comme le fonds des exercices du collége,
où l'on apprend non-seulement à entendre le latin, mais encore
à l'écrire et à le parler. Comme de ces trois parties la première
est la plus essentielle, et qu'elle prépare et conduit aux deux
suivantes, ce sera aussi sur celle-là que j'insisterai davantage,
sans pourtant négliger les autres. Je ne garderai point d'autre
ordre dans les réflexions que j'ai à faire sur cette matière, que
celui des études mêmes, en commençant par ce qui regarde les
premiers éléments de cette langue, et parcourant ensuite toutes
les classes jusqu'à la rhétorique exclusivement, qui aura un
traité particulier.

Quelle méthode il faut suivre pour enseigner le latin.

La première question qui se présente est de savoir quelle
méthode il faut suivre pour enseigner cette langue. Il me semble
qu'à présent l'on convient assez généralement que les premières

règles que l'on donne pour apprendre le latin doivent être en français, parce qu'en toute science, en toute connaissance, il est naturel de passer d'une chose connue et claire à une chose qui est inconnue et obscure. On a senti qu'il n'était pas moins absurde et moins contraire au bon sens de donner en latin les premiers préceptes de la langue latine, qu'il le serait d'en user ainsi pour le grec et pour toutes les langues étrangères.

Mais faut-il commencer par la composition des thèmes, ou par l'explication des auteurs? C'est ce qui fait plus de difficulté, et sur quoi les sentiments sont partagés. A ne consulter encore que le bon sens et la droite raison, il semble que la dernière méthode devrait être préférée. Car, pour bien composer en latin, il faut un peu connaître le tour, les locutions, les règles de cette langue, et avoir fait amas d'un nombre assez considérable de mots dont on sente bien la force, et dont on soit en état de faire une juste application. Or tout cela ne se peut faire qu'en expliquant les auteurs, qui sont comme un dictionnaire vivant et une grammaire parlante, où l'on apprend par l'expérience même la force et le véritable usage des mots, des phrases, et des règles de la syntaxe.

Il est vrai que la méthode contraire a prévalu, et qu'elle est assez ancienne; mais il ne s'ensuit pas pour cela qu'on doive s'y livrer aveuglément et sans examen. Souvent la coutume exerce sur les esprits une espèce de tyrannie qui les tient dans la servitude et les empêche de faire usage de la raison, qui, dans ces sortes de matières, est un guide plus sûr que l'exemple seul, quelque autorisé qu'il soit par le temps. Quintilien [1] reconnaît que, pendant les vingt années qu'il enseigna la rhétorique, il avait été contraint de suivre en public la coutume qu'il avait trouvée établie dans les écoles, de n'y pas expliquer les auteurs; et il ne rougit point d'avouer qu'il avait eu tort de se laisser entraîner par le torrent.

On ne se trouve point mal dans l'université de Paris d'avoir apporté en d'autres choses quelques changements à l'ancienne manière d'enseigner. Je voudrais qu'il fût possible d'y faire quelque essai de celle dont nous parlons, afin de s'assurer par

[1] Quintil. l. 2, cap. 5.

l'expérience si elle aurait dans le public le même succès que je
sais qu'elle a eu dans le particulier à l'égard de plusieurs enfants.

Mais, en attendant, on doit être fort content du sage milieu
que suit l'université, en ne se livrant point totalement à une seule
de ces méthodes, mais en les unissant toutes deux ensemble, et
tempérant l'une par l'autre; de sorte pourtant qu'elle donne plus
de temps, même dans les commencements, à l'explication des
auteurs qu'à la composition des thèmes.

Des premiers éléments de la langue latine.

Je suppose qu'il s'agit d'instruire un enfant qui n'a encore aucune connaissance de la langue latine. Je crois qu'il faut s'y
prendre de la même manière que pour le grec, c'est-à-dire lui
faire apprendre les déclinaisons, les conjugaisons, et les règles
les plus communes de la syntaxe. Et quand il est bien ferme sur
ces principes, et qu'il se les est rendus familiers par de fréquentes
répétitions, on le doit mettre pour lors dans l'explication de
quelque auteur facile, où l'on va d'abord très-lentement, rangeant exactement tous les mots dans leur ordre naturel, rendant
raison de tout, genre, cas, nombre, personne, temps, etc., lui
faisant appliquer toutes les règles qu'il a vues, et à mesure qu'il
avance y en ajoutant de nouvelles et de plus difficiles.

C'est un avis nécessaire pour tout le cours des études, mais
surtout pour celles dont je parle maintenant, de bien faire ce
que l'on fait, d'enseigner à fond ce que l'on a à enseigner, de
bien inculquer aux enfants les principes et les règles, et de ne
point trop se hâter de les faire passer à d'autres choses plus relevées et plus agréables, mais moins proportionnées à leurs forces. Cette méthode d'enseigner, rapide et superficielle, qui flatte
assez les parents [1]; et quelquefois même les maîtres, parce
qu'elle fait paraître davantage les écoliers, bien loin de les avancer,
les retarde considérablement, et empêche souvent tout le progrès des études. Il en est de ces principes des sciences comme

---

[1] « Quod etiam admonere supervacuum
fuerat, nisi ambitiosa festinatione plerique a posterioribus inciperent : et,
dum ostentare discipulos circa specio-
siora malunt, compendio morarentur. »
(QUINTIL. lib. I, cap. 7.)

des fondements d'un édifice[1] : s'ils ne sont solides et profonds, tout ce qu'on bâtit dessus est ruineux. Il vaut mieux que les enfants sachent peu de choses, pourvu qu'ils les sachent à fond et pour toujours. Ils apprendont assez vite, s'ils apprennent bien.

Pour ce qui est de ces commencements, je n'hésite point à décider qu'il en faut presque absolument écarter les thèmes, qui ne sont propres qu'à tourmenter les enfants par un travail pénible et peu utile, et à leur inspirer du dégoût pour une étude qui ne leur attire ordinairement de la part des maîtres que des réprimandes et des châtiments; car les fautes qu'ils font dans leurs thèmes étant très-fréquentes et presque inévitables, les corrections le deviennent aussi : au lieu que l'explication des auteurs et la traduction, où ils ne produisent rien d'eux-mêmes et ne font que se prêter au maître, leur épargnent beaucoup de temps, de peine et de punitions.

J'ai toujours souhaité qu'il y eût des livres composés exprès en latin pour les enfants qui commencent. Ces compositions devraient être claires, faciles, agréables. D'abord les mots seraient presque tous dans leur ordre naturel, et les phrases fort courtes. Ensuite on augmenterait insensiblement les difficultés, à proportion du progrès que les jeunes gens peuvent faire. Surtout on aurait soin de faire entrer des exemples de toutes les règles qu'on doit leur apprendre. L'élégance n'est pas ce qu'il y faudrait principalement chercher, mais la netteté. Il s'agit de leur apprendre des mots latins, de les accoutumer aux différentes constructions propres à cette langue, et d'appliquer les règles de la syntaxe à ce qu'on leur fera lire. On pourrait leur donner quelques apophthegmes des anciens, quelques histoires tirées de l'Écriture sainte, comme celles d'Abel, de Joseph, de Tobie, des frères Machabées, et d'autres pareilles. Les auteurs profanes en peuvent aussi fournir de fort belles. J'en proposerai ici quelques essais fort courts, et qui ne regarderont que les commencements. Je crois que, dans les histoires qu'on tire de l'Écriture sainte, on doit ordinairement changer les expressions et

---

[1] « Quæ (grammatica) nisi oratori futuro fundamenta fideliter jecerit, quidquid superstruxeris, corruet. » (Id. ibid. cap. 5.)

les tours qui ne se trouvent point dans les auteurs latins. C'est pour cela que dans l'histoire de Tobie, qui suit, au lieu de, *in diebus Salmanasar*, j'ai mis, *tempore Salmanasar ;* et au lieu de, *in captivitate positus*, j'ai mis, *in captivitatem abductus*. Le mot *concaptivis* n'est pas latin, non plus que *consortium*, dans le sens où il est pris ici : j'ai substitué au premier, *exilii sui comitibus ;* et au second, *societatem*.

Un ancien professeur de l'université [1], à qui j'ai communiqué mes vues, a bien voulu composer de ces sortes d'histoires tirées de l'Écriture sainte pour l'usage des enfants qui commencent à étudier la langue latine, ou qui sont dans les premières classes. J'espère que le public aura lieu d'être content de ce petit ouvrage, et que l'approbation qu'il lui donnera portera l'auteur à en composer un second dans le même goût, mais d'un genre différent, où l'on ramassera des histoires et des maximes de morale tirées des anciens auteurs, et composées pour l'ordinaire de leurs propres termes, mais dégagées de toutes les difficultés, et proportionnées à la faiblesse des commençants.

Ce second ouvrage a paru depuis la première édition du mien, et l'approbation du public a ratifié mes conjectures. En effet, je ne sache point de livre qui puisse être plus utile et en même temps plus agréable aux jeunes gens. On y a ramassé avec beaucoup d'ordre et de choix des principes excellents de morale, et sur chaque matière des traits d'histoire très-intéressants. Je connais des personnes fort habiles qui avouent que la lecture de ce petit livre leur a causé un très-grand plaisir.

TOBIAS.

[2] Tobias ex tribu Nephtali captus fuit tempore Salmanasar, regis Assyriorum. In captivitatem abductus, viam veritatis non deseruit. Omnia bona, quæ habere poterat, quotidie sui exilii comitibus impertiebat. Quum esset junior omnibus, nihil tamen puerile gessit. Denique, quum irent omnes ad vitulos aureos quos Jeroboam, rex Israel, fecerat, hic solus fugiebat societatem omnium. Pergebat autem ad templum Domini ; et ibi adorabat Deum. Hæc et his similia secundum legem Dei puerulus observabat.

---

[1] M. Heuzet, autrefois professeur au collége de Beauvais.
[2] Ex Tob. c. I.

EPAMINONDAS.

[1] Epaminondas, dux clarissimus Thebanorum, unam solum habebat vestem. Itaque quoties eam mittebat ad fullonem, ipse interim cogebatur continere se domi, quod ei vestis altera deesset. In hoc statu rerum, quum ei Persarum rex magnam auri copiam misisset, noluit eam accipere. Si recte judico, celsiore animo fuit is qui aurum recusavit, quam qui obtulit.

FILIÆ PIETAS IN MATREM.

[2] Prætor mulierem sanguinis ingenui, damnatam capitali crimine apud tribunal suum, tradidit triumviro necandam in carcere. Is qui custodiæ præerat, misericordia motus, non eam protinus strangulavit. Quin etiam permisit ejus filiæ ingredi ad matrem, sed postquam explorasset eam diligenter, ne forte cibum aliquem inferret, existimans futurum ut inedia consumeretur. Quum autem jam dies plures effluxissent, miratus quod tam diu viveret, curiosius observata filia, animadvertit ejus lacte matrem nutriri. Quæ res tam admirabilis ad judices perlata remissionem pœnæ mulieri impetravit[3]. Nec tantum matris salus donata filiæ pietati est, sed ambæ perpetuis alimentis publico sumptu sustentatæ sunt, et carcer ille, exstructo ibi pietatis templo, consecratus. Quo non penetrat, aut quid non excogitat pietas, quæ in carcere servandæ genitricis novam rationem invenit! quid enim tam inusitatum, quid tam inauditum, quam matrem natæ uberibus alitam fuisse? Putaret aliquis hoc contra rerum naturam factum, nisi diligere parentes prima naturæ lex esset.

J'ai laissé exprès un peu plus de difficulté dans la dernière histoire, parce qu'à mesure que les enfants avanceront dans l'intelligence du latin, il faut que ce qu'on leur fera expliquer soit plus difficile.

Je prie les maîtres qui sont chargés de l'éducation des enfants, avant qu'ils entrent au collége, de vouloir bien examiner sans prévention et s'assurer par l'épreuve même si cette manière d'instruire n'est pas plus courte, plus facile, plus sûre que celle qu'on emploie ordinairement en leur faisant d'abord composer des thèmes. Les mêmes règles reviennent ici et leur sont souvent répétées, mais avec cette différence qu'ils en trouvent l'applica-

---

[1] Ex Ælian. lib. 5, c. 5.
[2] Ex Valer. Max. lib. 5, cap. 4, n. 7.
[3] Plin. Hist. nat. lib. 7, cap. 36.

tion toute faite dans les auteurs qu'ils expliquent, au lieu qu'ils
sont obligés de la faire eux-mêmes dans les thèmes ; ce qui les
expose, comme je l'ai déjà observé, à faire bien des fautes, et à
souffrir beaucoup de réprimandes et de punitions. Je ne puis
m'empêcher, en consultant le bon sens et la droite raison, de
croire que des enfants accoutumés ainsi à expliquer pendant six
ou neuf mois, et à rendre compte ensuite de leur explication,
soit de vive voix, soit par écrit, ou plutôt de l'une et de l'autre
manière, seront bien plus en état après cela de commencer à faire
des thèmes, si l'on le juge à propos, et d'entrer en sixième.

Je dois encore avertir les maîtres chargés de donner aux enfants les premières instructions, d'être fort attentifs à leur faire
prendre un ton naturel en lisant, en expliquant et en récitant
leurs leçons. J'appelle un ton naturel celui dont on se sert ordinairement dans la conversation, en parlant à un ami, en faisant
un récit ; et il serait pour lors ridicule de crier à pleine tête,
comme il est assez ordinaire aux enfants de le faire. Je sais par
expérience combien il en coûte dans la suite pour les corriger
de ce défaut, dont ils conservent toujours quelque chose dans
leur prononciation.

De ce qu'il faut observer en sixième et en cinquième.

Le travail des basses classes, par rapport à l'intelligence de la
langue latine, consiste dans l'explication des auteurs, dans la
composition des thèmes et dans la traduction. J'ai traité ce dernier point ailleurs : je parlerai ici des deux autres.

De l'explication des auteurs.

On se plaint avec raison que les auteurs latins manquent pour
la sixième et pour la cinquième. Ceux qu'on y peut utilement expliquer se réduisent à deux ou trois : Phèdre, Cornélius Népos,
Cicéron ; car je ne sais si l'on doit mettre de ce nombre Aurélius
Victor et Eutrope, qui sont des abrégés assez informes de l'histoire romaine, remplis ordinairement d'un grand nombre de
noms propres et de dates de chronologie, fort capables de rebuter les enfants qui commencent à étudier le latin. On pourrait
même douter si les épîtres de Cicéron sont bien propres pour ces

classes ; parce qu'elles sont un peu sérieuses , et souvent obscures et difficiles. Quoi qu'il en soit, ces auteurs se réduisent à trois , et ne suffisent pas pour ces deux classes, surtout en supposant que les enfants entrent dans la première déjà un peu formés à l'explication.

On y peut, ce me semble, facilement suppléer, en tirant de Cicéron, de Tite-Live, de César, et d'autres auteurs pareils, des endroits choisis , soit pour l'histoire, soit pour la morale, et en les accommodant à la portée des enfants. Sénèque, Pline , et Valère Maxime, quoique moins purs , pourront aussi fournir des histoires et des maximes, que l'habileté de ceux qui les prépareront réduira à un style plus clair et plus pur. J'en donnerai ici quelques essais.

I. IMPIOS TORQUET CONSCIENTIA.

Angor et sollicitudo conscientiæ diu noctuque vexat impios. Non immerito aiebat sapiens, si recludantur tyrannorum mentes , posse aspici laniatus et ictus : ut enim corpora verberibus , ita sævitia et libidine animus dilaceratur... Dicitur Nero, postquam matrem Agrippinam interfecit, perfecto demum scelere , magnitudinem ejus intellexisse. Per reliquum, noctis modo in tenebris et cubili se occultans, modo præ pavore exsurgens, et mentis inops, lucem opperiebatur, tanquam exitium allaturam.

II. DAMOCLES.

[2] Dionysius , tyrannus Syracusanorum , quum omni opum et voluptatum genere abundaret, indicavit ipse quam parum esset beatus. Nam quum quidam ex ejus assentatoribus Damocles commemoraret in sermone copias ejus, opes , majestatem , rerum abundantiam, magnificentiam ædium regiarum, negaretque unquam beatiorem illo quemquam fuisse : Visne igitur, *inquit* , Damocle, quoniam hæc te vita delectat, ipse eamdem degustare, et fortunam experiri meam ? Quum se ille cupere dixisset, collocari jussit hominem in aureo lecto, strato pulcherrimis stragulis ; abacosque complures ornavit argento auroque cælato. Tum ad mensam eximia forma pueros delectos jussit consistere, eosque ad nutum illius intuentes diligenter ministrare. Aderant unguenta, coronæ : incendebantur odores : mensæ conquisitissimis epulis exstruebantur.

[1] Cic. de Leg. lib. 1, n. 40. Tac. An.[2]   [2] E Tuscul. quæst. lib. 5 , n. 61 , 62.
al. lib. 6 ; n. 6 ; ibid lib. 14 , n. 10.

Fortunatus sibi Damocles videbatur. In hoc medio apparatu fulgentem gladium, e lacunari seta equina appensum, demitti jussit, ut impenderet illius beati cervicibus. Itaque nec pulchros illos administratores aspiciebat, nec plenum artis argentum : nec manum porrigebat in mensam : jam ipsæ defluebant coronæ. Denique exoravit tyrannum ut abire liceret, quod jam beatus esse nollet. Satisne videtur declarasse Dionysius, nihil esse ei beatum, cui semper aliquis terror impendeat?

III. MAGISTRI FALISCORUM PERFIDIA.

[1] Romani Camillo duce Falerios obsidebant. Mos erat tunc apud Faliscos, ut plures simul pueri unius magistri curæ demandarentur. Principum liberos, qui scientia videbatur præcellere, erudiebat. Is, quum in pace instituisset pueros ante urbem lusus exercitationisque causa producere, eo more per belli tempus non intermisso, die quadam eos paulatim solito longius trahendo a porta, in castra romana ad Camillum perduxit. Ibi scelesto facinori scelestiorem sermonem addidit : Falerios se in manus Romanorum tradidisse, quum eos pueros, quorum parentes in ea civitate principes erant, in eorum potestatem dedidisset. Quæ ubi Camillus audivit, hominis perfidiam exsecratus : Non ad similem tui, inquit, nec populum, nec imperatorem, cum scelesto munere scelestus ipse venisti. Sunt belli etiam, sicut pacis, jura, justeque non minus quam fortiter bella gerere didicimus. Arma habemus non adversum eam ætatem, cui etiam captis urbibus parcitur, sed adversus hostes armatos, a quibus injuste lacessiti fuimus. Denudari deinde jussit ludi magistrum, eumque manibus post tergum alligatis reducendum Falerios pueris tradidit; virgasque eis, quibus proditorem agerent in urbem verberantes, dedit. Falisci, Romanorum fidem et justitiam admirantes, ultro se iis dediderunt, rati sub eorum imperio melius se quam legibus suis victuros. Camillo et ab hostibus et a civibus gratiæ actæ. Pace data, exercitus Romam reductus.

IV. DAMONIS ET PYTHIÆ FIDELIS AMICITIA.

[2] Damon et Pythias, pythagoricæ prudentiæ sacris initiati, tam fidem inter se amicitiam junxerant, ut alter pro altero mori parati essent. Quum eorum alter a Dionysio tyranno nece damnatus impetrasset tempus aliquod, quo profectus domum res suas ordinaret, alter vadem se pro reditu ejus dare tyranno non dubitavit, ita ut, si ille non revertisset ad diem, moriendum esset sibi ipsi. Igitur omnes, et in primis

---

[1] Tit. Liv. lib. 5, n. 27.
[2] Val. Max. lib. 4, c. 7. Cic. de Offic. lib. 3, n. 45.

Dionysius, novæ atque ancipitis rei exitum cupide exspectabant. Appropinquante deinde definita die, nec illo redeunte, unusquisque stultitiæ damnabat tam temerarium sponsorem. At is nihil se de amici constantia metuere prædicabat. Et vero ille ad diem dictam supervenit. Admiratus eorum fidem, tyrannus petivit ut se in amicitiam tertium reciperent.

V. STILPONIS PRÆCLARA VOX.

"Urbem Megara ceperat Demetrius, cui cognomen Poliorcetes fuit. Ab hoc Stilpon philosophus interrogatus, num quid perdidisset : Nihil, *inquit*, omnia namque mea mecum sunt. Atqui et patrimonium ejus, in prædam cesserat, et filias rapuerat, hostis, et patriam expugnaverat. Ille tamen, capta urbe, nihil se damni passum fuisse testatus est. Habebat enim secum vera bona, doctrinam scilicet et virtutem, in quæ hostis manum injicere non poterat : at ea quæ a militibus diripiebantur non judicabat sua. Omnium scilicet bonorum, quæ extrinsecus adveniunt, incerta possessio est. Ita inter micantes ubique gladios, et ruentium tectorum fragorem, uni homini pax fuit.

VI. BENEFICIA VOLUNTATE CONSTANT.

Beneficia non in rebus datis, sed in ipsa benefaciendi voluntate consistunt. Nonnunquam magis nos obligat, qui dedit parva magnifice ; qui regum æquavit opes animo ; qui exiguum tribuit, sed libenter. Quum Socrati multa multi pro suis quisque facultatibus offerrent, Eschines pauper auditor, Nihil, *inquit*, dignum te quod dare tibi possim, invenio, et hoc tantum pauperem me esse sentio. Itaque dono tibi quod unum habeo, me ipsum. Hoc munus rogo, qualecumque est, non dedigneris, cogitesque alios, quum multum tibi darent, plus sibi reliquisse. Cui Socrates : Istud quidem, *inquit*, magnum mihi munus videtur, nisi forte parvo te æstimas. Habebo itaque curæ, ut te meliorem tibi reddam quam accepi. Vicit Eschines hoc munere omnem juvenum opulentorum munificentiam.

Je n'ai pas besoin de m'étendre ici beaucoup, pour montrer combien de pareils endroits d'auteurs anciens, choisis et préparés avec soin et avec discernement, peuvent être en même temps utiles et agréables aux jeunes gens. Tout ce qu'on peut désirer s'y trouve, ce me semble, en même temps : le fond du latin,

---

[1] Sen. de Constant. sap. cap 5.   [2] Sen. de Benef. lib I, cap. 7 et 8.

l'application des règles, les mots, les pensées, les réflexions, les maximes, les faits ; et un maître habile saura bien faire valoir tout cela.

Il commencera toujours par la construction, et rangera chaque mot à sa place naturelle. Il fera expliquer d'abord simplement, en sorte qu'on rende la force de toutes les expressions. Je tirerai de l'histoire de Damoclès des exemples de ce que je cro s qu'on doit pratiquer dans l'explication des auteurs pour ceux qui commencent.

Dionysius, tyrannus Syracusanorum, « Denys, tyran des « Syracusains, *quum abundaret omni genere opum et volupta-* « *tum,* comme il abondait en tout genre de richesses et de plai- « sirs, *indicavit ipse quam parum esset beatus,* montra lui- « même combien peu il était heureux. » Quand les écoliers sont un peu avancés, tels que je les suppose lorsqu'ils entrent en sixième, je crois qu'il vaut mieux couper ainsi une phrase en diffé- tents morceaux qui font un sens complet, et dont les termes sont liés ensemble naturellement, que de les séparer tous, et d'ap- pliquer le français à chaque mot latin, de cette sorte : *Dionysius,* Denys ; *tyrannus,* tyran ; *Syracusanorum,* des Syracusains. Après qu'ils ont expliqué ainsi une phrase en rendant la force de tous les mots, s'il y a quelque expression ou quelque tour plus élégant à mettre, on les substitue : « Denys, tyran de Sy- « racuse, quoiqu'il fût dans l'abondance de toute sorte de biens « et de plaisirs, fit sentir lui-même combien peu il était heu- « reux. » On leur rend raison de ces changements.

Dans cette première phrase, quoique très-courte, il y a cinq ou six règles à expliquer. Pourquoi *Syracusanorum* et *opum* au génitif ? pourquoi *genere* à l'ablatif ? pourquoi *abundaret* au subjonctif ? que signifie *quam* joint à *beatus* ? pourquoi *esset* au subjonctif, et pourquoi *beatus* au nominatif ? Presque toutes ces règles se trouvent dans le rudiment, et il faut toujours les rap- porter mot à mot comme elles sont dans leurs livres, afin de les leur inculquer davantage, et d'éviter toute confusion. Celle qui regarde le régime d'*abundare* n'y est pas. Le maître la leur dit de vive voix, telle par exemple qu'elle est dans la grammaire de Port-Royal : *Les verbes d'abondance ou de privation gouver-*

nent le plus souvent l'ablatif. On cite les exemples qui y sont rapportés. On se contente d'abord de leur dire cette règle, qui est courte et simple ; dans la suite, quand l'occasion s'en présente, on leur fait remarquer que *quelques-uns de ces verbes reçoivent assez indifféremment le génitif ou l'ablatif*, et l'on en apporte des exemples.

Il y a dans cette histoire beaucoup d'expressions peu ordinaires, qu'on tâche de leur bien faire entendre : *stragulum, abacus, unguentum, lacunar, seta.* L'usage du verbe *negare* demande une attention particulière. Il faut bien faire sentir la force du mot *exoravit. Orare* signifie prier, demander quelque chose : *exorare*, qui est un verbe composé de *ex* et de *orare*, signifie obtenir par des prières instantes ce qu'on demande. Il se construit différemment. Il gouverne l'accusatif de la personne, et est suivi d'un *ut* avec le subjonctif, comme ici : *exoravit tyrannum ut abire liceret*, « il obtint du tyran, à force de prières, qu'il « lui fût permis de se retirer ; ou, il obtint du tyran la permission « de se retirer. » Quelquefois il gouverne la chose et la personne à l'accusatif, *Sine ut id te exorem :* « Souffrez que j'obtienne « cela de vous. » On met aussi la chose à l'accusatif, et la personne à l'ablatif : *Exorare aliquid ab aliquo*, « Obtenir quelque « chose de quelqu'un. » Des enfants par là apprennent la force du latin ; et le maître ne manque pas de faire entrer ces mots et ces phrases dans les thèmes qu'il leur donne.

Il y a de certaines délicatesses qu'on peut leur faire remarquer dès cet âge. *Gladium demitti jussit, ut impenderet illius beati cervicibus.* On pouvait mettre simplement *illius cervicibus.* Quelle beauté n'ajoute point ce mot, *beati!* La pensée qui est à la fin répond à ce mot, et il faut la faire observer : *exoravit tyrannum ut abire liceret, quod jam beatus esse nollet.*

La sentence qui termine cette histoire renferme l'instruction morale qu'on en doit tirer ; et le maître n'oublie pas d'en faire usage. Il peut à cette occasion raconter la fable du savetier, qui reporta au financier la somme d'argent qu'il en avait reçue, parce qu'elle lui ôtait son repos et son bonheur.

Il y a bien d'autres remarques à faire sur cette histoire, et pour les manières de parler, et pour les règles de la syntaxe.

Mon dessein n'a été que d'en montrer quelques-unes. Tout cela ne se fait pas en une seule leçon. Mais on a soin, après chaque explication, de demander compte aux écoliers de tout ce qui s'est dit. Quelquefois on diffère au lendemain à les interroger ; et l'on sent mieux par ce délai s'ils ont été attentifs. La traduction qu'on léur donne à faire de ces endroits, ou le jour même, ou quelques jours après, produit le même effet.

J'ajouterai ici une fable de Phèdre, uniquement pour marquer comment il faut faire sentir même aux enfants les beaux endroits.

Fable du Loup et la Grue.

Os devoratum fauce quum hæreret lupi,
Magno dolore victus, cœpit singulos
Inlicere pretio, ut illud extraherent malum.
Tandem persuasa est jurejurando gruis,
Gulæque credens colli longitudinem,
Periculosam fecit medicinam lupo.
Pro quo quum facto flagitaret præmium :
Ingrata es, inquit, ore quæ nostro caput
Incolume abstuleris, et mercedem postulas.

Cette fable est courte et simple, mais d'une beauté inimitable dans sa simplicité, qui en fait la principale grâce. Les enfants même sont capables d'en sentir toute la finesse, et j'en ai vu plusieurs dans des exercices publics n'y pas laisser échapper un mot qui fût digne de remarque, et en rendre un compte exact.

Os devoratum. Ce mot est fort propre pour marquer l'action d'un loup affamé, qui ne mange pas, mais qui avale ; ou plutôt qui dévore avec avidité.

Magno dolore victus, cœpit singulos inlicere pretio. Le loup naturellement n'est pas un animal doux et suppliant ; la violence est son partage. Il lui en coûta donc beaucoup pour descendre à de si humbles prières : il y eut un long combat entre sa férocité naturelle et la douleur qu'il souffrait. Celle-ci l'emporta enfin ; et c'est ce que marque bien le mot *victus. Dolore magno oppressus* ne présentait pas la même image.

Inlicere ou *illicere pretio.* Ce mot est élégant et délicat. On en fait sentir la finesse, aussi bien que des autres composés : *allicere*, *pellicere*; et on en apporte des exemples tirés d'autres fables de Phèdre.

Ut illud extraherent malum, pour dire *illud os*. L'effet pour la cause. Quelle différence!

Tandem. Ce mot dit beaucoup, et fait entrevoir que grand nombre d'autres animaux avaient déjà passé en revue., mais n'avaient pas été si bêtes que la grue.

Persuasa est jurejurando. Elle n'aurait pas ajouté foi à la simple parole du loup : il lui fallut un serment, et sans doute des plus terribles. Et avec cela la sotte se crut en sûreté.

Gulæque credens colli longitudinem. Est-il possible de mieux peindre l'action de la grue? Pour sentir toute la beauté de ce vers, il n'y a qu'à le réduire à la proposition simple : *et collum inserens gulæ lupi*. *Collum* seul est plat. *Collum longum* dit plus, mais ne présente point d'image; au lieu qu'en substituant le substantif à l'adjectif, *colli longitudinem*, il semble que le vers s'allonge aussi bien que le cou de la grue. Mais peut-on mieux exprimer la stupide témérité de cette bête, qui ose mettre son cou dans la gueule du loup, que par ce mot, *credens*? On explique la force de ce mot, et on en apporte plusieurs exemples tirés de Phèdre.

Periculosam fecit medicinam lupo. On pouvait dire simplement *os extraxit e gula lupi*. Mais *fecit medicinam* a bien plus de grâce; et l'épithète *periculosam* marque quel risque courut cet imprudent médecin. On a soin, en expliquant *medicinam*, qui signifie ici une opération de chirurgie, d'avertir que chez les anciens les médecins n'étaient point distingués des chirurgiens, et qu'ils en faisaient les fonctions.

Flagitaret. Ce verbe signifie demander avec instance et importunité, presser, solliciter, revenir souvent à la charge. *Peteret*, *postularet*, n'auraient pas la même force.

Ingrata es, inquit, etc. Cette manière, fort ordinaire dans Phèdre et dans tous les récits, est bien plus vive que si l'on disait : *respondit lupus, Ingrata es*, etc. On fait remarquer aussi combien la réponse du loup a de vivacité et de force. *Ore nostro* est bien meilleur que *meo*. Le loup se regarde comme un animal important.

Voici la fable entière, racontée d'une manière simple, et dénuée de tout ornement ; ce qui en fait bien mieux sentir toute la beauté. On pourrait accoutumer les enfants à réduire ainsi les endroits qui seraient susceptibles d'un tel changement.

Quum os hæreret in fauce lupi, is, magno dolore oppressus, cœpit singulos animantes rogare ut sibi illud os extraherent. A cæteris repulsam passus est : at gruis persuasa est illius jurejurando, suumque collum lupi gulæ inserens, extraxit os. Pro quo facto quum illa peteret præmium, dixit lupus : Ingrata es, quæ ex ore meo caput abstuleris incolume, et mercedem postulas.

Je laisse au lecteur à conclure combien des histoires et des fables expliquées de cette sorte tous les jours, pendant le cours entier d'une année, sont capables de leur apprendre de latin ; et, ce qui est bien plus important, combien elles sont propres à leur former en même temps le goût et l'esprit.

De la composition des thèmes.

Quand les enfants ont déjà quelque légère teinture du latin, et qu'ils ont été un peu formés à l'explication, je crois que la composition des thèmes peut leur être fort utile, pourvu qu'elle ne soit pas trop fréquente, surtout dans les commencements. Elle les oblige de mettre en pratique les règles qu'on leur a souvent expliquées de vive voix, et d'en faire eux-mêmes l'application, ce qui les grave bien plus profondément dans leur esprit ; elle leur donne occasion d'employer tous les mots et toutes les phrases qu'on leur a fait remarquer dans l'explication des auteurs. Car il serait à souhaiter que les thèmes qu'on leur donne fussent pour l'ordinaire composés sur l'auteur même qu'on leur aurait expliqué, qui leur fournirait des expressions et des locutions déjà connues, dont ils feraient l'application selon les règles de leur syntaxe.

Il n'est pas nécessaire d'avertir que les thèmes doivent toujours, autant que cela se peut, renfermer quelque trait d'histoire, quelque maxime de morale, quelque vérité de religion.

C'est une coutume anciennement établie dans l'université, et qui y est assez généralement pratiquée. Elle est d'une grande importance pour les jeunes gens, dont insensiblement elle remplit l'esprit de connaissances curieuses et de principes utiles pour la conduite de la vie. J'ai déjà remarqué ce que dit Quintilien au sujet des exemples que les maîtres à écrire proposent pour modèles aux enfants. Il ne veut point que ces exemples soient composés de mots bizarres et de pensées frivoles [1], qui ne forment aucun sens, mais qu'ils renferment des maximes solides qui apprennent quelque vérité. La raison qu'il en apporte est très-sensée. Ces maximes, dit-il, qu'on a apprises dans l'enfance, nous suivent jusque dans la vieillesse ; et l'impression qu'elles ont faite sur l'esprit encore tendre passe jusqu'aux mœurs, et influe sur la conduite. Car [2], ajoute-t-il ailleurs, il en est de l'esprit des enfants comme d'un vase neuf, qui conserve long-temps l'odeur de la première liqueur qu'on y a versée : ainsi les premières idées qu'on reçoit dans un âge peu avancé ne s'effacent ordinairement qu'avec peine.

Tout cela est encore plus vrai par rapport aux thèmes. On sent bien quel ridicule il y a de les remplir toujours de phrases triviales, ou qui ne signifient rien. *Pierre est plus riche que Paul, et doit être plus estimé que lui.... Lépidus est venu de Lyon à Paris, et il m'a apporté l'argent qu'il avait reçu de mon père.... Un écolier diligent doit se repentir de n'avoir pas étudié les leçons que son maître lui a enseignées.* Ne pourrait-on pas appliquer les mêmes règles à des exemples plus intéressants ? *La science doit être plus estimée que les richesses, et la vertu est encore plus précieuse que la science.... Cyrus, roi des Perses, ayant enfin pris Babylone, permit aux Juifs de retourner à Jérusalem, et il renvoya dans cette ville les vases sacrés qui en avaient été autrefois transportés à Babylone, et que Baltazar avait souillés dans un festin public....* Des enfants chré-

---

[1] « Ii versus, qui ad imitationem scribendi proponentur, non otiosas velim sententias habeant, sed honestum aliquid monentes. Prosequitur hæc memoria in senectutem, et impressa animo rudi usque ad mores proficiet. » (QUINT. lib. I, cap. 2.)

[2] « Natura tenacissimi sumus eorum quæ rudibus annis percipimus ; ut sapor, quo nova imbuas, durat. » (Id. ibid. cap. I.)

Quo semel est imbuta recens, servabit odorem testa diu.

(HORAT. lib. I, epist. 2.)

tiens doivent avoir honte de ne point lire les livres sacrés, qui
sont comme une lettre que le Père céleste leur a écrite.

Je ne crois pas pourtant qu'un maître doive se gêner au point
de n'oser jamais donner que des phrases qui portent avec elles
quelques instructions, et de vouloir toujours mettre dans ses
thèmes un raisonnement suivi. Il se donnerait souvent une torture inutile pour y réussir, surtout dans les thèmes d'imitation ;
et il doit réserver son travail pour des choses qui en soient plus
dignes. Des phrases séparées lui coûteront moins, et ne sont pas
moins avantageuses pour les écoliers.

Il y a dans les thèmes d'imitation un juste milieu à garder
entre une trop grande facilité, qui ne laisserait presque aux enfants d'autre travail que celui de copier les mots et les phrases
de leur auteur, et une trop grande difficulté, qui leur ferait
perdre beaucoup de temps, et qui souvent serait au-dessus de
leur portée. L'endroit qu'on leur donne à imiter ne doit pas être
long. D'abord il est bon qu'ils n'aient presque que les cas et les
temps à changer. Quelquefois ils n'auront que les tours à imiter,
et non les paroles. Il est nécessaire que le maître ait préparé le
thème avant que d'expliquer l'endroit sur lequel il doit le donner, parce qu'en expliquant il insiste principalement sur les
phrases et sur les règles qu'il a dessein d'y faire entrer.

Il y aurait une autre manière de faire composer les enfants,
qui pourrait aussi convenir aux classes plus avancées, et qui
me paraîtrait fort utile, quoiqu'elle ne soit pas usitée. Ce serait
de leur faire faire quelquefois des thèmes en classe, comme on
leur y fait expliquer les auteurs, c'est-à-dire de vive voix. Par là
on leur apprend plus facilement et plus certainement à faire
usage de leurs règles et de leurs lectures, et on les accoutume
à se passer de dictionnaires ; à quoi je voudrais que l'on tendît,
parce que l'habitude de les feuilleter entraîne une perte de temps
considérable. Je suis persuadé qu'on reconnaîtra par l'expérience
que les jeunes gens, pourvu qu'ils veuillent faire quelque effort,
trouveront par eux-mêmes presque toutes les expressions et toutes
les phrases qui entreront dans un thème. Ce ne sera que pour
un petit nombre de mots qui leur seront nouveaux et inconnus
qu'ils seront obligés d'avoir recours aux dictionnaires, dont par

cette raison les plus courts et les plus simples seront les meilleurs pour eux.

Il est aussi d'une grande importance que les méthodes qu'on met entre les mains des jeunes gens soient faites avec soin. J'ai souvent entendu dire à quelques professeurs, par rapport à celles dont on se servait pour lors, et je crois que ce sont encore à présent les mêmes dans plusieurs colléges, que, quoique le fond en soit très-bon, il y aurait quelques changements, quelques retranchements, quelques additions à y faire. Pour y réussir, il me semble qu'il y a une voie assez facile, et qui est très-naturelle : c'est de prier ceux qui enseignent dans ces classes depuis quelque temps, de vouloir bien mettre par écrit les remarques qu'ils auront faites sans doute sur un livre dont ils font usage depuis plusieurs années; après quoi un maître habile qui aurait de l'expérience en ce genre, profitant des différentes vues qu'on lui aurait données, réformerait en beaucoup de choses ces sortes de méthodes, et y mettrait plus d'ordre et de clarté qu'il n'y en a. Ce travail, quoique sur de petites choses, n'est pas indigne d'un habile homme. *In tenui labor, at tenuis non gloria.*

De ce qu'il faut observer dans les classes plus avancées ; savoir, quatrième, troisième et seconde.

Les règles qu'on a données jusqu'ici pour les deux classes inférieures peuvent convenir aux autres en plusieurs points; mais ces dernières demandent quelques observations particulières : 1° sur le choix des auteurs qu'on y doit expliquer; 2° sur ce qu'on doit principalement remarquer en les expliquant; 3° sur la nécessité d'accoutumer les jeunes gens à parler la langue latine.

I. *Du choix des livres qu'on explique.*

Les livres qu'on a coutume d'expliquer en quatrième se réduisent presque à ceux-ci : les Commentaires de César, les Comédies de Térence, quelques Traités et des Lettres de Cicéron, l'Histoire de Justin.

Il n'y a rien de plus parfait dans leur genre que les Commen-

taires de César; et je m'étonne que Quintilien [1], qui a parlé de
quelques harangues qu'on avait de lui, dont la force et la vivacité font connaître, dit-il, que ce Romain avait le même feu en
parlant qu'en combattant, n'ait pas dit un seul mot de ses Commentaires. On y voit régner partout une élégance et une pureté
de langage admirable, qui était son caractère particulier ; et l'on
pourrait dire qu'ils se sentent de la naissance et de la noblesse
de leur auteur, comme Quintilien le dit des ouvrages de Messala [2].
Peut-être que, regardant ces commentaires comme de simples
mémoires, et non comme une histoire en forme, il a cru n'en
devoir point faire mention.

Cicéron leur rend plus de justice. Il parle d'abord des harangues de César, et il dit qu'à la pureté du langage [3], dont non-seulement un orateur, mais tout citoyen romain doit se piquer, il a
ajouté tous les ornements de l'éloquence. Ensuite il passe à ses
Commentaires, et il en fait un magnifique éloge, que j'ai rapporté ci-devant.

Mais il faut avouer que les grâces et les beautés de cet auteur
se font mieux sentir à des personnes qui ont le goût et le jugement formés, qu'à des enfants tels qu'on les suppose en quatrième. L'imagination vive et prompte des jeunes gens aime la
variété et le changement d'objets, et s'accommode moins de
cette espèce d'uniformité qui règne dans les Commentaires de
César, où l'on ne voit presque autre chose que des campements
d'armée, des marches, des siéges de ville, des batailles, des
harangues faites aux soldats par le général. Cette raison empêche quelques professeurs de faire voir cet auteur en quatrième, et je n'ai garde de les blâmer.

Il y en a qui en excluent aussi Térence, mais par une raison
tout opposée; car c'est la crainte du plaisir que les jeunes gens y
trouvent et du goût qu'ils y prennent [4], qui le leur rend suspect. Je

---

[1] « C. Cæsar si foro tantum vacasset,
non alius ex nostris, contra Ciceronem
nominaretur. Tanta in eo vis est, id
acumen, ea concitatio, ut illum eodem
animo dixisse, quo bellavit, appareat. »
(QUINTIL. lib. 10, cap. I.)

« Exornat hæc omnia mira sermonis,
cujus proprie studiosus fuit, elegantiâ. »
(Ibid.)

[2] « Quodammodo præ se ferens in dicendo nobilitatem suam. » (Ib.)

[3] « Ad hanc elegantiam verborum la-
tinorum (quæ, etiamsi orator non sis,
et sis ingenuus civis romanus, tamen necessaria est), adjungit illa oratoria,
ornamenta dicendi. » (Brut. n. 261.)

[4] « Libenter hæc didici (disait S. Augustin en parlant de Térence), et de-

sais que messieurs de Port-Royal, qu'on ne soupçonnera pas de relâchement pour ce qui regarde les mœurs, n'en ont pas cru la lecture dangereuse aux jeunes gens, puisqu'ils ont exprès traduit pour eux quelques comédies, après en avoir retranché certains endroits qui blessent ouvertement la pudeur. Mais ce ne sont pas ces endroits seuls qui sont à craindre pour les jeunes gens, c'est le fond même des comédies, et l'intrigue, qu'il faut nécessairement leur expliquer, si l'on veut qu'ils en entendent la suite : intrigue capable d'allumer en eux une passion qui ne leur est que trop naturelle, qui en entraîne un si grand nombre quand ils sont dans un âge plus avancé, et qui fait tant de ravages dans les familles. Le poëte emploie tout son génie et tout son art, non-seulement à excuser, mais même à justifier cette passion, que le paganisme ne trouvait point criminelle, et à jeter un ridicule complet sur la conduite d'un père qui prend de sages précautions pour l'éducation de son fils, pendant qu'il donne pour modèle celle d'un autre père qui ferme les yeux sur les débauches du sien, et qui lui lâche entièrement la bride. Que peut-on raisonnablement opposer à la juste crainte d'un professeur qui sent toute la beauté et toute la délicatesse de Térence, mais qui sent encore davantage le danger et le poison caché sous ces fleurs ? « Je n'en condamne pas les mots, disait saint Augus- « tin [1] en parlant de ce poëte : ce sont des vases choisis et pré- « cieux ; mais je condamne le vin de l'erreur que des maîtres eni- « vrés nous présentaient dans ces vases, et qu'on nous forçait de « boire sous peine d'être châtiés, sans qu'il nous fût permis « d'en appeler à quelque juge sobre et raisonnable. » Quintilien [2] veut qu'on diffère la lecture des comédies à un temps où les mœurs seront en sûreté : peut-on blâmer un maître chrétien qui aura la même délicatesse ?

Avant la troisième édition de cet ouvrage, je n'avais pas encore lu un livre intitulé *Terentius christianus*, imprimé à Cologne l'an 1604, et composé par un principal du collège de la

---

lectabar miser ; et ob hoc bonæ spei puer appellabar. » (*Confess.*, lib. 7, cap. 16.)

[1] « Non accuso verba, quasi vasa electa atque pretiosa ; sed vinum erroris, quod in cis nobis propinabatur ab ebriis doctoribus, et, nisi biberemus, cædebamur, nec appellare ad aliquem judicem sobrium licebat. » (*Confess.*, lib. 1, cap. 17.)

[2] Lib. 1, c. 5.

ville de Harlem, *Cornelius Schonæus Goudanus*[1]. Il est marqué
dans la préface de ce livre que ce principal, homme d'un grand
mérite et d'une grande réputation, était amèrement affligé, aussi
bien qu'un grand nombre d'autres personnes de sa profession,
de ce qu'on laissait entre les mains de la jeunesse un auteur
aussi dangereux pour les mœurs que l'était Térence ; et ce danger, selon lui, venait surtout du fond même des pièces, qui,
sous une diction la plus délicate et la plus élégante qu'il soit
possible d'imaginer, cache un poison d'autant plus pernicieux
qu'il est plus subtil, et qu'il n'alarme point les oreilles chastes
par des saletés grossières, comme cela est ordinaire à Plaute.
Pour remédier à cet inconvénient, ce principal, plein d'un zèle
bien louable pour l'avancement de la jeunesse, aussi bien dans
la piété que dans les belles-lettres, composa plusieurs pièces à
l'imitation des comédies de Térence, mais dont les sujets sont tirés
de l'Écriture sainte. J'en ai lu les deux premières, qui m'ont paru
d'une grande beauté. Les règles du théâtre n'y sont pas exactement gardées, mais la diction y est d'une pureté et d'une élégance
qui approchent beaucoup de celles de Térence, dont on sent bien
que l'auteur avait exprès étudié avec soin le génie et le style,
et qu'il a fait passer heureusement dans les pièces chrétiennes
qu'il nous a laissées. Je pourrai bien en faire imprimer une ou
deux, pour tirer de l'oubli un écrivain qui mérite certainement
d'être plus connu des gens de lettres qu'il ne l'est, et surtout de
ceux à qui l'éducation de la jeunesse est confiée. Ce livre serait
fort propre pour les séminaires, où de pieux ecclésiastiques se
font quelquefois un devoir de ne laisser entre les mains des
jeunes clercs que des livres qui respirent la piété et le christianisme.

Les Lettres de Cicéron, ses Paradoxes, ses Traités de la
vieillesse, de l'amitié, des devoirs de la vie civile, et d'autres
pareils, sont d'un grand secours pour la quatrième et pour la
troisième. La pureté et l'élégance du latin ne sont pas les plus
grands avantages qu'y trouvent les jeunes gens : tout le monde
sait combien ces livres philosophiques sont remplis d'excellentes

---

[1] De Goude, ville des Pays-Bas, dans la Hollande.

maximes. Mais comme souvent aussi ils sont remplis de raisonnements subtils, abstraits, et qui supposent une profonde connaissance de l'ancienne philosophie, la plupart des maîtres
avouent que beaucoup d'endroits de ces livres sont au-dessus de
la portée de leurs écoliers; et c'est ce qui me ferait souhaiter
qu'on fît aussi, pour la quatrième et pour la troisième, ce que
j'ai marqué pour les deux classes précédentes, c'est-à-dire qu'on
tirât de plusieurs auteurs, et surtout des ouvrages philosophiques de Cicéron, des histoires et des maximes proportionnées à
la force de ces classes; car il ne s'agit pas pour lors de faire
comprendre aux jeunes gens la suite d'un raisonnement long et
obscur, ce qui est beaucoup au-dessus de leur âge, mais de les
former à la pureté du latin et de leur donner de bons principes.
Or, des extraits faits avec soin et avec discernement, qui pourraient avoir quelquefois une longueur raisonnable, seraient également propres pour ces deux vues, et n'auraient point les inconvénients qui sont inévitables quand on explique tout de suite
des livres qui certainement n'ont point été faits pour apprendre
le latin à des jeunes gens.

J'insiste d'autant plus sur cet article, qu'il y a peu d'historiens qui conviennent à ces deux classes. La quatrième, outre
César, n'a que Justin, dont la latinité n'est pas bien pure. La
troisième est réduite à Quinte-Curce et à Salluste, qu'il y faut
expliquer alternativement chaque année. Le premier, quoiqu'il
ne soit pas du siècle d'Auguste, plaît fort aux jeunes gens,
à cause de son style fleuri et des faits intéressants qu'il renferme. Pour Salluste, il n'y a point d'auteur qu'on puisse lui
préférer. Quintilien ne craint point de le mettre en parallèle avec
Thucydide, si estimé parmi les historiens grecs; et il croit faire
beaucoup d'honneur à Tite-Live, après avoir fort relevé son
mérite, de dire que par tant d'excellentes qualités [1], mais d'un
genre tout différent de celles de Salluste, il est venu à bout
d'atteindre à l'immortelle réputation que ce dernier s'est acquise
par sa merveilleuse brièveté. En effet, Salluste [2], aussi bien que

---

[1] « Immortalem illam Sallustii velo-
citatem diversis virtutibus consecutus
est. » (QUINT. lib. 10, cap. I.)

[2] « Densus, et brevis, et semper ins-
tans sibi. (Ibid.)
« Ita creber est rerum frequentia,

Thucydide, a écrit d'un style extrêmement vif, serré, concis :
il·a presque autant de pensées que de mots, et laisse entendre
beaucoup plus de choses qu'il n'en dit. Mais c'est, ce caractère
là même qui donne lieu' de craindre ·que cet auteur ne soit
trop fort pour la troisième; et je suis d'autant plus porté à le
croire, que, dans des conférences établies pour en examiner et
en éclaircir les difficultés, j'ai vu de fort habiles maîtres très-
embarrassés à découvrir le sens d'un grand nombre d'endroits.
Quoi qu'il en soit, il n'y a point d'auteur qui nous donne une plus
juste idée de la république romaine que Salluste, et qui peigne
avec de plus vives couleurs le génie et les mœurs de son siècle,
qu'il nous est très-important de bien connaître.

. Pour la seconde, elle est riche en ouvrages excellents qu'on y
peut faire lire aux jeunes gens : l'Histoire de Tite-Live, les
Traités de Cicéron sur l'orateur, ses livres philosophiques, et
quelques-unes de ses Harangues. Mais tout cela demande encore
du choix et du discernement, et je ne crois pas qu'on doive se
faire une loi d'expliquer ces auteurs tout de suite. On ne peut,
pendant le cours d'une année entière, en voir qu'une partie fort
bornée, quatre ou cinq livres, par exemple, de Tite-Live; encore est-ce beaucoup. En ce cas, n'est-il pas plus prudent de
passer les endroits qui sont moins intéressants, tels que sont,
dans la première décade, la plupart de ceux où l'historien rapporte les disputes des tribuns, et plusieurs petites guerres, dont
on se contente de leur donner de vive voix quelque idée, pour s'arrêter plus longtemps sur les grands événements, qui plaisent infiniment plus et qui sont plus capables de former l'esprit? J'en dis
autant des Traités de Cicéron sur l'éloquence et sur la philosophie,
qui demandent encore plus qu'on y applique cette règle. Serait-
il supportable, en expliquant l'admirable livre intitulé *Orator*,
qu'on vît tout entier et de suite le traité des nombres, qui renferme près de cent chiffres, et où il y a tant de choses au-dessus
de la portée des jeunes gens, et tout à fait inutiles par rapport
au but qu'on se propose, qui est de leur apprendre la langue
latine et de leur former le goût? Il faut donc qu'un maître ha·

et verborum prope numerum sententiarum numero consequatur. » (Lib. 2 *de*
Orat. n. 56.)

bile et prudent fasse le choix des endroits qu'il veut expliquer ;
et je lui appliquerais volontiers, à cet égard , ce que dit Quintilien
en parlant de l'orateur : *Nihil esse , non modo in orando , sed
in omni vita , prius concilio.*

II. *De ce qu'il faut principalement remarquer, en expliquant
les auteurs dans les classes plus avancées.*

On peut réduire à cinq ou six articles les remarques qu'on doit
faire en expliquant les auteurs : 1° la syntaxe, qui rend raison
de la construction des différentes parties du discours ; 2° la propriété des mots , c'est-à-dire leur signification propre et naturelle ; 3° l'élégance du latin , par où l'on fait connaître ce que
cette langue a de plus fin et de plus délicat ; 4° l'usage des particules ; 5° certaines difficultés particulières plus marquées ; 6° la manière de prononcer et d'écrire le latin, qui n'est pas indifférente
même pour l'intelligence des anciens auteurs. Je n'ajoute point
ici ce qui regarde les pensées , les figures , la suite et l'économie
du discours, parce que je me réserve à en parler avec quelque
étendue dans un autre endroit.

1. De la syntaxe.

Comme cette partie n'a pu être enseignée que très-superficiel-
lement dans les deux premières classes , il est absolument nécessaire que les jeunes gens en soient instruits plus à fond à mesure
qu'ils avancent en âge. Il ne faut pas croire que la grammaire,
qui a plus de solidité que d'éclat [1], et qui par cette raison paraît
à de certaines personnes méprisable , soit indigne de ceux qui
se trouvent dans les classes supérieures. Elle a non-seulement de
quoi aiguiser l'esprit des jeunes gens [2], mais aussi de quoi exercer l'érudition des maîtres ; et elle ne peut nuire qu'à ceux qui
s'y arrêtent et s'y bornent, et non à ceux qui s'en servent
comme d'un degré et d'un chemin pour passer à d'autres connaissances plus élevées. C'est elle qui met les jeunes gens en état

---

[1] « Plus habet in recessu, quam in
fronte promittit.... Sola omni studiorum
genere plus habet operis quam ostenta-
tionis. » (QUINT. lib. I.)

[2] « Interiora velut sacri hujus adeun-
tibus apparebit multa rerum subtilitas ,

quæ non modo acuere puerilia ingenia,
sed exercere altissimam quoque erudito-
nem ac scientiam possit. » (Ibid.)

« Non obstant hæ disciplinæ per illas
euntibus, sed circa illas hœrentibus. »
(Ibid.)

de rendre raison des différentes constructions qui se rencontrent dans le discours, et de résoudre beaucoup de difficultés qui, sans ce secours, sont très-embarrassantes. Pour cela, il faut qu'ils aient dans l'esprit certaines règles courtes, nettes, précises, qui leur servent comme de clefs pour entrer dans l'intelligence des auteurs.

On trouve dans ces auteurs le relatif *qui, quæ, quod,* construit en différentes manières. *Populo ut placerent quas fecisset fabulas* (TERENT.). *Urbem quam statuo, vestra est* (VIRG.). *Darius ad eum locum, quem Amanicas pylas vocant, pervenit* (CURT.). *Ad eum locum, quæ appellatur Pharsalia, applicuit* (CÆS.). Le maître doit savoir exactement toutes les règles qui regardent le relatif. Il ne donne d'abord aux enfants que les plus simples et les plus faciles. Il leur explique les autres dans les classes plus avancées, à mesure que l'occasion s'en présente.

Il y a une infinité de manières de parler dans la langue latine dont on ne saurait rendre raison qu'en sous-entendant le mot *negotium* ou quelque autre pareil. *Triste lupus stabulis. Varium et mutabile semper femina* (VIRG.). *Parentes, liberos, fratres vilia habere* (TAC.). *Annus salubris et pestilens contraria* (CIC.). *Ultimum dimicationis* (LIV.), supp. *tempus. Amara curarum* (HORAT.). *Ad Castoris,* supp. *ædem. Est regis,* supp. *officium. Abesse bidui,* supp. *itinere.*

En combien d'occasions faut-il avoir recours, ou à quelque hellénisme, ou à d'autres règles, pour rendre compte de certaines constructions extraordinaires! *Quum scribas, et aliquid agas quorum consuevisti* (Lucceius Ciceroni). *Sed istum, quem quæris, ego sum* (PLAUT.). *Illum, ut vivat, optant* (TER.). *Hæc me, ut confidam, faciunt* (CIC.). *Istud, quicquid est, fac me ut sciam* (TER.). *Abstine irarum. Desine lacrymarum. Regnavit populorum.*

Je me contente de ce petit nombre d'exemples. Ce qu'on en doit conclure, c'est qu'un maître, pour être en état de bien expliquer les auteurs aux jeunes gens, et de leur rendre compte de tout, doit posséder en perfection toutes les règles de la syntaxe, en avoir approfondi les raisons, les avoir comparées avec les passages des anciens auteurs, et les rappeler, autant qu'il se

peut, à de certains principes généraux qui servent comme de
base et de fondement à l'intelligence du latin. La méthode latine
de Port-Royal fournit à un maître la plus grande partie des réflexions qui lui sont nécessaires sur cette matière ; et ce serait
une négligence bien condamnable si l'on ne faisait point usage
d'un tel secours.

2. De la propriété des mots.

On doit avoir une attention particulière à bien faire remarquer
la propriété des mots, c'est-à-dire leur signification propre et
naturelle, et pour cela marquer, selon le besoin, leur origine et
leur étymologie, d'où ils sont dérivés, de quoi ils sont composés. Quelques exemples rendront la chose plus sensible.

Reus signifie également les deux parties qui plaident. *Reos appello, non eos modo qui arguuntur, sed omnes quorum de re
disceptatur* (lib. 2. de Orat. n. 183). *Reos appello, quorum
res est* (ibid. n. 321). On appelle aussi *reus* celui qui s'est
engagé par promesse ou autrement, et qui est ensuite obligé
d'accomplir ce qu'il a promis. *Reus dictus est a re quam promi-
sit ac debet* (Paulus). D'où vient cette belle expression de Virgile, *voti reus*. Cependant *reus* est souvent opposé à *petitor*.
Quis erat petitor? Fannius. Quis reus? Flavius (pro Q. Rosc.
n. 42). Et il paraît que c'était là sa plus ordinaire signification.

Crimen, en bonne latinité, signifie accusation [1], et il vient
peut-être du grec κρίμα, *judicium. Ingrati animi crimen hor-
reo... Laudem imperatoriam criminibus avaritiæ obteri....
Falsum crimen, tanquam venenatum aliquod telum, in aliquem jacere* (Cic.). Des personnes habiles croient que ce mot,
dans les bons auteurs, ne signifie jamais crime : je n'oserais
pas l'assurer.

---

[1] En vers, les bons auteurs l'emploient avec ce sens.

Virgile :

· · · · · · · Et *crimine* ab uno
Disce omnes.
(*Æneid.* II. 65.)

Ovide :
Protinus hoc vetiti *criminis* acta rea est.
(*Trist.* II, 3o6.)

Silius Italicus :

Pygmalioneis quondam per cærula terris
Pollutum fugiens fraterno *crimine* regnum
Fatali Dido Libyes appellitur oræ.

((I, 22 ; cf. II, 523.)

On peut ajouter deux passages de Valérius Flaccus (*Argonaut.* IV, 43o ; V,
659). — L.

Facinus signifie un coup de main, une action hardie. Quand il est seul, il signifie ordinairement un crime, une action noire. *Nihil ibi facinoris, nihil flagitii prætermissum* (LIV.). Avec une épithète, il se prend également en bonne et en mauvaise part. *Qui aliquo negotio intenti, præclari facinoris, aut bonæ artis famam quærunt* (SALLUST.). *Facinus præclarissimum, pulcherrimum, rectissimum* (CIC.). *Voluntario facinori veniam dari non oportere.... Scelestum ac nefarium facinus* (CIC.). Mais *facinorosus* ne se prend qu'en mauvaise part.

Socordia et desidia se trouvent joints dans la préface que Salluste a mise à la tête de son histoire de Catilina : *socordia atque desidia bonum otium conterere*. Ces deux mots ont à peu près la même signification, mais cependant avec quelque différence. Valla croit que l'un regarde l'esprit, et l'autre le corps : *Socordia est inertia animi, desidia autem corporis*. Je ne sais si cette distinction est bien fondée.

Socordia a pour racine *cor*, dont les composés sont *concors, discors, excors, vecors*, et *secors* ou *socors*, id est, *sine corde*. Ce dernier signifie paresseux, lâche, négligent, nonchalant, indolent. *Nolim cæterarum rerum te socordem eodem modo* (TER.). *M. Glabrionem bene institutum avi Scævolæ diligentia, socors ipsius natura negligensque tardaverat* (CIC.). *Socors futuri* (TAC.), qui se soucie peu de l'avenir. On voit par là que *socordia* signifie *lâcheté, paresse, négligence, lenteur*. *Pœnus advena ab extremis orbis terrarum terminis nostra cunctatione et socordia jam huc progressus* (LIV.). Quintilien joint à ce substantif deux belles épithètes pour peindre cette nonchalance qui aveugle et endort la plupart des pères et des mères sur les défauts de leurs enfants : *si non cæca ac sopita parentum socordia est*. Tacite oppose *industria* à *socordia*. *Languescet alioqui industria, intendetur socordia*. On expliquera dans la suite ce que signifie *industria*.

Desidia vient de *sedeo*, dont les dérivés sont *obses, præses, reses, deses*, qui ont le génitif en *idis*. Ces deux derniers signifient *paresseux, endormi, nonchalant, fainéant, oisif, lent*, qui ne fait rien. *Desidem romanum regem inter sacella et aras acturum esse regnum rati... Sedemus desides domi, mulierum ritu inter nos altercantes... Timere Patres residem in urbe plebem* (Liv.). *Reses aqua* (Var.), eau croupie. On voit par là ce que signifie *desidia. Langori desidiæque se dedere* (Cic.). *Marcescere desidia et otio* (Liv.). Virgile se sert heureusement de ce mot pour caractériser le faux roi des abeilles, que sa fainéantise rendait pesant et malpropre. *Ille horridus alter Desidia, latamque trahens inglorius alvum;* au lieu que le véritable roi, actif et laborieux, éclatait de beauté. Je ne puis m'empêcher d'ajouter encore le vers d'Horace si plein de sens : *vitanda est, improba Siren, Desidia.*

Industria signifie proprement *activité de l'esprit, application, attention, travail, soin, diligence. Ingenium industria alitur... Mihi in labore perferendo industria non deerit... Enitar ne desideres aut industriam meam, aut diligentiam.... Perfectum ingenio, elaboratum industria.... Demosthenes dolere se aiebat, si quando opificum antelucana victus esset industria* (Cic.). *Industrius* signifie aussi proprement *un homme laborieux, actif, vigilant,* φιλόπονος. *Homo navus et industrius.... Homo vigilans et industrius... In rebus gerendis vir acer et industrius* (Cic.). Comme c'est par le travail et l'application qu'on réussit dans les affaires, et qu'on se rend habile ; je ne sais si *industria* ne pourrait pas aussi signifier *industrie, adresse, habileté.* Je n'oserais pas le nier, mais je doute qu'on en trouve des exemples ; et je suis étonné que le petit dictionnaire imprimé chez Boudot ne lui ait donné que cette dernière signification, sans parler de l'autre, qui au moins est la plus ordinaire. Un maître n'oublie pas de faire remarquer aux jeunes gens que ce mot s'emploie encore dans un autre sens : *de,* ou *ex industria,* exprès, à dessein, de propos délibéré.

Il est bon de faire discerner aux jeunes gens la signification de certains mots, dont on n'aperçoit pas facilement la différence.

On confond assez souvent *tutus* et *securus. Tutus* signifie *sûr, assuré, qui est sans danger, qui n'a rien à craindre ; securus,* qui est *sans crainte, sans soin, sans inquiétude : quasi sine cura.* De là vient ce beau mot de Sénèque : *Tuta scelera esse possunt, secura non possunt* [1].

---

[1] Epist. 97.

Il y a de la différence entre *gratus* et *jucundus*. Le premier signifie une chose *qui nous fait plaisir*, et dont on sait bon gré; le second, une chose *agréable* et qui cause de la joie. Or une chose peut nous faire plaisir et ne nous être pas agréable : comme d'être promptement instruit d'une nouvelle triste et fâcheuse, mais qu'il nous importe de savoir. Cicéron distingue ces deux significations. *Ista veritas, etiamsi jucunda non est, mihi tamen grata est* (*Att.* lib. 3, epist. 66). *Cujus officia jucundiora scilicet sæpe mihi fuerunt, nunquam tamen gratiora* (lib. 4, *epist. fam.* 6).

Dans l'usage ordinaire, *gaudere* et *lætari* se confondent, et sont indifféremment employés. Cependant, à parler exactement, ils ont une signification différente. *Gaudium* marque une joie plus modérée et plus intérieure, *lætitia* une joie qui éclate au dehors d'une manière plus vive et moins mesurée. D'où vient que Cicéron dit qu'il y a des occasions où *gaudere decet, lætari non decet* (*Tusc.* lib. 4, n. 66).

Il distingue aussi *amare* et *diligere*. *Quis erat qui putaret ad eum amorem, quem erga te habebam, posse aliquid accedere? Tantum accessit, ut mihi nunc denique amare videar, antea dilexisse* (ad *Att.* lib. 14, ep. 20). Il semble qu'*amare* marque un amour qui vient du cœur et de l'inclination; *diligere*, un amour fondé sur l'estime.

Il peut arriver aux plus habiles gens de se tromper dans l'intelligence de certains mots dont l'usage est rare, tels que sont par exemple la plupart de ceux qui regardent les arts. Cicéron, dans une lettre à son ami Atticus, ne rougit point d'avouer qu'un matelot lui avait appris la véritable signification d'un terme de marine qu'il avait longtemps ignorée, et sur laquelle il s'était trompé. *Arbitrabar sustineri remos, quum inhibere essent remiges jussi. Id non esse ejusmodi didici heri, quum ad villam nostram navis appelleretur : non enim sustinent, sed alio modo remigant. Id ab ἐποχῇ remotissimum est...* Inhibitio remigum motum habet, et vehementiorem quidem, remigationis navem convertentis ad puppim* [1]. En effet, Cicéron, dans un ouvrage composé sept ou huit ans avant la lettre qui vient d'être

---

[1] Epist. ad Attic. 21, lib. 13.

citée, avait donné à ce mot *inhibere* le sens qu'il reconnut depuis être faux. *Ut concitato navigio, quum remiges inhibuerunt, retinet tamen ipsa navis motum et cursum suum intermisso impetu pulsuque remorum : sic in oratione perpetua, quum scripta deficiunt, parem tamen obtinet oratio reliqua cursum, scriptorum similitudine et vi concitata* [1].

3. De l'élégance et de la délicatesse du latin.

Quoiqu'on puisse dire des auteurs de la bonne latinité que tout y est pur et élégant, il faut pourtant avouer qu'on y rencontre en plusieurs endroits une certaine finesse d'élocution plus marquée, qui se fait bien sentir et discerner à quiconque a du goût : comme dans un parterre rempli de belles fleurs il y en a certaines d'un prix et d'une beauté exquise, que les connaisseurs ne confondent pas avec celles qui sont plus communes. On s'aperçoit bientôt, dans ceux qui composent en latin, s'ils ont pris dans les anciens cette teinture d'une latinité fine et délicate. On voit souvent des discours où la diction est pure, correcte, intelligible, mais dénuée de cette grâce dont nous parlons ; en sorte qu'on pourrait y appliquer ce mot de Tacite : *magis extra vitia quam cum virtutibus.*

Cette finesse et cette délicatesse d'expression consistent quelquefois dans un seul mot, quelquefois dans une phrase entière. J'en rapporterai quelques exemples dans l'un et dans l'autre genre.

Satietas. Quand ce mot se dit de la nourriture, il est commun. *Cibi satietas et fastidium subamara aliqua re relevatur, aut dulci mitigatur* (Cic.). Mais dans le sens figuré il a beaucoup d'élégance. *Quum naturam ipsam expleveris satietate vivendi.... Ego mei satietatem magno labore meo superavi.... Necesse est ut orator aurium satietatem delectatione vincat....: Difficile dictu est quænam causa sit cur ea quæ maxime sensus nostros impellunt, et specie prima acerrime commovent, ab iis celerrime fastidio quodam et satietate abalienemur.... Mirum me desiderium tenet urbis, satietas autem provinciæ* (Cic.). *Sicubi eum satietas hominum, aut negotii si quando odium*

[1] Lib. I, de Orat. n. 153.

ceperat (TER.). On met quelquefois *satias* au lieu de *satietas*, et il n'est pas moins élégant.

> Ex meo propinquo rure hoc capio commodi;
> Neque agri, neque urbis, odium me unquam percipit :
> Ubi satias cœpit fieri, commuto locum.
>
> (TER. *Eun.* 5 , 6.)

Insolens. Insolentia. Ces mots, dans le figuré, sont communs. *Insolens hostis. Victoris insolentia.* Dans le propre ils ont beaucoup d'élégance. Ils sont composés de *in* pour *non*, et de *soleo. Is nullum verbum insolens, neque odiosum, ponere solebat* (CIC.). *Insolens vera accipiendi* (SALL.). *Animus contumeliæ insolens* (TAC.). *Ea requiruntur a me, quorum sum ignarus et insolens.... Moveor etiam loci ipsius insolentia.... Propter fori judiciorumque insolentiam, non modo subsellia, verum etiam urbem ipsam reformidat* (CIC.). *Offenderunt aures insolentia sermonis* (LIV.). *Quos nulla mali vicerat vis, perdidere nimia bona, ac voluptates immodicæ, et eo impensius, quo avidius ex insolentia in eas se merserant* (LIV. l, 33, n. 18).

Utor. Ce verbe, dans le simple, n'a rien que de commun. *Ad liberalitatem vectigalibus uti* (CIC.). Mais il a quelques autres significations fort élégantes. *Statuit nihil sibi gravius faciendum, quam ut illa matre ne uteretur* (CIC.) : Tout ce qu'il crut devoir faire après un si mauvais traitement, fut de ne plus voir une telle mère. *Adversis ventis usi sumus* (CIC.) : Nous avons eu les vents contraires. *Quo nos medico amicoque usi sumus* (CIC.) : Il était notre médecin et notre ami. *Mihi si unquam filius erit, næ ille facili me utetur patre* (TER.); pour dire, *ero facilis erga illum.*

Les noms diminutifs ont une grande grâce dans le latin, et c'est un des endroits par où cette langue l'emporte beaucoup sur la nôtre. Il suffit de les indiquer pour en faire sentir la délicatesse. *Homines mercedula adducti.... In hortulis suis requiescit (Epicurus), ubi recubans molliter et delicate nos avocat a rostris.... Ithacam illam, in asperrimis saxulis tanquam nidulum affixam, dicitur sapientissimus vir im-*

mortalitati anteposuisse.... Incurrit hæc nostra laurus non solum in oculos, sed jam etiam in voculas malevolorum.... Rogo te... ut amori nostro plusculum etiam, quam concedit veritas, largiare... ut nosmetipsi vivi gloriola nostra perfruamur.... Non vereor ne assentatiuncula quadam aucupari gratiam tuam videar.... Narrationem mendaciunculis aspergere... Opus est limatulo et politulo judicio tuo... Tenuiculo apparatu significas Balbum fuisse contentum (Cic.). *In unius mulierculæ animula si jactura facta fuerit... Quum oppida, quæ quodam tempore florentissima fuerunt, nunc prostrata et diruta ante oculos jacerent, cœpi egomet mecum sic cogitare: Hem! nos homunculi indignamur, si quis nostrum interiit, aut occisus est, quorum vita brevior esse debet; quum uno loco tot oppidorum cadavera projecta jaceant* (Sulp. in *epist.* ad *Cic.*). De quel prix est ce diminutif *homunculi* pour faire sentir la petitesse de l'homme! et combien, pour marquer la force étonnante et la continuité de la voix dans un aussi petit corps que celui du rossignol, le diminutif est-il nécessaire! *Tanta vox tam parvo in corpusculo, tam pertinax spiritus* (Plin.). Notre langue n'a point de mots pour rendre ces sortes de beautés.

Il y a une grande finesse dans plusieurs noms et verbes composés de la préposition *sub*, dont le propre est de diminuer la force et la signification de ces mots. *Subagrestis. Subrusticus. Subcontumeliose. Quia tristem semper, quia taciturnum, quia subhorridum atque incultum videbant.... Subrauca vox. Subturpiculus. Subdubitare. Subirasci. Subinvidere. Suboffendere.* (Cic.)

Les verbes fréquentatifs, appelés ainsi parce qu'ils signifient que la chose dont il s'agit se fait fréquemment, ont aussi quelquefois une grâce particulière. Il suffit d'en avertir. *Factito. Declamito. Lectito. Ad me scribas velim, vel potius scriptites* (Cic.). *Aiunt eum qui bene habitet, sæpius ventitare in agrum* (Plin.).

La lecture de Cicéron est bien propre à faire sentir cette finesse et cette délicatesse d'élocution dont je parle. J'en rapporterai quelques exemples plus longs et plus suivis.

1° *Libandus est ex omni genere urbanitatis facetiarum quidam lepos, quo tanquam sale perspergutur omnis oratio* (lib. 1, *de Orat.* n. 159.) Voilà précisément quelle est la latinité de Cicéron. Quelle finesse dans ce mot *libandus lepos!* Il l'emploie souvent ailleurs fort élégamment. *Nulla te vincula impediunt ullius certæ disciplinæ, libasque ex omnibus quodcumque te maxime specie veritatis movet* (lib. 5, *Tusc.* 82.) *Omnibus unum in locum coactis scriptoribus, quod quisque commodissime præcipere videbatur, excerpsimus, et ex variis ingeniis excellentissima quæque libavimus* (2 *de Inv.* 4.) *Non sum tam ignarus causarum, non tam insolens in dicendo, ut omni ex genere orationem aucuper, ut omnes undique flosculos carpam atque delibem* (pro *Sext.* 119).

2° *Habeat tamen illa in dicendo admiratio ac summa laus umbram aliquam et recessum, quo magis id quod erit illuminatum exstare atque eminere videatur* (3 *de Orat.* n. 99.) Tous les termes sont choisis et sont propres à la peinture, d'où la métaphore est tirée : *umbra, recessus, illuminatum, exstare, eminere.* Et ce passage nous avertit de ne pas nous attendre à trouver cette délicatesse dont nous parlons également répandue dans tout le discours.

3° *Dicebat Isocrates, doctor singularis, se calcaribus in Ephoro, contra autem in Theopompo frenis uti solere : alterum enim exultantem verborum audacia reprimebat, alterum cunctantem et quasi verecundantem incitabat. Neque eos similes effecit inter se, sed tantum alteri affinxit, de altero limavit, ut id conformaret in utroque, quod utriusque natura pateretur* (lib. *de Orat.* n. 36).

Il y aurait ici beaucoup de choses à observer : je ne m'arrête qu'à ces deux mots, *alteri affinxit, de altero limavit,* qui me paraissent d'une grande justesse et d'une grande élégance. Qu'on y substitue *adjecit* et *detraxit,* qui leur sont synonymes, quelle différence!

Alteri affinxit. Affingere, en bonne latinité, signifie *adjungere. Ne illi vera laus detracta oratione nostra, nec falsa afficta esse videatur* (pro leg. Man. 10.) *Faciam ut intelligatis in tota illa causa quid res ipsa tulerit, quid error affinxerit, quid invidia conflarit* (*pro Cluent.* 9).

De altero limavit. Ce mot dans le simple n'a rien qui frappe. *In arbores exacuunt limantque cornua elephanti* (PLIN.). Mais dans le figuré sa signification a toujours quelque chose de beau et de remarquable. Il signifie quelquefois seulement retrancher, et d'autres fois orner, parce que c'est en ôtant le superflu que la lime polit et perfectionne les ouvrages. Il est pris ici dans le premier sens, *de altero limavit;* aussi bien que dans cet autre passage de Cicéron : *de tua benefica prolixaque natura limavit aliquid posterior annus propter quandam tristitiam temporum* (ep. 3, l. 8.) *Limare* pour signifier *polir, orner, perfectionner*, est aussi fort élégant. *Neque hæc tita dico, ut ars aliquid limare non possit.... Hæc limantur a me politius* (CIC.). *Limandum expoliendumque se alicui permittere* (PLIN. jun.).

La comparaison de plusieurs passages où les mêmes mots sont employés peut servir beaucoup aux jeunes gens, et même aux maîtres, pour enrichir leur mémoire d'un grand nombre de manières de parler élégantes, et pour leur donner le goût de la bonne et de la pure latinité. Le Trésor latin de Robert Estienne, et, à son défaut, le dictionnaire de Charles Estienne, qui est l'abrégé du Trésor, et dont un habile maître ne peut se passer, lui fournira une foule d'exemples parmi lesquels il choisira ceux qui conviendront le mieux à son dessein. L'Apparat latin de Cicéron ne lui sera pas d'une moindre utilité. Le soin qu'il prendra de faire un extrait des plus beaux passages et de les transcrire ne sera pas une peine inutile ni pour lui ni pour ses disciples, surtout s'il est attentif à faire entrer dans ses thèmes une bonne partie de ces phrases choisies qu'il leur aura dites de vive voix.

4. De l'usage des particules.

J'avais oublié, dans la première édition de cet ouvrage, de traiter des *particules*, qui ne sont pourtant pas une chose indifférente, soit pour l'intelligence de la langue latine, soit pour la composition. On entend par ce mot les prépositions, les conjonctions, les adverbes, etc. Les particules contribuent beaucoup à la force, à la délicatesse, à l'agrément de cette langue, et elles en font sentir le tour et la propriété. Rien ne sert plus à en marquer le génie et le caractère particulier qui la distingue des autres. Rien ne fait mieux connaître si un homme qui parle ou qui écrit aujourd'hui en latin possède les beautés et les finesses de cette langue, et s'il est bien versé dans la lecture des anciens auteurs. Car il arrive quelquefois, sans qu'on s'en aperçoive (et qui peut se flatter d'être entièrement exempt de ce défaut ?), qu'on parle français en latin, en suivant le même tour, le même arrangement, les mêmes façons de s'exprimer que nous suivons dans notre langue, et qui sont absolument différentes dans la latine. Il est donc important d'apprendre aux jeunes gens l'usage que font les bons auteurs de ces sortes de particules; et cette étude peut convenir à toutes les classes, en proportionnant les remarques à la portée des écoliers.

Tursellin a composé sur cette matière un petit livre qui est d'un très-bon goût. Avant lui Steuvechius [1], Allemand fort habile, avait traité le même sujet avec beaucoup d'ordre et de précision. Ces deux livres peuvent être de quelque secours pour les maîtres. On y voit combien les particules servent non-seulement à lier ensemble les périodes ou les parties différentes d'une même phrase, mais encore à orner et à varier le style. Quelques exemples rendront la chose plus claire.

Préposition a *ou* ab.

Le premier mot qui se présente dans Tursellin est la préposition *a* ou *ab*. Il en apporte treize ou quatorze différentes significations, qu'il appuie de plusieurs autorités : je n'en citerai qu'un petit nombre.

Si caput a sole doleat (PLIN.), à cause du soleil.

Pecuniam numeravit ab ærario (CIC.), des deniers du trésor.

Vide ne hoc totum faciat a me (CIC.), ne fasse pour moi.

Mediocriter a doctrina instructus, angustius etiam a natura (CIC.), du côté de l'instruction.... du côté de la nature.

Ab recenti memoria perfidiæ, aliquanto minore cum mise-

---

[1] Le titre de cet ouvrage est : *Godescalci Steuvechii Husdani de particulis linguæ latinæ liber.* Il a été imprimé à Cologne en 1580.

ricordia auditi sunt (LIV.), à cause du souvenir encore récent de leur perfidie.

Homo ab epistolis, un secrétaire, un homme chargé d'écrire les lettres.

Enimvero.

Ce mot a plusieurs significations différentes, où il entre quelque élégance.

Pour affirmer ou nier avec plus de force, pour insister fortement sur quelque chose. *Tum te abiisse hinc negas?... Nego enimvero* (PLAUT.) *Tunc enimvero deorum ira admonuit* (LIV.).

Pour marquer la joie, la promptitude avec laquelle on fait quelque chose. *Illi enimvero se ostendunt, quod vellet, esse facturos* (CIC.).

On l'emploie aussi pour l'indignation. *Enimvero hoc ferendum non est* (CIC.).

Eo.

Cet adverbe se construit en différentes manières.

Quarum rerum eo gravior est dolor, quo culpa major (CIC.).

Eo tardius scripsi ad te, quod quotidie te expectabam (CIC.).

Id eo facilius credebatur, quia simile vero videbatur (CIC.).

Non eo dico, C. Aquili, quo mihi veniat in dubium tua fides (CIC.).

Un maître attentif sait faire usage de ces sortes de remarques. Il n'en propose pas beaucoup à la fois, pour ne point trop surcharger la mémoire des jeunes gens. Il les place à propos, selon les occasions qui se présentent. Il les appuie de plusieurs exemples pour les mieux inculquer ; et il tâche de les faire entrer ensuite dans les thèmes qu'il donne à composer. Je crois que cette sorte d'exercice peut beaucoup servir et pour l'intelligence de la langue, et pour l'élégance de la composition.

5. Des endroits difficiles et obscurs.

La difficulté et l'obscurité dans les auteurs peuvent venir, ou de ce qui regarde l'histoire, la fable, les antiquités, ou d'une construction embarrassée et quelquefois irrégulière; ou d'expressions rares, métaphoriques, susceptibles de plusieurs sens; ou de ce que le texte est peu correct, et qu'un même endroit se lit de plusieurs manières, qui souvent augmentent l'obscurité au lieu de la dissiper.

1° La connaissance de la fable, de l'histoire, des coutumes anciennes, est absolument nécessaire à un maître pour être en état de bien entendre et de bien expliquer les auteurs. Il ne doit pas s'arrêter trop longtemps sur ces matières, mais il ne doit pas les ignorer ni les négliger. Ce point ne doit pas faire l'essentiel de l'explication, mais il en doit faire partie. Il y a une érudition obscure, mal digérée, chargée de faits inutiles et peu intéressants, en un mot, plus capable de gâter l'esprit que de le former. On peut appliquer ici ce que dit Quintilien à un autre sujet : *Inter virtutes grammatici habebitur aliqua nescire* [1]. Mais aussi il y a sur ce point une ignorance qui ne pourrait venir que de paresse, et qui ne serait pas pardonnable à des personnes qui font profession de belles-lettres, qui passent une partie de leur vie sur les livres anciens, et qui, par leur état, sont chargées d'en donner aux autres l'intelligence. Je me propose de parler ailleurs de cette matière, et de la traiter avec quelque étendue.

2° Quand c'est l'embarras de la construction qui forme l'obscurité, elle est tout d'un coup dissipée en rangeant les mots dans leur ordre naturel. Cette phrase, qui est au commencement de Tite-Live, *Utcumque erit, juvabit tamen rerum gestarum memoriæ principis terrarum populi pro virili parte, et me ipsum consuluisse,* peut d'abord embarrasser les jeunes gens. Elle n'a plus rien d'obscur pour eux quand on en fait ainsi la construction : *Juvabit et* (id est, *etiam*) *me ipsum consuluisse pro virili parte memoriæ rerum gestarum populi principis terrarum.* Cet endroit du 6e livre, *ita omnia constante tranquilla pace, ut eo vix fama belli perlata videri posset,* a certainement quelque obscurité, qui disparaît dès qu'on en fait l'ordre : *ita omnia tranquilla* (supp. *erant*) *pace constante, ut,* etc.

---

[1] Lib. I, c. 4.

3° Quelquefois la difficulté vient de certaines constructions extraordinaires ou irrégulières qu'un mot peut éclaircir.

Eo melioribus usuras viris, dit Romulus en parlant aux Sabines qui avaient été enlevées, *quod annixurus pro se quisque sit, ut, quum suam vicem functus officio sit, parentum etiam patriæque expleat desiderium* [1]. C'est là dernière partie de cette phrase qui a quelque obscurité. On la rend plus claire en lui donnant un peu plus d'étendue. Ut *quum secundum suam vicem, seu, quod ad se proprie spectat, suo quisque* functus officio sit, *id est, quum suæ quisque conjugi amorem præstiterit quem vir uxori debeat, cumulatiorem insuper impendat caritatis modum, quo* patriæ et *parentum amissorum illis jacturam* desideriumque expleat.

Hinc patres, hinc viros orabant (Sabinæ mulieres) *ne se sanguine nefando soceri generique respergerent : ne parricidio macularent partus suos ; nepotum illi, liberum hi progeniem* [2]. Il n'y a d'obscurité que dans le second membre. Elle consiste dans ces derniers mots ; *nepotum.... liberum.... progeniem*, qui signifient *nepotes et liberos* : et encore plus dans ces premiers, *ne parricidio macularent partus suos*. Elles appellent parricide le crime par lequel les beaux-pères et les gendres s'entre-tueraient les uns les autres ; et elles les conjurent d'épargner cette honte, cette tache à leurs fils et à leurs petits-fils, à qui l'on reprocherait que leurs pères ou leurs grands-pères avaient été des parricides. Un habile interprète [3]. croit qu'il faut nécessairement substituer *orbarent* à la place de *macularent ;* mais il se trompe, et cet exemple nous apprend qu'il ne faut pas changer les textes.

Quia occisione prope occisos Volscos movere sua sponte arma posse, id fides abierit [4]. La construction de ces derniers mots n'est pas ordinaire, et elle demande un mot d'éclaircissement. *Quia fides abierit, fides non sit,* id est, *credi non possit, occisione prope occisos Volscos movere sua sponte arma posse, quia, inquam, credi non possit id ita esse....*

Sunt et belli sicut pacis jura, justeque ea non minus quam

[1] Liv. lib. I, n. 19.   [3] Tanaq. Fab.
[2] Id. ib.   Liv. lib. 3, n. 10.

fortiter didicimus gerere [1]. A quoi se rapporte *ea*? Le sens l'emporte ici sur la syntaxe. L'on sent bien que *bella* doit être sous-entendu.

Filiam pater avertentem causam doloris.... elicuit, comiter sciscitando, ut fateretur, etc. [2]. Cette expression, *filiam pater elicuit ut.*, etc., est rare, et demande d'être expliquée.

4° D'autres fois, une métaphore moins commune, ou une expression susceptible de plusieurs sens, embarrasse le lecteur.

Dissipatæ res nondum adultæ discordia forént: quas fovit tranquilla moderatio imperii, eoque nutriendo perduxit, ut bonam frugem libertatis maturis jam viribus ferre possent [3]. Cet endroit est admirable, et pour le fond de la réflexion même, et pour la manière dont elle est exprimée. Mais d'où est tirée la métaphore qui en fait la principale beauté? car c'est par où doit commencer l'explication de cet endroit, qui sans cela ne peut être bien entendu. Tite-Live a-t-il en vue les soins d'une nourrice, et la nourriture douce et légère dont l'enfance a besoin avant que de pouvoir digérer un aliment plus solide? ou bien se propose-t-il pour objet de sa comparaison la chaleur modérée de la terre, qui, après avoir enflé et attendri le grain, et en avoir fait sortir d'abord une petite pointe verdoyante, la fortifie insensiblement, et, la conduisant par divers degrés à sa maturité, la met enfin en état de porter le poids de l'épi? J'ai vu deux habiles professeurs, partagés sur l'intelligence de ce passage, appuyer chacun leur sentiment de raisons fort plausibles; et certainement la chose n'est pas sans difficulté.

Tite-Live termine la description du supplice des enfants de Brutus par cette excellente réflexion : *Nudatos virgis cædunt, securique feriunt; quum inter omne tempus pater, vultusque et os ejus, spectaculo esset, eminente animo patrio inter publicæ pœnæ ministerium* [4]. On donne à ces derniers mots, *animo patrio*, deux sens tout opposés. Les uns prétendent qu'ils signifient que dans cette occasion la qualité de consul l'emporta sur celle de père, et que l'amour de la patrie étouffa dans Brutus tout sentiment de tendresse pour son fils. Ce vers de Virgile,

---

Vincet amor patriæ [1], et le caractère d'insensibilité et de dureté
que Plutarque donne à Brutus, semblent appuyer ce premier
sens [2]. D'autres, au contraire, soutiennent, et leur sentiment
paraît bien plus raisonnable et plus fondé dans la nature, que
ces mots signifient qu'à travers ce triste ministère que la qualité
de consul imposait à Brutus, quelque effort qu'il fît pour supprimer sa douleur, la tendresse de père éclatait malgré lui. Et
le vers de Virgile emporte nécessairement ce sens, puisqu'il marque qu'il y aurait un combat entre les sentiments de la nature et
l'amour de la patrie, et qu'enfin ce dernier l'emporterait, *vincet
amor patriæ*.

Ces sortes de difficultés peuvent servir à former le jugement
des jeunes gens, à leur donner un goût de critique juste et exact,
et à jeter dans leurs études une variété et une gaieté qui les
leur rend plus agréables.

5° Il y a un autre genre de difficultés qui viennent de la corruption du texte. Il me semble qu'on doit cette justice aux bons
auteurs de l'antiquité, quand on trouve dans leurs ouvrages des
endroits d'une obscurité impénétrable et dépourvus de tout
sens, de croire que le texte est vicieux et qu'il y manque quelque chose; et alors on a recours aux conjectures.

*Dignos esse, qui armis (Volas) cepissent, eorum urbem
agrumque volanum esse* [3]. M. le Febvre substitue *dignum esse,*
id est, *æquum.*

*Non jam orationes modo Manlii, sed facta popularia in
speciem, tumultuosa eadem, qua mente fierent, intuenda
erant* [4]. Gronovius éclaircit cet endroit en changeant deux lettres, et substitue *intuenti. Facta popularia in speciem, tumultuosa eadem, qua mente fierent intuenti, erant* [5].

*Sic libris fatalibus editum esse, ut quando aqua albana
abundasset, tum, si eam Romanus rite emisisset, Victoriam
de Veientibus dari* [6]. La faute est évidente, *ut... dari,* soit

[1] [Æneid. 6, 819.]
[2] Vita Public.
[3] Liv. lib. 4, n. 49.
[4] Lib. 6, n. 14.
[5] L'abbé Bellanger a fait une longue
et pédantesque dissertation sur ce passage de Tite-Live (*Essais de critique,*
p. 1-50). Il y combat l'interprétation de
Rollin, adoptée par Crévier, et qui est
sans contredit plus belle et plus juste
que celle qu'il prétend établir. — L.
[6] Lib. 5., n. 15.

qu'elle vienne de l'inadvertance de l'auteur ou de l'ignorance du scribe.

Pline le naturaliste parle ainsi du vermisseau d'où se forme l'abeille : *id quod exclusum est, primum vermiculus videtur candidus, jacens transversus, adhærensque ita, ut pascere videatur* [1]. Ces derniers mots, *ita ut pascere videatur*, qui étaient dans toutes les éditions et dans tous les manuscrits, ne forment aucun sens raisonnable : aussi ont-ils fort embarrassé tous les interprètes, qui se sont donné la torture pour les expliquer ou pour y substituer une autre leçon. Cet endroit a été parfaitement rétabli par le simple changement de quelques lettres : *ita ut pars ceræ videatur.* Comme ce vermisseau est blanc, et qu'il tient à la cire, il paraît en faire partie. On doit cette restitution, l'une des plus heureuses qu'on ait en ce genre, au savant P. Petau, et, après lui, au P. Hardouin, qui, avant que d'avoir vu la note de son confrère, avait corrigé cet endroit de la même manière; et il appuie cette correction par un passage d'Aristote qui en démontre la nécessité.

6. *De la manière de prononcer et d'écrire le latin.*

Le don de la parole et l'invention de l'écriture sont deux avantages inestimables que la divine Providence a bien voulu accorder à l'homme, et qu'il n'aurait jamais pu se procurer lui-même par ses seuls efforts.

« C'est, dit un grand homme en traitant cette matière [2], une « invention merveilleuse de composer de vingt-cinq ou trente « sons cette variété infinie de mots, qui, n'ayant rien de sem- « blable en eux-mêmes à ce qui se passe dans notre esprit, ne « laissent pas d'en découvrir aux autres tout le secret, et de faire « entendre à ceux qui n'y peuvent pénétrer tout ce que nous « concevons, et tous les divers mouvements de notre âme. » C'est une seconde merveille, presque aussi admirable que la première [3], d'avoir trouvé le moyen, par des figures tracées sur

---

[1] Plin. Hist. nat. lib. XI, cap. 16.   [2] Gram. rais. pag. 27.

[3] *Phœnices primi, si famæ creditur, ausi*

le papier, de parler aux yeux aussi bien qu'aux oreilles, de fixer une chose aussi légère que la parole, de donner de la consistance aux sons et de la couleur aux pensées.

Il est bon de rendre de bonne heure les jeunes gens attentifs à ce double bienfait dont on fait usage tous les jours, et presque à chaque moment, et dont il est fort rare qu'on marque jamais à Dieu sa reconnaissance.

La manière ancienne d'écrire et de prononcer faisant une partie essentielle de la grammaire, elle doit être enseignée aux enfants dès qu'ils commencent à étudier. Mais on peut réserver pour un âge plus avancé certaines observations qui supposent un jugement plus formé.

Il est absolument nécessaire aux jeunes gens de bien connaître la nature des lettres et le rapport qu'elles ont entre elles. Cette connaissance leur servira à mieux distinguer la cadence et l'harmonie des périodes, à découvrir l'étymologie de certains mots, à savoir comment on prononçait autrefois, et quelquefois même à entendre dans les auteurs des endroits fort obcurs, ou à restituer des passages corrompus.

Les anciens, en parlant, faisaient toujours sentir la quantité des voyelles, et distinguaient toujours dans la prononciation les longues des brèves. Nous observons cette distinction dans la pénultième des mots de plus de deux syllabes, *amabam, circumdabam :* mais il n'en paraît ordinairement aucune trace dans ceux de deux syllabes, *dabam, stabam;* ce qui est un défaut très-considérable. Par là les vers latins perdent dans notre bouche une grande partie de leur grâce. C'est comme si en français nous prononcions *pate*, qui se dit des animaux, comme *pâte*, qui signifie de la farine détrempée avec de l'eau. M. Perrault, faute de connaître la nature des lettres, avait avancé que l'*a* de *cano*, dans ce vers de Virgile, *arma virumque cano*, devait se

Mansuram rudibus vocem signare figuris.
Lucan. l. 3.

C'est de lui que nous vient cet art ingénieux
De peindre la parole et de parler aux yeux ;
Et, par les traits divers de figures tracées,
Donner de la couleur et du corps aux pensées.
Brébeuf.

prononcer comme l'*a* pénultième de *cantabo*, dans ce vers critiqué par Horace, *fortunam Priami cantabo et nobile bellum*.
C'est, dit M. Despréaux en réfutant son adversaire, une erreur
qu'il a sucée dans le collége, où l'on a cette mauvaise méthode
de prononcer les brèves, dans les dissyllabes latins, comme si
c'étaient des longues.

Les anciens confondaient quelquefois l'*e* et l'*i* dans l'écriture,
et apparemment aussi dans la prononciation. Quintilien [1] remarque que de son temps on écrivait *here* au lieu de *heri*; qu'on
trouvait dans plusieurs livres *sibe* et *quase* au lieu de *sibi* et *quasi*,
et que Tite-Live avait ainsi écrit. De là vient sans doute que ces
lettres se mettent indifféremment dans de certains cas : *pelvem*
ou *pelvim*, *nave* ou *navi*. De là vient aussi que, comme dans
la diphthongue *ei* l'*e* était fort faible, et que l'on n'y entendait
presque que l'*i*, cette dernière lettre est demeurée seule dans de
certains mots : *omnis* pour *omneis*; ce qui est si commun dans
Salluste.

Crassus, dans Cicéron, reproche à Cotta [2] qu'en retranchant
l'*i*, et pesant trop sur l'*e* dans la diphthongue *ei*, il ne prononçait
pas comme les anciens orateurs, mais comme les moissonneurs,
qui, au rapport de Varron, disaient *vellam* pour *veillam* ou
villam. Un défaut assez approchant de celui-là est encore aujourd'hui fort ordinaire à beaucoup de personnes, qui prononcent l'*i* à peu près comme l'*e* dans les mots où l'*i* se trouve devant un *n*, comme *princeps*, *ingens*, *ingenium*, *induo*, au
lieu qu'il le faut prononcer dans ces mots comme on le fait dans
la préposition *in*, et lorsque l'*i* est suivi d'autres lettres : *immitis*,
primus.

La voyelle *u* était prononcée *ou* par les Latins, et elle l'est
encore ainsi par les Italiens et par les Espagnols. *Cuculus* se prononçait comme nous dirions *coucoulous*, d'où vient le mot
français *coucou* ; et ces mots, dans l'une et l'autre langue, n'ont
été formés que par onomatopée, c'est-à-dire imitation du son,
pour marquer le chant de cet oiseau. Or cette prononciation

[1] Lib. I, c. 7.
[2] « Quare Cotta noster, cujus tu illa
lata, Sulpici, nonnùnquam imitaris, ut
iota litteram tollas, et *e* plenissimum

dicas, non mihi oratores antiquos, sed
messores videris imitari. » (Lib. 3, *de
Orat.* n. 46.)

donne aux mots latins une grâce et une douceur particulières. Nous en conservons quelque chose dans les mots où l'*u* est suivi d'un *m* ou d'un *n* : *dominum*, *dederunt*, qu'il ne faut pas prononcer comme si c'était un *o* plein, *dominom*, ce qui est pourtant assez ordinaire [1].

Parmi les quatre liquides *l*, *r*, *m*, *n*, les deux premières méritent parfaitement ce nom : car elles sont effectivement coulantes, et se prononcent avec facilité et vitesse. L'*m* a un son fort sourd : c'est pourquoi Quintilien l'appelle *mugientem litteram*. Il remarque que, comme elle a quelque chose de pesant, autrefois on la retranchait à la fin, *die' hanc*; et que, quand même on l'écrivait [2], elle ne se prononçait presque point : *multum ille et terris jactatus, et alto*. Ainsi voilà encore dans ce vers une douceur et une grâce de prononciation qui nous est inconnue.

L'*s* est appelée *sifflante* à cause du son qu'elle fait : c'est pourquoi anciennement on la retranchait à la fin : *serenu' fuit*, *dignu' loco*. Il y a des mots français où l'on supprime cette même lettre dans la prononciation, quoiqu'elle demeure dans l'écriture : *Vous nous faites...* Les Romains faisaient toujours sonner l'*s*, et la prononçaient pleinement au milieu du mot, comme au commencement : *miseria*, comme *seria*. Ils doublaient même cette lettre au milieu, quand elle était précédée de voyelles longues : *caussa*, *cassus*, *divissiones* [3]; et c'est ainsi que Cicéron et Virgile écrivaient. Notre langue adoucit cette lettre au milieu, et elle a fait passer cette prononciation dans le latin.

Le *z* se prononçait chez les Latins d'une manière fort douce, et qui, selon Quintilien, répandait beaucoup d'agrément dans le discours [4]. Il répondait à peu près à notre *s* entre deux voyelles, *muse*, mais en y joignant quelque chose du son du *delta* après l'*s*. C'est ainsi qu'en grec les Doriens le prononçaient et l'écrivaient : συρίσδω pour συρίζω; ce qui certainement a beau-

---

[1] Voy. plus haut, p. 178.
[2] « Etiamsi scribitur, tamen parum exprimitur : adeo ut pene cujusdam novæ litteræ sonum reddat. » (QUINTIL. lib. 9, cap. 4.)

[3] « Quomodo et ipsum (Ciceronem) et Virgilium scripsisse, manus eorum docent. » (QUINTIL. lib. I, cap. 13.)
[4] Quint. l. 12, cap. 10.

coup de douceur. Quelques-uns croient que le *d* se prononçait avant l's : *Mezentius, Medsentius.*

On voit par le rapport de certaines lettres entre elles, comme du *b* et du *p*, du *d* et du *t*, pourquoi certains mots s'écrivent d'une manière et se prononcent de l'autre. Quintilien[1] remarque que dans *obtinuit* la raison demande un *b*, mais que les oreilles n'entendent qu'un *p*. Il en est ainsi dans toutes les langues. Nous prononçons *grant esprit, grant homme*, quoique nous écrivions *grand esprit, grand homme.*

Les anciens faisaient sonner fortement l'aspiration, surtout avant les voyelles, ce qui donnait beaucoup de grâce et de force à la prononciation. *Mene Iliacis occumbere campis Non potuisse, tuaque animam* hanc *effundere dextra !* (Æn. I, 101). *Si Pergama dextra Defendi possent, etiam* hac *defensa fuissent.* (Æn. II, 291.) Ces admirables vers perdent une partie de leur beauté, si l'aspiration n'est pas fortement marquée. C'est un défaut très-ordinaire aux jeunes gens, et surtout aux Parisiens, dont l'attention des maîtres peut aisément les corriger.

On a fait plusieurs remarques utiles et importantes sur l'*v* et l'*j* consonnes, que les anciens sans doute ne prononçaient pas tout à fait comme nous. Il n'est pas inutile que les jeunes gens en soient instruits, et qu'ils sachent ce que c'était que le *digamma æolicum*, c'est-à-dire un double *gamma*, caractère destiné pour marquer l'*v* consonne : *terminafit*, pour *terminavit*. L'empereur Claude, tout maître du monde qu'il était, n'eut pas le crédit de le faire recevoir au nombre des lettres latines.

On doit conclure de ces observations, et de beaucoup d'autres pareilles, que la manière dont les Romains prononçaient le latin était en plusieurs choses très-différente de celle dont nous le prononçons aujourd'hui ; qu'ainsi leur prose et leurs vers perdent une grande partie de leur grâce dans notre bouche, comme nous voyons que les nôtres sont extrêmement défigurés par les étrangers, qui ignorent notre manière de prononcer. Ils avaient mille délicatesses en prononçant qui nous sont absolument inconnues. Ils distinguaient l'accent de la quantité, et ils savaient fort bien relever une syllabe sans la faire longue, ce que nous ne som-

[1] Lib. 1, c. 13.

mes point accoutumés à observer. Ils avaient même plusieurs
sortes de longues et de brèves, dont ils faisaient sentir la différence. Le peuple était très-délicat sur ce point, et Cicéron[1] té-
moigne qu'on ne pouvait faire une syllabe plus longue ou plus
brève qu'il ne fallait dans les vers d'une comédie , que tout le
théâtre ne s'élevât contre cette mauvaise prononciation, sans
qu'ils eussent d'autre règle que le discernement de l'oreille, qui
était accoutumée à sentir la différence des longues et des brèves,
comme aussi de l'élévation ou de l'abaissement de la voix, en
quoi consiste la science des accents.

De telles observations sur la manière de prononcer et d'écrire
des anciens peuvent être fort utiles et même agréables aux
jeunes gens, pourvu que les maîtres en sachent faire un choix
judicieux, qu'ils les placent à propos, et qu'ils n'en proposent
pas en même temps un grand nombre, ce qui pourrait devenir
ennuyeux et rebutant. Ils peuvent, en attendant qu'ils consultent
les originaux mêmes, s'instruire en peu de temps et sans beaucoup de travail sur cette matière dans la Méthode latine de
Port-Royal, d'où j'ai tiré la plus grande partie des réflexions que
j'ai faites sur ce sujet. Ce livre , quoiqu'il ne soit pas sans défaut , les peut mettre en état d'apprendre à leurs écoliers bien
des choses également utiles et curieuses.

Ils y verront qu'il est mieux d'écrire *sumpsi, deliciæ, vindico,
autor* ou *auctor, convicium, fecundus, felix, femina, fenus,
fetus, làcryma, pœna, patricius, tribunicius, ficticius, novi-
cius, quatuor, quicquid, Sallustius, Appuleius, sidus, solem-
nis, sollistimum, sulfur, subsiciva* ou *subseciva,* et beaucoup
d'autres semblables observations appuyées de preuves et d'autorités.

III. *De la coutume de faire parler latin dans les classes.*

Il y a, ce me semble, sur cette matière, deux extrémités
également vicieuses. L'une est de ne pas souffrir que les jeunes

[1] « In versu quidem theatra tota re-
clamant, si fuit una syllaba aut brevior
aut longior. Nec vero multitudo pedes
novit, nec ullos numeros tenet ; nec illud ,
quod offendit, aut cur aut in quo offendat, intelligit : et tamen omnium lon-
gitudinum et brevitatum in sonis , sicut
acutarum graviumque vocum , judicium
ipsa natura in auribus nostris colloca-
vit. » (*Orat.* n. 173.)

gens parlent dans les classes une autre langue que la latine;
l'autre serait de négliger entièrement le soin de leur faire parler
cette langue.

1° Pour ce qui regarde le premier inconvénient, je ne comprends pas comment on peut exiger des enfants qu'ils parlent
une langue qu'ils n'entendent point encore, et qui leur est absolument étrangère. L'usage seul peut suffire pour les langues
vivantes; mais il n'en est pas ainsi de celles qui sont mortes,
qu'on ne peut bien apprendre que par le secours des règles et
par la lecture des auteurs qui ont écrit dans ces langues. Or,
il faut un temps assez considérable pour parvenir à l'intelligence
de ces auteurs.

D'ailleurs, en supposant même qu'on ne les obligerait à parler
latin qu'après qu'on leur aurait expliqué quelques auteurs, y a-t-il
lieu d'espérer qu'alors même, en parlant entre eux et dans les
classes, ils puissent s'exprimer d'une manière pure, exacte,
élégante? Combien leur échappera-t-il d'improprietés, de barba-
rismes, de solécismes! Est-ce là un bon moyen de leur apprendre la pureté et l'élégance du latin, et ce langage bas et rampant
du discours familier ne passera-t-il pas nécessairement dans
leurs compositions?

Si on les oblige dans ces premières années à parler toujours
latin, que deviendra la langue du pays? Est-il juste de l'abandonner ou de la négliger, pour en apprendre une étrangère?
J'ai remarqué ailleurs ¹ que les Romains n'en usaient pas
ainsi pour leurs enfants; et bien des raisons nous portent à
les imiter en ce point. La langue française s'étant emparée,
non par la violence des armes ni par autorité, comme celle
des Romains, mais par sa politesse et par ses charmes, de presque toutes les cours de l'Europe; les négociations publiques ou
secrètes, et les traités entre les princes, ne se faisant presque
qu'en cette langue, qui est devenue la langue ordinaire de tous
les honnêtes gens dans les pays étrangers, et celle qu'on y emploie communément dans le commerce de la vie civile, ne serait-il pas honteux à des Français de renoncer en quelque sorte
leur patrie, en quittant leur langue maternelle, pour en parler

¹ P. 107 et 108.

une dont l'usage ne peut jamais être, à leur égard, ni si étendu ni si nécessaire?

Mais le grand inconvénient de cette coutume, et qui me frappe le plus, c'est qu'elle étrécit en quelque sorte l'esprit des jeunes gens, en les tenant dans une gêne et une contrainte qui les empêche de s'exprimer librement. Une des principales applications d'un bon maître est d'accoutumer les jeunes gens à penser, à raisonner, à faire des questions, à proposer des difficultés, à parler avec justesse et avec quelque étendue. Cela est-il praticable dans une langue étrangère? et y a-t-il même beaucoup de maîtres capables de le bien faire?

2° Il ne s'ensuit pas de tout ce que je viens de dire qu'on doive entièrement négliger cette coutume. Sans parler de mille occasions imprévues qui peuvent arriver dans la vie, surtout quand on voyage dans les pays étrangers, où la facilité d'entendre et de parler latin devient d'un grand secours, et quelquefois même d'une absolue nécessité, la plupart de ceux qui étudient dans les colléges devant un jour s'appliquer, quelques-uns à la médecine, d'autres au droit, un grand nombre à la théologie, tous à la philosophie, ils sont indispensablement obligés, pour réussir dans ces études, de s'accoutumer de bonne heure à parler la langue de ces écoles, qui est la latine.

Outre ces raisons, l'habitude de parler latin, quand elle est accompagnée d'une étude solide, peut servir à faciliter l'intelligence de cette langue, en la rendant plus familière et comme naturelle; et elle peut aussi aider pour la composition, en fournissant des expressions avec une plus grande et plus riche abondance.

Les Romains, qui ne devaient jamais parler en public la langue grecque, par où ils auraient cru avilir la dignité de leur empire, s'exerçaient pourtant dans leur jeunesse à composer dans cette langue, et sans doute à la parler aussi; et Suétone [1] remarque que Cicéron, jusqu'à sa préture, fit toujours ses déclamations en grec.

Il est donc à propos de faire quelquefois parler latin les jeu-

---

[1] « Cicero, ad præturam usque, græce declamavit. » (SUET. *de clar. Rhet.* n. 1.)

nes gens dans les classes ; dé les obliger à s'y préparer au logis
en lisant quelques histoires dans les auteurs qu'on leur explique,
dont on leur fera rendre compte d'abord en français, puis en
latin; de les interroger quelquefois en cette langue sur les observations qu'on aura faites en expliquant les auteurs. Pour cela,
il faut que le maître lui-même, dans ses explications, mêle la
langue latine à la française : elles ne seraient pas d'une grande
utilité pour les jeunes gens, si elles se faisaient purement. en
latin. Comme une langue étrangère laisse toujours beaucoup
d'obscurité, ils écouteraient avec moins de plaisir, moins d'attention, et par conséquent avec moins de fruit. Mais si l'on a
quelque histoire à raconter, quelque trait d'antiquité à rapporter, quelque principe de rhétorique à établir, rien n'empêche
qu'on ne fasse tout cela d'abord en latin; après quoi on répète
les mêmes choses en français, en leur donnant plus d'étendue,
et en les montrant sous plusieurs faces, afin de les faire mieux
comprendre.

Cette méthode ne serait pas seulement utile aux écoliers, elle
servirait aussi beaucoup aux maîtres, à qui elle procurerait une
grande facilité de parler latin, qui leur devient nécessaire en
bien des occasions, et qui ne peut s'acquérir que par un long
usage et un fréquent exercice.

IV. *De la nécessité et de la manière de cultiver la mémoire.*

La mémoire est une puissance, une faculté par laquelle l'âme
conserve les idées et les images des objets qui ont été présentés
à l'esprit, ou qui ont frappé les sens.

De toutes les facultés de l'âme, il n'y en a guère dont on puisse
moins rendre raison que de la mémoire. En effet, est-il aisé de
concevoir comment les objets qui s'offrent à l'œil, et les sons
qui frappent l'oreille (et il en faut dire autant de tous les autres
sens, et encore plus des pensées et des notions les plus spirituelles), peuvent imprimer sur le cerveau des traces qui y gravent
une image subsistante de ces objets, et qui au premier commandement de l'âme lui en rappellent le souvenir ? Quel [1] est donc

---

[1] « Magna vis est memoriæ, magna   Venio in campos et lata prætoria memo-
nimis; penetrale amplum et infinitum.   riæ meæ, ubi sunt thesauri innumera-

cette espèce de magasin et de spacieux garde-meuble où l'homme met comme en dépôt tant de choses, et si différentes? Quelle étendue doivent avoir les vastes champs de la mémoire, pour contenir un nombre infini de connaissances et de sensations de toute espèce qui s'y amassent pendant une longue suite d'années! Que de petites loges, que de niches différentes (qu'on me pardonne ces expressions), pour cette multitude incroyable d'objets qui sont tous rangés à leur place sans mélange et sans confusion, sans que l'un trouble l'autre, ou le déplace et le dérange!

Mais, au milieu d'un ordre si admirable et d'une économie si merveilleuse, quelle inégalité quelquefois, et, si j'ose m'exprimer ainsi, quelle bizarrerie! Dans de certains temps, les objets se présentent d'eux-mêmes au premier signal, et dès qu'ils sont appelés : dans d'autres, ils se font longtemps chercher, et il faut les tirer comme par force des recoins où ils se cachent, et des enfoncements secrets où ils se tiennent renfermés. Ils viennent quelquefois tous ensemble par troupes, et il faut que l'esprit, comme par un signe de la main, les écarte pour discerner dans la foule ceux dont il a besoin. Pendant que des choses arrivées trente ou quarante ans auparavant sont présentes à l'esprit, d'autres, qui sont toutes récentes, lui échappent et se dérobent à sa vue.

Un accident, une maladie, effacent tout d'un coup toutes les traces qui étaient imprimées dans le cerveau : quelques années après, le rétablissement de la santé les fait toutes revivre.

Si la mémoire est une faculté si pleine de merveilles dans sa

---

bilium imaginum sensis invectarum. Ibi reconditum est quicquid cogitamus.... Nec omnia recipit recolenda quum opus est et retractanda grandis memoriæ recessus, et nescio qui secreti atque ineffabiles sinus ejus. Quæ omnia suis quæque foribus intrant ad eam, et reponuntur in ea. Nec ipsa tamen intrant, sed rerum sensarum imagines illic præsto sunt cogitationi reminiscenti eas... Ibi quando sum, posco ut proferatur quicquid volo. Et quædam statim prodeunt, quædam requiruntur diutius, et tanquam de abstrusioribus quibusdam receptaculis eruuntur : quædam catervatim se

proruunt, et dum aliud petitur et quæritur, prosiliunt in medium, quasi dicentia : Ne forte nos sumus ? Et abigo ea manu cordis a facie recordationis meæ, donec enubiletur illud quod volo, atque in conspectum prodeat ex abditis. » (S. Augst. Confess. lib. 10, c. 7.)

« Quid? non hæc varietas mira est, excidere proxima, vetera inhærere? hesternorum immemores, acta pueritiæ recordari? Quid? quod quædam requisita se occultant, et eadem forte succurrunt : nec manet semper memoria, sed aliquando etiam redit. » (Quintil. lib. II, cap. 2.)

cause et dans ses effets, on peut dire aussi qu'elle est d'une utilité infinie pour tous les usages de la vie, et surtout pour l'acquisition des sciences. C'est elle qui est la gardienne et la dépositaire de ce que nous voyons, de ce que nous lisons, et de tout ce que les maîtres ou nos propres réflexions nous apprennent. C'est un trésor domestique et naturel, où l'homme met en sûreté des richesses sans nombre et d'un prix infini. Sans elle, l'étude de plusieurs années deviendrait inutile, ne laisserait après soi aucunes traces, et s'écoulerait continuellement de l'esprit, comme la Fable le dit de l'eau des Danaïdes. C'est elle qui, après avoir suggéré à l'orateur, dans le feu de la composition, la matière de son discours, lui en conserve toutes les pensées et toutes les expressions, et l'ordre des unes et des autres, pendant des semaines et des mois entiers, et, dans le temps de l'action, les lui représente avec une fidélité et une exactitude qui ne laisse rien échapper.

Son secours n'est pas moins admirable ni moins nécessaire dans les discours qui se font sur-le-champ[1], où l'esprit, par une agilité étonnante, occupé en même temps des preuves, des pensées, des expressions, de l'arrangement, du geste, de la prononciation, et allant toujours en avant au delà de ce qui se dit actuellement, prépare de quoi fournir sans cesse et sans interruption à l'orateur, et remet le tout comme en dépôt à la mémoire, qui d'une main fidèle, l'ayant reçu de l'invention et livré à l'élocution, le rend à l'orateur à point nommé, sans prévenir ni retarder ses ordres d'un moment.

Un talent si merveilleux et si nécessaire est en même temps un présent de la nature, et le fruit du travail. Il tient quelque chose de l'une et de l'autre. Il doit son origine et sa naissance à la nature, sa perfection à l'art[2], qui ne met pas en nous les qualités qui nous manquent absolument, mais qui fait croître

---

[1] « Quid? extemporalis oratio non alio mihi videtur mentis vigore constare. Nam dum alia dicimus, quæ dicturi sumus intuenda sunt. Ita, quum semper cogitatio ultra id quod est longius quærit, quicquid interim reperit, quodammodo apud memoriam deponit : quod illa quasi media quædam manus acceptum ab inventione tradit elocutioni. » (QUINTIL. lib. II, cap. 2.)

[2] « Ars habet hanc vim, non ut totum aliquid, cujus in ingeniis nostris pars nulla sit, pariat et procreet; verum ut ea, quæ sunt orta jam in nobis et procreata, educet atque confirmet. » (CIC. lib. 2, de Orat. n. 356.)

et fortifie par la culture celles dont nous avons déjà d'heureux commencements.

Il est donc très-important de s'appliquer de bonne heure à cultiver la mémoire dans les enfants, qui pour l'ordinaire l'ont très-bonne, et qui d'ailleurs, dans ce bas âge, ne sont presque encore susceptibles d'aucun autre travail ; et cet exercice doit être continué régulièrement dans les années suivantes.

Quand je dis que l'art peut beaucoup servir à fortifier la mémoire, je ne parle point de cette mémoire artificielle dont l'invention vient des Grecs, et dont Cicéron et Quintilien exposent la méthode [1]. Elle consistait à attacher à certains lieux et à certaines images les choses et les mots que l'on voulait retenir. On choisissait, par exemple, pour lieux les différentes parties d'une maison, comme le vestibule, le salon, la galerie, les chambres, etc. Dans le premier on mettait l'exorde, dans le second la narration, et ainsi du reste. Dans le premier lieu, où l'on avait placé l'exorde, on mettait par ordre plusieurs images, dont les unes signifiaient les différentes parties et périodes de l'exorde, et les autres en marquaient les expressions. Il ne paraît pas que dans l'antiquité aucun orateur ait fait usage de cette méthode, moins propre, ce semble, à aider la mémoire qu'à la troubler et à l'accabler par un nouveau travail ; et c'est le jugement qu'en porte Quintilien. On parle d'un curé en Languedoc qui faisait de cette méthode un usage tout à fait admirable. On lui donnait trois ou quatre cents mots qui n'avaient aucune liaison ensemble. Il les répétait de suite, en commençant, soit par la tête, soit par la queue. C'était l'ordre des rues et des maisons de Montpellier, dont il se servait pour se fixer.

Une mémoire heureuse doit avoir deux qualités [2], deux vertus : la première, de recevoir promptement et sans peine ce qu'on lui confie ; la seconde, de le garder fidèlement. On est heureux quand ces deux qualités se trouvent jointes ensemble naturellement ; mais le soin et le travail contribuent beaucoup à les perfectionner.

---

[1] Cic. lib. 3, Rhet. n. 28-40, et l. 2, de Orat. n. 351-360. Quint. l. 11, cap. 2.
[2] « Memoriæ duplex virtus : facile per-cipere, et fideliter continere. » (Quintil. lib. 1, cap. 3.)

Il y a des enfants en qui la mémoire paresseuse et rétive refuse d'abord tout service, et paraît condamnée à une entière stérilité. Il ne faut pas se rebuter aisément, ni céder à cette première résistance, que l'on a vue souvent être vaincue et domptée par la patience et la persévérance. D'abord on donne peu de lignes à apprendre à un enfant de ce caractère, mais l'on exige qu'il les apprenne exactement. On tâche d'adoucir l'amertume de ce travail par l'attrait du plaisir, en ne lui proposant que des choses agréables, telles que sont, par exemple, les fables de la Fontaine et des histoires frappantes. Un maître industrieux et bien intentionné se joint à son disciple, apprend avec lui, se laisse quelquefois vaincre et devancer, et lui fait sentir par sa propre expérience qu'il peut beaucoup plus qu'il ne pensait : *possunt, quia posse videntur* [1]. Les louanges et la douceur ont ici bien plus de force que les réprimandes et la sévérité. A mesure qu'on voit croître le progrès, on augmente par degrés et insensiblement la tâche journalière. Par cette sage économie, on vient à bout de surmonter la stérilité ou plutôt la difficulté naturelle de la mémoire ; et l'on est étonné de voir des jeunes gens, de qui d'abord l'on aurait été tenté de désespérer, devenir presque égaux en ce point à tous leurs compagnons.

Une règle générale, dans la matière dont il s'agit ici, est de bien entendre et de concevoir nettement ce qu'on veut apprendre par cœur. L'intelligence contribue beaucoup certainement à aider et à faciliter la mémoire.

Plusieurs personnes ont éprouvé aussi qu'une lecture de ce qu'on veut apprendre par cœur, réitérée deux ou trois fois le soir avant que de se coucher, est d'une grande utilité, sans qu'on puisse trop en rendre la raison, si ce n'est peut-être que les traces qui s'impriment alors dans le cerveau, n'étant point interrompues ni entrecoupées par la multiplicité des objets comme pendant le jour, s'y gravent plus profondément, et font une plus forte impression à la faveur du silence et de la tranquillité de la nuit.

Les vers sont plus aisés à retenir que la prose, surtout quand les jeunes gens sont en état d'en discerner le nombre et la me-

[1] Virg.

sure ; mais la prose est plus propre à exercer et à fortifier la mé-
-moire, parce qu'elle se laisse apprendre moins aisément, ayant
plus de liberté, et n'étant point astreinte à des mesures réglées
et uniformes.

On trouve encore cet avantage d'une manière plus sûre dans
des sentences détachées, et qui n'ont entre elles aucune liaison,
telles que sont celles des Proverbes de Salomon et de l'Ecclésiastique. Il est bon de rompre la mémoire et de la dompter par ce
qu'il y a de plus difficile, afin que dans l'occasion on la trouve
préparée à tout.

On néglige trop, ce me semble, de faire apprendre dans les
classes des endroits choisis des auteurs grecs, et surtout des
poëtes. L'exemple que j'ai cité [1] d'un jeune homme de qualité qui,
avant que de sortir du collége, avait récité par cœur Homère
tout entier, nous marque d'un côté combien l'étude de la langue
grecque était pour lors en honneur dans l'université, et de l'autre autorise d'une manière bien éclatante la pratique que je conseille ici.

Il faut bien se donner de garde de compter pour perdu le
temps que l'on consacre à cultiver ainsi la mémoire : il n'en
est peut-être point de mieux employé dans la jeunesse. C'est à
la prudence des maîtres à régler la tâche qu'on doit imposer tous
les jours aux écoliers, et à la proportionner, autant que cela se
peut, à leur portée.

Dans les classes qui ne sont pas trop nombreuses, il me semble qu'un quart d'heure peut suffire pour faire réciter les leçons,
d'autant plus que tous les samedis on y destine un temps plus
considérable pour faire répéter toutes les leçons de la semaine.

Il vaut mieux les donner moins longues et en moindre nombre, mais exiger qu'on les récite avec la dernière exactitude. La
mémoire, qui penche toujours vers la liberté, et qui a peine à
souffrir le joug, a besoin d'être contrainte et assujettie, surtout dans les commencements; et par là elle contracte une heureuse habitude de docilité et de soumission à ce qu'on demande
a'elle.

On ne peut trop mettre cet exercice en honneur, et je suis fâ-

---

[1] Pag. 158.

ché qu'on ne continue pas, même dans les classes supérieures, l'ancienne coutume de faire provoquer pour les places, qui servait infiniment à y entretenir l'émulation et à cultiver la mémoire. Il est une simplicité et une enfance qui sied bien à tout âge, et qui, sans rien diminuer du mérite de l'esprit, annonce une innocence de mœurs plus estimable que les qualités les plus brillantes.

Il y a une mémoire des mots, et une mémoire des choses. La première est celle dont nous avons parlé jusqu'ici, et qui consiste à réciter fidèlement et à rendre mot pour mot ce qu'on a appris par cœur : l'autre consiste à retenir, non les mots, mais le fond, le sens, la suite des choses qu'on a lues ou entendues, comme d'une histoire, d'un plaidoyer, d'un sermon; et cette sorte de mémoire n'est pas d'une moindre utilité que la première, qui y prépare et y contribue beaucoup, et elle est d'un usage bien plus général.

Il est important d'exercer aussi les jeunes gens dans cette sorte de mémoire, en leur faisant rendre compte de ce qu'ils ont lu ou entendu. Il faut commencer par ce qu'il y a de plus facile, comme des fables et de courtes histoires; et s'ils omettent quelque circonstance essentielle, on le leur fait remarquer. Quand on leur a expliqué quelque harangue d'un historien, quelque livre d'un poëte, quelque plaidoyer d'un orateur, rien ne peut leur être plus utile que de les faire revenir sur leurs pas, et de leur en faire dire le contenu, d'abord en général, puis dans un plus grand détail, en rapportant avec exactitude l'ordre et la division du discours, les différentes parties et les preuves de chaque partie. J'en dis autant d'une instruction ou d'un sermon où ils auront assisté.

Je reviens à la mémoire des faits. Rien n'est plus ordinaire dans le monde que d'entendre des personnes qui ont de l'esprit et du goût pour la lecture se plaindre qu'elles ne peuvent rien retenir de ce qu'elles lisent, et que, quelque bonne envie qu'elles aient et quelque effort qu'elles fassent, presque tout ce qu'elles ont lu leur échappe, sans qu'il leur en reste rien qu'une idée confuse et générale.

Il faut avouer qu'il y a des mémoires infidèles, et, s'il est

permis de s'exprimer ainsi, entr'ouvertes de tous côtés [1], qui
laissent écouler tout ce qu'on leur confie : mais souvent ce défaut
vient de la négligence. On ne cherche dans ses lectures qu'à
satisfaire sa curiosité pour le présent, sans se mettre en peine de
l'avenir. On songe plus à lire beaucoup qu'à lire utilement. On
court avec rapidité, et l'on veut toujours voir de nouveaux objets.
Il n'est pas étonnant que ces objets multipliés à l'infini, et qu'on
se donne à peine le temps d'effleurer, ne fassent qu'une légère
impression qui s'efface dans le moment, et dont il ne demeure
aucune trace. Le remède serait de lire plus lentement, de répéter plusieurs fois la même chose, de s'en rendre compte à soi-
même ; et par cet exercice, d'abord un peu pénible et assujettis-
sant, on parviendrait, sinon à se ressouvenir parfaitement de
tout ce qu'on a lu, du moins à en retenir la plus grande partie
et ce qu'on y a trouvé de plus essentiel. Si l'on pouvait prendre
sur soi de se gêner de la sorte pendant quelque temps, on recon-
naîtrait que, si l'on retient peu de choses de ses lectures, ce
n'est pas tant à l'infidélité de la mémoire qu'il faut s'en prendre
qu'à sa propre paresse.

Je finirai ce petit traité par une réflexion qui aurait peut-être
dû être placée dès le commencement. Elle regarde le choix et
le discernement dont on doit user en cultivant la mémoire. Tout
n'est pas également beau dans les auteurs ; et quoique dans
Virgile, par exemple, tout mérite d'être appris, il y a néanmoins
des endroits plus éclatants, plus utiles que les autres ; et comme
on ne peut pas charger la mémoire du commun des jeunes gens
d'un auteur entier, le bon sens et la raison demandent qu'on
fasse choix des endroits les plus propres à former l'esprit et le
cœur par la beauté des pensées et par la noblesse des sentiments.
Ce discernement est encore plus nécessaire dans les autres écrivains, tels que sont les historiens et les orateurs, qui ne doivent
pas être proposés de suite, mais par endroits et par morceaux.

L'université a sagement ordonné de sanctifier pendant tout
le cours des études l'exercice de la mémoire, en faisant apprendre tous les jours aux jeunes gens quelques versets de l'Écriture
sainte.

---

[1] Plenus rimarum sum : hac atque illac perfluo.

LIVRE TROISIÈME.

DE LA POÉSIE.

La matière dont il s'agit ici demanderait seule un ouvrage entier, si l'on voulait lui donner une juste étendue. Mais le dessein que je me propose d'instruire des jeunes gens, ou peut-être tout au plus de jeunes maîtres, m'oblige de me renfermer dans des bornes plus étroites. Je ferai d'abord quelques réflexions générales sur la poésie considérée en elle-même; ensuite je descendrai dans le détail, et je donnerai quelques règles sur la versification et sur la manière de lire les poëtes.

CHAPITRE PREMIER.

DE LA POÉSIE EN GÉNÉRAL.

Les réflexions que j'ai à faire sur la poésie en général se réduiront à examiner quelle est la nature et l'origine de la poésie; par quels degrés elle a dégénéré de sa première pureté; si la lecture des poëtes profanes peut être permise dans des écoles chrétiennes; enfin si l'usage des noms et du ministère des divinités païennes peut être toléré dans le christianisme.

ARTICLE PREMIER.

De la nature et de l'origine de la poésie.

Si l'on veut remonter jusqu'à la première origine de la poésie, on ne peut douter, ce me semble, qu'elle ne prenne sa source dans le fond même de la nature humaine, et qu'elle n'ait été d'abord comme le cri et l'expression du cœur de l'homme, ravi, extasié, transporté hors de lui-même à la vue de l'objet seul

digne d'être aimé, et seul capable de le rendre heureux. Fortement occupé de cet objet, qui faisait en même temps sa joie
et sa gloire, il était naturel qu'il s'empressât d'en publier la grandeur bienfaisante, et que, ne pouvant renfermer en lui-même
ses sentiments, il empruntât le secours de la voix : que la voix,
n'expliquant pas assez fortement tout ce qu'il sentait, il en
soutînt et relevât la faiblesse par le son des instruments, tels
que furent d'abord les tambours, les cymbales et les harpes,
que les mains touchaient et faisaient retentir avec bruit : qu'il
leur associât même les pieds, afin qu'à leur manière ils expri-
massent par leur mouvement et par une cadence nombreuse les
transports qui l'agitaient.

Quand ces sons confus et inarticulés deviennent clairs et dis-
tincts, et forment des paroles qui portent des idées nettes des
sentiments dont l'âme est pénétrée, alors elle dédaigne le langage
commun et vulgaire. Un style ordinaire et familier lui paraît
trop rampant et trop bas. Elle s'élève au grand et au sublime,
pour atteindre à la grandeur et à la beauté de l'objet qui la charme.
Elle cherche les pensées et les expressions les plus nobles; elle
accumule les figures les plus hardies; elle multiplie les comparaisons et les images les plus vives; elle parcourt la nature et en
épuise les richesses, pour peindre ce qu'elle sent et pour en donner une haute idée; et elle se plaît à imprimer à ses paroles le
nombre, la mesure et la cadence qu'elle avait marquée par les
gestes de ses mains en jouant des instruments, et par le tres-
saillement de ses pieds en dansant.

C'est là proprement l'origine de la poésie; c'est ce qui en forme
le fond et l'essence; c'est de là que partent l'enthousiasme des
poëtes, la fécondité de l'invention, la noblesse des idées et des
sentiments, les saillies de l'imagination, la magnificence et la
hardiesse des termes, l'amour du grand, du sublime, du merveilleux : c'est de là que, par une suite nécessaire, naît l'harmonie
des vers, la chute des rimes, la recherche des ornements, le penchant à répandre partout des grâces, de l'agrément et des charmes; car le souverain bien étant aussi la souveraine beauté, il
est naturel à l'amour de chercher à embellir et à parer tout ce

qu'il aime, et de se représenter sous une figure agréable tous les objets qui lui plaisent.

Il est aisé de reconnaître tous ces caractères de la poésie, si l'on remonte aux premiers temps où elle était pure et sans mélange; si l'on examine les plus anciennes pièces que nous ayons dans ce genre, tel qu'est le célèbre cantique de Moïse sur le passage de la mer Rouge. Ce prophète, aussi bien qu'Aaron [1], Marie, et les autres Israélites spirituels, découvrant dans ce grand événement l'affranchissement de la tyranie du démon que Jésus-Christ devait procurer au peuple de Dieu, et portant leur vue jusqu'à la parfaite liberté qui sera accordée à l'Église à la fin du monde, lorsqu'elle sera transportée des misères de cet exil dans le bonheur de la patrie céleste, se livraient aux transports d'une joie que l'espérance d'une félicité éternelle devait leur inspirer. Pour les Israélites charnels, qui se bornaient à la terre, ils voyaient dans leur délivrance miraculeuse, que la ruine des Égyptiens rendait certaine, un bonheur aussi complet que les sens pouvaient se le figurer. Il était naturel aux uns et aux autres de faire éclater l'excès de leur joie par le chant et par la poésie [2], comme ils firent, et d'y associer leurs mains par le bruit des tambours, et leurs pieds par la danse.

On remarque les mêmes caractères dans le cantique de Débora, dans ceux d'Isaïe et dans les psaumes de David, qui, dans les cantiques de joie et d'actions de grâces, joint presque toujours aux cris d'allégresse le son de la harpe et de la guitare; et les tressaillements. Il y invite tous les auditeurs; et il en donna l'exemple le jour de la translation de l'arche, où, s'abandonnant sans réserve aux mouvements de sa joie, il jouait de sa harpe, et dansait de toute sa force [3].

On doit conclure de tout ce qui vient d'être dit que le véritable usage de la poésie appartient à la religion, qui seule propose à l'homme son véritable bien, et qui ne le lui montre que dans Dieu : aussi n'était-elle chez le peuple saint consacrée qu'à la

---

[1] Cantantes canticum Moysi, servi Dei.... (*Apocal.* 15, 3.)

[2] « Sumsit Maria prophetissa, soror Aaron, tympanum in manu sua : egressæque sunt omnes mulieres post eam cum tympanis et choris, quibus præcinebat. dicens : Cantemus Domino, etc. » (*Exod* 15, 20, 21.)

[3] « David saltabat totis viribus ante Dominum. » (2 *Reg.* 6, 14.)

religion : elle ne s'occupait qu'à chanter les louanges du Créateur,
qu'à relever ses divins attributs, qu'à célébrer ses bienfaits ; et
l'éloge même des grands hommes, qu'elle faisait quelquefois
entrer dans ses cantiques, avait toujours rapport à Dieu.

C'est ce qui a fait, même chez les anciens peuples idolâtres,
la première matière de leurs vers ; tels que sont les hymnes qu'on
chantait pendant les sacrifices et dans les festins qui en étaient
la suite ; telles que sont les odes de Pindare et des autres poëtes
lyriques ; telle qu'est la théogonie d'Hésiode.

Des dieux la poésie descendit peu à peu aux demi-dieux, aux
héros, aux fondateurs des villes, aux libérateurs de la patrie ;
et elle s'étendit à tous ceux qu'on regardait comme les auteurs
de la félicité publique, et comme des génies tutélaires. Le
paganisme, prodiguant la divinité à tout ce qui portait le caractère d'une bonté assez puissante pour procurer des avantages
qui passaient la portée ordinaire des hommes et qui tenaient
du merveilleux, crut qu'il était juste de faire entrer en partage
des louanges des dieux ceux qui partageaient avec eux la gloire
de procurer au genre humain les plus grands biens qu'il connût
et le seul bonheur qu'il désirât.

Les poëtes ne pouvaient traiter ces grands sujets sans faire
l'éloge de la vertu, comme étant le plus bel apanage de la Divinité, et comme ayant servi de principal instrument aux grands
hommes pour les élever à la gloire qu'on admirait en eux. Par
l'inclination naturelle qu'on a d'orner tout ce que l'on aime et
que l'on veut rendre aimable aux autres, ils s'appliquèrent à relever par les plus vives couleurs la beauté de la vertu, et à répandre tous les charmes et tous les agréments possibles dans leurs
maximes et dans leurs instructions, afin de les faire mieux goûter
aux hommes. Mais ce n'était point par le motif d'un amour
sincère qu'ils eussent pour la vertu en elle-même, puisqu'ils
ensevelissaient dans un profond silence toutes les vertus obscures, quoique souvent plus solides, et toujours plus nécessaires
à la vie ordinaire du commun des hommes, et qu'ils réservaient
toutes leurs louanges pour celles qui attiraient les applaudissements populaires, et qui brillaient avec plus d'éclat aux yeux
de l'orgueil et de l'ambition.

ARTICLE II.

Par quels degrés la poésie a dégénéré de son ancienne pureté.

Comme les hommes, entièrement plongés dans les sens, y faisaient consister tout leur bonheur, et se livraient sans mesure au plaisir de la bonne chère et aux attraits de l'amour charnel, c'était une conséquence naturelle que, regardant les dieux comme souverainement heureux[1], et par état, ils leur attribuassent la félicité la plus complète dont ils eussent eux-mêmes l'expérience et l'idée ; qu'ils se les représentassent comme passant leur vie dans les festins et dans la volupté, et qu'ils y attachassent les suites ordinaires et les vices qu'ils en jugeaient inséparables[2].

Ce principe de leur théologie les conduisit bientôt à se faire un devoir de religion de consacrer par des sacrifices solennels et par des fêtes publiques toutes ces passions et tous ces désordres qu'ils supposaient dans leurs dieux ; et ils s'y portèrent par le plaisir secret de voir retracée dans de si respectables modèles l'image de leurs propres passions, et d'avoir pour fauteurs et pour complices de leurs débauches les dieux mêmes qu'ils adoraient : de là était venu l'usage si ancien des bois sacrés qui accompagnaient presque toujours les temples, afin de couvrir par leur ombre et par leurs retraites les plus grandes infamies ; de là le culte de Béelphégor, dont il est parlé au chapitre 25 des Nombres, et qui se réduisait, selon l'Apocalypse, à manger et à commettre la fornication, *edere et fornicari*[3] ; de là ce qu'Hérode rapporte des cérémonies de Babylone, et ce que le prophète Baruch en avait dit longtemps avant lui ; de là ces différentes sortes de mystères qui cachaient tant d'ordures, et dont le secret était si sévèrement commandé.

Dans l'école d'une théologie si profane, que pouvait dire la poésie, elle qui était particulièrement consacrée à la religion, et qui était l'interprète naturelle des sentiments du cœur ? Son ministère exigeait qu'elle chantât les dieux tels que la religion,

---

[1] Μάκαρας εὐδαίμονας.
[2] L'ivresse de Bacchus et de Silène, les plaisanteries de Momus, les fonctions de l'échansonne Hébé, le nectar et l'am-broisie, etc. ; les mariages, les jalousies, les querelles, les divorces, les adultères, les incestes, etc.
[3] Apoc. 2, 24.

publique les lui montrait; et qu'elle les représentât avec les caractères, les passions et les aventures que leur donnait la renommée. C'était la religion qui lui inspirait ces invitations : *Adsis, lætitiæ Bacchus dator*[1] ; c'était la religion qui lui dictait cette maxime : *Sine Cerere et Baccho, friget Venus*[2]. Comment la poésie se serait-elle dispensée de suivre les égarements du paganisme, pendant que le paganisme lui-même suivait les égarements du cœur? Elle devait nécessairement dégénérer à proportion de ce que ces deux sources, dont elle dépendait, dégénéraient, et elle ne pouvait se défendre de contracter les vices de l'une et de l'autre. A juger donc sainement des choses, ce n'est pas la poésie qui est la première cause de l'impiété païenne ni de la corruption des mœurs; mais c'est la corruption du cœur qui, après avoir infecté la religion, a infecté la poésie, puisque celle-ci ne parle que la langue que le cœur lui dicte.

On doit néanmoins avouer que la poésie à son tour a beaucoup contribué à entretenir cette double dépravation. Il est certain que cette théologie profane et sensuelle aurait eu infiniment moins d'autorité sur les esprits, moins d'éclat et de cours parmi le peuple même, si les poëtes n'avaient épuisé en sa faveur tout ce qu'ils avaient d'esprit, de délicatesse et de grâces, et s'ils ne s'étaient étudiés à employer les couleurs les plus vives pour farder des vices et des crimes, qui seraient tombés dans le décri sans la parure qu'ils leur prêtaient pour en couvrir la difformité, l'absurdité et l'infamie.

C'est le fondement des justes reproches que les sages du paganisme ont fait aux poëtes. C'est le sujet de la plainte que Cicéron forme en particulier contre Homère, d'avoir communiqué aux dieux les défauts des hommes, au lieu de donner à ceux-ci les vertus des dieux : *Fingebat hæc Homerus, et humana ad deos transferebat : divina mallem ad nos*[3]. C'est le motif qui porta Platon à bannir de sa république les poëtes, sans même en excepter Homère, qui n'a pourtant jamais eu de plus grand admirateur que lui, ni peut-être de plus fidèle imitateur[4]. Est-ce, dit-il, une belle leçon de tempérance pour les jeunes gens, d'entendre dire à Ulysse chez Alcinoüs que le plus grand bonheur et le plus grand plaisir de la vie est de se trouver à une bonne table et d'y faire bonne chère? Ce que dit Phénix des présents, qui seuls sont capables d'apaiser les dieux et les hommes, et ce que fait Achille en ne rendant le corps d'Hector qu'à prix d'argent, est-il bien capable de leur inspirer des sentiments de générosité? Apprendront-ils à mépriser les douleurs et la mort, et à faire peu de cas de la vie, quand ils verront les dieux et les héros se désoler pour la mort de quelque personne qui leur était chère, et qu'ils entendront dire à Achille même qu'il aimerait mieux être sur la terre le valet du plus pauvre laboureur que le roi de tous les morts dans les enfers? Ce qui révolte davantage Platon contre Homère, c'est ce que ce poëte rapporte des dieux : leurs querelles, leurs divisions, leurs combats, leurs blessures, leurs vols, leurs adultères, et leurs excès pour les débauches les plus infâmes ; tous faits, selon lui, supposés, et qui n'auraient pas dû être mis au grand jour, quand même ils auraient été vrais. Cicéron impute aussi aux poëtes ces absurdes fictions qui rendent les dieux du paganisme si ridicules, et il en fait un long dénombrement [1].

L'un et l'autre se trompaient en ce point, qu'ils ne remontaient pas jusqu'à la première source du désordre. Homère n'était point l'inventeur de ces fables : elles étaient bien plus anciennes que lui, et faisaient partie de la théologie païenne. Il peignait les dieux tels qu'il les avait reçus de ses pères, et tels qu'ils étaient crus et connus de son temps. C'était donc à la religion même qui supposait de tels dieux, et non à la poésie qui les représentait sous l'idée qu'on en avait, que Platon devait s'en prendre. Et c'était là en effet le secret motif de la loi par laquelle il chassait de sa république les poëtes : car toute la théologie du paganisme était partagée entre deux écoles, celle des poëtes [2], et celle des philosophes. Les premiers conservaient

[1] « Nec multo absurdiora sunt ea quæ, poetarum vocibus fusa, ipsa suavitate nocuerunt : quia et ira inflammatos, et libidine furentes induxerunt deos, feceruntque ut eorum bella, pugnas, prælia, vulnera videremus : odia præterea, dissidia, discordias, ortus, interitus, querelas, lamentationes, effusas in omni intemperantia libidines, adulteria, vincula, cum humano genere concubitus, mortalesque ex immortali procreatos. » Lib. I, *de Natur. Deor.* n. 42.)

[2] « Per idem temporis intervallum extiterunt poetæ, qui etiam theologi

le précis de la religion populaire, qui était établie par des coutumes et des traditions immémoriales, autorisée par les lois de l'État, liée aux fêtes et aux cérémonies publiques. Les philosophes, rougissant en secret des erreurs grossières du peuple, enseignaient à l'écart une religion plus pure, et dégagée de cette multitude de dieux pleins de vices et de passions honteuses. Ainsi Platon, en excluant de sa république les poëtes, bannissait, par une conséquence nécessaire, toute la religion populaire pour y substituer la sienne; et par ce détour adroit il se mettait à couvert de la ciguë de Socrate, qui avait blessé la délicatesse du peuple en s'expliquant trop ouvertement contre les superstitions de la religion ancienne et dominante.

Cette réflexion sert à lever la contradiction qui paraît dans la conduite que les Athéniens tinrent à l'égard d'Aristophane et de Socrate. On ne sait pourquoi ils sont si impies au théâtre et si religieux dans l'Aréopage, et pourquoi les mêmes spectateurs couronnent dans le poëte les bouffonneries si injurieuses aux dieux, pendant qu'ils punissent de mort le philosophe qui en avait parlé avec beaucoup plus de retenue.

Aristophane, en représentant sur le théâtre les dieux avec des caractères et des défauts qui excitaient la risée, ne faisait qu'en copier les traits d'après la théologie publique. Il ne leur imputait rien de nouveau et de son invention, rien qui ne fût conforme aux opinions populaires et communes. Il en parlait comme tout le monde en pensait, et le spectateur le plus scrupuleux n'y apercevait rien d'irréligieux qui le scandalisât, et ne soupçonnait point le poëte du dessein sacrilége de vouloir jouer les dieux.

Au contraire, Socrate combattant la religion même de l'État, renversant le culte héréditaire et paternel avec toutes ses solennités, ses cérémonies, ses mystères, choquant tous les préjugés établis et reçus, paraissait un impie déclaré; et le peuple, irrité d'une témérité si sacrilége qui attaquait tout ce qu'il respectait comme plus sacré, croyait devoir allumer tout le feu de son zèle pour venger sa religion : car il faut nécessairement une religion à l'homme; il ne peut s'en passer. Les principes en sont

dicerentur, quoniam de diis carmina Dei, cap. 14.) faciebant. » (S. Aug. lib. 18, de Civ.

21.

trop profondément gravés dans le cœur pour l'étouffer. Mais il veut qu'elle soit indulgente, commode, complaisante, et que, loin de gêner ses penchants naturels ou de les condamner, elle les autorise. C'était une religion de ce caractère que les Athéniens aimaient ; et c'était en la leur représentant avec ces couleurs qu'Aristophane attirait leurs applaudissements et leurs louanges.

Le même motif inspira aux Romains beaucoup d'indulgence pour le théâtre, et les engagea même à consacrer en quelque sorte la licence qu'il se donnait contre les dieux, en la faisant entrer dans les cérémonies de la religion, dont les jeux scéniques faisaient partie ; quoique, d'un autre côté, la sévérité des magistrats fût fort attentive à mettre l'honneur des citoyens à l'abri des traits de la satire. En effet, ces jeux ne décriaient point les dieux dans l'esprit du peuple, qui était accoutumé dès son enfance à les respecter avec les mêmes passions que la scène leur donnait, et qui, par ces sortes de plaisanteries, ne perdait rien pour eux de sa vénération ordinaire : au lieu que les satires déshonoraient véritablement les grands hommes de la république dans l'esprit du peuple romain ; et, en les faisant regarder par le public avec moins d'estime et de respect, elles les rendaient moins utiles au service de l'État et au commandement.

Saint Augustin reproche aux Romains, avec autant de force que d'esprit, une conduite si bizarre[1]. Quoi! dit-il en s'adressant à Scipion, dont il avait cité quelques paroles sur ce sujet, vous trouvez qu'il est beau d'avoir interdit sous peine de mort aux poëtes d'attaquer aucun des Romains, pendant qu'on leur laisse toute liberté de déchirer les dieux! Votre sénat vous est donc plus cher que le Capitole? Vous préférez donc Rome au ciel, et votre réputation à celle des dieux? Vous liez la langue des poëtes quand il s'agit de décrier vos citoyens, et vous leur permettez de se déchaîner, sous vos yeux mêmes et en votre présence, contre les dieux, sans que ni sénateur, ni censeur, ni pontife, s'oppose à une telle licence! Vous trouvez qu'il aurait été indigne qu'un Plaute ou un Nævius eût osé mal parler des Scipions ou de Caton, et vous souffrez que votre Térence dé-

_____
[1] S. Aug. l. 2, de Civ. Dei, cap. 12.

crie impunément et déshonore Jupiter, en le donnant aux jeunes gens pour maître et précepteur dans le crime!

Saint Augustin, dans le même endroit, reproche aux mêmes Romains une autre contradiction non moins ridicule ni moins insensée[1]. Ceux qui représentaient dans les jeux scéniques des pièces de théâtre étaient déclarés infâmes, et, comme tels, jugés indignes d'exercer aucune charge dans la république, et chassés honteusement de leur tribu[2]; ce qui était la peine la plus infamante dont les censeurs punissent les citoyens.

Il faut remarquer que ces jeux scéniques avaient été établis chez les Romains par l'ordre même et par l'autorité des dieux, et qu'ils faisaient une partie du culte religieux qu'on leur rendait. *Nec tantum hæc agi voluerunt, sed sibi dicari, sibi sacrari, sibi solemniter exhiberi.* Comment donc, leur dit saint Augustin, peut-on punir un acteur qui est le ministre de ce culte divin? de quel front déclare-t-on infâmes ceux qui représentent ces pièces de théâtre, pendant qu'on adore comme dieux ceux qui les exigent? *Quomodo ergo abjicitur scenicus, per quem colitur deus? et theatricæ illius turpitudinis qua fronte notatur actor, si adoratur exactor?* Mais par quelle autre bizarrerie aussi extravagante note-t-on d'infamie les acteurs de ces pièces, pendant qu'on comble d'honneurs et de louanges les poëtes qui en sont les auteurs? *Qua ratione rectum est, ut poeticorum figmentorum et ignominiosorum deorum infamentur actores, honorentur auctores?* Macrobe nous a conservé une petite pièce de vers qui est d'un goût exquis, où le poëte Labérius, auteur des *Mimes*, qui était devenu chevalier romain, et que Jules César avait obligé, malgré sa répugnance, de paraître sur le théâtre, exhale sa juste douleur de s'être ainsi déshonoré lui-même à jamais par une lâche complaisance pour le prince. C'était le prologue de la comédie qu'il représentait. J'ai cru le devoir insérer ici tout entier.

---

[1] S. Aug. l. 2, de Civ. Dei, cap. 13.
[2] « Quum artem ludicram scenamque totam probro ducerent, genus id hominum non modo honore civium reliquorum carere, sed etiam tribu moveri notatione censoria voluerunt. » (Cic. lib. 4, *de rep.* apud S. Aug. lib. 2, *de Civit. Dei,* cap. 9 et 13.

PROLOGUS LABERII MIMI.

Necessitas, cujus cursus transversi impetum
Voluerunt multi effugere, pauci potuerunt,
Quo me detrusit pene extremis sensibus?
Quem nulla ambitio, nulla unquam largitio,
Nullus timor, vis nulla, nulla auctoritas
Movere potuit in juventa de statu;
Ecce in senecta ut facile labefecit loco
Viri excellentis mente clemente edita,
Submissa placide blandiloquens oratio!
Etenim ipsi di negare cui nihil potuerunt,
Hominem me denegare quis posset pati?
Ergo bis tricenis annis actis sine nota,
Eques romanus e lare egressus meo,
Domum revertar mimus. Nimirum hoc die
Uno plus vixi mihi quam vivendum fuit.
Fortuna immoderata in bono æque atque in malo!
Si tibi erat libitum litterarum laudibus
Floris cacumen nostræ famæ frangere,
Cur, quum vigebam membris præviridantibus,
Satisfacere populo et tali quum poteram viro,
Non flexibilem me concurvasti ut carperes?
Nunc me quo dejicis? Quid ad scenam affero?
Decorem formæ, an dignitatem corporis;
Animi virtutem, an vocis jocundæ sonum?
Ut hedera serpens vires arboreas necat,
Ita me vetustas amplexu annorum enecat.
Sepulcri similis, nihil nisi nomen retineo.

MACROB. Saturn. l. 2, c. 7.

L'extrême délicatesse de cette pièce latine, qu'il est impossible de faire passer dans une langue étrangère, m'avait d'abord détourné de la traduire en français. Je me suis enhardi dans les derniers temps, et je me suis cru obligé d'en hasarder la traduction en faveur des personnes qui n'entendent point le latin. Mais, pour la rendre moins défectueuse, je l'ai communiquée à plusieurs amis également habiles dans l'une et l'autre langue, qui m'ont aidé de leurs avis; et cependant je sens combien elle est encore éloignée de la beauté du texte original.

Traduction du Prologue de Labérius, poëte comique.

Où m'a réduit, presque sur la fin de mes jours, la dure nécessité qui traverse nos desseins; dont tant de mortels ont voulu,
et si peu ont pu éviter les coups violents et imprévus? Moi
qui, dans la fleur de l'âge, avais tenu contre toute sollicitation,
toute largesse, toute crainte, toute force, tout crédit; me voilà,
dans ma vieillesse, renversé en un moment par les douces insi-
nuations de ce grand homme, si plein de bonté pour moi, et qui
a bien voulu s'abaisser à mon égard jusqu'à d'instantes prières.
Après tout, si les dieux mêmes ne lui ont pu rien refuser, souf-
frirait-on, moi qui ne suis qu'un homme, que j'eusse osé lui
refuser quelque chose? Il faudra donc qu'après avoir vécu sans
reproche jusqu'à soixante ans, sorti chevalier romain de ma
maison, j'y rentre comédien. Ah! j'ai vécu trop d'un jour.
O fortune, excessive dans les biens comme dans les maux! si tu
avais résolu de flétrir ma réputation et de m'enlever cruellement
la gloire que je m'étais acquise par les lettres, pourquoi ne m'as-
tu pas produit sur le théâtre lorsque je pouvais céder avec moins
de confusion, et que la vigueur de l'âge me mettait en état de
plaire au peuple et à César? Mais maintenant qu'apporté-je sur
la scène? la bonne grâce du corps? l'avantage de la taille? la vivacité de l'action? l'agrément de la voix? Rien de tout cela. De
même que le lierre, embrassant un arbre, l'épuise insensiblement et le tue, ainsi la vieillesse, par les années dont elle me
charge, me laisse sans force et presque sans vie. Semblable à
un sépulcre, je ne conserve de moi que le nom.

ARTICLE III.

*La lecture des poëtes profanes peut-elle être permise
dans des écoles chrétiennes?*

Il naît de tout ce que je viens de dire une objection très-forte
contre la lecture des poëtes païens, et qui demande quelque
éclaircissement.

Platon, ce philosophe si sage et si sensé, bannit de sa république les poëtes, et ne croit pas qu'on doive les mettre entre
les mains des jeunes gens, si ce n'est après avoir pris de sages

précautions pour en écarter tous les dangers. Cicéron approuve
nettement sa conduite [1]; et supposant, comme lui, que la poésie n'est propre qu'à corrompre les mœurs, à amollir les esprits,
à fortifier les faux préjugés, qui sont une suite de la mauvaise
éducation et des mauvais exemples, il s'étonne que ce soit par là
qu'on commence l'instruction des enfants, et qu'on donne à
cette étude le nom de belles-lettres et d'honnête éducation.

Mais nous devons être bien plus effrayés de ce que dit saint
Augustin contre les fables des poëtes. Il regarde la coutume où
l'on était de les expliquer dans les écoles chrétiennes comme un
funeste torrent auquel personne ne résistait, et qui entraînait
les jeunes gens dans l'abîme de la perdition éternelle. *Væ tibi
flumen moris humani! Quis resistit tibi? Quamdiu non sicca-
beris? Quousque volves Evæ filios in mare magnum et formi-
dolosum* [2]? Après avoir rapporté l'endroit de Térence où un jeune
homme s'anime lui-même au crime et à l'impureté par l'exemple de Jupiter, il se plaint que, sous prétexte de lui exercer l'esprit et de lui apprendre la langue latine, on l'appliquait à de si
indignes fables, ou plutôt à de si folles rêveries, *in quibus a me
deliramentis atterebatur ingenium!* Et il conclut que de telles
ordures n'étaient pas plus propres que toute autre chose à lui
apprendre des mots latins, mais que ces mots étaient fort propres à lui faire aimer de telles ordures. *Non omnino per hanc
turpitudinem verba ista commodius discuntur, sed per hæc
verba turpitudo ista confidentius perpetratur.*

Saint Grégoire, pape, ne s'explique pas moins fortement dans
une lettre qu'il écrit à un évêque pour lui faire des reproches de
ce qu'il enseignait à la jeunesse les poëtes profanes. « Une même
« bouche (lui dit-il) ne peut prononcer les louanges de Jupiter
« et de Jésus-Christ; et il est horrible qu'un évêque chante ce
« qui ne convient pas même à un laïque pieux [3]. »

---

[1] « Videsne poetæ quid mali affe-
rant?......Ita sunt dulces, ut non legan-
tur modo, sed etiam ediscantur. Sic ad
malam domesticam disciplinam, vitam-
que umbratilem et delicatam, quum ac-
cesserunt etiam poetæ, nervos virtutis
elidunt. Recte igitur a Platone educuntur
ex ea civitate quam finxit ille, quum mores optimos et optimum reip. statum
quæreret. At vero nos, docti scilicet a
Græcia, hæc et a pueritia legimus, et
didicimus. Hanc eruditionem liberalem
et doctrinam putamus! » (Lib. 2. Tuscul. Quæst. n. 37.)

[2] Lib. I. Conf. c. 16.

[3] A l'év. Didier, IX, ep. 48.

La lecture des poëtes, condamnée si unanimement par les Pères, et même par les païens, peut-elle donc être permise dans les écoles chrétiennes?

Il faut avouer que ces témoignages sont bien forts, et bien capables d'intimider un maître à qui son salut, et celui de la jeunesse qui lui est confiée, sont aussi chers qu'ils le doivent être. Mais, pour ne rien outrer dans une matière si importante, il est nécessaire, comme le remarque le père Thomassin [1], dans l'ouvrage où il traite cette question à fond, de distinguer la poésie, aussi bien que la lecture des poëtes, de l'abus qu'on peut faire de l'une et de l'autre : car c'est cet abus seul qui est condamnable, et qui en effet a été condamné par ceux dont j'ai parlé.

Pour ne m'arrêter qu'aux derniers, c'est-à-dire aux saints Pères, dont l'autorité doit faire plus d'impression sur nous, l'usage constant d'enseigner les poëtes païens dans les écoles chrétiennes, auquel eux-mêmes rendent témoignage, est une preuve évidente que cette coutume n'était point regardée comme mauvaise en elle-même.

Peut-on croire que tant de pères si instruits de la religion, et même tant de mères si pieuses et si pénétrées de la crainte de Dieu, sous les yeux et sans doute par le conseil des saints évêques qui gouvernaient alors l'Église, eussent consenti qu'on appliquât leurs enfants à des études condamnées par la religion chrétienne? L'histoire ecclésiastique nous apprend que la mère de saint Fulgence [2], respectable par sa grande piété, *religiosa mater*, voulut que son fils apprît par cœur tout Homère et une partie de Ménandre, avant que d'apprendre les premiers éléments de la langue latine.

Tout le monde sait l'application singulière que saint Basile et saint Grégoire de Nazianze, longtemps avant saint Fulgence, avaient donnée à la lecture des auteurs païens, et en particulier à celle des poëtes. Ces deux grands saints peuvent être proposés aux jeunes gens comme un modèle parfait et de la manière dont ils doivent s'appliquer à la lecture des auteurs païens, et de la

[1] Méthode d'enseigner et d'étudier chrétiennement les poëtes.   [2] In vita Fulgent. cap. I.

conduite qu'ils doivent garder dans leurs études. L'histoire rapporte d'eux qu'ils ne connaissaient que deux chemins, dont l'un conduisait à l'église, et l'autre aux écoles. Dans une ville aussi corrompue qu'était alors Athènes, et au milieu d'une jeunesse livrée à toute sorte de désordres, ils surent conserver l'innocence et la pureté de leurs mœurs, semblables à ces fleuves à qui le mélange des eaux de la mer ne fait point perdre leur douceur. Pour peu qu'on ait lu leurs ouvrages, on sait combien ils ont sanctifié la lecture des poëtes par le pieux usage qu'ils en ont fait.

La religion chrétienne, si fortement et si savamment défendue par S. Augustin dans son admirable ouvrage de la Cité de Dieu, eut-elle lieu de se plaindre des études profanes que ce grand homme avait faites pendant sa jeunesse, qui lui fournirent contre les païens et contre tous les ennemis du christianisme des armes invincibles dont l'Église s'est servie contre eux si avantageusement dans tous les siècles?

Peut-être aurait-il été à souhaiter que les mêmes ruines qui ont enseveli l'idolâtrie eussent aussi englouti et fait disparaître pour toujours ces funestes monuments et ces restes impurs du paganisme, si capables d'infecter et de corrompre les esprits. Mais la divine Providence les a sans doute laissés survivre à l'idolâtrie pour déposer dans la suite de tous les siècles contre les impuretés et les excès horribles que non-seulement la religion païenne souffrait, mais qu'elle consacrait même par l'exemple des dieux.

Julien l'apostat avait parfaitement compris quelle plaie mortelle l'étude des auteurs profanes portait à ses superstitions, quand il défendit aux chrétiens d'enseigner les lettres humaines. L'horreur que tous les évêques, et S. Augustin comme les autres, témoignèrent pour cette loi impie, doit tenir lieu d'une éloquente apologie en faveur de la lecture des poëtes païens. On fut alors obligé de substituer à leurs ouvrages des poésies chrétiennes. Les plus beaux esprits, et en particulier S. Grégoire de Nazianze, signalèrent leur zèle et leur érudition en composant différentes pièces dans chaque genre de poésie, à l'imitation d'Homère, de Pindare, d'Euripide, de Ménandre, et des autres

Mais quand la paix et la liberté furent rendues à l'Église, un des premiers fruits qu'on en tira fut d'enseigner comme auparavant dans les écoles chrétiennes les poëtes païens ; et on le fit sans doute, encore plus que jamais, d'une manière chrétienne.

Quelle est cette manière chrétienne? On peut l'apprendre dans un traité fort court, mais excellent, que saint Basile composa sur ce sujet en faveur de quelques jeunes gens qui étaient de ses parents, et qui étudiaient les auteurs païens comme on le fait encore dans les colléges.

Ce savant évêque, l'une des plus grandes lumières de l'Église grecque, commence par établir ce principe : qu'ayant le bonheur d'être chrétiens, et en cette qualité destinés à la vie éternelle, nous ne devons estimer et rechercher que ce qui nous peut être utile pour l'autre vie. Il avoue qu'à proprement parler il n'y a que les livres saints qui puissent nous y conduire. Mais il ajoute qu'en attendant que la maturité de l'âge nous mette en état d'étudier à fond et de bien entendre les divines Écritures, nous pouvons nous occuper à d'autres lectures qui n'en soient pas tout à fait éloignées : comme on a coutume de se préparer aux combats véritables par des exercices qui y ont du rapport.

Les maximes répandues dans les écrivains profanes, soit par leur conformité, soit même par leur différence, peuvent nous disposer à celles de l'Écriture. Il en est de l'âme comme d'un arbre, qui n'a pas seulement des fruits, mais qui a aussi des feuilles, lesquelles lui servent d'ornement. Le fruit de l'âme est la vérité : la science profane tient lieu de feuilles, qui servent à couvrir ce fruit et à l'orner. Daniel étudia tout ce que les Chaldéens avaient d'arts et de sciences, montrant par là que cette étude n'était pas indigne des enfants de Dieu et des prophètes ; autrement, il s'en fût aussi bien abstenu que des viandes qu'on lui apportait de la table du roi. Longtemps avant lui, Moïse avait appris les lettres et les sciences de l'Égypte.

Saint Basile montre en particulier combien la lecture des poëtes peut être utile pour le règlement des mœurs. Il fait observer que ces beaux vers d'Hésiode [1], si connus et si estimés, où il représente le chemin du vice semé de fleurs, plein d'agré-

---

[1] Oper. et dies, v. 289 sq.)

ments, ouvert à tout le monde, et au contraire celui de la vertu, âpre, difficile, escarpé, sont une belle leçon pour les jeunes gens, qui leur apprend à ne se laisser point effrayer ni rebuter par les peines et par les difficultés qui environnent ordinairement la vertu. Il parle ensuite d'Homère, et il dit qu'un homme habile et fort versé dans l'intelligence de ce poëte lui avait fait remarquer qu'il était plein d'excellentes maximes, et que ses poëmes devaient être regardés comme une louange continuelle de la vertu. Il en cite plusieurs beaux endroits.

Comme donc les abeilles savent tirer leur miel des fleurs qui ne semblent propres qu'à flatter la vue et l'odorat, ainsi nous trouverons de quoi nourrir nos âmes dans ces livres profanes, où les autres ne cherchent que le plaisir et l'agrément. Mais, ajoute ce Père en continuant la même comparaison, les abeilles ne s'arrêtent pas à toutes sortes de fleurs; et dans celles mêmes où elles s'attachent, elles n'en tirent que ce qui leur convient pour la composition de leur précieuse liqueur. Nous tâcherons de les imiter; et comme en cueillant les roses on évite les épines, nous prendrons dans les auteurs profanes ce qu'il y a d'utile, sans toucher à ce qu'ils peuvent avoir de pernicieux.

Voilà notre règle et notre modèle; voilà le moyen de sanctifier la lecture des poëtes. Et comment pourrions-nous nous en écarter, puisque les païens mêmes nous en donnent l'exemple? Serait-il raisonnable que sur ce point nous eussions moins de délicatesse qu'eux? Quintilien [1], comme je l'ai déjà remarqué ailleurs, veut qu'on fasse choix non-seulement des auteurs, mais encore des endroits qu'on peut lire dans ceux qu'on aura choisis : et il déclare qu'il y a des pièces dans Horace qu'il serait bien fâché d'expliquer aux jeunes gens. Platon, dont nous avons tant parlé, prescrit la même loi [2]. Il veut qu'on conserve les poésies qui n'ont rien de contraire aux bonnes mœurs, qu'on rejette celles qui sont absolument mauvaises, qu'on corrige celles qui sont susceptibles de ce changement; et il charge de ce soin les

---

[1] « Alunt et lyrici : si tamen in his non auctores modo, sed etiam partes operis elegeris. Nam et Græci licenter multa, et Horatium in quibusdam nolim interpretari. » (QUINTIL. lib. I, cap. 14.)

Plato, De legibus, lib. 7.

personnes d'un âge mûr, d'une expérience consommée, et d'une probité reconnue. Le public doit savoir gré à ceux qui de notre temps ont mis presque tous les poëtes en état d'être lus et expliqués dans les colléges.

ARTICLE IV.

Est-il permis aux poëtes chrétiens d'employer dans leurs poésies le nom des divinités païennes?

Je commence par avouer que dans la question dont il s'agit j'ai lieu de craindre qu'il ne paraisse une espèce de témérité de vouloir troubler les poëtes chrétiens dans la possession où ils sont d'employer dans leurs poésies le nom des divinités païennes, d'autant plus que cette coutume est très-ancienne, et qu'on ne peut pas dissimuler qu'elle a été suivie par des personnes fort estimables pour leur mérite, et souvent même fort respectables pour leur piété. Je prie néanmoins le lecteur de souffrir que je ne la regarde pas comme un usage qui fasse loi, et de me permettre d'en rechercher l'origine, d'en peser les raisons, et d'en examiner les conséquences, parce qu'il peut y avoir des erreurs fort anciennes, qui pour cela n'en sont pas plus recevables, et qu'on ne prescrit point contre la vérité, dont les droits sont éternels. D'ailleurs je ne suis pas le premier qui réclame contre cet abus, et dans tous les temps on s'est opposé à cette prétendue possession, comme étant sans fondement et sans titre légitime; ce qui suffit pour empêcher la prescription.

La poésie, telle que je la suppose ici, n'a passé aux chrétiens que par le canal et le ministère du paganisme. Lui seul en a prescrit les règles et fourni les modèles. C'est par la lecture des poëtes grecs et latins qu'on s'en est formé quelque idée. On s'est uniquement appliqué à les étudier et à les copier. Toutes leurs inventions et presque toutes leurs expressions roulaient nécessairement sur les fausses divinités. Leur ôter Jupiter, Mars, Bacchus, Vénus, Apollon, les Muses, c'est leur ôter ce qui faisait en même temps le fond de leur poésie et de leur théologie. N'a-t-il pas pu arriver que des personnes, peut-être peu délicates sur la religion, éprises et comme enivrées des beautés de la poésie profane, et nourries de cette agréable lecture dès leur enfance, en aient insensiblement adopté jusqu'au langage sans y faire trop d'attention, et que cette coutume, comme tant d'autres, suivie avec aussi peu d'attention, et autorisée de plus en plus par le temps et par l'usage, soit devenue aussi commune que nous la voyons? Il doit donc être permis d'examiner si en elle-même elle est fondée sur la raison.

Les plus simples lumières du bon sens nous apprennent que celui qui parle doit avoir une idée nette de ce qu'il veut dire, et qu'il doit se servir de termes qui portent dans l'esprit des auditeurs une notion distincte de ce qui se passe dans son âme. C'est le premier but du langage et la fin de son institution; c'est le plus nécessaire lien de la société et du commerce de la vie. Le consentement de tous les hommes et la nature elle-même nous enseignent que c'est l'unique usage légitime que l'on puisse faire de la parole. L'auditeur est en droit de l'exiger; et si l'on trompe son attente en ne lui donnant que de vains sons et des mots vides de sens, on se rend indigne d'être écouté.

On prie un poëte qui, par exemple, dans la description d'une tempête invoque Neptune et Éole, de nous faire part de ce qui se passe dans son esprit lorsqu'il prononce les noms de ces divinités païennes. Qu'en pense-t-il? et que veut-il que les autres en pensent? Quelle est la signification propre qu'il y attache, et qu'il attend qu'on y attachera après lui? Voit-il sous ces termes quelque chose de réel et d'effectif?

Les païens, en s'adressant à Neptune et à Éole dans une tempête, entendaient par ces noms des êtres véritables, dignes d'adoration et de confiance, attentifs aux cris des malheureux et sensibles à leurs peines, exauçant leurs prières et acceptant leurs vœux, exerçant une autorité connue sur les éléments qui leur étaient soumis, et assez puissants pour dissiper l'orage et pour les tirer du péril.

Mais le poëte chrétien qui, dans une tempête, invoque ces prétendus dieux de la mer et des vents, croit-il parler à quelqu'un? Espère-t-il d'en être écouté? et veut-il le persuader aux autres? Neptune et Éole signifient-ils chez lui quelque chose de réel? s'imagine-t-il qu'ils existent ou qu'ils aient jamais existé? Qui ne s'aperçoit qu'il n'y a rien de plus absurde, de plus badin et de plus insipide que d'apostropher d'un ton pathétique des noms sans vertu et même sans réalité, et d'entasser dans des vers pompeux les figures les plus vives pour conjurer un pur néant de nous secourir? Quand on aime à parler ainsi en l'air, mérite-t-on l'attention d'un homme sérieux?

Que pense de même et que veut dire un poëte qui de sang-froid s'adresse à Apollon et aux Muses pour les prier de l'inspirer? qui rend grâces à Cérès, à Bacchus, à Pomone, d'avoir donné aux hommes une abondante moisson, une pleine vendange, une année riche en fruits? Je n'ai garde de soupçonner ce poëte d'entendre par ces noms ce que les païens entendaient. Ce serait impiété et irréligion; car, selon saint Paul après David, tous les dieux des païens étaient des démons : *Omnes dii gentium dæmonia.* Ce serait conduire les hommes à l'infidélité, qui porte ailleurs ses vœux, ses désirs, ses espérances et sa reconnaissance. Ce serait les rendre véritablement idolâtres, et leur apprendre à substituer à Dieu d'autres objets qui remplissent sa place en donnant ce qu'on ne peut recevoir que de lui, et qui lui ravissent la gloire de tous ses ouvrages et de tous ses bienfaits.

Ce qu'il semble qu'un poëte puisse répondre de plus raisonnable, c'est que, par ces noms de dieux qu'il invoque ou qu'il remercie, il entend les différents attributs du Dieu suprême, du Dieu véritable. Mais est-ce donc l'honorer que de lui donner le nom de ses plus déclarés ennemis, qui lui ont disputé si longtemps la divinité, et qui se font encore attribuer les titres et rendre les honneurs qui ne sont dus qu'à lui? Ne craint-on point d'irriter par une telle profanation celui qui s'appelle si souvent dans les Écritures un Dieu jaloux et vengeur? N'est-ce pas anéantir, du moins dans le langage, le fruit de la victoire de Jésus-Christ, qui a chassé le démon de tout ce qu'il avait usurpé? n'est-ce pas lui restituer en quelque sorte toutes les parties de son empire en le replaçant dans les astres, dans les éléments, dans toute la nature; en le rendant l'arbitre de la paix et de la guerre, de l'événement des batailles, du sort des États et des particuliers, et le donnant pour l'auteur de tous les dons naturels, qu'il se faisait autrefois demander par les idolâtres, et dont il se faisait rendre grâce?

22.

L'Écriture [1] nous apprend qu'un mot peu respectueux pour la souveraine majesté du vrai Dieu, échappé à des païens qui ne le connaissaient pas, fut puni par une sanglante défaite de tout un peuple. Croit-on que cette oreille si délicate et si jalouse, qui écoute tout [2], soit moins blessée maintenant de ces noms impurs et sacriléges de divinités profanes que des chrétiens osent lui donner? Le saint roi David eût-il approuvé un abus si injurieux à la Divinité, lui qui avait tellement en abomination tout ce qui avait usurpé la gloire du vrai Dieu, qu'il aurait cru souiller ses lèvres s'il avait nommé seulement ce qui était l'objet du culte idolâtre : *Nec memor ero nominum eorum per labia mea* [3].

Entre ces deux extrémités, d'entendre par ces noms les faux dieux ou le véritable Dieu, il y a un milieu qui à la vérité n'est pas si irréligieux, mais (qu'on me permette de le dire) qui est absolument insensé et extravagant : c'est de ne rien entendre. La raison et le bon sens peuvent-ils pardonner un tel langage, ou plutôt un si indigne abus de la parole? Et d'ailleurs toutes les professions, tous les arts, et toutes les sciences, se soumettant à la règle générale de n'employer, pour s'énoncer, que des termes significatifs, pourquoi la poésie serait-elle la seule qui s'en dispenserait, et qui se glorifierait aujourd'hui du privilége singulier et nouveau de parler sans savoir ce qu'elle dit?

Il faut l'avouer de bonne foi, plusieurs ne tombent dans cet inconvénient que pour n'y avoir jamais fait une sérieuse réflexion. Ils suivent le torrent d'une coutume qu'ils trouvent établie, et ils ne s'avisent pas d'en examiner l'origine, ni d'y soupçonner aucun mal. Je reconnais que ç'a été là autrefois ma disposition ; et s'il m'est arrivé quelquefois d'employer dans des vers le nom de quelques divinités profanes, dont je me repens bien maintenant, je l'ai fait à l'imitation des autres, dont l'exemple était pour moi une loi, mais non une justification.

---

[1] « Alors un homme de Dieu vint trouver le roi d'Israël, et lui dit : Voici ce que dit le Seigneur : Parce que les Syriens ont dit, Le Seigneur est le Dieu des montagnes, mais il n'est pas le Dieu des vallées ; je vous livrerai toute cette grande multitude, et vous saurez que c'est moi qui suis le Seigneur. » (3. Reg. 20-28.)

[2] « Auris zeli audit omnia. » (Sap. I 10.)

[3] Ps. 15, 4.

Cet usage que font les poëtes chrétiens des divinités païennes
paraît encore plus absurde et devient plus insupportable, quand
on les emploie dans des matières saintes, où l'on parle du vrai
Dieu, où l'on prétend le remercier des biens qu'il accorde aux
hommes, où même l'on traite quelquefois de ce que la religion
a de plus grave et de plus respectable.

Quelque plaisir que fasse la lecture des poésies de Sannazar,
peut-on lui pardonner d'avoir mêlé comme il a fait le sacré et
le profane dans un poëme où il s'agit du plus auguste de nos
mystères, je veux dire de l'Incarnation du Fils de Dieu[1]? Convient-il, en parlant des enfers dans une telle occasion, d'en laisser encore l'empire à Pluton, et de lui associer les Furies, les
Harpies, le Cerbère, les Centaures, les Gorgones, et d'autres
pareils monstres? Est-il raisonnable de mettre en parallèle les
îles de Crète et de Délos, célèbres, l'une par la naissance de
Jupiter, et l'autre par celle des enfants de Latone, avec la petite
ville de Bethléem, qui servit de berceau à Jésus-Christ? Mais surtout peut-on souffrir qu'après avoir invoqué le vrai Dieu, ou
du moins les esprits célestes et les bienheureux, ce poëte, pour
parler dignement de la naissance que Jésus-Christ a tirée d'une
vierge, implore le secours des Muses, ces prétendues vierges du
paganisme, comme devant s'intéresser à l'honneur de Marie,
vierge aussi bien qu'elles?

> Virginei partus magnoque æquæva Parenti
> Progenies, superas cœli quæ missa per auras.
> Antiquam generis labem mortalibus ægris
> Abluit, obstructique viam patefecit Olympi,
> Sit mihi, cœlicolæ, primus labor : hoc mihi primum
> Surgat opus. Vos auditas ab origine causas,
> Et tanti seriem, si fas, evolvite facti.
>   Nec minus, o Musæ, vatum decus, hic ego vestros
> Optarim fontes, vestras, nemora ardua, rupes
> Quandoquidem genus e cœlo deducitis, et vos
> Virginitas sanctæque juvat reverentia famæ;
> Vos igitur, seu cura poli, seu Virginis hujus
> Tangit honos : monstrate viam qua nubila vincam,

[1] De partu Virginis.

Et mecum immensi portas recludite cœli.

(Liv. 1.)

Il reconnaît dans la suite que de tels mystères sont absolument
inconnus aux Muses et à Phébus.

> Nunc age, Castaliis quæ nunquam audita sub antris
> Musarumve choris celebrata, aut cognita Phœbo,
> Expediam.

(Lib. 2.)

Mais revenant bientôt à sa folie poétique, il leur restitue tout
leur pouvoir, reconnaît leur autorité, et leur rend de nouveaux
hommages, comme aux seules divinités des poëtes.

> Non, si Parnassia Musæ
> Antra mihi, sacrosque aditus, atque aurea pandant
> Limina, sufficiam.

(Lib. 3.)

Quoique tous les hommes n'aient pas le cœur assez pénétré de
religion pour être touchés de l'injure qu'un tel abus fait au vrai
Dieu, seul auteur de tous les biens et de tous les talents, et à
qui seul par conséquent la raison, aussi bien que la piété, nous
apprend qu'il faut les demander, ils ont néanmoins assez de bon
sens pour sentir intérieurement le ridicule d'un si bizarre assortiment et d'un si monstrueux mélange du sacré et du profane,
du christianisme et du paganisme.

Il paraît ici depuis peu un poëme anglais, intitulé *le Paradis
perdu*, et qui a été traduit en français par une main habile, où
l'on a été généralement blessé d'un pareil mélange du sacré et
du profane qui s'y rencontre, d'autant plus que le sujet qui y est
traité renferme ce qu'il y a de plus auguste et de plus saint dans
la religion. Il est fâcheux qu'un poëme si excellent d'ailleurs, et
qui fait tant d'honneur à la nation anglaise, se trouve ainsi défiguré en quelques endroits par un défaut qui se pouvait aisément
corriger sans toucher au fond de l'ouvrage, et par le simple retranchement de quelques comparaisons entièrement étrangères
au sujet. On sent bien que l'auteur les y a insérées entraîné par
le torrent de la coutume, et par le mauvais goût qui a saisi presque tous les poëtes, d'employer dans leurs pièces les fictions ri-

dicules de la fable, et de faire revivre les divinités païennes au milieu du christianisme, malgré le ridicule qui se trouve dans un assortiment si bizarre, et qui ne blesse pas moins le sens commun que la religion. Au reste, quoiqu'il se rencontre encore quelques défauts dans ce poëme, comme l'a sagement observé le judicieux auteur qui en a fait l'analyse et la critique, il me semble que ce n'est point sans raison qu'on le regarde comme un chef-d'œuvre de l'art, digne d'entrer en parallèle avec les poëmes de l'antiquité les plus parfaits et les plus estimés, sur le modèle desquels il a été formé.

Le fameux Santeuil, de Saint-Victor, avait fait dans sa jeunesse l'apologie des fables. M^r. son frère, ecclésiastique plein de piété et de mérite, y répondit par une pièce de vers fort belle et fort élégante. Le premier sentit bien dans la suite que la raison était du côté de son frère : *In novos fabularum accusatores juvenile scripsi carmen*, dit-il lui-même ; *sed meus frater consultior hoc christiano nec minus latino carmine me desipuisse hactenus monet*. Il se crut donc obligé de faire une réparation publique, mais à la manière des poëtes, et il a voulu qu'elle fût jointe à la pièce de vers qui y avait donné lieu : *Ne impietati mihi adscribas quod quædam ex antiquorum superstitione homo christianus versibus meis insperserim, hæc styli exercendi causa lusi, quo aptior fierem ad ea scribenda, quæ spectant ad religionem. Hoc autem, candide lector, nolim te nescisse.*

Je ne dois pas omettre ici les reproches que M. Bossuet, évêque de Meaux, fit au même Santeuil, sur ce qu'il avait employé le nom de *Pomone* dans une pièce à M. de la Quintinie, où il parlait des jardins de Versailles. L'autorité de ce grand homme, qui joignait à un profond respect pour la religion un goût exquis de la belle littérature, doit être, ce me semble, d'un grand poids dans la matière que je traite. Ce poëte fit une pièce de vers pour se justifier, ou plutôt pour s'excuser; et il la termine par cette inscription : *Me pœniteat errasse in uno vocabulo latino, si displicuisse videar in me insurgenti tanto episcopo, etiam absolventibus Musis.*

Mais, dit-on, si l'on proscrit entièrement les noms des divinités païennes et les fictions fabuleuses, que deviendra la poésie ? et surtout à quoi se réduira le poëme épique, le plus beau de tous les poëmes ? La narration ne pourra y être que très-languissante par une triste et ennuyeuse uniformité ; et, ou il faudra y renoncer, ou ce poëme ne différera plus de l'histoire que par l'harmonie du langage, et l'on ne distinguera plus un habile poëte d'avec un bon versificateur.

En retranchant cet attirail de divinités, je n'ai garde de vouloir qu'on interdise aux poëtes ce qu'ils appellent la *fable*, ou l'ordonnance du poëme. Ce sera toujours par là que le poëte se distinguera de l'historien. Le sujet qu'il traite ne lui appartient pas plus qu'à l'historien : c'est un bien, c'est un fonds qui leur est commun : mais le poëte se l'approprie ; et il n'est lui-même poëte que par la manière adroite et spirituelle dont il dispose et assemble les parties de ce sujet.

Il choisit d'abord un événement, une action célèbre dans l'histoire ; il en conserve les circonstances les plus marquées. S'il les altérait ou les déplaçait, il choquerait les lecteurs intelligents, qu'il doit toujours respecter ou redouter. Jusque-là il est à la gêne et maîtrisé par sa matière comme l'historien ; mais il est maître après cela d'ajouter des circonstances nouvelles, en se tenant toujours dans la plus exacte vraisemblance, qui tient lieu à la poésie de ce qu'on appelle dans la peinture « *un second vrai* [1], « dont l'usage consiste à suppléer dans chaque sujet ce qu'il « n'avait pas, mais qu'il pouvait avoir, et que la nature avait « répandu dans quelques autres ; et à réunir ainsi ce qu'elle « divise presque toujours. » Le poëte a donc la liberté de ménager des rencontres et des situations qui relèvent le caractère de son héros et de ceux dont il parle. A l'exception des personnages fabuleux, il ne perd rien de ce qu'on admire dans les anciens ; tout lui reste : récits curieux, descriptions vives, comparaisons nobles, discours touchants, incidents nouveaux, rencontres inopinées, passions bien peintes. Joignez à cela une ingénieuse distribution de toutes ces parties. Voilà les beautés de tous les temps et de toutes les religions, et qui ne paraîtront jamais avec une versification harmonieuse, pure et variée, sans

---

[1] Lettre insérée dans le cours de peinture par M. de Piles, p. 45.

former un poëme parfait. Mais ramenons le tout à un principe simple.

La poésie épique, comme toutes les autres espèces de poésie, se propose d'instruire et de plaire [1]. Toutes les règles de la poésie et tous les efforts du poëte tendent à cette fin. Or, ce n'est point par des imaginations creuses ou par des fictions frivoles qu'il peut parvenir à ce but. C'est sans doute en formant d'abord un plan ingénieux de toute la suite de son action, en transportant dès l'entrée son lecteur au milieu ou presque à la fin du sujet; en lui laissant croire qu'il n'a plus qu'un pas à faire pour voir la conclusion de l'action; en faisant naître ensuite mille obstacles qui la reculent, et qui irritent les désirs du lecteur; en lui rappelant les événements qui ont précédé par des récits placés avec bienséance; en amenant enfin les événements avec des liaisons et des préparations qui réveillent la curiosité du lecteur, qui l'intéressent de plus en plus pour le héros, qui l'entretiennent dans une douce inquiétude, et le mènent de surprise en surprise jusqu'au dénoûment. Un poëme épique fait dans ce goût plairait certainement, et l'on n'y regretterait ni les intrigues de Vénus, ni les serpents ou le venin d'Alecto.

Au reste, en me déclarant contre les fictions poétiques et fabuleuses comme je fais ici, je suis bien éloigné de condamner certaines figures par lesquelles on attribue du sentiment, de la voix, de l'action même aux choses inanimées. Il sera toujours permis d'adresser la parole aux cieux et à la terre, d'inviter la nature à louer son auteur, de donner des ailes aux vents pour en faire les messagers de Dieu, de prêter une voix au tonnerre et aux cieux pour publier sa gloire, de personnifier les vertus et les vices. On ne peut s'offenser d'entendre dire d'un conquérant que la victoire accompagne partout ses pas, que l'épouvante marche devant lui, qu'il traîne après lui la désolation et l'horreur. Ces figures, toutes hardies qu'elles sont, ne sont pas plus contraires à la vérité que la métaphore et l'hyperbole; et je puis bien appliquer ici ce que Quintilien dit de la dernière: *Monere*

---

[1] Et prodesse volunt et delectare poetæ.
HORAT. (*Art poet.* v. 333.)

satis est, mentiri hyperbolem, nec ita ut mendacio fallere velit [1].
En effet, loin que toutes ces figures, quand elles sont employées
sagement, fassent aucune illusion à l'esprit, ce sont toutes manières de parler vives et majestueuses, qui expriment sensiblement
et en peu de mots ce qu'on ne pourrait dire que froidement par
un plus long circuit de paroles.

CHAPITRE II.

DE LA POÉSIE EN PARTICULIER.

Les instructions que l'on doit donner aux jeunes gens sur la
poésie regardent ou la versification, ou la manière de lire et
d'entendre les poëtes, ou l'intelligence des règles et de la nature
des différentes sortes de poëmes.

ARTICLE PREMIER.

De la versification.

I. Combien le goût des nations est différent par rapport à la versification.

On appelle versification l'art de faire des vers. C'est une chose
étonnante dans la versification que le goût différent des différentes
nations. Ce qui est d'un agrément infini dans une langue est
insipide et de mauvais goût dans une autre. Les belles rimes,
par exemple, qui font un si bon effet dans la poésie moderne, et
qui flattent si agréablement l'oreille dans les langues française,
italienne, espagnole, allemande, sont choquantes dans les vers
grecs et dans les latins ; et de même la mesure des vers grecs et
des vers latins, qui dépend de la quantité des syllabes [2], n'aurait
aucune grâce dans notre poésie moderne.

---

[1] Lib. 8, c. 6.

[2] La *quantité* est proprement la mesure de chaque syllabe, et le temps que
l'on doit être à la prononcer, selon lequel
les unes sont appelées brèves, les autres
longues, et les autres communes. A la
vérité la langue française observe la longueur et la brièveté des voyelles dans la
prononciation, et cette différence va
quelquefois jusqu'à donner au même mo·

Mais, en se renfermant même dans une seule langue, quelle infinie variété de pieds, de mesures, de cadences, de vers, ne trouve-t-on point dans la poésie latine (et il en faut dire autant de la grecque)! En combien de différentes espèces de poëmes ne se divise-t-elle point, dont chacun fait un tout à part, qui a ses règles et ses beautés particulières, qui souvent tire son plus grand agrément du mélange de différentes sortes de vers, et qui ne convient qu'à de certains sujets et à de certaines matières! en sorte que si l'on voulait le transporter ailleurs, il y paraîtrait comme étranger, aurait un air contraint, et ne parlerait plus son langage naturel. Le vers hexamètre a quelque chose de grave et de majestueux; mais il devient plus simple et plus familier si on lui associe le vers pentamètre. L'alcaïque, surtout quand il est soutenu par les deux espèces différentes de vers qu'on y joint, est plein de force et de grandeur : au contraire, le vers saphique n'a rien que de doux et de coulant, et il tire beaucoup de grâce du vers adonique qui termine la strophe. A examiner la cadence du vers phaleuque, on dirait qu'il est fait exprès pour le badinage et pour l'amusement. D'où peut venir une si étonnante variété?

Je ne puis croire que ce soit le hasard qui ait établi les différentes espèces de versification. Cette variété sans doute est fondée dans la nature, qui, ayant mis dans l'oreille un vif sentiment des sons, porte aussi à choisir différentes sortes de mesures, de cadences et d'ornements, selon les matières que l'on traite, et selon les passions que l'on veut exprimer.

Le poëme épique, qui représente les grandes actions des héros, demande une versification grave et majestueuse. Il veut des vers qui marchent à plus grands pas, qui aient une mesure plus longue, qui soient sans mouvements trop brusques ni trop préci-

---

une différente signification : *aveuglement*, substantif; *aveuglément*, adverbe; *malin*, *mâlin*. La voyelle *e* dans les mots suivants, *sévère*, *évêque*, *repêché* de l'eau, *revelez-vous*, a trois sons et trois quantités différentes, dont je ne sais si les langues grecque et latine pourraient fournir un exemple. D'où il est clair que le français a sa quantité, quoiqu'elle ne soit pas toujours aussi distinctement marquée pour chaque syllabe que dans le grec et le latin : mais cette quantité n'est point employée dans la poésie française à former différents pieds et différentes mesures.

pités, et qui finissent par une chute noble, soutenue de la gravité du spondée.

Au contraire, les odes et les cantiques, qui forment une poésie toute de sentiments, et qui étaient ordinairement accompagnés de la danse et du son des instruments, semblent demander des vers plus courts, qui s'élancent par bonds, qui se dardent comme des traits, et qui secondent par leur marche prompte et rapide la vivacité des saillies auxquelles l'âme s'abandonne.

Comme le poëme dramatique n'a ni la majesté du poëme épique, ni l'impétuosité des hymnes et des odes, il s'accommode mieux de l'iambe, qui, donnant aux vers assez d'harmonie pour les élever au-dessus du langage vulgaire, leur laisse néanmoins une simplicité assez naturelle pour convenir aux entretiens familiers des acteurs que l'on introduit sur la scène.

Nos langues modernes, par où j'entends les langues française, italienne et espagnole, viennent certainement du débris de la langue latine, par le mélange de la langue tudesque ou germanique. La plupart des mots viennent de la langue latine; mais la construction et les verbes auxiliaires, qui sont d'un très-grand usage, nous viennent de la langue germanique : et c'est peut-être de cette langue-là que nous sont venues les rimes et l'usage de mesurer les vers [1], non par des pieds composés de syllabes longues et brèves, comme faisaient les Grecs et les Romains, mais par le nombre des syllabes.

Dans les bas siècles, où l'on prit le goût des rimes, on voulut les introduire dans la poésie latine; mais ce fut sans succès. La rime ne s'est conservée que dans certaines hymnes ou proses qu'on trouve dans les Offices de l'Église, et qui, semblables aux vers des langues modernes, ont une mesure qui dépend simplement du nombre des syllabes, sans avoir égard aux longues ni aux brèves.

---

[1] La mesure des vers italiens, anglais, allemands, dépend non seulement, comme en français, du nombre des syllabes, mais encore essentiellement de la position de l'accent dans les mots qui les composent.

   1   2   3

Ond' io dagl' incarcati mi parti
Ond' io mi parti dagl' incarcati.

Voilà deux lignes composées du même nombre de syllabes : la première seule est un vers. Il en est de même de ce vers de Milton :

   1   2   3

At once with joy and fear his heart rebounds.
La mesure a disparu, si vous dites
Atonce his heart with joy and fear rebounds.

                           L.

Uné chose m'embarrasse dans cette diversité de goûts : c'est de savoir pourquoi la rime, qui plaît si fort dans une langue, est si choquante dans une autre. Cette différence ne vient-elle que de l'habitude et de l'usage? ou est-elle fondée dans la nature même des langues?

La poésie française (et il faut dire la même chose de toutes celles qui sont modernes) manque absolument de la délicate et harmonieuse variété des pieds, qui donne à la versification grecque et latine son nombre, sa douceur et son agrément; et elle est forcée de se contenter de l'assortiment uniforme d'un certain nombre de syllabes d'une mesure égale pour composer ses vers. Il a donc fallu pour arriver à son but, qui est de flatter l'oreille, chercher d'autres grâces et d'autres charmes, et suppléer à ce qui lui manquait d'ailleurs par la justesse, la cadence et la richesse des rimes; ce qui fait la principale beauté de la versification française.

Autant qu'on exige que ce qui doit plaire ne paraisse point sous des dehors négligés, mais soit embelli par des ornements convenables, autant est-on blessé de l'affectation trop marquée d'accumuler des parures superflues. C'est peut-être par ce goût naturel du beau que la rime, qui est très-agréable dans la poésie française parce qu'elle y est nécessaire, paraît insupportable dans la latine parce qu'elle y est superflue, et marquerait quelque chose de trop affecté.

II. S'il est utile de savoir faire des vers,
et comment on doit former les jeunes gens à cet art.

On demande quelquefois de quelle utilité peut être la versification pour la plupart des emplois où les jeunes gens qu'on élève dans les colléges sont destinés, et si le temps qu'on y donne à la composition des vers ne pourrait pas être employé à des études plus sérieuses et plus utiles.

Quand la versification ne serait pas d'un aussi grand usage qu'elle l'est dans de certaines occasions pour donner à l'Église des hymnes, pour chanter les louanges divines, pour célébrer les grandes actions et les vertus des princes, quelquefois même pour se délasser l'esprit par un honnête et ingénieux amusement, on conviendra qu'elle est d'une absolue nécessité pour bien entendre les poëtes, dont on ne sentira jamais la beauté comme on le doit, si, par la composition des vers, on n'a accoutumé son oreille au nombre et à la cadence qui résultent des différentes sortes de pieds et de mesures qu'on emploie dans les différentes espèces de poésie, dont chacune a des règles séparées et des graces particulières. D'ailleurs cette étude peut servir beaucoup [1] aux jeunes gens, même pour l'éloquence, en leur élevant l'esprit, en les accoutumant à penser d'une manière noble et sublime, en leur apprenant à peindre les objets par des couleurs plus vives, en donnant à leur style plus d'abondance, plus de force, plus de variété, plus d'harmonie, plus d'agrément.

C'est en quatrième qu'on commence ordinairement à former les jeunes gens à la poésie. Pour cela on leur fait d'abord apprendre les règles de la quantité. Cette étude est d'une extrême importance pour eux; et, pour l'avoir négligée dans cet âge encore tendre, on voit des personnes, d'ailleurs fort habiles, prononcer le latin d'une manière qui ne leur fait pas d'honneur.

On peut étudier ces règles ou en français ou en latin. Des professeurs, qui avaient d'abord employé la première manière, ont cru reconnaître par l'expérience que la seconde était plus convenable; et je n'ai pas de peine à le croire : car, comme cette étude dépend presque uniquement de la mémoire, et d'une sorte de mémoire artificielle, les vers latins de Despautère s'apprennent et se retiennent plus aisément. Peut-être y a-t-il quelque choix à en faire, pour écarter ce qui est inutile et superflu. Il faut que les jeunes gens possèdent ces règles de telle sorte qu'ils puissent rendre raison de la quantité de chaque syllabe, et citer aussitôt la règle, soit en latin, soit en français.

Les matières de vers que l'on donne aux enfants doivent être proportionnées à leur faiblesse, et croître avec eux. D'abord ils n'auront qu'à déranger les mots; puis à ajouter quelques épithètes et à changer quelques expressions; ensuite, on leur fera étendre un peu plus les pensées et les descriptions : enfin, quand ils

---

[1] « Plurimum dicit oratori conferre Theophrastus lectionem poetarum. Namque ab his et in rebus spiritus, et in verbis sublimitas, et in affectionibus motus omnis, et in personis decor petitur. » (QUINTIL, lib. 10, cap. I.)

seront plus forts, ils composeront d'eux-mêmes de petites pièces, où le tout sera de leur invention. En seconde et en rhé-torique, on nous donnait souvent des endroits choisis des poëtes français, pour les traduire en vers latins ; et je me souviens bien que les écoliers avaient beaucoup de goût pour ces sortes de ma-tières, et y réussissaient beaucoup mieux que dans toutes les autres. La raison en est claire. Une telle matière fournit par elle-même de belles pensées, donne le style et l'esprit poétique, ins-pire une noble élévation : il ne s'agit plus que de choisir de belles expressions et de les bien arranger ; et c'est ce que la lecture des poëtes apprend aisément.

Il est nécessaire que les professeurs dictent à leurs écoliers, de temps en temps, des vers corrigés, qui puissent leur servir de modèles. Quand l'étude se fait à la maison, le maître doit pren-dre ordinairement ses matières dans Virgile même, ou dans quel-que autre poëte excellent.

ARTICLE II.

De la lecture des poëtes.

C'est cette lecture seule qui peut apprendre aux jeunes gens à bien versifier. Pour cela il faut que les maîtres s'appliquent par-ticulièrement à leur y faire remarquer la cadence des vers et le style poétique.

§ I. *De la cadence des vers.*

Il y a une cadence simple, commune, ordinaire, qui se sou-tient également partout, qui rend les vers doux et coulants, qui écarte avec soin tout ce qui pourrait blesser l'oreille par un son rude et choquant, et qui, par le mélange de différents nom-bres et de différentes mesures, forme cette harmonie si agréable qui règne universellement dans tout le corps du poëme.

Outre cela, il y a de certaines cadences particulières, plus marquées, plus frappantes, et qui se font plus sentir. Ces sortes de cadences forment une grande beauté dans la versification, et y répandent beaucoup d'agrément; pourvu qu'elles soient em-ployées avec ménagement et avec prudence, et qu'elles ne se

rencontrent pas trop souvent. Elles sauvent l'ennui que des cadences uniformes et des chutes réglées sur une même mesure
ne manqueraient pas de causer. En ce point, la versification latine a un avantage incomparable sur la française, qui, étant
assujettie à la nécessité de couper toujours le vers alexandrin
par deux hémistiches exactement égaux, de faire une espèce
d'entrepôt après trois pieds parfaits, de fournir régulièrement
une rime au bout des trois autres pieds, de subir la même servitude dans tous les vers suivants, courrait risque de fatiguer
bientôt l'attention du lecteur, si elle n'était soutenue et relevée
par d'autres beautés qui font oublier cette espèce de monotonie
perpétuelle. Pour la poésie latine, elle a une liberté entière de
couper ses vers où elle veut, de varier ses césures et ses cadences
à son choix, et de dérober aux oreilles délicates les chutes uniformes produites par le dactyle et le spondée, qui terminent
le vers héroïque.

Virgile nous fera connaître tout le prix de cette liberté, nous
en fournira des exemples en tous genres, et nous apprendra l'u-
sage qu'il en faut faire.

1. *Cadences graves et nombreuses.*

1. Les grands mots placés à propos forment une cadence
pleine et nombreuse, surtout quand il entre beaucoup de spondées dans le vers.

Obscœnique canes, importunæque volucres.

(Geor. 1, 470.)

Luctantes ventos tempestatesque sonoras
Imperio premit.

(Æn. 1, 57.)

Ecce trahebatur passis Priameia virgo
Crinibus.

(Ibid. 2, 403.)

Ipsa videbatur ventis regina vocatis
Vela dare.

(Ibid. 8, 707.)

Dona recognoscit populorum, aptatque superbis
Postibus.

(Ibid., 721.)

Visceribus miserorum et sanguine vescitur atro.

(Æn. 3, 622.)

2. Le vers spondaïque a quelquefois beaucoup de gravité.

Cara deum soboles, magnum Jovis incrementum.

(Ecl. 4, 49.)

Virgile s'en est servi fort à propos pour peindre la surprise et l'étonnement de Sinon.

Namque ut conspectu in medio turbatus inermis
Constitit, atque oculis phrygia agmina circumspexit

(Æn. 2, 67.)

Il convient aussi pour marquer quelque chose de triste et de lugubre.

Quæ quondam in bustis aut culminibus desertis
Nocte sedens, serum canit importuna per umbras.

(Ib. 12, 863.)

Le poëte Vida l'a employé heureusement pour exprimer le dernier soupir de Jésus-Christ.

Supremamque auram, ponens caput, expiravit.

3. Les vers terminés par un monosyllabe ont souvent beaucoup de force.

Insequitur cumulo præruptus aquæ mons.

(Æn. 1, 109.)

Hæret pede pes, densusque viro vir.

(Ib. 10, 361.)

Manet imperterritus ille
Hostem magnanimum opperiens, et mole sua stat.

(Ibid. 770.)

Sternitur, exanimisque tremens procumbit humi bos.

(Ibid. 5, 481.)

Sæpe exiguus mus
Sub terris posuitque domos atque horrea fecit.

(Geor. 1, 1.)

2. *Cadences suspendues.*

Il y en a de bien des sortes, qui toutes ont beaucoup de grâce. Le lecteur en remarquera assez de lui-même la différence.

Tumidusque novo præcordia regno
Ibat, et ingenti, etc.

(Æn. 9, 596.)

At mater sonitum thalamo sub fluminis alti
Sensit : eam circum, etc.

(Geor. 4, 333.)

Qua juvenis gressus inferret : at illum
Curvata in montis speciem circumstetit unda.

(Ibid. 360.)

Castæ ducebant sacra per urbem
Pilentis matres in mollibus.

(Æn. 8, 665.)

Nonne vides, quum præcipiti certamine campum
Corripuere, ruuntque effusi carcere currus ?

(Geor. 3, 103.)

Sed non idcirco flammæ atque incendia vires
Indomitas posuere.

(Æn. 5, 680.)

Arrectas appulit aures
Confusæ sonus urbis, et illætabile murmur.

(Ibid. 12, 619.)

Nec jam se capit unda : volat vapor ater ad auras.

(Ibid. 7, 466.)

Et frustra retinacula tendens
Fertur equis auriga, neque audit currus habenas.

(Geor. 1, 513.)

Ac velut in somnis oculos ubi languida pressit
Nocte quies, nequicquam avidos extendere cursus
Velle videmur, et in mediis conatibus ægri
Succidimus.

Æn. 12, 908.)

Ces deux derniers exemples suffiraient seuls pour faire sentir aux jeunes gens la beauté des vers. Cette cadence suspendue, *Fertur equis auriga*, ne marque-t-elle pas d'une manière merveilleuse le cocher courbé et suspendu sur ses chevaux ? Et cette autre cadence, *Velle videmur*, qui arrête le vers dès le commencement, et le tient comme suspendu, n'est-elle pas bien propre à peindre les vains efforts que fait un homme endormi pour marcher ?

3. *Cadences coupées.*

Olli somnum ingens rupit pavor.

(Æn. 7 , 458.)

Est in secessu longo locus.

(Ibid. 1 , 163.)

Hæc ubi dicta , cavum conversa cuspide montem
Impulit in latus.

(Ibid. 85.)

Ipsius ante oculos ingens a vertice pontus
In puppim ferit; excutitur, pronusque magister
Volvitur in caput.

(Ibid. 118.)

Illa Noto citius volucrique sagitta
Ad terram fugit, et portu se condidit alto.

(Ibid. 5 , 242.)

Simul hæc dicens attollit in ægrum
Se femur.

(Ibid. 10, 856.)

Tali remigio navis se tarda movebat :
Vela facit tamen.

(Ibid. 5 , 280.)

4. *Élisions.*

L'élision est une des choses qui contribuent le plus à la beauté des vers. Elle sert également pour rendre le nombre doux, coulant, rude, majestueux, selon la différence des objets qu'on veut exprimer.

Phyllida amo ante alias.

(Ecl. 3 , 78.)

Flumina amem silvasque inglorius.

(Geor. 2, 486.)

Sæpe etiam steriles incendere profuit agros.

(Geor. 1 , 84.)

Scandit fatalis machina muros
Fœta armis.

(Æn. 2, 237.)

Arma amens capio.

(Ibid. 314.)

Illa graves oculos conata attollere, rursus
Deficit.

(Æn. 4, 688.)

Spelunca alta fuit.

(Ibid. 6, 237.)

Quinquaginta atris immanis hiatibus hydra.

(Ibid. 576.)

Impiaque æternam timuerunt secula noctem.

(Geor. 1, 468.)

Grandiaque effossis mirabitur ossa sepulcris.

(Ibid. 497.)

Ut regem æquævum crudeli vulnere vidi
Vitam exhalantem.

(Æn. 2, 561.)

Tot quondam populis terrisque superbum
Regnatorem Asiæ.

(Ibid. 556.)

Nympha, decus fluviorum ; animo gratissima nostro.

(Ibid. 12, 142.)

Di, quibus imperium est animarum, umbræque silentes

(Ibid. 6, 264.)

Mene Iliacis occumbere campis
Non potuisse, tuaque animam hanc effundere dextra ?

(Ibid. 1, 101

Urgeri mole hac.

(Ibid. 3, 579.)

Il s'en faut bien que nous sentions toute la douceur du nombre et de la cadence dans les vers latins, parce que nous ne les
prononçons pas comme faisaient les anciens : et peut-être les
défigurons-nous autant par notre mauvaise prononciation que
les étrangers défigurent nos vers par la manière dont ils les prononcent.

5. Cadences propres à peindre différents objets.

1. *Tristesse.* La tristesse étant à l'âme ce que les maladies
sont au corps, y répand de la langueur et de l'abattement, et
demande à être exprimée par des spondées et par de grands
mots, qui donnent aux vers beaucoup de lenteur et de pesanteur.

Extinctum nymphæ crudeli funere Daphnim
Flebant.

(Ecl. 5, 20.)

Afflictus vitam in tenebris luctuque trahebam,
Et casum insontis mecum indignabar amici.

(Æn. 2, 92.)

Cunctæque profundum
Pontum aspectabant flentes. -

(Ibid. 5, 614.)

Et caligantem nigra formidine lucum.

(Geor. 4, 468.)

2. *Joie*. La joie, au contraire, étant la vie, la santé, le bonheur de l'âme, doit lui inspirer des sentiments vifs, précipités, rapides, qui exigent la rapidité des dactyles.

Saltantes Satyros imitabitur Alphesibœus.

(Ecl. 5, 73.)

Juvenum manus emicat ardens
Littus in Hesperium.

(Æn. 6, 5.)

3. *Douceur*. Pour exprimer la douceur, on choisira les mots où il n'entre presque que des voyelles, qui forment beaucoup de syllabes avec très-peu de lettres, et dont les consonnes soient douces et coulantes. On évitera les syllabes composées de plusieurs consonnes, les élisions dures, les lettres rudes et aspirées.

Mollia luteola pingit vaccinia caltha.

(Ecl. 2, 50.)

Lanea dum nivea circumdatur infula vitta.

(Geor. 3, 487.)

Vel mista rubent ubi lilia multa
Alba rosa.

(Æn. 12, 68.)

Ille latus niveum molli fultus hyacintho.

(Ecl. 6, 53.)

Devenere locos lætos, et amœna vireta
Fortunatorum nemorum, sedesque beatas.

(Æn. 6, 638.)

Qualem virgineo demessum pollice florem
Seu mollis violæ, seu languentis hyacinthi.

(Ibid. 11, 68.)

4. *Dureté.* Pour faire sentir la dureté, 1° on préférera les mots qui commencent et finissent par des *r*, comme *rigor*, *rimantur*; qui redoublent les *rr*, *ferri*, *serræ*. 2° On emploiera les consonnes rudes, comme l'*x*, *âxis* : comme l'aspirée *h*, *trahat*. 3° On se servira de mots formés par l'assemblage de plusieurs consonnes : *junctos*, *fractos*, *rostris*. 4° On fera des élisions par la rencontre de mots et de voyelles donc le choc est fort rude : *Ergo ægre.*

Tum ferri rigor atque argutæ lamina serræ.
(Geor. 1 , 143.)

Post valido nitens sub pondere faginus axis
Instrepat, et junctos temo trahat æreus orbes.
(Ibid. 3 , 172.)

Ergo ægre rastris terram rimantur.
(Ibid. 534.)

Namque morantes
Martius ille æris rauci canor increpat, et vox
Auditur fractos sonitus imitata tubarum.
(Ibid. 4 , 70.)

Franguntur remi.
(Æn. 1 , 108.)

Hinc exaudiri gemitus, et sæva sonare
Verbera : tum stridor ferri, tractæque catenæ.
(Ibid. 6 , 557.)

Una omnes ruere, ac totum spumare reductis
Convulsum remis rostrisque tridentibus æquor.
(Ibid. 8 , 689.)

Légèreté. Les dactyles sont propres à exprimer la légèreté.

Tum cursibus auras
Provocet, ac per aperta volans ceu liber habenis
Æquora, vix summa vestigia ponat arena.
(Geor. 3 , 193.)

Inde ubi clara dedit sonitum tuba , finibus omnes,
Haud mora , prosiluere suis : ferit æthera clamor.
(Æn. 5 , 139.)

Mox aere lapsa quieto
Radit iter liquidum, celeres neque commovet alas.
(Ibid. 216.)

Quadrupedante putrem sonitu quatit ungula campum.

(Æn. 8 , 595.)

6. *Pesanteur*. Elle demande des spondées.

Illi inter sese magna vi brachia tollunt
In numerum , versantque tenaci forcipe ferrum.

(Geor. 4 , 174.)

Agricola incurvo terram molitus aratro
Exesa inveniet scabra rubigine tela.

(Ibid. 1 , 494.)

6. *Cadences , où les mots placés à la fin ont une force ou une grâce particulière.*

Les mots ainsi placés produisent cet effet , parce qu'ils achèvent de donner au tableau le dernier coup de pinceau , ou parce qu'ils ajoutent même un nouveau trait à une pensée qu'on croirait déjà parfaite, qu'ils servent à la mieux caractériser, et à rendre l'esprit de l'auditeur attentif à ce qu'elle a de plus important et de plus intéressant.

Vox quoque per lucos vulgo exaudita silentes
Ingens.

(Geor. 1 , 476.)

Hi summo in fluctu pendent.

(Æn. 1 , 110.)

Quarto terra die primum se attollere tandem
Visa, aperire procul montes.

(Ibid 3 , 205.)

Vidi egomet duo de numero quum corpora nostro
Prensa manu magna , etc.

(Ibid. 623.)

Jacuitque per antrum
Immensus.

(Ibid. 631.)

Corripit exemplo Æneas, avidusque refringit
Cunctantem.

(Ibid. 6 , 210.)

Nunc omnes terrent auræ, sonus excitat omnis
Suspensum.

(Ibid. 2 , 728.)

Namque humeris de more habilem suspenderat arcum

24

Venatrix.

(Æn: 1, 322.)

Et mediis properas aquilonibus ire per altum,
Crudelis.

(Ibid. 4, 310.)

Sed tum forte cava dum personat æquora concha
Lemens, et cantu vocat in certamina divos.

(Ibid. 6, 171.)

§ II. *Du style poétique.*

La poésie a un langage qui lui est particulier, et qui est très-différent de celui de la prose. Comme les poëtes dans leurs ouvrages se proposent principalement de plaire, de toucher, d'élever l'âme, de lui inspirer de grands sentiments, et de remuer les passions, on leur permet des expressions plus hardies, des manières de parler plus éloignées de l'usage commun, des répétitions plus fréquentes, des épithètes plus libres, des descriptions plus ornées et plus étendues. Ce sont là comme les couleurs dont la poésie, qui est une peinture parlante, se sert pour peindre au vif et au naturel les images des choses dont elle parle. C'est ce qu'il faut bien faire observer aux jeunes gens dans la lecture des poëtes. J'en apporterai quelques exemples qui pourront leur servir à démêler d'eux-mêmes et à sentir les beautés de la poésie.

1. *Expressions poétiques.*

J'en choisirai une seule, et je tâcherai de faire voir l'usage qu'en a fait Virgile pour peindre différents tableaux. C'est le mot *pendere.*

Ite, meæ quondam felix pecus, ite, capellæ.
Non ego vos posthac viridi projectus in antro
Dumosa pendere procul de rupe videbo.

(Ecl. 1, 75.)

Le poëte pouvait mettre, *non ego vos alta pascentes rupe videbo.* Ce mot *pendere* représente merveilleusement les chèvres qui paraissent de loin comme suspendues sur une colline escarpée où elles paissent.

Hi summo in fluctu pendent, his unda dehiscens
Terram inter fluctus aperit.

(Æn. 1, 110.)

Qu'on substitue, *hi summo in fluctu apparent*, l'image et la
beauté disparaissent. Elles consistent dans ce mot *pendent*, et
dans le lieu où il est placé : car, *hi pendent summo in fluctu*,
ne produit plus le même effet.

Pendent opera interrupta, minæque
Murorum ingentes, æquataque machina cœlo.

(Æn. 4, 88.)

Il faut avouer què toutes les expressions ici sont fort poétiques.
Minæ ingentes murorum, pour dire de hautes murailles qui
semblent menacer le ciel. Mais le mot *pendent* relève bien cette
description. Quelle grâce y aurait-il si l'on mettait, *manent
opera interrupta*?

Fronte sub adversa scopulis pendentibus antrum.

(Ibid. 1, 170.)

Ne croit-on pas voir ces rochers suspendus s'avancer en l'air, et
former une voûte naturelle?

Ut pronus pendens in verbera telo :
Admonuit bijugos.

(Ibid. 10, 586.)

Nec sic immissis aurigæ undantia lora
Concussere jugis, pronique in verbera pendent.

(Ibid. 5, 146.)

Y a-t-il tableau qui puisse mieux peindre l'action et l'attitude
d'un cocher courbé sur ses chevaux pour les faire avancer à
grands coups de fouet?

Simul arripit ipsum
Pendentem, et magna muri cum parte revellit.

(Ibid. 9, 561.)

L'esprit et l'oreille sentent bien ici la force et la grâce de ce mot
pendentem.

Iliacos iterum demens audire labores

Exposcit, pendetque iterum narrantis ab ore.

(Æn. 4, 78.)

Il n'est pas possible de mieux exprimer la vive attention d'une personne qui en écoute une autre avec plaisir, et qui demeure immobile, attachée et comme suspendue à sa bouche.

> Fecerat et viridi fœtam Mavortis in antro
> Procubuisse lupam : geminos huic ubera circum
> Ludere pendentes pueros, et lambere matrem
> Impavidos.

(Ibid. 8, 630.)

Quelle peinture! quelle vivacité! Mais l'exemple qui suit fournit une image encore infiniment plus gracieuse, et qui est puisée dans la nature même. Un père qui veut baiser son enfant se courbe vers lui, et quand l'enfant a mis ses tendres bras autour de son cou, le père se relève, et le tient ainsi suspendu. Le mot *pendere* suffit seul pour peindre cette image.

> Interea dulces pendent circum oscula nati.

(Geor. 2, 523.)

> Ille ubi complexu Æneæ colloque pependit.

(Æn. 1, 719.)

Il en est ainsi de mille autres expressions poétiques, dont on doit faire remarquer aux jeunes gens ou l'agrément ou l'énergie.

2. *Tours poétiques.*

C'est dans certains tours et dans certaines manières de parler que consiste proprement le langage qui est particulier à la poésie, et qui la distingue de la prose; car presque tous les mots sont communs à l'une et à l'autre. Ce sont ces sortes de tours et de locutions qui font l'agrément et la richesse de la poésie. C'est par là qu'elle trouve le moyen de varier infiniment le discours, de montrer le même objet sous mille différentes faces toujours nouvelles, de présenter partout des images riantes, de parler aux sens et à l'imagination un langage qui leur convienne, de dire les plus petites choses avec agrément, et les plus grandes avec une noblesse et une majesté qui en soutienne toute la grandeur et tout le poids. Quelques exemples éclairciront ce que je viens de dire.

1. Labourer, cultiver la terre, *arare, colere terram*, est une manière de parler qui, en prose, n'est pas susceptible de beaucoup de tours différents, mais qui peut être beaucoup diversifiée en vers, et que Virgile en effet a exprimée en bien des manières. J'en rapporterai une partie, afin que les jeunes gens apprennent comment une même chose, considérée sous différents points de vue, du côté des instruments, de la manière, des circonstances, des effets, peut être variée à l'infini.

Depresso incipiat jam tum mihi taurus aratro
Ingemere, et sulco attritus splendescere vomer.

(Geor. 1, 45.)

Exercetque frequens tellurem, atque imperat arvis.

(Ibid. 99.)

Ante Jovem nulli subigebant arva coloni.

(Ibid. 125.)

Quod nisi et assiduis terram insectabere rastris.

(Ibid. 155.)

Prima Ceres ferro mortales vertere terram
Instituit........   (Ibid. 147.)

Incumbere aratris.

(Ibid. 213.)

Agricola incurvo terram dimovit aratro.

(Ibid. 2, 512.)

Scindere terram,
Et campum horrentem fractis invertere glebis.

(Ibid. 3, 160.)

Ergo ægre rastris terram rimantur.

(Ibid. 534.)

2. On peut remarquer en combien de manières différentes Virgile décrit la navigation.

Non aliter quam qui adverso vix flumine lembum
Remigiis subigit.

(Ibid. 1, 201.)

Et quando infidum remis impellere marmor
Conveniat.

(Ibid. 254.)

24.

Sollicitant alii remis freta cæca.

(Geor. 2, 503).

Vela dabant læti, et spumas salis ære ruebant.

(Æn. 1, 39.)

Vela damus, vastumque cava trabe currimus æquor.

(Ibid. 3, 191.)

Vela cadunt, remis insurgimus : haud mora, nautæ
Adnixi torquent spumas, et cærula verrunt.
Tentamusque viam, et velorum pandimus alas.

(Ibid. 207, 520.)

Certatim socii feriunt mare, et æquora verrunt.

(Ibid. 290.)

Verrimus et proni certantibus æquora remis.

(Ibid. 668.)

Fluctus atros aquilone secabat.

(Ibid. 5, 2.)

Ferit æthera clamor
Nauticus : adductis spumant freta versa lacertis.
Infindunt pariter sulcos, totumque dehiscit
Convulsum remis rostrisque tridentibus æquor.

(Ibid. 140.)

Olli certamine summo
Procumbunt : vastis tremit ictibus ærea puppis,
Subtrahiturque solum.

(Ibid. 197.)

Quum venti posuere, omnisque repente resedit
Flatus, in et lento luctantur marmore tonsæ.

(Ibid. 7, 27.)

Instat aquæ...... et longa sulcat maria alta carina.

(Ibid. 10, 196.)

3. Une des manières les plus ordinaires aux poëtes, c'est de décrire les choses par leurs effets ou par leurs circonstances.

Au lieu de dire, *Une terre qui se sera reposée une année rapportera beaucoup de froment l'année suivante*, le poëte dit, *Une terre qui a senti deux étés et deux hivers répond pleinement aux vœux de l'avide laboureur, et produit une si abondante moisson, que les greniers ne peuvent en supporter le poids* :

Illa seges demum votis respondet avari
Agricolæ, bis quæ solem, bis frigora sensit :

Illius immensæ ruperunt horrea messes.

(Geor. 1, 47.)

Pour dire, *Il n'y avait point encore eu de guerre : On n'a-*
vait point encore entendu le son effrayant des trompettes ;
ni le bruit petillant des épées qu'on forge sur les enclumes :

> Necdum etiam audierant inflari classica, necdum
> Impositos duris crepitare incudibus enses.

(Geor. 2, 539.)

On était en hiver : L'hiver, par la rigueur du froid, faisait
fendre les pierres, et arrêtait par ses glaces comme par un frein
le cours rapide des eaux :

> Et quùm tristis hiems etiam nunc frigore saxa
> Rumperet, et glacie cursus frenaret aquarum.

(Ibid. 4, 135.)

III. *Répétitions.*

Les répétitions ont beaucoup de grâce dans la poésie. On les
emploie, ou pour la simple élégance et pour rendre la versification plus agréable, ou pour insister plus fortement sur ce que
l'on dit, ou pour exprimer les sentiments et pour peindre les
passions.

1. *Répétitions qui ne servent qu'à l'élégance.*

Ambo florentes ætatibus, Arcades ambo.

(Ecl. 7, 4.)

> Sequitur pulcherrimus Astur,
> Astur equo fidens.

(Æn. 10, 180.)

Falle dolo, et notos pueri puer indue vultus.

(Ibid. 1, 688.)

Répétitions qui servent à appuyer fortement sur un objet

> Pan etiam Arcadia mecum si judice certet,
> Pan etiam Arcadia dicat se judice victum.

(Ecl. 4, 58.).

> Nam neque Parnassi vobis juga, nam neque Pindi
> Ulla moram fecere.

(Ecl. 10, 11.)

> Bella, horrida bella,
> Et multo Tybrim spumantem sanguine cerno.
>
> (Æn. 6, 86)

Il y a une sorte de répétition fort ordinaire aux poëtes, qui a en même temps beaucoup de grâce et beaucoup de force. Au lieu de dire qu'un homme a tenté plusieurs fois quelque chose, mais inutilement, ils disent : Trois fois il voulut faire telle chose, trois fois il fut obligé d'y renoncer.

> Ter sunt conati imponere Pelio Ossam
> Scilicet, atque Ossæ frondosum involvere Olympum :
> Ter pater exstructos disjecit fulmine montes.
>
> (Geor. 1, 281.)
>
> Ter conatus ibi collo dare brachia circum,
> Ter frustra comprensa manus effugit imago,
> Par levibus ventis, volucrique simillima somno.
>
> (Æn. 2, 792.)
>
> Ter totum fervidus ira
> Lustrat Aventini montem, ter saxea tentat
> Limina nequicquam, ter fessus valle resedit.
>
> (Ibid. 8, 230.)

Virgile, dans le sixième livre de l'Énéide, pour marquer que la douleur empêcha Dédale de peindre la chute funeste de son fils Icare, emploie bien à propos la figure dont nous parlons ici. L'endroit est un des plus beaux de ce poëte.

> Tu quoque magnam
> Partem opere in tanto, sineret dolor, Icare, haberes.
> Bis conatus erat casus effingere in auro,
> Bis patriæ cecidere manus.
>
> (Ibid. 6, 30.)

Combien cette apostrophe à Icare est-elle tendre! Quelle délicatesse dans ce tour, *sineret dolor*, au lieu de dire, *si dolor sivisset!* Mais y a-t-il rien de plus achevé que les deux vers qui suivent? Deux fois ce père infortuné s'efforça de représenter sur l'or la triste aventure de son fils, et deux fois ses mains paternelles tombèrent. Cette épithète, *patriæ manus*, est d'un goût exquis.

3. *Répétitions qui servent à exprimer les sentiments,*
les passions.

Dans l'étonnement et la surprise.

Miratur molem Æneas, magalia quondam :
Miratur portas, strepitumque, et strata viarum.

(Æn. 1, 425.)

Mirantur dona Æneæ, mirantur Iulum.

(Ibid. 713.)

Labitur uncta vadis abies : mirantur et undæ,
Miratur nemus insuetum, etc.

(Ibid. 8, 91.)

Pour les passions tendres et vives.

Ut vidi, ut perii ! ut me malus abstulit error !

(Ecl. 8, 41.)

O mihi sola mei super Astyanactis imago !
Sic oculos, sic ille manus, sic ora ferebat.

(Æn. 3, 489.)

Ad cœlum tendens ardentia lumina frustra :
Lumina, nam teneras arcebant vincula palmas.

(Ibid. 2, 405.)

Pour la tristesse.

Tityrus hinc aberat. Ipsæ te, Tityre, pinus,
Ipsi te fontes, ipsa hæc arbusta vocabant.

(Ecl. 1, 39.)

Te nemus Anguitiæ, vitrea te Fucinus unda,
Te liquidi flevere lacus.

(Æn. 7, 759.)

Pour la joie.

Quum procul obscuros colles, humilemque videmus
Italiam. Italiam primus conclamat Achates,
Italiam læto socii clamore salutant.

(Ibid. 3, 522.)

IV. *Épithètes.*

Les épithètes contribuent beaucoup à la beauté des vers
Quintilien remarque que les poëtes s'en servent et plus souvent

et plus librement que les orateurs [1]. Plus souvent, car en prose un discours trop chargé d'épithètes est un grand défaut ; au lieu que dans la poésie elles produisent toujours un bel effet, quoique fort multipliées. Plus librement, car chez les poëtes il suffit qu'une épithète convienne au mot auquel elle se rapporte ; ainsi on leur passe *dentes albi, humida vina* [2] : mais en prose toute épithète qui ne produit aucun effet, et qui n'ajoute rien à la chose dont on parle, est vicieuse. Il faut avouer qu'on trouve quelquefois chez les poëtes grecs et latins de ces sortes d'épithètes que la justesse et la délicatesse de la langue française ne pardonneraient point à nos poëtes ; mais cela est rare, et ils nous en dédommagent avantageusement par cette foule de belles épithètes dont leurs vers sont remplis. J'en rapporterai ici quelques-unes, sans garder d'autre ordre que celui des livres de Virgile dont elles sont tirées.

Labitur infelix studiorum, atque immemor herbæ
Victor equus.

(Æn. 3 , 498.)

Alter erit maculis auro squalentibus ardens ,
Et rutilis clarus squamis : ille horridus alter
Desidia, latamque trahens inglorius alvum.

(Ibid. 4 , 91.)

Sed pater omnipotens speluncis abdidit atris ,
Hoc metuens.

(Æn. 1 , 60.)

Ponto nox incubat atra.

(Ibid. 89.)

Ces deux derniers exemples montrent quelle force a l'épithète placée après le substantif.

Ille impiger hausit
Spumantem pateram, et pleno se proluit auro.

(Ibid. 738.)

Ardentesque oculos suffecti sanguine et igni ,
Sibila lambebant linguis vibrantibus ora.

(Ibid. 2 , 210.)

---

[1] Quint. l. 8, cap. 6.   [2] Æn. 7, 667. Georg. 3, 364

Arma diu senior desueta trementibus ævo
Circumdat nequicquam humeris, et inutile ferrum
Cingitur.

(Æn. 509.)

Intenti expectant signum, exultantiaque haurit
Corda pavor pulsans. laudumque arrecta cupido.

(Ibid. 5, 137.)

Pars ingenti subiere feretro,
Triste ministerium, et subjectam more parentum
Aversi tenuere facem.

(Ibid. 6, 222.)

Rostroque immanis vultur obunco
Immortale jecur tundens, fecundaque pœnis
Viscera, rimaturque epulis, habitatque sub alto
Pectore : nec fibris requies datur ulla renatis.

(Ibid. 597.)

Ille (*Il s'agit d'un cerf qu'on avait rendu familier.*)
Ille manum patiens, mensæque assuetus herili,
Errabat silvis : rursusque ad limina nota
Ipse domum sera quamvis se nocte ferebat.

(Ibid. 7, 490.)

Sed mihi tarda gelu, seclisque effœta senectus
Invidet imperium, seræque ad fortia vires.

(Ibid. 8, 508.)

Et pontem indignatus Araxes.

(Ibid. 728.)

Tela manu jam tum tenera puerilia torsit.

(Ibid. 11, 578.)

V. *Descriptions et narrations.*

C'est principalement dans les descriptions et dans les narrations que paraît l'élégance et la vivacité du style poétique. Il y
en a de plus courtes, d'autres plus longues. J'apporterai quelques exemples de l'un et de l'autre genre.

1. *Descriptions courtes.*

Virgile peint merveilleusement en peu de vers la tristesse
d'un laboureur qui venait de perdre par la peste l'un de ses
bœufs.

It tristis arator,

Mœrentem abjungens fraterna morte juvencum,
Atque opere in medio defixa relinquit aratra.

(Geor. 3, 517.)

On croit voir dans les vers suivants ces pauvres malheureux qui demandaient avec instances à passer l'Achéron.

Stabant orantes primi transmittere cursum,
Tendebantque manus ripæ ulterioris amore.

(Æn. 6, 313.)

Énée, dans les enfers, avait tâché, par un discours humble et touchant, d'apaiser Didon. Cette princesse, après avoir lancé contre lui des regards pleins de dépit et de fureur, détourna le visage, tint ses yeux fixement attachés à terre, et enfin le quitta brusquement sans lui avoir répondu un seul mot. Tout cela est décrit en très-peu de mots. Mais le silence que le poëte fait ici garder à Didon efface toutes les autres beautés.

Talibus Æneas ardentem et torva tuentem
Lenibat dictis animum, lacrymasque ciebat.
Illa solo fixos oculos aversa tenebat. . . .
Tandem proripuit sese, atque inimica refugit
In nemus umbriferum.

(Ibid. 467.)

2. *Narrations plus étendues.*

J'en choisirai une seule, tirée du quatrièmē livre des Géorgiques, où Virgile décrit l'histoire d'Eurydice et d'Orphée; et je n'en rapporterai que quelques morceaux les plus remarquables, dont je tâcherai de faire sentir la beauté.

Ipse cava solans ægrum testudine amorem,
Te, dulcis conjux, te solo in littore secum,
Te veniente die, te decedente canebat.

(Geor. 4, 464.)

Cela signifie simplement : *Orpheus cithara dolorem leniens, die ac nocte conjugem canebat;* et c'est ainsi qu'on donnerait aux jeunes gens une matière de vers à composer. L'habileté consiste à donner à ces pensées et à ces expressions très-simples un tour poétique. *Cava testudine* est bien plus élégant que *cithara.*

Ægrum amorem marque bien. mieux la vive douleur d'Orphée que toute autre expression. Mais la principale beauté paraît dans les deux vers suivants. L'apostrophe a quelque chose de tendre et de touchant, et semble en quelque sorte rendre Eurydice présente : *Te dulcis conjux.* Et que ne dit point cette épithète *dulcis?* Le même mot répété quatre fois en deux vers, *té, dulcis conjux, te,* etc., marque bien qu'Eurydice était le seul objet dont Orphée s'occupât. *Solo in littore secum* n'est pas indifférent. On sait que la solitude et les lieux déserts sont fort propres à entretenir la douleur.

> Tænarias etiam fauces, alta ostia Ditis,
> Et caligantem nigra formidine lucum
> Ingressus, Manesque adiit, regemque tremendum,
> Nesciaque humanis precibus mansuescere corda....
>
> (Géor. 4. 467.)

Ces quatre vers se réduisent à cette seule pensée : *Quin etiam Orpheus inferas sedes penetravit.* Le poëte, pour étendre cette pensée, fait un petit dénombrement de ce qui se trouve dans les enfers, et choisit ce qu'il y avait de plus capable d'intimider Orphée. Le dernier vers marque parfaitement le caractère des divinités de l'enfer, inflexibles et inexorables. Ce vers, *Et caligantem nigra formidine lucum,* est admirable, et pour le choix des mots, et pour la cadence, toute composée de spondées. *Nigra formidine* est fort élégant pour marquer l'ombre épaisse des arbres, qui inspire de l'horreur.

> Quin ipsæ stupuere domus, atque intima lethi
> Tartara, cæruleosque implexæ crinibus angues
> Eumenides; tenuitque inhians tria Cerberus ora;
> Atque Ixionei vento rota constitit orbis.
>
> (Ibid. 481.)

Rien n'est plus poétique que ce petit dénombrement.

> Jamque pedem referens casus evaserat omnes,
> Redditaque Eurydice superas veniebat ad auras,
> Pone sequens (namque hanc dederat Proserpina legem);
> Quum subita incautum dementia cepit amantem,
> Ignoscenda quidem, scirent si ignoscere Manes :

Restitit, Eurydicenque suam, jam luce sub ipsa,
Immemor heu! victusque animi, respexit. Ibi omnis
Effusus labor, atque immitis rupta tyranni
Fœdèra, tèrque fragor stagnis auditus Averni.
Illa, Quis et me, inquit, miseram, et té perdidit, Orpheu ?
Quis tantus furor? En iterum crudelia retro
Fata vocant, conditque natantia lumina somnus.
Jamque vale : feror ingenti circumdata nocte,
Invalidasque tibi tendens, heu! non tua, palmas.
                                        (Geor. 4, 485.)

On ne peut rien imaginer de plus beau ni de plus achevé que
ce récit. Le commencement peut se réduire à cette proposition
simple : *Jamque Eurydice pone sequens conjugem, superas
ad oras veniebat, quum illam Orpheus respexit*. On sent bien
que des deux parties qui composent cette proposition, la plus
intéressante est le regard que jette Orphée sur Eurydice. Aussi
c'est à quoi Virgile s'est le plus arrêté. Tous les mots portent
dans ce vers : *Quum subita incautum dementia cepit amantem*; et la pensée est infiniment relevée par le vers suivant :
Ignoscenda quidem, scirent si ignoscere Manes. Mais ce qui
est peint avec les couleurs les plus vives est ce mot, *Eurydicen... respexit*. L'épithète qu'il donne à Eurydice dit tout :
Eurydicen suam, sa chère Eurydice. Outre ce sens, qui se présente d'abord à l'esprit, et qui paraît le plus naturel, il y en a
peut-être un autre plus secret et plus délicat : Eurydice, qu'il
croyait lui être rendue, être à lui, lui appartenir pour toujours.
Jam luce sub ipsa. Il touchait au moment heureux où effectivement il en allait être le maître. *Immemor, heu! victusque animi*.
Il avait longtemps combattu contre lui-même, longtemps résisté
au désir de jeter un regard sur Eurydice : mais, enfin vaincu
par la passion, il oublia les conditions qu'on lui avait prescrites; le mot *victus* laisse entendre tout cela.

Respexit. Afin que l'esprit du lecteur demeurât toujours suspendu jusque-là, ce mot, qui est décisif, et qui seul détermine
le sens, devait être réservé jusqu'à la fin; et l'on peut dire que
c'est comme le dernier trait et le dernier coup de pinceau qui
achève cette peinture inimitable.

Le petit discours d'Eurydice est d'une beauté et d'une délicatesse qu'on ne peut assez admirer.

Rien n'aurait été plus froid que cette transition ordinaire :
Illa sic loquitur : Quis, etc. Ce tour est bien plus vif : *Illa,*
Quis et me, inquit, miseram, et te perdidit, Orpheu?

Y a-t-il rien de plus poétique que cette phrase : *En iterum*
crudelia retro Fata vocant, conditque natantia lumina som
nus? pour dire : Voilà que je meurs une seconde fois.

La fin de ce petit discours efface, ce me semble, tout le
reste. Tout ce que peut faire Eurydice dans ce dernier moment de vie qui lui reste, est de tendre vers son cher Orphée des
mains faibles et mourantes, maintenant seules interprètes des
sentiments de son cœur : *Invalidasque tibi tendens, heu! non*
tua, palmas. Je n'entreprends point de faire valoir la délicatesse de ce mot *heu! non tua* : il est plus facile de la sentir que
de l'expliquer. Ce mot semble dit par opposition à cette autre
expression qui a précédé, *Eurydicen suam.* Il me fait souvenir
de deux beaux vers qu'un écolier fit en rhétorique au collége du
Plessis. Il s'agissait de décrire le retour empressé de saint Antoine vers saint Paul, qui était mort depuis que le premier l'avait quitté. Le jeune poëte, après avoir marqué l'empressement
de saint Antoine pour aller retrouver son saint et respectable
ami, l'apostrophait ainsi :

> Quid facis, Antôni? Jam friget Paulus, et altas,
> Immistus Superis, nec jam tuus, attigit arces.

J'ai rapporté cet endroit pour faire voir aux jeunes gens l'usage qu'ils doivent faire de la lecture de Virgile, et des beautés
qu'on leur y fait remarquer.

Je n'ose achever cette narration, de peur de fatiguer le lecteur
par des réflexions qui pourraient sembler ennuyeuses ; mais je
ne puis m'empêcher de transcrire ici les beaux vers qui la terminent. Il s'agit de la tête d'Orphée que les femmes de Thrace
avaient jetée dans l'Hèbre.

> Tum quoque, marmorea caput a cervice revulsum
> Gurgite quum medio portans Œagrius Hebrus
> Volveret, Eurydicen vox ipsa et frigida lingua,

> Ah! miseram Eurydicen , anima fugiente, vocabat.
> Eurydicen toto referebant flumine ripæ.
>
> (Georg. 4, 523.)

Le poëte pouvait dire simplement que, la tête d'Orphée ayant été jetée dans l'Hèbre , sa langue prononçait encore le nom d'Eurydice. Que de beautés en trois vers! *vox ipsa* : la voix d'Orphée , d'elle-même, et par l'habitude qu'elle avait contractée de prononcer ce doux nom ; *et frigida lingua*, et sa langue déjà froide et mourante, appelait encore Eurydice. Cette épithète *frigida* est d'une grande élégance. Il est ordinaire aux poëtes de marquer la mort par le froid qui en est la suite. *Ah ! miseram Eurydicen.* Quelle tendresse dans cette répétition du nom d'Eurydice , dans l'épithète *miseram* et dans l'exclamation qui la précède! Enfin cette triple répétition du nom d'Eurydice n'exprime-t-elle pas parfaitement la nature de l'écho, qui repète plusieurs fois le même mot?

Ovide , en traitant la même matière, a rendu cette dernière beauté d'une manière différente, mais qui a aussi beaucoup de grâce et de délicatesse.

> Membra jacent diversa locis : caput, Hebre, lyramque
> Excipis , et (mirum) medio dum labitur amne ,
> Flebile nescio quid queritur lyra ; flebile lingua
> Murmurat exanimis : respondent flebile ripæ.
>
> (Metamor. lib. 11.)

Il y a sur Virgile un commentaire de *la Cerda* , jésuite, qui est fort propre à faire entrer les jeunes gens dans le goût dont nous parlons ici. Il descend dans un grand détail. Il pèse toutes les pensées, quelquefois toutes les expressions de ce poëte. Il en fait sentir toutes les beautés et toutes les délicatesses. M. Hersan, qui a enseigné la rhétorique au collége du Plessis, et qui était bon connaisseur, en faisait grand cas, et en inspirait beaucoup d'estime à ses écoliers. Scaliger, dans sa poétique, fait bien remarquer aussi tout l'art de Virgile.

VI. *Harangues.*

Je pourrais, sur cet article, renvoyer aux règles que je donne dans le livre suivant sur la rhétorique, puisqu'elles conviennent aussi pour la plupart à la poésie : mais j'ai cru ne devoir pas omettre entièrement ce qui regarde les harangues poétiques.

J'en choisirai une seule, et fort courte, qui suffira pour apprendre aux jeunes gens comment ils doivent s'y prendre pour découvrir la force et l'énergie des discours qui se rencontrent dans les poëtes.

Le discours que j'entreprends ici d'expliquer est celui de Junon, lorsque, voyant les Troyens près d'arriver en Italie, malgré tous les efforts qu'elle avait faits pour traverser leurs desseins, elle se reproche à elle-même sa faiblesse et son impuissance.

> Vix e conspectu Siculæ telluris in altum
> Vela dabant læti, et spumas salis ære ruebant :
> Quum Juno, æternum servans sub pectore vulnus,
> Hæc secum : Mene incœpto desistere victam !
> Nec posse Italia Teucrorum avertere regem !
> Quippe vetor fatis. Pallasne exurere classem
> Argivum, atque ipsos potuit submergere ponto ;
> Unius ob noxam et furias Ajacis Oilei ?
> Ipsa Jovis rapidum jaculata e nubibus ignem,
> Disjecitque rates ; evertitque æquora ventis :
> Illum expirantem transfixo pectore flammas
> Turbine corripuit, scopuloque infixit acuto.
> Ast ego, quæ divum incedo regina, Jovisque
> Et soror et conjux, una cum gente tot annos
> Bella gero : et quisquam numen Junonis adoret
> Præterea, aut supplex aris imponat honorem !
>
> (Æn. 1, 34.)

On peut distinguer dans ce discours de Junon l'exorde, la confirmation, la péroraison.

Le récit qui le précède, tout simple qu'il est, nous annonce un discours extrêmement emporté et violent, et nous marque jusqu'où allait l'aigreur de cette déesse : *Quum Juno, æternum servans sub pectore vulnus, Hæc secum.* Le poëte appelle son ressentiment une plaie, *vulnus ;* et une plaie profonde, *sub pectore ;* ancienne et sans remède, *æternum ;* et que cette déesse conserve et nourrit avec soin dans son cœur, *servans.*

25.

Hæc secum : ajoutez *loquitur,* qui est sous-entendu, vous éteignez tout le feu et toute la vivacité de ce récit.

EXORDE. *Mene incœpto desistere victam!* Ce commencement brusque convient parfaitement à une déesse pleine d'orgueil et de colère, qui, s'entretenant en elle-même du sujet de son mécontentement, exhale tout d'un coup par ce discours sa douleur et son indignation. Toutes les expressions doivent être pesées. *Mene :* cet unique mot dit tout; et Junon elle-même nous développera dans la suite ce qui y est renfermé. *Incœpto desistere :* qu'une femme, qu'une déesse (et quelle déesse!), soit obligée de renoncer à son entreprise. *Victam :* qu'elle soit forcée de se reconnaître vaincue, malgré tous ses efforts et tous ses combats, et qu'elle voie sa rivale l'emporter sur elle et triompher de sa faiblesse. Tous les mêmes mots pourraient demeurer et n'avoir pas la même force : *Incœpto cogor desistere victa.* C'est ce monosyllabe, et cette interrogation *mene;* c'est cet infinitif *desistere,* qui ne paraît gouverné de rien, qui anime cette pensée : et tel est le langage de la colère.

Nec posse Italia Teucrorum avertere regem! La voilà donc convaincue d'impuissance, cette reine des dieux et des hommes : *nec posse.* Et cela dans quelle occasion? Entreprend-elle de perdre un roi puissant, de l'arracher de son trône, de le chasser de ses États? Rien moins que cela. Il ne s'agit que d'éloigner, de détourner de l'Italie le chef malheureux d'un peuple vaincu : *Teucrorum regem.*

Junon marque ailleurs avec quel acharnement elle s'était appliquée à poursuivre les malheureux restes de la nation troyenne, et Énée leur chef. Cet endroit peut servir à entendre celui que nous expliquons.

> Heu! stirpem invisam, et fatis contraria nostris
> Fata Phrygum! Num Sigeis occumbere campis?
> Num capti potuere capi? Num incensa cremavit
> Troja viros? Medias acies mediosque per ignes
> Invenere viam. . . . .
> Quin etiam patria excussos infesta per undas
> Ausa sequi, et profugis toto me opponere ponto.
> Absumptæ in Teucros vires cœlique marisque.

Quid Syrtes, aut Scylla mihi, quid vasta Charybdis
Profuit? optato conduntur Tybridis alveo,
Securi palagi atque mei. Mars perdere gentem
Immanem Lapithum valuit : concessit in iras
Ipse deum antiquam genitor Calydona Dianæ :
Quod scelus aut Lapithas tantum, aut Calydona merentem?
Ast ego, magna Jovis conjux, nil linquere inausum
Quæ potui infelix, quæ memet in omnia verti,
Vincor ab Ænea !

(Æn. 7 , 293.)

CONFIRMATION. *Quippe vetor fatis.* Les deux vers précédents tiennent lieu d'exorde et de proposition. Junon réfute maintenant l'unique objection qu'on pouvait lui faire, tirée de la force insurmontable des destins qui s'opposent à son entreprise. Quelques interprètes croient que cette objection est ironique ; et ce mot *quippe* semble l'insinuer. Quoi qu'il en soit, Junon la réfute par un seul exemple qui fait toute la matière de son discours : *Pallas a bien pu se venger d'Ajax : et moi je ne puis venir à bout de perdre les Troyens?* Cette comparaison a deux parties, dont chacune est traitée avec un art merveilleux. Il serait difficile de trouver un plus beau modèle d'amplification que celui-ci.

PREMIÈRE PARTIE. *Pallas a bien pu se venger d'Ajax.* C'est Ajax, fils d'Oïlée, chef des Locriens, qui avait déshonoré Cassandre, fille de Priam et prêtresse de Pallas, dans son temple même. Le poëte emploie sept vers pour mettre cette vengeance dans tout son jour.

Junon commence par nommer Pallas, sans ajouter à son nom aucune épithète, aucune marque de dignité et de distinction : *Pallasne.* Cependant elle était fille de Jupiter; elle présidait en même temps à la guerre et aux sciences. Elle semble laisser à entendre que c'est la flotte entière des Grecs qu'elle a fait périr : *classem Argivum;* ce n'était que celle des Locriens. Elle emploie un mot composé, *exurere,* qui marque que la flotte a été entièrement brûlée et consumée. Et, de peur qu'on ne croie qu'il n'y a eu que les vaisseaux de brûlés, elle ajoute : *Atque ipsos potuit submergere ponto, Unius ob noxam et furias Ajacis Oilei?* Autant que Junon s'est appliquée à exagérer la grandeur de la vengeance, autant s'applique-t-elle à en diminuer la cause. C'est une simple faute, *noxam* : c'est encore quelque chose de moindre, une faute involontaire, *furias*, commise dans l'emportement de la passion, où un homme n'est point maître de lui : enfin, c'est la faute d'un seul homme : *Unius ob noxam et furias Ajacis Oilei.*

Ipsa Jovis rapidum jaculata e nubibus ignem, Disjecitque rates, evertitque æquora ventis. La vengeance aurait paru imparfaite, si Pallas elle-même ne l'avait exercée de ses propres mains : *Ipsa.* Ce mot marque qu'elle en avait goûté et savouré toute la douceur. *Rapidum Jovis ignem jaculata,* belle périphrase de la foudre ! *E nubibus :* Cette circonstance n'est pas indifférente. C'est du milieu des nues, qui est l'empire de Junon, que Pallas a lancé ce feu vengeur et meurtrier, qui a fait un tel ravage dans la flotte des Locriens.

Illum expirantem transfixo pectore flammas Turbine corripuit, scopuloque infixit acuto. Une flotte entière dissipée et brûlée n'aurait pas satisfait Pallas, si elle n'avait de sa propre main percé l'infortuné Ajax, objet de sa colère, et si elle ne l'avait laissé attaché à un rocher aigu.

SECONDE PARTIE. *Et moi, je ne puis venir à bout de perdre les Troyens !* Nous avons remarqué, en parlant de Pallas, que Junon s'était contentée de dire, *Pallasne,* sans relever le nom de cette déesse par aucune épithète. Elle ne s'exprime pas ainsi quand elle parle d'elle-même. *Et moi,* dit-elle, *qui suis la reine des dieux, moi qui suis et la sœur et la femme de Jupiter.* Voilà ce qui est renfermé dans ce mot *ego.* Le contraste est sensible. Le poète nous montre d'un côté Pallas comme seule, sans crédit, sans distinction : *Pallasne.* De l'autre il nous représente Junon comme environnée de gloire, de puissance et de majesté : *Ast ego, quæ divum incedo regina, Jovisque Et soror et conjux.* On ne manque pas de faire remarquer aux écoliers la justesse de ce mot *incedo,* qui convient parfaitement à la démarche majestueuse d'une reine et d'une déesse : *Et vera incessu patuit dea* [1]; et la répétition affectée de la conjonction, pour insister davantage sur sa double qualité de sœur et de femme : *Et soror*

---

[1] Æn I, 409.

et conjux [1]. Horace fait parler Junon à peu près de la même sorte lorsqu'elle déclare que, si l'on songe à rétablir Troie, elle se mettra elle-même à la tête d'une armée pour détruire cette ville, objet éternel de sa haine.

> Trojæ renascens alite lugubri
> Fortuna tristi clade iterabitu.
> Ducente victrices catervas
> Conjuge me Jovis et sorore

Una cum gente tot annos Bella gero. Junon, malgré toute sa grandeur et toute sa puissance, malgré ses qualités de reine des dieux, de sœur et de femme de Jupiter, a la douleur de se voir aux prises avec une seule nation, et cela depuis tant d'années, *una cum gente tot annos*, belle opposition ; et d'épuiser contre elle inutilement toutes ses forces, *bella gero.*

PÉRORAISON. *Et quisquam numen Junonis adoret Præterea, aut supplex aris imponat honorem!* La douleur, le dépit, la vengeance, éclatent également dans ces paroles pleines de feu et d'indignation. Après un tel affront, Junon se regarde comme entièrement déshonorée, comme dégradée de sa qualité de déesse, comme devenue désormais l'objet du mépris des dieux et des hommes. On sent bien quelle force ont ici l'interrogation et l'exclamation. Si l'on retranchait ces figures, la même pensée, sans changer aucun mot, deviendrait froide et languissante.

Le poëte a raison de dire que la déesse, en prononçant ce discours, avait le cœur enflammé et embrasé de colère. *Talia flammato secum dea corde volutans...* Tout y est animé ; tout y est plein de feu ; tout y respire le désir et l'ardeur de la vengeance.

ARTICLE III.

Des différentes sortes de poëmes.

Il n'est pas possible d'enseigner à fond aux jeunes gens toutes les règles de la poésie ; cette matière est trop étendue, et demanderait trop de temps : mais aussi il n'est pas raisonnable

---

[1] Od. 3, lib. 3.

qu'ils les ignorent absolument, et qu'ils sortent du collége sans avoir quelque connaissance des différentes sortes de poëmes, et des règles qui leur sont particulières.

M. Gaullyer, professeur au collége du Plessis-Sorbonne, fort habile et fort laborieux, vient de donner au public un livre sur la poétique. Je ne l'ai point encore lu, mais le dessein m'en paraît fort bon. Il y propose *les règles de poétique tirées d'Aristote, d'Horace, de Despréaux, et d'autres célèbres auteurs.* Il est utile d'avoir un livre où l'on puisse trouver ce qui s'est dit de plus solide sur une matière que les maîtres ne peuvent pas expliquer à fond dans les classes, et dont il est pourtant à souhaiter que les jeunes gens soient instruits jusqu'à un certain point.

Le poëme se divise ordinairement en poëme épique et en poëme dramatique. Le premier consiste en un récit, et c'est le poëte qui y parle. Le second renferme une action qui est représentée sur le théâtre; et c'est dans la bouche des personnes mêmes qui y paraissent que le poëte met le discours.

En suivant cette division, fondée sur les mots grecs ἔπος et δρᾶμα, qui sont opposés, le grand poëme épique, comme la plus noble espèce, s'approprie dans l'usage le nom de son genre, ainsi qu'il arrive dans beaucoup d'autres matières.

On rapporte au genre du poëme épique plusieurs différentes espèces de poëmes[1] : les idylles, les satires, les odes, les épigrammes, les élégies, etc. Le poëme dramatique comprend la tragédie et la comédie.

Il faut que les jeunes gens aient quelque idée de toutes ces différentes sortes de poésie. La seconde et la rhétorique sont les classes où on doit leur donner ces instructions. L'Art poétique d'Horace, qu'on explique ordinairement en rhétorique toutes les années, donnera lieu d'enseigner aux jeunes gens tout ce qu'ils doivent savoir sur cette matière.

[1] Le P. Jouvency, qu'on ne soupçonnera point d'ignorance dans ces matières, dans son livre *de Ratione discendi et docendi*, rapporte aussi au poëme épique plusieurs différentes espèces de petits poëmes. *Ad epicum poema revocantur varia poemata.... ut idyllia, satiræ, odæ, eclogæ, epigrammata, elegiæ,* etc. (Page 184.)

Mais la lecture des poëtes mêmes leur sera bien plus utile que tous les préceptes qu'on pourrait leur donner.

On a coutume de commencer par Ovide, et l'on a raison. Ce poëte est fort propre à inspirer du goût pour la poésie ; à donner de la facilité, de l'invention, de l'abondance. Ses Métamorphoses surtout peuvent être fort agréables, par la grande variété qui y règne. Il n'y faut pas chercher cette exactitude, cette justesse, cette pureté de goût, qu'on trouve dans Virgile. Il est souvent trop diffus dans ses narrations, et il s'abandonne trop à son génie ; mais il y a de très-beaux endroits, et il peut être fort utile pour ceux qui commencent. *Nimium amator ingenii sui, laudandus tamen in partibus* [1]. Ses défauts mêmes, qu'un maître attentif ne manquera pas de faire remarquer aux jeunes gens, leur serviront presque autant que les beautés qu'on leur fera admirer, surtout quand ils seront en état de faire la comparaison d'Ovide et de Virgile.

Ce dernier fait la plus grande occupation des classes : aussi est-ce un modèle parfait, et qui peut suffire seul pour former le goût.

On y explique aussi Horace et Juvénal ; et ces auteurs, tous deux excellents, quoique dans un genre différent, méritent bien d'y trouver leur place.

Je voudrais qu'on y joignît quelques tragédies de Sénèque, ou du moins quelques endroits choisis de ses tragédies ; je dis de celles qui sont véritablement de lui. On y reconnaîtra facilement le style de l'auteur ; c'est-à-dire qu'on y trouvera des endroits admirables, pleins de feu et de vivacité, mais qui n'ont pas toujours toute la justesse et toute l'exactitude qu'on pourrait souhaiter.

Ne serait-il pas bon aussi, surtout en rhétorique, de lire aux écoliers quelques endroits de Lucain, de Claudien, de Silius Italicus, de Stace, et de les comparer avec Virgile, pour les accoutumer à connaître la différence des styles ? Le cinquième livre de la Poétique de Scaliger peut être pour cela de quelque secours. On y trouve plusieurs morceaux des poëtes latins sur les mêmes matières, par exemple, sur la tempête, sur la peste, etc.

[1] Quint. l. 10, cap. 1.

Je ne sais pas pourquoi l'on ne fait point d'usage, dans les classes, d'un livre qui est pourtant fort propre pour les jeunes gens ; c'est celui qui a pour titre, *Epigrammatum delectus*. Un tel recueil ne pourrait pas manquer de plaire par la beauté et la variété des épigrammes qu'on y trouve ; et il me semble que c'est principalement de ces sortes de pièces courtes et détachées qu'il faudrait meubler la mémoire des jeunes gens. Une nouvelle édition de ce livre ne serait pas inutile pour les colléges ; mais il y aurait quelques changements à y faire, et l'on pourrait profiter de quelques-unes des réflexions du P. Vavasseur, jésuite, dans l'élégante critique qu'il a faite de ce petit ouvrage.

Je ne dis rien ici des règles de la poésie française, parce que les différents exercices des classes ne laissent pas assez de temps pour en instruire les jeunes gens, et que d'ailleurs la lecture de nos poëtes pourrait leur être dangereuse par plus d'un endroit, mais surtout parce que, ne demandant aucun travail de leur part, et ne présentant que des roses sans épines, il serait à craindre qu'elle ne les dégoûtât d'autres études plus difficiles et moins agréables, mais infiniment plus utiles et plus importantes. Il viendra un temps où ils pourront étudier les poëtes français, non-seulement sans danger, mais avec beaucoup de fruit ; car il ne serait pas raisonnable qu'uniquement occupés de l'étude des auteurs grecs et latins, et peu curieux de faire connaissance avec les écrivains de leur pays, ils demeurassent toujours étrangers dans leur propre patrie. Cette lecture, pour être utile, demande un choix judicieux et de sages précautions, surtout pour ce qui regarde la pureté des mœurs.

DE LA LECTURE D'HOMÈRE.

Il y a peu d'auteurs dans l'antiquité profane dont l'étude puisse être plus utile aux jeunes gens que celle d'Homère ; et ce serait manquer à l'attention qu'on leur doit, que de ne leur donner aucune connaissance d'un ouvrage qu'Alexandre le Grand regardait comme la production la plus rare et la plus précieuse de l'esprit humain : *pretiosissimum humani animi opus*[1]. L'utilité qu'on en peut tirer regarde ou l'excellence de la poésie d'Homère, fort propre à former le goût des jeunes gens, ou les différentes sortes d'instructions qui y sont répandues par rapport aux coutumes anciennes, aux mœurs et à la religion. Je traiterai ces deux parties séparément.

CHAPITRE PREMIER.

EXCELLENCE DES POEMES D'HOMERE.

L'éloge magnifique que fait Horace des deux poëmes d'Homère, en les préférant pour l'instruction aux livres des plus habiles philosophes, n'a point paru outré. Il n'en est pas de même des louanges que les savants de tous les siècles lui ont données comme à l'envi pour relever l'excellence de sa poésie. Bien des personnes, très-estimables d'ailleurs par leur esprit et par leur savoir, en ont pensé tout autrement, et ont fait des efforts incroyables pour décréditer dans l'esprit des hommes, et pour faire tomber dans le mépris, ce poëte si anciennement et si généralement estimé.

Il serait à craindre que de tels préjugés n'entraînassent les jeunes gens, d'autant plus qu'ils commencent à lire Homère dans un âge plus capable de sentir les difficultés et les défauts de ce poëte que d'en goûter les beautés. C'est pour prévenir cet inconvénient que j'ai cru devoir faire en particulier quelques réflexions

[1] Plin. in Hist. nat. lib. 7, cap. 29.

sur la manière dont on doit l'expliquer aux jeunes gens. Je commencerai par établir quelques règles qui leur puissent servir de principes pour former sur Homère un jugement équitable. Je rapporterai ensuite quelques endroits de ce poëte, dont j'essayerai de leur faire sentir la beauté et l'éloquence.

ARTICLE PREMIER.

Règles qui peuvent servir de principes aux jeunes gens pour juger sainement d'Homère.

Avant toutes choses, les jeunes gens doivent éviter un défaut assez ordinaire à ceux de leur âge, qui croient avoir plus d'esprit que les autres parce qu'ils ont plus d'étude et de lecture. Ce défaut est de juger, de décider, de prononcer d'un ton de maître, quelquefois même en présence d'habiles gens, dont il leur conviendrait d'attendre la décision au lieu de la prévenir. Ils croient par cet air de suffisance s'attirer l'estime, et ils se font mépriser. La modestie, la retenue, la défiance de ses propres lumières, doivent être le caractère de cet âge, et en font tout l'honneur. Ils peuvent exposer leurs doutes, proposer leurs difficultés, et interroger modestement ceux que leur âge et leur habileté mettent en état de leur en donner l'éclaircissement. C'est une leçon que leur donne le jeune Télémaque dans l'Odyssée. Il était près d'arriver chez Nestor, et il demande à Mentor, son gouverneur, comment il doit s'y conduire. « Je n'ai pas encore, lui dit-il, « acquis l'usage de bien parler; et d'ailleurs, il ne convient pas « à un jeune homme comme moi d'interroger trop familièrement « un vieillard vénérable comme Nestor.»

Οὐδέ τί πω μύθοισι πεπείρημαι πυκινοῖσιν·
Αἰδὼς δ' αὖ νέον ἄνδρα γεραίτερον ἐξερέεσθαι.

(Liv. 3, v. 23, 24.)

II.

Cette retenue est encore plus nécessaire quand il s'agit de blâmer les écrivains du premier ordre. On pardonne aisément à un homme épris des beautés de ses auteurs les louanges excessives et outrées qu'il leur donne quelquefois, dans une espèce

d'enivrement causé par l'admiration qui le transporte. C'est un
défaut commun à tous ceux qui se passionnent ; défaut que l'expérience et la raison corrigent, qui, après tout, naît d'un bon
fonds et ne fait de tort à personne. Mais tout homme sensé, et
bien plus encore s'il est dans un âge que le peu d'expérience et
la crainte de se tromper doivent rendre plus timide, gardera ri-
goureusement cette règle si sage que donne Quintilien quand il
s'agit de condamner les grands hommes : « Il ne faut prononcer
« qu'avec beaucoup de retenue et de circonspection sur ces auteurs
« dont le mérite est si bien établi, de crainte qu'il ne nous arrive,
« comme à plusieurs, de blâmer ce que nous n'entendons pas. »

III.

La réflexion que fait M. Despréaux [2] sur le jugement qu'on
doit porter des grands hommes de l'antiquité est puisée dans le
bon sens, et doit frapper toute personne raisonnable et qui est
sans prévention. « Lors, dit-il, que des écrivains ont été admirés
« durant un fort grand nombre de siècles, et n'ont été méprisés
« que par quelques gens de goût bizarre (car il se trouve toujours
« des goûts dépravés), alors non-seulement il y a de la témérité,
« mais il y a de la folie, à vouloir douter du mérite de ces écri-
« vains. Que si vous ne voyez point les beautés de leurs écrits,
« il ne faut pas conclure qu'elles n'y sont point, mais que vous
« êtes aveugle et que vous n'avez point de goût. Le gros des hom-
« mes à la longue ne se trompe point sur les ouvrages d'esprit.
« Il n'est plus question à l'heure qu'il est de savoir si Homère,
« Platon, Cicéron, Virgile, sont des hommes merveilleux : c'est
« une chose sans contestation, puisque vingt siècles en sont
« convenus. Il s'agit de savoir en quoi consiste ce merveilleux
« qui les a fait admirer de tant de siècles, et il faut trouver le
« moyen de le voir, ou renoncer aux belles-lettres, auxquelles
« vous devez croire que vous n'avez ni goût ni génie, puisque
« vous ne sentez point ce qu'ont senti tous les hommes.»

---

[1] « Modeste tamen et circumspecto judicio de tantis viris judicandum est, nc, quod plerisque accidit, damnent quæ non intelligunt. » (QUINTIL. lib. 10, cap. I.)   [2] Réflex. 7 sur Longin.

IV.

Il ne s'ensuit pas de là qu'on doive regarder ces écrivains excellents comme souverainement parfaits, et absolument exempts de tout défaut. Ce sont de grands hommes, mais enfin ils sont hommes, et par conséquent sujets à se tromper quelquefois et à s'égarer. Il faut donc convenir de bonne foi (et les plus zélés défenseurs d'Homère l'ont souvent déclaré, qu'il se rencontre dans ce poëte quelques endroits faibles, défectueux) traînants, quelques harangues trop longues, des descriptions quelquefois trop détaillées, des répétitions qui rebutent, des épithètes trop communes, des comparaisons qui reviennent trop souvent et ne paraissent pas toujours assez nobles. Mais tous ces défauts sont couverts et comme étouffés par une foule infinie de grâces et de beautés inimitables, qui frappent, qui enlèvent, qui ravissent ; et dès lors ces défauts n'autorisent point à refuser à l'ouvrage et à l'auteur l'estime qui leur est due, selon cette règle si judicieuse d'Horace :

Verum ubi plura nitent in carmine, non ego paucis
Offendar maculis, quas aut incuria fudit,
Aut humana parum cavit natura.

(Horat. de Art. poet.)

V.

Mais il faut bien prendre garde d'imputer à Homère des défauts qui ne subsistent que dans l'imagination des critiques prévenus ou ignorants. C'est ainsi que plusieurs sont blessés de certains mots qui leur paraissent bas et rampants, comme *chaudron, marmite, graisse, intestins*, et autres pareils, qui se rencontrent assez souvent dans Homère, et que nous ne souffririons point dans nos poëtes, ni même dans nos orateurs.

On doit, comme le remarque M. Despréaux [1], dont je ne ferai ici que copier les paroles, « on doit se souvenir que les mots « des langues ne répondent pas toujours juste les uns aux autres, « et qu'un terme grec très-noble ne peut souvent être exprimé « en français que par un terme très-bas. Cela se voit par les mots

[1] Réflex. 9.

« d'*asinus* en latin, et d'*âne* en français, qui sont de la dernière
« bassesse dans l'une et dans l'autre de ces langues, quoique le
« mot qui signifie cet animal n'ait rien de bas en grec ni en
« hébreu, où on le voit employé dans les endroits les plus ma-
« gnifiques. Il en est de même du mot de *mulet*, et de plusieurs
« autres.

  « En effet, les langues ont chacune leur bizarrerie; mais la
« française est principalement capricieuse sur les mots : bien
« qu'elle soit riche en beaux termes sur de certains sujets, il y
« en a beaucoup où elle est fort pauvre, et il y a un très-grand
« nombre de petites choses qu'elle ne saurait dire noblement.
« Ainsi, par exemple, bien que, dans les endroits les plus sublimes,
« elle nomme, sans s'avilir, *un mouton, une chèvre, une brebis,*
« elle ne saurait, sans se diffamer, dans un style un peu élevé,
« nommer *un veau, une truie, un cochon.* Le mot de *génisse* en
« français est fort beau, surtout dans une églogue ; *vache* ne s'y
« peut pas souffrir. *Pasteur* et *berger* y sont du plus bel usage ;
« *gardeur de pourceaux,* ou *gardeur de bœufs,* y seraient
« horribles : cependant il n'y a peut-être pas dans le grec deux
« plus beaux mots que συβώτης et βουκόλος, qui répondent à ces
« deux mots français; et c'est pourquoi Virgile a intitulé ses
« églogues de ce doux nom de *bucoliques,* qui veut pourtant
« dire en notre langue, à la lettre, *les entretiens des bouviers*
« ou *des gardeurs de bœufs.* »

  On voit par là l'injustice de ceux « qui imputent à Homère les
« bassesses de ses traducteurs, et qui l'accusent de ce que, par-
« lant grec, il n'a pas assez noblement parlé latin ou français. »
C'est une chose fort remarquable que dans l'antiquité « on
« n'ait jamais fait sur cela (c'est-à-dire sur la bassesse des mots)
« aucun reproche à Homère, bien qu'il ait composé deux poëmes,
« chacun plus gros que l'Énéide, et qu'il n'y ait point d'écrivain
« qui descende quelquefois dans un plus grand détail que lui,
« ni qui dise si volontiers les petites choses, ne se servant jamais
« que de termes nobles, ou employant les termes les moins rele-
« vés avec tant d'art et d'industrie, comme remarque Denys
« d'Halicarnasse, qu'il les rend nobles et harmonieux. »

VI.

Une autre source des jugements injustes que l'on porte sur Homère, est la prévention où nous sommes assez ordinairement pour les coutumes, les usages, les manières de notre siècle et de notre pays ; ce qui fait que nous nous laissons facilement blesser par celles d'une antiquité si reculée, qui étaient plus simples et plus approchantes de la nature. On est choqué dans Homère de voir les princes préparer eux-mêmes leur repas, Achille faire chez lui les fonctions les plus serviles, les fils des plus grands rois garder les troupeaux, les princesses aller elles-mêmes laver le linge à la rivière et puiser de l'eau à la fontaine.

Mais ne voit-on pas aussi, dans l'Écriture, Abraham, maître d'un nombreux domestique, courant lui-même à l'étable ; Sara, qui avait tant de servantes, pétrissant elle-même le pain ; Rebecca et Rachel, malgré la délicatesse de leur sexe, portant sur leurs épaules une pesante urne remplie d'eau ; Saül et David, même après avoir reçu l'onction royale, encore occupés à paître les troupeaux ?

La raison, le bon sens, l'équité, demandent qu'en lisant les auteurs anciens on se transporte dans les temps et dans les pays dont ils parlent ; et que, par une bizarrerie d'esprit tout-à-fait injuste, on ne se laisse point prévenir contre des coutumes anciennes, parce qu'elles sont contraires aux nôtres : ce qui n'est pas moins déraisonnable que si, par un aveugle attachement pour les modes de notre nation, nous regardions comme ridicules les habillements des autres peuples. Et d'ailleurs croit-on donc que cette délicatesse, cette mollesse, ce luxe qui ont infecté les siècles postérieurs, méritent si fort d'être préférés à l'heureuse simplicité des premiers temps, qui était un reste précieux de l'ancienne innocence ?

VII.

Pour ce qui est des fautes réelles qui se trouvent dans Homère, l'équité et la droite raison demandent qu'on les lui pardonne en faveur des beautés sans nombre qui s'y rencontrent. Longin [1],

---

[1] Traité du Subl. ch. 27.

en examinant si l'on doit préférer le médiocre parfait au sublime qui a quelques défauts, établit la règle dont je parle, et en tire la preuve de la nature même de ces sortes d'ouvrages. « Pour « moi, dit-il, je tiens qu'une grandeur au-dessus de l'ordinaire « n'a point naturellement la pureté du médiocre.... Il en est du « sublime comme d'une richesse immense, où l'on ne peut pas « prendre garde à tout de si près, et où il faut, malgré qu'on « en ait, négliger quelque chose.... Ainsi, continue-t-il, bien « que j'aie remarqué dans Homère, et dans tous les plus célèbres « auteurs, des endroits qui ne me plaisent point, j'estime que « ce sont des fautes dont ils ne se sont pas souciés, et qu'on « ne peut appeler proprement fautes, mais qu'on doit simplement « regarder comme des méprises et de petites négligences qui « leur sont échappées, parce que leur esprit, qui ne s'étudiait « qu'au grand, ne pouvait pas s'arrêter aux petites choses.... Tout « ce qu'on gagne à ne point faire de fautes, c'est qu'on ne peut « être repris; mais le grand se fait admirer. Que vous dirai-je « enfin ? un seul de ces beaux traits et de ces pensées sublimes qui « sont dans les ouvrages de ces excellents auteurs peut payer tous « leurs défauts. »

VIII.

Cette règle peut beaucoup servir pour porter un jugement équitable sur Homère et sur Virgile. Je ne sais si, en expliquant ces poëtes aux jeunes gens, il est à propos de donner la préférence à l'un sur l'autre, et s'il ne serait pas plus sage de laisser cette grande question indécise, en gardant une espèce de neutralité. On peut se contenter de bien faire sentir la différence de leur caractère en mettant dans tout leur jour les beautés de l'un et de l'autre. Quintilien semble nous donner cette ouverture par la manière si sensée dont il parle de ces deux grands poëtes. Il avait fait un éloge magnifique d'Homère, dans lequel il donne en peu de mots une juste idée de la variété merveilleuse du style de ce poëte : *hunc nemo in magnis sublimitate, in parvis proprie-tate superaverit. Idem lætus ac pressus, jucundus et gravis, tum copia, tum brevitate mirabilis* [1]. « Dans les grandes choses,

[1] Quint. l. 10, cap. 1.

« rien de plus sublime que son expression ; dans les petites, rien
« de plus propre. Étendu, serré, grave et doux, également ad-
« mirables par son abondance et par sa brièveté. » Il vient ensuite
à Virgile ; et, après avoir rapporté [1] une parole célèbre de Domi-
tius Afer, le plus fameux orateur de son temps, qui ne plaçait
ce poëte qu'après Homère, mais bien près de lui, il trace en
peu de lignes le caractère de l'un et de l'autre d'une manière qui
ne laisse rien, ce semble, à désirer. Il reconnaît dans Homère
plus de génie et de naturel, dans Virgile plus d'art et d'étude.
L'un est plus vif et plus sublime, l'autre plus correct et plus exact.
Celui-là s'élève avec plus de force, mais ne se soutient pas toujours : celui-ci marche toujours d'un même pas et ne s'égare jamais.
C'est ainsi que Quintilien, pesant dans la balance de la raison
et de l'équité les diverses qualités de ces deux grands hommes,
semble par de justes compensations vouloir établir entre eux
une sorte d'égalité. *Et hercle, ut illi naturæ cœlesti atque immortali cesserimus, ita curæ et diligentiæ vel ideo in hoc
plus est, quod ei fuit magis laborandum ; et quantum eminen-
tioribus vincimur, fortasse æqualitate pensamus.*

IX.

En usant de ce sage tempérament, il sera très-utile de faire
comparer aux jeunes gens certains beaux endroits de Virgile
avec ceux d'Homère, d'après lesquels ils sont copiés. C'est déjà
un grand avantage pour celui-ci d'avoir servi de modèle à l'autre ;
et l'on peut lui appliquer avec justice ce qui a été dit de Démosthène par rapport à Cicéron : *Cedendum in hoc quidem, quod
et ille prior fuit, et ex magna parte Ciceronem, quantus est,
fecit* [2]. Des deux héros d'Homère Virgile n'en a fait qu'un,
dans lequel il a su réunir avec art toutes les belles qualités répandues et partagées dans ceux du poëte grec. Il en a tiré aussi
la plupart de ses épisodes ; il en a emprunté un grand nombre de
comparaisons. Il y a un secret plaisir à démêler dans le poëte latin

---

[1] « Utar verbis iisdem, quæ ex Afro
Domitio juvenis accepi : qui mihi inter-
roganti, quem Homero crederet maxime
accedere, Secundus, inquit, est Virgi-

lius, propior tamen primo quam tertio. (Ibid.)
[2] Quint. l. 10, cap. I.

les traces du poëte grec, et à découvrir ces précieux vols qui font également honneur à l'un et à l'autre. La copie ne peut quelquefois atteindre aux beautés de l'original ; quelquefois elle le passe, et par d'heureux coups de pinceau elle y ajoute des traits qui la rendent elle-même original. Pour ce qui est de l'expression, du nombre, de la cadence, Homère l'emporte infiniment; et il est bon d'accoutumer de bonne heure l'oreille des jeunes gens à sentir cette douce et harmonieuse mélodie qui règne dans tous ses vers, qui y répand des grâces inimitables à toute autre langue qu'à la grecque.

On voit bien que l'étude d'Homère faite de la sorte peut contribuer beaucoup à former le goût ; et c'est ce qui me fait croire que dans les classes, où l'on n'a pas le temps de voir un poëme entier et de suite, il serait assez à propos de n'en expliquer que des endroits choisis, et capables de donner de ce poëte l'idée qu'on en doit prendre. Je vais essayer d'en développer quelques-uns de ce genre.

ARTICLE II.

Endroits d'Homère remarquables pour le style
et pour l'éloquence.

Je ne dois pas m'étendre beaucoup ici, de peur d'allonger trop mon ouvrage; et cependant il est difficile d'être court en parlant des beautés d'Homère. J'en rapporterai de différentes sortes, mais sans m'astreindre à y suivre un ordre exact et régulier.

I. *Nombre et cadence.*

Homère est admirable pour marquer par le son et par l'arrangement des mots, quelquefois même par le choix des lettres, la nature des choses qu'il décrit.

I. *Son dur.*

ἱστία δέ σφιν
Τριχθά τε καὶ τετραχθὰ διέσχισεν ἷς ἀνέμοιο.

(Odyss. 9 , 70.)

Il n'y a point d'oreille, dit M. Boivin en relevant la beauté de ce vers, qui ne croie entendre le bruit, et pour ainsi dire le cri de la voile et du vent qui la déchire.

2. *Son doux et coulant.*

Au contraire, rien n'est plus coulant ni plus harmonieux que l'endroit où le poëte décrit la douce et insinuante éloquence de Nestor.

> Τοῖσι δὲ Νέστωρ
> Ἡδυεπὴς ἀνόρουσε, λιγὺς Πυλίων ἀγορητής,
> Τοῦ καὶ ἀπὸ γλώσσης μέλιτος γλυκίων ῥέεν αὐδή.
>
> (Iliad. 1, 247.)

Nestor, cette bouche éloquente d'où coule une voix plus « douce que le miel, cette langue enchanteresse, cet agréable « orateur des Pyliens, se lève promptement, et se met entre les « deux princes furieux.

3. *Pesanteur.*

Les vers suivants expriment merveilleusement de grands efforts, et un travail pénible.

> Καὶ μὴν Σίσυφον εἰσεῖδον, κρατέρ' ἄλγε' ἔχοντα,
> Λᾶαν βαστάζοντα πελώριον ἀμφοτέρῃσιν.
> Ἤτοι ὁ μὲν σκηριπτόμενος χερσίν τε ποσίν τε
> Λᾶαν ἄνω ὤθεσκε ποτὶ λόφον· ἀλλ' ὅτε μέλλοι
> Ἄκρον ὑπερβαλέειν, τότ' ἀποστρέψασκε κραταιΐς·
> Αὖτις· ἔπειτα πέδονδε κυλίνδετο λᾶας ἀναιδής.
> Αὐτὰρ ὅγ' ἂψ ὤσασκε τιταινόμενος· κατὰ δ' ἱδρὼς
> Ἔρρεεν ἐκ μελέων, κονίη δ' ἐκ κρατὸς ὀρώρει.
>
> (Odyss. 11, v. 593.)

« De plus, je vis Sisyphe tourmenté de cruelles peines. Il por- « tait avec ses deux mains une pierre énorme et épouvantable. S'ap- « puyant de toutes ses forces, roidissant ses pieds et ses bras « nerveux, il poussait la pierre en avant vers le sommet de l'â- « pre rocher. Et lorsqu'il était près d'en surmonter le plus haut « faîte, une force contraire le repoussant aussitôt, la pierre ef- « frontée retournait en arrière, et allait sautant et roulant par « bonds jusque dans la plaine. Sisyphe la poussait encore avec

« de semblables efforts. Tous ses nerfs étaient tendus. La sueur
« dégouttait de tout son corps, et la poussière s'élevait en l'air
« autour de sa tête. »

4. *Légèreté.*

Dans l'endroit suivant, la rapidité du second vers ne le dispute-t-elle pas à celle des chevaux dont Homère décrit la course ?

Οἷοι Τρώϊοι ἵπποι, ἐπιστάμενοι, πεδίοιο
Κραιπνὰ μάλ' ἔνθα καὶ ἔνθα διωκέμεν ἠδὲ φέβεσθαι.

(Iliad. 5 , 222.)

Peut-être Virgile a-t-il voulu rendre cette beauté par ce vers :

Quadrupedante putrem sonitu quatit ungula campum.

(Æn. 8 , 596.)

Avec quelle élégance décrit-il ailleurs la légèreté et la vitesse des cavales d'Énée !

Αἱ δ' ὅτε μὲν σκιρτῷεν ἐπὶ ζείδωρον ἄρουραν,
Ἄκρον ἐπ' ἀνθερίκων καρπὸν θέον, οὐδὲ κατέκλων·
Ἀλλ' ὅτε δὴ σκιρτῷεν ἐπ' εὐρέα νῶτα θαλάσσης,
Ἄκρον ἐπὶ ῥηγμῖνος ἁλὸς πολιοῖο θέεσκον.

(Iliad. 20 , 226.)

Virgile a bien su profiter de cet endroit en décrivant la légèreté de Camille ; et je ne sais si la copie est au-dessous de l'original.

Illa vel intactæ segetis per summa volaret
Gramina, nec teneras cursu læsisset aristas :
Vel mare per medium fluctu suspensa tumenti
Ferret iter, celeres nec tingeret æquore plantas.

(Æn. 7 , 808.)

Mais rien n'égale la beauté de la description qu'Homère fait de la marche de Neptune. Je ne ferai presque ici que copier les remarques de M. Boivin. Ce dieu était dans l'île de Samothrace. Ses armes, aussi bien que son char et ses chevaux, étaient à Égès, ville d'Eubée ou d'Achaïe. Il ne fait que quatre pas, et y arrive. Le dieu s'arme, attelle ses chevaux, et part. Rien n'est plus lé-

ger que sa course. Il vole sur les flots. Les vers d'Homère en cet
endroit courent plus vite que le dieu même. Je m'en rapporte aux
lecteurs du texte grec, pour peu qu'ils sachent faire la différence
de la légèreté du dactyle et de la pesanteur du spondée.

Βῆ δ' ἐλάαν ἐπὶ κύματ'· ἄταλλε δὲ κήτε' ὑπ' αὐτοῦ
Πάντοθεν ἐκ κευθμῶν, οὐδ' ἠγνοίησεν ἄνακτα·
Γηθοσύνῃ δὲ θάλασσα διίστατο· τοὶ δ' ἐπέτοντο
Ῥίμφα μάλ', οὐδ' ὑπένερθε διαίνετο χάλκεος ἄξων.

(Iliad. 13, 27.)

Il suffit d'avoir des oreilles pour sentir la rapidité du char de
Neptune dans le son même du premier et des deux derniers vers,
qui ne sont composés que de dactyles, à la réserve du spondée
par où chaque vers finit nécessairement. M. Despréaux a traduit
cet endroit dans sa version de Longin.

> Il attelle son char, et, montant fièrement ,
> Lui fait fendre les flots de l'humide élément
> Dès qu'on le voit marcher sur ces liquides plaines ,
> D'aise on entend sauter les pesantes baleines.
> L'eau frémit sous le dieu qui lui donne la loi,
> Et semble avec plaisir reconnaître son roi.
> Cependant le char vole , etc.

Ces vers certainement sont admirables : cependant il faut
avouer qu'ils sont beaucoup au-dessous du grec pour le nombre
et l'harmonie, dont notre langue n'est pas aussi susceptible que
la grecque et la latine, parce qu'elle n'a point , comme ces deux
langues , la distinction des brèves et des longues , qui forment des
pieds et varient agréablement la cadence. Malgré ce défaut de la
langue , le poëte français a bien su dans ce vers,

D'aise on entend sauter les pesantes baleines,

faire sentir l'agilité du saut et la pesanteur du poisson monstrueux : deux choses tout à fait contraires, heureusement exprimées par le son des mots et par la cadence du vers, qui s'élève
avec légèreté et s'abaisse pesamment.

II. Descriptions.

On a dit qu'Homère[1] était aveugle : cependant sa poésie est plutôt une peinture qu'une poésie, tant il sait peindre au naturel et mettre comme sous les yeux du lecteur les images de tout ce qu'il entreprend de décrire.

1. Il n'est pas étonnant que ce poëte, qui anime les choses même insensibles, nous représente les chevaux d'Achille si affligés de la mort de Patrocle. Il les peint, après ce funeste accident, tristement immobiles, la tête penchée vers la terre, laissant traîner leurs crins sur la poussière et versant des larmes en abondance.

> Οὔδει ἐνισκίμψαντε καρήατα· δάκρυα δέ σφιν
> Θερμὰ κατὰ βλεφάρων χαμάδις ῥέε μυρομένοισιν,
> Ἡνιόχοιο πόθῳ· θαλερὴ δὲ μιαίνετο χαίτη,
> Ζεύγλης ἐξεριποῦσα παρὰ ζυγὸν ἀμφοτέρωθεν.
>
> (Il. 17, 437.)

La description que fait Virgile de la douleur d'un cheval est plus courte, et n'en est pas moins vive :

> Post bellator equus positis insignibus Æthon
> It lacrymans, guttisque humectat grandibus ora.
>
> (Æn. 11, 89.)

Peut-on mieux peindre les larmes d'un cheval que par ces derniers mots? Mettez *lacrymis* à la place de *guttis grandibus*, l'image disparaît.

2. Le feu de la colère étincelle dans les vers d'Homère aussi bien que dans les yeux d'Agamemnon, dont il décrit l'emportement.

> μένεος δὲ μέγα φρένες ἀμφιμέλαιναι
> Πίμπλαντ', ὄσσε δέ οἱ πυρὶ λαμπετόωντι ἐΐκτην.
>
> (Il. 1, 103.)

« Une bile noire excitait en lui une violente colère : ses yeux

---

[1] « Traditum est Homerum cæcum fuisse. At ejus picturam, non poesim videmus. Quæ regio, quæ ora, quæ species formæ, quæ pugna, qui motus hominum, qui ferarum, non ita expictus est, ut, quæ ipse non viderit, nos ut videremus, effecerit? » (Cic. *Tusc. Quæst.* lib. 5, n. 114.)

« ressemblaient à une flamme étincelante. » Horace a imité le premier vers : *Fervens difficili bile tumet jecur*[1] ; et Virgile le second :

> .Totoque ardentis ab ore
> Scintillæ absistunt : oculis micat acribus ignis.
>
> (Æn. 12, 101.)

3. Le mouvement de tête majestueux par lequel Jupiter ébranle les cieux est connu de tout le monde.

> Ἦ, καὶ κυανέῃσιν ἐπ' ὀφρύσι νεῦσε Κρονίων·
> Ἀμβρόσιαι δ' ἄρα χαῖται ἐπερρώσαντο ἄνακτος,
> Κρατὸς ἀπ' ἀθανάτοιο · μέγαν δ' ἐλέλιξεν Ὄλυμπον.
>
> (Il. 1 , 528.)

« A ces mots , le fils de Saturne fait un signe de ses noirs sour-
« cils. Les cheveux sacrés du roi des dieux se dressent et se re-
« lèvent sur sa tête immortelle ; et tout l'Olympe est ébranlé par
« ce signe redoutable. »

Cet endroit a été imité par les plus grands poëtes.

> Annuit, et totum nutu tremefecit Olympum.
>
> (VIRG.)

> Terrificam capitis concussit terque quaterque
> Cæsariem, cum qua terras mare, sidera movit.
>
> (OVID.)

> Regum verendorum in proprios greges,
> Reges in ipsos imperium est Jovis,
> Clari giganteo triumpho,
>   Cuncta supercilio moventis.
>
> (HOR.)

Ces trois poëtes semblent avoir partagé entre eux les trois vers d'Homère, et les trois circonstances qui y sont employées. Virgile s'en est tenu au signe de tête, Ovide à l'agitation des cheveux, et Horace au mouvement des sourcils.

4. La description du combat des dieux est une des plus ma-gnifiques de celles qui se trouvent dans Homère. Les Grecs et les Troyens étant prêts à donner la bataille, Jupiter avait permis

[1] Od. 13, l. I.

aux-dieux du ciel de se mêler dans le combat, et de prendre
chacun le parti qu'ils voudraient. Ils se partagent donc, et se
préparent à combattre. « Alors, le souverain maître des dieux et
« des hommes tonne du haut du ciel : d'autre part Neptune,
« élevant ses flots, ébranle la terre et les sommets des monta-
« gnes. Les cimes du mont Ida tremblent jusque dans leurs fon-
« dements. Troie, le champ de bataille et les vaisseaux, sont agi-
« tés par des secousses violentes. Le roi des enfers, épouvanté
« sous la terre même, s'élance de son trône et s'écrie, dans la
« frayeur où il est que Neptune d'un coup de son trident n'en-
« tr'ouvre la terre qui couvre les ombres, et que cet affreux sé-
« jour, demeure éternelle des ténèbres et de la mort, abhorré
« des hommes et craint même des dieux, ne reçoive pour la pre-
« mière fois la lumière, et ne paraisse à découvert : tel est le
« bruit que font ces dieux, qui marchent les uns contre les au-
« tres. » Cette traduction, qui est de madame Dacier, quelque
exacte et quelque noble qu'elle soit, ne peut pas rendre l'harmonie et la beauté des vers grecs.

M. Despréaux, comme on l'a déjà observé, a traduit une partie de cet endroit.

> L'enfer s'émeut au bruit de Neptune en furie.
> Pluton sort de son trône, il pâlit, il s'écrie :
> Il a peur que ce dieu dans cet affreux séjour
> D'un coup de son trident ne fasse entrer le jour,
> Et par le centre ouvert de la terre ébranlée
> Ne fasse voir du Styx la rive désolée;
> Ne découvre aux vivants cet empire odieux,
> Abhorré des mortels, et craint même des dieux.

Ces vers sont très-beaux, mais beaucoup au-dessous du grec.
Je n'en examinerai qu'un seul. *Pluton sort de son trône, il pâlit, il s'écrie.* Le mot de *sortir*, qui conviendrait à Pluton s'il
descendait tranquillement de son trône, est ici froid et languis-
sant. Ce dieu ne *pâlit* qu'après être sorti de son trône. La pâleur
vient-elle si lentement, et n'est-elle pas le premier et le plus
prompt effet de la crainte? Le grec a bien une autre vivacité :
Δείσας δ' ἐκ θρόνου ἆλτο, καὶ ἴαχε. *Épouvanté, il s'élance de son
trône, et s'écrie.* Comment rendre dans une autre langue cette

cadence suspendue, Δείσας δ' ἐκ θρόνου ἆλτο, qui seule marque le mouvement brusque et précipité de ce dieu? Virgile a essayé d'imiter une partie de ce bel endroit d'Homère; mais il s'en faut bien qu'il ait pu atteindre à la beauté de l'original.

> Non secus ac si qua penitus vi terra dehiscens
> Infernas reseret sedes, et regna recludat
> Pallida, dis invisa; superque immane barathrum
> Cernatur, trepidentque immisso lumine Manes.
>
> (Æn. 8, 243.)

Outre beaucoup d'autres différences, chez Virgile ce n'est qu'une comparaison, ce qui rend la description froide et languissante : au lieu que chez Homère c'est une action, ce qui est tout autrement vif et animé.

5. L'endroit où Hector, près d'aller au combat, fait ses adieux à Andromaque et embrasse Astyanax, est un des plus beaux et des plus touchants de ce poëte [1]. J'en rapporterai une partie, qui sera mêlée de descriptions et de discours.

« Hector étant arrivé aux portes Scées, par où il devait sortir, « Andromaque accourt au-devant de lui, accompagnée de la « nourrice qui tient sur son sein le petit prince [2], tendre et dé- « licat enfant, beau comme un astre, les délices d'Hector.... « Pendant que le père, sans rien dire, souriait à la vue de cet « aimable enfant, Andromaque, fondant en larmes, approche « d'Hector, et, lui serrant la main : *Prince trop magnanime*, lui « dit-elle, *votre valeur va vous perdre. Quoi! vous n'avez « donc pitié ni de cet enfant qui ne peut vous parler, ni d'une « épouse infortunée qui va devenir veuve en vous perdant; car « les Grecs, se jetant en foule sur vous, vengeront bientôt par «, votre mort toutes leurs pertes. Hélas! si je dois être séparée « de vous que ne puis-je la première descendre dans le tom- « beau? Car, après cet affreux malheur, il n'est plus de joie, « plus de consolation pour la malheureuse Andromaque, et « l'avenir ne présente à mon esprit accablé que douleurs. Je*

---

[1] Iliad. 6, 390, 494.
[2] Παῖδ' ἐπὶ κόλπῳ ἔχουσ' ἀταλάφρονα, νήπιον αὔτως;
   Ἑκτορίδην ἀγαπητὸν, ἀλίγκιον ἀστέρι καλῷ.

« *n'ai plus ni mon père, ni ma mère....* » (Après s'être étendue, peut-être un peu trop longtemps, sur la grandeur de ses pertes, elle continue) : « *Mon cher Hector, je retrouve en* « *vous tout ce que j'ai perdu, un père, une mère, un frère :* « *ajoutez à tous ces noms celui de mon époux. Ayez donc com-* « *passion de nous : demeurez ici, et renfermez-vous dans* « *cette tour, pour ne pas laisser votre épouse veuve, et ce fai-* « *ble enfant orphelin.* »

Hector, après avoir répondu à Andromaque d'une manière également noble et tendre, « s'approche de son fils, et lui tend « les bras. L'enfant, effrayé par l'éclat de l'airain, et par l'agita- « tion du terrible panache qui ombrageait le casque de son père « et flottait au gré du vent, détourne la tête, et jetant un grand « cri, se penche sur le sein de la nourrice qui le tient dans ses « bras. Le père et la mère sourient en voyant sa frayeur. En « même temps Hector ôte son casque, le pose à terre, et prenant « son fils entre ses bras, il le baise avec tendresse, et l'élevant « vers le ciel, il adresse à Jupiter et aux autres dieux cette prière : « *Puissant Jupiter, et vous tous, dieux immortels, faites que* « *cet enfant, marchant sur mes pas, se rende célèbre parmi* « *les Troyens par son courage et sa force : qu'il règne dans* « *Troie avec un pouvoir absolu : qu'en le voyant retourner du* « *combat vainqueur et chargé des sanglantes dépouilles d'un* « *ennemi qu'il aura terrassé, on s'écrie sur son passage : Ce* « *prince est encore plus vaillant que son père; et qu'à un tel* « *spectacle sa mère ressente dans son âme une vive et secrète* « *joie.* En achevant ces mots, il remet son fils entre les mains « de sa chère Andromaque, qui le reçoit dans son sein avec un « sourire mêlé de larmes. » Δακρυόεν γελάσασα.

Rien n'est plus achevé que tout ce tableau. Manque-t-il quelque chose à la douleur et à la consternation d'Andromaque? Quelle image plus naïve et plus gracieuse que celle d'un enfant qui, effrayé par la vue des armes brillantes de son père, se jette dans le sein de sa nourrice? Le sentiment d'Hector, qui désire voir sa gloire effacée par celle de son fils, n'est-il pas puisé dans la nature même? Mais quelle délicatesse dans ces derniers mots, δακρυόεν γελάσασα! Il suffit de savoir lire le grec et d'avoir un peu

d'oreille pour en sentir toute la douceur, et pour reconnaître
qu'aucune traduction ne peut rendre cette beauté.

M. de la Motte a ainsi imité le petit discours d'Hector :

> Je vous offre mon fils, dieux, faites-en le vôtre !
> Digne de votre appui, qu'il n'en cherche point d'autre.
> Rendez-le, s'il se peut, le secours des Troyens ;
> Qu'un jour par ses exploits il efface les miens ;
> Récompensez en lui la piété du père,
> Et qu'il soit les plaisirs et l'honneur de sa mère.

Je ne sais si c'est prévention pour l'antiquité, mais les vers
grecs me touchent infiniment plus que les français, quoique
ceux-ci soient fort beaux. Il n'y a point d'opposition ni d'antithèse dans le poëte grec ; mais la noble simplicité qu'on y trouve
est bien au-dessus de ces petites figures. Les vers français ne
représentent point cette belle et vive image d'un jeune vainqueur
qui revient du combat chargé de dépouilles, ces douces et flat-
teuses paroles qu'Hector, par une figure pleine de force et d'é-
nergie, met dans la bouche des spectateurs, ce sentiment vif et
tendre de joie qu'un tel spectacle cause dans le cœur d'une mère :
χαρείη δὲ φρένα μήτηρ. Cette dernière pensée paraît toute simple, et
elle l'est en effet ; mais c'est ce qui en fait la beauté. Qu'on examine avec quelque attention ce que doit penser et sentir une
mère qui voit revenir du combat son fils chargé de glorieuses
dépouilles, et qui entend les louanges que les peuples lui donnent
à l'envi, on reconnaîtra que ce qui domine dans son cœur est ce
sentiment secret et intérieur de joie qu'Homère exprime merveilleusement par ce peu de mots, χαρείη δὲ φρένα μήτηρ. Voilà ce
qu'on appelle peindre d'après nature. Il dit la même chose de
Latone, qui était ravie de joie en voyant Diane, sa fille, se distinguer dans la danse, et l'emporter de beaucoup sur toutes les
nymphes : γέγηθε δέ τε φρένα Λητώ [1]. Virgile, en faisant la même
comparaison, n'a pas manqué ce trait :

> Latonæ tacitum pertentant gaudia pectus.
>
> (Æn. 1, 506.)

M. de la Motte n'a point rendu toutes ces beautés : aussi son

[1] Odyss. 6, 102-109.

dessein n'a pas été de traduire, mais d'imiter Homère en l'abrégeant.

6. L'accueil que fait le pasteur Eumée au jeune Télémaque, qu'il revoit contre toute espérance après un long temps, est d'une simplicité et en même temps d'une beauté inimitable [1]. Le chien de la maison, par un sentiment subit de joie et par le mouvement flatteur de sa queue, annonce le premier l'arrivée de son maître. Dès qu'il paraît, les vases que tenait Eumée lui tombent des mains : il court à sa rencontre, il se jette à son cou, et il le tient tendrement embrassé et le baigne de ses larmes. Tel, dit le poëte, qu'un père affligé de la longue absence de son fils, unique objet de sa tendresse, quand il le voit enfin de retour, ne se lasse point de l'embrasser : tel Eumée se livre aux transports de sa joie à la vue de Télémaque, comme s'il sortait du tombeau, et qu'il l'eût recouvré d'entre les morts. Denys d'Halicarnasse, dans le traité que j'ai déjà cité, remarque que cet endroit, l'un des plus beaux d'Homère, tire ses principales grâces de l'arrangement et du son harmonieux des mots, qui d'ailleurs sont assez simples et ne présentent que des idées fort communes. Comment est-il possible de faire passer ces grâces dans une langue étrangère ?

III. *Comparaisons.*

C'est ici surtout que paraît la richesse et la fécondité d'Homère, et l'on dirait que la nature entière semble s'épuiser en sa faveur, pour embellir ses poëmes par une variété infinie d'images et de similitudes. Quelquefois elles ne consistent que dans un trait, et ce ne sont pas les moins vives. Souvent elles ont une juste étendue, qui donne lieu au poëte d'étaler toute la magnificence de l'expression ; et je prie le lecteur d'en examiner lui-même dans l'original toute la grâce et toute l'élégance. Il y en a de douces et de tendres, il y en a de grandes et de sublimes. Je n'en puis rapporter qu'un petit nombre, et je choisirai principalement celles dont Virgile a fait usage.

1. Homère emploie souvent la comparaison du vent, de la grêle, de l'orage, d'un torrent, pour exprimer la vitesse et la promp-

[1] Odyss. 17, 1, etc.

titude de ses combattants. Mais toutes ces idées sont trop faibles
pour peindre la rapidité des chevaux immortels.

> Autant qu'un homme assis au rivage des mers
> Voit d'un roc élevé d'espace dans les airs :
> Autant des immortels les coursiers intrépides
> En franchissent d'un saut.
>
> (DESPRÉAUX. — Iliad. v, 770.)

Il mesure, dit Longin, l'étendue de leur saut à celle de l'univers.

Il va encore plus loin pour représenter la vitesse de Junon, en
la comparant à la pensée d'un homme qui parcourt rapidement
tous les lieux où il a été, et plus vite que l'éclair passe du cou-
chant à l'aurore [1].

2. Homère emploie au commencement du troisième livre deux
belles comparaisons, dont l'usage qu'en a fait Virgile nous doit
faire connaître le prix.

« Ménélas ayant aperçu Pâris [2], qui s'avançait à grands pas à la
« tête des Troyens, est transporté de joie, comme un lion affamé
« qui est tombé par hasard sur un cerf d'une extraordinaire gran-
« deur, ou sur une chèvre sauvage : il se jette sur sa proie et
« la dévore avidement, malgré la vive poursuite des meilleurs
« chiens, et des chasseurs les plus ardents et les plus vi-
« goureux. Telle fut la joie de Ménélas à la vue du beau Pâris. »

> Impastus stabula alta leo ceu sæpe peragrans.
> (Suadet enim vesana fames), si forte fugacem
> Conspexit capream , aut surgentem in cornua cervum ;
> Gaudet hians immane , comasque arrexit, et hæret
> Visceribus super accumbens : lavit improba teter
> Ora cruor.
>
> (Æn. 10, 723.)

« Mais Pâris, le voyant à la tête des Grecs, fut saisi de frayeur,
« et se retira vers ses troupes pour éviter la mort. Tel qu'un
« voyageur qui aperçoit un horrible serpent dans le fond d'une
« vallée, recule en arrière tout tremblant, et le visage couvert

---

[1] Il. 15 , 80.

[2] Ἐρχόμενον προπάροιθεν ὁμίλου, μακρὰ βιβῶντα.
(Il. 3 , 21 , 30.)

« d'une pâleur mortelle ; tel Pâris, effrayé à la vue du fils d'Atrée,
« se retire, et va se cacher au milieu des bataillons troyens. »

Virgile a merveilleusement rendu cette comparaison, et il
paraît avoir enchéri sur l'original par d'heureux traits qu'il y a
ajoutés :

> Improvisum aspris veluti qui sentibus anguem
> Pressit humi nitens, trepidusque repente refugit.
> Attollentem iras, et cærula colla tumentem :
> Haud secus Androgeos visu tremefactus abibat.
>
> (Æn. 2, 379.)

3. La comparaison de Pâris avec un cheval de bataille est fort
célèbre dans Homère. Les vers grecs sont trop beaux pour n'être
pas ici rapportés.

> Ὡς δ'ὅτε τις στατὸς ἵππος, ἀκοστήσας ἐπὶ φάτνῃ,
> Δεσμὸν ἀπορρήξας θείῃ πεδίοιο κροαίνων,
> Εἰωθὼς λούεσθαι ἐϋρρεῖος ποταμοῖο,
> Κυδιόων, ὑψοῦ δὲ κάρη ἔχει, ἀμφὶ δὲ χαῖται
> Ὤμοις ἀΐσσονται· ὁ δ' ἀγλαΐηφι πεποιθὼς,
> Ῥίμφα ἑ γοῦνα φέρει μετά τ' ἤθεα καὶ νομὸν ἵππων.
> Ὣς υἱὸς Πριάμοιο Πάρις κατὰ Περγάμου ἄκρης
> Τεύχεσι παμφαίνων· ὥστ' ἠλέκθωρ, ἐβεβήκ
> Καγχαλόων, ταχέες δὲ πόδες φέρον.
>
> (Il. 6, 506.)

« Tel qu'un généreux coursier, après avoir été longtemps re-
« tenu à l'écurie, rompt ses liens, et, faisant trembler la terre
« sous ses pieds, court à travers la plaine du côté de l'agréable
« courant d'un fleuve rapide où il a coutume de se baigner.
« Fier et content de lui-même, il va la tête levée. Ses crins,
« voltigeant à droite et à gauche au gré du vent, lui battent
« sur les épaules. Sa beauté semble lui donner de la confiance.
« Ses genoux souples et agiles le portent légèrement au milieu
« de la troupe des cavales qui paissent le long du fleuve. Tel le
« fils de Priam, le beau Pâris, tout couvert de l'éclat de ses ar-
« mes lumineuses, marchait à grands pas, semblable au soleil.
« Il bondissait, et ses pieds agiles ne portaient pas à terre. »

Virgile semble ici avoir voulu entrer en lice avec Homère, et comme lui disputer le prix de la course des chevaux.

> Cingitur ipse furens certatim in prælia Turnus. . . . .
> Fulgebatque alta decurrens aureus arce. . . .
> Qualis, ubi abruptis fugit præsepia vinclis
> Tandem liber equus, campoque potitus aperto :
> Aut ille in pastus armentaque tendit equarum ;
> Aut assuetus aquæ perfundi flumine noto
> Emicat, arrectisque fremit cervicibus alte
> Luxurians : luduntque jubæ per colla, per armos.
>
> (Æn. 11 , 486.)

On voit bien que le poëte latin a fait effort pour rendre toutes les beautés de son original. Il en a peu ajouté de son fonds, et je ne vois de ce genre que ce mot, *tandem liber equus*, qui présente une belle idée, et peint merveilleusement l'impatiente ardeur où était le cheval de se voir en liberté. Encore peut-on dire que Virgile par ces mots, *tandem liber equus*, a voulu rendre ceux-ci, στατὸς ἵππος, etc., *un cheval reposé*, qu'on a tenu longtemps en repos dans l'écurie. Ce vers, *Aut assuetus aquæ perfundi flumine noto*, rend assez exactement le sens du grec, mais n'en a point l'harmonie. Cet autre où l'on décrit la course du cheval, *Aut ille in pastus armentaque tendit equarum*, est lourd et pesant en comparaison du vers grec, tout composé de dactyles, et aussi rapide que le cheval même, Ῥίμφα ἑ γοῦνα φέρει μετά τ' ἤθεα καὶ νομὸν ἵππων. Ce mot du grec, ὁ δ' ἀγλαΐηφι πεποιθώς, qui exprime heureusement la noble fierté du cheval, et la complaisance qu'il a dans sa beauté et dans sa force, manque au latin.

4. Je finirai cet article par deux ou trois comparaisons, plus courtes que les précédentes, et d'un genre différent.

« 1. Comme quelquefois pendant le sommeil on songe qu'on « est poursuivi de son ennemi, ou qu'on le poursuit : à tous « moments on croit ou l'atteindre, ou en être atteint ; et on ne « peut ni lui échapper, ni le prendre. De même, etc. . »

> Ac velut in somnis, oculos ubi languida pressit
> Nocte quies, nequicquam avidos extendere cursus
> Velle videmur, et in mediis conatibus ægri
> Succidimus : non lingua valet, non corpore notæ
> Sufficiunt vires, nec vox aut verba sequuntur.
>
> (Æn. 12, 908.)

Le poëte latin n'a pris du grec que l'idée, et il l'a extrêmement enrichie.

« 2. Comme dans un jardin un pavot chargé de son fruit,
« et courbé par les pluies, penche sa tête languissante : ainsi
« la tête du jeune combattant, appesantie par son casque, tombe
« sur son épaule ¹. »

> Purpureus veluti cum flos succisus aratro
> Languescit moriens, lassove papavera collo
> Demisere caput, pluvia quum forte gravantur :
> It cruor, inque humeros cervix collapsa recumbit.
>
> (Æn. 9, 435.)

« 3. Comme un oiseau, dont les petits ne peuvent encore
« voler, n'a pas plutôt saisi sa proie, qu'il la leur apporte, et
« s'incommode pour eux : que n'ai-je point souffert! que d'in-
« quiètes nuits! que de jours sanglants ² ! » C'est Achille qui
parle ainsi. Je m'étonne qu'un homme de goût et d'esprit ait
critiqué cette comparaison, comme trop étendue et trop fleurie.
Elle n'est que de deux vers, sans qu'il y ait un mot de superflu;
et son caractère est la simplicité.

IV. *Harangues.*

Il n'y a nul genre d'éloquence dont les poëmes d'Homère ne
fournissent des modèles parfaits.

1. Les harangues d'Ulysse, de Phœnix et d'Ajax, qui furent
députés par l'armée vers Achille pour l'engager à reprendre les
armes, et à repousser Hector, qui était près de brûler la flotte
grecque, pourraient suffire seules pour montrer combien Homère réussit à peindre les différents caractères de ceux qu'il fait
parler.

¹ Il. 8, 306. ² Il. 9, 323.

Ulysse parla le premier. On sait le caractère qu'en fait Homère ailleurs [1]. Dans le conseil et dans les délibérations publiques, il paraissait d'abord embarrassé et timide, les yeux fixes
et baissés, sans geste et sans mouvement, et il ne donnait pas
l'idée d'un grand orateur. Mais quand il s'était animé, ce n'é-
tait plus le même homme; et, semblable à un torrent qui tombe
avec impétuosité du haut d'un rocher, il entraînait tous les esprits par la force de son éloquence.

Ici, ayant affaire à un homme difficile et intraitable, il emploie des manières plus douces, plus insinuantes, plus touchantes. Il commence par décrire l'extrémité funeste où sont
réduits les Grecs. Il pique la jalousie d'Achille, en rapportant
les heureux succès et les fières menaces d'Hector, son rival. Il
lui représente le regret mortel qu'il aura, lorsque le mal sera
sans remède, d'avoir laissé périr ainsi les Grecs sous ses yeux.
N'osant pas lui reprocher lui-même les excès furieux de sa colère, il emprunte, par un art merveilleux, la voix du père d'A-
chille, et le fait ressouvenir de ce que Pélée lui avait dit en
l'envoyant à l'armée : que les dieux donnent la victoire, mais
que la modération dépend de l'homme (c'était le sentiment
des païens); que sans cette vertu la valeur n'est qu'une férocité;
qu'on ne peut être ni aimé des dieux, ni agréable aux hommes,
sans un fonds de douceur et d'humanité qui fait compatir au
malheur des autres. Il étale ensuite avec pompe tous les présents
et toutes les satisfactions par lesquelles Agamemnon consent de
réparer l'injure qu'il lui a faite. Que si sa personne et ses présents lui sont odieux, qu'il jette au moins un regard de pitié
sur tous les autres Grecs près de périr. Enfin, il finit son discours par où il l'avait commencé, et, piquant de nouveau la jalousie d'Achille contre Hector : Le voilà, dit-il, tout près de vous
comme un furieux, et il a l'insolence de croire que les vaisseaux
de la Grèce n'ont amené sur ces bords aucun homme qui mérite
de lui être comparé.

Il est aisé de comprendre combien de telles raisons, revêtues
de tout l'éclat des expressions poétiques, doivent avoir de grâce
et de force.

[1] Il. 3, 216-224.

Phœnix harangue d'une manière toute différente. C'était un bon vieillard qui avait pris soin d'Achille pendant son enfance, et que Pélée avait chargé de sa conduite. Il lui parle avec la tendresse d'un père et l'autorité d'un maître. Il le fait ressouvenir de toutes les peines qu'il a essuyées en le nourrissant et en l'élevant. Il lui donne d'admirables avis sur la nécessité de réprimer sa colère et de se laisser fléchir, à l'exemple des dieux, qu'on apaise par des sacrifices et par des présents. Je rapporterai dans la suite ce qu'il dit des Prières et de la déesse Até, l'une des plus belles et des plus ingénieuses fictions qui se trouvent dans l'antiquité. Il mêle dans tout cela beaucoup d'histoires assez longues, qui pourraient paraître ennuyeuses et traînantes, si l'on ne se souvenait que le caractère [1] des vieillards est d'aimer à parler du temps passé, et de raconter les aventures et les exploits de leur jeunesse.

Les réponses d'Achille à ces deux premiers discours sont pleines des traits les plus sublimes. Mais je les laisse pour passer à la harangue du troisième député, que je rapporterai ici tout entière.

Ajax était d'un caractère prompt, impétueux, plein de feu. Aussi sa harangue est courte, mais vive, et pleine de cette noble fierté qui lui était naturelle. Il n'adresse pas d'abord son discours à Achille, comme ne songeant point à persuader un homme si inflexible et si intraitable; en quoi il y a un art qu'on ne peut trop admirer.

« Retirons-nous, dit-il à Ulysse; car je vois bien que nos dis-
« cours seront sans effet, et qu'il n'y a rien à espérer de ce côté-là.
« Quelque dure que soit la réponse d'Achille, il faut la rappor-
« ter promptement aux Grecs, qui nous attendent en se flattant
« peut-être d'une vaine espérance. Mais Achille est inexorable;
« il renferme dans son sein un cœur farouche, une âme altière
« et superbe. L'ingrat! il n'est touché ni des larmes ni de la
« tendresse de ses amis, qui l'ont toujours plus honoré que tous
« les autres Grecs ensemble. Cruel! On voit tous les jours le

---

[1] Laudator temporis acti
Se puero, censor castigatorque minorum.
(Horat. de Art. poet.)

« frère, apaisé par des présents, pardonner la mort d'un frère;
« le père faire grâce au meurtrier de son fils. Le coupable se
« rachète en payant une rançon considérable; et le parent du
« mort s'adoucit après qu'il a reçu le prix du sang versé. Toi
« seul, barbare, toi seul ne peux être fléchi. Les dieux t'ont donné
« un mauvais cœur, une colère implacable. Et de quoi s'agit-il?
« d'une seule captive. En voilà sept du premier ordre que nous
« t'offrons, et mille autres présents avec elles. Prends donc enfin,
« prends en notre faveur un cœur propice. Respecte en nous ta
« propre maison, et les droits sacrés de l'hospitalité qui nous
« lient à toi. Nous osons nous vanter que, parmi tout ce qu'il y a
« de Grecs, tu n'as point de plus intimes ni de plus fidèles amis
« que nous. »

Achille reçut fort bien le discours d'Ajax : mais, demeurant
toujours inflexible, il déclara qu'il ne prendrait les armes que
lorsque Hector, après avoir couvert de morts tout le rivage et
mis la flotte en feu, approcherait de sa tente et de son navire.
C'est là, dit-il, que je l'attends; et, quelque furieux qu'il soit, je
saurai bien arrêter sa fougue.

2. Je ne sais s'il faudrait mettre parmi les harangues le petit
discours d'Antiloque à Achille, par lequel il lui apprend la mort
de Patrocle : mais rien n'est plus éloquent que cet endroit.
L'état où il paraît, les yeux baignés de larmes, est comme un
premier exorde qui parle avant lui.

« Ah! lui dit-il, fils du sage Pélée, quelle nouvelle allez-vous
« apprendre? Plût aux dieux que nous n'eussions pas à vous
« l'annoncer! Patrocle est mort. On combat autour de son
« corps qu'on a dépouillé, et le terrible Hector est maître de
« ses armes [1]. »

C'est avec raison [2] qu'on propose ce petit discours comme un
modèle parfait de la brièveté oratoire. Il n'est composé que de
quatre vers. Par les deux premiers Antiloque prépare Achille à
la triste nouvelle qu'il va lui apprendre, qui ne devait pas lui être
annoncée brusquement. « Et il renferme dans les deux derniers,
« selon la remarque d'Eustathe, tout ce qui est arrivé : la mort

---

[1] Iliad. 18, 18, etc.
[2] « Narrare quis brevius potest, quam qui mortem nuntiat Patrocli ? » (QUIN-
TIL. lib. 10, cap. I.)

« de Patrocle, celui qui l'a tué, le combat qu'on livre autour de
« son corps, et ses armes au pouvoir de son ennemi. Encore faut-
« il remarquer que la douleur a tellement resserré ses paroles, que
« dans ces deux vers il laisse le verbe ἀμφιμάχονται sans nomina-
« tif. » Mais ce que j'y trouve de plus admirable, c'est le choix
du mot dont il se sert pour annoncer cette nouvelle. Il ne dit
point, *Patrocle est mort*, comme on l'a traduit, et il n'est peut-
être pas possible de le faire autrement. Il évite toutes les expressions qui porteraient avec elles une idée funeste et sanglante,
comme seraient τέθνηκε, πέφαται, ἀνήρηται, et il substitue la plus
douce qu'il était possible d'employer en cette occasion : Κεῖται
Πάτροκλος, *jacet Patroclus* : *Patrocle gît*. Mais notre langue ne
peut rendre cette beauté et cette délicatesse. On pourrait peut-être
dire, *Patrocle n'est plus*.

3. Je finirai par le discours de Priam à Achille, par lequel il
lui demande le corps de son fils Hector[1]. Pour en sentir toute la
beauté, il faut se rappeler dans l'esprit le caractère d'Achille,
brusque, violent, intraitable. Mais il était fils, et avait un père.
Son cœur, fermé et insensible à tout autre motif, ne pouvait
être touché et attendri que par celui-ci. Aussi Mercure, le dieu
de l'éloquence, avait bien recommandé à Priam d'en faire usage.
C'est par où il commence et finit son discours. Étant donc entré
dans la tente d'Achille, il se jette à ses genoux, baise sa main,
cette main meurtrière qui lui a tué un si grand nombre d'enfants.

> Χερσὶν Ἀχιλλῆος λάβε γούνατα, καὶ κύσε χεῖρας
> Δεινὰς, ἀνδροφόνους, αἵ οἱ πολέας κτάνον υἷας.

Achille est fort surpris d'un spectacle si imprévu. Tous ceux
qui l'environnent sont dans le même étonnement, et gardent le
silence. Alors Priam, prenant la parole :

« Divin Achille, dit-il, souvenez-vous que vous avez un père
« avancé en âge comme moi, et peut-être accablé de maux comme
« moi, sans secours et sans appui. Mais il sait que vous vivez,
« et la douce espérance de revoir bientôt un fils tendrement
« aimé le soutient et le console. Et moi, le plus infortuné des

---

[1] Iliad. 24, 485, etc

« pères, de cette troupe nombreuse d'enfants dont j'étais en-
« vironné, je n'en ai conservé aucun. J'en avais cinquante quand
« les Grecs abordèrent sur ce rivage. Le cruel Mars[1] me les a
« presque tous ravis. L'unique qui me restait[2], seule ressource
« de ma famille et de Troie, mon cher Hector, vient d'expirer
« sous votre bras vainqueur, en défendant généreusement sa pa-
« trie. Je viens ici chargé de présents pour racheter son corps.
« Achille, laissez-vous fléchir par le souvenir de votre père,
« par le respect que vous devez aux dieux, par la vue de mes
« cruels malheurs. Fut-il jamais un père plus à plaindre que
« moi, qui suis obligé de baiser une main homicide, encore
« fumante du sang de mes enfants? »

Quelque impitoyable que fût Achille, il ne put résister à un
discours si tendre. Le doux nom de père arracha des larmes de
ses yeux. Il releva Priam avec bonté, et parut prendre part à sa
douleur. Tous deux se mirent à pleurer, l'un par le souvenir
d'Hector, l'autre par celui de Pélée et de Patrocle.

Il y a dans Homère une infinité d'endroits pareils à ceux que
j'ai rapportés, et peut-être encore plus beaux. Il me semble que
la lecture de ce poëte, quand elle est accompagnée de quelques
réflexions pour en faire sentir les beautés, et qu'on y joint les
endroits de Virgile qui en sont imités ou qui y ont quelque rapport, est bien capable de donner aux jeunes gens une vraie
idée de la belle poésie et de la solide éloquence.

CHAPITRE II.

INSTRUCTIONS QU'ON PEUT TIRER D'HOMÈRE.

Je réduis à trois articles les instructions auxquelles on doit
principalement rendre attentifs les jeunes gens dans la lecture

---

[1] J'ai retranché ici quelques mots :
*dix-neuf d'une même, et les autres de
diverses femmes.*

= M. R. P. Knight, dans son édition
d'Homère, a retranché ce vers et les
deux précédents, comme étant une in-
terpolation de quelque rapsode. — L.

[2] Ce n'est pas le sens. Priam ne peut
dire qu'*Hector est l'unique fils qui lui
reste,* puisqu'il a encore d'autres fils :
mais *c'était le seul qui pût défendre sa
patrie :* voilà ce que le poëte a voulu
exprimer dans ce vers :
Ὃς δέ μοι οἷος ἔην, εἴρυτο δὲ ἄστυ
καὶ αὐτούς.
(*Iliad.* 24, 499.) — L.

d'Homère. Les unes regardent les usages et les coutumes; d'autres les mœurs et la conduite de la vie ; et les dernières ont pour objet la religion et les dieux. Madame Dacier, dans les savantes remarques qui accompagnent la traduction qu'elle nous a donnée de ce poëte, est fort exacte à faire observer au lecteur ces traces précieuses de l'antiquité. Ses réflexions m'ont été d'un grand secours pour la matière que je traite, et elles peuvent suffire à un maître pour instruire utilement ses disciples. Comme le principal dessein de mon ouvrage, ainsi que je l'ai déjà observé plusieurs fois, est de former le goût de la jeunesse en tout genre, si je le puis, et de la mettre en état de tirer des anciens tout le fruit qu'on en doit attendre, j'ai cru que ce que je donnerais ici sur Homère pourrait servir de modèle aux jeunes maîtres et aux écoliers pour faire des observations semblables dans la lecture de tous les autres auteurs.

ARTICLE PREMIER.

Des usages et des coutumes.

Homère remarque qu'Ulysse, dans les voyages qu'il fit chez différents peuples, eut grand soin de s'instruire de leurs coutumes et de leurs mœurs:

Qui mores hominum multorum vidit, et urbes.

(HOR. de Art. poet.)

Il en doit être de même des différentes lectures que l'on fait, et il est bon d'accoutumer de bonne heure les jeunes gens à faire ces sortes d'observations, qui leur apprennent, chemin faisant, mille choses curieuses et agréables. Comme Homère est le plus ancien de tous les écrivains profanes qui soient parvenus jusqu'à nous, il peut beaucoup contribuer à satisfaire cette louable curiosité, qui doit se trouver dans un lecteur intelligent aussi bien que dans un voyageur attentif.

I. Des mœurs anciennes.

Les princes et les rois, chez Homère, n'ont rien de ce luxe et de ce faste qui depuis ont infecté la cour des grands. La simplicité et la modestie étaient l'heureux caractère de ces premiers siècles. Leurs palais n'étaient point remplis d'une troupe inutile de domestiques, de valets et d'officiers, capables d'y introduire toutes sortes de vices par leur orgueil et leur fainéantise. Quand les députés des princes de la Grèce vont trouver Achille, ce prince, tout puissant qu'il est, n'a ni huissiers, ni introducteurs, ni courtisans autour de lui. Ils entrent chez lui et l'abordent sans façon. Bientôt après on prépare le repas. Achille coupe lui-même les viandes, les met en morceaux, et en garnit plusieurs broches.

Les dames et les princesses n'étaient pas plus délicates. Une éducation mâle et noble les avait endurcies au travail, et accoutumées aux ministères selon nous les plus vils et les plus bas, mais conformes à leur première destination, à leur état, à leurs talents, et plus propres à conserver leur vertu que les vains amusements et le jeu qu'elles y ont substitués. Elles allaient elles-mêmes puiser de l'eau à la fontaine. Nausicaé, fille du roi des Phéaciens, va laver ses robes à la rivière avec ses femmes. On voit la reine sa mère occupée dès le point du jour à filer auprès de son feu.

« Telles étaient les mœurs de ces temps héroïques, de ces « heureux temps, où l'on ne connaissait ni le luxe ni la mol-« lesse, et où l'on ne faisait consister la gloire que dans le tra-« vail et dans la vertu, et la honte que dans la paresse et dans le « vice. L'histoire sainte et l'histoire profane nous enseignent « également que c'était alors la coutume de se servir soi-même : « et cette coutume était un reste précieux de l'âge d'or. Les pa-« triarches travaillaient eux-mêmes de leurs propres mains. Les « filles les plus considérables allaient elles-mêmes à la fontaine. « Rebecca, Rachel, et les filles de Jéthro, y mènent leurs trou-« peaux. Dans Fabius Pictor, Rhée elle-même va puiser de l'eau. « La fille de Tarpeïus fait la même chose dans Tite-Live [1]. »

2. Sacrifices.

Homère décrit assez au long les cérémonies des sacrifices dans le premier livre de l'Iliade, et dans le troisième de l'Odyssée.

---

[1]. Madame Dacier, dans sa préface sur Homère.

Dans ce dernier endroit c'est Nestor qui fait la fonction de sacrificateur, parce que les rois avaient l'intendance de la religion, et que le sacerdoce était joint à la royauté. Je rapporterai cette dernière description à peu près telle qu'elle est dans Homère, en y joignant quelques notes de madame Dacier qui en faciliteront l'intelligence.

Nestor avait ordonné aux princes ses fils de préparer tout ce qui était nécessaire pour le sacrifice qu'il voulait offrir aux dieux à l'occasion de l'arrivée de Télémaque chez lui.

On amène la génisse. Un ouvrier lui dore les cornes. Stratius et Échéphron la présentent.

Arétus portait d'une main un bassin magnifique avec une aiguière d'or, et de l'autre une corbeille où était l'orge sacrée nécessaire pour l'oblation.

Thrasymède se tint près de la victime la hache à la main, tout prêt à la frapper; et son frère Persée tenait le vaisseau pour recevoir le sang.

Aussitôt Nestor lave ses mains, coupe du poil du front de la victime qu'il jette dans le feu, lui répand sur la tête l'orge sacrée, et accompagne cette action de prières qu'il adresse à Minerve.

Alors Thrasymède, levant sa hache, frappe la génisse, lui coupe les nerfs du cou, et l'abat à ses pieds. Les princesses qui assistaient au sacrifice font des prières accompagnées de grands cris.

Les princes relèvent la génisse, et pendant qu'ils la tiennent, Pisistrate tire son poignard et l'égorge. Le sang sort à gros bouillons, et elle demeure sans force et sans vie.

En même temps ils la dépouillent et la mettent en pièces.

Ils séparent les cuisses entières [1] selon la coutume, les couvrent d'une double enveloppe de graisse, et par-dessus mettent des tranches de toutes les autres parties. Nestor lui-même les fait brûler sur l'autel, et fait des aspersions de vin.

Quand les cuisses de la victime furent toutes consumées par le

---

[1] On brûlait en l'honneur des dieux les cuisses entières, et une tranche de chaque membre, en commençant par les épaules; d'où vient le mot ὠμοθητεῖν; ὠμος, *humerus*, et τίθημι, *pono*. Ces morceaux étaient une espèce de prémices dont les dieux se contentaient, abandonnant le reste à l'usage de ceux qui offraient le sacrifice.

feu, on fit rôtir les entrailles, et on les partagea entre tous les assistants. Cette cérémonie est remarquable. Elle terminait le sacrifice offert aux dieux, et était comme une marque de communion entre tous ceux qui étaient présents. Le repas suivait le sacrifice et en faisait partie.

On coupa donc par morceaux les autres pièces de la victime qui restaient : on les mit en broche, et on les fit rôtir.

Cependant on fait prendre le bain à Télémaque, et, après l'avoir parfumé d'essences, on lui donne une belle tunique et un manteau magnifique.

Quand les viandes furent rôties, on se mit à table.

Telles étaient les principales cérémonies des sacrifices. Quand on en rencontre de nouvelles en d'autres endroits, on les fait remarquer aux jeunes gens, et l'on ne passe pas sous silence la conformité qui se trouve entre plusieurs de ces cérémonies et celles que Dieu lui-même a prescrites dans les livres saints. Mais surtout on leur fait observer que tous les peuples s'accordent à faire consister le fond du culte public et l'essence de la religion dans le sacrifice, sans en bien comprendre la raison, ni la fin, ni l'institution, qui n'est pas naturelle, et qui n'a pu venir de l'esprit humain seul ; et que cette uniformité si constante dans une chose si singulière ne peut avoir pris son origine que dans la famille de Noé, dont les descendants, en se séparant, emportèrent chacun avec eux cette manière dont ils avaient appris que la Divinité voulait être adorée.

Comme il y avait peu de grands repas sans sacrifices, et qu'anciennement les rois en étaient les ministres, on était accoutumé à leur voir faire avec honneur ce que font aujourd'hui nos bouchers et nos cuisiniers. Cela étant, il ne faut pas s'étonner, ajoute M. Boivin, de qui j'ai tiré cette note, de voir Achille couper lui-même les viandes destinées au repas qu'il veut donner aux trois députés de l'armée grecque. Ce soin qu'il prend est un soin officieux, un acte de civilité, d'hospitalité et de religion tout à la fois, que le poëte aurait eu tort de supprimer.

3. Repas.

Le dîner et le souper sont marqués bien nettement dans Homère. On y trouve quelquefois d'autres repas ¹, mais ils n'étaient pas ordinaires.

Avant que de se mettre à table, surtout dans les repas de cérémonie, on prenait le bain, au sortir duquel on se parfumait d'essences : et pour lors le maître du logis faisait donner à ses hôtes des robes, des habits, destinés uniquement pour cet usage. Ce soin, cette magnificence, faisait partie de l'hospitalité.

Le repas commençait et finissait par les libations qui étaient offertes à la divinité, et servaient de témoignages publics pour attester qu'on la regardait comme le principe et la fin de tous les biens dont on jouissait.

On était assis sur des siéges, et non couché sur des lits, comme la coutume s'en introduisit dans la suite.

L'usage des nappes n'était point encore connu. On avait grand soin de laver les tables et de les nettoyer avec des éponges avant et après le repas.

Il n'est point parlé de viandes bouillies dans Homère. On ne mangeait anciennement que de grosses viandes. La chasse et la pêche n'étaient pourtant pas inconnues. Les poissons et les oiseaux étaient apparemment regardés comme une viande trop délicate ou trop légère ².

Les viandes n'étaient pas servies dans un plat qui fût commun à tous les convives : chacun avait sa portion devant lui, et quelquefois même chacun avait sa table. C'était le maître de la maison ou un officier destiné à cette fonction qui faisait les parts, et l'on gardait toute l'égalité possible dans cette distribution ; si ce n'est lorsqu'il y avait quelque personne distinguée que l'on voulût honorer d'une manière particulière ; et pour lors on lui donnait une plus grande portion qu'aux autres, ou on lui servait le morceau le plus honorable. On voit des traces de cet usage dans le repas que donna Joseph à ses frères, et dans celui que Saül prit avec Samuel.

---

¹ Trois repas sont marqués dans Homère : ἄριστον, le repas du matin, par lequel les hommes se préparaient aux travaux ou aux combats (ATHEN. I, pag. II; E. PERIZON. ad Ælian. Hist. var. 9, 19); δεῖπνον, le repas du milieu du jour, τὸ μεσημβρινὸν δόρπον, le souper, le repas du soir. (Æschyl. ap. Athen. Coc. laud.) — L.

² [Platon. Republ. 3, tom. 2, p. 404. B.]

4. Guerre, siéges, combats.

On sait l'estime qu'Alexandre faisait des poésies d'Homère, puisqu'il les copia lui-même de sa main, et qu'il les mettait toutes les nuits avec son épée sous son chevet. Ce n'était pas le simple plaisir qu'il y cherchait ; il y trouvait aussi d'excellentes leçons pour la guerre, et il ne feignait pas de dire [1] qu'il y apprenait son métier. Au moins, il est utile pour tous d'y observer les anciennes coutumes qui regardent cette matière.

On doit y remarquer avec soin les armes dont on se servait pour lors, la méthode de mettre les troupes en bataille, la manière dont on les menait au combat, l'art d'attaquer les places et de se défendre, l'art de se retrancher.

Homère, dans le 3e livre de l'Iliade, décrit d'une manière assez détaillée l'armure de Pâris. On y voit des cuissards qui s'attachaient avec des agrafes d'argent, une cuirasse, un baudrier d'or d'où pendait une large épée, un grand et pesant bouclier, un casque relevé par une aigrette. Ménélas, qui devait combattre contre lui, était armé de la même manière. L'un et l'autre avaient un javelot à la main.

On a soin, dans la suite de la lecture, de faire remarquer aux jeunes gens les autres sortes d'armes qui s'y rencontrent.

Les anciens, selon madame Dacier, n'avaient ni trompettes, ni tambours, ni aucun instrument pour faire entendre leurs ordres [2]. Ils y suppléaient par d'autres moyens, par quelque signe sensible, et par le ministère des officiers, qui portaient de vive voix les ordres de rang en rang.

La coutume de haranguer avant le combat, et même dans le

---

[1] Τὴν Ἰλιάδα τῆς πολεμικῆς ἀρετῆς ἐφόδιον, καὶ νομίζων, καὶ ὀνομάζων. (Plut. in vit. Alex.)

[2] Cela est vrai pour les tambours, qui ont été ignorés par toute l'antiquité, et dont l'usage s'est introduit assez tard, quoiqu'il soit maintenant établi dans toutes les nations. Mais ce qu'on dit ici des trompettes est ouvertement contredit par la belle description que Dieu fait lui-même du cheval dans le livre de Job : Ubi audierit buccinam, etc.; ce qui prouve évidemment que, dans une antiquité aussi reculée que celle où vivait Job, la coutume de se servir de trompettes pour animer les troupes, et pour leur donner différents signaux, était constamment reçue et fort répandue, au moins parmi les Orientaux et les peuples voisins de la Syrie et de l'Arabie. Je ne parle point des trompettes que Moïse établit par l'ordre de Dieu. Il est vrai que, dans les combats que décrit Homère, on ne fait aucun usage des trompettes ; mais il en fait mention dans une comparaison où il est parlé du siége d'une ville (Iliad. liv. 18, v. 219).

plus fort de la mêlée, était autorisée dans ces premiers temps par un usage universel. En faire un crime à un poëte ne serait pas moins ridicule que de blâmer un peintre d'avoir donné aux personnages d'un tableau l'habillement de leur siècle.

On voit dans le quatrième livre de l'Iliade la manière dont Nestor rangeait ses troupes en bataille. Il place à la tête ses chars attelés, et montés par ceux qui doivent les conduire : derrière eux il range sa nombreuse infanterie pour les soutenir, et au milieu il met ce qu'il avait de moins bons soldats, afin que, malgré eux, ils fussent forcés de combattre. Dans le onzième livre cet ordre est changé, et c'est la cavalerie qui soutient l'infanterie.

On se servait anciennement de chars [1] au lieu de cavalerie; et l'on ne voit point, du temps de la guerre de Troie, de cavaliers montés simplement sur des chevaux. Chacun des chefs avait un char d'où il combattait, attelé ordinairement de deux chevaux; et celui qui le conduisait était un homme aussi fort considérable, et très-capable de combattre. Il y a peu d'apparence néanmoins que l'art de monter à cheval et de dresser les chevaux fût alors inconnu : au moins du temps d'Homère il était déjà porté à une si grande perfection, qu'un homme seul menait plusieurs chevaux, et sautait de l'un sur l'autre en courant à toute bride, comme on le voit dans une comparaison que ce poëte emploie [2].

Le 7e livre de l'Iliade nous représente un retranchement formé d'une bonne muraille flanquée de tours, et environné d'un

---

[1] On voit également dans l'histoire sacrée et profane que les chariots ont longtemps fait la principale force des armées. Il y en avait de différentes sortes, et l'on y trouvait pour lors beaucoup d'avantages. Mais quand le bon vieux temps fut passé, où les nations qui étaient en guerre choisissaient de bonne foi une vaste et large plaine pour y vider leur querelle en un seul jour, et que, devenues plus rusées, elles surent prendre l'avantage du terrain, elles reconnurent aisément que tout cet appareil et cette dépense de chariots pouvaient être rendus absolument inutiles par une haie, par l'inégalité du terrain, par un petit fossé. Lorsqu'on sut attirer la guerre dans un pays couvert et fourré, dans les défilés, dans des endroits coupés de ruisseaux, les chariots, bien loin de servir, devin-

rent infiniment incommodes. Aussi dans la suite les peuples et les capitaines qui convertirent la guerre en art et en science, et qui la firent avec méthode et par règles, n'eurent garde de se servir de chariots pour combattre leurs ennemis. Ils ne craignirent pas davantage ces chariots employés contre eux-mêmes, comme nous l'apprenons de l'armée commandée par Luculle. Les soldats légionnaires, étant bien disciplinés, ne voyaient pas plutôt approcher les chariots de Tigrane, qu'ils s'ouvraient pour les laisser passer; et, se refermant aussitôt, ils reprenaient leur rang, et rendaient ainsi l'impétuosité de ces chariots non-seulement inutile mais même ridicule, jusqu'à crier, comme on en lâchât un autre.

[2] Iliad. 15, 680.

fossé revêtu de bonnes palissades. « Les Grecs élèvent ensuite
« la muraille et les tours qui doivent défendre leur camp et leur
« flotte. Ils y font d'espace en espace des portes assez larges pour
« faire passer des chars, et ils creusent tout autour un fossé
« large et profond, qu'ils garnissent de palissades. »

Il n'est point parlé dans Homère des machines dont on se servit dans la suite pour attaquer et défendre les places. Si du
temps de la guerre de Troie elles n'étaient point encore en
usage, ce pourrait être là une des raisons qui faisaient que les
siéges duraient si longtemps. Mais le silence d'Homère sur ce
sujet n'est pas une preuve certaine qu'alors les machines de
guerre fussent inconnues, parce que dans l'Iliade il ne s'agit
point d'attaquer la place, et que tous les combats dont il y est
parlé se donnent hors de la ville [1].

Il y aurait encore beaucoup d'observations à faire sur cette
matière et sur d'autres pareilles, comme sur les cérémonies funé-
raires, sur la navigation, sur le commerce, etc. Il me suffit d'a-
vertir en général qu'il est bon d'y rendre les jeunes gens attentifs, et de leur faire remarquer en passant tout ce qui regarde
ces sortes d'usages et de coutumes anciennes, dont quelques-
unes même servent à appuyer la religion, comme les cérémonies mortuaires. Car elles tendaient toutes à attester et à transmettre la créance publique uniforme et constante de l'immortalité de l'âme, puisqu'elles supposaient que les morts y étaient
sensibles, et que par conséquent leurs âmes subsistaient encore.
Et, par le respect que ces cérémonies inspiraient pour les corps
morts, comme pour un dépôt sacré, et par les honneurs qu'elles
leur rendaient, elles jetaient les fondements de la créance de
la résurrection des corps, et y préparaient les esprits.

ARTICLE II.

Des mœurs et des devoirs de la vie civile.

Horace ne craint point d'assurer qu'on trouve dans les poë-

---

[1] Les seules machines dont il soit fait
mention dans Homère sont les χρόσσαι,
que les Troyens emploient à l'attaque
du retranchement des Grecs (*Iliad.* 12,
258). Il paraît que c'était une espèce de
marchepied *à plusieurs gradins.* (Dureau
DE LA MALLE, *Poliorcétique,* n. 132.)
                                            L.

mes d'Homère une morale plus épurée et plus exacte que dans les livres des plus excellents philosophes :

> Qui quid sit pulchrum, quid turpe, quid utile, quid non,
> Plenius ac melius Chrysippo et Crantore dicit.
>
> (Lib. 1 , ep. 2.)

Ce serait donc se priver d'un des plus grands fruits que l'on doive tirer de la lecture de ce poëte, que de n'y pas remarquer avec soin les excellentes maximes qui y sont partout répandues, et qui peuvent servir de principes pour former les mœurs et pour régler la conduite de la vie. On n'y doit pas moins observer les exemples et les actions sous lesquels ce poëte a eù l'art admirable de cacher ces instructions, afin de les rendre plus insinuantes, plus persuasives, plus parlantes, plus efficaces.

1. Respect pour les dieux.

Dioné parlant de Diomède, qui avait osé s'attaquer à Vénus dans le combat, s'exprime ainsi : « L'insensé ne sait pas que « ceux qui ont l'audace de combattre contre les dieux ne demeu- « rent pas longtemps sur la terre, et que leurs tendres enfants « ne s'asseyent point sur leurs genoux, et ne leur donnent pas le « doux nom de père au retour de leurs expéditions et de leurs « sanglantes guerres. »

> Οὐδέ τί μιν παῖδες ποτὶ γούνασι παππάζουσιν,
> Ἐλθόντ' ἐκ πολέμοιο καὶ αἰνῆς δηϊοτῆτος.
>
> (Il. 5, 408.)

Voilà une maxime placée bien à propos, et qui a bien plus de force et de vivacité que si elle était exprimée en forme de sentence : *Ceux qui s'attaquent aux dieux ne vivent pas longtemps.*

2. Respect pour les rois.

Homère, en parlant d'Agamemnon, pose en deux mots le fondement inébranlable du respect qui est dû aux rois : Τιμὴ δ' ἐκ Διός ἐςι : *Sa dignité lui vient de Jupiter* [1]. Et il ajoute peu

---

[1] Hom. Il. II, 197. ..

après que *c'est Jupiter même qui donne aux rois le sceptre,*
et qui les fait dépositaires des lois pour gouverner les peuples.
Ces idées sont grandes et nobles, et font voir combien la majesté
et la personne des rois dòit être sacrée et inviolable; que,
comme ils ne tiennent leur pouvoir que de Dieu, il n'y a que
Dieu qui puisse le leur ôter; et que résister à leur autorité, c'est
résister à celle de Dieu même. Il est beau de voir un auteur païen
parler comme saint Paul : *Que toute personne soit soumise*
aux puissances supérieures : car il n'y a point de puissance
qui ne vienne de Dieu, et c'est lui qui a ordónné celles qui
sont sur la terre. C'est pourquoi celui qui s'oppose aux puis-
sances résiste à l'ordre de Dieu; et ceux qui y résistent at-
tirent la condamnation sur eux-mêmes [1].

3. Respect dû aux Pères et aux mères.

On voit en plusieurs endroits d'Homère les horribles impréca-
tions des pères et des mères contre les enfants qui ont manqué
de respect à leur égard, exaucées d'une manière bien capable
d'effrayer, et les Furies vengeresses envoyées par les dieux pour
punir un crime si détestable [2]. L'Écriture nous avertit aussi que
la bénédiction du père affermit la maison des enfants, et que
la malédiction de la mère la détruit jusqu'aux fondements [3].
Il sera bon à cette occasion de raconter aux jeunes gens l'histoire que rapporte saint Augustin, qui est un exemple bien terrible de l'effet funeste de la malédiction d'une mère sur ses enfants [4].

4. Hospitalité.

Il n'y a rien de plus admirable que les maximes répandues dans
l'Iliade, et surtout dans l'Odyssée, au sujet des hôtes, des étrangers, des pauvres; et elles doivent faire rougir les chrétiens,
parmi lesquels il ne reste presque plus aucune trace de cette vertu
pratiquée anciennement parmi les païens d'une manière si noble

---

[1] Rom. 13, 1-2.   [3] Eccles. 3, 11.
[2] Il. 9, 453-457, et 561-568. Ibid.   [4] S. August. serm. 322; et lib. 22 de
21, 412-414.   Civit. Dei, c. 8, n. 22.

et si généreuse, et également recommandée aux fidèles par les écritures de l'Ancien et du Nouveau Testament.

Télémaque aperçoit un étranger qui se tenait près de la porte et n'osait entrer. Il court aussitôt, le prend par la main, et l'introduit dans la maison, *ne pouvant souffrir*, ajoute le poëte, *et étant indigné qu'un étranger fût si longtemps à sa porte* [1].

Dans une autre occasion, le même Télémaque étant entré chez Eumée, l'un de ses pasteurs, Ulysse, qui y était, mais inconnu et déguisé sous l'extérieur d'un pauvre vêtu de vieux haillons, se leva aussitôt du siége qu'il occupait, pour le céder au maître de la maison. Télémaque, respectant en lui la qualité d'hôte, lui fit honneur, et prit un autre siége [2].

Nausicaé, fille du roi des Phéaciens, en parlant d'Ulysse, qui, échappé du naufrage, s'était présenté à elle dans un état digne de compassion, dit qu'il en faut prendre grand soin. *Car*, ajoute-t-elle, *tous les pauvres et tous les étrangers viennent de la part de Jupiter.*

Πρὸς γὰρ Διός εἰσιν ἅπαντες
Ξεῖνοί τε πτωχοί τε.

(Odyss. 6, 207.)

Ailleurs il est dit que *quiconque a un peu de sens et de prudence regarde un hôte et un suppliant comme son propre frère* [3].

Ulysse, caché sous l'habit d'un pauvre mendiant, ayant été fort bien reçu par Eumée, qui avait soin d'une partie de ses troupeaux, et faisant paraître quelque surprise d'un si bon traitement : *Comment pourrais-je*, lui répondit Eumée, *ne pas bien traiter un étranger, quand même il serait encore dans un plus pitoyable état que n'est le vôtre? Tous les étrangers, tous les pauvres nous sont envoyés de la part de Jupiter. On leur donne peu*, ajoute-t-il, *et ce peu leur est précieux. C'est tout ce que peuvent faire des domestiques en l'absence de leur maître* [4].

Il suffit d'être pauvre pour être bien reçu par Eumée : cette seule qualité lui rend de telles personnes sacrées et respectables, ἅπαντές, tous sans aucune distinction.

---

[1] Odys. 1, 103-121.
[2] Ibid. 16, 41-45.
[3] Odys. 8, 546.
[4] Ibid. 14, 51-61.

Les anciens exerçaient l'hospitalité non-seulement avec générosité et magnificence, mais avec prudence et sagesse. Télémà-
que témoignait beaucoup d'empressement pour retourner chez
lui. Je n'ai garde, lui dit Ménélas, de vous retenir ici plus longtemps que vous ne le voudrez. Je ne prétends pas me rendre incommode et importun : l'hospitalité a ses lois et ses règles. *Il
faut traiter ses hôtes du mieux qu'on peut tant qu'on les possède, et les laisser partir quand ils le souhaitent.*

Χρὴ ξεῖνον παρέοντα φιλεῖν, ἐθέλοντα δὲ πέμπειν.

(Odys. 15, 68-74.)

Un des principaux officiers de ce prince étant venu lui demander s'il recevrait des hôtes qui se présentaient, Ménélas, offensé de ce discours : « Qu'est devenue votre sagesse, lui dit-il,
« de me venir faire une telle demande? J'ai eu grand besoin moi-
« même de trouver de l'hospitalité dans tous les pays que j'ai
« traversés pour revenir dans mes États. Veuille le grand Jupiter
« que je ne sois plus réduit à l'éprouver, et que mes peines soient
« finies! Allez donc promptement recevoir ces étrangers, et les
« amenez à ma table [1]. » Dieu emploie le même motif pour porter
les Israélites à exercer l'hospitalité : *Aimez les étrangers*, leur
dit-il, *parce que vous l'avez été vous-mêmes dans l'Égypte* [2].
On secourt plus volontiers les malheureux quand on l'a été soi-
même.

Non ignara mali miseris succurrere disco.

(Æn. 1, 630.)

Les gens de plaisir et de bonne chère considèrent peu les pauvres [3]. Homère l'avait déjà marqué en parlant des Phéaciens,
peuple plongé dans les délices, et qui ne connaissait point d'autre
gloire et d'autre bonheur que de passer la vie dans les repas, les
jeux, la danse, la musique. *Les Phéaciens*, dit-il, *ne reçoivent pas
volontiers les étrangers, et ne les voient pas de bon œil* [4]. La raison d'une telle conduite est toute naturelle : ces personnes étant
plus vivement occupées de leur bonheur que les autres, regardent
comme perdu tout ce qu'elles ne consument pas elles-mêmes.

[1] Odys. 4, 26-36.
[2] Deut. 10, 19.
[3] Odys. 17, 374, etc.
[4] Ibid. 7, 32.

D'ailleurs tout ce qui a l'air d'indigence et de misère imprime des idées tristes ; et ces sortes de personnes les évitent comme le poison de la vie, et comme n'étant capables que de troubler la pureté de la joie et la sérénité du bonheur dont elles veulent jouir. Il paraît qu'Homère n'a fait une si affreuse peinture des Cyclopes, et surtout de Polyphême, qui maltraitait si inhumainement les étrangers qui abordaient dans son antre, qu'afin de faire regarder comme des monstres et comme des ennemis du genre humain ceux qui manquaient à l'hospitalité.

Antinoüs, l'un de ces jeunes seigneurs qui étaient toujours en festin dans la maison de Pénélope, fit des reproches à Eumée d'y avoir amené Ulysse. N'avons-nous pas ici assez de gueux et de vagabonds, lui dit-il d'un air méprisant, pour affamer nos tables ? pourquoi nous as-tu encore amené celui-ci ? Il alla plus loin, et lui jeta à la tête le marchepied qui lui servait lorsqu'il était assis à table. Un des assistants, indigné d'une si brutale insolence, lui dit : « Vous avez grand tort, Antinoüs, de maltraiter « ainsi ce pauvre homme. Qui sait si ce n'est point quelque dieu « caché sous l'habit d'un pauvre ? Car souvent les immortels, « sous la figure de voyageurs, parcourent les villes pour être té- « moins des violences qu'on y commet et de la justice qu'on y « observe. »

Καί τε θεοὶ ξείνοισιν ἐοικότες ἀλλοδαποῖσιν,
Παντοῖοι τελέθοντες, ἐπιστρωφῶσι πόληας,
Ἀνθρώπων ὕβριν τε καὶ εὐνομίην ἐφορῶντες.

(Odys. XVII, 485.)

On reconnaît ici visiblement ce qui est rapporté dans la Genèse, qu'Abraham, modèle parfait de ceux qui ont exercé l'hospitalité, eut l'honneur de recevoir chez lui Dieu même, caché sous l'extérieur de trois voyageurs, ou plutôt de trois anges. C'est à quoi saint Paul fait allusion, en disant : *Ne négligez pas d'exercer l'hospitalité* [1] ; *car c'est en la pratiquant que quelques-uns ont reçu pour hôtes des anges sans le savoir.* On voit bien qu'A-

---

[1] « Hospitalitatem nolite oblivisci : per hanc enim latuerunt quidam angeli hospitio recepti (*Heb.* 13, 12.; Διὰ ταύτης ἔλαθον τινες ξεινίσαντες ἀγγέλους.

braham et Lot sont ici désignés clairement. Et ce qui est fort
digne de remarque, c'est que Dieu venait pour lors, caché sous
la figure de voyageurs, pour examiner et reconnaître par lui-
même jusqu'où allait l'insolence et le dérèglement des habitants
de Sodome. *Descendam, et videbo utrum clamorem, qui venit
ad me, opere compleverint,* comme Homère le dit des dieux :

Ἀνθρώπων ὕβριν τε καὶ εὐνομίην ἐφορῶντες.

5. Qualités d'un bon prince.

Je ne puis qu'en indiquer quelques-unes, et les toucher très-
légèrement. Elles sont toutes renfermées dans cet avis qu'un
prince donnait à son fils :

Αἰὲν ἀριστεύειν, καὶ ὑπείροχον ἔμμεναι ἄλλων.

(Il. VI, 208.)

« Exceller en tout, et surpasser tous les autres. »

Amour de la piété et de la justice. C'est cette qualité qui fait
les grands princes et rend les peuples heureux. « Un roi qui rè-
« gne sur plusieurs peuples avec piété fait fleurir la justice ; et
« sous son gouvernement les campagnes sont couvertes de riches
« moissons, les arbres chargés de fruits, les troupeaux féconds,
« la mer fertile en poissons, et les peuples toujours heureux :
« car voilà les effets d'un gouvernement juste et pieux [1]. »

Intrépidité fondée sur la confiance en Dieu. « Quand tous
« les autres prendraient le parti de se retirer, Sthénélus et moi
« nous combattrons jusqu'à ce que nous ayons trouvé le jour
« fatal d'Ilion : car nous ne sommes venus ici que par l'ordre
« des dieux mêmes [2]. » C'est Diomède qui parle ainsi. Quelle
grandeur d'âme, et quelle fermeté! Toute l'armée est effrayée :
le général même ordonne de partir. Il demeure intrépide, et veut
rester seul avec Sthénélus. Je m'imagine entendre le célèbre
Mathathias qui assure que, quand toute la terre obéirait aux ordres impies du roi Antiochus, lui et sa famille n'abandonneront
point la loi du Seigneur. *Etsi omnes gentes regi Antiocho obe-*

---

[1] Odys. 19, 106-114.   [2] Il. 9, 46-49.

diunt..... ego et filii mei, et fratres mei obediemus legi patrum nostrorum[1].

Prudence. Sagesse. Le principal but de l'Odyssée est de montrer combien cette vertu est nécessaire à un prince.

C'est par elle qu'Ulysse mit fin à la guerre de Troie : et Cicéron remarque que c'est pour cette raison qu'Homère donne l'épithète πτολίπορθος[2], c'est-à-dire, *destructeur de villes*, non à Ajax, ni à Achille, mais au prudent Ulysse. La remarque de Cicéron n'est pas exacte : car Homère donne plusieurs fois cette épithète à Achille.

Sincérité. Bonne foi. Quelqu'un a dit que si la vérité était exilée du reste de la terre, elle devrait se retrouver sur les lèvres d'un prince. Il doit donc avoir en horreur non-seulement le parjure, mais tout mensonge et toute dissimulation. *Je hais*, dit Achille, *comme les portes de l'enfer celui qui pense d'une manière et parle de l'autre.*

Ἐχθρὸς γάρ μοι κεῖνος ὁμῶς ἀιδαο πύλῃσιν,
Ὃς χ'ἕτερον μὲν κεύθει ἐνὶ φρεσὶν, ἄλλο δὲ βάζει.

(Il. ix, 312.)

C'est ce que l'Écriture appelle avoir deux langues, *bilingues*; avoir deux cœurs, *in corde et corde locuti sunt.* Heureuse expression! Les gens du monde ont deux cœurs : ils montrent l'un, et cachent l'autre. Ils se croient en cela bien prudents : mais de quelle confusion seraient-ils couverts, si cette lâche duplicité était connue! *Os bilingue detestor*[3]. « Je déteste la « langue double. » C'est ainsi que parle le Sage dans l'endroit même où il apprend aux rois la manière de régner sagement.

Douceur. Docilité. Je joins ensemble ces deux qualités, quoique différentes, parce que l'une conduit à l'autre. La douceur arrête dans un prince les saillies de la colère, et lui fait éviter bien des fautes. La *docilité* le porte à prendre conseil, à le suivre, à renoncer à ses propres vues quand on lui en montre de meilleures, à revenir sur ses pas quand on lui montre qu'il

[1] I. Machab. 2, 19 20.
[2] « Itaque Homerus non Ajacem, nec Achillem, sed Ulyssem appellavit πτο-
λίπορθον. (*Epist. famil.* lib. 10, 13.)
[3] Prov. 8, 13.

s'est engagé trop avant, et à réparer les fautes que l'emporte-ment lui a fait commettre.

L'Iliade entière, qui n'a pour objet que la colère d'Achille, qui causa tant de malheurs aux Grecs, est une leçon bien sa-lutaire pour les princes. Achille profita peu de celle qu'il avait reçue de son père en partant pour la guerre de Troie. « Mon fils (lui dit Pélée en l'embrassant), Minerve et Junon « vous accorderont la victoire sur vos ennemis, quand elles le « jugeront à propos : mais souvenez-vous de modérer votre fierté « et de réprimer votre colère. La douceur vaut toujours mieux « que la force. Évitez les querelles, source féconde de toutes « sortes de malheurs; et croyez que la bonté et l'humanité vous « feront plus honorer des Grecs que la dureté et que la violence [1].»

Achille, qui, pour satisfaire son ressentiment, avait laissé périr presque sous ses yeux les meilleurs de ses amis, reconnut et déplora, mais trop tard, les funestes effets d'une passion qui, d'abord plus douce que le miel, cause ensuite de si amères dou-leurs, et qui va toujours en croissant, quand elle n'est pas ré-primée dans sa naissance. « Périssent à jamais les animosités et « les querelles ! Périsse la colère, qui renverse de son assiette « l'homme le plus sage et le plus modéré, et qui, plus douce « que le miel, s'enfle et s'augmente dans le cœur comme une « fumée! Je viens d'en faire une cruelle expérience par ce fu-« neste emportement où m'a précipité l'injustice d'Agamem-« non [2]. » On pourrait bien appliquer ici ce que dit Quinte-Curce au sujet de la mort de Clitus, qu'Alexandre se repentit si vive-ment d'avoir tué dans l'emportement de sa colère : *Male humanis ingeniis natura consuluit, quod plerumque non futura, sed transacta perpendimus. Quippe rex, posteaquam ira mente decesserat, etiam ebrietate discussa, magnitudinem facino-ris sera æstimatione pensavit* [3].

Le premier degré de la vertu est de ne point commettre de fautes ; le second est de souffrir au moins qu'on nous les fasse connaître et de n'avoir point de honte de les réparer. C'est l'utile leçon qu'Ulysse osa faire à Agamemnon, le roi des rois, et que

[1] Iliad. 9, 254-258.
[2] Ibid. 18, 97, 113.
[3] Q. Curt. l. 8, cap. 2.

ce dernier reçut avec beaucoup de docilité. « Illustre fils d'Atrée,
« souvenez-vous d'être à l'avenir plus juste et plus modéré envers
« les autres, et ne pensez pas qu'il soit indigne d'un roi de faire
« satisfaction à ceux qu'il a offensés. Sage fils de Laërte, lui ré-
« pondit Agamemnon, j'ai entendu avec un très-grand plaisir
« tout ce que vous venez de dire; car vous avez parlé avec beau-
« coup de raison et de justice. Je suis prêt à faire tout ce que
« vous souhaitez'. »

Vigilance. Je terminerai les qualités du prince par celle-ci.
Les rois sont appelés dans Homère *les pasteurs des peuples,*
ποιμένες λαῶν; et l'on sait que le principal devoir d'un pasteur
est de veiller sur son troupeau. De là vient cette belle sentence
dans Homère :

> Οὐ χρὴ παννύχιον εὕδειν βουληφόρον ἄνδρα,
> Ὦ λαοί τ᾽ ἐπιτετράφαται, καὶ τόσσα μέμηλε.
>
> (Il. ii, 24, 25.)

« Un général qui préside à tant de conseils, qui a sous sa con-
« duite tant de peuples, et qui est chargé de tant de soins, ne
« doit pas dormir les nuits entières. »

Homère, dans l'Odyssée[2], prouve encore mieux cette vérité
par deux fictions ingénieuses. Éole, roi et gardien des vents, les
avait livrés tous à Ulysse enfermés et liés dans une outre,
excepté le Zéphyre, qui lui était favorable. Pendant son sommeil, ses compagnons ouvrent cette outre, pensant que ce
fût de l'or. Les vents, déchaînés, excitèrent une horrible tempête.
Dans une autre occasion, Ulysse s'étant encore endormi, ceux
de sa suite tuèrent les bœufs du Soleil; ce qui fut la cause de
leur perte[3].

Mais je ne dois pas borner la qualité de *pasteurs des peu-*
ples, qu'Homère donne aux rois, à la simple vigilance. Cette
belle image porte plus loin, et nous donne une bien plus haute
idée des devoirs de la royauté. Homère, par cet unique mot, a
voulu apprendre au prince comment il doit chérir ses sujets,
leur procurer avec sollicitude tous les avantages convenables,
préférer leur bonheur au sien propre, se rapporter tout entier

---

[1] Iliad. 19, 181-188.   [3] Odys. l. 12.
[2] Odys. l. 10.

à eux et non les rapporter à soi, les protéger avec force et courage, et les couvrir, s'il est nécessaire, de sa propre personne.
Cicéron, dans la belle lettre à son frère Quintus, établit le
même principe, et semble le fonder sur la même comparaison.,
« Le but de quiconque commande aux autres[1], dit-il, est de
« rendre heureux ceux qui sont sous son empire. » Et il ne
borne pas cette règle à ceux qui ont autorité sur les alliés et
sur les citoyens, il déclare que celui qui est chargé de la conduite des esclaves, ou même de celle des bêtes, doit se consacrer tout entier à leur utilité et à leur avantage.

6. *Fictions ingénieuses.*

Les poëmes d'Homère sont remplis de fictions qui, sous l'enveloppe d'une fable ingénieusement inventée, cachent d'importantes vérités, et des instructions très-utiles pour la conduite de
la vie. J'en rapporterai seulement deux.

Circé.

Les compagnons d'Ulysse ont l'imprudence d'entrer chez cette
dangereuse déesse sans avoir pris aucune précaution. Elle leur
fait d'abord un fort bon accueil. On leur sert à manger. Elle leur
présente d'un vin délicieux: mais elle mêle dans tout ce qu'on leur
sert un poison secret, propre à leur faire perdre absolument le
souvenir de leur patrie. Ensuite elle les frappe de sa baguette :
ils sont changés en pourceaux, relégués dans une étable, et réduits à la vie et à la condition des bêtes[2]. Voilà une image bien
sensible du triste état où la volupté réduit un homme qui a le
malheur de s'y livrer. Il est vrai qu'Ulysse échappe aux dangereux
attraits de Circé. C'est qu'il ne s'y était exposé que par la nécessité de délivrer ses compagnons; et Mercure était venu exprès
lui montrer une racine, seule capable de le garantir du funeste
poison de cette déesse. Horace semble supposer qu'il ne but
point, comme avaient fait ses compagnons, la liqueur que Circé

---

[1] « Ac mihi quidem videntur huc omnia esse referenda ab iis qui præsunt aliis,
ut ii qui eorum in imperio erunt, sint
quam beatissimi. . . . Est autem non
modo ejus qui sociis et civibus, sed etiam
ejus qui servis, qui mutis pecudibus
præsit, eorum quibus præsit commodis
utilitatique servire. » (Cic. lib. I, epil.
1, ad Quint. frat.)

[2] Odys. I. 10.

lui présenta : en quoi il est contraire à Homère. Ses vers sont trop beaux pour n'être pas ici rapportés.

Sirenum voces et Circes pocula nosti :
Quæ si cum sociis stultus cupidusque bibisset,
Sub domina meretrice fuisset turpis et excors;
Vixisset canis immundus, vel amica luto sus.

(Hor. ep. 2, lib. 1.)

Sirènes.

Homère, par cette ingénieuse fable, l'une des plus belles de l'antiquité, nous a voulu faire connaître qu'il y a des plaisirs qui paraissent fort innocents, et qui sont pourtant très-dangereux. Les Sirènes étaient des espèces de nymphes marines, qui, par la douceur de leur voix et l'harmonie de leurs chants, attiraient dans le précipice ceux qui avaient la curiosité de les entendre [1]. C'est pourquoi un poëte les appelle fort spirituellement *la douce peine, la joie cruelle, l'agréable mort des passants :*

Sirenas, hilarem navigantium pœnam,
Blandasque mortes, gaudiumque crudele,
Quas nemo quondam deserebat auditas,
Fallax Ulysses dicitur reliquisse.

(Martial.)

Ulysse, averti du danger où il allait être exposé, avait pris la précaution de boucher les oreilles de tous ses compagnons avec de la cire, et, pour lui, il s'était fait lier à un mât, pour être en état d'entendre les Sirènes sans péril. Quand il fut près de leur demeure : *Approchez,* lui dirent-elles d'une voix harmonieuse, *approchez de nous, généreux prince, qui méritez tant d'éloges, et qui êtes l'ornement et la gloire des Grecs.* Voilà le premier appât auquel il est rare d'échapper, la louange, la flatterie. *Écoutez notre voix. Jamais personne n'a passé ici sans prêter l'oreille à nos doux concerts.* Il est assez naturel à des personnes fatiguées par une longue navigation de s'accorder cet innocent plaisir. L'exemple de tous les autres qui se le sont permis en est une nouvelle raison. *Quiconque nous a entendues s'en re-*

[1] Odys. l. 12.

tourne également instruit et charmé par nos chansons. Elles piquent en même temps et l'esprit par la curiosité, et les sens par l'attrait du plaisir. Qu'y avait-il de criminel en tout cela? qu'y paraissait-il même de dangereux? Cependant c'en était fait d'Ulysse si ses compagnons l'eussent cru et l'eussent délié. Vaincu par le charme de leur voix, il ne se souvenait plus de toutes ses belles résolutions, et des ordres qu'il avait lui-même donnés de ne le point délier. Il avait sauvé ses compagnons par sa prudence, en leur bouchant les oreilles avec de la cire : ils le sauvèrent à leur tour par la salutaire résistance qu'ils lui firent. Il n'est point d'autre moyen d'échapper aux attraits du plaisir et de la mollesse, dangereuses sirènes ; surtout pour la jeunesse, que de fermer les oreilles et de fuir comme les compagnons d'Ulysse, ou d'être bien lié comme le fut Ulysse lui-même.

ARTICLE III.

Des Dieux et de la Religion.

Rien n'est plus propre à nous convaincre de quels égarements l'esprit humain est capable, lorsqu'il s'est une fois éloigné de la véritable religion, que la description qu'Homère nous fait des dieux du paganisme. Il faut avouer qu'il nous en donne une étrange idée. Ils se querellent, ils se font des reproches, ils se disent des injures. Ils font des ligues, et prennent parti les uns contre les autres. Quelques-uns sont blessés dans des combats contre les hommes, et tout près de périr. Le mensonge, la fourberie, le vol même, sont des gentillesses parmi eux. L'adultère, l'inceste, les crimes les plus détestables, perdent toute leur noirceur dans le ciel, et y sont même en honneur. En un mot, Homère a attribué à ses dieux non-seulement toutes les faiblesses de la nature humaine, mais encore toutes les passions et tous les vices des hommes ; au lieu qu'il aurait dû plutôt, comme le dit si bien Cicéron, donner aux hommes les perfections des dieux. *Humana ad deos transtulit : divina mallem ad nos* [1]. C'est pour cette raison, comme on l'a déjà remarqué, que Platon a chassé Homère de sa république, comme coupable de lèse-majesté divine, et que Pythagore a dit qu'il était cruellement tourmenté dans les enfers pour avoir semé dans ses poëmes des fictions si impies. Mais, selon la remarque d'Aristote, il n'a fait en cela que suivre ce que la renommée avait publié avant lui. De tels excès nous montrent ce que nous devons à notre Libérateur.

D'un fond si noir et si ténébreux sortent pourtant de vives étincelles de lumière, bien capables d'éclairer l'esprit : restes précieux de ces vérités primitives que l'auteur de la nature avait gravées dans le cœur de l'homme, et qu'une tradition constante et universelle y a conservées malgré la corruption générale. C'est à ces maximes fondamentales de la religion qu'il faut surtout avoir soin de rendre attentifs les jeunes gens. Je me contenterai d'en rapporter ici quelques-unes, qui sont les plus importantes.

1. *Un dieu suprême, unique, tout-puissant, dont les décrets forment la destinée.*

Malgré cette multiplicité monstrueuse de dieux qui paraît dans Homère, on voit clairement que ce poëte reconnaît un premier être, un dieu supérieur, de qui tous les autres dieux étaient dépendants. Jupiter parle et agit partout en maître, comme étant infiniment supérieur en pouvoir et en autorité à tous les autres dieux; comme pouvant par une seule parole les chasser tous du ciel, et les précipiter dans le fond du Tartare ; comme l'ayant fait à l'égard de quelques-uns d'eux : et tous généralement reconnaissent sa supériorité et son indépendance. Un endroit seul suffira pour nous faire connaître quelle idée les anciens avaient de Jupiter.

« Ce maître du tonnerre avait appelé tous les dieux à une as-
« semblée. Ils se placent tous autour de son trône avec un si-
« lence respectueux ; il leur parle en ces termes : Dieux et
« déesses, écoutez-moi, et qu'aucun de vous ne s'avise d'enfreindre
« ce que j'aurai dit, ni de s'opposer à mes ordres, mais qu'on s'y
« soumette, afin que j'exécute mes décrets éternels. Celui de vous
« qui descendra pour secourir les Troyens ou les Grecs encourra

« mon indignation, et ne regagnera l'Olympe qu'après avoir été
« traité d'une manière peu convenable à un dieu ; ou plutôt je le
« précipiterai dans les profonds abîmes du Tartare ténébreux [1],
« dans ces cavernes affreuses de fer et d'airain qui sont sous la
« terre, et autant au-dessous de l'empire des morts que le ciel
« est au-dessus de la terre. Vous connaîtrez alors combien je suis
« plus puissant que tous les dieux. Et pour vous convaincre de
« ma puissance, suspendez du haut des cieux une chaîne d'or,
« et tâchez de la tirer en bas tous tant que vous êtes de dieux et
« de déesses. Tous vos efforts ensemble ne pourront jamais m'é-
« branler, ni me faire descendre en terre. Et moi, quand il me
« plaira, je vous enlèverai tous sans peine, vous, la terre et la
« mer. Et si je lie ensuite cette chaîne au sommet de l'Olympe,
« toute la nature suspendue demeurera là sans action : tant mon
« pouvoir surpasse celui de tous les dieux et de tous les hommes,
« quand même ils uniraient leurs forces. A ces terribles menaces
« tous les dieux demeurent étonnés et interdits. Ils reconnaissent
« que la force de Jupiter est invincible, et que rien ne peut lui
« résister [2]. »

Après cela on ne doit pas être surpris que le poëte représente
Jupiter comme auteur de la *destinée*, qui n'est autre chose que
la loi émanée de lui, et à laquelle tout est soumis et dans le ciel
et sur la terre. Le destin, selon lui, c'est le décret de Jupiter :
Διὸς βουλή. Ce décret est ce qui fixe les événements. C'est là proprement cette nécessité, cette loi irrévocable, à laquelle Jupiter
lui-même est soumis..... Et une preuve que cette doctrine est la
doctrine d'Homère, c'est qu'il n'a jamais parlé de la *fortune*, τύχη ;
et que par conséquent on ne connaissait point de son temps cette
divinité aveugle que les siècles suivants ont adorée.

2. *Providence qui préside à tout, qui règle tout.*

L'idée qu'avaient les païens d'une Providence qui règle tout,
qui préside à tout, même aux plus petits événements, et qui pour

[1] Porta adversa, ingens, solidoque adamante columnæ;
        Bis patet in præceps tantum, tenditque sub umbras,
        Quantus ad æthereum cœli suspectus Olympum.
                                                    Æn. 6, 577.
[2] Iliad. 8, 1-32.

cela doit descendre dans un détail infini, ne pouvait être que l'effet d'une tradition aussi ancienne que le monde, et qui avait pris sa source dans la révélation.

Le bon pasteur Eumée attribue l'heureux succès de ses soins à la protection de Dieu, *qui a béni son labeur dans tout ce qui lui a été confié* [1]. On croit entendre Laban, qui parle de même à Jacob : *J'ai reconnu par expérience que Dieu m'a béni à cause de vous* [2].

Ulysse reconnaît que *c'était Dieu qui lui avait envoyé une chasse abondante* [3]. C'est selon les principes de la même théologie que Jacob répondit à son père, qui s'étonnait de ce qu'il était si tôt revenu de la chasse : *Dieu a voulu que ce que je désirais se présentât tout d'un coup à moi* [4].

C'est une suite du principe où l'on était du temps d'Homère, que le destin, c'est-à-dire la Providence, étend ses soins jusque sur les animaux. En parlant d'*une colombe*, il dit que *le destin ne voulait pas qu'elle fût prise* [5]. Tout le monde sait ce que dit Jésus-Christ sur le même sujet : *Il ne tombe aucun passereau sans l'ordre de votre Père* [6].

Après cela, il ne faut pas s'étonner qu'Homère fasse dépendre de la Providence tout ce qui arrive aux hommes, et jusqu'au moment précis où chaque chose arrive, comme le séjour d'Ulysse dans l'île d'Ogygie, *d'où il ne devait sortir que dans le temps que les dieux avaient marqué pour son retour à Ithaque* [7].

Il n'y a rien où le hasard semble dominer davantage que dans le sort. Cependant on en attribuait l'effet à Jupiter, puisqu'on lui adressait des prières pour le faire réussir, comme on le voit lorsqu'il s'agit de tirer au sort qui combattra contre Hector [8]. Cette même vérité est marquée bien nettement dans l'Écriture : *Les billets du sort se jettent dans un pan de la robe : mais c'est le Seigneur qui en dispose* [9].

Homère peint d'une manière admirable cette attention de la

[1] Odys. 14, 65.
[2] Gen. 30-27.
[3] Odys. 9, 158.
[4] Gen. 27, 20.
[5] Iliad. 21, 495.

[6] Matt. 10, 29.
[7] Odys. 1, 17.
[8] Iliad. 7, 179.
[9] Prov. 16, 33.

Providence sur les hommes par l'ingénieuse fiction des deux tonneaux, qui marque que c'est elle seule qui règle et dispense les
biens et les maux. « Les dieux, dit Achille, ont voulu que les
« chagrins et les larmes composassent le tissu de la vie des mi-
« sérables mortels : et seuls ils vivent exempts de toutes sortes
« de peines; car aux deux côtés du formidable trône de Jupiter
« il y a deux tonneaux inépuisables, remplis des présents que ce
« dieu fait aux hommes. L'un est plein de maux, et l'autre de
« biens. Celui pour qui le maître du tonnerre puise également
« dans ses tonneaux mène une vie mêlée, où le bonheur et le
« malheur se suivent réciproquement ; et celui pour lequel il ne
« puise que dans le tonneau funeste est accablé de toutes sortes
« de maux. L'affreuse malédiction le poursuit toute la vie : il est
« l'objet de la haine des dieux et du mépris des hommes [1] ».

Le poëte, par une seconde fiction, non moins noble que la
première, montre que cette dispensation de biens et de maux se
fait avec une souveraine équité, en mettant dans la main de Jupiter des balances d'or dans lesquelles il pèse la destinée des
mortels [2] : ce qui signifie que c'est la Providence qui préside à
tous les événements, qui règle les châtiments et les récompenses,
qui en détermine le temps et la mesure, et que ses décrets sont
toujours fondés sur la justice. C'est ce que l'Écriture dit en un
mot d'une manière fort vive, *pondus et statera judicia Domini* [3] ;
et dont on voit un exemple terrible dans Balthasar, qui, ayant
été pesé dans la balance, ne fut pas trouvé de poids : *Appensus
es in statera, et inventus es minus habens* [4].

Au reste, quelque beaux et solides que soient tous ces sentiments d'Homère sur la Providence, il ne faut pas croire que ce
poëte se soutienne également partout, et qu'il pense toujours
bien sur ce sujet. Son Jupiter n'est pas capable d'une attention
continuelle : soit distraction, soit lassitude et besoin de se reposer, il ne peut pas voir tout ce qui se passe. Neptune, qui épiait
l'occasion d'aider les Grecs, profite d'un moment favorable où
Jupiter avait détourné les yeux de dessus les Troyens [5]. Junon

---

[1] Iliad. 24, 525-533.
[2] Ibid. 8, 69, et 22, 209.
[3] Prov. 16, 11.
[4] Dan. 5, 27.
[5] Iliad. 13, 1, etc.

avait trouvé le moyen de l'endormir, afin de pouvoir, pendant son sommeil, exciter une tempête contre Hercule [1] : et long-temps auparavant elle avait bien su le tromper en avançant la naissance d'Eurysthée, qui par là devint maître d'Hercule, contre l'intention de Jupiter [2]. Chez les auteurs païens la lumière est toujours mêlée de ténèbres.

3. C'est de Dieu que viennent tous les biens, tous les talents, tous les succès.

Cette vérité, si fondamentale dans la religion, brille de toutes parts dans Homère; et ce serait une négligence bien condamnable de ne l'y pas remarquer avec soin. Je ne ferai qu'indiquer les endroits.

Selon lui, tout généralement vient des dieux. L'homme ne peut être heureux s'ils ne bénissent sa naissance et son mariage : deux époques de la vie les plus considérables. Ce sont eux qui donnent une femme prudente et habile, capable de gouverner sagement la maison : c'est d'eux qu'on doit attendre le plus doux fruit du mariage, c'est-à-dire des enfants sages et réglés [3].

Le choix que les hommes font des différentes professions qu'ils embrassent en suivant le penchant naturel qui les y porte, vient de Dieu [4]. C'est dans cette vue qu'il leur distribue différents talents : aux uns le don de la parole, aux autres celui de la musique, qui renferme la poésie; à celui-ci le courage, à l'autre la sagesse.

On voit bien, dit quelque part Ulysse, que les dieux n'accordent pas à un même homme tous les avantages. Il y en a qui sont peu favorisés du côté de la beauté et de la taille : mais, en récompense, les dieux leur donnent le rare talent de la parole, qui les élève infiniment au-dessus du reste des hommes, et les fait considérer comme des espèces de divinités. D'autres, au contraire, semblent le disputer aux immortels pour la beauté; mais cette beauté en eux est muette et stupide, et l'on pourrait dire qu'ils sont un corps sans âme [5].

C'est Dieu qui anime les paroles des sages, et qui leur donne

---

[1] Iliad. 14, 250.
[2] Ibid. 19, 95, etc
[3] Odys. 4, 208-211, et l. 15, 26.
[4] Odys. 14, 227
[5] Ibid. 8, 167-177

la force de persuader. Achille était demeuré inflexible aux remontrances des trois députés. Nestor ne perd point toute espérance,
et il exhorte Patrocle à faire encore de nouveaux efforts. « Tâchez
« par vos conseils de vaincre le ressentiment trop obstiné du
« grand Achille. Qui sait si quelque dieu favorable ne vous don-
« nera pas la force de le toucher et de le persuader [1] ? »

C'est Dieu qui donne la réputation, la renommée, la gloire.
Ἐκ δὲ Διὸς τιμὴ καὶ κῦδος ὀπηδεῖ [2]. *Jupiter donne et ôte le courage
aux hommes comme il lui plaît : il est le maître, et tout dépend de lui. Les dieux tiennent entre leurs mains la victoire,
et la donnent comme il leur plaît [3].* Ces maximes sont répandues
partout dans Homère, et tous ses héros en paraissent bien con-
vaincus [4]. Hector, qui avait toujours jusque-là paru intrépide,
prend la fuite, parce que Jupiter lui a ôté la force et le courage,
et il en apporte lui-même cette raison : « Ce n'est, dit-il, ni le
« combat ni le nombre des ennemis qui m'épouvante ; c'est Ju-
« piter lui-même, Jupiter, dont les conseils sont toujours plus
« forts que les conseils des hommes, qui remplit de frayeur les
« plus intrépides, et qui ôte la victoire comme il lui plaît [5]. »
La même maxime se trouve encore mot à mot dans le livre
précédent [6].

Il en est de même de la sagesse. Elle ne peut venir que de
Dieu. Lui seul peut ouvrir les yeux aux hommes, et dissiper
leurs ténèbres. C'est ce que le prophète-roi lui demande si souvent : *Illumina oculos meos... Revela oculos meos.* Et c'est la
vérité que le poëte a voulu nous insinuer quand il dit que Minerve fit tomber des yeux de Diomède le nuage qui les couvrait [7].
La même déesse ailleurs produit un effet tout contraire. On avait
proposé deux avis dans l'assemblée des Troyens : celui d'Hector,
qui était très-mauvais et très-pernicieux, fut généralement ap-
plaudi et suivi, sans que personne fît la moindre attention à
celui de Polydamas, qui était très-salutaire. La raison qu'en
apporte le poëte, c'est que Minerve leur avait ôté le bon sens et
toute sagesse [8]. C'est ce que David demandait à Dieu par ces bel-

---

[1] Iliad. II, 771.
[2] Ibid. I, 279, et 17, 251 ; 20, 242.
[3] Ibid. 7, 101.
[4] Ibid. 16, 656, etc

[5] Iliad. 17, 175-178.
[6] Ibid. 16, 688.
[7] Ibid. 5, 127.
[8] Ibid. 18, 310-313.

les paroles : *Infatua, quæso, Domine, consilium Achitophel*[1].
Pénélope parle en ce sens à Euryclée : « Jusqu'ici, lui dit-elle,
« vous étiez un modèle de bon sens et de prudence. Il faut que
« les dieux vous aient tout-à-coup renversé l'esprit. Il dépend
« d'eux de rendre folle la personne la plus sensée; et de la plus
« insensée d'en faire une personne très-sage[2]. »

4. Conséquences de la vérité précédente.

Tout vient des dieux : il ne faut donc point tirer vanité des
talents qu'ils nous ont donnés. C'est ce qu'Agamemnon représente à Achille, que son courage rendait fier et intraitable. *Vous
ne respirez, lui dit-il, que querelles, que guerres et que combats. Si vous êtes si vaillant, d'où vous vient votre valeur? ne
sont-ce pas les dieux qui vous l'ont donnée*[3]? Par où il lui fait assez entendre qu'il n'y a rien de plus ridicule ni de plus injuste que
de s'enorgueillir d'un bien qui ne vient pas de nous. Saint Paul le
dit plus clairement : *Qu'avez-vous que vous n'ayez pas reçu? et
si vous l'avez reçu, pourquoi vous en glorifiez-vous comme si
vous ne l'aviez point reçu*[4]?

Tout vient des dieux : il faut donc tout attendre d'eux, et mettre en eux sa confiance. Diomède n'attend rien de son courage, et
reconnaît que tous les efforts des Grecs seront inutiles, parce
que Jupiter favorise les Troyens, et qu'il a résolu de leur donner
la victoire[5] : mais aussi il espère vaincre Hector, si quelque
dieu l'assiste[6]. Hector lui-même ose tout espérer du secours des
dieux. « Je sais, dit-il en parlant à Achille, que vous êtes vail-
« lant, et que je le suis beaucoup moins que vous : mais c'est
« de la seule volonté des dieux que dépend le succès des combats.
« Qui sait si, quoique j'aie moins de valeur, je ne vous arracherai
« pas la vie avec ce fer? il sait aussi bien percer que le vôtre[7]. »
Ulysse, voyant son fils effrayé du dessein qu'il avait d'aller attaquer seul avec lui les princes qui étaient en très-grand nombre :
« Croyez-vous, lui dit-il, que la déesse Minerve, et son père
« Jupiter, soient un assez bon secours, ou si nous en cherche-

---

[1] 2. Reg. 15, 31.
[2] Odys. 23, 10-14.
[3] Iliad. 1, 177-178.
[4] 1. Cor. 4, 7.

[5] Iliad. 11, 317.
[6] Ibid. 365.
[7] Ibid. 20, 434-437.

« rons quelque autre [1] ?» Et dans un autre endroit il parle encore
avec plus d'assurance : « Si vous daignez m'assister, grande Mi-
« nerve, fussent-ils trois cents, je les attaquerai seul, et je suis
« sûr de les vaincre [2]. » On reconnaît ici le langage de David : *Si
consistant adversum me castra, non timebit cor meum ; si ex-
surgat adversum me prælium, in hoc ego sperabo* [3].

Tout vient des dieux : il faut donc s'adresser à eux par la
prière, pour en obtenir les biens dont on a besoin. Il n'y a presque point de page dans Homère qui n'inculque cette vérité. Si
un dard lancé à propos porte et frappe, si un voyage réussit, si
un discours fait impression sur les esprits, si quelqu'un terrasse
son ennemi ; en un mot, si l'on réussit en quelque chose que ce
puisse être, tout succès heureux est attribué à la prière : et, au
contraire, on voit que plusieurs manquent la victoire parce qu'ils
ont manqué de prier les dieux.

Qu'il me soit permis de copier ici tout au long ce que dit Homère du pouvoir et de l'efficace des prières sur l'esprit des dieux,
et de rapporter l'admirable caractère qu'il leur donne. C'est dans
le neuvième livre de l'Iliade, où Phœnix tâche d'apaiser la colère
inflexible d'Achille.

« Mon cher Achille, domptez cette impérieuse colère qui vous
« domine. Il ne vous sied pas d'avoir un cœur impitoyable. Les
« dieux, plus puissants que vous et d'une nature plus excellente,
« les dieux-mêmes se laissent fléchir. L'encens, les humbles
« vœux, les libations, la douce odeur des sacrifices, les prières
« des hommes, tout cela détourne leur colère quand on les a
« offensés, quand on a violé leurs commandements. Les Prières
« sont des déesses. Toutes difformes qu'elles paraissent, boiteuses,
« louches, ridées, elles sont filles du grand Jupiter. Elles mar-
« chent sur les pas de l'injurieuse Até, et prennent soin de remé-
« dier aux maux qu'elle fait. La déesse malfaisante est forte et
« robuste. Elle a le pied ferme. Elle les devance toutes de bien
« loin. Elle court légèrement par toute la terre. Elle imprime
« ses pas sur les têtes des orgueilleux mortels. Elle prend plaisir
« à affliger les hommes. Les Prières viennent après, et réparent

---

[1] Odys. 16, 160.
[2] Ibid. 13, 389-391.
[3] Ps. 26.

« ses outrages. Quiconque a reçu avec respect les saintes filles
« de Jupiter dès le moment qu'il les a vues approcher, elles
« l'ont toujours récompensé libéralement, elles l'ont exaucé à
« leur tour dès qu'il les a invoquées. Mais, lorsqu'on les a re-
« butées par un dur refus, alors ces déesses s'en vont trouver le
« fils de Saturne; alors elles prient Jupiter, leur père, de punir
« celui qui les a méprisées, et de lui donner pour compagne
« l'outrageuse Até. O mon cher Achille, ne refusez pas aux filles
« de Jupiter un honneur qui leur appartient[1]! »

On sera bien aise de trouver ici les réflexions de madame
Dacier sur cet endroit d'Homère, l'un des plus beaux qui se
trouvent dans les auteurs anciens.

Dans tout ce que nous avons de plus belle poésie, dit-elle, je
ne crois pas qu'il y ait rien de plus noble, de plus poétique et
de plus heureusement imaginé que cette fiction qui personnifie
les prières et l'injure, en leur donnant toutes les qualités, tous
les sentiments, et tous les traits de ceux qui font l'injure, et qui
ont recours aux prières.

Les Prières sont filles de Jupiter. Car c'est Dieu qui inspire
les prières et qui enseigne aux hommes à prier. *Elles sont boiteuses, ridées*, etc. Ceux qui prient ont un genou en terre, le
visage ridé et baigné de pleurs, n'osent lever les yeux, sont
tremblants et humiliés.

L'Injure altière, etc. Cette déesse est appelée *Até* dans le grec,
et l'on en voit une belle description dans le dix-neuvième livre
de l'Iliade, que l'on pourra consulter. L'Injure au pied léger
marche la première : car les violents et les emportés sont prompts
à commettre le mal. L'humble Prière la suit, et il n'y a que la
Prière qui puisse réparer les maux que l'Injure a faits.

Elles l'écoutent à leur tour dans ses besoins, etc. Voilà une
grande vérité marquée bien clairement, que, pour être exaucé
des dieux et en obtenir le pardon, il faut écouter les prières des
hommes qui nous ont offensés, et leur pardonner leurs fautes.

*Elles prient leur père de donner pour compagne à celui qui
les a méprisées l'outrageuse Até.* Que ce retour me paraît beau!
Naturellement les Prières suivent l'Injure, pour guérir les maux

[1] Iliad. 9, 492-510.

qu'elle a faits. Mais quand on a méprisé et rejeté les Prières, l'Injure les suit à son tour pour les venger, et elle les suit par l'ordre même de Jupiter, qui s'en sert pour faire exécuter les ordres de sa justice.

Je dois encore, en finissant cet article, avertir que c'est principalement sur la matière qui y est traitée qu'on peut voir à quelles ténèbres l'homme a été livré depuis le péché. Les païens attribuaient à Dieu seul généralement tous les biens, excepté celui qui en dépend davantage, qui est le plus estimable de tous, et qui seul, à proprement parler, mérite ce nom : je veux dire la vertu. C'est pour cela qu'ils s'adressaient à leurs dieux pour en obtenir tous les autres avantages, comme le remarque Cicéron; mais ils n'avaient recours qu'à eux-mêmes pour se procurer la vertu et la sagesse : *Judicium hoc omnium mortalium est, fortunam a Deo petendam, a se ipso sumendam esse sapientiam* [1]. Ils étaient fort fidèles à leur rendre grâces des autres biens : mais, persuadés qu'ils ne devaient leur vertu qu'à eux-mêmes et à leur propre volonté, il ne leur venait pas même dans l'esprit d'en remercier les dieux. *Num quis, quod bonus vir esset, gratias diis egit unquam?* On peut consulter l'endroit de Cicéron que j'ai cité, où ce principe est étendu fort au long. Horace l'a abrégé en un seul vers, où il parle de Jupiter.

> Det vitam, det opes : animum æquum mi ipse parabo.

Par où il marque clairement, que les biens qui ne dépendent pas de notre liberté sont au pouvoir des dieux, mais que l'homme n'a besoin que de soi-même pour devenir sage et tranquille. Et c'est dans le même sens qu'Homère fait ainsi parler Pélée à Achille : *Mon fils*, lui dit-il, *Minerve et Junon vous accorderont la victoire, si elles le jugent à propos ; mais c'est à vous de modérer votre fierté et de réprimer votre colère.*

> Τέκνον ἐμὸν, κάρτος μὲν Ἀθηναίη τε καὶ Ἥρη
> Δώσουσ', αἴχ' ἐθέλωσι· σὺ δὲ μεγαλήτορα θυμὸν
> Ἴσχειν ἐν στήθεσσι.
>
> (Iliad.. 9, 254-257.)

---

[1] Lib. 3, de Nat. Deor. 86-98.

5. *Immortalité de l'âme. Peines et récompenses après la mort.*

Il faudrait étrangement s'aveugler pour ne pas reconnaître partout dans Homère que l'opinion de l'immortalité de l'âme était de son temps une opinion dominante, ancienne, universelle. Sans parler de beaucoup d'autres preuves, il ne faut que lire ce que dit ce poëte de la descente d'Ulysse dans les enfers.

Cette autre vérité, qui est une suite de la première, que les vertus sont récompensées et les crimes punis dans l'autre vie, n'y est pas marquée moins clairement. Homère nous représente Minos dans les enfers, qui, le sceptre à la main, rend justice aux morts assemblés en foule autour de son tribunal, et prononce des jugements irrévocables qui décident pour toujours de leur sort[1].

Ce que dit Homère des profonds abîmes du Tartare ténébreux, de ces cavernes affreuses de fer et d'airain qui sont sous la terre, où les parjures sont éternellement punis, et où Jupiter menace de précipiter quiconque des dieux mêmes osera désobéir à ses ordres, nous fait assez connaître ce que pensaient les païens des peines qu'on souffre dans l'autre vie[2].

Ce que dit le même poëte de la déesse Até, fille de Jupiter, ce démon de discorde et de malédiction, dont l'emploi est de tendre des piéges et de faire du mal à tous les hommes, que le maître des dieux, dans sa juste colère, avait précipitée du ciel avec serment qu'elle n'y rentrerait jamais[3]; tout cela, dis-je, donne lieu de croire que l'histoire des anges apostats, ennemis des hommes, appliqués à leur nuire, opposés à leur bonheur, et relégués pour toujours dans les enfers, n'était pas inconnue aux anciens.

LIVRE QUATRIÈME.

DE LA RHÉTORIQUE.

Quoique les qualités naturelles soient le principal fondement de l'éloquence, et que quelquefois elles suffisent seules pour y

[1] Odys. 11 , 567, etc.
[2] Il. 8 , 13-16, et 3 , 279.
[3] 19 , 90, etc.

réussir, on ne peut nier cependant que l'art et les préceptes ne puissent être d'un grand secours à l'orateur [1], soit pour lui servir de guides en lui donnant des règles sûres qui apprennent à discerner le bon du mauvais, soit pour cultiver et perfectionner les avantages qu'il a reçus de la nature.

Ces préceptes [2], fondés sur les principes du bon sens et de la droite raison, ne sont autre chose que des observations judicieuses faites par d'habiles gens sur les discours des meilleurs orateurs, qu'on a ensuite rédigées par ordre, et réunies sous de certains chefs : ce qui a donné lieu de dire que l'éloquence n'était pas née de l'art, mais que l'art était né de l'éloquence.

Il est aisé par là de comprendre que la rhétorique sans la lecture des bons écrivains est une science stérile et muette, et qu'ici comme dans tout le reste les exemples ont infiniment plus de force que les préceptes [3]. En effet, au lieu que le rhéteur se contente de montrer comme de loin aux jeunes gens la route qu'ils doivent tenir, l'orateur semble les prendre par la main, et les y faire entrer.

Comme donc le but qu'on se propose dans la classe de rhétorique est de leur apprendre à mettre eux-mêmes en œuvre les règles qu'on leur a données, et à imiter les modèles qu'on leur a mis devant les yeux, tout le soin des maîtres, par rapport à l'éloquence, se réduit à trois choses : aux préceptes de rhétorique, à la lecture des auteurs, et à la composition.

Quintilien nous apprend que de son temps la seconde de ces trois parties était absolument négligée, et que les rhéteurs donnaient tout leur temps aux deux autres. Pour ne point parler ici du genre de composition qui régnait alors, qu'on appelait *déclamation*, et qui fut une des principales causes de la corruption de l'éloquence, ils entraient dans un détail de préceptes très-

---

[1] « Ego in his præceptis hanc vim et hanc utilitatem esse arbitror, non ut ad reperiendum quid dicamus arte ducamur, sed ut ea quæ natura, quæ studio, quæ exercitatione consequimur, aut recta esse confidamus, aut prava intelligamus; quum, quo referenda sint, didicerimus. » (Cic. 2, *de Orat.* n. 232.)

[2] « Ego hanc vim intelligo esse in præceptis omnibus, non ut ea secuti oratores eloquentiæ laudem sint adepti, sed, quæ sua sponte homines eloquentes facerent, ea quosdam observasse, atque id egisse : sic esse non eloquentiam ex artificio, sed artificium ex eloquentia natum. » (Cic., *de Orat.* 1, n. 146.)

[3] « In omnibus fere minus valent præcepta quam exprimenta. » (Quintil. lib. 2, cap. 5.)

longs et dans des questions très-épineuses, et souvent assez inutiles ; et c'est ce qui fait que la rhétorique même de Quintilien, si excellente d'ailleurs, paraît en plusieurs endroits fort ennuyeuse. Il avait le goût trop bon pour ne pas sentir que la lecture des auteurs est une des parties les plus essentielles de la rhétorique, et la plus capable de former l'esprit des jeunes gens. Mais, quelque bonne volonté qu'il eût, il ne lui fut pas possible de résister au torrent [1], et il se vit obligé malgré lui de se conformer en public à une coutume qu'il avait trouvée généralement établie, se réservant à suivre en particulier la méthode qu'il jugeait la meilleure.

C'est celle qui domine maintenant dans l'université de Paris, et à laquelle on n'est parvenu que par degrés. Je m'arrêterai principalement sur cette partie, qui regarde la lecture et l'explication des auteurs, après que j'aurai traité en peu de mots les deux autres, qu'on peut dire en un certain sens être renfermées dans celle-ci.

CHAPITRE PREMIER.

DES PRÉCEPTES DE RHÉTORIQUE.

La bonne manière d'apprendre la rhétorique serait de la puiser dans les sources mêmes, je veux dire dans Aristote, Denys d'Halicarnasse, Longin, Cicéron et Quintilien. Mais comme la lecture de ces auteurs, surtout des Grecs, est beaucoup au-dessus de la portée des écoliers, tels qu'on les reçoit maintenant en rhétorique, les professeurs peuvent se réserver le soin de leur expliquer de vive voix les solides principes qui se trouvent dans ces grands maîtres d'éloquence, dont ils doivent avoir fait une étude particulière, et se contenter de leur indiquer les plus beaux endroits de Cicéron et de Quintilien, où seront traitées les matières qu'ils leur expliqueront : car il serait, ce me semble, honteux qu'on sortît de rhétorique sans avoir quelque idée et quel-

---

[1] « Cæterum, sentientibus jam tum optima, duæ res impedimento fuerunt : quod et longa consuetudo aliter docendi fecerat legem, etc. » (QUINTIL., ibid.)

que connaissance des auteurs qui ont écrit de cet art avec tant de succès.

Ce qu'il y a de plus important dans la rhétorique ne consiste pas tant dans les préceptes en eux-mêmes que dans les réflexions qui les accompagnent, et qui en montrent l'usage. On peut connaître le nombre des différentes parties du discours, celui des tropes et des figures, en savoir très-exactement les définitions, et n'en être pas pour cela plus habile dans la composition. Cela est utile, et nécessaire même jusqu'à un certain point, mais ne suffit pas : ce n'est là que comme le corps et l'extérieur de la rhétorique. Si l'on n'y ajoute les observations qui rendent raison et qui montrent l'effet de chaque précepte, c'est un corps sans âme. Quelques exemples éclairciront ma pensée.

C'est une des règles de l'exorde, que l'orateur, pour se concilier la bienveillance des juges, doit parler fort modestement de lui-même, ne point trop montrer son éloquence, et rendre même suspecte, s'il le peut, celle de l'avocat qui plaide contre lui. Ce précepte est fort bon et très-nécessaire ; mais les réflexions que Quintilien y ajoute sont d'un bien plus grand prix. « Il est natu-« rel [1], dit-il, qu'on se sente porté d'inclination pour ceux qui « sont les plus faibles ; et un juge religieux écoute volontiers un « avocat qu'il regarde comme incapable de surprendre sa reli-« gion, et dont il ne croit point devoir se défier. De là, ajoute-« t-il, le soin qu'avaient les anciens de cacher leur éloquence, « bien différent de la vanité des orateurs de notre siècle, qui ne « songent qu'à la montrer et à l'étaler. »

Il en rapporte ailleurs une autre raison encore plus belle, puisée dans la nature même et fondée sur la connaissance du cœur de l'homme. « Il ne sied [2] jamais à personne, dit-il, de se vanter

---

[1] « In his quoque commendatio tacita, si nos infirmos et impares ingeniis contra agentium dixerimus.... est enim natura-lis favor pro laborantibus ; et judex religiosus libentissime patronum audit, quem justitiæ suæ minime timet. Inde illa Veterum circa occultandam eloquentiam simulatio, multum ab hac nostrorum temporum jactatione diversa. » (QUINTIL. lib 4, cap. I.)

[2] « Omnis sui vitiosa jactatio est, eloquentiæ tamen in oratore præcipue, affertque audientibus non fastidium modo, sed plerumque etiam odium. Habet enim mens nostra sublime quiddam, et erectum, et impatiens superioris. Ideoque abjectos, aut summittentes se libenter allevamus, quia hoc facere tanquam majores videmur ; et quoties discessit æmulatio, succedit humanitas. At, qui se supra modum extollit, premere ac despicere creditur ; nec tam se majorem, quam minores cæteros facere. » (QUINTIL. lib. 2, cap. I.)

« soi-même; mais un orateur surtout a mauvaise grâce de ti-
« rer vanité de son éloquence. Cela rebute ses auditeurs, et sou-
« vent même le rend odieux; car il y a naturellement dans le
« cœur de l'homme je ne sais quoi de grand, de noble, d'élevé,
« qui fait qu'il ne peut rien souffrir au-dessus de lui : c'est pour-
« quoi nous relevons volontiers ceux que nous trouvons abattus,
« ou qui s'abaissent eux-mêmes, parce que cela nous donne un
« air de supériorité, et que, cet état d'abaissement ne laissant
« plus de lieu à la jalousie, un sentiment naturel de bonté en
« prend aussitôt la place. Au contraire, celui qui se fait trop va-
« loir blesse notre orgueil, en ce que nous croyons qu'il nous ra-
« baisse et nous méprise, et qu'il ne semble pas tant s'élever lui-
« même que faire descendre les autres au-dessous de lui. »

On met ordinairement la brièveté entre les qualités que doit
avoir la narration, et on la fait consister à ne dire que ce qu'il
faut, *quantum opus sit*. Si ce précepte n'est développé, il n'é-
claire pas beaucoup l'esprit, et peut induire en erreur. Mais ce
qu'ajoute Quintilien le met dans tout son jour. « Quand j'avertis [1]
« que la brièveté consiste à ne dire que ce qu'il faut, je ne pré-
« tends pas que l'orateur doive se borner à ce qui suffit pour expo-
« ser simplement le fait. La narration, pour être courte, ne doit
« pas manquer de grâces; autrement, elle serait sans art et en-
« nuierait : car le plaisir trompe et amuse, et ce qui plaît paraît
« moins durer; de même qu'un chemin riant et uni, quoique plus
« long, fatigue moins qu'un chemin plus court qui serait escarpé
« où désagréable. »

On sent bien [2] que de telles réflexions peuvent beaucoup contribuer à donner le vrai goût de l'éloquence, et servent même
à former et à nourrir le style, au lieu que les préceptes, quand
on les traite d'une manière si nue et si subtile, ne sont propres

---

[1] « Quantum opus est autem, non ita solum accipi volo, quantum ad indicandum sufficit; quia non inornata debet esse brevitas, alioqui sit indocta : nam et fallit voluptas, et minus longa, quæ delectant, videntur; ut amœnum et molle iter, etiamsi est spatii amplioris, minus fatigat quam durum arduumque compendium. » (Quint. lib. 4, cap. 2).

[2] « His omnibus admiscebitur dicendi ratio... quæ alere facundiam, vires augere eloquentiæ possit : nam plerumque nudæ illæ artes nimia subtilitatis affectatione frangunt atque concidunt quicquid est in oratione generosius, et omnem succum ingenii bibunt, et ossa detegunt. » (Quintil. proœm. lib. I.)

qu'à dessécher l'esprit et qu'à décharner le discours, en ne lui laissant ni force ni agrément.

M. Hersan, ancien professeur au collége du Plessis, sous qui j'ai eu le bonheur d'étudier trois années entières, et qui a contribué à former plusieurs des plus habiles maîtres qui ont paru depuis lui dans l'université, avait composé dans ce genre une excellente rhétorique, où il avait fait entrer tout ce qu'il y a de plus exquis dans les anciens. Mais il faudrait un temps trop considérable pour la dicter, ce qui est un grand inconvénient; et d'ailleurs j'avoue qu'il me paraîtrait plus utile de faire lire les plus beaux endroits des anciens rhéteurs dans la source même.

Il me semble donc que pour ménager le temps, qui est fort précieux dans les études, il serait à souhaiter qu'on se servît dans l'université d'une rhétorique imprimée, qui fût courte, nette, précise; qui donnât des définitions bien exactes; qui joignît aux préceptes quelques réflexions et quelques exemples, et qui indiquât sur chaque matière les beaux endroits de Cicéron, de Quintilien, et même de Longin, dont on a une si bonne traduction. On lirait aux jeunes gens dans la classe une partie de ces endroits; et ils pourraient eux-mêmes consulter les autres.

Je sens bien qu'il est difficile, pour ne pas dire impossible, de bien faire tout cela dans le cours d'une année; et le meilleur conseil qu'on puisse donner aux parents qui souhaiteront que leurs enfants fassent un solide progrès dans cette classe, qui peut leur être d'une utilité infinie pour le reste de leur vie, quelque profession qu'ils doivent embrasser, c'est de les y faire rester pendant deux ans. Quel moyen en effet que des écoliers presque encore enfants, peu avancés pour le jugement, peu formés dans la connaissance et dans l'usage de la langue latine, et pour l'ordinaire peu laborieux, puissent dans un espace si court saisir les préceptes d'un art si important?

Les Romains avaient bien une autre idée de cette étude. Comme chez eux l'éloquence menait à tout ce qu'il y avait de plus grand, la jeunesse dont on prenait quelque soin s'y appliquait sérieusement, et passait plusieurs années sous les maîtres de rhétorique, comme on le voit dans Quintilien. Mais dès-lors même, comme s'en plaint un ancien, on se relâchait quelquefois de cette excellente discipline, et des pères ambitieux, uniquement occupés du soin d'avancer leurs enfants, les poussaient précipitamment dans le barreau avec des études mal digérées, comme s'il était aussi facile de leur donner le mérite que la robe d'avocat : au lieu que, s'ils les avaient fait passer par les différents degrés des études ordinaires, s'ils leur avaient laissé le temps de se mûrir l'esprit par une lecture solide des auteurs, de se remplir des principes de la bonne philosophie, de se former un style exact et correct, ils les auraient mis en état de soutenir dignement tout le poids et toute la majesté de l'éloquence.

CHAPITRE II.

DE LA COMPOSITION.

C'est surtout en rhétorique que les jeunes gens s'appliquent à produire quelque chose d'eux-mêmes, et qu'on les forme avec plus de soin à cette partie des études la plus difficile, la plus importante, et qui est comme le but de toutes les autres. Pour être en état d'y réussir, ils doivent avoir fait dans les autres classes, par la lecture des auteurs, un amas et une provision des termes et des manières de parler de la langue dans laquelle ils entreprennent d'écrire ; en sorte que, lorsqu'il s'agira d'exprimer quelque pensée et de la revêtir de termes convenables, ils trouvent dans leur mémoire, comme dans un riche trésor, toutes les expressions dont ils auront besoin.

ARTICLE PREMIER.

Des matières de composition.

Les matières de composition sont une espèce de plan que le maître trace aux écoliers pour leur indiquer ce qu'ils doivent dire sur le sujet qu'on leur donne à composer.

On peut donner ce plan ou de vive voix, en proposant dans la classe aux écoliers un sujet à traiter sur-le-champ, et les aidant à trouver des pensées, à les arranger, à les exprimer ; ou par

écrit, en dictant sur quelque sujet une matière de composition
qui soit digérée, qui fournisse plusieurs pensées, qui en pres-
crive l'ordre, et qui ne demande presque que d'être étendue et
ornée.

De ces deux manières, la première est la moins pratiquée,
mais elle n'est pas la moins utile; et je suis persuadé que, pour
peu qu'on en veuille faire l'essai, on reconnaîtra par l'expérience que rien n'est plus propre à donner aux jeunes gens
de la facilité pour l'invention que de les faire ainsi composer de
temps en temps en sa présence, en les interrogeant de vive voix
et leur faisant trouver ce que l'on peut dire sur un sujet. Je donnerai dans la suite quelques modèles de ces sortes de matières de
composition.

Il est naturel de commencer par les matières les plus faciles et
le plus à la portée des jeunes gens, telles que sont les fables; et
pour cela, il ne sera pas inutile de leur faire lire pendant les premières semaines celles de Phèdre, qui sont un modèle parfait
pour cette sorte de composition.

On pourra y joindre quelques-unes de celles de la Fontaine,
qui leur apprendront à faire entrer dans leurs fables plus de pensées qu'il n'y en a dans celles de Phèdre; comme Horace a fait
dans celle qu'il nous a laissée sur le rat de ville et le rat de campagne.

On fera succéder à ces fables de petites narrations, d'abord
très-simples, ensuite plus ornées; des lieux communs: des parallèles, soit entre de grands hommes d'un caractère différent,
dont on leur aura appris l'histoire; soit entre différentes professions, comme on voit que Cicéron, dans son plaidoyer pour Muréna, compare ensemble l'art militaire et la jurisprudence; soit
entre différentes actions, comme le même Cicéron, dans le
beau discours qu'il fit pour Marcellus, compare les vertus guerrières de César avec sa clémence. Ces sortes de matières fournissent beaucoup, et donnent lieu de trouver bien des pensées.

Les discours, les harangues, sont ce qu'il y a de plus difficile
dans la rhétorique; et par cette raison, il est juste de les réserver
pour la fin.

Les matières de composition, soit latines, soit françaises, que le maître donnera, doivent être travaillées avec soin, et c'est de là que dépend principalement le succès des écoliers. Il faut, comme le remarque Quintilien [1], leur aplanir dans le commencement toutes les difficultés, et leur donner des matières proportionnées à leurs forces, et qui soient presque toutes digérées. Après qu'ils auront été pendant quelque temps exercés de la sorte, il ne faudra plus que les mettre, pour parler ainsi, sur la voie, et leur tracer légèrement le plan de ce qu'ils auront à dire, pour les accoutumer peu à peu à marcher seuls et sans secours. Ensuite on ne fera pas mal de les abandonner entièrement à leur propre génie, de peur qu'en prenant l'habitude de ne rien faire qu'avec l'aide d'autrui, ils ne contractent une sorte de paresse et d'engourdissement qui les empêche de faire aucun effort, et de rien trouver d'eux-mêmes. C'est [2] à peu près ce que nous voyons que font les oiseaux. Tant que leurs petits sont tendres et faibles ils leur apportent à manger; quand ils sont devenus un peu plus forts, la mère les accoutume à sortir du nid, et leur apprend à voler en voltigeant elle-même alentour : enfin, quand elle a essayé leurs forces, elle leur fait prendre l'essor, et les abandonne à eux-mêmes.

Entre les devoirs du professeur de rhétorique, la manière de corriger les compositions des écoliers est un des plus importants, et n'est pas des moins difficiles. Les réflexions que fait Quintilien sur cette matière sont tout-à-fait judicieuses [3], et peuvent beaucoup servir aux maîtres. Ils y apprendront surtout à éviter un défaut essentiel dans leur profession, et d'autant plus à craindre, qu'il vient de trop d'esprit et de trop de délicatesse, qui est de pousser trop loin l'exactitude et la sévérité en corrigeant les compositions des jeunes gens.

Quintilien avait parlé de deux sortes de narrations : l'une sèche et sans grâce; l'autre trop abondante, trop fleurie, trop chargée d'ornements. « C'est un défaut [4], dit-il, de part et d'au-

---

[1] Lib. 2, cap. 7.

[2] « Cui rei simile quiddam facientes aves cernimus : quæ teneris infirmisque fœtibus cibos ore suo collatos partiuntur : at quum visi sunt adulti, paulu-lum egredi nidis, et circumvolare sedem illam præcedentes ipsæ docent : tum expertas vires libero cœlo suæque ipso-rum fiduciæ permittunt. » (Quint. lib. 2, cap. 7.)

[3] Quint. l. 2, cap. 4.

[4] « Vitium utrumque : pejus tamen il-lud quod ex inopia, quam quod ex copia venit; nam in pueris oratio perfecta nec

« tre : le premier pourtant, qui marque disette et stérilité, est
« pire que le dernier, qui est causé par trop d'abondance et de
« richesse; car il ne faut ni exiger ni attendre un discours
« parfait d'un enfant : mais j'augurerai bien d'un esprit fécond,
« d'un esprit qui sait produire de lui-même et faire de nobles
« efforts, dût-il quelquefois se laisser emporter. Je ne hais point
« que dans cet âge il y ait quelque chose à retrancher. Je veux
« même qu'un maître, comme une bonne nourrice, plein d'in-
« dulgence pour ses tendres élèves, leur donne une douce nour-
« riture, et les laisse se remplir de ce qu'il y a de plus agréable et
« de plus fleuri comme d'un lait délicieux..... Permettons-leur de
« s'égayer un peu, de prendre quelques hardiesses, d'inventer, et
« de se plaire dans ce qu'ils inventent, quoique leurs produc-
« tions ne soient encore ni châtiées, ni justes. On remédie faci-
« lement au trop d'abondance, mais la stérilité est un mal sans
« remède. »

« Ceux qui ont lu Cicéron [1], ajoute Quintilien, savent bien
« que je ne fais ici que suivre son sentiment. Voici comme il s'en
« explique au second livre de l'Orateur : *Je veux*, dit-il, *qu'un*
« *jeune homme donne carrière à son espit, et qu'il montre de la*
« *fécondité.* La sécheresse dans les maîtres n'est donc pas moins
« à craindre, surtout pour les enfants, que ne le sont des terres
« arides et brûlées pour de jeunes plantes. Un jeune homme,
« entre leurs mains, rampe toujours, et n'ose rien hasarder au-
« dessus de la portée la plus commune. Ce qui n'est que mai-
« greur leur paraît santé, et ce qu'ils appellent jugement est pure
« faiblesse. Ils se persuadent qu'il suffit d'être exempt de défauts;

exigi, nec sperari potest : melior autem est indoles læta generosique conatus, et vel plura justo concipiens interim spiritus; nec unquam me in his discentis annis offendat, si quid superfuerit. Quin ipsis doctoribus hoc esse curæ velim, ut teneras adhuc mentes more nutricum mollius alant, et satiari veluti quodam jucundioris disciplinæ lacte patiantur.... Audeat hæc ætas plura, et inveniat, et inventis gaudeat, sint licet illa interim non satis sicca et severa. Facile remedium est ubertatis : sterilia nullo labore vincuntur... » (QUINT. lib. 2, cap. 4.)

[1] « Quod me de his ætatibus sentire nemo mirabitur, qui apud Ciceronem legerit : *Volo enim se efferat in adolescente fecunditas.* Quapropter imprimis evitandus, et in pueris præcipue, magister aridus, non minus quam teneris adhuc plantis siccum et sine humore ullo solum. Inde fiunt humiles statim, et velut terram spectantes, qui nihil supra quotidianum sermonem attollere audeant. Macies illis pro sanitate, et judicii loco infirmitas est : et dum satis putant vitio carere, in idipsum incidunt vitium, quod virtutibus carent. » (Ibid.)

« mais par là même ils tombent dans un grand défaut, qui est
« de manquer de perfections. »

« Je dois avertir [1] aussi que rien n'abat si fort l'esprit des en-
« fants que d'avoir un maître trop sévère et trop difficile à con-
« tenter. Car ils se chagrinent, ils désespèrent du succès, et ils
« prennent enfin l'étude en aversion ; ou, ce qui leur nuit autant,
« la frayeur qu'ils ont de dire mal les glace à tel point, qu'ils
« ne tentent pas même de bien dire. »

« Qu'un maître [2], surtout par rapport à cet âge, s'applique
« donc particulièrement à se rendre agréable, afin d'adoucir par
« des manières insinuantes ce qu'il y a de dur dans la correction.
« Louer un endroit, trouver un autre supportable, changer celui-
« ci, et dire pourquoi il le change ; raccommoder celui-là en y
« mettant un peu du sien : voilà comme il doit s'y prendre. »

« La différence [3] de l'âge en doit mettre aussi dans la ma-
« nière de corriger les compositions, et l'on doit demander plus
« ou moins, selon que les écoliers sont plus ou moins avancés.
« Pour moi, quand je voyais des enfants qui égayaient un peu
« trop leur style, et dont les pensées étaient plus hardies que
« solides : Quant à-présent, leur disais-je, cela est bien ; mais
« il viendra un temps que je ne vous passerai pas la même chose.
« Par là ils se trouvaient flattés du côté de l'esprit, et n'étaient
« point trompés du côté du jugement. »

Je n'ai rien à ajouter à de si excellentes réflexions, sinon ce que
Quintilien lui-même y ajoute dans un autre endroit, où il traite
des devoirs et des qualités d'un bon maître. « Qu'il ne refuse
« point aux jeunes gens [4], dit-il, la louange qu'ils méritent : mais

---

[1] « Ne illud quidem quod admonea-
mus indignum, est ingenia puerorum
nimia interim emendationis severitate
deficere : nam et desperant, et dolent,
et novissime oderunt ; et, quod maxime
nocet, dum omnia timent, nihil conantur. » (QUINTIL. lib. 2, cap. 4.)

[2] « Jucundus ergo tum maxime debet esse præceptor ; ut, quæ alioqui natura sunt aspera, molli manu leniantur :
laudare aliqua, ferre quædam ; mu-
tare etiam, reddita cur id fiat ratione ;
illuminare interponendo aliquid sui. »
(Ibid.)

[3] « Aliter autem alia ætas emendanda
est, et pro modo virium exigendum et

corrigendum opus. Solebam ego dicere
pueris aliquid ausis licentius aut lætius,
laudare illud me adhuc : venturum tempus, quo idem non permitterem. Ita et
ingenio gaudebant ; et judicio non falle-
bantur. » (Ibid.)

[4] « In laudandis discipulorum dictio-
nibus nec malignus, nec effusus : quia
res altera tædium labori, altera securi-
tatem parit. In emendando quæ corri-
genda erunt non acerbus, minimeque con-
tumeliosus ; nam id quidem multos a pro-
posito studendi fugat, quod quidam sic
objurgant quasi oderint. » (Lib. 2,
cap. 2.)

« aussi qu'il ne la prodigue pas ; car l'un jette dans le décourage-
« ment, et l'autre dans une sécurité dangereuse. Quand il trou-
« vera quelque chose à corriger, qu'il ne soit ni amer, ni offen-
« sant. Rien ne leur donne tant d'aversion pour l'étude que de se
« voir continuellement repris avec un air chagrin qui semble venir
« d'un esprit de haine. »

On voit, par cet admirable endroit de Quintilien, dont je n'ai
rapporté qu'une partie, que le devoir du maître, en corrigeant
les compositions de ses écoliers, est de ne se pas contenter de
blâmer les expressions et les pensées qui lui paraîtront mauvaises,
mais d'en rendre en même temps la raison, et d'y en substituer
d'autres ; de leur fournir sur-le-champ quelques phrases, quelques périodes qui relèvent et embellissent leurs compositions ;
de les leur faire retoucher une seconde fois, quand il n'en aura
pas d'abord été content ; de leur dicter de temps en temps des matières corrigées au moins en partie, qui leur servent de modèles ;
et surtout de ne les point rebuter par un air trop sévère, mais
de les animer et de les encourager par l'espérance du succès,
par des louanges dispensées à propos et avec mesure, et par tous
les moyens qui peuvent exciter parmi les jeunes gens l'émulation
et l'amour du travail.

Cette émulation est un des plus grands avantages des colléges,
et Quintilien ne manque pas de le faire valoir comme une des
plus fortes raisons qui doivent faire préférer l'éducation publique
à celle qui se fait en particulier.

« Un enfant [1], dit-il, ne peut apprendre chez lui que ce qu'on
« lui enseigne ; mais dans les écoles il apprend encore ce qu'on
« enseigne aux autres. Il verra tous les jours son maître approuver
« une chose, corriger l'autre, blâmer la paresse de celui-ci, louer
« la diligence de celui-là. Tout lui servira : l'amour de la gloire
« lui donnera de l'émulation : il aura honte de céder à ses égaux ;
« il voudra même surpasser les plus avancés. Voilà ce qui donne

---

[1] « Adde quod domi ea sola discere potest, quæ ipsi præcipientur : in schola, etiam quæ aliis. Audiet multa quotidie probari, multa corrigi : proderit alicujus objurgata desidia, proderit laudata industria : excitabitur laude æmulatio : turpe ducet cedere pari, pulchrum superasse majores. Accendunt omnia hæc animos ; et licet ipsa vitium sit ambitio, frequentare tamen causa virtutum est. » (QUINTIL. lib. I. cap. 3.)

« de l'ardeur à de jeunes esprits : et quoique l'ambition soit un
« vice, on en peut tirer du bien, et la rendre utile. »

Il parle ensuite de la coutume de distribuer les places dans
la classe une fois chaque mois, et il ne manque pas de jeter à
son ordinaire de l'agrément et de l'esprit dans des choses qui paraissent si petites et si communes. « On établissait[1], dit-il,
« régulièrement des examens pour juger du progrès des écoliers;
« et quels efforts ne faisions-nous point pour remporter la palme!
« Mais d'être le premier de la classe et à la tête des autres, c'é-
« tait surtout ce qui faisait l'objet de notre ambition. Au reste,
« ce n'était point une affaire décidée sans retour et pour toujours.
« A la fin du mois, celui qui avait été vaincu pouvait prendre sa
« revanche, et renouveler la dispute, qui n'en devenait que plus
« échauffée. Car l'un, dans l'attente d'un nouveau combat, n'ou-
« bliait rien pour conserver son avantage; et l'autre trouvait dans
« sa honte et dans sa douleur des forces pour se relever de sa dé-
« faite. Je puis assurer que cela nous donnait plus de courage et
« d'envie d'apprendre que ni les exhortations de nos maîtres,
« ni la vigilance de nos surveillants, ni les vœux empressés de
« nos parents. »

Me serait-il permis de mêler mes réflexions et mes pratiques à
celles d'un aussi grand maître que Quintilien? A la coutume de
donner régulièrement les places chaque mois, dont il parle ici,
et qui ne doit jamais être négligée, même dans les classes
les plus avancées, j'en avais ajouté une qui m'était d'un grand
secours. C'était de proposer des prix pour un ou deux écoliers
qui auraient le mieux réussi dans une composition ordinaire,
mais sans avertir du jour. Quelquefois pour remporter le prix
il fallait avoir surpassé deux fois ses compagnons. Pour donner
aussi de l'émulation aux médiocres, je les séparais des plus forts,
et leur proposais aussi des récompenses. Par là je tenais toujours
la classe en haleine : toutes les compositions étaient travaillées

---

[1] « Hujus rei judicia præbebantur. Eâ
nobis ingens palmæ contentio. Ducere
vero classem multo pulcherrimum. Nec de
hoc semel decretum erat: tricesimus dies
reddebat victo certaminis potestatem. Ita
nec superior successu curam remittebat;
et dolor victum ad depellendam ignomi-
niam concitabat. Id nobis acriores ad
studia dicendi faces subdidisset, quam ex-
hortationes docentium, pædagogorum
custodiam, vota parentum, quantum
animi mei conjectura colligere possum,
contenderim. » (Ibid.)

comme celles où il s'agissait des places; et les écoliers étaient comme des soldats qui attendent à chaque instant le signal du combat, et qui s'y tiennent toujours prêts.

ARTICLE II.

Essai de la manière dont on peut former les jeunes gens à la composition, soit de vive voix, soit par écrit.

Le moyen le plus facile d'apprendre aux jeunes gens l'art de composer, c'est de les exercer d'abord de vive voix à la composition sur des matières traitées par de bons auteurs, soit latins, soit français. Comme le maître aura bien lu auparavant l'endroit qu'il aura choisi, qu'il en aura bien étudié l'ordre, l'économie, les preuves, les pensées, les tours et les expressions, il lui sera facile en aidant les écoliers par quelques ouvertures, de leur faire trouver à eux-mêmes sur-le-champ une partie de ce qu'il faudra dire, et la manière même à peu près dont chaque pensée devra être tournée. Après qu'ils auront fait quelque effort sur chaque partie, on leur lira l'endroit de l'auteur, dont on tâchera de leur développer tout l'art et toutes les beautés. Quand on les aura ainsi exercés de vive voix pendant quelque temps, on leur donnera par écrit des matières de composition, tirées aussi, s'il se peut, des bons auteurs, pour les travailler au logis avec plus de loisir.

J'en proposerai quelques modèles dans l'un et dans l'autre genre. Je n'apporterai ici qu'un seul endroit tiré des auteurs latins, parce qu'on en trouvera plusieurs autres dans la suite. Le récit de l'aventure arrivée à Canius, cité au nombre 6 de l'article premier, où l'on traite du genre simple; et le combat des Horaces et des Curiaces, qui sera rapporté article 11 du § 11, où il s'agit des pensées, pourront servir de modèles pour les narrations.

1. *Éloge de la clémence de César.*

Marcellus, en toute occasion, s'était déclaré contre César d'une manière tout-à-fait injurieuse, et sans garder aucun ménagement. Néanmoins, quand ce dernier fut revenu vainqueur à Rome, il voulut bien, à la prière du sénat, pardonner à Marcellus, et lui rendre ses bonnes grâces.

Il s'agit de faire valoir cette action. Pour cela, il est assez naturel de la comparer avec les victoires de César, et de lui donner la préférence. Ce sera donc là comme la proposition, à laquelle tout ce lieu commun se rapportera : *La clémence que César vient de faire paraître en pardonnant à Marcellus l'emporte de beaucoup sur toutes ses victoires.*

Mais cette proposition doit être traitée avec beaucoup d'art et de délicatesse. On demande aux écoliers s'il n'est point à craindre que cette comparaison, qui va, ce semble, à diminuer l'éclat des victoires, ne blesse un conquérant fort jaloux ordinairement de cette gloire. On leur fait entendre que le moyen de prévenir ce mauvais effet, est de commencer par accorder de grandes louanges aux actions guerrières de César, et c'est ce que Cicéron fait d'une manière merveilleuse. Cette règle de rhétorique sera expliquée dans la suite sous le titre de *précautions oratoires.*

---

¹ Nullius tantum est flumen ingenii, nulla dicendi aut scribendi tanta vis tantaque copia, quæ, non dicam exornare, sed enarrare, C. Cæsar, res tuas gestas possit : tamen hoc affirmo, et hoc pace dicam tua, nullam in his esse laudem ampliorem, quam eam quam hodierno die consecutus es. Soleo sæpe ante oculos ponere, idque libenter crebris usurpare sermonibus, omnes nostrorum imperatorum, omnes exterrarum gentium potentissimorumque populorum, omnes clarissimorum regum res gestas, cum tuis nec contentionum magnitudine, nec nu-

¹ « Jamais l'éloquence avec toutes ses richesses et toute sa pompe, jamais les plus beaux génies ne pourront, César, soutenir la grandeur de vos exploits; loin d'y pouvoir ajouter un nouveau lustre par la manière de les raconter. J'ose cependant assurer, et vous me permettrez de le dire ici en votre présence, que parmi tant d'actions si éclatantes il n'en est point qui vous soit plus glorieuse que celle dont nous venons d'être les témoins. Je pense souvent en moi-même, et je me fais un vrai plaisir de le publier, que les hauts faits de nos plus célèbres guerriers, ceux des plus illustres potentats, ceux des plus belliqueuses nations de l'univers ne peuvent entrer en comparaison avec les vôtres, soit qu'on examine la grandeur des guerres, ou la multitude des batailles, ou la variété des pays, ou la rapidité du succès, ou la diversité des entreprises. Vous avez soumis par vos victoires un grand nombre de régions séparées les unes des autres par de vastes espaces, et vous les avez parcourues en conquérant, avec autant de vitesse qu'aurait pu faire un voyageur. Il faudrait s'aveugler volontairement pour pas ne convenir que de tels exploits ont une grandeur qui passe presque tout ce que nos idées nous en peuvent représenter. Il y a néanmoins encore quelque chose de plus grand et de plus admirable. »

mero præliorum, nec varietate regionum, nec celeritate conficiendi, nec dissimilitudine bellorum posse conferri : nec vero disjunctissimas terras citius cujusquam passibus potuisse peragrari, quam tuis, non dicam cursibus, sed victoriis illustratæ sunt (*alias* lustratæ sunt). Quæ quidem ego nisi ita magna esse fatear, ut ea vix cujusquam mens aut cogitatio capere possit, amens sim, sed tamen sunt alia majora.

(Pro Marcello, n. 4, 10.)

Après qu'on a pris cette précaution, on vient à comparer les actions guerrières de César avec la clémence qu'il a fait paraître en rétablissant Marcellus ; et l'on préfère celle-ci aux autres par trois raisons, qui peuvent aisément venir dans l'esprit des jeunes gens, du moins les deux premières.

1re RAISON. Un général n'a pas seul toute la gloire d'une victoire, au lieu que celle de la clémence que César vient de montrer lui est propre et personnelle. Voilà la proposition simple. L'éloquence consiste à l'étendre, à la développer, et à la mettre dans tout son jour. Par des interrogations faites à propos, on conduit les jeunes gens à trouver eux-mêmes plusieurs choses qui partagent avec le général la gloire des combats : et ils ajoutent qu'il n'en est pas ainsi de celle que César s'est acquise en pardonnant à Marcellus.

[1] Nam bellicas laudes solent quidam extenuare verbis, easque detrahere ducibus, communicare cum militibus, ne propriæ sint imperatorum. Et certe in armis militum virtus, locorum opportunitas, auxilia sociorum, classes, commeatus, multum juvant. Maximam vero partem quasi suo jure fortuna sibi vindicat, et quicquid est prospere gestum, id pene omne ducit suum.

[2] At vero hujus gloriæ, C. Cæsar, quam es paulo ante adeptus,

[1] « Car pour ce qui est des actions guerrières, il se trouve des gens qui prétendent en diminuer l'éclat en soutenant que le soldat en partage la gloire avec le chef, qui dès-là ne peut se l'approprier. En effet, la valeur des troupes, l'avantage des lieux, les secours des alliés, les armées navales, la facilité des convois, tout cela sans doute contribue beaucoup à la victoire. La fortune surtout se croit en droit de s'en attribuer la plus grande partie, et se regarde presque comme la seule et unique cause des heureux succès. »

[2] « Mais ici vous n'avez point de compagnon ni de concurrent qui puisse vous disputer la gloire que votre clémence vient de vous acquérir. uelque brillante qu'elle soit, et elle l'est infiniment, vous la possédez seul tout entière. Ni le soldat, ni l'officier, ni les troupes de pied, ni celles de cavalerie, ne peuvent y prétendre. La fortune même, cette fière maîtresse des événements humains, ne peut rien vous dérober de cet honneur ; elle vous le cède entièrement, et avoue qu'il vous appartient en tout et en propre, puisque la témérité et le hasard ne se trouvèrent jamais où président la sagesse et la prudence. »

socium habes neminem. Totum hoc, quantumcumque est, quod certe maximum est, totum est, inquam, tuum. Nihil sibi ex ista laude centurio, nihil præfectus, nihil cohors, nihil turma decerpit. Quin etiam illa ipsa rerum humanarum domina fortuna, in istius se societatem gloriæ non offert. Tibi cedit : tuam esse totam et propriam fatetur. Nunquam enim temeritas cum sapientia commiscetur, nec ad consilium casus admittitur.

IIᵉ RAISON. Il est moins difficile de vaincre des ennemis que de surmonter ses passions.

[1] Domuisti gentes immanitate barbaras, multitudine innumerabiles, locis infinitas, omni copiarum genere abundantes : sed tamen ea vicisti quæ et naturam et conditionem ut vinci possent habebant. Nulla est enim tanta vis, tanta copia, quæ non ferro ac viribus debilitari frangique possit. Verum animum vincere, iracundiam cohibere, victoriam temperare, adversarium nobilitate, ingenio, virtute præstantem, non modo extollere jacentem, sed etiam amplificare ejus pristinam dignitatem : hæc qui faciat, non ego eum cum summis viris comparo, sed simillimum deo judico.

IIIᵉ RAISON. Il y a dans les combats quelque chose de tumultueux qui, même dans le récit qu'on en entend faire, cause je ne sais quel trouble; au lieu que les actions de bonté et de clémence flattent agréablement l'esprit, et gagnent le cœur de tous ceux qui en entendent parler.

[2] Itaque, C. Cæsar, bellicæ tuæ laudes celebrabuntur illæ quidem non

---

[1] « Vous avez soumis des peuples innombrables, répandus en beaucoup de pays différents, formidables par leur férocité, pourvus abondamment de tout ce qui est nécessaire pour se défendre : mais après tout vous n'avez vaincu pour lors que ce qui était de nature et de condition à être vaincu; car il n'est rien de si puissant ni de si redoutable dont le fer et la force ne puissent enfin venir à bout : mais se dompter soi-même, étouffer son ressentiment, mettre un frein à la victoire, relever un ennemi abattu, un ennemi considérable par sa naissance, par son esprit, par son courage, et non-seulement le relever, mais le faire monter à un plus haut point de fortune qu'il n'était avant sa chute; en user ainsi, c'est se rendre, je ne dis pas comparable aux plus grands hommes, mais presque semblable aux dieux. »

[2] « Vos conquêtes, César, se liront à la vérité dans nos annales et dans celles de presque tous les peuples, et la postérité la plus reculée ne se taira jamais sur vos louanges. Mais lorsqu'on lit ou qu'on entend le récit des guerres et des batailles, il arrive je ne sais comment que l'admiration qu'elles excitent est en quelque sorte troublée par le cri tumultueux des soldats et par le son éclatant des trompettes. Au contraire, le récit d'une action où paraissent la clémence, la douceur, la justice, la modération, la sagesse, principalement si elle est faite malgré la colère toujours ennemie des réflexions, et dans la victoire naturellement superbe et insolente; le récit,

solum nostris, sed pene omnium gentium litteris atque linguis ; neque
ulla unquam ætas de tuis laudibus conticescet : sed tamen ejusmodi
res, etiam dum audiuntur aut dum leguntur, obstrepi clamore militum videntur et tubarum sono. At vero quum aliquid clementer, man-
suete, juste, moderate, sapienter factum, in iracundia præsertim,
quæ est inimica consilio, et in victoria, quæ natura insolens et superba
est, aut audimus, aut legimus; quo studio incendimur, non modo in
gestis rebus, sed etiam in fictis, ut eos sæpe, quos nunquam vidimus,
diligamus !

[1] Te vero, quem præsentem intuemur, cujus mentem sensusque et
os cernimus, ut, quicquid belli fortuna reliquum reipublicæ fecerit, id
esse salvum velis, quibus laudibus efferemus ? quibus studiis proseque-
mur ? qua benevolentia complectemur ? Parietes, medius Fidius,
C. Cæsar, ut mihi videtur, hujus curiæ tibi gratias agere gestiunt, quod
brevi tempore futura sit illa auctoritas in his majorum suorum et suis
sedibus.

Matière de composition française donnée par récit.

Il s'agit de faire voir combien M. de Turenne faisait paraître
de piété et de religion au milieu même des combats et des victoires.

L'orateur commencera par un lieu commun, où il montrera
combien il est difficile à un général qui se trouve à la tête d'une
armée nombreuse de ne pas s'élever par l'orgueil, et de ne pas
se croire infiniment au-dessus des autres. Les dehors mêmes de
la guerre, le bruit des armes, les cris, etc., contribuent à lui
faire oublier ce qu'il est, et ce qu'est Dieu. C'est pour lors
que les Salmonées, les Antiochus, les Pharaons, ont l'audace et
l'impiété de se regarder comme des divinités. Mais aussi la religion et l'humilité ne paraissent jamais avec plus d'éclat que
lorsque, dans ces occasions, elles rendent l'homme soumis à Dieu.

dis-je, de cette action, même dans les
histoires qui sont feintes, produit en
nous une si douce et si vive impression
d'estime et d'amour pour ceux qui en
sont les auteurs, que nous ne pouvons
nous empêcher de les chérir, quand bien
même nous ne les aurions jamais connus.»

[1] « Vous donc que nous avons le bonheur de voir de nos yeux; dont nous con-
naissons les dispositions et les sentiments
les plus intimes; vous dont tous les desseins ne tendent qu'à conserver à la république tout ce que la fureur de la guerre
a épargné, par quelles louanges, par quelles démonstrations de zèle et de respect
pourrons-nous vous témoigner notre reconnaissance ? Oui, César, tout est sensible ici à une telle générosité, même ces
murailles qui voudraient, ce semble,
marquer leur allégresse de ce que vous
allez leur rendre leur ancien éclat et rétablir le sénat dans son ancienne autorité.

C'est dans ces occasions que M. de Turenne faisait paraître plus de piété. On l'a vu souvent s'écarter dans les bois, et, malgré la pluie et la boue, se prosterner par terre pour adorer Dieu. Il faisait dire la messe tous les jours dans son camp, et y assistait avec une singulière dévotion.

Dans le feu même du combat, dans le temps où le succès paraissait infaillible, et où de toutes parts on lui annonçait une victoire assurée, il réprimait la joie des officiers en leur disant : « Si Dieu ne nous soutient, et s'il n'achève son ouvrage, il y a « encore assez de temps pour être battus. »

En faisant relire cette matière, on avertit les jeunes gens des endroits qu'il faut étendre, et on leur donne des ouvertures pour les aider à trouver des pensées.

Matière précédente, traitée par M. Mascaron dans l'oraison funèbre de M. de Turenne.

« Ne pensez pas, messieurs, que notre héros perdît à la tête « des armées, et au milieu des victoires, ces sentiments de re- « ligion. Certes, s'il y a une occasion au monde où l'âme pleine « d'elle-même soit en danger d'oublier son Dieu, c'est dans ces « postes éclatants où un homme, par la sagesse de sa conduite, « par la grandeur de son courage, par la force de son bras « et par le nombre de ses soldats devient comme le dieu « des autres hommes, et, rempli de gloire en lui-même, rem- « plit tout le reste du monde d'amour, d'admiration, ou de « frayeur. Les dehors mêmes de la guerre, le son des instruments, « l'éclat des armes, l'ordre des troupes, le silence des soldats, « l'ardeur de la mêlée, le commencement, le progrès et la con- « sommation de la victoire, les cris différents des vaincus et des « vainqueurs, attaquent l'âme par tant d'endroits, qu'enlevée à « tout ce qu'elle a de sagesse et de modération, elle ne connaît ni « Dieu ni elle-même. C'est alors que les impies Salmonées osent « imiter le tonnerre de Dieu, et répondre par les foudres de la « terre aux foudres du ciel : c'est alors que les sacriléges Antio- « chus n'adorent que leurs bras et leurs cœurs ; et que les inso- « lents Pharaons, enflés de leur puissance, s'écrient : C'est moi « qui me suis fait moi-même. Mais aussi la religion et l'humilité

« paraissent-elles jamais plus majestueuses que lorsque, à ce
« point de gloire et de grandeur, elles retiennent le cœur de
« l'homme dans la soumission et la dépendance où la créature
« doit être à l'égard de son Dieu? »

« M. de Turenne n'a jamais plus vivement senti qu'il y avait
« un Dieu au-dessus de sa tête que dans ces occasions éclatan-
« tes où presque tous les autres l'oublient. C'était alors qu'il re-
« doublait ses prières. On l'a vu même s'écarter dans les bois,
« où, la pluie sur la tête et les genoux dans la boue, il adorait
« en cette humble posture ce Dieu devant qui les légions des
« anges tremblent et s'humilient. Les Israélites, pour s'assurer
« la victoire, faisaient porter l'arche d'alliance dans leur camp :
« et M. de Turenne croyait que le sien serait sans force et sans
« défense s'il n'était tous les jours fortifié par l'oblation de la
« divine victime qui a triomphé de toutes les forces de l'enfer.
« Il y assistait avec une dévotion et une modestie capables d'ins-
« pirer du respect à ces âmes dures à qui la vue des terribles
« mystères n'en inspirait pas.

« Dans le progrès même de la victoire, et dans ces moments
« d'amour-propre où un général voit qu'elle se déclare pour son
« parti, sa religion était en garde pour l'empêcher d'irriter tant
« soit peu le Dieu jaloux par une confiance trop précipitée de
« vaincre. En vain tout retentissait des cris de victoire autour
« de lui; en vain les officiers se flattaient et le flattaient lui-même
« de l'assurance d'un heureux succès : il arrêtait tous ces em-
« portements de joie, où l'orgueil humain a tant de part, par ces
« paroles si dignes de sa piété : *Si Dieu ne nous soutient, et s'il*
« *n'achève son ouvrage, il y a encore assez de temps pour être*
« *battus.* »

Même matière, tirée de M. Fléchier.

L'orateur commencera par dire que M. de Turenne a montré
par son exemple que la piété attire les bons succès, et qu'un
guerrier est invincible quand il a beaucoup de foi. Il rapportait
à Dieu seul la gloire de ses victoires, et ne mettait sa confiance
qu'en lui.

Il citera un fait. Ce grand homme, avec peu de troupes, avait attaqué toutes les forces de l'Allemagne. Le combat fût rude et douteux. Enfin l'ennemi conmençait à plier. Les Français crient que la victoire est assurée. M. de Turenne alors leur dit : *Arrê-* *tez, notre sort n'est pas en nos mains, et nous serons nous-* *mêmes vaincus, si le Seigneur ne nous favorise* : et levant les yeux vers le ciel, il attend la victoire de Dieu seul.

L'orateur ajoutera ici un petit lieu commun, pour montrer combien il est difficile d'être victorieux et d'être humble tout ensemble. Deux pensées, dont chacune sera tournée en différentes manières et montrée sous différentes faces, formeront ce lieu commun. Il est ordinaire que le vainqueur s'attribue à lui-même le gain de la bataille, et s'en regarde comme l'auteur. Et quand même il en rend à Dieu de publiques actions de grâces, il est à craindre qu'il ne retienne en secret pour lui-même une partie de la gloire qui n'est due qu'à Dieu.

M. de Turenne n'agissait pas ainsi. S'il marche, s'il défend des places, s'il se retranche, s'il combat, s'il triomphe, il attend tout de Dieu, et lui rapporte tout. Il faudra à chacune des parties mettre une pensée particulière.

« M. de Turenne a fait voir que le courage devient plus ferme « quand il est soutenu par des principes de religion ; qu'il y a « une pieuse magnanimité qui attire les bons succès malgré les « périls et les obstacles ; et qu'un guerrier est invincible quand il « combat avec foi, et quand il prête des mains pures au Dieu « des batailles qui les conduit.

« Comme il tient de Dieu toute sa gloire, aussi la lui rap- « porte-t-il tout entière, et ne conçoit d'autre confiance que celle « qui est fondée sur le nom du Seigneur. Que ne puis-je vous re- « présenter ici une de ces importantes occasions où il attaque « avec peu de troupes toutes les forces de l'Allemagne [1] ! Il mar- « che trois jours, passe trois rivières, joint les ennemis, les « combat, et les charge. Le nombre d'un côté, la valeur de l'au- « tre, la fortune est longtemps douteuse. Enfin le courage arrête « la multitude, l'ennemi s'ébranle et commence à plier. Il s'élève « une voix qui crie *Victoire!* Alors ce général suspend toute

[1] Combat d'Eintzen.

« l'émotion que donne l'ardeur du combat; et d'un ton sévère :
« *Arrêtez*, dit-il, *notre sort n'est pas en nos mains; et nous*
« *serons nous-mêmes vaincus*, *si le Seigneur ne nous favorise.*
« A ces mots il lève les yeux au ciel, d'où lui vient son secours;
« et, continuant à donner ses ordres, il attend avec soumission,
« entre l'espérance et la crainte, que les ordres du ciel s'exécu-
« tent.

    « Qu'il est difficile, messieurs, d'être victorieux et d'être hum-
« ble tout ensemble ! Les prospérités militaires laissent dans
« l'âme je ne sais quel plaisir touchant qui la remplit et l'occupe
« tout entière. On s'attribue une supériorité de puissance et de
« force : on se couronne de ses propres mains : on se dresse un
« triomphe secret à soi-même : on regarde comme son propre
« bien ces lauriers qu'on cueille avec peine, et qu'on arrose sou-
« vent de son sang; et lors même qu'on rend à Dieu de solennel-
« les actions de grâces, et qu'on pend aux voûtes sacrées de ses
« temples des drapeaux déchirés et sanglants qu'on a pris sur les
« ennemis, qu'il est dangereux que la vanité n'étouffe une par-
« tie de la reconnaissance, qu'on ne mêle aux vœux qu'on rend
« au Seigneur des applaudissements qu'on croit se devoir à soi-
« même, et qu'on ne retienne au moins quelques grains de cet
« encens qu'on va brûler sur ses autels !

    « C'est en ces occasions que M. de Turenne, se dépouillant de
« lui-même, renvoyait toute la gloire à celui à qui seul elle ap-
« partient légitimement. S'il marche, il reconnaît que c'est Dieu
« qui le conduit et qui le guide. S'il défend des places, il sait
« qu'on les défend en vain si Dieu ne les garde. S'il se retranche,
« il lui semble que c'est Dieu qui lui fait un rempart pour le
« mettre à couvert de toute insulte. S'il combat, il sait d'où il
« tire toute sa force; et s'il triomphe, il croit voir dans le ciel
« une main invisible qui le couronne. »

    J'ajouterai ici quelques endroits tirés des meilleurs auteurs,
et qui me paraissent fort propres à former le goût des jeunes gens,
soit pour la lecture, soit pour la composition. Ce qui fait ordinairement la plus grande beauté des discours composés dans le
genre démonstratif, sont les descriptions, les parallèles, les lieux
communs. Pour en connaître tout l'art et toute la délicatesse, il

ne faut que les dépouiller de tous leurs ornements, et les exprimer d'une manière commune et ordinaire : c'est ce que j'appelle réduire les choses à une proposition simple. J'essayerai d'en donner quelques modèles dans chaque genre.

DESCRIPTIONS.

1. Vie privée de M. de Lamoignon à la campagne pendant les vacations.

Proposition simple. Je souhaiterais pouvoir vous le représenter tel qu'il était, lorsque, après les travaux du Palais, il allait passer les vacations à Basville. Vous le verriez tantôt s'appliquant à l'agriculture, tantôt méditant les discours qu'il devait prononcer à la rentrée du Palais, tantôt accommodant dans quelque allée de son jardin les différends des paysans.

« Que ne puis-je vous le représenter tel qu'il était lorsque après
« un long et pénible travail, loin du bruit de la ville et du tumulte
« des affaires, il allait se décharger du poids de sa dignité et
« jouir d'un noble repos dans sa retraite de Basville ! Vous le
« verriez tantôt s'adonnant aux plaisirs innocents de l'agricul-
« ture, élevant son esprit aux choses invisibles de Dieu par les
« merveilles visibles de la nature ; tantôt méditant ces éloquents
« et graves discours qui enseignaient et inspiraient tous les ans
« la justice, et dans lesquels, formant l'idée d'un homme de
« bien, il se décrivait lui-même sans y penser ; tantôt accommo-
« dant les différends que la discorde, la jalousie, ou le mauvais
« conseil font naître parmi les habitants de la campagne : plus
« content en lui-même, et peut-être plus grand aux yeux de
« Dieu, lorsque dans le fond d'une sombre allée, et sur un tri-
« bunal de gazon, il avait assuré le repos d'une pauvre famille,
« que lorsqu'il décidait des fortunes les plus éclatantes sur le
« premier trône de la justice [1]. »

2. Modestie de M. de Turenne ; sa vie privée.

Proposition simple. Personne n'a parlé de lui-même plus modestement que M. de Turenne. Il racontait ses victoires les

---

[1] Oraison funèbre de M. de Lamoignon, par M. Fléchier.

plus éclatantes comme s'il n'y avait point eu de part. Au retour
de ses campagnes les plus glorieuses, il fuyait les applaudissements,
et craignait de paraître devant le roi, de peur d'en être loué. C'est
alors que dans une condition privée, et parmi un petit nombre
d'amis, il s'exerçait aux vertus civiles. Il se cache, il marche sans
suite et sans équipage, mais tout le monde le remarque et l'admire.

« Qui fit jamais de si grandes choses ? qui les dit avec plus de
« retenue ? Remportait-il quelque avantage, à l'entendre, ce n'é-
« tait pas qu'il fût habile, mais l'ennemi s'était trompé. Rendait-
« il compte d'une bataille, il n'oubliait rien, sinon que c'était
« lui qui l'avait gagnée. Racontait-il quelques-unes de ces actions
« qui l'avaient rendu si célèbre, on eût dit qu'il n'en avait été
« que le spectateur, et l'on doutait si c'était lui qui se trompait
« ou la renommée. Revenait-il de ces glorieuses campagnes qui
« rendront son nom immortel, il fuyait les acclamations popu-
« laires, il rougissait de ses victoires ; il venait recevoir des éloges
« comme on vient faire des apologies, et n'osait presque aborder
« le roi, parce qu'il était obligé par respect de souffrir patiemment
« les louanges dont sa majesté ne manquait jamais de l'honorer.

« C'est alors que, dans le doux repos d'une condition privée,
« ce prince, se dépouillant de toute la gloire qu'il avait acquise
« pendant la guerre, et se renfermant dans une société peu
« nombreuse de quelques amis choisis, s'exerçait sans bruit
« aux vertus civiles : sincère dans ses discours, simple dans ses
« actions, fidèle dans ses amitiés, exact dans ses devoirs, réglé dans
« ses désirs, grand même dans les moindres choses. Il se cache,
« mais sa réputation le découvre. Il marche sans suite et sans
« équipage, mais chacun dans son esprit le met sur un char de
« triomphe. On compte, en le voyant, les ennemis qu'il a vain-
« cus, non pas les serviteurs qui le suivent. Tout seul qu'il est,
« on se figure autour de lui ses vertus et ses victoires qui l'ac-
« compagnent. Il y a je ne sais quoi de noble dans cette honnête
« simplicité ; et moins il est superbe, plus il devient vénérable [1]. »

---

[1] *Oraison funèbre* de M. de Turenne, par M. Fléchier.

3. *Réception honorable de M. de Turenne par le roi au retour de ses campagnes. Sa modestie.*

Proposition simple. Autrefois, sous les empereurs, les plus grands capitaines, au retour de leurs campagnes, étaient obligés d'éviter la rencontre de leurs amis, et de rentrer de nuit dans la ville, de peur de blesser la jalousie du prince, qui les recevait très-froidement, après quoi ils demeuraient confondus dans la foule. M. de Turenne a eu le bonheur de vivre sous un roi qui le comblait de louanges, et l'aurait comblé de bienfaits, s'il l'avait voulu souffrir. Il revenait de ses campagnes comme un simple particulier qui retournerait d'une promenade. Les regards, les louanges, les applaudissements de tout le peuple ne faisaient aucune impression sur lui.

« Permettez-moi de rappeler dans votre mémoire ces siècles « funestes de l'empire romain où il n'était pas permis aux par- « ticuliers d'être vertueux et illustres, parce que les vices des « princes ne laissaient ni vertu ni gloire impunies. Après avoir « conquis des provinces et des royaumes, bien loin d'aspirer à « l'honneur du triomphe, il fallait à son retour éviter la ren- « contre de ses amis, et prendre la nuit, de peur de trop arrêter « les yeux du public. Une embrassade froide, sans entretien et « sans discours, était tout l'accueil que le prince faisait à un « homme qui venait de sauver l'empire. Du cabinet de l'empe- « reur, où il ne faisait que passer, il était rejeté et confondu dans « la foule des autres esclaves : *exceptusque brevi osculo, nullo* « *sermone, turbæ servientium immixtus est* [1].

« M. de Turenne a eu le bonheur de vivre et de servir sous un « monarque dont la vertu ne laisse rien à craindre à celle de ses « sujets. Il n'y a point de grandeur ni de gloire qui puisse faire « ombre à celle du soleil qui nous éclaire ; et l'importance des « services n'est jamais à charge à un prince convaincu par sa « propre magnanimité qu'il les mérite. Aussi les distinctions « d'estime et de confiance de la part du roi valaient à M. de Tu- « renne la gloire d'un triomphe. Les récompenses fussent allées « aussi loin que ces distinctions, si le roi eût trouvé en lui un

[1] Tacit.

« sujet docile à recevoir des grâces. Mais ce qui était l'effet d'une
« sage politique dans les temps malheureux où la vertu n'avait
« rien tant à craindre que son éclat, était en lui l'effet d'une
« modestie naturelle et sans art.

. « Il revenait de ses campagnes triomphantes avec la même
« froideur et la même tranquillité que s'il fût revenu d'une pro-
« menade, plus vide de sa propre gloire que le public n'en était
« occupé. En vain les peuples s'empressaient pour le voir. En
« vain dans les assemblées ceux qui avaient l'honneur de le con-
« naître le montraient des yeux, du geste et de la voix à ceux
« qui ne le connaissaient pas. En vain sa seule présence, sans
« train et sans suite, faisait sur les âmes cette impression pres-
« que divine qui attire tant de respect, et qui est le fruit le plus
« doux et le plus innocent de la vertu héroïque. Toutes ces
« choses, si propres à faire rentrer un homme en lui-même par
« une vanité raffinée, ou à le faire répandre au dehors par l'a-
« gitation d'une vanité moins réglée, n'altéraient en aucune ma-
« nière la situation tranquille de son âme; et il ne tenait pas à
« lui qu'on oubliât ses victoires et ses triomphes [1].» (Je crois
qu'il faut, *qu'on n'oubliât*. Ce peut être une faute d'impression.)

4. *Fuite de la reine d'Angleterre sur la mer.*

Proposition simple. La reine fut obligée de se retirer de son
royaume. Elle partit des ports d'Angleterre à la vue des vaisseaux
des rebelles, qui la poursuivaient de fort près. Ce voyage était
bien différent de celui qu'elle avait fait sur la même mer lorsqu'elle
allait prendre possession du sceptre de la Grande-Bretagne.
Pour lors tout lui était favorable : ici, tout lui est contraire.

« La reine fut obligée à se retirer de son royaume. En effet
« elle partit des ports d'Angleterre à la vue des vaisseaux des
« rebelles, qui la poursuivaient de si près, qu'elle entendait pres-
« que leurs cris et leurs menaces insolentes. O voyage bien dif-
« férent de celui qu'elle avait fait sur la même mer lorsque,
« venant prendre possession du sceptre de la Grande-Bretagne,
« elle voyait, pour ainsi dire, les ondes se courber sous elle, et
« soumettre toutes leurs vagues à la dominatrice des mers! Main-

---

[1] Oraison funèbre de M. de Turenne, par M. Mascaron.

« tenant chassée, poursuivie par ses ennemis implacables qui
« avaient eu l'audace de lui faire son procès, tantôt sauvée, tantôt
« presque prise, changeant de fortune à chaque quart d'heure,
« n'ayant pour elle que Dieu et son courage inébranlable, elle
« n'avait ni assez de vents ni assez de voiles pour favoriser sa
« fuite précipitée [1]. »

PARALLÈLES.

J'appelle ainsi les endroits où l'orateur rapproche et compare
ensemble des objets contraires ou différents. Ces sortes de peintures plaisent extrêmement à l'esprit par la variété des images
qu'elles lui présentent, et donnent beaucoup d'agrément au discours. On en a déjà remarqué dans les descriptions précédentes :
j'en rapporterai encore quelques exemples.

1. *Parallèle de M. de Turenne et de M. le cardinal de Bouillon.*

Proposition simple. Pendant que M. de Turenne prenait des
places et vainquait les ennemis, M. le cardinal de Bouillon con-
vertissait les hérétiques et rétablissait les temples.

« Quelle était sa joie lorsque, après avoir forcé des villes, il
« voyait son illustre neveu, plus éclatant par ses vertus que par
« sa pourpre, ouvrir et réconcilier des églises! Sous les ordres
« d'un roi aussi pieux que puissant, l'un faisait prospérer les
« armes, l'autre étendait la religion; l'un abattait des remparts,
« l'autre redressait des autels; l'un ravageait les terres des Phi-
« listins, l'autre portait l'arche autour des pavillons d'Israël.
« Puis unissant ensemble leurs vœux comme leurs cœurs étaient
« unis, le neveu avait part aux services que l'oncle rendait à
« l'État, et l'oncle avait part à ceux que le neveu rendait à
« l'Église [2]. »

2. *Parallèle des maux violents et des maladies de langueur.*

« Il est vrai qu'elle n'a pas souffert de ces cruelles pointes de
« douleurs qui percent le corps, qui déchirent l'âme, et qui épui-

---

[1] Oraison funèbre de la reine d'Angleterre, par M. Bossuet.

[2] Oraison funèbre de M. de Turenne,
par M. Fléchier.

« sent en un moment toute la constance d'un malade…. Mais si la
« miséricorde de Dieu a adouci la rigueur de sa pénitence, sa
« justice en a augmenté la durée ; et il n'a pas fallu moins de force
« à soutenir cette longue épreuve que si elle avait été plus courte
« et plus rigoureuse.

    « En effet, dans les maux violents la nature se recueille tout
« entière ; le cœur se munit de toute sa constance ; on sent beau -
« coup moins à force de trop sentir ; et si l'on souffre beaucoup,
« on a toujours la consolation d'espérer qu'on ne souffrira pas
« longtemps. Mais les maladies de langueur sont d'autant plus
« rudes que l'on n'en prévoit pas la fin. Il faut supporter et les
« maux, et les remèdes, aussi fâcheux que les maux mêmes. La
« nature est tous les jours plus accablée : les forces diminuent à
« tous moments, et la patience s'affaiblit aussi bien que celui
« qui souffre [1]. »

    3. *Parallèle. La reine servant les pauvres à l'hôpital,
    et prenant part à la gloire et aux triomphes du roi.*

    « Compagnes fidèles de sa piété, qui la pleurez aujourd'hui,
« vous la suiviez quand elle marchait dans cette pompe chré-
« tienne ; plus grande dans ce dépouillement de sa grandeur, et
« plus glorieuse lorsque, entre deux rangs de pauvres, de malades
« ou de mourants, elle participait à l'humilité et à la patience de
« Jésus-Christ, que lorsque, entre deux haies de troupes victo-
« rieuses, dans un char brillant et pompeux, elle prenait part à
« la gloire et aux triomphes de son époux [2]. »

    4. *Parallèle d'un juge méchant et d'un juge ignorant.*

    « Il aurait cru manquer à la partie la plus essentielle de son
« état, si, comme il sentait ses intentions droites, il ne les ren-
« dait éclairées. Aussi disait-il ordinairement qu'il y avait peu
« de différence entre un juge méchant et un juge ignorant. L'un
« au moins a devant ses yeux les règles de son devoir et l'image
« de son injustice ; l'autre ne voit ni le bien ni le mal qu'il fait.

---

[1] Oraison funèbre de madame de Mon-   [2] Oraison funèbre de la reine, par
tausier, par M Fléchier.   M. Fléchier

« L'un pèche avec connaissance, et il est inexcusable; mais l'au-
« tre pèche sans remords, et il est plus incorrigible. Mais ils
« sont également criminels à l'égard de ceux qu'ils condamnent
« ou par erreur ou par malice. Qu'on soit blessé par un furieux
« ou par un aveugle, on ne sent pas moins sa blessure; et pour
« ceux qui sont ruinés, il importe peu que ce soit ou par un homme
« qui les trompe ou par un homme qui s'est trompé [1]. »

Lieux communs.

Comme j'en ai déjà cité plusieurs, je n'en rapporterai ici qu'un
seul, où l'on fait voir combien l'emploi de lieutenant de police
dans Paris est important et difficile.

« Les citoyens d'une ville bien policée jouissent de l'ordre qui
« y est établi, sans songer combien il en coûte de peines à ceux
« qui l'établissent ou le conservent; à peu près comme tous les
« hommes jouissent de la régularité des mouvements célestes,
« sans en avoir aucune connaissance : et même, plus l'ordre
« d'une police ressemble par son uniformité à celui des corps cé-
« lestes, plus il est insensible; et par conséquent il est toujours
« d'autant plus ignoré, qu'il est plus parfait. Mais qui voudrait
« le connaître et l'approfondir, en serait effrayé. Entretenir per-
« pétuellement dans une ville telle que Paris une consommation
« immense, dont une infinité d'accidents peuvent toujours tarir
« quelques sources; réprimer la tyrannie des marchands à l'é-
« gard du public, et en même temps animer leur commerce;
« empêcher les usurpations mutuelles des uns sur les autres,
« souvent difficiles à démêler; reconnaître dans une foule in-
« finie tous ceux qui peuvent si aisément y cacher une industrie
« pernicieuse, en purger la société, ou ne les tolérer qu'autant
« qu'ils peuvent lui être utiles par des emplois dont d'autres
« qu'eux ne se chargeraient pas, ou ne s'acquitteraient pas si
« bien; tenir les abus nécessaires dans les bornes précises de la
« nécessité qu'ils sont toujours prêts à franchir, les renfermer
« dans l'obscurité à laquelle ils doivent être condamnés; et ne
« les en tirer pas même par des châtiments trop éclatants; igno-

---

[1] Oraison funèbre de M. de Lamoignon, par M. Fléchier.

« rer ce qu'il vaut mieux ignorer que punir, et ne punir que
« rarement et utilement; pénétrer par des conduits souterrains
« dans l'intérieur des familles, et leur garder les secrets qu'elles
« n'ont pas confiés, tant qu'il n'est pas nécessaire d'en faire
« usage; être présent partout sans être vu; enfin, mouvoir ou
« arrêter à son gré une multitude immense et tumultueuse, et
« être l'âme toujours agissante et presque inconnue de ce grand
« corps : voilà quelles sont en général les fonctions du magistrat
« de la police. Il ne semble pas qu'un homme seul y puisse suf-
« fire, ni par la quantité des choses dont il faut être instruit, ni
« par celle des vues qu'il faut suivre, ni par l'application qu'il
« faut apporter, ni par la variété des conduites qu'il faut tenir
« et des caractères qu'il faut prendre. Mais la voix publique ré-
« pondra si M. d'Argenson a suffi à tout [1]. »

On sent bien que des modèles si beaux, si parfaits dans leur
genre, proposés aux jeunes gens, soit pour objet de leur lecture,
soit pour matière de leurs compositions, surtout quand ils sont
expliqués et développés par un maître habile, sont fort capables
de leur élever l'esprit et de leur donner beaucoup de fécondité
et d'invention. Et c'est une des raisons qui m'ont porté à choisir
ces exemples dans le genre démonstratif, qui est plus susceptible d'ornements.

Quand ils auront lu un nombre assez considérable de ces endroits choisis des bons auteurs, il sera utile de leur y faire remarquer la différence des styles et des caractères, et même les
défauts, s'il s'y en rencontre, soit pour le langage, soit pour le
style.

Je n'ai cité jusqu'ici que quatre auteurs, non qu'il n'y en ait
encore plusieurs dont je pouvais tirer de pareils exemples; mais
j'ai dû me borner à un certain nombre, et ceux-ci se sont trouvés sous ma main. Ils sont tous excellents; mais aucun d'eux ne
ressemble aux autres; ils ont chacun un caractère particulier
qui les distingue, et peut-être ne sont-ils pas exempts de tout
défaut.

Ce qui domine dans M. Fléchier est une pureté de langage, une

---

[1] M. de Fontenelle.

élégance de style, une richesse d'expressions brillantes et fleuries, une grande beauté de pensées, une sage vivacité d'imagination, et, ce qui en est une suite, un art merveilleux de peindre les objets et de les rendre comme sensibles et palpables:

Mais il me semble qu'on voit régner dans tous ses écrits une sorte de monotonie et d'uniformité. Presque partout mêmes tours, mêmes figures, mêmes manières. L'antithèse saisit presque toutes ses pensées, et souvent les affaiblit en voulant les orner. Cette figure, quand elle est rare et placée à propos, produit un bel effet. Ainsi elle termine heureusement le magnifique éloge que M. Fléchier fait du roi Louis XIV. *Toujours roi par autorité, et toujours père par tendresse* [1]. Quand elle roule sur un jeu de mots, elle est moins estimable : *Heureux qui n'alla pas après les richesses ! Plus heureux qui les refusa quand elles allèrent à lui* [2]. Elle peut même devenir ennuyeuse, quelque solide qu'elle soit., quand elle est trop souvent répétée : *Qui ne sait qu'elle fut admirée dans un âge où les autres ne sont pas encore connues : qu'elle eut de la sagesse en un temps où l'on n'a presque pas encore de la raison.... et qu'elle fut capable de donner des conseils en un temps où les autres sont à peine capables d'en recevoir* [3] !

M. Bossuet écrit d'une manière toute différente. Peu occupé des grâces légères du discours, et quelquefois même négligeant les règles gênantes de la pureté du langage, il tend au grand, au sublime, au pathétique. Il est vrai qu'il est moins égal et se soutient moins, et c'est le caractère du style sublime ; mais en récompense il enlève, il ravit, il transporte. Les figures les plus vives lui sont ordinaires et comme naturelles.

« O mère, ô femme, ô reine admirable et digne d'une meilleure « fortune, si les fortunes de la terre étaient quelque chose ! En- « fin il faut céder à votre sort.

« Elle vit avec étonnement que, quand l'heure fut arrivée, « Dieu alla prendre comme par la main le roi son fils pour le « conduire à son trône. Elle se soumit plus que jamais à cette

---

[1] Oraison funèbre de M. Le Tellier.
[2] Oraison funèbre de M. de Lamoignon.
[3] Oraison funèbre de Madame de Montausier.

« main souveraine qui tient du plus haut des cieux les rênes de
« tous les empires ; et, dédaignant les trônes qui peuvent être
« usurpés, elle attacha son affection au royaume où l'on ne craint
« point d'avoir des égaux [1], et où l'on voit sans jalousie ses con-
« currents. »

Il fait ainsi le portrait de Cromwell : « Un homme s'est ren-
« contré d'une profondeur d'esprit incroyable, hypocrite raffiné
« autant qu'habile politique, capable de tout entreprendre et de
« tout cacher, également actif et infatigable dans la paix et dans
« la guerre, qui ne laissait rien à la fortune de ce qu'il pouvait
« lui ôter par conseil et par prévoyance ; mais au reste si vigilant
« et si prêt à tout, qu'il n'a jamais manqué les occasions qu'elle
« lui a présentées : enfin, un de ces esprits remuants et
« audacieux, qui semblent être nés pour changer le monde [2]. »

Il décrit dans un autre endroit la manière dont la princesse
Henriette-Anne d'Angleterre fut délivrée comme par miracle des
mains des rebelles.

« Malgré les tempêtes de l'Océan, et les agitations encore plus
« violentes de la terre, Dieu la prenant sur ses ailes, comme
« l'aigle prend ses petits, la porta lui-même dans ce royaume ;
« lui-même la posa dans le sein de la reine sa mère, ou plutôt
« dans le sein de l'Église catholique [3].

« Que dirai-je davantage ? Écoutez tout en un mot : fille,
« femme, mère, maîtresse, reine, telle que nos vœux l'auraient
« pu faire ; plus que tout cela, chrétienne, elle accomplit tous
« ses devoirs sans présomption, et fut humble, non-seulement
« parmi toutes les grandeurs, mais encore parmi toutes les ver-
« tus.

« Glaive du Seigneur, quel coup vous venez de frapper ! toute
« la terre en est étonnée [4]. »

Il emploie quelquefois les antithèses, mais elles deviennent
sublimes dans son discours. « Malgré le mauvais succès de ses
« armes infortunées (il s'agit de Charles Ier, roi d'Angleterre),
« si on a pu le vaincre, on n'a pu le forcer : et comme il n'a ja-

---

[1] « Plus amant illud regnum, in quo non timent habere consortes. » (S. Aug.)

[2] Oraison funèbre de la reine d'Angleterre.

[3] Oraison funèbre de madame la duchesse d'Orléans.

[4] Oraison funèbre de Marie-Thérèse d'Autriche.

« mais refusé ce qui était raisonnable étant vainqueur, il a tou-
« jours rejeté ce qui était faible et injuste étant captif [1]. »

M. Mascaron tient quelque chose du caractère des deux auteurs
dont je viens de parler, sans pourtant leur ressembler entièrement. Il a en même temps beaucoup d'élégance et beaucoup de
noblesse : mais il est, ce me semble, moins orné que l'un et
moins sublime que l'autre. L'art se montre chez lui avec moins
d'ostentation que dans le premier ; ce qui est un grand art :
peut-être aussi la nature y est-elle moins riche et moins hardie
que dans le second.

« Rome profane lui eût dressé des statues sous l'empire des
« Césars ; et Rome sainte trouve de quoi l'admirer sous les pon-
« tifes de la religion de Jésus-Christ.

« M. de Turenne, vainqueur des ennemis de l'État, ne causa
« jamais à la France une joie si universelle et si sensible que
« M. de Turenne vaincu par la vérité, et soumis au joug de la
« foi.

« Anges du premier ordre, esprits destinés par la Providence
« à la garde de cette grande âme, dites-nous quelle fut la joie
« de l'Église du ciel à la conversion de ce prince, et avec quelles
« réjouissances furent reçus les premiers parfums des orai-
« sons de ce nouveau catholique lorsque, du pied des autels de
« l'agneau sacrifié, vous les portâtes au pied de l'autel de l'agneau
« régnant dans la gloire.

« Jamais homme ne fut plus propre à donner de grands spec-
« tacles à l'univers : mais jamais homme ne songea moins aux
« applaudissements des spectateurs.

« Sa manière, sans avoir rien de dur, mettait pourtant sur
« son visage tout le ressentiment d'une modestie indignée.

« Aussi éloigné dans ses récits du faste de la modestie que
« de celui de l'orgueil.

« Que ne peut pas un grand maître lorsqu'il trouve un génie
« du premier ordre à former ? A peine M. de Turenne a-t-il donné
« ses premiers conseils, qu'il se voit hors d'état d'en donner
« d'autres, prévenu par les lumières, par la pénétration, et par
« l'heureuse et sage impétuosité du courage de ce grand monar-

---

[1] Oraison funèbre de la reine d'Angleterre.

« que (Louis XIV). Comme on voit la foudre conçue presque en
« un moment dans le sein de la nue briller, éclater, frapper,
« abattre, ces premiers feux d'une ardeur militaire sont à peine
« allumés dans le cœur du roi, qu'ils brillent, éclatent, frappent
« partout [1]. »

L'auteur du lieu commun sur les fonctions du lieutenant de
police a un caractère tout différent des trois autres. Le morceau
que j'en ai rapporté est d'un goût exquis, et doit paraître d'autant
plus beau, que les beautés y paraissent moins affectées, quoique
la matière fût fort susceptible de ces tours brillants et fleuris
auxquels on a mieux aimé substituer la solidité des choses et des
pensées.

Les Éloges académiques composés par le même auteur étant
dans le genre d'éloquence que les Latins appellent *ténue* et *subtile*, le style en est plus simple, comme il a dû l'être ; mais c'est
une simplicité qui est jointe avec beaucoup d'esprit. On en jugera par quelques endroits choisis que j'en vais citer. Ils feront
connaître, pour me servir des termes mêmes que l'auteur emploie en parlant de l'un de ses confrères, « que tout ce qu'il dit
« lui appartient : » j'ajouterais volontiers, et la manière dont il
le dit.

On y trouve des portraits peints d'après nature, et des descriptions très-naïves, mais très-vives.

« M. Dodart (dit-il dans l'éloge de cet illustre académicien)
« était né d'un caractère sérieux ; et l'attention chrétienne avec
« laquelle il veillait perpétuellement sur lui-même n'était pas
« propre à l'en faire sortir. Mais ce sérieux, loin d'avoir rien
« d'austère ni de sombre, laissait paraître assez à découvert un
« fonds de cette joie sage et durable qui est le fruit d'une raison
« épurée et d'une conscience tranquille. Cette disposition ne
« produit pas les emportements de la gaieté, mais une douceur
« égale, qui cependant peut devenir gaieté pour quelques mo-
« ments, et par une espèce de surprise. Et de tout cela ensemble
« se forme un air de dignité qui n'appartient qu'à la vertu, et
« que les dignités mêmes ne donnent point. »

---

[1] *Oraison funèbre de M. de Turenne.*

« M. de Vauban méprisait cette politesse superficielle dont le
« monde se contente, et qui couvre souvent tant de barbarie :
« mais sa bonté, son humanité, sa libéralité, lui composaient
« une autre politesse plus rare, qui était toute dans son cœur. Il
« seyait bien à tant de vertus de négliger des dehors qui, à la
« vérité, lui appartiennent naturellement, mais que le vice
« emprunte avec trop de facilité. »

 « A la forme de dialogue, et à cette manière de traiter la phi-
« losophie on reconnaît que Cicéron a servi de modèle (il s'agit
« de la Philosophie de M. du Hamel) : mais on le reconnaît en-
« core à une latinité pure et exquise ; et, ce qui est plus impor-
« tant, à un grand nombre d'expressions ingénieuses et fines
« dont ces ouvrages sont semés. Ce sont des raisonnements
« philosophiques qui ont dépouillé leur sécheresse naturelle ou
« du moins ordinaire, en passant au travers d'une imagination
« fleurie et ornée, et qui n'y ont pris cependant que la juste
« dose d'agrément qui leur convenait. Ce qui ne doit être em-
« belli que jusqu'à une mesure précise est ce qui coûte le plus
« à embellir. »

 « Il règne en cet ouvrage (la Recherche de la vérité, du père
« Malebranche) un grand art de mettre des vérités abstraites
« dans leur jour, de les lier ensemble, de les fortifier par leur
« liaison.... La diction, outre qu'elle est pure et châtiée, a toute
« la dignité que les matières demandent et toute la grâce qu'elles
« peuvent souffrir. Ce n'est pas qu'il eût apporté aucun soin à
« cultiver les talents de l'imagination : au contraire, il s'est tou-
« jours fort attaché à les décrier. Mais il en avait naturellement
« une fort noble et fort vive, qui travaillait pour un ingrat mal-
« gré lui, et qui ornait la raison en se cachant d'elle. »

 « La botanique n'est pas une science sédentaire et paresseuse
« qui se puisse acquérir dans le repos et dans l'ombre d'un cabi-
« net... Elle veut que l'on coure les montagnes et les forêts, que
« l'on gravisse contre des rochers escarpés, que l'on s'expose au
« bord des précipices. Les seuls livres qui peuvent nous instruire
« à fond dans cette matière ont été jetés au hasard sur toute la
« surface de la terre, et il faut se résoudre à la fatigue et au pé-
« ril de les chercher et de les ramasser... Son inclination domi-

« nanté (de M. de Tournefort) lui faisait tout surmonter. Ces
« rochers affreux et presque inaccessibles qui l'environnaient de
« toutes parts *dans les Pyrénées* s'étaient changés pour lui en
« une magnifique bibliothèque, où il avait le plaisir de trouver
« tout ce que sa curiorité demandait, et où il passait des jour-
« nées délicieuses. »

L'auteur des Éloges sait employer à propos certains traits d'histoire et d'antiquité fort propres à apprendre aux jeunes gens
l'usage sobre et raisonnable qu'on en doit faire dans la composition.

« On lui a reproché (à M. Parent) d'être obscur dans ses écrits.
« Car nous ne dissimulons rien , et nous suivons en quelque sorte
« une loi de l'ancienne Égypte, où l'on discutait devant des juges
« les actions et le caractère des morts pour régler ce qu'on devait
« à leur mémoire. »

« Un roi d'Arménie demanda à Néron un acteur excellent et
« propre à toutes sortes de personnages, pour avoir, disait-il,
« en lui seul une troupe entière. On eût pu dire de même avoir
« en M. de la Hire seul une académie entière de sciences. »

En parlant de M. Leibnitz, qui avait embrassé presque toutes
les sciences : « Nous sommes obligés de le partager ici, et,
« pour parler philosophiquement, de le décomposer. De plu-
« sieurs Hercules l'antiquité n'en a fait qu'un; et du seul
« M. Leibnitz nous ferons plusieurs savants. »

« Il alla (M. Fagon) en Auvergne, en Languedoc, en Pro-
« vence, sur les Alpes et sur les Pyrénées, et n'en revint qu'avec
« de nombreuses colonies de plantes destinées à repeupler ce
« désert; » c'est-à-dire le Jardin royal, qui était si dénué de
plantes, que ce n'était presque plus un jardin.

S'il était permis de chercher quelque tache parmi tant de beautés, on pourrait peut-être en soupçonner quelqu'une dans un
certain tour de pensées un peu trop uniforme, quoique les pensées soient fort diversifiées, qui termine la plupart des articles
par un trait court et vif, en forme de sentence, et qui semble
avoir ordre de s'emparer de la fin des périodes comme d'un
poste qui lui appartient à l'exclusion de tout autre.

Ce qui élève l'esprit devrait toujours aussi élever l'âme.

*La même piété qui le rendait digne d'entrer dans l'Église,
l'en éloignait.*

La même cause qui l'éloignait l'en rendait digne.

Plus les yeux ont vu, plus la raison voit elle-même.

*Ce qu'il croyait, il le voyait; au lieu que les autres croient ce
qu'ils voient,* etc.

Je craindrais qu'un modèle si autorisé ne fît un jour dégénérer l'éloquence dans ces sortes de traits, appelés dans Sénèque,
stimuli quidam et subiti ictus sententiarum [1] ; qui, selon le
même auteur, semblent par leur affectation étudiée mendier l'applaudissement, et qui étaient inconnus à la saine antiquité. *Apud
antiquos nondum captabatur plausibilis oratio* [2].

Il ne s'ensuit pas pour cela qu'ils doivent être entièrement re-
jetés : ils peuvent donner beaucoup de grâce, et même beaucoup
de force au discours, comme on le voit souvent dans les ouvrages de l'auteur dont il s'agit, et comme je le dirai ailleurs. Mais
l'abus qu'on en peut faire est à craindre, et c'est cette raison
qui m'oblige à insister souvent et fortement sur ce point.

CHAPITRE III.

DE LA LECTURE ET DE L'EXPLICATION DES AUTEURS.

J'ai déjà remarqué, en parlant des différents devoirs du professeur de rhétorique par rapport à l'éloquence, que l'explication des auteurs en était une des parties les plus essentielles, et
qu'on pouvait dire en un sens qu'elle renfermait toutes les autres.
En effet, c'est en expliquant les auteurs que le maître fait l'application des préceptes, et qu'il apprend aux jeunes gens à en
faire eux-mêmes usage dans la composition.

Les règles qui regardent l'explication des auteurs conviennent
sans doute jusqu'à un certain point à toutes les classes; mais
cependant elles appartiennent d'une manière plus particulière à
la rhétorique, parce qu'alors les jeunes gens, ayant l'esprit plus
formé, sont aussi plus en état d'en profiter. Jusque-là on s'est

[1] Epist. 100.   [2] Ibid. 59.

plus appliqué à leur apprendre les règles et les principes de la
grammaire, et à leur faire remarquer l'exactitude, la pureté et
l'élégance du langage. Mais le devoir propre du rhéteur [1], c'est
de leur faire sentir l'économie d'un discours, les beautés qui
s'y trouvent, et les défauts mêmes qui peuvent s'y rencontrer.

« Il fera observer [2] comment dans l'exorde on se rend les au-
» diteurs favorables ; quelle clarté il y a dans la narration, quelle
« brièveté, quel air de sincérité, quel dessein caché quelquefois,
« et quel artifice ; car ici le secret de l'art n'est guère connu que
« des maîtres de l'art : quel ordre ensuite et quelle justesse dans
« la division : comment l'orateur sait trouver avec esprit et en-
« tasser les uns sur les autres un grand nombre de moyens et
« de raisonnements ; comment il est tantôt véhément et sublime,
« tantôt au contraire doux et insinuant ; quelle force et quelle
« violence il met dans ses invectives, quel sel et quel agrément
« dans ses railleries : enfin, comment il remue les passions,
« comment il se rend maître des cœurs, et tourne les esprits
« selon qu'il lui plaît. De là, passant à l'élocution, il leur fera
« remarquer la propriété, l'élégance, la noblesse des expressions :
« en quelle occasion l'amplification est louable, et quelle est la
« vertu opposée : la beauté des métaphores, et les différentes
« figures : ce que c'est qu'un style coulant et périodique, mais
« pourtant mâle et nerveux. »

On peut regarder cet endroit de Quintilien comme un excellent
abrégé des préceptes de rhétorique, et des devoirs du maître en
expliquant les auteurs. Tout ce que je dirai dans la suite ne servira qu'à le développer et à le mettre dans un plus grand jour.

Je commencerai par donner une idée des trois genres ou carac-

---

[1] « Demonstrare virtutes, vel, si quando ita incidat, vitia, id professionis ejus atque promissi, qui se magistrum eloquentiæ pollicetur, maxime proprium est. » (QUINTIL. lib. 2, cap. 5.)

[2] « Quæ in proœmio conciliandi judicis ratio : quæ narrandi lux, brevitas, fides, quod aliquando consilium, et quam occulta calliditas (namque ea sola in hoc ars est quæ intelligi nisi ab artificio non possit) : quanta deinceps in dividendo prudentia : quam subtilis et crebra argu-mentatio ; quibus viribus inspiret, qua jucunditate permulceat, quanta in maledictis asperitas, in jocis urbanitas : ut denique dominetur in affectibus, atque in pectora irrumpat, animumque judicum similem iis quæ dicit efficiat. Tum in ratione eloquendi, quod verbum proprium, ornatum, sublime : ubi amplificatio laudanda, quæ virtus ei contraria : quid speciose translatum : quæ figura verborum : quæ lenis et quadrata, virilis tamen compositio. » (Ibid.)

tères d'éloquence, et j'établirai dans cet article quelques règles générales de rhétorique qui me paraîtront les plus propres à former le goût ; ce qui est proprement le but que je me propose dans cet ouvrage. Je passerai ensuite aux observations principales que je crois que l'on doit faire dans la lecture des auteurs. Enfin je finirai ce Traité par quelques réflexions sur l'éloquence du barreau, de la chaire, et sur celle de l'Écriture sainte.

Avant tout je dois avertir que la lecture des auteurs, pour être utile, ne doit pas être superficielle et rapide. Il faut revoir souvent les mêmes endroits, surtout les plus beaux [1], les relire avec attention, les comparer les uns avec les autres, en approfondir le sens et les beautés, se les rendre familiers presque jusqu'à les savoir par cœur. Le moyen le plus assuré de profiter de cette lecture, qu'on doit regarder comme la nourriture de l'esprit, est de la digérer à loisir, et de la convertir par là, pour ainsi dire, en sa propre substance.

Pour cela [2] il ne faut pas se piquer de lire un grand nombre d'auteurs, mais de bien lire ceux qui sont les plus estimés. On peut dire d'une trop grande lecture ce que Sénèque [3] dit d'une vaste bibliothèque, qu'au lieu d'enrichir et d'éclairer l'esprit, elle ne sert le plus souvent qu'à y jeter le désordre et la confusion. Il vaut bien mieux s'attacher à un petit nombre d'auteurs choisis, et les étudier à fond, que de promener sa curiosité sur une multitude d'ouvrages qu'on ne peut qu'effleurer et parcourir rapidement.

ARTICLE PREMIER.

Des trois différents genres ou caractères d'éloquence.

Comme il y a trois devoirs [4] principaux de l'orateur, qui sont

---

[1] « Optimus quisque legendus est, sed diligenter, ac pene ad scribendi sollicitudinem... Repetamus autem, et tractemus : et ut cibos mansos ac prope liquefactos demittimus, quo facilius digerantur ; ita lectio non cruda, sed multa iteratione mollita, et velut confecta, memoriæ imitationique tradatur. » (QUINT. lib. IO, cap. I.)

[2] « Tu memineris sui cujusque generis auctores diligenter eligere. Aiunt enim multum legendum esse, non multa. » (PLIN. epist. 9, lib. 7.)

[3] « Quo mihi innumerabiles libros et bibliothecas ?... Onerant discentem turba, non instruit : multoque satius est paucis te auctoribus tradere quam errare per multos. » (SEN. de Tranq. anim. c. 9.)

[4] « Erit eloquens is qui ita dicet, ut probet, ut delectet, ut flectat. Probare,

d'instruire, de plaire, et de toucher, il y a aussi trois genres d'éloquence qui y répondent, et qu'on appelle ordinairement le genre simple, le genre sublime, et le genre tempéré.

Le premier [1] paraît convenir plus particulièrement à la narration et à la preuve. Son caractère principal est la clarté, la simplicité, la précision. Il n'est pas ennemi des ornements, mais il n'en peut souffrir que de simples, et rejette ceux qui sentent l'affectation et le fard. Ce n'est pas une beauté vive et éclatante, mais douce et modeste, accompagnée quelquefois d'une certaine négligence qui en relève encore le prix. La naïveté des pensées, la pureté du langage, et je ne sais quelle élégance qui se fait plus sentir qu'elle ne paraît, en font tout l'ornement. On n'y voit point de ces figures étudiées qui montrent l'art à découvert, et qui semblent annoncer que l'orateur cherche à plaire. En un mot, il en est de ce genre d'écrire comme de ces tables servies proprement et simplement, dont tous les mets sont d'un goût excellent, mais d'où l'on bannit tout raffinement, toute délicatesse étudiée, tout ragoût recherché.

Il y a un autre genre d'écrire [2], tout différent du premier; noble, riche, abondant, magnifique : c'est ce qu'on appelle le grand, le sublime. Il met en usage tout ce que l'éloquence a de

---

necessitatis est ; delectare, suavitatis; flectere, victoriæ... sed quot officia oratoris, tot sunt genera dicendi : subtile in probando, modicum in delectando, vehemens in flectendo. » (Cic. *Orat.* n. 69.)

[1] « Illo subtili præcipue ratio narrandi probandique consistet. » (Quint. lib. 12, cap. 10.)

« Ut mulieres esse dicuntur nonnullæ inornatæ, quas idipsum deceat, sic hæc subtilis oratio etiam incompta delectat. Fit enim quiddam in utroque, quo sit venustius, sed non ut appareat. Tum removebitur omnis insignis ornatus, quasi margaritarum : nec calamistri quidem adhibebuntur. Fucati vero medicamenta candoris et ruboris omnia repellentur : elegantia modo et munditia remanebit. Sermo purus et latinus : dilucide planeque dicetur. » (Cic. *Orat.* n. 78, 79.)

« Verecundus erit usus oratoriæ quasi supellectilis. » (Ibid. n. 80.)

« Figuras adhibet quidem hic subtilis, sed paulo parcius. Nam sic, ut in epula-

rum apparatu a magnificentia recedens, non se parcum solum, sed etiam elegantem videri volet ; eliget quibus utatur... Aberunt quæsitæ venustates, ne elaborata concinnitas, et quoddam aucupium delectationis manifeste deprehensum appareat. » (Ibid. n. 84.)

[2] « Tertius est ille amplus, copiosus, gravis, ornatus : in quo profecto vis maxima est. Hic est enim, cujus ornatum dicendi et copiam admiratæ gentes, eloquentiam in civitatibus plurimum valere passæ sunt, sed hanc eloquentiam quæ cursu magno sonituque ferretur, quam susciperent omnes, quam admirarentur, quam se assequi posse diffiderent. Hujus eloquentiæ est tractare animos; hujus omni modo permovere. » (Cic. *Orat.* n. 97.)

« Nam et grandiloqui, ut ita dicam, fuerunt, cum ampla et sententiarum gravitate, et majestate verborum ; vehementes, varii, copiosi, graves, ad permovendos et convertendos animos instructi et parati. » (Ibid. n. 20.)

plus relevé, de plus fort, de plus capable de frapper les esprits : la noblesse des pensées, la richesse des expressions, la hardiesse des figures, la vivacité des mouvements. C'est cette sorte d'éloquence qui dominait autrefois souverainement à Athènes et à Rome, et qui s'y était rendue maîtresse absolue des délibérations publiques. C'est elle qui enlève et qui ravit l'admiration et les applaudissements; c'est elle qui tonne, qui foudroie, et qui [1], semblable à un fleuve rapide et impétueux, entraîne et renverse tout ce qui lui résiste.

Enfin il y a un troisième [2] genre, qui tient comme le milieu entre les deux autres; qui n'a ni la simplicité du premier, ni la force du second; qui en approche, mais sans leur ressembler; qui participe de l'un et de l'autre, ou, pour parler plus juste, qui s'en éloigne également. Il a plus de force et d'abondance que le premier, mais moins d'élévation que le second. Il admet tous les ornements de l'art, la beauté des figures, l'éclat des métaphores, le brillant des pensées, l'agrément des digressions, l'harmonie du nombre et de la cadence. Il coule doucement néanmoins, semblable à une belle rivière dont l'eau est claire et pure, et que de vertes forêts ombragent des deux côtés.

§ I. Du genre simple.

I. De ces trois genres d'écrire, le premier [3], qui est le simple, n'est pas le plus facile, quoiqu'il le paraisse. Comme le style qu'on y emploie est fort naturel, et qu'il s'écarte peu de la ma-

---

[1] « At ille qui saxa devolvat, et pontem indignetur, et ripas sibi faciat, multus et torrens, judicem vel nitentem contra feret, cogetque ire qua rapit. » (Quint. lib. 12, cap. 10.)

[2] « Est quidam interjectus intermedius, et quasi temperatus, nec acumine posteriorum, nec fulmine utens superiorum; vicinus amborum, in neutro excellens; utriusque particeps, vel utriusque, si verum quærimus, potius expers. Isque uno tenore, ut aiunt, in dicendo fluit, nihil afferens præter facilitatem et æqualitatem. » Cic. Orat. n. 20.)

« Uberius est aliquantoque robustius quam hoc humile, summissius autem quam illud amplissimum.... Huic omnia dicendi ornamenta conveniunt, pluri-

mumque est in hac orationis forma suavitatis. » (Ibid. n. 91, 92.)

« Medius hic modus et translationibus crebrior, et figuris erit jucundior; egressionibus amœnus, compositione aptus, sententiis dulcis : lenior tamen, ut amnis lucidus quidam, et virentibus utrinque sylvis inumbratus. » (Quintil. lib. 12, cap. 10.)

[3] « Summissus est et humilis, consuetudinem imitans, ab indisertis re plus quam opinione differens. Itaque eum qui audiunt, quamvis ipsi infantes sint, tamen illo modo confidunt se posse dicere : nam orationis subtilitas, imitabilis quidem illa videtur esse existimanti, sed nihil est experienti minus. » (Cic. Orat. n. 76.)

nière commune de parler, on s'imagine qu'il ne faut pas beaucoup
d'habileté ni de genie pour y réussir; et quand on lit ou qu'on
entend un discours de ce genre, les moins éloquents se croient
capables de l'imiter. On le croit, mais on se trompe ; et pour s'en
convaincre [1], il ne faut qu'en faire l'essai : car, après bien des
efforts, on sera contraint souvent d'avouer qu'on n'a pas pu y
parvenir. Ceux qui ont quelque goût de la vraie éloquence [2], et
qui y sont le plus versés, reconnaissent qu'il n'y a rien de si
difficile que de parler avec justesse et solidité, et cependant d'une
manière si simple et si naturelle que chacun se flatte d'en pouvoir faire autant.

II. Cicéron, dans son premier livre de l'Orateur, fait remarquer [3] que dans les autres arts ce qui est le plus excellent est le
plus éloigné de l'intelligence et de la portée du vulgaire ; au lieu
qu'en matière d'éloquence c'est un défaut essentiel de s'écarter de
la manière ordinaire de parler. Il ne prétend pas là que le style
de l'orateur doive être semblable à celui du peuple, ou à celui qui
règne dans les conversations ; mais il veut que l'orateur évite avec
soin les expressions, les tours, les pensées qui, par trop de raffinement ou par trop d'élévation, rendraient le discours obscur
et inintelligible. Comme il ne parle que pour se faire entendre,
il est certain que le plus grand de tous les défauts où il puisse
tomber est de parler de telle sorte qu'on ne l'entende point. Ce
qui distingue donc son style de celui de la conversation n'est
point, à proprement parler, la différence des termes [4] : car ils
sont, à peu de chose près, les mêmes de part et d'autre ; et soit
pour le langage ordinaire, soit pour le discours le plus pom-

---

[1]   Ut sibi quivis
Speret idem, sudet multum, frustraque
laboret.
Ausus idem.   (Horat. Ars poet.)

[2] « Rem indicare, sermonis quotidiani,
et in quemcumque etiam indoctiorum ca-
dentis esse existimant : quum interim,
quod tanquam facile contemnunt, nes-
cias præstare minus velint, an possint.
Neque enim aliud in eloquentia cuncta
experti difficilius reperient, quam id
quod se dicturos fuisse omnes putant,
postquam audierunt. » (Quintil. lib. 4,
cap. 2.)

[3] « In cæteris artibus id maxime ex-

cellit, quod longissime sit ab imperito-
rum intelligentia sensuque disjunctum :
in dicendo autem vitium vel maximum
est, a vulgari genere orationis atque a
consuetudine communis sensus abhor-
rere. » (Cic. de Orat. lib. 1, n. 12.)

[4] « Non sunt alia sermonis, alia con-
tentionis verba; neque ex alio genere
ad usum quotidianum, alio ad scenam
pompamque sumuntur : sed ea nos, quum
jacentia sustulimus e medio, sicut mollissimam ceram ad nostrum arbitrium
formamus et fingimus. » (Ibid. lib. 3,
n. 177.)

peux, ils sont puisés dans la même source ; mais l'orateur sait, par l'usage qu'il en fait et par l'arrangement qu'il leur donne, les tirer, pour ainsi dire, du commun, et leur prêter une grâce et une élégance toute particulière, qui cependant est si naturelle, que chacun croirait pouvoir facilement parler de la même sorte.

III. Quintilien, en expliquant une contradiction apparente qui se trouve entre deux passages de Cicéron sur la matière que nous traitons ici, fait une réflexion très-judicieuse. « Cicéron [1] « (dit-il) a écrit quelque part que la perfection consiste à dire « des choses qu'il semble que tout le monde pourrait aisément « dire de même, à quoi néanmoins on trouve plus de difficulté « qu'on ne pensait quand on vient à le tenter. Et dans un autre « endroit il dit qu'il ne s'est point étudié à parler comme cha- « cun s'imaginerait pouvoir le faire, mais comme personne n'o- « serait l'espérer : en quoi il semble se contredire. Cependant « l'un et l'autre est fort juste : car de l'un à l'autre il n'y a de « distance que le sujet que l'on traite. En effet, cette simplicité « et cet air négligé d'un style naturel où il n'y a rien d'affecté « sied admirablement bien aux petites causes ; et le grand, le « merveilleux convient fort aux grandes. Cicéron excelle en ces « deux qualités, dont l'une, à ce qu'il semble aux ignorants, est « fort aisée à attraper ; mais, au jugement des connaisseurs, ni « l'une ni l'autre ne l'est. » On voit par là que le style simple doit être employé quand on parle de choses simples et com- munes, et qu'il convient surtout aux récits et aux parties du discours où l'orateur ne songe qu'à instruire ses auditeurs, ou à s'insinuer doucement dans leurs esprits.

IV. De là venait cette attention des anciens [2] à cacher l'art, qui cesse en effet de l'être s'il est visible, bien différente de l'os- tentation et du faste de ces écrivains qui ne cherchent qu'à faire

---

[1] « Cicero quodam loco scribit id esse optimum, quod, quum te facile credide- ris consequi imitatione, non possis. Alio vero, non se id egisse, ut ita diceret quomodo se quilibet posse confideret, sed quomodo nemo. Quod potest pugnare inter se videri. Verum utrumque, ac me- rito, laudatur. Causa enim modoque di- stat : quia simplicitas illa, et velut secu- ritas inaffectatæ orationis mire tenues causas decet ; majoribus illud admira- bile dicendi genus magis convenit. In utroque eminet Cicero : ex quibus alte- rum imperiti se posse consequi credent, neutrum qui intelligant. » (Quintil. lib. 11, c. I.)

[2] « Inde illa veterum circa occultan- dam eloquentiam simulatio, multum ab hac temporum nostrorum jactatione di- versa. » (Quintil. lib. 4, cap. I.)

montre de leur esprit. De là certaines négligences qui ne choquent point et ne déplaisent point [1], parce qu'elles marquent
un orateur plus occupé des choses que des mots. De là enfin [2]
cet air de modestie et de retenue que les anciens avaient soin
ordinairement de faire paraître dans l'exorde et dans la narration, pour le style, pour l'expression, pour les pensées, pour
le ton même et le geste. L'orateur n'est pas encore admis dans
les esprits : on l'observe avec attention. Alors tout ce qui sent
l'art est suspect à l'auditeur et le met en défiance, en lui faisant craindre qu'on ne veuille lui dresser des embûches. Dans
la suite il est moins sur ses gardes, et laisse plus de liberté.

Cicéron [3] remarque que Démosthène a suivi cette règle dans
son beau plaidoyer pour Ctésiphon, où il parle d'abord d'un ton
doux et modeste, et ne passe à ce style vif et véhément qui règne dans la suite qu'après s'être insinué peu à peu et comme
par degrés dans les esprits, et s'en être rendu le maître. Il veut
par la même raison que l'on marque quelque timidité en commençant, et il relève dans Crassus [4] ce caractère de modestie et
de retenue qui, bien loin de nuire à son discours, rendait l'orateur même plus aimable et plus estimable, par l'idée avantageuse
qu'il donnait de sa personne.

Homère et Virgile, dont la poésie est si noble et si sublime,
ont commencé l'un et l'autre leurs poëmes par un début fort simple, et très-éloigné de l'enflure de ce vers qu'Horace critique
avec raison dans un poëte de son temps :

Fortunam Priami cantabo, et nobile bellum.

[1] « Habet ille stylus quiddam quod in-
dicet non ingratam negligentiam, de re
hominis magis quam de verbis laboran-
tis. » (Cic. Orat. n. 77.)

[2] « Frequentissime procemium decebit
et sententiarum, et compositionis, et vultus modestia.... Diligenterne! suspecti simus in illa parte vitandum : propter
quod minime ostentari debet in principiis cura, quia videtur ars omnis dicentis contra judicem adhiberi. Nondum
recepti sumus, et custodit nos recens
audientium attentio. Magis conciliatis
animis, et jam calentibus, hæc libertas
feretur. » (Quintil. lib. 4; cap. 1.)

[3] « Demosthenes in illa, pro Ctesi-
phonte oratione longe optima, summissius a principio; deinde, dum de legibus disputat, pressius; post, sensim
incedens, judices ut vidit ardentes, in
reliquis exultavit audacius. »(Cic. Orat.
n. 26.)

« Principia verecunda, non elatis in-
tensa verbis. » (Ibid. n. 124.)

[4] « Fuit mirificus quidam in Crasso
pudor, qui tamen non modo non obesset
ejus orationi, sed etiam probitatis com-
mendatione prodesset. » (Id. de Orat.
lib. I, n. 122.

Il est ridicule en effet de crier si haut [1], et de promettre de si grandes choses dès le premier vers. L'exorde ordinairement doit être simple et sans affectation. Ce feu [2], cet éclat si vif, dégénèrent souvent en fumée; au lieu qu'un style plus simple d'abord et moins éclatant plaît extrêmement quand il est suivi d'une grande lumière.

Cette règle, que l'exorde doit être simple et modeste, n'est point générale, ni pour la prose, ni pour la poésie. Il y a des harangues dont le sujet souffre et demande même que l'orateur commence d'un air noble et grand ; et le début le plus sublime convient parfaitement à l'ode, au lieu qu'il pourrait blesser ailleurs. M. de la Mothe, dans le discours qui est à la tête de ses Odes, apporte une bonne raison de cette différence pour ce qui regarde la poésie. « C'est (dit-il) que le poème étant un ouvrage « de longue haleine, il est dangereux de commencer d'un ton « difficile à soutenir : au lieu que l'ode étant resserrée dans d'é- « troites bornes, on ne court aucun risque à échauffer d'abord « le lecteur, qui n'aura pas le temps de se refroidir par la lon- « gueur de l'ouvrage. Ainsi un homme qui aurait à faire une lon- « gue course devrait se ménager d'abord, pour ne pas épuiser « trop tôt ses forces ; et, au contraire, celui qui n'aurait à four- « nir qu'une petite carrière pourrait, par un premier effort, aug- « menter sa légèreté naturelle, et en achever plus rapidement sa « course. »

V. On ne peut trop faire remarquer aux jeunes gens le caractère de simplicité qui règne dans les anciens. Il faut les accoutumer à étudier en tout la nature, et leur répéter souvent que la meilleure éloquence est celle qui est la plus naturelle et la moins recherchée. Celle dont il s'agit ici consiste dans une certaine naïveté et dans une élégance qui plaît extrêmement, par cette raison-là même qu'elle ne cherche point à plaire. Les Grecs lui donnent un nom [3] qui est fort expressif : c'est ἀφέλεια. Ἀφελής se dit d'un genre de vie simple, frugale, modeste, honnête, sans

---

[1] Quid dignum tanto feret hic promissor hiatu ?
(HORAT. de Arte poet.)
[2] Non fumum ex fulgore, sed ex fumo dare lucem
Cogitat. (Ibid.)

[1] « Ipsa illa ἀφέλεια simplex et inaffectata habet quemdam purum, qualis etiam in feminis amatur, ornatum. »
(QUINTIL. lib. 8, cap. 3.)

luxe, sans faste, à qui rien ne manque, mais qui n'a rien aussi de superflu. C'est à peu près ce qu'Horace appelle *simplex mundititiis*, une élégante simplicité.

VI. Le récit de l'aventure arrivée à Canius est de ce genre. Il se trouve dans le troisième livre des Offices de Cicéron : je le rapporterai tout entier, avec la traduction qu'en a faite M. Dubois.

C. Canius [1], *eques romanus nec infacetus, et satis litteratus, quum se Syracusas, otiandi, ut ipse dicere solebat, non negotiandi causa, contulisset, dictitabat se hortulos aliquos velle emere, quo invitare amicos ; et ubi se oblectare sine interpellatoribus posset.* Quelle élégance dans ces mots, *nec infacetus, et satis litteratus!* Le français en rend très-bien le sens, mais n'est ni si court ni si vif. Il y a un agrément dans cette espèce de jeu de mots, *otiandi, negotiandi*, et dans ces diminutifs, *dictitabat, hortulos*, qui ne peut se transporter dans une langue étrangère.

Quod quum percrebuisset [2], *Pythius ei quidam, qui argentariam faceret Syracusis, dixit venales quidem se hortos non habere, sed licere uti Canio, si vellet, ut suis; et simul ad cœnam hominem in hortos invitavit in posterum diem. Quum ille promisisset, tum Pythius, qui esset, ut argentarius, apud omnes ordines gratiosus, piscatores ad se convocavit, et ab his petivit ut ante suos hortulos postridie piscarentur, dixitque quid eos facere vellet.* Un petit mot fait la beauté de ce récit. *Pythius, qui esset, ut argentarius, apud omnes ordines gratiosus.* Elle n'est pas si bien rendue dans le français, qui ne fait pas assez entendre que sa caisse lui donnait un grand crédit dans tous les corps, et parmi les personnes de toute condition. Il y a

---

[1] « C. Canius, chevalier romain, homme agréable et de bon esprit, et qui n'était point sans études, étant allé à Syracuse, non pour affaire, mais *pour ne rien faire*, comme il avait accoutumé de dire, fit savoir qu'il serait bien aise d'acheter une maison de plaisance proche de la ville, pour y aller quelquefois se divertir avec ses amis, et se dérober aux visites. »

[2] « Ce bruit s'étant répandu dans la ville, un certain Pythius, qui faisait la banque à Syracuse, lui dit qu'il en avait une qui à la vérité n'était point à vendre ; mais qu'il la lui offrait pour en user comme si elle était à lui, et le pria d'y venir manger le lendemain. Canius l'ayant promis, l'autre, qui par son commerce s'était acquis toutes sortes de gens, fit venir les pêcheurs, les pria de venir le lendemain pêcher devant sa maison, et leur donna quelques autres ordres qui convenaient à son dessein. »

auparavant, *hominem invitavit,* qui est bien plus élégant que s'il avait mis *illum.*

Ad cœnam tempore venit Canius [1]. *Opipare a Pythio apparatum convivium. Cymbarum ante oculos multitudo. Pro se quisque quod ceperat, afferebat : ante pedes Pythii pisces abjiciebantur.* Le style concis, où les verbes sont supprimés, est fort gracieux. On fait remarquer aux jeunes gens que c'est une beauté dont notre langue est rarement susceptible. Il y a, ce me semble, dans ces derniers mots, *ante pedes Pythii pisces abjiciebantur*, une belle image de gens qui s'empressaient de jeter aux pieds de Pythius une grande quantité de poissons. Je ne sais pourquoi le traducteur y a substitué une autre pensée qui n'est point dans le latin.

Tum Canius [2] : *Quæso, inquit, quid est hoc, Pythi? Tantumne piscium, tantumne cymbarum? Et ille : Quid mirum? inquit. Hoc loco est, Syracusis quidquid est piscium : hic aquatio : hac villa isti carere non possunt.*

Incensus Canius cupiditate [3], *contendit a Pythio ut venderet. Gravate ille primo. Quid multa? Impetrat, emit homo cupidus et locuples tanti quanti Pythius voluit, et emit instructos: nomina facit : negotium conficit.* Rien n'est plus admirable que tout ce récit. Mais ces deux mots, *homo cupidus et locuples*, sont d'un goût exquis. Ils renferment les deux raisons qui déterminèrent Canius à acheter si cher cette petite maison : c'est qu'il en avait grande envie et qu'il était fort riche. Le traducteur n'a pas bien pris le sens du premier mot : *Canius, homme riche, qui aimait son plaisir.* Ce n'est pas ce que signifie *homo cupidus.*

---

[1] « Canius ne manqua pas au rendez-vous. Il trouva un festin magnifique, et toute la mer couverte de barques de pêcheurs qui venaient l'un après l'autre apporter à Pythius une grande quantité de poissons, comme s'ils fussent venus de les prendre devant lui. »

[2] « Canius, tout surpris de ce qu'il voyait : Quoi, dit-il à Pythius, y a-t-il donc ici tant de poissons, et y voit-on tous les jours tant de barques de pêcheurs? Tous les jours, dit Pythius. Il n'y a que ce seul endroit autour de Syracuse où l'on trouve du poisson, et où les pêcheurs puissent même venir prendre de l'eau; et tous ces gens-là ne sauraient se passer de cette maison. »

[3] « Voilà Canius amoureux de la maison. Il presse Pythius de la lui vendre. Pythius paraît avoir bien de la peine à s'y résoudre : il s'en fait beaucoup prier : enfin il y consent. Canius, homme riche, qui aimait son plaisir, l'achète tout ce que l'autre voulut, et l'achète même toute meublée. On fait le contrat : voilà l'affaire consommée. »

Invitat Canius postridie familiares suos [1] : venit ipse mature. Scalmum nullum videt. Quærit ex proximo vicino, num feriæ quædam piscatorum essent, quod eos nullos videret. Nullæ, quod sciam, inquit ille : sed hic piscari nulli solent; itaque heri mirabar quid accidisset. Stomachari Canius. Sed quid faceret? Nondum enim Aquillius, collega et familiaris meus, protulerat de dolo malo formulas : in quibus ipsis, quum ex eo quæreretur quid esset dolus malus, respondebat, quum esset aliud simulatum, aliud actum.

Qu'on ôte à ce récit certain tours et certain nombre de pensées et d'expressions, on ne changera rien au fond, et l'on n'aura omis aucune des circonstances nécessaires [2], mais l'on en ôtera tout l'agrément et toute la délicatesse, c'est-à-dire tout ce qui rend le discours orné.

VII. Je ne puis m'empêcher de rapporter encore ici une petite histoire [3] que Pline le naturaliste nous a conservée, où l'on verra dans un seul mot ce que c'est que cet ornement simple et naturel dont nous parlons. Un esclave, qui s'était tiré de servitude, ayant acheté un petit champ, le cultiva avec tant de soin qu'il devint le plus fertile de tout le pays. Un tel succès lui attira la jalousie de tous ses voisins, qui l'accusèrent d'user de magie, et d'employer des sortiléges pour procurer à son petit champ une si étonnante fertilité, et pour rendre leurs terres stériles. Il fut appelé en jugement devant le peuple romain. Le jour de l'assignation étant venu, il comparut. On sait que l'assemblée du peuple se tenait dans la place publique. Il amena [4] avec lui sa fille, qui était une grosse paysanne très-laborieuse, bien

---

[1] « Canius prie de ses amis de l'y venir voir dès le lendemain. Il s'y rend lui-même de fort bonne heure. Mais il ne voit ni pêcheurs, ni barques. Il demande à quelque voisin s'il était fête ce jour-là pour les pêcheurs. Nulle fête que je sache, dit le voisin. Jamais on ne pêche ici; et hier je ne savais ce que tout cet appareil voulait dire. Voilà Canius en grande colère : mais que faire? car Aquillius, mon collègue et mon ami, n'avait pas encore établi ces formules contre le dol et la mauvaise foi. Or ce qu'on appelle *dol*, *mauvaise foi*, c'est disait le même Aquillius, donner lieu à quelqu'un de s'attendre à une chose, et en faire une autre. »

[2] « Caret cæteris lenociniis expositio; et nisi commendetur hæc venustate, jacent necesse est. » (QUINT. lib. 4, cap. 2)

[3] Plin. lib. 18, cap. 6.

[4] « Instrumentum rusticum omne in forum attulit, et adduxit filiam validam, atque (ut ait Piso) bene curatam et vestitam, ferramenta egregie facta, graves ligones, vomeres ponderosos, boves saturos. »

nourrie et bien vêtue, dit l'historien de qui ce fait est tiré. Il fit apporter tous ses instruments de labour, qui étaient en fort bon état, des hoyaux très-pesants, une charrue bien équipée et bien entretenue, et fit aussi venir ses bœufs, qui étaient gros et gras. Puis, se tournant vers les juges : Voilà, dit-il, mes sortiléges, et la magie que j'emploie pour rendre mon champ fertile. *Veneficia mea, Quirites, hæc sunt.* Je ne puis pas, continua-t-il, vous produire ici mes sueurs, mes veilles, mes travaux de jour et de nuit : *nec possum vobis ostendere, aut in forum adducere lucubrationes meas, vigiliasque, et sudores.* Les suffrages ne furent point partagés, et il fut absous d'une commune voix.

Il n'y a personne qui, à la simple lecture de ce récit, ne soit frappé de la beauté de cette réponse, *Veneficia mea, Quirites, hæc sunt.* : Voilà mes sortiléges. Mais en quoi consiste cette beauté? Y a-t-il dans ce peu de mots quelque pensée extraordinaire, quelque expression brillante, quelque métaphore hardie, quelque figure sublime? Rien de tout cela. C'est la naïveté seule de cette réponse, et une ingénieuse simplicité puisée dans la nature même, qui plaît et qui charme. Qu'on substitue à ce peu de paroles, si simples et si peu recherchées, le discours le plus spirituel et le plus orné qu'il soit possible d'imaginer, on ôte à la réponse du paysan toute sa grâce. C'est ainsi, comme le rapporte le même Pline [1], que Néron, par un mauvais goût qui lui faisait préférer le brillant à la simplicité, gâta une des plus belles statues de Lysippe en la faisant dorer, parce qu'elle n'était que d'airain. Il fallut lui ôter cette dorure qui avait altéré toute la beauté de l'art. *Quum pretio perisset gratia artis, detractum est aurum.* : et ce ne fut qu'en perdant ce nouvel éclat que la statue recouvra son ancien prix.

§ II. *Du genre sublime.*

Le sublime, le merveilleux, est ce qui fait la grande et véritable éloquence. M. de la Mothe le définit ainsi dans le discours qui est à la tête de ses Odes : *Je crois, dit-il, que le sublime n'est autre chose que le vrai et le nouveau réunis dans*

[1] Plin. lib. 34 cap. 8.

une grande idée, *et exprimés avec élégance et précision.* Il
rend ensuite raison de chacune des parties de cette définition.
L'endroit mérite bien d'être lu, et renferme des réflexions fort
judicieuses. Je ne sais pourtant si la dernière partie de cette définition est bien juste : *exprimés avec élégance et précision.*
Ces deux qualités sont-elles donc si essentielles au sublime, que
sans elles il ne puisse subsister? Je croyais que *l'élégance,* bien
loin de faire le caractère propre du sublime, souvent lui était
opposée; et j'avoue que je n'en découvre point dans les deux exemples que cite M. de la Mothe. L'un est de Moïse : *Dieu dit, Que
la lumière se fasse, et la lumière se fit;* l'autre d'Homère : *Grand
Dieu, rénds-nous le jour, et combats contre nous.* Pour *la précision,* ou *brièveté,* elle convient quelquefois au sublime, lorsqu'elle consiste dans une pensée courte et vive, comme dans
les deux exemples précédents : mais il me semble qu'elle n'en
fait pas l'essence. Il y a dans Démosthène et dans Cicéron [1] beaucoup d'endroits fort étendus, fort amplifiés, qui sont pourtant
très-sublimes, quoique la brièveté ne s'y rencontre point. J'use
de la liberté que M. de la Mothe donne à ses lecteurs dans l'endroit même dont il s'agit, et j'expose simplement mes doutes,
mais en les soumettant à ses lumières. L'admirable traité de
Longin sur cette matière serait seul capable de former le goût
des jeunes gens. Je ne ferai presque ici qu'en extraire quelques
réflexions, qui seront pour eux comme autant de règles et de
principes.

M. Despréaux prétend que par sublime ce rhéteur n'entend
pas ce que les orateurs appellent le style sublime, mais cet extraordinaire et ce merveilleux qui frappe dans le discours, et qui
fait qu'un ouvrage enlève, ravit, transporte. Le style sublime,
dit-il, veut toujours de grands mots; mais le sublime se peut
trouver dans une seule pensée, dans une seule figure, dans un
seul tour de paroles. Sans entrer dans l'examen de cette remarque, qui souffre plusieurs difficultés, je me contente d'avertir
que par sublime j'entends ici également et celui qui a plus d'é-
tendue et se trouve dans la suite du discours, et celui qui est
plus court et consiste dans des traits vifs et frappants; parce que,

---

[1] Ce n'est point apparemment cette espèce de sublime qu'on définit ici.

dans l'une et dans l'autre espèce, j'y trouve également une manière de penser et de s'exprimer avec noblesse et grandeur, ce qui fait proprement le sublime.

I. Le style simple dont j'ai d'abord parlé, quoique parfait dans son genre, et rempli de grâces souvent inimitables, est bon pour instruire, pour prouver, et même pour plaire; mais il ne produit point ces grands effets sans lesquels [1] Cicéron compte l'éloquence pour rien. Comme ces beautés simples et naturelles n'ont rien de grand, et qu'on y voit un orateur toujours tranquille, cette égalité de style n'échauffe et ne remue point l'âme [2] : au lieu que le genre sublime produit en nous une certaine admiration mêlée d'étonnement et de surprise, qui est tout autre chose que de plaire seulement ou de persuader. Nous pouvons dire, à l'égard de la persuasion, que pour l'ordinaire elle n'a sur nous qu'autant de puissance que nous voulons. Il n'en est pas ainsi du sublime : il donne au discours une vigueur noble, une force invincible, qui enlève l'âme de quiconque nous écoute... Par ce ton de majesté et de grandeur, par ces mouvements vifs et animés [3], par cette force et cette véhémence qui y règnent, il enlève l'auditeur, et le laisse comme abattu et ébloui, pour ainsi dire, de ses tonnerres et de ses éclairs.

II. C'est ce que Quintilien [4] remarque au sujet d'un endroit sublime et éclatant du plaidoyer de Cicéron pour Cornélius Balbus [5], où il avait inséré un éloge magnifique du grand Pompée. Il fut interrompu, non-seulement par des acclamations, mais même par des battements de mains extraordinaires, qui semblaient peu convenir à la majesté du lieu : ce qui ne serait point arrivé, dit notre rhéteur, s'il n'avait eu en vue que d'instruire les juges, et s'il s'était contenté d'un style simple et élégant.

---

[1] « Eloquentiam, quæ admirationem non habet, nullam judico. » (Cic. in Epist. ad Brutum.)

[2] Long. ch. 1.

[3] Long. Ch. 28.

[4] « Nec fortibus modo, sed etiam fulgentibus armis præliatus in causa est Cicero Cornelii : qui non assecutus esset docendo judicem tantum, et utiliter demum ac latine perspicueque dicendo, ut populus romanus admirationem suam non acclamatione tantum, sed etiam

plausu confiteretur. Sublimitas profecto, et magnificentia, et nitor, et auctoritas, expressit illum fragorem. Nec tam insolita laus esset prosecuta dicentem, si usitata et cæteris similis fuisset oratio. Atque ego illos credo, qui aderant, nec sensisse quid facerent, nec sponte judicioque plausisse, sed velut mente captos, et quo essent in loco ignaros, erupisse in hunc voluntatis affectum. » (Quint. lib. 8, cap. 3.)

[5] Pro Cornel. Balbo, n. 9-10.

Ce-fut sans doute la grandeur, la pompe et l'éclat de son éloquence qui arrachèrent à tout son auditoire ces cris et ces applaudissements qui ne furent point libres et volontaires, ni la suite des réflexions, mais l'effet subit d'une espèce de ravissement et d'enthousiasme qui les enleva hors d'eux-mêmes, sans leur laisser le temps de songer ni à ce qu'ils faisaient, ni au lieu où ils étaient.

III. Voilà proprement la différence qu'il y a entre les effets du genre médiocre ou orné, dont nous parlerons bientôt, et du genre sublime [1]. Celui-ci, remue, agite, élève l'âme au-dessus d'elle-même, et fait d'abord sur les lecteurs ou sur les auditeurs une impression à laquelle il est difficile, pour ne pas dire impossible, de résister, et dont le souvenir dure et ne s'efface qu'avec peine : au lieu que le style commun et ordinaire, quoique rempli de beautés et de grâces, ne touche, pour ainsi dire, que la surface de l'âme, et la laisse dans sa situation tranquille et naturelle. En un mot, l'un plaît et flatte, l'autre ravit et transporte. C'est ainsi que nous n'admirons pas naturellement [2] de petits ruisseaux, bien que l'eau en soit claire et transparente, et utile même pour notre usage : mais nous sommes véritablement surpris quand nous regardons le Danube, le Nil, le Rhin, et l'Océan surtout.

IV. On distingue plusieurs sortes de sublime. Il n'est pas toujours véhément et impétueux. Le style de Platon ne laisse pas d'être élevé, bien qu'il coule sans être rapide, et sans faire de bruit. Démosthène est grand, quoique serré et concis; et Cicéron l'est aussi, quoique diffus et étendu [3]. On peut comparer Démosthène, à cause de la violence, de la rapidité, de la force et de la véhémence avec laquelle il ravage, pour ainsi dire, et emporte tout, à une tempête et à un foudre. Pour Cicéron, on peut dire que, comme un grand embrasement, il dévore et consume tout ce qu'il rencontre avec un feu qui ne s'éteint point, qu'il répand diversement dans ses ouvrages, et qui, à mesure qu'il s'avance, prend toujours de nouvelles forces. Au reste, continue Longin, le sublime de Démosthène vaut sans doute

---

[1] Long. ch. 5.   Chap. 10.
[2] Ch. 29.

bien mieux dans les exagérations fortes et dans les violentes passions, quand il faut, pour ainsi dire, étonner l'auditeur. Au contraire, l'abondance est meilleure, lorsqu'on veut, si j'ose me servir de ces termes, répandre une rosée agréable dans les esprits.

V. Le vrai sublime consiste dans une manière de penser noble, grande, magnifique [1]; et il suppose par conséquent dans celui qui écrit ou qui parle un esprit qui n'ait rien de bas ni de rampant, mais qui soit au contraire rempli de hautes idées, de sentiments généreux, et de je ne sais quelle noble fierté qui se fasse sentir en tout. Cette élévation d'esprit et de style doit être l'image et l'effet de la grandeur d'âme. Darius offrait la moitié de l'Asie avec sa fille en mariage à Alexandre. *Pour moi*, lui disait Parménion, *si j'étais Alexandre, j'accepterais ces offres. Et moi aussi*, répliqua ce prince, *si j'étais Parménion.* N'est-il pas vrai qu'il fallait être Alexandre pour faire cette réponse?

Je rapporterai ici quelques exemples de pensées sublimes, qui en feront mieux sentir la beauté et le caractère que tous les préceptes.

> Excudent aliis spirantia mollius æra.
> Orabunt causas melius, etc.
> Tu regere imperio populos, Romane, memento.
> Hæ tibi erunt artes, pacisque imponere morem;
> Parcere subjectis, et debellare superbos [2].
> Et cuncta terrarum subacta,
> Præter atrocem animum Catonis [3].

M. de Pellisson, dans l'Éloge du roi, parle ainsi : *Ici il détruisait le duel..... Ici il savait pardonner nos fautes, supporter nos faiblesses, descendre du plus haut de sa gloire dans nos moindres intérêts; tout à ses peuples, général, législateur, juge, maître, bienfaiteur, père, c'est-à-dire, véritablement roi.*

Tout était dieu, excepté Dieu même; et le monde, que Dieu

---

[1] Long. ch. 7.
[2] Æn. lib. 6, v. 847, etc.
[3] Horat. Od. 1, lib. 2.

*avait fait pour manifester sa puissance, semblait être devenu
un temple d'idoles.*

*Il restait environ cinq cents ans jusques aux jours du
Messie; Dieu donna à la majesté de son Fils de faire taire les
prophètes durant tout ce temps, pour tenir son peuple en attente de celui qui devait être l'accomplissement de tous leurs
oracles* [1]

> Que peuvent contre lui (*contre Dieu*) tous les rois de la terre?
> En vain ils s'uniraient pour lui faire la guerre :
> Pour dissiper leur ligue, il n'a qu'à se montrer.
> Il parle, et dans la poudre il les fait tous rentrer.
> Au seul son de sa voix la mer fuit, le ciel tremble.
> Il voit comme un néant tout l'univers ensemble ;
> Et les faibles mortels, vains jouets du trépas,
> Sont tous devant ses yeux comme s'ils n'étaient pas [2].

Cet autre trait du même poëte n'est pas moins grand, quoiqu'en un seul vers :

> Je crains Dieu, cher Abner, et n'ai point d'autre crainte.

Dans tous ces endroits le sublime vient de la noblesse et de la
grandeur des pensées. Mais il faut avouer que ce qui est dit de
Dieu efface tout le reste. Aussi est-il juste que devant lui tout
disparaisse et s'anéantisse.

VI. La noblesse des pensées entraîne ordinairement après elle
celle des paroles, qui à leur tour servent beaucoup à relever les
pensées [3]. Mais il faut bien se donner de garde de prendre
pour sublime une apparence de grandeur bâtie ordinairement
sur de grands mots assemblés au hasard. et qui n'est, à la bien
examiner, qu'une vaine enflure de paroles, plus digne de mépris que d'admiration [4]. En effet, l'enflure n'est pas moins
vicieuse dans le discours que dans les corps. Elle n'a que de
faux dehors et une apparence trompeuse ; mais au dedans elle
est creuse et vide.... Ce défaut n'est pas facile à éviter ; car
comme en toutes choses naturellement nous cherchons le grand,

---

[1] Bossuet, Hist. univer.
[2] Rac., Esth.
[3] Longin, ch. 5.
[4] Chap. 2.

et que nous craignons surtout d'être accusés de sécheresse ou de peu de force, il arrive, je ne sais comment, que la plupart tombent dans ce vice, fondés sur cette maxime commune :

Dans un noble projet on tombe noblement.

On a de la peine à s'arrêter où il faut [1], comme fait Cicéron, qui, au rapport de Quintilien [2], ne prend jamais un vol trop haut; ou comme fait Virgile, qui est sage jusque dans son enthousiasme..... Ces déclamateurs latins, dont Senèque le père rapporte les sentiments dans la délibération que fait Alexandre pour savoir s'il doit pousser ses conquêtes au delà de l'Océan, sont outrés et excessifs. Les uns disent qu'Alexandre [3] se doit contenter d'avoir vaincu où l'astre du jour se contente de luire; qu'il est temps qu'Alexandre [4] cesse de vaincre où le monde cesse d'être et le soleil d'éclairer : les autres [5], que la fortune met à ses victoires les mêmes limites que la nature met au monde; qu'Alexandre est grand pour le monde [6], et que le monde est petit pour Alexandre; qu'il n'y a rien au delà d'Alexandre [7], non plus qu'au delà de l'Océan.

Ce que dit un historien au sujet de Pompée n'est guère moins outré. *Telle fut* [8], dit-il, *la fin de Pompée, après trois consulats et autant de triomphes, ou plutôt après avoir dompté l'univers; la fortune s'accordant si peu avec elle-même à l'égard de ce grand homme, que la terre qui venait de lui manquer pour ses victoires lui manqua pour sa sépulture.*

L'endroit suivant de Malherbe l'est encore plus. Il parle de la pénitence de saint Pierre.

C'est alors que ses cris en tonnerres s'éclatent :
Ses soupirs se font vents qui les chênes combattent;

---

[1] Le P. Bonhours.

[2] « Non supra modum elatus Tullius. » (QUINTIL. lib. 12, cap. 10.)

[3] « Satis sit hactenus vicisse Alexandro, qua mundo lucere satis est. »

[4] « Tempus est Alexandrum eum orbe et cum sole desinere. »

[5] « Eumdem fortuna victoriæ tuæ; quem natura, finem facit. »

[6] « Alexander orbi magnus est; Alexandro orbis angustus est. »

[7] « Non magis quicquam ultra Alexandrum novimus, quam ultra Oceanum. » (*Suasor.* I.]

[8] « Hic post tres consulatus et totidem triumphos, domitumque terrarum orbem, vitæ fuit exitus : in tantum in illo viro a se discordante fortuna, ut cui modo ad victoriam terra defuerat, de esset ad sepulturam. » (VELL. PATERC. lib. 2.)

Et ses pleurs, qui tantôt descendaient mollement,
Ressemblent un torrent qui, des hautes montagnes
Ravageant et noyant les voisines campagnes,
Veut que tout l'univers ne soit qu'un élément.

Cet excellent poëte sort ici visiblement de son caractère, et nous montre combien il est aisé que l'enflure prenne la place du grand et du sublime. Cette pièce était sans doute un ouvrage de la jeunesse de Malherbe, que ses autres compositions semblent désavouer.

VII. Les figures ne font pas une des moindres parties du sublime, et ce sont elles qui donnent le plus de vivacité au discours [1]. Démosthène, après la perte de la bataille de Chéronée, veut justifier sa conduite, et rendre le courage aux Athéniens, intimidés et abattus par cette défaite. *Non, messieurs,* leur dit-il, *non, vous n'avez point failli. J'en jure par les mânes de ces grands hommes qui ont combattu pour la même cause dans les plaines de Marathon, à Salamine, devant Platée.* Il pouvait dire simplement que l'exemple de ces grands hommes justifiait leur conduite : mais, en changeant l'air naturel de la preuve en cette grande et pathétique manière d'affirmer par des serments si extraordinaires et si nouveaux, il élève ces anciens citoyens au-dessus de la condition humaine; il inspire à ses auditeurs l'esprit et le sentiment de ces illustres morts, et il égale en quelque sorte la bataille qu'ils ont perdue contre Philippe aux victoires remportées autrefois à Marathon et à Salamine.

Cicéron attribue la mort de Clodius à une juste colère des dieux, qui ont enfin vengé leurs temples et leurs autels profanés par les crimes de cet impie. Il le fait d'une manière fort sublime; en apostrophant et les autels et les dieux, et employant les plus grandes figures de rhétorique. *Vos, Albani* [2] *tumuli atque luci,*

---

[1] Longin, ch. 14.

[2] « Je vous atteste et vous implore, saintes collines d'Albe, que Clodius a profanées; bois respectables qu'il a abattus; sacrés autels, lien de notre union, et aussi anciens que Rome même, sur les ruines desquels cet impie avait élevé ces masses énormes de bâtiments : votre religion violée, votre culte aboli, vos mystères pollus, vos dieux outragés, ont enfin fait éclater leur pouvoir et leur vengeance. Et vous, divin Jupiter Latial, dont il avait souillé les lacs et les bois par tant de crimes et d'impuretés, du sommet de votre sainte montagne vous avez enfin ouvert les yeux sur ce scélérat pour le punir. C'est à vous, et sous vos yeux, c'est à vous qu'une lente mais juste vengeance a immolé cette victime, dont le sang vous était dû. »

vos, inquam, imploro atque obtestor ; vosque Albanorum obrutæ aræ, sacrorum populi romani sociæ et æquales, quas ille præceps amentia, cæsis prostratisque sanctissimis lucis, substructionum insanis molibus oppresserat : vestræ tam aræ, vestræ religiones viguerunt; vestra vis valuit, quam ille omni scelere polluerat. Tuque, ex tuo edito monte, Latialis sancte Jupiter, cujus ille lacus, nemora, finesque, sæpe omni nefario stupro et scelere macularat, aliquando ad eum puniendum oculos aperuisti. Vobis illæ, vobis, vestro in conspectu, seræ, sed justæ tamen et debitæ pœnæ solutæ sunt [1].

M. Fléchier décrit une mort bien différente d'une manière fort sublime, en faisant usage aussi des plus vives figures : *O Dieu terrible, mais juste en vos conseils sur les enfants des hommes, vous disposez et des vainqueurs et des victoires! Pour accomplir vos volontés et faire craindre vos jugements, votre puissance renverse ceux que votre puissance avait élevés. Vous immolez à votre souveraine grandeur de grandes victimes, et vous frappez, quand il vous plaît, ces têtes illustres, que vous avez tant de fois couronnées* [2]. Cet endroit est grand certainement, et le serait peut-être encore plus s'il y avait moins d'antithèses.

N'attendez pas, messieurs, que j'ouvre ici une scène tragique ; que je représente ce grand homme étendu sur ses propres trophées ; que je découvre ce corps pâle et sanglant, auprès duquel fume encore la foudre qui l'a frappé; que je fasse crier son sang comme celui d'Abel, et que j'expose à vos yeux les tristes images de la Religion et de la Patrie éplorées.

§ III. *Du genre tempéré.*

Entre les deux genres d'éloquence dont nous avons parlé jusqu'ici, savoir le simple et le sublime, il y en a un troisième, qui tient comme le milieu entre les deux autres, et que nous pouvons appeler le genre orné et fleuri, parce que c'est celui où l'éloquence étale ce qu'elle a de plus beau et de plus brillant. Il nous reste à faire sur cette sorte de style quelques réflexions, qui aideront les jeunes gens à discerner les ornements solides de ceux qui n'ont

[1] Pro Milone, n. 85.   [2] Oraison funèbre de M. de Turenne.

qu'un vain éclat. Je n'y ajouterai point d'exemples, parce que
ceux que j'ai cités ci-devant en parlant de la composition, et
plusieurs de ceux que je citerai encore dans la suite, sont dans
le genre fleuri, et peuvent servir pour la matière que je traite ici.

I. On appelle ornement, en matière d'éloquence, certains tours,
certaines manières qui contribuent à rendre le discours plus agréable, plus insinuant, et même plus persuasif. L'orateur ne parle
pas seulement pour se faire entendre, auquel cas il suffirait de dire
les choses d'une manière toute simple, pourvu qu'elle fût claire
et intelligible. Son principal but est de convaincre et de toucher : à quoi il ne peut réussir s'il ne trouve le moyen de plaire.
Il veut aller à l'esprit et au cœur; mais il ne le peut faire qu'en
passant par l'imagination, à laquelle par conséquent il faut parler
son langage, qui est celui des figures et des images, parce qu'elle
n'est frappée et remuée que par les choses sensibles. C'est ce qui
fait dire à Quintilien[1] que le plaisir aide à la persuasion, et que
l'auditeur est tout disposé à croire vrai ce qu'il a trouvé agréable.
Il ne suffit donc pas que le discours soit clair et intelligible, ni
qu'il soit plein de raisons et de pensées solides. L'éloquence
ajoute à cette clarté et à cette solidité certain agrément, certain
éclat; et c'est ce qu'on appelle ornement. Par là l'orateur satisfait
en même temps l'esprit et l'imagination. Il donne à l'esprit la
vérité et la solidité des pensées et des preuves, qui est comme
sa nourriture naturelle; et il accorde à l'imagination la beauté, la
délicatesse, l'agrément des expressions et des tours, qui sont plus
de son ressort, et lui appartiennent plus particulièrement.

II. Il y a des gens ennemis de tout ornement du discours[2],
qui ne trouvent d'éloquence naturelle que celle dont le style
simple et nu ressemble à celui de la conversation, qui regardent
comme superflu tout ce qu'on ajoute à la pure nécessité, et qui
croient que c'est déshonorer la vérité que de lui prêter une pa-

---

[1] « Multum ad fidem adjuvat audientis
voluptas. » (QUINTIL. lib. 5, cap. 14.)
  « Nescio quomodo etiam credit facilius quæ audienti jucunda sunt, et voluptate ad fidem ducitur. » (Lib. 4,
cap. 2.)
  « Quidam nullam esse naturalem
eloquentiam putant, nisi quæ sit quoti-
diano sermoni simillima,...., contenti
promere animi voluntatem, nihilque
accersiti et elaborati requirentes : quicquid huc sit adjectum, id esse affecta-
tionis, et ambitiosæ in loquendo jac-
tantiæ, remotumque a veritate. » (QUIN-
TIL. lib. 12, cap. 10.)

rure étrangère, dont, selon eux, elle n'a pas besoin, et qui ne peut que la défigurer. Si l'on n'avait à parler que devant des philosophes, ou devant des personnes exemptes de toute passion et de toute prévention, peut-être ce sentiment pourrait-il paraître raisonnable. Mais il s'en faut bien que cela soit ainsi; et si l'orateur ne savait gagner ses auditeurs par le plaisir et les entraîner par une douce violence, la justice et la vérité succomberaient souvent sous les efforts des méchants. C'est ce qu'autrefois Rutilius [1], le plus juste et le plus homme de bien qui fût à Rome, éprouva dans le jugement qui fut prononcé contre lui, parce que, comme s'il eût été dans la république imaginaire de Platon, il ne voulut point qu'on employât d'autres armes pour sa défense que celles de la simple vérité. Il n'en aurait pas été ainsi, dit Antoine à Crassus dans un des dialogues de Cicéron, si vous l'aviez défendu, non à la manière des philosophes, mais à la vôtre; et quelque corrompus que fussent ses juges, votre éloquence victorieuse aurait surmonté leur méchanceté, et aurait arraché à leur injustice un citoyen si digne d'être conservé.

III. C'est cette habileté à orner et à embellir un discours, qui met de la différence entre un homme disert et un homme éloquent. Le premier [2] se contente de dire sur une matière ce qu'il en faut dire : mais, pour être véritablement éloquent, il en faut parler avec toutes les grâces et tous les ornements convenables. L'homme disert, c'est-à-dire qui s'explique seulement avec clarté et solidité, laisse son auditeur froid et tranquille, et n'excite point en lui ces sentiments d'admiration et de surprise qui [3], selon Cicéron, ne peuvent être l'effet que d'un discours orné et

---

[1] « Quum esset ille vir (Rutilius) exemplum, ut scitis, innocentiæ.... noluit ne ornatius quidem aut liberius causam dici suam, quam simplex ratio veritatis ferebat.... Quod si tibi, Crasse, pro P. Rutilio, non philosophorum more, sed tuo licuisset dicere, quamvis scelerati isti fuissent, sicuti fuerunt pestiferi cives suppliciisque digni, tamen omnem eorum importunitatem ex intimis mentibus evellisset vis orationis tuæ. Nunc talis vir amissus est, dum causa ita dicitur, ut si in illa commentitia Platonis civitate res ageretur. » (Cic. de Orat. lib. 1, n. 229, 230.)

[2] « M. Antonius ait (ap. Cic. de Orat. lib. 1, n. 94) a se disertos visos esse multos, eloquentem autem neminem. Disertis satis putat, dicere quæ oporteat : ornate autem dicere, proprium esse eloquentissimi. » (QUINTIL. Proœm. lib. 8.)

[3] « In quo igitur homines exhorrescunt? Quem stupefacti dicentem audiunt?.... qui distincte, qui explicate, qui abundanter, qui illuminate et rebus et verbis dicunt : id est, quod dico, ornate. » (Cic. de Orat. lib. 3, n. 53.)

enrichi de ce que l'éloquence a de plus brillant, soit pour les pensées, soit pour les expressions.

IV. Il y a un genre d'éloquence qui est uniquement pour l'ostentation, et qui n'a d'autre but que le plaisir de l'auditeur, comme les discours académiques, les compliments qu'on fait aux puissances, certains panégyriques, et d'autres pièces semblables [1], où il est permis de déployer toutes les richesses de l'art et d'en étaler toute la pompe. Pensées ingénieuses, expressions frappantes, tours et figures agréables, métaphores hardies, arrangement nombreux et périodique, en un mot, tout ce que l'art a de plus magnifique et de plus brillant, l'orateur [2] peut non-seulement le montrer, mais même en quelque sorte en faire parade, pour remplir l'attente d'un auditeur qui n'est venu que pour entendre un beau discours, et dont il ne peut enlever les suffrages qu'à force d'élégance et de beautés.

V. Il est pourtant nécessaire [3], même dans ce genre, que les ornements soient dispensés avec une sorte de sobriété et de sagesse, et l'on doit surtout y jeter une grande variété. Cicéron insiste beaucoup sur ce principe, comme sur une des règles de l'éloquence les plus importantes. Il faut, dit-il, choisir un genre d'écrire qui soit agréable et qui plaise à l'auditeur, de sorte néanmoins que cet agrément et ce plaisir ne viennent point enfin

---

[1] « illud genus ostentationi compositum solam petit audientium voluptatem, idemque omnes dicendi artes aperit, ornatumque orationis exponit.... Quare quicquid erit sententiis populare, verbis nitidum, figuris jucundum; translationibus magnificum, compositione elaboratum, velut institor quidam eloquentiæ, intuendum et pene pertractandum dabit. » (QUINTIL. lib. 8, cap. 3.)

[2] « In hoc genere, permittitur adhibere plus cultus, omnemque artem, quæ latere plerumque in judiciis debet, non confiteri modo, sed ostentare etiam hominibus in hoc advocatis. » (Idem, lib. 2, cap. 11.)

[3] « Ut conspersa sit quasi verborum sententiarumque floribus, id non debet esse fusum æquabiliter per omnem orationem, sed ita distinctum, ut sint quasi in ornatu disposita quædam insignia et lumina. Genus dicendi est eligendum, quod maxime teneat eos qui audiant, et quod non solum delectet, sed etiam sine satietate delectet..... Difficile enim dictu est, quænam causa sit, cur ea, quæ maxime sensus nostros impellunt voluptate, et specie prima acerrime commovent, ab iis celerrime fastidio quodam et satietate abalienemur.... Omnibus in rebus, voluptatibus maximis fastidium finitimum est : quo hoc minus in oratione miremur, in qua vel ex poëtis, vel ex oratoribus, possumus judicare, concinnam, distinctam, ornatam, festivam, sine intermissione, sine reprehensione, sine varietate, quamvis claris sit coloribus picta vel poesis vel oratio, non posse in delectatione esse diuturna..... Habeat itaque illa in dicendo admiratio ac summa laus umbram aliquam et recessum; quo magis id, quod erit illuminatum, exstare atque eminere videatur. » (CIC. de Orat. lib. 3, n. 96, 97, 98, 100, 101.)

à lui causer du dégoût; car c'est l'effet que produisent ordinairement les choses qui frappent d'abord les sens par un vif sentiment de plaisir, sans qu'on puisse trop en rendre raison. Il en apporte plusieurs exemples tirés de la peinture, de la musique, des odeurs, des liqueurs, des viandes; et après avoir établi ce principe, que le dégoût et le rassasiement suivent de près les grands plaisirs, et que c'est ce qu'il y a de plus doux qui devient le plus tôt fade et insipide, il en conclut qu'il n'est pas étonnant que, soit en prose, soit en vers, un ouvrage, quelque grâce et quelque élégance qu'il ait d'ailleurs, s'il est trop uniforme et toujours sur le même ton, ne se fasse pas longtemps goûter. Un discours qui est partout ajusté et peigné, sans mélange et sans variété, où tout frappe, tout brille, un tel discours cause plutôt une espèce d'éblouissement qu'une véritable admiration : il lasse et il fatigue par trop de beautés, et il déplaît à la longue à force de plaire. Il faut dans l'éloquence, comme dans la peinture, des ombres pour donner du relief; et tout ne doit pas être lumière.

VI. Si cela est vrai, même dans ces sortes de discours qui ne sont que pour l'apparat et pour la cérémonie, combien plus ce précepte doit-il être observé dans ceux où l'on traite d'affaires sérieuses et importantes, telles que sont celles dont se charge l'éloquence de la chaire et du barreau! Quand il s'agit des biens, du repos, de l'honneur des familles, et, ce qui est bien plus considérable, du salut éternel, est-il permis à un orateur de s'occuper du soin de sa réputation, et de chercher à faire paraître de l'esprit? Ce n'est pas qu'on prétende bannir de ces discours les grâces et la beauté du style [1]; mais les ornements qu'il est permis d'y employer doivent être plus graves, plus modestes, plus sévères, et [2] partir plutôt du fond de la matière même que du génie de l'orateur. J'aurai occasion de traiter ce sujet avec plus d'étendue. On ne peut trop le répéter [3], il faut que

---

[1] « Neque hoc eo pertinet, ut in his nullus sit ornatus, sed uti pressior, et severior. » (Quint. lib. 8, cap. 3.)

[2] « Omnia potius a causa, quam ab oratore, profecta credantur. » (Idem, lib. 4, cap. 2.)

[3] « Sed hic ornatus (repetam enim) virilis, fortis, et sanctus sit : nec effeminatam levitatem, noc fuco eminentem colorem amet. Sanguine et viribus niteat. » (Idem, lib. 8, cap. 3.)

cette parure soit mâle, noble et chaste : il faut une éloquence
ennemie de tout fard et de toute afféterie, qui brille pourtant,
mais de santé, s'il faut ainsi dire, et qui ne doive sa beauté qu'à
ses forces ; car il en doit être du discours comme du corps humain [1], qui tire ses véritables agréments de sa bonne constitu-
tion, au lieu que le fard et l'artifice ne servent qu'à gâter le visage, par le soin même qu'on prend de l'embellir.

VII. C'est un grand principe [2], qui se vérifie également dans
les ouvrages de la nature et dans ceux de l'art, que les choses qui
ont le plus d'utilité en elles-mêmes ont aussi, pour l'ordinaire,
plus de dignité et de grâce. Qu'on fasse quelque attention [3] sur
la symétrie et l'arrangement des différentes parties qui composent un édifice ou un vaisseau, qui entrent dans la structure du
corps humain, qui forment dans l'univers cette harmonie qu'on
ne se lasse point d'y admirer, on reconnaîtra que chacune de ces
parties, dont l'utilité seule ou la nécessité semblerait avoir fait
naître l'idée, contribue aussi beaucoup à la beauté du tout. Il en
est ainsi du discours, dont la vraie beauté [4] n'est jamais séparée
de l'utilité.

VIII. Ce principe peut beaucoup servir pour distinguer les ornements vrais et naturels de ceux qui sont faux et étrangers :
il n'y a qu'à examiner s'ils sont utiles ou nécessaires au sujet que
l'on traite. Il y a un [5] style éblouissant, qui impose par le vain
éclat de l'expression, ou qui court sans cesse après de petites
pensées froides et puériles, ou qui est toujours monté sur des

---

[1] « Corpora sana, et integri sanguinis, et exercitatione firmata, ex iisdem
his speciem accipiunt, ex quibus vires :
namque et colorata, et adstricta ; et
lacertis expressa sunt. Sed eadem si
quis vulsa atque fucata muliebriter co-
mat, fœdissima sunt ipso formæ labore. »
(Idem, Prooem. lib. 8.)

[2] « Ut in plerisque rebus incredibiliter
hoc natura est ipsa fabricata, sic in oratione, ut ea, quæ maximam in se utilitatem continerent, eadem haberent
plurimum vel dignitatis, vel sæpe etiam
venustatis. » (Cic. de Orat. lib. 3, n.
178.)

[3] « Singula hanc habent in specie ve-
nustatem, ut non solum salutis, sed
etiam voluptatis causa inventa esse videantur.... Habent non plus utilitatis,

quam dignitatis.... Capitolii fastigium
illud, et cæterarum ædium, non venus-
tas, sed necessitas ipsa fabricata est. »
(n. 180.)

« Hoc in omnibus item partibus orationis evenit, ut utilitatem, ac prope
necessitatem, suavitas quædam ac lepos
consequatur. » (n. 181.)

[4] « Nunquam vera species ab utilitate
dividitur. » (Quint. lib. 8, cap. 3.)

[5] « Vitiosum est et corruptum dicendi
genus, quod aut verborum licentia re-
sultat, aut puerilibus sententiolis las-
civit, aut immodico tumore turgescit,
aut inanibus locis bacchatur, aut casuris
si leviter excutiantur, flosculis nitet, aut
præcipitia pro sublimibus habet. » (Idem,
lib. 12, cap. 10.)

échasses, ou qui s'égare en des lieux communs vides de sens, ou qui brille de je ne sais quelles petites fleurs qui tombent dès qu'on vient à les secouer, ou qui se guinde enfin jusqu'aux nues pour attraper le sublime. Tout cela n'est point vraie éloquence, mais vaine et ridicule parure ; et pour le bien faire sentir aux jeunes gens, il faut les rendre extrêmement attentifs à cette exacte sévérité des bons écrivains, soit anciens, soit modernes, qui ne sortent point de leur sujet et n'outrent rien : car ces fausses grâces et ces fausses beautés disparaissent [1], quand on leur en oppose de solides.

IX. Je dirais volontiers des grâces du style fleuri, par rapport aux beautés d'un style plus solide et plus mâle, ce que Pline remarque des fleurs en les comparant aux arbres. La nature [2], dit-il, semble avoir voulu se jouer et comme s'égayer dans cette variété de fleurs dont elle orne les champs et les jardins : variété incompréhensible, et que nulle description ne peut exprimer, parce que la nature est bien plus habile à peindre que l'homme à parler. Mais comme elle ne produit les fleurs que pour le plaisir, aussi ne leur donne-t-elle souvent pour durée que le court espace d'un jour : au lieu que pour les arbres destinés à la nourriture de l'homme et aux usages de la vie, elle leur accorde plusieurs années, et quelquefois des siècles entiers ; sans doute pour nous avertir que ce qui est fort brillant passe bien vite, et perd bientôt sa vivacité et son éclat. Il est aisé de faire l'application de cette pensée aux beautés du style dont nous parlons ici, auxquelles on sait que les orateurs donnent ordinairement le nom de *fleurs* [3].

§ IV. *Réflexions générales sur les trois genres d'éloquence.*

Il serait inutile d'examiner lequel de ces trois genres d'élo-

[1] « Evanescunt hæc atque emoriuntur comparatione meliorum : ut lana tincta fuco citra purpuram placet.... Si vero judicium his corruptis acrius adhibeas, jam illud quod fefellerat, exuat mentitum colorem, et quadam vix enarrabili fœditate pallescat.»(QUINTIL. lib. 12, cap. 10.)

[2] « Inenarrabilis florum varietas : quando nulli potest facilius esse loqui, quàm rerum naturæ pingere, luscivienti præsertim, et in magno gaudio fertilitatis tam varie ludenti. Quippe reliqua usus alimentique gratia genuit, ideoque secula annosque tribuit iis. Flores vero odoresque in diem gignit : magna (ut palam est) admonitione hominum, quæ spectatissime floreant, celerrime marcescere. » (PLIN. *Hist. nat.* lib. 21, cap. 1.)

[3] « Ut conspersa sit verborum sententiarumque floribus, id non debet esse fusum æquabiliter per omnem orationem. » (CIC. *de Orat.* lib. 3, n. 96.)

quence convient le mieux à l'orateur, puisqu'il doit les embrasser tous, et que son habileté consiste à savoir les employer à propos [1], selon la différence des matières qu'il traite, de sorte qu'il puisse les tempérer l'un par l'autre, et mêler également tantôt la force à la douceur, et tantôt la douceur à la force. D'ailleurs ces trois genres [2], dans la diversité de styles qui les distingue, ont pourtant quelque chose de commun qui les réunit : savoir, un certain goût de beauté solide et naturelle, ennemie de tout fard et de toute affectation.

Mais je ne puis m'empêcher de remarquer que cette éloquence fleurie et brillante qui, pour ainsi dire, petille partout d'esprit qui prodigue sans mesure les grâces et les beautés, dont on fait pour l'ordinaire tant de cas, à laquelle on donne assez souvent la préférence sur toutes les autres, qui paraît si fort du goût de notre siècle, et qui était presque inconnue aux bons écrivains de l'antiquité, est pourtant d'un très-médiocre usage, et renfermée dans des bornes très-étroites. Cette sorte d'éloquence n'est point certainement celle qui convient ou à la chaire ou au barreau. Elle n'est pas propre non plus pour les écrits de piété et de morale, pour les livres de controverse, pour les dissertations savantes, les réfutations, les apologies, ni pour une infinité de pareils ouvrages de littérature. L'histoire, qui doit être écrite naturellement, ne s'accommoderait pas d'un style si affecté ; et il paraîtrait encore plus insupportable dans les lettres, dont la simplicité fait le principal caractère. A quoi se trouvera donc réduite cette éloquence si vantée ? Je laisse au lecteur le soin de parcourir les endroits et les occasions où elle peut être raisonnablement admise, et de juger si elle mérite tous nos soins et toute notre estime.

Ce n'est pas que tous ces autres ouvrages soient ennemis de l'ornement. Cicéron en est une grande preuve, et il peut seul

[1] « Magni judicii, summæ etiam facultatis esse debebit moderator ille et quasi temperator hujus tripartitæ varietatis. Nam et judicabit quid cuique opus sit ; et poterit, quocumque modo postulabit causa, dicere. » (Idem, Orat. n. 70.)

[2] « Si habitum etiam orationis, et quasi colorem aliquem requiritis, est plena quædam, et tamen teres, et tenuis, at non sine nervis ac viribus ; et ea, quæ particeps utriusque generis, quadam mediocritate laudatur. His tribus figuris insidere quidam venustatis non fuco illitus, sed sanguine diffusus debet color. » (Id. de Orat. lib. 3, n. 199.

nous suffire pour nous former dans tous les genres d'éloquence. Ses lettres peuvent nous donner une juste idée du style épistolaire. Il y en a de pur compliment, de recommandation, de remercîment, de louange. Quelques-unes sont gaies et enjouées, où il badine avec esprit; d'autres, graves et sérieuses, où il examine des questions importantes : dans d'autres il traite des affaires publiques; et celles-là ne sont pas à mon sens les moins belles [1]. Celles, par exemple, où il rend compte, d'abord au sénat et au peuple romain, puis en particulier à Caton, de la conduite qu'il a gardée dans le gouvernement de sa province, sont un parfait modèle de la netteté, de l'ordre et de la précision qui doivent régner dans des mémoires et dans des relations ; et l'on doit surtout y remarquer la manière adroite et insinuante qu'il emploie pour se concilier les bonnes grâces de Caton, et pour se le rendre favorable dans la demande qu'il devait faire de l'honneur du triomphe. Sa fameuse lettre à Luccéius, où il le prie d'écrire l'histoire de son consulat, sera toujours regardée avec raison comme un monument éclatant de son éloquence, aussi bien que de sa vanité [2]. J'ai parlé ailleurs de la belle lettre qu'il écrivit à son frère Quintus, où toutes les grâces et toutes les finesses de l'art sont mises en usage. Ses traités de rhétorique et de philosophie sont des chefs-d'œuvre dans leur genre; et les derniers montrent comment les matières les plus subtiles et les plus épineuses peuvent être traitées avec élégance et délicatesse. Pour ses harangues, elles renferment tous les genres d'éloquence, toutes les différentes sortes de styles, le simple, l'orné, le sublime.

Que dirai-je des auteurs grecs? Le caractère propre d'Homère, n'est-ce pas d'exceller également dans les petites et dans les grandes choses; et de joindre à une sublimité merveilleuse une simplicité qui n'est pas moins admirable? Y a-t-il un style plus délicat, plus élégant, plus nombreux, plus élevé que celui de Platon? Est-ce sans raison que, parmi cette foule d'orateurs qui parurent en même temps à Athènes, Démosthène a eu le premier

[1] Epist. 2 et 4, l. 15, ad fam.   [2] Epist. 12, l. 5, ad fam.

rang [1], et a été regardé presque comme la règle de l'éloquence ?
Enfin, pour ne point parler de tous les anciens historiens, est-il
un homme sensé qui se lasse de la lecture de Plutarque ? Or,
de tous ces auteurs si anciennement et si généralement estimés,
y en a-t-il un seul qui ait donné dans ce goût de pointes, de
pensées brillantes, de figures recherchées, de beautés entassées
les unes sur les autres ? Et combien ce style, qui est banni de presque tous les discours sérieux, doit-il paraître quelque chose de
petit, de mince, de puéril, en comparaison de cette noble simplicité ou de cette sage grandeur qui font le caractère de tous
les bons ouvrages, et qui sont d'usage pour toutes les matières,
pour tous les temps et pour toutes les conditions !

Mais, pour en juger ainsi, il ne faut que consulter la nature.
On ne peut nier que ces jardins si peignés, si ajustés, si enrichis
de tout ce que l'art a de plus éclatant ; ces parterres d'un goût
si délicat, ces jets d'eau, ces cascades, ces bosquets, n'aient
beaucoup d'agrément. Mais oserait-on comparer tout cela au
magnifique spectacle que présente une belle campagne [2], où l'on
ne sait ce qu'on doit le plus admirer, ou le cours tranquille d'un
fleuve qui roule ses eaux avec majesté ; ou ces longues et agréables prairies que les nombreux troupeaux qui y paissent sans
cesse rendent comme vivantes et animées ; ou ces gazons naturels qui semblent inviter au repos [3], et dont l'éclatante verdure
n'est point ternie par des ouvrages de marbre ; ou ces riches
coteaux si merveilleusement diversifiés par des maisons, des arbres, des vignes, et encore plus par un champêtre inculte ; ou
ces hautes montagnes qui semblent se perdre dans les nues ; ou
enfin ces grandes forêts, dont les arbres, presque aussi anciens
que le monde, ne doivent leur beauté qu'à celui qui en est le
créateur ? Voilà ce qu'est le style le plus fleuri, auprès de la
grande et sublime éloquence.

---

[1] « Quorum longe princeps Demosthenes ; ac pene lex orandi fuit. » (Quintil. lib. 10, cap. I.)

[2] « Terra vestita floribus, herbis,
arboribus, frugibus : quorum omnium
incredibilis multitudo insatiabili varietate distinguitur. Adde huc fontium ge-
lidas perennitates, liquores perlucidos
amnium, riparum vestitus viridissimos,
speluncarum concavas altitudines, saxorum asperitates, impendentium montium
altitudines, immensitatesque campo-
rum. » (Cic. de Nat. Deor. lib. 2, n. 98.)

[3] Viridi si margine clauderet undas
Herba, nec ingenium violarent marmora
tophum.

(Juven. lib. 1, sat. 3.)

Le célèbre Atticus, si connu par les lettres que Cicéron lui a écrites, se promenant avec lui dans une île fort agréable près de l'une des maisons de campagne que ce fameux orateur [1] aimait plus que toutes les autres, parce que c'était le lieu de sa naissance, lui disait, en admirant la beauté du paysage, que la magnificence des plus superbes maisons de campagne, ces salles pavées de marbre, ces lambris dorés, ces vastes pièces d'eau qui faisaient l'admiration des autres, que tout cela lui paraissait petit et méprisable quand il le comparait avec cette île, ce ruisseau, cette campagne si riante qu'il avait pour lors devant les yeux ; et il remarque judicieusement que ce sentiment n'est point l'effet d'une bizarre prévention, mais qu'il est dans la nature même.

Il en faut dire autant des ouvrages de l'esprit ; et l'on ne peut trop le répéter aux jeunes gens, pour les mettre en garde contre un mauvais goût de pensées brillantes et de tours ingénieux et recherchés, qui semble vouloir prendre le dessus, et qui a toujours été l'avant-coureur de la chute et de la décadence prochaine de l'éloquence. Quintilien avait raison de dire que [2], s'il fallait nécessairement choisir entre la simplicité encore grossière des anciens écrivains, et la licence démesurée des nouveaux, il préférerait sans hésiter les premiers aux seconds.

Je terminerai cet article par quelques extraits d'un discours que l'on peut, ce me semble, proposer comme un modèle achevé de cette éloquence noble et sublime, et en même temps naturelle et sans affectation, dont j'ai tâché de marquer ici les caractères. Ce discours fut prononcé par M. Racine, dans l'Académie française, à la réception de deux académiciens, dont l'un était Thomas Corneille, qui succédait au célèbre Pierre Corneille, son frère. M. Racine, après avoir comparé ce dernier aux

---

[1] « Hoc ipso in loco... scito me esse natum. Quare id est nescio quid et latet in animo ac sensu meo, quo me plus hic locus fortasse delectet. » (Cic. *de Leg.* lib. 2, n. 3.)

« Equidem, qui nunc primum huc venerim, satiari non queo : magnificasque villas, et pavimenta marmorea, et laqueata tecta contemno. Ductus vero aquarum, quos isti tubos et euripos vocant, quis non, quum hæc videat, irriserit? Itaque, ut tu paulo ante de lege et jure disserens, ad naturam referebas omnia ; sic in his ipsis rebus, quæ ad quietem animi delectationemque quæruntur, natura dominatur. » (Ibid. n. 2.)

[2] « Si necesse sit, veterem illum horrorem dicendi malim, quam istam novam licentiam. » (Quintil. lib. 8, cap. 5.)

Eschyle, aux Sophocle, aux Euripide, dont la fameuse Athènes ne s'honore pas moins que des Thémistocle, des Périclès, des Alcibiade, qui vivaient en même temps qu'eux, continue ainsi :

« Oui, monsieur, que l'ignorance rabaisse tant qu'elle voudra
« l'éloquence et la poésie, et traite les habiles écrivains de
« gens inutiles dans les États, nous ne craindrons point de le dire,
« à l'avantage des lettres et de ce corps fameux dont vous faites
« maintenant partie : du moment que des esprits sublimes, pas-
« sant de bien loin les bornes communes, se distinguent, s'im-
« mortalisent par des chefs-d'œuvre comme ceux de monsieur
« votre frère, quelque étrange inégalité que durant leur vie la
« fortune mette entre eux et les plus grands héros, après leur
« mort cette différence cesse. La postérité, qui se plaît, qui s'ins-
« truit dans les ouvrages qu'ils lui ont laissés, ne fait point de
« difficulté de les égaler à tout ce qu'il y a de plus considérable
« parmi les hommes, et fait marcher de pair l'excellent poëte et
« le grand capitaine. Le même siècle qui se glorifie aujourd'hui
« d'avoir produit Auguste, ne se glorifie guère moins d'avoir
« produit Horace et Virgile. Ainsi, lorsque dans les âges suivants
« on parlera avec étonnement des victoires prodigieuses, et de
« toutes les grandes choses qui rendront notre siècle l'admira-
« tion de tous les siècles à venir, Corneille, n'en doutons point,
« Corneille tiendra sa place parmi toutes ces merveilles. La
« France se souviendra avec plaisir que sous le règne du plus
« grand de ses rois a fleuri le plus grand de ses poëtes. On croira
« même ajouter quelque chose à la gloire de notre auguste mo-
« narque lorsqu'on dira qu'il a estimé, qu'il a honoré de ses bien-
« faits cet excellent génie ; que même deux jours avant sa mort,
« et lorsqu'il ne lui restait plus qu'un rayon de connaissance,
« il lui envoya encore des marques de sa libéralité ; et qu'enfin
« les dernières paroles de Corneille ont été des remercîments
« pour Louis le Grand. »

A l'occasion de M. Bergeret, secrétaire du cabinet, qui fut reçu ce même jour à l'Académie française, M. Racine fit un éloge magnifique de Louis XIV, dont j'insérerai ici une partie.

« Qui l'eût dit au commencement de l'année dernière, et dans
« cette même saison où nous sommes, lorsqu'on voyait de toutes

« parts tant de haines éclater, tant de ligues se former, et cet
« esprit de discorde et de défiance qui soufflait la guerre aux
« quatre coins de l'Europe; qui l'eût dit, qu'avant la fin du prin-
« temps tout serait calme? Quelle apparence de pouvoir dissiper
« si tôt tant de ligues? Comment accorder tant d'intérêts si con-
« traires? Comment calmer cette foule d'États et de princes,
« bien plus irrités de notre puissance que des mauvais traite-
« ments qu'ils prétendaient avoir reçus? N'eût-on pas cru que
« vingt années de conférences ne suffisaient pas pour terminer
« toutes ces querelles? La diète d'Allemagne, qui n'en devait
« examiner qu'une partie, depuis trois ans qu'elle y était appli-
« quée, n'en était encore qu'aux préliminaires. Le roi cependant,
« pour le bien de la chrétienté, avait résolu, dans son cabinet,
« qu'il n'y eût plus de guerre. Là veille qu'il doit partir pour se
« mettre à la tête d'une de ses armées, il trace six lignes, et les
« envoie à son ambassadeur à la Haie. Là-dessus les Provinces
« délibèrent, les ministres des hauts alliés s'assemblent; tout
« s'agite, tout se remue. Les uns ne veulent rien céder de ce
« qu'on leur demande; les autres redemandent ce qu'on leur a
« pris; mais tous ont résolu de ne point poser les armes. Le roi
« cependant d'un côté fait prendre Luxembourg, de l'autre s'a-
« vance lui-même aux portes de Mons; ici il envoie des généraux
« à ses alliés, là il fait foudroyer Gênes; il force Alger à lui de-
« mander pardon; il s'applique même à régler le dedans de son
« royaume, soulage les peuples, et les fait jouir par avance des
« fruits de la paix; et enfin, comme il l'avait prévu, voit ses
« ennemis, après bien des conférences, bien des projets, bien
« des plaintes inutiles, contraints d'accepter ces mêmes condi-
« tions qu'il leur a offertes, sans avoir pu en rien retrancher, y
« rien ajouter, ou, pour mieux dire, sans avoir pu, avec tous
« leurs efforts, s'écarter d'un seul pas du cercle étroit qu'il lui
« avait plu de leur tracer. »

Il y a certainement dans ces deux endroits du beau, du grand,
du sublime. Tout y plaît, tout y frappe; et ce n'est point par des
grâces affectées, par des antithèses bien mesurées, par des pensées éblouissantes : rien de tout cela ne s'y trouve. C'est la solidité et la grandeur des choses mêmes et des idées qui enlève;

ce qui fait le caractère de la vraie et de la parfaite éloquence, telle qu'on l'a toujours admirée dans Démosthène. L'éloge du roi est terminé par une image tout à fait noble, qui renferme une allusion délicate à un fait célèbre de l'histoire romaine, et laisse beaucoup plus à découvrir qu'elle ne montre : *sans avoir pu s'écarter d'un seul pas du cercle étroit qu'il lui avait plu de leur tracer*. On s'imagine assister à l'entrevue où le fier Romain Popilius ayant prescrit de la part du sénat des conditions de paix à Antiochus, et voyant que ce roi cherchait à éluder, l'enferma dans un cercle qu'il traça autour de lui avec la baguette qu'il avait à la main [1], et l'obligea de lui rendre une réponse positive avant que d'en sortir. Ce trait d'histoire, dont on laisse au lecteur le soin et le plaisir de faire lui-même l'application, a beaucoup plus de grâce que si l'on avait cité l'endroit d'où il est tiré.

ARTICLE II.

De ce que l'on doit principalement observer en lisant ou en expliquant les auteurs.

Je réduirai ces observations à sept ou huit chefs, qui sont : le raisonnement et les preuves, les pensées, le choix des mots, leur arrangement, les figures, certaines précautions oratoires, les passions. Je mêlerai quelquefois à ces observations des exemples tirés des meilleurs auteurs, qui serviront à éclaircir les préceptes, et apprendront l'art de composer.

§ I. *Du raisonnement et des preuves.*

C'est ici la partie de l'art oratoire la plus nécessaire, la plus indispensable, qui en est comme le fondement, et à laquelle on peut dire que toutes les autres se rapportent : car les expressions, les pensées, les figures, et toutes les autres sortes d'ornements dont nous parlerons dans la suite, viennent au secours des preuves, et ne sont employées que pour les faire valoir, et

---

[1] « Popilius virga quam in manu gerebat circumscripsit regem, ac, *Priusquam hoc circulo excedas*, inquit, *redde responsum senatui quod referam.* Obstupefactus tam violento imperio, parumper quum hæsitasset : *Faciam*, inquit, *quod censet senatus.* » (Liv. lib. 45, n. 12.)

pour les mettre dans un plus grand jour. Elles sont au discours
ce que sont au corps la peau et la chair [1], qui en font la beauté
et l'agrément, mais non la force et la solidité ; qui couvrent et embellissent les os et les nerfs, mais qui les supposent et n'en peuvent tenir lieu. Je ne disconviens pas qu'il ne faille s'étudier à
plaire [2], et encore plus à toucher ; mais on fera l'un et l'autre
avec bien plus de succès, lorsque l'on aura instruit et convaincu
les auditeurs ; à quoi l'on ne peut parvenir que par la force du
raisonnement et des preuves.

Il faut donc que les jeunes gens, quand ils examinent un discours, une harangue, un ouvrage, se rendent surtout attentifs
aux preuves et aux raisons ; qu'ils les séparent de tout l'éclat extérieur qui les environne, dont ils pourraient se laisser éblouir ;
qu'ils les pèsent et les considèrent en elles-mêmes ; qu'ils examinent si elles sont solides, si elles font au sujet, et si elles sont
à leur place. Il faut que toute la suite, toute l'économie du discours soit bien présente à leur esprit ; et qu'après qu'on le leur
aura expliqué, ils soient en état de rendre raison du dessein de
l'auteur, et de dire sur chaque endroit : Ici il veut prouver telle
chose, et il la prouve par telles raisons.

Parmi les preuves il y en a de fortes et de convaincantes [3], sur
chacune desquelles il faut insister, et qu'il faut montrer séparé-
ments de peur qu'elles ne soient obscurcies et confondues dans
la foule. Il y en a d'autres, au contraire, plus faibles et plus
légères, qu'il faut entasser ensemble, afin qu'elles se prêtent un
mutuel secours, en suppléant à la force par le nombre. Quintilien donne un exemple fort sensible de ces dernières. Il s'agissait d'un homme accusé d'avoir tué un de ses proches pour re-
cueillir sa succession ; et voici les preuves qu'on en apportait :

---

[1] « Cætera, quæ continuo orationis
tractu magis decurrunt, in auxilium atque ornamentum argumentorum compa-
rantur, nervisque illis, quibus causa
continetur, adjiciunt superinducti corporis speciem. » (QUINTIL. lib. 5,
cap. 8.)

[2] « Nec abnuerim esse aliquid in delectatione, multum vero in commovendis
affectibus. Sed hæc ipsa plus valent,
quum se didicisse judex putat : quod

consequi nisi argumentatione, aliaque
omni fide rerum, non possamus. (ibid.)

[3] « Firmissimis argumentorum singulis instandum, infirmiora congreganda
sunt : quia illa per se fortiora non oportet circumstantibus obscurare, ut qua-
lia sunt appareant ; hæc imbecilla natura, mutuo auxilio sustinentur. Itaque
si non possunt valere quia magna sunt,
valebunt quia multa sunt, » (QUINTIL.
lib. 5, cap. 12.)

Hæreditatem sperabas, et magnam hæreditatem ; pauper eras, et tum maxime a creditoribus appellabaris ; et offenderas eum, cujus hæres eras, et mutaturum tabulas sciebas. C'est-à-dire : « Vous espériez une succession, et une grande « succession ; vous étiez pauvre, et actuellement pressé par vos « créanciers ; vous aviez offensé celui qui vous avait nommé son « héritier, et vous saviez qu'il devait changer son testament. » Ces preuves [1], considérées séparément, sont légères et communes ; mais jointes ensemble elles ne laissent pas de frapper, non comme la foudre, qui renverse, mais comme la grêle, dont les coups redoublés se font sentir.

Il faut éviter de trop insister sur des choses qui ne le méritent pas : car alors nos preuves [2], outre qu'elles sont ennuyeuses, deviennent encore suspectes par le soin même que nous prenons d'en accumuler un trop grand nombre, qui semble marquer que nous nous en défions nous-mêmes.

On demande s'il faut placer les meilleures preuves au commencement, pour s'emparer tout d'un coup des esprits [3], ou à la fin, pour y laisser une plus forte impression ; ou partie au commencement, partie à la fin, selon l'ordre de bataille que nous voyons dans Homère [4] ; ou enfin s'il n'est pas mieux de commencer par les plus faibles, afin qu'elles aillent toujours en augmentant. Cicéron semble dire dans quelques endroits [5] qu'il faut commencer et finir par ce que l'on a de plus fort, et jeter entre deux ce qu'on a de plus faible ; mais dans ses Partitions oratoires il avoue qu'on ne peut pas toujours ranger ses preuves comme on le voudrait [6], et qu'un orateur sage et prévoyant doit sur cela consulter la disposition de ses auditeurs, et se régler sur leur goût. Quintilien aussi, sans rien décider, marque que l'ordre et l'arrangement des preuves doit être différent selon l'exigence des matières que l'on traite, de sorte pourtant que jamais le discours n'aille en

---

[1] « Singula levia sunt, et communia ; universa vero nocent, etiamsi non ut fulmine, tamen ut grandine. » (Ibid.)

[2] « Nec tamen omnibus semper quæ invenerimus argumentis onerandus est judex : quia et tœdium afferunt, et fidem detrahunt. » (Ib.)

[3] Quint. l. 5, cap. 12.

[4] Iliad. 4, 297.

[5] Cic. l. 2, de Orat. n. 314 ; et in Orat. n. 50.

[6] « Semperne ordinem collocandi, quem volumus, tenere possumus ? Non sane : nam auditorum aures moderantur oratori prudenti et provido, et quod respuunt immutandum est. » (Cic. in Partit. orat. n. 15.)

déclinant, et ne finisse par de minces et de faibles raisons, après qu'on en a employé d'abord de fortes.

La liaison des preuves entre elles n'est pas une chose indifférente, et elle contribue beaucoup à la clarté et à l'ornement du discours. Elle dépend de la justesse et de la délicatesse des transitions [1], qui sont comme un nœud dont on se sert pour unir des parties et des propositions qui souvent paraissent n'avoir aucun rapport, qui sont indépendantes et comme étrangères à l'égard les unes des autres, et qui, sans ce lien commun, s'entre-heurteraient mutuellement, et ne pourraient cadrer ensemble. L'art de l'orateur consiste donc alors à savoir, par de certains tours, et de certaines pensées ménagées adroitement, mettre entre ces différentes preuves une union si naturelle, qu'elles semblent faites les unes pour les autres, et que toutes ensemble elles forment, non des membres et des morceaux détachés, mais un corps et un tout continu.

M. Fléchier avait commencé l'éloge de M. de Turenne par celui de l'ancienne et illustre maison de la Tour-d'Auvergne, qui a mêlé son sang à celui des rois et des empereurs; qui a donné des maîtres à l'Aquitaine, des princesses à toutes les cours de l'Europe, et des reines même à la France.

Il veut ensuite parler du malheur qu'a eu ce prince de naître dans l'hérésie. Pour joindre cette partie avec la précédente, il emploie une figure nommée par les rhéteurs *correction*, qui lui fournit une transition toute naturelle. « Mais, que dis-je? Il « ne faut pas l'en louer ici, il faut l'en plaindre. Quelque glo-« rieuse que fût la source dont il sortait, l'hérésie des derniers « temps l'avait infectée. »

Il y a encore une observation plus importante. Il ne suffit pas d'avoir trouvé des preuves solides [2], de les avoir rangées dans l'ordre qui leur convient, de les avoir bien unies ensemble : il faut savoir les développer et leur donner une juste étendue pour

---

[1] « Ita res diversæ distantibus ex locis, quasi invicem ignotæ, non colligentur, sed aliqua societate cum prioribus ac sequentibus se copulaque tenebunt.... Ita ut corpus sit, non membra.... Ac videbitur non solum composita oratio, sed etiam continua. » (QUINTIL. lib. 7, c. 1.)

2 » Quædam argumenta ponere satis non est : adjuvenda sunt. » (QUINT. lib. 5, cap. 12.

en faire sentir tout le poids, et pour en tirer tout l'avantage possible ; c'est ce qu'on appelle ordinairement *amplification*. C'est en cela que consistent principalement la force et l'art de l'orateur ; et c'est en quoi Cicéron a surtout réussi. J'en rapporterai un seul exemple, tiré de son plaidoyer pour Milon.

A plusieurs preuves, par lesquelles Cicéron avait montré que Milon était bien éloigné d'avoir formé le dessein de tuer Clodius, il ajoute une réflexion tirée de la circonstance du temps, et il demande s'il est vraisemblable qu'à la veille presque des assemblées du peuple romain où se devaient donner les charges, Milon, qui songeait à demander le consulat, eût été assez imprudent pour aliéner de lui tous les esprits par un si lâche assassinat : *Præsertim, judices, quum honoris amplissimi contentio et dies comitiorum subesset* [1]. Cette réflexion est fort sensée ; mais si l'orateur s'était contenté de la montrer simplement sans lui prêter le secours de l'éloquence, elle n'aurait pas fort touché les juges. Il la fait donc valoir d'une manière merveilleuse, en montrant comment, dans une telle conjoncture, on est circonspect et attentif jusqu'au scrupule à ménager les bonnes grâces et les suffrages des citoyens. « Je sais, dit Cicéron, jusqu'où va la « timidité de ceux qui briguent les charges, et combien la de-« mande du consulat entraîne avec elle de soins et d'inquiétudes. « Nous craignons non-seulement ce qu'on peut nous reprocher « ouvertement, mais ce qu'on peut penser de nous en secret et « dans le fond du cœur. Le moindre bruit, la fable la plus vaine « et la moins fondée nous alarme et nous déconcerte. Nous étu-« dions avec inquiétude les yeux, les regards, les paroles de tout « le monde : car rien n'est si délicat, si fragile, si incertain, ni « si variable, que la volonté des citoyens à l'égard de quiconque « prétend aux charges publiques. Non-seulement ils s'irritent et « s'offensent de la faute la plus légère, ils conçoivent même sou-« vent de capricieux et d'injustes dégoûts pour les plus belles ac-« tions. » *Quo quidem tempore (scio enim quam timida sit ambitio, quantaque et quam sollicita cupiditas consulatus) omnia, non modo quæ reprehendi palam, sed etiam quæ obscure cogitari possunt, timemus : rumorem, fabulam fictam, falsam*

[1] *Pro Milone*, n 42 et 43.

perhorrescimus : ora omnium atque oculos intuemur. Nihil enim est tam molle, tam tenerum, tam aut fragile aut flexibile, quam voluntas erga nos sensusque civium, qui non modo improbitati irascuntur candidatorum, sed etiam in recte factis sæpe fastidiunt. Est-il possible de mieux peindre, d'un côté la bizarre légèreté du peuple, de l'autre les craintes et les inquiétudes continuelles de ceux qui briguaient ses suffrages ? Il conclut ce raisonnement d'une manière encore plus vive en demandant s'il y a la moindre vraisemblance que Milon, uniquement occupé depuis si longtemps de l'attente de ce grand jour, eût osé se présenter devant l'auguste assemblée du peuple, les mains encore fumantes du sang de Clodius, et portant sur son front et dans toute sa contenance l'orgueilleux aveu de son crime. *Hunc diem igitur campi speratum atque exoptatum sibi proponens Milo, cruentis manibus scelus et facinus præ se ferens et confitens, ad illa augusta centuriarum auspicia veniebat ? Quam hoc non credibile in hoc ! Quam idem in Clodio non dubitandum, qui se, interfecto Milone, regnaturum putaret!*

Il faut avouer que ce sont ces sortes d'endroits qui convainquent, qui touchent, qui enlèvent l'auditeur. On doit pourtant prendre garde de ne les pas pousser trop loin, et se défier d'une imagination trop vive, qui, s'abandonnant à ses saillies, s'arrête mal à propos sur des choses étrangères au sujet ou de peu de conséquence, ou qui insiste trop longtemps sur les choses mêmes qui méritent quelque attention. Cicéron avoue de bonne foi qu'il était autrefois tombé dans ce dernier défaut. En plaidant pour Roscius [1], il fait de longues réflexions sur le supplice des parricides, qui étaient enfermés tout vivants dans un sac, et ensuite jetés dans la mer [2]. L'auditoire fut enlevé par la beauté de cet endroit, et interrompit l'orateur par ses applaudissements. En effet il est difficile de rien trouver de plus lumineux ni de plus brillant. Cependant Cicéron [3], dont le goût et le jugement s'é-

[1] Pro Rosc. Amer. n. 70, 72.

[2] « Quantis illa clamoribus adolescentuli diximus de supplicio parricidarum ! » (Cic. *in Orat.* n. 107.)

[3] « Quum ipsa oratio jam nostra canesceret, haberetque suam quamdam maturitatem, et quasi senectutem. » (Id. in *Bruto*, n. 8.)

« Quæ nequaquam satis deferbuisse post aliquando sentire cœpimus.... sunt enim omnia sicut adolescentis, non tam re et maturitate, quam spe et exspecta-

taient perfectionnés par un long usage, et dont l'éloquence, comme il le dit lui-même, avait acquis par l'âge une espèce de maturité, reconnut dans la suite que si cet endroit avait été si fort approuvé, ce n'était pas tant pour des beautés solides et réelles que dans l'espérance de celles qu'il promettait pour un âge plus avancé.

C'est, comme je l'ai déjà remarqué, un exercice fort utile pour faciliter aux jeunes gens l'invention des preuves, que de leur proposer un sujet traité par quelque bon auteur, et de leur faire trouver sur-le-champ ce qu'on peut dire sur ce sujet, en les interrogeant de vive voix, et en les aidant par des ouvertures qu'on leur donne.

Sext. Roscius, pour qui Cicéron plaida, était accusé d'avoir tué son père, et l'accusateur n'apportait aucune preuve solide contre lui. On demandera aux jeunes gens ce qu'ils auraient à dire contre cet accusateur. Ils répondront sans doute que, pour donner quelque vraisemblance à une telle accusation, il faut que les preuves soient en grand nombre, bien convaincantes, et tout à fait incontestables. On doit faire voir quel fruit le fils pouvait tirer de la mort de son père ; montrer dans sa vie précédente des déréglements et des désordres qui préparent à croire un tel crime ; et quand tout cela serait démontré, produire des preuves certaines d'un fait si incroyable, marquer le lieu, le temps, les témoins, les complices ; sans quoi l'on ne pourra croire un fils coupable d'une action si noire, qui suppose un monstre qui a étouffé tous les sentiments de la nature. On aura pris soin auparavant de leur raconter l'histoire de deux enfants qu'on trouva endormis auprès de leur père qui avait été tué, et que les juges renvoyèrent absous, persuadés de leur innocence, par cette tranquillité où on les avait trouvés ; et les jeunes gens ne manqueront pas de faire ici usage de cette histoire. La fable même viendra à leur secours en leur montrant des enfants qui avaient trempé leurs mains dans le sang de leurs mères, livrés par l'ordre des dieux aux Furies vengeresses. Enfin, la nature du supplice que les Romains avaient établi contre les parricides, en faisant voir

tione laudati. » (Id. in Orat. n. 107.)
« Illa pro Roscio juvenilis redundantia. » (Ibid. n. 108.)

l'énormité de ce crime, montrera aussi la nécessité où est un accusateur d'en apporter des preuves bien évidentes et bien certaines. Des jeunes gens trouveront par eux-mêmes une partie de ces raisons ; et des interrogations faites à propos leur feront dire le reste. Après cela on leur fera lire l'endroit même de Cicéron, qui leur apprendra comment chaque preuve en particulier a dû être traitée.

Les discours de Cicéron et les harangues de Tite-Live peuvent fournir une infinité de pareils exemples. Je choisis dans ce dernier une harangue fort courte, mais fort éloquente ; et qui suffira seule pour montrer aux jeunes gens la manière dont il faut lire les auteurs, et celle dont ils doivent composer.

Explication d'une harangue de Tite-Live.

Je suppose qu'on donne à un jeune homme pour matière de composition le discours de Pacuvius à son fils Pérolla[1] . Voici quel en est le sujet. Capoue, par les intrigues de Pacuvius, et malgré l'opposition de Magius, qui tenait pour les Romains, et avec qui Pérolla était uni d'amitié et de sentiments, s'était rendue à Annibal, qui bientôt après y fit son entrée. Cette journée se passa en joie et en festins. Deux frères, qui étaient les plus considérables de la ville, donnèrent à manger à Annibal. Tauréa et Pacuvius, seuls de tous les Capouans, furent admis à ce repas ; et le dernier obtint avec beaucoup de peine cette grâce pour son fils Pérolla, dont les engagements avec Magius n'étaient pas inconnus à Annibal, qui voulut bien pourtant lui pardonner tout le passé, à la prière de son père. Après le repas, Pérolla conduisit son père dans un endroit écarté ; et là, tirant de dessous sa robe un poignard, il lui déclara le dessein qu'il avait formé de tuer Annibal, et de sceller par son sang le traité fait avec les Romains. Pacuvius, tout hors de lui-même, entreprend de détourner son fils d'une si funeste résolution. Ce discours, dans de telles circonstances, doit être fort court, et n'avoir que douze ou quinze lignes tout au plus.

Il faut commencer par chercher en soi-même des motifs capables de convaincre et de toucher le fils. Il s'en présente trois assez

[1] Tit. Liv. lib. 23 , n. 9.

naturellement. Le premier se tire du danger où il s'expose en attaquant Annibal au milieu de ses gardes. Le second regarde le père même, qui est résolu de se mettre entre Annibal et son fils, et qu'il faudra par conséquent percer le premier. Un troisième se tire de ce que la religion a de plus sacré, la foi des traités, l'hospitalité, la reconnaissance. Voilà le premier pas qu'il faut faire en composant, qui est de trouver des preuves et des moyens : et c'est ce qui s'appelle en rhétorique *invention*, et qui en est la première partie.

Après qu'on a trouvé des raisons, on songe à l'ordre qu'il faut leur donner ; et cet ordre demande, dans une harangue aussi courte que celle-ci, qu'elles aillent toujours en croissant, et que les plus fortes soient mises à la fin. La religion n'est pas pour l'ordinaire ce qui touche le plus un jeune homme du caractère de celui dont il s'agit : c'est donc par là qu'il faut commencer. Son propre intérêt, son danger personnel, le touchent bien plus vivement : ce motif doit tenir la seconde place. Le respect et la tendresse pour un père, qu'il faudra égorger avant que d'arriver à Annibal, passent tout ce qu'on peut imaginer : c'est donc par où il faudra finir. Voilà ce qui s'appelle en rhétorique *disposition*, et qui en est la seconde partie.

Reste l'*élocution*, qui fournit les expressions et les tours, et qui, par la variété et la vivacité des figures, contribue le plus à l'agrément et à la force du discours. Voyons comment Tite-Live traite chaque partie.

L'entrée, qui tient lieu d'exorde, est courte, mais vive et touchante : *Per ego te* [1], *fili, quæcumque jura liberos jungunt parentibus, precor quæsoque, ne ante oculos patris facere et pati omnia infanda velis.* Cet arrangement confus, *per ego te*, convient fort au trouble d'un père qui est tout hors de lui-même : *amens metu*, dit Tite-Live. Ces mots, *quæcumque jura liberos jungunt parentibus*, renferment ce qu'il y a de plus fort et de plus tendre. Cette proposition, *ne ante oculos patris facere et pati omnia infanda velis*, qui représente le crime et les suites fu-

[1] « Mon fils, je vous prie et vous conjure, par tous les droits les plus sacrés de la nature et du sang, de ne point entreprendre de commettre sous les yeux de votre père une action également criminelle en elle-même, et funeste par les suites qu'elle aura pour vous. »

nestes d'un tel meurtre, est comme l'abrégé de tout le discours. Il pouvait dire simplement, *ne occidere Annibalem in conspectu meo velis*. Quelle différence !

Ier MOTIF, tiré de la religion. Il se subdivise en trois autres, qui ne sont presque que montrés, mais d'une manière fort vive et fort éloquente, sans qu'il y ait aucune circonstance omise, ni aucun mot qui ne porte : 1° la foi des traités confirmée par le serment et les sacrifices ; 2° les droits sacrés et inviolables de l'hospitalité ; 3° l'autorité d'un père sur son fils. *Paucæ horæ sunt* [1]*, intra quas jurantes quicquid deorum est, dextræ dextras jungentes, fidem obstrinximus, ut sacratas fide manus digressi ab colloquio extemplo in eum armaremus! Surgis ab hospitali mensa, ad quam tertius Campanorum adhibitus ab Annibale es, ut eam ipsam mensam cruentares hospitis sanguine! Annibalem pater filio meo potui placare : filium Annibali non possum!*

IIe MOTIF. *Sed sit nihil sancti* [2]*; non fides, non religio, non pietas : audeantur infanda, si non perniciem nobis cum scelere afferunt.* Ce n'est là qu'une transition ; mais combien est-elle ornée ! Quelle justesse et quelle élégance dans cette distribution, qui reprend en trois mots les trois parties du premier motif ! *fides*, pour le traité ; *religio*, pour l'hospitalité ; *pietas*, pour le respect qu'un fils doit à son père. *Audeantur infanda, si non perniciem nobis cum scelere afferunt.* Cette pensée est fort belle, et conduit naturellement du premier motif au second.

Unus aggressurus es Annibalem [3]*? Quid illa turba tot libero-*

---

[1] « Il n'y a que peu de moments que nous nous sommes liés par les serments les plus solennels, que nous avons donné à Annibal les marques les plus saintes d'une amitié inviolable ; et, sortis à peine de cet entretien, nous armerions contre lui cette même main que nous lui avons présentée pour gage de notre fidélité ! Cette table, où président les dieux vengeurs des droits de l'hospitalité, où vous avez été admis par une faveur que deux seuls Campaniens partagent avec vous, vous ne la quittez cette table sacrée que pour la souiller un moment après du sang de votre hôte ! Hélas ! après avoir obtenu d'Annibal la grâce de mon fils, serait-il bien possible que je ne puisse obtenir de mon fils celle d'Annibal ! »

[2] « Mais ne respectons rien, j'y consens, de tout ce qu'il y a de plus sacré entre les hommes ; violons tout ensemble la foi, la religion, la piété ; rendons-nous coupables de l'action du monde la plus noire, si notre perte ne se trouve pas ici infailliblement jointe avec le crime. »

[3] « Seul vous prétendez attaquer Annibal ? Mais quoi ! cette foule d'hommes libres et d'esclaves qui l'environnent ; tous

rum servorumque ? quid in unum intenti omnium oculi? quid tot dextræ? torpescent ne in amentia illa? Vultum ipsius Annibalis, quem armati exercitus sustinere nequeunt, quem horret populus romanus, tu sustinebis? Quelle foule de pensées, de figures, d'images ! et cela pour dire qu'il ne peut pas attaquer Annibal sans s'exposer à un danger certain de mourir. Quelle admirable opposition entre des armées entières qui ne peuvent soutenir le visage d'Annibal, le peuple romain même que ses regards font trembler, et un faible particulier *tu!*

IIIᵉ MOTIF. *Et, alia auxilia desint*[1]*, me ipsum ferire, corpus meum opponentem pro corpore Annibalis sustinebis? Atqui per meum pectus petendus ille tibi transfigendusque est.*

Je n'admire pas moins la simplicité et la brièveté de ce dernier motif, que la vivacité du précédent. Un jeune homme serait bien tenté d'ajouter ici quelques pensées, et d'étendre cet endroit : Pourrez-vous tremper vos mains dans le sang d'un père ? arracher la vie à celui de qui vous l'avez reçue? etc. Mais un maître comme Tite-Live sent bien qu'il ne faut que montrer un tel motif, et que vouloir l'amplifier, c'est l'affaiblir.

PÉRORAISON. *Deterreri hic sine te potius*[2]*, quam illic vinci. Valeant preces apud te meæ, sicut pro te hodie valuerunt.* Jusqu'ici Pacuvius avait employé les figures les plus vives et les plus pressantes : tout était animé et plein de feu : ses yeux, son visage, ses mains en disaient sans doute encore plus que sa langue. Tout d'un coup il s'adoucit, il prend un ton plus tranquille, et finit par les prières, qui dans la bouche d'un père sont plus fortes que toutes les raisons. Aussi le fils ne put-il tenir contre cette dernière attaque. Les larmes qui commencèrent à couler de ses yeux firent voir qu'il était ébranlé. Les baisers du

ces yeux attachés sur lui pour veiller sans cesse à sa sûreté; tant de bras toujours prêts à s'employer à sa défense: espérez-vous qu'ils demeurent glacés et immobiles au moment que vous vous porterez à cet excès de fureur? Soutiendrez-vous le regard d'Annibal, ce regard redoutable que ne peuvent soutenir des armées entières, et qui fait trembler le peuple romain ? »

[1] « Et quand même tout autre secours lui manquerait, aurez-vous le courage de me frapper moi-même lorsque je le couvrirai de mon corps, et que je me présenterai entre lui et vos coups? Car, je vous le déclare, ce n'est qu'en me perçant le flanc que vous pouvez aller jusqu'à lui. »

[2] « Laissez-vous fléchir en ce moment, plutôt que de vouloir périr dans une entreprise si mal concertée. Souffrez que mes prières aient sur vous quelque pouvoir, après qu'elles ont été aujourd'hui si puissantes en votre faveur. »

père, qui le tint longtemps tendrement embrassé, et ses prières redoublées avec instance, achevèrent de le persuader. *Lacrymantem inde juvenem cernens, medium complectitur, atque osculo hærens, non ante precibus abstitit, quam pervicit ut gladium ponëret, fidemque daret nihil facturum tale.*

§ II. *Des pensées.*

Pensée est un mot fort vague et fort général, qui a plusieurs significations bien différentes, aussi bien que le mot latin *sententia.* On voit assez que ce que nous examinons ici sont les pensées qui entrent dans les ouvrages d'esprit, et qui en font une des principales beautés.

C'est ici proprement ce qui fait le fond et comme le corps du discours : car l'élocution [1] n'en est que le vêtement et la parure. Il faut donc inculquer de bonne heure aux jeunes gens ce grand principe, si souvent répété dans Cicéron et dans Quintilien, que les mots ne sont que pour les choses [2]; qu'ils ne sont destinés qu'à mettre au jour et tout au plus à embellir nos pensées; que les expressions les plus choisies et les plus brillantes [3], si elles sont dépourvues de sens, ne doivent être regardées que comme un son vide et méprisable, qui n'a rien que de ridicule et d'insensé ; qu'au contraire il faut faire cas des pensées et des raisons solides, quoique destituées de tout ornement, parce que la vérité par elle-même, de quelque manière qu'elle se montre, est toujours estimable ; en un mot, que l'orateur peut donner quelque soin aux mots [4], mais qu'il doit sa principale attention aux choses.

On fera remarquer aussi aux jeunes gens que dans les bons auteurs les pensées dont ils embellissent leurs discours sont simples, naturelles, intelligibles; qu'elles ne sont point affec-

---

[1] « Quorumdam elocutio res ipsas effeminat; quæ illo verborum habitu vestiuntur. » (Quint. *Procem.* lib. 8.)

[2] « Sit cura elocutionis quam maxima, dum sciamus tamen nihil verborum causa esse faciendum, quum verba ipsa rerum gratia sint reperta. » (Idem, ibid.)

« Quibus (verbis) solum a natura sit officium attributum, servire sensibus. » (Idem, lib. 12, cap. 10.)

[3] « Quid est tam furiosum quam verborum vel optimorum atque ornatissimorum sonitus inanis, nulla subjecta sententia nec scientia ? » (Cic. *de Orat.* lib. 1, n. 51.)

[4] « Curam ergo verborum, rerum volo esse sollicitudinem. » (Quintil. *Procem.* lib. 8.)

tées ni recherchées, et comme amenées par force, pour faire montre d'esprit ; mais qu'elles naissent toujours du fond même de la matière qui y est traitée, dont elles paraissent si inséparables, qu'on ne voit pas comment les choses auraient pu se dire autrement, et que chacun s'imagine qu'il les aurait dites de la même manière. Un exemple rendra ces observations plus sensibles.

Combat des Horaces et des Curiaces.

La description de ce combat [1] est, sans contestation, un des plus beaux endroits de Tite-Live, et des plus propres à apprendre aux jeunes gens comment il faut embellir un récit par des pensées naturelles et ingénieuses. Pour en bien connaître l'art et la délicatesse, il ne faut que la réduire à un récit tout simple, en n'omettant aucune des circonstances essentielles, mais les dépouillant de tout ornement. J'en marquerai les différentes parties par différents chiffres, pour les mieux distinguer, et pour les pouvoir ensuite plus facilement comparer avec la narration même de Tite-Live.

1. Fœdere icto, trigemini, sicut convenerat, arma capiunt. 2. Statim in medium inter duas acies procedunt. 3. Consederant utrinque pro castris duo exercitus, in hoc spectaculum totis animis intenti. 4. Datur signum, infestisque armis terni juvenes concurrunt. 5. Quum aliquandiu inter se æquis viribus pugnassent, duo Romani, super alium alius, vulneratis tribus Albanis, exspirantes corruerunt. 6. Illi superstitem Romanum circumsistunt. Forte is integer fuit. Ergo, ut segregaret pugnam eorum, capessit fugam, ita ratus secuturos, ut quemque vulnere affectum corpus sineret. 7. Jam aliquantum spatii ex eo loco ubi pugnatum est, aufugerat, quum, respiciens, videt magnis intervallis sequentes ; unum haud procul ab sese abesse : in eum magno impetu redit, eumque interficit. 8. Mox properat ad secundum, eumque pariter neci dat. 9. Jam æquato marte singuli supererant, numero pares, sed longe viribus diversi. 10. Romanus exsultans : *Duos*, inquit, *fratrum manibus dedi, tertium causæ belli hujusce, ut Romanus Albano imperet, dabo.* 11. Tum gladium superne illius jugulo defigit : jacentem spoliat. 12. Romani ovantes ac gratulantes Horatium accipiunt, Inde ex utraque parte suos sepeliunt.

[1] Lib. I, n. 25.

Il s'agit d'étendre ce récit, et de l'enrichir de pensées et d'images qui intéressent et qui frappent vivement le lecteur, et lui rendent cette action si présente, qu'il s'imagine non la lire, mais la voir de ses propres yeux ; en quoi consiste la principale force de l'éloquence. Il ne faut pour cela que consulter la nature ; en bien étudier les mouvements ; examiner attentivement ce qui a dû se passer dans le cœur des Horaces, des Curiaces, des Romains, des Albains, et peindre chaque circonstance avec des couleurs si vives, mais si naturelles, qu'on s'imagine assister à ce combat. C'est ce que Tite-Live fait d'une manière merveilleuse.

1. *Fœdere icto, trigemini, sicut convenerat, arma capiunt*

2. *Quum sui utrosque adhortarentur, deos patrios, patriam, ac parentes, quidquid civium domi, quidquid in exercitu sit, illorum tunc arma, illorum intueri manus; feroces et suopte ingenio, et pleni adhortantium vocibus, in medium inter duas acies procedunt.*

Il était naturel que chaque parti exhortât les siens, et leur représentât que la patrie entière était attentive à leur combat. Cette pensée est fort belle, mais le devient bien plus par la manière dont elle est tournée. Une exhortation plus longue serait froide et languissante. En lisant les derniers mots, on croit voir ces généreux combattants s'avancer au milieu des deux armées avec une noble et intrépide fierté.

3. *Consederant utrinque pro castris duo exercitus, periculi magis præsentis quam curæ expertes : quippe imperium agebatur, in tam paucorum virtute atque fortuna positum. Itaque ergo erecti suspensique in minime gratum spectaculum animo*

---

1. « Le traité conclu, les trois frères, de part et d'autre, prennent les armes comme on en était convenu. »

2. « Pendant que chaque parti exhorte les siens à bien faire leur devoir, en leur représentant que les dieux, la patrie, leurs pères et leurs mères, tout ce qu'il y avait de citoyens dans la ville et dans l'armée, ont les yeux attachés sur leurs armes et sur leurs bras ; ces généreux athlètes, pleins de courage par eux-mêmes, et animés encore par de si puissantes exhortations, s'avancent au milieu des deux armées. »

3. « Elles étaient rangées de côté et d'autre autour du champ de bataille, exemptes à la vérité du péril présent, mais non pas d'inquiétude, parce qu'il s'agissait de savoir lequel des deux peuples commanderait à l'autre, et que la valeur d'un si petit nombre de combattants allait décider de leur sort. Occupés de ces pensées, et dans l'attente inquiète de ce qui allait arriver, ils donnent donc toute leur attention à un spectacle qui ne pouvait pas ne les point alarmer. »

intenduntur. Rien ne convenait mieux ici que cette pensée, *periculi magis præsentis quam curæ expertes :* et Tite-Live en apporte aussitôt la raison. Quelle image ces deux mots, *erecti suspensique*, peignent à l'esprit !

4. *Datur signum, infestisque armis, velut acies, terni juvenes, magnorum exercituum animos gerentes, concurrunt. Nec his, nec illis periculum suum, publicum imperium serviliumque obversatur animo, futuraque ea deinde patriæ fortuna quam ipsi fecissent. Ut primo statim concursu increpuere arma, micantesque fulsere gladii, horror ingens spectantes perstringit ; et neutro inclinata spe, torpebat vox spiritusque.* On ne peut rien ajouter à la noble idée que nous donne ici Tite-Live des combattants. Ces trois frères étaient de part et d'autre comme des armées entières, et en avaient le courage : insensibles à leur propre péril, ils ne s'occupaient que de la destinée publique, confiée uniquement à leurs bras : deux pensées magnifiques, et puisées dans le vrai. Mais peut-on lire ce qui suit sans se sentir encore saisi d'horreur et de frissonnement, aussi bien que les spectateurs du combat ? Ici les expressions sont toutes poétiques ; et l'on fait remarquer aux jeunes gens que ces expressions poétiques, dont il ne faut user que rarement et avec sobriété, étaient appelées par la grandeur même du sujet, et par la nécessité d'égaler par les termes le merveilleux du spectacle.

Ce morne et triste silence, qui les tenait tous comme suspendus et immobiles, se changea bientôt en cris de joie du côté des Albains, quand ils virent tomber morts deux des Horaces. De l'autre côté les Romains demeurèrent sans espérance, mais non sans inquiétude. Alarmés et tremblants pour celui des Horaces qui restait seul contre trois, ils n'étaient plus occupés que de son péril. N'était-ce pas là la véritable disposition des deux ar-

---

4. « On donne le signal ; et ces braves héros marchent trois à trois, les uns contre les autres, portant en eux six le courage de deux grandes armées. Insensibles de part et d'autre à leur propre péril, ils n'ont devant les yeux que la servitude ou la liberté de leur patrie, dont le sort désormais dépend uniquement de leur courage. Dès qu'on entendit le choc de leurs armes et qu'on vit briller leurs épées, les spectateurs, saisis de crainte et d'alarme, sans que l'espérance penchât encore de part ou d'autre, restèrent tellement immobiles, qu'on eût dit qu'ils avaient perdu l'usage de la voix et de la respiration. »

mées après la chute des deux Romains? et le tableau qu'en fait Tite-Live n'est-il pas copié d'après nature?

5. *Consertis deinde manibus; quum jam non motus tantum corporum agitatioque anceps telorum armorumque, sed vulnera quoque et sanguis spectaculo essent; duo Romani super alium alius, vulneratis tribus Albanis, exspirantes corruerunt. Ad quorum casum quum conclamasset gaudio albanus exercitus, romanas legiones jam spes tota, nondum tamen cura, deseruerat, exanimes vice unius quem tres Curiatii circumsteterant.*

Je rapporterai le reste de ce récit sans presque y faire aucune réflexion, pour éviter une ennuyeuse longueur. Je dois seulement avertir que ce qui fait la principale beauté de cette narration, aussibien que de l'histoire en général, selon la judicieuse remarque de Cicéron [1], c'est la merveilleuse variété qui règne partout, et les divers mouvements de crainte, d'inquiétude, d'espérance, de joie, de désespoir, de douleur, causés par des changements subits et des vicissitudes inopinées, qui réveillent l'attention par une agréable surprise, qui tiennent jusqu'à la fin l'esprit du lecteur comme en suspens, et qui, par cette incertitude même, lui procurent un plaisir incroyable, surtout quand le récit se termine par un événement intéressant et singulier. Il sera facile d'appliquer ces principes à tout ce qui suit.

6. *Forte is integer fuit; ut universis solus nequaquam par, sic adversus singulos ferox. Ergo, ut segregaret pugnam eo-*

5 « Ensuite, lorsqu'en étant venus aux mains, ce ne fut plus seulement le mouvement des bras et l'agitation des armes qui servirent de spectacle, mais qu'on aperçut des blessures et qu'on vit couler le sang, deux Romains tombèrent morts aux pieds des Albains, qui tous trois avaient été blessés. A leur chute, l'armée ennemie poussa de grands cris de joie, pendant que de l'autre côté les légions romaines demeurèrent sans espérance, mais non sans inquiétude, tremblant pour le Romain qui était resté seul, et que les trois Albains avaient entouré. »

[1] « Multam casus nostri tibi varietatem in scribendo suppeditabunt, plenam cujusdam voluptatis quæ vehementer animos hominum in legendo scripto retinere possit. Nihil est enim aptius ad delectationém lectoris, quam temporum varietates fortunæque vicissitudines.... Ancipites variique casus habent admirationem, exspectationem, lætitiam, molestiam, spem, timorem. Si vero exitu notabili concluduntur, expletur animus jucundissimæ lectionis voluptate. » (Cic. *Epist.* 12, lib. 5, *ad famil.*)

6. « Heureusement il était sans blessure; ainsi, trop faible contre tous ensemble, mais plus fort que chacun d'eux, il use d'un stratagême qui lui réussit. Pour diviser ses ennemis, il prend la fuite, persuadé qu'ils le suivraient plus ou moins vite, selon qu'il leur restait plus ou moins de force. »

rum, capessit fugam, ita ratus secuturos, ut quemque vulnere
affectum corpus sineret.

7. *Jam aliquantum spatii ex eo loco, ubi pugnatum est,*
aufugerat, quum respiciens videt magnis intervallis sequentes:
unum haud procul ab sese abesse. In eum magno impetu redit;
et, dum albanus exercitus inclamat Curiatiis ut opem ferant
fratri, jam Horatius cæso hoste victor secundam pugnam
petebat.

8. *Tum clamore, qualis ex insperato faventium solet, Ro-*
mani adjuvant militem suum: et ille defungi prælio festinat.
Prius itaque quam alter, qui nec procul aberat, consequi pos-
set, et alterum Curiatium conficit.

9. *Jamque æquato marte singuli supererant, sed nec spe nec*
viribus pares. Alterum intactum ferro corpus, et geminata
victoria, ferocem in certamen tertium dabant: alter fessum
vulnere, fessum cursu trahens corpus, victusque fratrum ante
se strage, victori objicitur hosti. Nec illud prælium fuit.

Quelle beauté d'expressions et de pensées! quelle vivacité d'i-
mages et de descriptions!

10. *Romanus exsultans:* Duos, *inquit,* fratrum manibus dedi:
tertium causæ belli hujusce, ut Romanus Albano imperet, dabo.
Male sustinenti arma gladium superne jugulo defigit; jacen-
tem spoliat.

---

7. « Déjà il était assez loin de l'endroit où l'on avait combattu, lorsque, tournant la tête, il voit les Curiaces à une assez grande distance les uns des autres, et l'un d'eux tout proche de lui. Il revient sur celui-ci de toute sa force; et, tandis que l'armée d'Albe crie à ses frères de le secourir, déjà Horace, vainqueur de ce premier ennemi, court à une seconde victoire. »

8. « Alors les Romains animent leur guerrier par des cris, tels que le mouvement subit d'une joie inespérée en fait pousser, et lui de son côté se hâte de mettre fin au second combat. Avant donc que l'autre, qui n'était pas fort éloigné, eût pu l'atteindre, il couche son ennemi par terre. »

9 « Il ne restait plus de chaque côté qu'un combattant; mais si le nombre

était égal, les forces et l'espérance ne l'étaient pas. Le Romain, sans blessure, et fier d'une double victoire, marche plein de confiance à ce troisième combat. L'autre, au contraire, affaibli par le sang qu'il a perdu, et épuisé par la course, se traîne à peine, et, déjà vaincu par la mort de ces frères, comme une victime sans défense, présente la gorge à son vainqueur. Aussi ne fut-ce point un combat. »

10. « Horace triomphant déjà par avance: J'ai immolé, dit-il, les deux premiers aux mânes de mes frères; j'immolerai le troisième à ma patrie, afin que Rome devienne maîtresse d'Albe, et lui fasse la loi. A peine Curiace pouvait-il soutenir ses armes; il lui enfonce son épée dans la gorge, et ensuite le dépouille. »

11. *Romani ovantes ac gratulantes Horatium accipiunt, eo majore cum gaudio, quo prope metum res fuerat.*

12. *Ad sepulturam inde suorum nequaquam paribus animis vertuntur : quippe imperio alteri aucti, alteri ditionis alienæ facti.*

Je ne sais s'il y a rien de plus capable de former le goût des jeunes gens, et pour la lecture des auteurs et pour la composition, que de leur proposer de pareils endroits, et de les accoutumer à en découvrir eux-mêmes toute la beauté, en les dépouillant de leurs ornements, et les réduisant, comme nous avons fait ici, à des propositions simples. On leur apprend par là comment il faut trouver des pensées, et comment il les faut exprimer.

J'ajouterai ici plusieurs réflexions du P. Bouhours, accompagnées la plupart d'exemples latins et français, et qui sont tirées de son livre sur la manière de bien penser.

Différentes réflexions sur les pensées.

1. La vérité est la première qualité et comme le fondement des pensées. Les plus belles sont vicieuses, ou plutôt celles qui passent pour belles et qui semblent l'être ne le sont pas en effet, si ce fonds leur manque. *Page 9.*

Les pensées sont les images des choses, comme les paroles sont les images des pensées : et penser, à parler en général, c'est former en soi la peinture d'un objet ou spirituel ou sensible. Or les images et les peintures ne sont véritables qu'autant qu'elles sont ressemblantes. Ainsi une pensée est vraie lorsqu'elle représente les choses fidèlement, et elle est fausse quand elle les fait voir autrement qu'elles ne sont en elles-mêmes. *Même page.*

La vérité, qui est indivisible ailleurs, ne l'est pas ici. Les pensées sont plus ou moins vraies, selon qu'elles sont plus ou moins conformes à leur objet. La conformité entière fait ce que nous appelons la justesse de la pensée. C'est-à-dire que, comme

---

11. « Les Romains reçoivent Horace dans leur camp avec une joie et une reconnaissance d'autant plus vives, qu'ils avaient été plus près du danger. »

12. « Après cela, chaque parti songe à ensevelir les siens, mais avec des dispositions bien différentes; les Romains étant devenus maîtres de leurs ennemis, et les Albains se voyant soumis à une domination étrangère. »

les habits sont justes quand ils viennent bien au corps et qu'ils sont tout à fait proportionnés à la personne qui les porte, les pensées sont justes aussi quand elles conviennent parfaitement aux choses qu'elles représentent : de sorte qu'une pensée juste est, à parler proprement, une pensée vraie de tous les côtés et dans tous les jours qu'on la regarde. *Page* 41.

Nous en avons un bel exemple dans l'épigramme latine sur Didon, qui a été-traduite si heureusement en notre langue. Pour la bien entendre il faut supposer ce que raconte l'histoire, que Didon se sauva en Afrique avec toutes ses richesses après que Sichée eut été tué ; et ce que feint la poésie, qu'elle se tua elle-même après qu'Énée l'eut quittée.

> Infelix Dido ! nulli bene nupta marito :
> Hoc pereunte, fugis ; hoc fugiente, peris [1].

> Pauvre Didon, où t'a réduite
> De tes maris le triste sort !
> L'un, en mourant, cause ta fuite ;
> L'autre, en fuyant, cause ta mort.

Il ne faut pourtant pas s'imaginer que ces retours si justes soient essentiels à la justesse. Elle ne demande pas toujours tant de symétrie ni tant de jeu : il suffit que la pensée soit vraie dans toute son étendue, et que rien ne s'y démente, de quelque côté qu'on la prenne. *Pages* 41, 42.

Plutarque, qui était un esprit solide, condamne la pensée fameuse d'un historien sur l'incendie du temple d'Éphèse : *Qu'il ne fallait pas s'étonner que ce temple magnifique consacré à Diane eût été brûlé la nuit même qu'Alexandre vint au monde; parce que la déesse, ayant voulu assister aux couches d'Olympias, fut si occupée qu'elle ne put éteindre le feu.* Il est surprenant que Cicéron trouve cette pensée jolie [2], lui qui pense et juge toujours sainement. Mais il est encore plus surprenant que Plutarque, ce censeur si austère, ait oublié sa sévérité en

[1] Auson.

[2] « Concinne, ut multa, Timæus ; qui quum in historia dixisset, qua nocte natus Alexander esset, eadem Dianæ Ephesiæ templum deflagravisse : ad- junxit, Minime id esse mirandam, quod Diana, quum in partu Olympiadis adesse voluisset, abfuisset domo. » (*De Nat. Deor.* l. 2, n. 69.)

ajoutant que la réflexion de l'historien est si froide, qu'elle suffisait pour éteindre l'incendie. *Pages 49 et 50.*

Quintilien se moque avec raison de quelques orateurs qui disaient, comme quelque chose de beau, *que les grands fleuves étaient navigables à leur source, et que les bons arbres portaient du fruit en naissant.* (Ces comparaisons peuvent éblouir d'abord[1], et elles étaient fort vantées du temps de Quintilien : mais quand on les examine de près, on en reconnaît le faux.) *Page 72.*

II. Pour penser bien, il ne suffit pas que les pensées n'aient rien de faux : les pensées, à force d'être vraies, sont quelquefois triviales; et pour ce sujet Cicéron louant celles de Crassus, après avoir dit qu'elles sont si saines et si vraies, ajoute qu'elles sont si nouvelles et si peu communes : *Sententiæ Crassi tam integræ, tam veræ, tam novæ*[2]. C'est-à-dire que, outre la vérité qui contente toujours l'esprit, il faut quelque chose qui le frappe et qui le surprenne.... La vérité est à la pensée ce que les fondements sont aux édifices; elle la soutient et la rend solide. Mais un bâtiment qui ne serait que solide n'aurait pas de quoi plaire à ceux qui se connaissent en architecture : outre la solidité on veut de la grandeur, de l'agrément, et même de la délicatesse, dans les maisons bien bâties; et c'est aussi ce que je voudrais dans les pensées dont nous parlons. La vérité, qui plaît tant ailleurs sans nul ornement, en demande ici; et cet ornement n'est quelquefois qu'un tour nouveau qu'on donne aux choses. Les exemples vous feront comprendre ce que je veux dire.

La mort n'épargne personne. Voilà une pensée fort vraie; mais c'est une pensée bien simple et bien commune. Pour la relever et la rendre nouvelle en quelque façon, il n'y a qu'à la tourner de la manière qu'Horace et Malherbe l'ont fait. Le premier la tourne ainsi, comme vous savez :

> Pallida Mors æquo pulsat pede
> Pauperum tabernas,

---

[1] « Quorum utrumque in iis est, quæ me juvene ubique cantari solebant : *Magnorum fluminum navigabiles fontes sunt;* et, *Generosioris arboris statim* *planta cum fructu est.* » (QUINTIL. lib. 8, cap. 4.)

[2] De Orat. l. 2, n. 188.

Regumque turres.

>   *Carm.* lib. 1 , od. 4.

« La Mort renverse également les palais des rois et les cabanes
« des pauvres. » Le second prend un autre tour :

> Le pauvre, en sa cabane où le chaume le couvre,
>   Est sujet à ses lois ;
> Et la garde qui veille aux barrières du Louvre
>   N'en défend pas nos rois.

Le tour du poëte latin est figuré et plus vif; celui du poëte
français est plus naturel et plus fin : il y a de la noblesse dans
l'un et dans l'autre. *Pages* 75, 78, 79.

1. (Ce qui relève surtout un discours), ce sont[1] les pensées
qui ont de l'élévation, et qui ne présentent à l'esprit que de grandes choses. La sublimité, la grandeur dans une pensée est justement ce qui emporte et ce qui ravit, pourvu que la pensée
convienne au sujet : car c'est une règle générale, qu'il faut penser selon la matière qu'on traite; et rien n'est moins raisonnable
que d'avoir des pensées sublimes dans un petit sujet qui n'en demande que de médiocres[2]. Il vaudrait presque mieux n'en avoir
que de médiocres dans un grand sujet qui en demanderait de
sublimes. *Page* 80.

Vous n'avez reçu[3] *rien de plus grand de la fortune que le
pouvoir de conserver la vie à une infinité de personnes, ni
rien de meilleur de la nature que la volonté de le faire.* C'est
à César que parle ainsi l'orateur romain; et voici comme
un historien parle de ce dernier : *Il n'a dû son élévation qu'à
lui-même*[4], *et son grand génie a empêché que les nations
vaincues n'eussent par l'esprit autant d'avantage sur les Romains que les Romains en avaient sur elles par la valeur.* Mais
le vieux Sénèque dit quelque chose de plus magnifique, en disant.

---

[1] « Non ad persuasionem, sed ad
stuporem rapiunt grandia. » (Long.
de Sublimi, sect. I.)

[2] « A sermone tenui sublime discor-
dat, fitque corruptum, quia in plano
tumet. » (Quintil. lib. 8, c. 3.)

[3] « Nihil habet nec fortuna tua majus quam ut possis, nec natura tua melius quam ut velis conservare quam plu-
rimos. » (Cic. in *Orat. pro Lig.* n. 38.)

[4] « Omnia incrementa sua sibi debuit :
vir ingenio maximus, qui effecit ne,
quorum arma viceramus, eorum ingenio
vinceremur. » (Vell. Patsac. lib. 2.)

que *Cicéron*[1] *est le seul esprit qu'ait eu le peuple romain égal à son empire.* Pages 83 et 84.

Cicéron parle bien noblement de César[2] en disant qu'il n'était pas nécessaire d'opposer les Alpes aux Gaulois, ni le Rhin aux Allemands : que quand les montagnes les plus hautes seraient aplanies, quand les fleuves les plus profonds seraient à sec, l'Italie n'aurait rien à craindre ; et que les belles actions, les victoires de César, la défendraient beaucoup mieux que les remparts dont la nature l'a fortifiée elle-même. *Page* 87.

Pompée ayant défait Tigrane, roi d'Arménie, ne le souffrit pas longtemps à ses pieds, et lui remit sa couronne sur la tête. *Il le rétablit*[3] *en sa première fortune,* dit un historien, *jugeant qu'il était aussi beau de faire des rois que d'en vaincre.* Page 88.

L'oraison funèbre de la reine d'Angleterre, Henriette de France, et celle de la duchesse d'Orléans, Henriette-Anne d'Angleterre (par M. Bossuet), sont pleines de ces pensées qu'Hermogène nomme *majestueuses.*

« Son grand cœur a surpassé sa naissance : toute autre place « qu'un trône eût été indigne d'elle. »

« Douce, familière, agréable, autant que ferme et vigoureuse, « elle savait persuader et convaincre aussi bien que commander, « et faire valoir la raison non moins que l'autorité. »

« Malgré les mauvais succès de ses armes infortunées (*c'est « de Charles Ier, roi d'Angleterre, dont parle l'auteur*), si on a « pu le vaincre, on n'a pu le forcer ; et comme il n'a jamais re- « fusé ce qui était raisonnable étant vainqueur, il a toujours « rejeté ce qui était faible et injuste étant captif. » *Page* 105.

Ces sortes de pensées portent la conviction avec elles, entraî- nent comme par force notre jugement, remuent nos passions, et nous laissent l'aiguillon dans l'âme.

2. Voilà donc une première espèce de pensées qui ne gagnent pas seulement la créance comme vraies, mais qui attirent l'ad-

---

[1] « Illud ingenium quod solum popu- lus romanus par imperio suo habuit. » (Sen. *Controv.* lib. I.)

[2] « Perfecit ille, ut, si montes resedis- sent, amnes exaruissent, non naturæ præsidio, sed victoria sua rebusque gestis Italiam munitam haberemus. » (Cic. *Contra Pis.* n. 82.)

[3] « In pristinum fortunæ habitum restituit, æque pulchrum esse judicans, et vincere reges, et facere. » (Val. Max. lib. 5, cap. I.

miration comme nouvelles et extraordinaires. Celles de la seconde espèce sont les agréables, qui surprennent et qui frappent quelquefois autant que les nobles et les sublimes, mais qui font par l'agrément ce que font les autres par la noblesse et par la sublimité... Les pensées sublimes sont aussi agréables, mais ce n'est pas l'agrément qui en fait le caractère. Elles plaisent parce qu'elles ont du grand qui charme toujours l'esprit; au lieu que celles-ci ne plaisent que parce qu'elles sont agréables. Ce qu'il y a de charmant en elles est, comme en certaines peintures, quelque chose de doux, de tendre et de gracieux. C'est en partie ce *molle atque facetum* [1] qu'Horace donne à Virgile, et qui ne consiste pas dans ce que nous appelons *plaisant*, mais dans je ne sais quelle grâce qu'on ne saurait définir en général, et dont il y a plus d'une sorte. *Pages* 131 et 132.

Les comparaisons tirées des sujets fleuris et délicieux font des pensées agréables, de même que celles qu'on tire des grands sujets font des pensées nobles. « Il me paraît, dit Costar, que « c'est un grand avantage d'être porté au bien sans nulle peine; « et il me semble que c'est un ruisseau tranquille qui, suivant « sa pente naturelle, coule sans obstacle entre deux rives fleu- « ries. Je trouve, au contraire, que ces gens vertueux par rai- « son, qui font quelquefois de plus belles choses que les autres, « sont de ces jets d'eau où l'art fait violence à la nature, et qui, « après avoir jailli jusqu'au ciel, s'arrêtent bien souvent par le « moindre obstacle. » C'est encore penser joliment que de dire avec Balzac d'une petite rivière : « Cette belle eau aime tellement « ce pays, qu'elle se divise en mille branches, et fait une in- « finité d'îles et de tours, afin de s'y amuser davantage. » *pages* 137, 138.

Les fictions ingénieuses ne font point un moins bel effet en prose qu'en vers. Ce sont pour l'esprit autant de spectacles divertissants, qui ne manquent point de plaire aux personnes éclairées.... Pline le jeune, exhortant par son exemple Corneille Tacite à étudier jusque dans la chasse, lui dit [2] que l'exercice du

---

[1] Sat. 10, lib. I.

[2] « Mirum est ut animus agitatione motuque corporis excitetur. Jam undi-que sylvæ, et solitudo, ipsumque illud silentium quod venationi datur, magna cogitationis incitamenta sunt... Expe-

corps réveille l'esprit; que les bois, la solitude, le silence même qu'on garde en certaines chasses, aident fort bien à penser; et enfin que, s'il porte toujours avec lui des tablettes, il éprouvera que Minerve n'habite pas moins les forêts et les collines que Diane. Voilà une petite fiction en deux mots. Pline avait dit d'abord [1] qu'à une chasse où l'on prit trois sangliers dans les toiles, il était assis près des toiles mêmes, les tablettes à la main, rêvant et marquant ce qui lui venait de bon en l'esprit, afin que, s'il s'en retournait les mains vides, il rapportât au moins ses tablettes pleines. Cela est pensé joliment; mais il y a encore plus d'agrément en ce qu'il imagine que Minerve est comme Diane hôtesse des bois, qu'on la trouve dans les vallons et sur les montagnes. *Pages* 139, 140.

L'agrément naît d'ordinaire de l'opposition, surtout dans les pensées doubles qui ont deux sens et comme deux faces : car cette figure, qui semble nier ce qu'elle établit, et qui se contredit en apparence, est très-élégante. Sophocle dit que les présents des ennemis ne sont pas des présents, et qu'une mère inhumaine n'est pas mère; Sénèque [2], qu'une grande fortune est une grande servitude; Tacite [3], qu'on fait quelquefois toutes sortes de bassesses et d'actions serviles pour régner : Horace [4] parle d'une folle sagesse, d'une paresse empressée et d'une concorde discordante. Quelqu'un a dit que les rois sont esclaves sur le trône; que le corps et l'âme sont deux ennemis qui ne se peuvent quitter, et deux amis qui ne se peuvent souffrir. Selon Voiture, le secret pour avoir de la santé et de la gaieté est que le corps soit agité, et que l'esprit se repose. Le même dit, en parlant d'une personne de qualité qui avait de l'esprit infiniment, et avec laquelle il était en commerce : Je ne me trouve jamais si glorieux que quand je reçois de ses lettres, ni si humble que lorsque j'y veux répondre. *Page* 146.

---

[1] « rieris non Dianam magis in montibus quam Minervam inerrare. (Lib. I, *Epist.* 6.)

[1] « Ad retia sedebam : erant in proximo non venabulum aut lancea, sed stylus et pugillares. Meditabar aliquid, enotabamque, ut, si manus vacuas, plenas tamen ceras reportarem. » (Ibid.)

[2] « Magna servitus est magna fortuna. » (*De Consol. ad Polyb.*)

[3] « Omnia serviliter pro dominatione. » (*Hist.* lib. I.)

[4]   Insanientis dum sapientiæ
            Consultus erro. . . . . . .
. . . .
            Strenua nos exercet inertia. . . .
. . . .
. . . . Rerum concordia

Cependant il ne faut pas croire qu'une pensée ne puisse être agréable que par des endroits brillants et qui aient du jeu : la seule naïveté en fait quelquefois tout l'agrément. Elle consiste cette naïveté dans je ne sais quel air simple et ingénu, mais spirituel et raisonnable, tel qu'est celui d'un villageois de bon sens, ou d'un enfant qui a de l'esprit. *Page* 150.

.3. Il y a une troisième espèce de pensées, qui avec de l'agrément ont de la délicatesse, ou plutôt dont tout l'agrément, toute la beauté, tout le prix, vient de ce qu'elles sont délicates.... On peut dire qu'une pensée délicate est la plus fine production et comme la fleur de l'esprit.... Il faut, à mon avis, raisonner de la délicatesse des pensées qui entrent dans les ouvrages d'esprit, par rapport à celles des ouvrages naturels. Les plus [1] délicats sont ceux où la nature prend plaisir à travailler en petit, et dont la matière, presque imperceptible, fait qu'on doute si elle a dessein de montrer ou de cacher son adresse : tel est un insecte parfaitement bien formé, et d'autant plus digne d'admiration qu'il tombe moins sous la vue, selon l'auteur de l'Histoire naturelle. *Pages* 158 et 160.

Disons, par analogie, qu'une pensée où il y a de la délicatesse a cela de propre, qu'elle est renfermée en peu de paroles, et que le sens qu'elle contient n'est pas si visible ni si marqué. Il semble d'abord qu'elle le cache en partie, afin qu'on le cherche et qu'on le devine [2]; ou du moins elle le laisse seulement entrevoir, pour nous donner le plaisir de le découvrir tout à fait quand nous avons de l'esprit : car, comme il faut avoir de bons yeux, et employer même ceux de l'art, je veux dire les lunettes et les microscopes, pour bien voir les chefs-d'œuvre de la nature, il n'appartient qu'aux personnes intelligentes et éclairées de pénétrer tout le sens d'une pensée délicate. Ce petit mystère est comme l'âme de la délicatesse des pensées; en sorte que celles qui n'ont rien de mystérieux ni dans le fond ni dans le tour, et

---

[1] « Rerum natura nusquam magis, quam in minimis, tota. » (PLIN. lib. 11, cap. 2.)
« In arctum coacta rerum naturæ majestas, multis nulla sui parte mirabilior. » (Idem, l. 37, *Proœm.*)

[2] « Auditoribus grata sunt hæc, quæ quum intellexerint, acumine suo delectantur, et gaudent, non quasi audiverint, sed quasi invenerint. » (QUINTIL. lib. 8, cap. 2.)

qui se montrent tout entières à la première vue, ne sont pas délicates proprement, quelque spirituelles qu'elles soient d'ailleurs. D'où l'on peut conclure que la délicatesse ajoute je ne sais quoi au sublime et à l'agréable. Des exemples rendront la chose plus claire. *Pages* 160, 161.

Pline le panégyriste dit à son prince, qui avait refusé longtemps le titre de père de la patrie, et qui ne voulut le recevoir que quand il crut l'avoir mérité : *Vous êtes le seul* [1] *à qui il est arrivé d'être père de la patrie avant que de le devenir.* Page 162.

Le fleuve qui rendait l'Égypte fertile par ses inondations réglées ne s'étant point débordé une fois, Trajan envoya des blés en abondance au secours des peuples qui n'avaient pas de quoi vivre. *Le Nil* [2], dit Pline, *n'a jamais coulé plus abondamment pour la gloire des Romains.* Page 163.

Le même auteur dit, sur l'entrée de Trajan dans Rome : *Les uns publiaient* [3], *après vous avoir vu, qu'ils avaient assez vécu; les autres, qu'ils devaient encore vivre.* Page 165.

Il y a beaucoup de délicatesse dans la réflexion de Virgile sur l'imprudence ou la faiblesse d'Orphée, qui, en ramenant sa femme des enfers, la regarda, et la perdit au même moment : *Folie pardonnable* [4], *à la vérité, si les dieux des enfers savaient pardonner!* Page 178.

Il n'y en a pas moins dans la louange que Cicéron donne à César : *Vous avez coutume* [5] *de n'oublier rien que les injures.* Page 209.

Outre la délicatesse des pensées qui sont purement ingénieuses, il y en a une qui vient des sentiments, et où l'affection a plus de part que l'intelligence. *Je ne vous verrai plus jamais* [6], dit un poëte au sujet de la mort d'un frère qu'il aimait passionnément, *je ne vous verrai plus jamais, mon cher*

[1] « Soli omnium contigit tibi, ut pater patriæ esses antequam fieres. »

[2] Nilus Ægypto quidem sæpe, sed gloriæ nostræ nunquam largior fluxit. »

[3] « Alii se satis vixisse te viso, te recepto; alii nunc magis esse vivendum prædicabant. »

[4] Quum subita incautum dementia cepit amantem,

Ignoscenda quidem, scirent si ignoscere manes!

(VIRG. *Georg.* IV, 488.)

[5] « Oblivisci nihil soles nisi injurias. » (*Orat. pro Ligar.* n. 35.)

[6] Nunquam ego te, vita frater amabilior, Aspiciam posthac : ac certe semper amabo; CATUL.)

frère, vous qui m'étiez plus cher que la vie; mais je vous aimerai toujours. Un autre parle ainsi d'une personne qui lui était extrêmement chère : *Dans les lieux [1] les plus solitaires et les plus déserts, vous êtes pour moi une grande compagnie.* Mais rien n'est plus délicat que les plaintes d'une tourterelle qu'on fait parler dans un petit dialogue en vers. Le dialogue est entre un passant et la tourterelle.

LE PASSANT.

Que fais-tu dans ce bois, plaintive tourterelle?

LA TOURTERELLE.

Je gémis : j'ai perdu ma compagne fidèle.

LE PASSANT.

Ne crains-tu point que l'oiseleur
Ne te fasse mourir comme elle?

LA TOURTERELLE.

Si ce n'est lui, ce sera ma douleur.

Pages 213, 216 *et* 217.

Je finirai cet extrait par une réflexion également sensée et spirituelle du père Bouhours, qui se trouve dans un autre livre qui a pour titre, PENSÉES INGÉNIEUSES. *Ce qu'il y a,* dit-il, *de plus délicat dans les pensées et dans les expressions des auteurs qui ont écrit avec beaucoup de justesse (et de délicatesse), se perd quand on les veut mettre dans une autre langue : à peu près comme ces essences exquises, dont le parfum subtil s'évapore quand on les verse d'un vase dans un autre.*

Des pensées brillantes.

Il y a une sorte de pensées peu connues chez les écrivains du bon siècle, et qui n'ont commencé à avoir du cours et du crédit que dans le déclin de l'éloquence. Elles consistent dans une manière de s'exprimer courte, vive, brillante, qui plaît surtout par une certaine pointe d'esprit, qui frappe par une nouveauté hardie et par un tour ingénieux, mais peu commun et peu ordinaire. Sénèque contribua beaucoup à introduire à

---

[1] *In solis tu mihi turba locis.* (TIBUL.)

Rome ce mauvais goût : et du temps de Quintilien il y était si général et si dominant[1], que les orateurs se faisaient une loi de terminer presque chaque période par quelque pensée éclatante, qui fît que l'auditoire applaudît et se récriât.

Les réflexions de Quintilien sur ce sujet sont tout à fait sensées. Il ne condamne pas ces sortes de pensées en elles-mêmes[2], qui peuvent ennoblir le discours et lui donner en même temps de la force, de la grâce et de l'élévation : il en condamne seulement l'abus et la trop grande affectation. Il veut qu'on les regarde comme les yeux du discours[3] : et les yeux ne doivent pas être répandus dans tout le corps. Il consent qu'on ajoute à la manière d'écrire des anciens cette nouvelle grâce[4], comme il a été permis d'ajouter à l'ancienne manière de vivre une certaine propreté et une élégance qu'on ne peut condamner, et dont même on doit tâcher de faire une sorte de vertu. Mais il faut éviter l'excès ; car[5], après tout, l'ancienne simplicité serait encore plus estimable que cette nouvelle licence.

En effet[6], lorsque ces pensées sont en trop grand nombre, elles s'entre-nuisent et s'étouffent mutuellement, comme il arrive à des arbres qui sont plantés trop près les uns des autres ; et elles causent la même obscurité et la même confusion dans le discours que la trop grande multitude de personnages dans un tableau.

D'ailleurs[7], comme ces sortes de pensées, dont la beauté consiste à être courtes et vives, sont détachées les unes des autres, et qu'elles forment chacune un sens complet, il arrive de là que le

---

[1] « Nunc illud volunt, ut omnis locus, omnis sensus, in fine sermonis feriat aurem. Turpe autem ac prope nefas ducunt, respirare ullo loco, qui acclamationem non petierit. » (QUINTIL. lib. 8, cap. 5.)

[2] « Quod tantum in sententia bona crimen est? non causæ prodest? non judicem movet? non dicentem commendat? » (QUINT. lib. 8, cap. 5.)

[3] « Ego hæc lumina orationis velut oculos quosdam eloquentiæ esse credo : sed neque oculos esse toto corpore velim. » (Ibid.)

[4] « Patet media quædam via : sicut in cultu victuque accessit aliquis citra reprehensionem nitor, quem, sicut possumus, adjiciamus virtutibus. » (Ibid.)

[5] « Si necesse sit, veterem illum hor-rorem dicendi malim, quam istam novam licentiam. »

[6] « Densitas earum obstat invicem, ut in satis omnibus fructibusque arborum nihil ad justam magnitudinem adolescere potest, quod loco, in quem crescat, caret. Nec pictura, in qua nihil circumlitum est, eminet : ideoque artifices etiam, quum plura in unam tabulam opera contulerunt, spatiis distinguunt, ne umbræ in corpora cadant. » (Ibid.)

[7] « Facit res eadem concisam quoque orationem. Subsistit enim omnis sententia ; ideoque post eam utique aliud est initium. Unde soluta fere oratio, et e singulis non membris, sed frustis collata, structura caret ; quum illa rotunda et undique circumcisa insistere invicem nequeant. » (Ibid.)

discours est extrêmement coupé et concis, sans liaison, et comme
décousu, composé plutôt de pièces et de morceaux que de membres et de parties qui fassent un tout. Or une telle composition
paraît entièrement opposée au nombre et à l'harmonie du discours, qui demande plus de suite et plus d'étendue.

On peut dire aussi que ces pensées brillantes [1] ressemblent
moins à une flamme lumineuse qu'à ces étincelles de feu qui échappent au travers de la fumée.

Enfin [2], comme on n'est attentif qu'à les entasser, on devient
peu délicat dans le discernement et le choix, et il ne se peut faire
que parmi ce grand nombre il ne s'en trouve beaucoup de froides,
de puériles, de ridicules.

Pour peu qu'on ait lu Sénèque, on sent bien que ce que
je viens de dire est son portrait, et le caractère propre de ses ouvrages : et Quintilien le marque clairement dans un autre endroit, où [3], après avoir rendu justice au mérite et à l'érudition
de ce grand homme, et avoir reconnu qu'on trouve dans ses écrits
beaucoup de belles pensées et de maximes solides pour les mœurs,
il ajoute que par rapport à l'éloquence ils sont d'un goût dépravé
et corrompu presque en tout, et d'autant plus dangereux, qu'ils
sont pleins de défauts agréables, et qu'on ne peut s'empêcher
d'aimer. C'est pourquoi il dit qu'il aurait été à souhaiter qu'un
si beau génie, capable de ce qu'il y a de plus grand dans l'éloquence, si riche et si fertile pour l'invention, eût eu un goût plus
épuré et un discernement plus exact; qu'il eût été moins amoureux de toutes ses productions, qu'il eût su en faire le choix, et
surtout qu'il n'eût point affaibli l'importance des matières qu'il
traite par un amas de petites pensées [4], qui peuvent flatter d'abord

[1] « Lumina illa non flammæ, sed scintillis inter fumum emicantibus, similia dixeris. » (Ibid.)

[2] « Hoc quoque accidit, quod solas captanti sententias, multas necesse est dicere leves, frigidas, ineptas. Non enim potest esse delectus, ubi numero laboratur. » (Ibid.)

[3] « Multæ in eo claræque sententiæ, multa etiam morum gratia legenda : sed in eloquendo corrupta pleraque, atque eo perniciossima, quod abundant dulcibus vitiis. Velles eum suo ingenio dixisse, alieno judicio. Nam... si non omnia sua amasset, si rerum pondera minutissimis sententiis non fregisset, consensu potius eruditorum, quam puerorum amore comprobaretur.... Multa probanda in eo, multa etiam admiranda sunt; eligere modo curæ sit : quod utinam ipse fecisset! Digna enim fuit illa natura, quæ meliora vellet, quæ quod voluit effecit. » (QUINTIL. lib. 10, cap. I.)

[4] « Plerique minimis etiam inventiunculis gaudent, quæ excussæ risum habent, inventæ facie ingenii blandiuntur. » (Id. lib. 8, c. 5.)

par une apparence et une lueur d'esprit, mais que l'on trouve froides et puériles quand on les examine avec quelque attention.

Je rapporterai quelques endroits de cet auteur, afin que les jeunes gens puissent comparer son style avec celui de Cicéron et de Tite-Live, et voir si le jugement qu'en porte Quintilien est fondé sur de bonnes raisons, ou s'il n'est que l'effet de sa prévention contre Sénèque.

1. *Entretien de Démarate avec Xerxès.*

1. Quum bellum Græciæ indiceret Xerxes, animum tumentem, oblitumque quam caducis confideret, nemo non impulit. Alius aiebat non laturos nuncium belli, et ad primam adventus famam terga versuros. Alius, nihil esse dubii quin illa mole non vinci solum Græcia, sed obrui posset; magis verendum ne vacuas desertasque urbes invenirent, et profugis hostibus vastæ solitudines relinquerentur, non habituris ubi tantas vires exercere possent. Alius illi vix rerum, naturam sufficere: angusta esse classibus maria, militi castra, explicandis equestribus copiis campestria: vix patere cœlum satis ad emittenda omni manu tela.

2. Quum in hunc modum multa undique jactarentur, quæ hominem nimia æstimatione sui furentem concitarent, Demaratus Lacedæmonius solus dixit, ipsam illam qua sibi placeret multitudinem, indigestam et gravem, metuendam esse ducenti; non enim vires, sed pondus habere: immodica nunquam regi posse; nec diu durare, quidquid regi non potest.

I. « Dans le temps que Xerxès, enflé d'orgueil et aveuglé par une vaine confiance en ses forces, songeait à porter la guerre contre la Grèce, tous les courtisans qui l'environnaient travaillèrent à l'envi à le pousser, par des flatteries outrées, dans le précipice où son ambition l'entraînait. L'un disait que la nouvelle seule de la guerre jetterait le trouble parmi les Grecs, et qu'au premier bruit de sa marche ils prendraient la fuite: un autre, qu'avec une armée si nombreuse il était sûr, non-seulement de vaincre la Grèce, mais de l'accabler; et que tout ce qu'il avait à craindre était de trouver à son arrivée les villes désertes et les campagnes réduites en solitudes par la retraite précipitée des habitants, et de n'avoir plus de quoi employer de si grandes forces. D'un autre côté, on lui faisait entendre qu'à peine la nature entière lui suffirait-elle; que

les mers étaient trop étroites pour contenir ses flottes; que nul camp ne pourrait renfermer ses troupes de pied; qu'il n'y avait point de plaine assez étendue pour sa cavalerie, et qu'à peine l'air suffirait-il pour les traits qu'on aurait à lancer.

2. « Parmi tous ces discours, si capables de faire tourner la tête à un prince déjà enivré de l'idée de sa grandeur, Démarate, Lacédémonien, fut le seul qui osât représenter au roi que ce qui faisait le sujet de sa confiance était ce qui devait lui inspirer le plus de crainte: que ce vaste corps d'armée, cette masse énorme et monstrueuse n'avait que de la pesanteur, et non de la force; qu'il n'est pas possible de gouverner ce qui n'a ni borne ni mesure, et que ce qui ne peut être gouverné ne peut subsister longtemps.

3. In primo, *inquit*, statim monte Lacones objecti dabunt tibi sui experimentum. Tot ista gentium millia trecenti morabuntur : hærebunt in vestigio fixi, et commissas sibi angustias tuebuntur, et corporibus obstruent. Tota illos Asia non movebit loco. Tantas minas belli, et pene totius humani generis ruinam, paucissimi, sustinebunt. Quum te mutatis legibus suis natura transmiserit, in semita hærebis, et æstimabis futura damna, quum putaveris quanti Thermopylarum angusta constiterint. Scies te fugari posse, quum scieris posse retineri.

4. « Cedent quidem tibi pluribus locis, velut torrentis modo ablati, cujus cum magno terrore prima vis defluit : deinde hinc atque illinc coorientur, et tuis te viribus prement.

5. « Verum est quod dicitur, majorem belli apparatum esse, quam qui recipi ab iis regionibus possit, quas oppugnare constituis. Sed hæc res contra nos est. Ob hoc ipsum, te Græcia vincet, quia non capit. Uti toto te non potes.

6. « Præterea, quæ una rebus salus est, occurrere ad primos rerum impetus, et inclinatis opem ferre non poteris, nec fulcire ac firmare labantia. Multo ante vinceris, quam victum esse te sentias.

7. « Cæterum, non est quod exercitum tuum ob hoc sustineri putes non posse, quia numerus ejus duci quoque ignotus est. Nihil tam magnum est, quod perire non possit, cui nascitur in perniciem, ut alia quiescant, ex ipsa magnitudine sua causa. »

3. « Une poignée de gens que vous rencontrerez d'abord à une première montagne vous fera connaître ce que sont les citoyens de Sparte. Trois cents Spartiates arrêteront ces millions d'hommes que vous traînez avec vous. Inébranlables dans le poste qu'on leur aura confié, ils le défendront jusqu'au dernier soupir, et feront une barrière et un rempart de leurs corps. Toutes les forces de l'Asie ne leur feront pas faire un pas en arrière. Seuls ils soutiendront le choc formidable de presque tout l'univers réuni contre eux. Après avoir forcé la nature à changer toutes ses lois pour vous ouvrir un passage, vous demeurerez tout court à un défilé. Vous pourrez juger des pertes que vous ferez dans la suite par ce que vous aura coûté le passage des Thermopyles. En voyant qu'on peut vous arrêter, vous comprendrez qu'on pourra aussi vous mettre en fuite.

4. « Vos armées, comme un torrent impétueux dont rien ne peut soutenir le premier effort, pourront d'abord tout dissiper ; mais bientôt, vos ennemis se rallieront, et, vous attaquant de divers côtés, vous détruiront par vos propres forces.

5. « On dit vrai quand on avance que le pays que vous voulez attaquer n'a pas un espace suffisant pour un appareil de guerre si immense ; mais c'est précisément ce qui fait contre nous. La Grèce vous vaincra, parce qu'elle ne peut vous contenir. Vous ne pouvez faire usage que d'une partie de vous-même.

6. « D'ailleurs ce qui fait la sûreté et la ressource d'une armée vous devient absolument impraticable. Vous ne pourrez ni donner les ordres à propos, ni vous trouver à temps au premier mouvement, ni soutenir ceux qui plient, ni rassurer ceux qui commencent à s'ébranler. Vous serez vaincu longtemps avant que d'être à portée de vous en apercevoir.

7. « Au reste, ne vous flattez pas que vos troupes ne puissent rien trouver qui leur résiste, parce que le nombre prodigieux en est inconnu même à leur chef. Il n'y a rien de si grand qui ne puisse périr, puisque, au défaut de tout autre obstacle, sa grandeur même est une cause de ruine. »

8. Acciderunt quæ Demaratus prædixerat. Divina atque humana impellentem, et mutantem quidquid obstiterat, trecenti stare jusserunt : stratusque per totam passim Græciam Xerxes intellexit, quantum ab exercitu turba distaret.

9. Itaque Xerxes, pudore quam damno miserior, Demarato gratias egit, quod solus sibi verum dixisset, et permisit petere quod vellet. Petit ille ut Sardes, maximam Asiæ civitatem, curru vectus intraret, rectam capite tiaram gerens : id solis datum regibus. Dignus fuerat præmio antequam peteret. Sed quam miserabilis gens, in qua nemo fuit qui verum diceret regi, nisi qui non dicebat sibi [1] !

Il faut avouer que ce morceau de Sénèque est fort beau, et que le discours de Démarate est plein de sens et de réflexions solides ; mais il me semble que le style en est trop uniforme, et que l'antithèse s'y montre trop souvent. Les pensées sont trop serrées et trop entassées. Elles sont toutes détachées l'une de l'autre [2], et par cette raison rendent le style trop concis et sautillant. Une espèce de pointe finit presque chaque période [3] : *Scies te fugari posse, quum scieris posse retineri.... Ob hoc ipsum te Græcia vincet, quia non capit.... Multo ante vinceris, quam victum esse te sentias.* Cela choque moins quand on ne lit qu'un endroit séparé ; mais quand tout un ouvrage est sur ce ton, il est difficile d'en soutenir sans peine une lecture un peu longue et suivie, au lieu que celle de Cicéron et de Tite-Live ne fatigue jamais. D'ailleurs, un style si coupé et si brusque peut-il être employé dans les discours où il s'agit d'instruire et de toucher

8. « Tout ce que Démarate avait prédit à Xerxès arriva. Ce prince, qui se piquait de surmonter tous les obstacles que les dieux et les hommes mettaient à ses entreprises, qui changeait et renversait tout ce qui s'opposait à son passage, fut arrêté par trois cents hommes ; et bientôt Xerxès, voyant les débris de ses formidables armées répandus dans toutes les parties de la Grèce, comprit quelle différence il y avait entre une foule d'hommes et une armée. »

9. « Alors ce prince, plus malheureux encore par la honte d'une si folle expédition que par la perte qu'il y fit, remercia Démarate de ce que seul il lui avait dit la vérité, et lui permit de lui demander telle grâce qu'il voudrait. Ce-lui-ci demanda d'entrer à Sardes, l'une des plus grandes villes d'Asie, monté sur un char, portant la tiare droite sur la tête, privilége qui n'étoit accordé qu'aux rois. Il aurait mérité cette récompense, s'il ne l'avait pas demandée. Mais que doit-on penser d'une nation où il ne se trouva personne pour dire la vérité au roi, qu'un homme qui ne se la disait pas à lui-même ? »

[1] Senec. de Benef. lib. 6, cap. 31.

[2] « Unde soluta fere oratio, et e singulis non membris sed frustis collata. »

[3] « Nunc illud volunt, ut omnis locus, omnis sensus, in fine sermonis feriat aurem. »

les auditeurs? et, par cette raison, convient-il à l'éloquence du barreau et de la chaire?

On trouve quelquefois dans Cicéron de ces sortes de pensées qui terminent la période d'une manière courte et vive; mais il sait employer avec discrétion et sobriété ces grâces du discours qui en font le sel et l'assaisonnement, et qui par cette raison ne doivent pas être prodiguées.

Leviculus sane noster Demosthenes[1], *qui illo susurro delectari se dicebat aquam ferentis mulierculæ, ut mos in Græcia est, insurrantisque alteri: Hic est ille Demosthenes. Quid hoc levius? at quantus orator! Sed apud alios loqui videlicet didicerat, non multum ipse secum*[2]. Cette pensée a beaucoup de rapport avec celle de Sénèque : *Quam miserabilis gens, in qua nemo fuit qui verum diceret regi, nisi qui non dicebat sibi!*

2. *Reflexion de Sénèque sur une parole d'Auguste.*

Sénèque rapporte[3] une parole d'Auguste qui, se repentant extrêmement d'avoir lui-même divulgué les désordres de sa fille, disait que cette imprudence ne lui serait pas échappée, si Agrippa ou Mécène eussent vécu. *Horum nihil mihi accidisset, si aut Agrippa aut Mecenas vixisset.* Sénèque, pour relever cette parole, ajoute une réflexion très-sensée: *Adeo tot habenti millia hominum*[4], *duos reparare difficile est! Cæsæ sunt legiones, et protinus scriptæ: fracta classis, et intra paucos dies natavit nova : sævitum est in opera publica ignibus, surrexerunt meliora consumptis. Tota vita, Agrippæ et Mæcenatis vacavit locus.* Rien n'est plus beau ni plus solide que cette pen-

---

[1] « Il fallait que Démosthène, que nous admirons tant, fût bien vain, d'être aussi sensible qu'il avoue lui-même qu'il l'était à ce petit mot flatteur d'une porteuse d'eau, qui, le montrant au doigt, disait à sa voisine : Vois-tu bien? c'est là ce Démosthène. Quelle petitesse! Et cependant quel grand orateur que Démosthène! Mais c'est qu'il avait appris à parler aux autres, et qu'il se parlait rarement à lui même. »

[2] Tusc. lib. 5, n. 103.

[3] De Benef. l. 6, cap. 32.

[4] « Tant il est difficile de trouver parmi tant de millions d'hommes de quoi en remplacer deux! Des légions ont été taillées en pièces, on en a bientôt levé d'autres : une flotte a été brisée en peu de jours, on en bâtit une nouvelle : le feu a consumé des édifices publics, on en voit d'autres plus somptueux que les premiers sortir presque aussitôt de terre. Mais, tant que vécut Auguste, la place d'Agrippa et de Mécène demeura toujours vacante »

sée. *Toutes les pertes se réparent, excepté celle d'un ami*; mais il fallait en demeurer là.

Quid putem[1] ? ajoute Sénèque. *Defuisse similes qui assumerentur, an ipsius vitium fuisse, qui maluit queri quam quærere? Non est quod existimemus Agrippam et Mæcenatem solitos illi vera dicere: qui, si vixissent, inter dissimulantes fuissent. Regalis ingenii mos est, in præsentium contumeliam amissa laudare, et his virtutem dare vera dicendi, a quibus jam audiendi periculum non est.*

Outre que rien n'est plus petit que ce jeu de mots, *maluit queri quam quærere*, la seconde réflexion ruine absolument la première. Celle-ci suppose qu'il est fort difficile de remplacer de bons amis, et l'autre dit tout le contraire. D'ailleurs pourquoi Sénèque fait-il cette injure à Auguste, ou plutôt à ses deux amis, d'avancer qu'ils n'avaient pas coutume de dire la vérité à ce prince, et qu'ils n'auraient pas osé le faire dans l'occasion dont il s'agit? Mécène était de tout temps en possession de lui parler librement; et l'on sait que dans un jugement où Auguste paraissait pencher vers la cruauté, ce favori, ne pouvant approcher de lui à cause de la presse, lui jeta un billet où il avait écrit : *Levez-vous*[2] *, et ne faites point le bourreau.* Pour Agrippa, lorsque Auguste, maître de l'empire, délibéra sur le parti qu'il devait prendre, il osa bien lui conseiller de rétablir la république dans son ancienne liberté.

On voit par là que Sénèque manquait d'une qualité essentielle à l'orateur, qui est de savoir se tenir dans les bornes du vrai et du beau, et de retrancher impitoyablement tout ce qui est au delà du parfait, selon cette belle règle d'Horace : *Recideret omne quod ultra Perfectum traheretur* [3]. Il était trop amateur[4]

---

[1] « Que penserai-je de cette parole d'Auguste? Dois-je croire qu'en effet il ne restait plus dans tout l'empire de tels hommes qu'il pût choisir pour amis; ou si c'était la faute du prince, qui aimait mieux se plaindre que d'en chercher? Il n'y a pas d'apparence qu'Agrippa et Mécène eussent coutume de lui dire la vérité; et s'ils avaient vécu, ils auraient, dans cette occasion, gardé le silence comme les autres. Mais le ca-ractère des princes est d'aimer à dire du bien des morts pour faire honte et peine aux vivants, et de louer dans les premiers une liberté courageuse de dire la vérité, dont ils n'ont plus rien à craindre. »

[2] « Surge tandem, carnifex. »

[3] Sat. 10, l. 1.

[4] « Si aliqua contempsisset. . . si non omnia sua amasset; si rerum pondera minutissimis sententiis non fre-

de son propre génie ; il ne pouvait se résoudre à perdre ni à sa-
crifier aucune de ses productions ; et souvent par de petites et
minces pensées il affaiblissait la force et avilissait la noblesse
des choses dont il parlait.

3. Autre pensée de Sénèque sur la rareté des vrais amis.

On trouve dans le même endroit une autre pensée au sujet
des amis, qui est fort belle. Sénèque parle de cette foule de personnes qui font leur cour aux grands seigneurs. *Ad quemcumque istorum veneris* [1], dit-il, *quorum salutatio urbem concutit,
scito, etiamsi animadverteris obsessos ingenti frequentia vi-
cos, et commeantium in utramque partem catervis itinera
compressa, tamen venire te in locum hominibus plenum, amicis vacuum. In pectore amicus, non in atrio quæritur. Illo
recipiendus est, illic retinendus, et in sensus recondendus* [2].
On ne peut nier qu'il n'y ait une grande beauté et une grande vivacité dans cette pensée et dans ce tour, *venire te in locum hominibus plenum, amicis vacuum.* Après tout ce qui a été dit
du fracas que cause dans la ville ce concours incroyable de citoyens qui s'empressent d'aller chez les grands, et qui remplissent leur maison, cette opposition est fort belle, *in locum hominibus plenum, amicis vacuum :* foule de courtisans, solitude
d'amis. Mais que signifie ce qui suit ? *In pectore amicus, non
in atrio quæritur.* « Il faut chercher l'ami dans le cœur, et non
« dans l'antichambre. » J'y vois une antithèse, mais je n'y découvre rien de plus ; et j'avoue que je n'ai pu en comprendre
le sens.

Le P. Bouhours n'a pas manqué de nous apprendre quel jugement il fallait porter de cet auteur. « De tous les écrivains in-
« génieux, dit-il, celui qui sait le moins réduire ses pensées à la

---

gisset, consensu potius eruditorum quam
puerorum amore comprobaretur. » (Quintil. lib. 10, cap. 1.)

[1] « Si vous allez chez quelqu'un de
ces grands seigneurs chez qui toute la
ville aborde pour leur faire la cour, sachez que, bien que vous trouviez les
rues assiégées et les chemins bouchés
par une foule innombrable de personnes

qui vont et qui retournent, cependant
vous venez dans un lieu rempli d'hommes
et vide d'amis. C'est dans le cœur qu'il
faut chercher l'ami, et non dans l'antichambre. C'est là où il faut le recevoir
et le retenir, et l'y mettre comme en
dépôt et en sûreté. »

[2] Senec. de Benef. l. 6, cap. 34.

« mesure que demande le bon sens, c'est Sénèque. Il veut tou-
« jours plaire ; et il a si peur qu'une pensée belle d'elle-même
« ne frappe pas, qu'il la propose dans tous les jours où elle peut
« être vue, et qu'il la pare de toutes les couleurs qui peuvent la
« rendre agréable ; de sorte qu'on peut dire de lui ce que son
« père disait d'un orateur de leur temps : En répétant la même
« pensée [1] et la tournant de plusieurs façons, il la gâte : n'étant
« pas content d'avoir bien dit une chose une fois, il fait en sorte
« qu'il ne l'ait pas bien dite. » Il cite un mot du cardinal Palavi-
cin, qui sent bien le style italien, mais qui a du sens. « Séné-
« que, dit ce cardinal, parfume ses pensées avec un ambre et
« une civette qui, à la longue, donnent dans la tête : elles plai-
« sent au commencement, et lassent fort dans la suite. »

Un autre auteur fort célèbre [2] porte le même jugement de Sénèque, et donne en peu de mots d'excellentes règles sur les pensées.

« Il y a, dit-il, deux sortes de beautés dans l'éloquence, aux-
« quelles il faut tâcher de rendre les enfants sensibles. L'une
« consiste dans les pensées belles et solides, mais extraordinai-
« res et surprenantes. Lucain, Sénèque et Tacite sont remplis
« de ces sortes de beautés. L'autre, au contraire, ne consiste
« nullement dans les pensées rares, mais dans un certain air
« naturel, dans une simplicité facile, élégante et délicate, qui
« ne bande point l'esprit, qui ne lui présente que des images
« communes, mais vives et agréables, et qui sait si bien le sui-
« vre dans ses mouvements, qu'elle ne manque jamais de lui
« proposer sur chaque sujet les objets dont il peut être touché,
« et d'exprimer toutes les passions et les mouvements que les
« choses qu'elle représente doivent y produire. Cette beauté est
« celle de Térence et de Virgile. Et l'on voit par là qu'elle est en-
« core plus difficile que l'autre, puisqu'il n'y a point d'auteurs
« dont on ait moins approché que de ces deux-là.

« Si l'on ne sait mêler cette beauté naturelle et simple avec
« celle des grandes pensées, on est en danger d'écrire et de

---

[1] « Habet hoc Montanus vitium, sententias suas repetendo corrumpit : dum
non est contentus unam rem semel bene
dicere, efficit ne bene dixerit. » (PLIN.

Controvers. 5, lib. 9.)
[2] M. Nicolle, dans l'Éduc. d'un Prince,
2ᵉ part. n. 39 et 40.

« parler d'autant plus mal, que l'on s'étudiera davantage à bien
« écrire et à bien parler ; et plus on aura d'esprit, plus on tom-
« bera dans un genre vicieux ; car c'est ce qui fait qu'on se jette
« dans le style des pointes, qui est un très-mauvais caractère.
« Quand même les pensées seraient solides et belles en elles-
« mêmes, néanmoins elles lassent et accablent l'esprit, si elles
« sont en trop grand nombre, et si on les emploie en des sujets
« qui ne les demandent point. Sénèque, qui est admirable étant
« considéré par parties, lasse l'esprit quand on le lit tout de
« suite ; et je crois que si Quintilien a dit de lui avec raison
« qu'il est rempli de défauts agréables, *abundat dulcibus vitiis*,
« on en pourrait dire avec autant de raison qu'il est rempli de
« beautés désagréables par leur multitude, et par ce dessein qu'il
« paraît avoir eu de ne rien dire simplement, et de tourner tout
« en forme de pointe. Il n'y a point de défaut qu'il faille plus
« faire sentir aux enfants, lorsqu'ils sont un peu avancés, que
« celui-là, parce qu'il n'y en a point qui fasse plus perdre le
« fruit des études en ce qui regarde le langage et l'éloquence. »

Cela n'empêche pas [1] que la lecture de Sénèque ne puisse être
fort utile aux jeunes gens, quand ils commenceront à avoir le
goût et le jugement formés par celle de Cicéron. Sénèque est un
esprit original, propre à donner de l'esprit aux autres et à leur
faciliter l'invention. On peut tirer du traité de la Clémence, et de
celui de la Brièveté de la vie beaucoup d'endroits qui accoutumeront les jeunes gens à trouver d'eux-mêmes des pensées. Cette
lecture leur servira aussi à faire le discernement du bon et du
mauvais ; mais le maître doit les conduire dans cette étude, et ne
les pas abandonner à eux-mêmes, de peur qu'ils ne prennent
pour vertus les vices mêmes de Sénèque, d'autant plus dangereux pour eux qu'ils ont plus de conformité au caractère de leur
âge, et que d'ailleurs, comme nous l'avons déjà remarqué, ils
sont mêlés de charmes capables de séduire les plus clairvoyants.

§ III. *Du choix des mots.*

On a vu, dans tous les exemples que j'ai cités jusqu'ici,

---

[1] « Verum sic quoque jam robustis, utrinque judicium. » (QUINTIL., lib. 10,
et severiore genere satis firmatis, le- cap. I.)
gendus, vel ideo quod exercere potest

combien le choix des mots sert à mettre les pensées et les preuves dans leur jour, et à en faire sentir la beauté et la force. Ce sont en effet les expressions qui donnent aux choses une nouvelle grâce, et qui leur prêtent ce vif coloris si propre à faire de riches peintures et des tableaux parlants; de sorte que, par le changement et quelquefois par le dérangement seul des expressions, presque toute la beauté du discours disparaît et s'évanouit.

Il semble que le principal usage que l'homme devrait faire de sa raison serait de n'être attentif qu'aux choses mêmes qu'on lui dit, sans se mettre en peine de la manière dont elles lui sont présentées. Cependant nous éprouvons tous les jours le contraire; et c'est peut-être une des suites de la corruption et de la dégradation de notre nature, qui fait que, plongés dans les sens, nous ne sommes presque touchés que de ce qui les frappe et les remue, et que souvent nous ne jugeons des pensées, aussi bien que des hommes, que par le vêtement et la parure.

Ce n'est pas que je regarde comme un défaut en soi-même de préférer ce qui est orné et embelli à ce qui ne l'est pas. Nous portons en nous un attrait non-seulement pour le bon et le vrai, mais aussi pour le beau; et cet attrait, ce sentiment nous vient de l'Auteur même de la nature, qui n'y a presque rien offert à nos yeux qui ne soit gracieux et aimable. Le désordre consiste en ce que l'on est plus touché de l'ornement que de la vérité, ou même de ce qu'on est uniquement touché des embellissements, sans faire attention aux choses mêmes. Mais il est dans l'ordre, et c'est le premier dessein du Créateur, que la beauté et l'agrément extérieur servent à faire valoir et à faire aimer ce qui d'ailleurs est bon et vrai.

C'est donc une nécessité absolue à l'orateur de donner un soin particulier à l'élocution [1], qui le met en état de produire ses pensées au dehors, sans quoi tous ses autres talents, quelque grands qu'ils fussent, deviendraient inutiles. Il faut que cette partie soit bien essentielle à l'éloquence, puisqu'elle lui a donné son nom. Aussi voyons-nous [2] que c'est elle qui décide principale-

---

[1] « Eloqui, hoc est omnia quæ mente conceperis promere, atque ad audientes perferre : sine quo supervacua sunt priora, et similia gladio condito, at- que intra vaginam suam hærenti. » (QUINTIL. in *Proœm.* lib. 8.)

[2] Hoc maxime docetur : hoc nullus nisi arte assequi potest : hoc maxime

ment du mérite des orateurs , qui fait la différence des styles ,
d'où dépend pour l'ordinaire le succès d'un discours , et qui est ,
à proprement parler , ce que nous enseigne l'art ; car le reste
dépend plus du génie et de la nature.

Il a été parlé ailleurs de la propriété et de la clarté des mots ;
il s'agit maintenant de leur élégance et de leur force. C'est une
chose merveilleuse comment des mots qui sont entre les mains
de tout le monde , et qui par eux-mêmes n'ont aucune beauté
particulière, maniés avec art et appliqués à certains usages, ac-
quièrent tout d'un coup un éclat qui les rend tout autres. *Ædi-
ficare*, quand il signifie *bâtir une maison*, est un mot fort simple.
Quand le poëte l'emploie pour exprimer ces parures à différents
étages dont les dames ornaient leurs têtes ,

> Tot premit ordinibus , tot adhuc compagibus altum
> Ædificat caput [1] !

c'est comme un diamant qui brille d'une vive lumière. M. Despréaux a bien su profiter de la pensée et de l'expression de Juvénal :

> Et qu'une main savante , avec tant d'artifice,
> Bâtit de ses cheveux l'élégant édifice.

On peut dire que les mots ne valent que ce qu'on les fait valoir, et que c'est l'art de l'ouvrier qui y donne le prix. Comme ils
sont destinés pour exprimer les pensées, c'est d'elles qu'ils doivent naître ; car les bonnes [2] expressions sont ordinairement at-
tachées aux choses mêmes, et les suivent comme l'ombre suit le
corps. C'est une erreur de croire qu'il faille toujours les cher-

---

orator oratore præstantior ; hoc genera
ipsa dicendi alia aliis potiora ; ut appareat in hoc et vitium et virtutem esse
dicendi. » (QUINTIL. in *Procœm.* lib. 8.)

[1] Juvenal. Satir. 7 , v. 500.

[2] « Res et sententiæ vi sua verba pa-
rient , quæ semper satis ornata mihi
quidem videri solent, si ejusmodi sunt
ut ea res ipsa peperisse videatur. » (CIC.
de Orat. l. 2 , n. 146.)

« Rerum copia verborum copiam gignit. » (Id. ibid. lib. 3 , n. 125.)

« Quum de rebus grandioribus dicas

ipsæ res verba rapiunt. » (Id. *de Fin.*
lib. 3 , n. 19.)

« Verba erunt in officio... sic ut semper
sensibus inhærere videantur, atque ut
umbra corpus sequi. » (QUINTIL. in
Procœm. lib. 8.)

« Plerumque optima rebus cohærent,
et cernuntur suo lumine. At nos quærimus illa , tanquam lateant semper, se-
que subducant... Optima sunt minime
accersita, et simplicibus atque ab ipsa
veritate profectis similia. » (Id. ibid.)

cher hors de son sujet, comme si elles se dérobaient à nous, et
qu'il fallût leur faire une espèce de violence pour les employer.
Les plus naturelles sont les meilleures. Je suppose[1], comme je
l'ai déjà dit ailleurs, qu'on a étudié à fond la langue dans laquelle on écrit; que par une lecture exacte et sérieuse des bons
auteurs on s'est fait un amas de riches expressions, mais surtout qu'on s'est rempli l'esprit de toutes les connaissances nécessaires à l'orateur : pour lors la diction ne coûte presque rien.
Quand on compose, il en est des mots comme des domestiques
dans une maison bien réglée; ils n'attendent pas qu'on les appelle, ils se présentent d'eux-mêmes, et sont toujours prêts au
besoin. Il ne s'agit que d'en faire le choix, et de savoir les employer chacun dans leur place.

Ce choix coûte d'abord plus de temps et de peine, parce qu'a-
lors il faut examiner, peser, comparer; mais dans la suite il
devient si facile et si naturel, que les mots s'offrent d'eux-mêmes[2],
et naissent sous la plume presque sans qu'on y pense. Un soin
scrupuleux et exact est bon pour les commencements[3], mais il
doit diminuer et disparaître à mesure qu'on avance. Cependant
il y a des orateurs qui, toujours mécontents d'eux-mêmes et
ingénieux à se tourmenter, rejettent toutes les expressions qui se
présentent d'abord à eux, quelque bonnes qu'elles soient, pour
en chercher de plus belles, de plus éclatantes, de plus extraordinaires, et qui perdent le temps à se donner ainsi à eux-mêmes
la torture en disputant avec chaque mot, et presque avec chaque

---

[1] « Qui rationem loquendi primum co-
gnoverit, tum lectione multa et idonea
copiosam sibi verborum supellectilem
compararit... ei res cum nominibus suis
occurrent. Sed opus est studio præce-
dente, et acquisita facultate et quasi
reposita. » (Ibid.)

« Onerandum complendumque pectus
maximarum rerum et plurimarum suavitate, copia, varietate. » (Cic. de Orat.,
lib. 3, n. 121.)

« Celeritatem dabit consuetudo. Paulatim res facilius se ostendent, verba res-
pondebunt, compositio sequetur : cuncta
denique, ut in familia bene instituta,
in officio erunt... sic ut non requisita
respondere, sed ut semper sensibus inhærere videantur. » (Quintil. lib. 10,

cap. 3, et lib. 8, in Procem.)

[2] « Verba omnia, quæ sunt cujusque
generis, maxime illustria, sub acumen
styli subeant et succedant necesse est. »
(Cic. de Orat. lib. I, n. 151.)

[3] « Ista quærendi, judicandi, com-
parandi anxietas, dum discimus adhi-
benda est, non quum dicimus.... Quibusdam tamen nullus finis calumniandi
est, et cum singulis pene syllabis com-
morandi : qui, etiam quum optima sint
reperta, quærunt aliquid quod sit magis
antiquum, remotum, inopinatum... In-
creduli quidam, et de ingenio suo pes-
sime meriti, qui diligentiam putant facere sibi scribendi difficultatem. » (Quintil. in Procem., lib. 8.)

syllabe. Travail infructueux [1] , délicatesse mal entendue, qui n'aboutit qu'à éteindre le feu de l'imagination et à rendre l'orateur malheureux! L'art de bien parler ne serait pas fort estimable, s'il coûtait toujours tant de peine, et s'il fallait être condamné toute sa vie à l'ennuyeuse occupation de chercher, de penser, d'ajuster des mots. L'orateur, s'il est digne de ce nom, possédera tous les trésors de l'éloquence, et les maniera en maître qui dispose de son bien comme il lui plaît.

On trouvera, dans l'article où j'ai traité de l'élégance et de la délicatesse du latin, plusieurs exemples qui regardent le choix des mots. Je me contenterai d'en ajouter encore ici un petit nombre.

Appius, pour exhorter les Romains à continuer le siége de Véies pendant l'hiver, se sert d'une comparaison tirée de la chasse, et il dit que le plaisir qu'on y trouve fait oublier les plus rudes fatigues et entraîne les hommes, malgré la rigueur des saisons, dans les lieux les plus âpres et les plus escarpés. *Obsecro vos, venandi studium ac voluptas homines per nives ac pruinas in montes sylvasque rapit : belli necessitatibus eam patientiam non adhibebimus, quam vel lusus ac voluptas elicere solet* [2]? Quelle force n'a point cette expression *rapit!* pour la bien sentir, il ne faut que la comparer avec une autre expression que Sénèque emploie dans une pensée à peu près semblable. Il s'agit des marchands à qui l'ardeur insatiable du gain fait entreprendre de longs et dangereux voyages par terre et par mer. *Alium mercandi præceps cupiditas circa omnes terras, omnia maria, spe lucri ducit* [3]. Ce mot *ducit* a trop de lenteur pour une passion aussi violente que l'avarice, *præceps cupiditas.*

Salluste décrit l'acharnement des soldats contre les vaincus, et en apporte la raison : *Igitur hi milites, postquam victoriam adepti sunt, nihil reliqui victis fecere. Quippe secundæ res*

---

[1] « Abominanda hæc infelicitas erat, quæ et cursum dicendi refrenat, et calorem cogitationis extinguit mora et diffidentia. » (Id. ibid.)

« Neque enim vis summa dicendi est admiratione digna, si infelix usque ad ultimum sollicitudo persequitur, ac oratorem macerat et coquit, ægre verba vertentem, et perpendendis coagmentandisque eis intabescentem. Nitidus ille, et sublimis, et locuples, circumfluentibus undique eloquentiæ copiis imperat » (QUINTIL. lib. 12, cap. 10.)

[2] Liv. lib. 5, n. 5.

[3] De Brevit. vitæ, cap. 2.

sapientium animos fatigant : ne illi, corruptis moribus, victoriæ temperarent. Je ne m'arrête qu'à cette expression, *fatigant.* Est-il possible de marquer d'une manière plus courte et plus vive les rudes épreuves que les plus gens de bien ont à essuyer dans la prospérité? Elle les attaque, elle les poursuit sans relâche, elle leur livre une guerre continuelle, elle ne leur donne ni trêve ni repos qu'elle ne leur ait enlevé leur vertu; et si elle ne peut venir à bout de les vaincre par la force, elle semble espérer qu'au moins ils rendront les armes de fatigue et de lassitude. *Secundæ res sapientium animos fatigant.*

Cette expression m'en rappelle une autre de Tacite qui n'est pas moins énergique : *An quum Tiberius, post tantam rerum experientiam, vi dominationis convulsus et mutatus sit, C. Cæsarem, etc.* [1]. M. d'Ablancourt traduit ainsi ce passage : « Si « Tibère, après une longue expérience, s'était laissé corrompre « à sa fortune, que deviendrait Caligula, etc.? » Cette traduction énerve toute la force de la pensée, qui consiste dans ces deux mots, *convulsus* et *vi dominationis. Convellere* signifie arracher, déraciner, enlever avec force, faire sortir de sa place par violence. Il y a dans l'autorité souveraine un faste, un orgueil, une hauteur, qui attaquent les meilleurs princes avec tant de violence, qu'ils ne peuvent y résister; en sorte qu'arrachés à eux-mêmes et à leurs bonnes inclinations, ils sont bientôt changés en d'autres hommes. *Vi dominationis convulsus et mutatus.*

Le même Tacite, dans ses Histoires, parle de la prospérité dans le même sens que Salluste, mais sous une autre idée. *Fortunam adhuc tantum adversam tulisti. Secundæ res acrioribus stimulis animos explorant : quia miseriæ tolerantur, felicitate corrumpimur. Fidem, libertatem, amicitiam, præcipua humani animi bona, tu quidem eadem constantia retinebis, sed alii per obsequium imminuent. Irrumpet adulatio, blanditiæ pessimum veri affectus venenum, sua cuique utilitas* [2]. Cet endroit est tiré du discours que Galba fit à Pison en l'adoptant et l'associant à l'empire. Voici comme M. d'Ablancourt le traduit : « La fortune jusqu'ici t'a été contraire,

---

[1] Ann. lib. 6, cap. 48. [2] Histor. l 1, cap. 15.

« maintenant elle se change. Prends garde de pouvoir aussi bien
« supporter ses faveurs que ses injures ; car la prospérité a des
« aiguillons bien plus puissants que l'adversité, parce que nous
« cédons aux uns, et que nous résistons aux autres. Quand tu
« conserverais ta vertu, ceux qui approcheront de toi perdront
« la leur. La flatterie prendra la place de la vérité, l'intérêt celle
« de l'affection, dont il est le poison et le venin. » Il y aurait bien
des choses à dire sur cette traduction ; mais ce n'est pas de quoi
il s'agit ici. Je remarque seulement qu'elle n'a point conservé la
beauté de cette expression, *Irrumpet adulatio.* Elle signifie que,
quelque mesure, quelque précaution que prenne Pison pour
fermer tout accès à la flatterie, elle saura bien, malgré toutes
les barrières qu'on lui opposera, s'ouvrir une entrée, et comme
forcer les passages pour arriver jusqu'à lui. Le français ne présente point cette idée : *La flatterie prendra la place de la
vérité.*

Pline le naturaliste attribue la ruine et la décadence des mœurs
aux dépenses énormes que fit Scaurus pendant qu'il était édile.
Il exprime merveilleusement cette pensée par un seul mot, qui
est tout à fait énergique. *Cujus nescio an ædilitas maximè
prostraverit mores.* « Son édilité acheva d'abattre et de renver-
« ser les mœurs [1]. »

Il ne faut qu'ouvrir nos bons auteurs français pour y trouver
une foule de belles expressions, tantôt vives et énergiques, tantôt
brillantes et pleines d'agréments.

« Cet homme (Machabée) que Dieu avait mis autour d'Israël
« comme un mur d'airain où se brisèrent tant de fois toutes les
« forces de l'Asie, après avoir défait de nombreuses armées....
« venait tous les ans, comme le moindre des Israélites, réparer
« avec ses mains triomphantes les ruines du sanctuaire. »

« On l'a vu (M. de Turenne), dans la fameuse bataille des
« Dunes, arracher les armes des mains des soldats étrangers,
« qu'une férocité naturelle acharnait sur les vaincus. »

« Il attacha par des nœuds de respect et d'amité ceux qu'on
« ne retient ordinairement que par la crainte des supplices....
« Par quelle invisible chaîne entraînait-il ainsi les volontés ? »

[1] Lib. 36, c. 15.

« Combien de fois essaya-t-il d'une main impuissante d'arra-
« cher le bandeau fatal qui fermait ses yeux à la vérité [1] ! »

On a pu remarquer, dans plusieurs des exemples que je viens
de citer, que les épithètes contribuent beaucoup à l'élégance
et à la force du discours. Elles produisent surtout cet effet, selon la remarque de Quintilien, lorsqu'elles sont figurées et métaphoriques. *Discamus spes effrenatas et animum in futura
eminentem velut in vinculis habere* [2].... *Vide quantum rerum
per unam gulam transiturarum permisceat luxuria, terrarum marisque vastatrix* [3]. Le même Sénèque, dans un admirable
éloge qu'il fait de la femme d'un gouverneur de province, parle
ainsi : *Loquax et ingeniosa in contumelias præfectorum provincia, in qua etiam qui vitaverunt culpam, non effugerunt
infamiam, eam velut unicum sanctitatis exemplum suspexit* [4].
Cicéron dit quelque chose de pareil de son frère. *Quæ quum honesta sint in his privatis nostris quotidianisque rationibus, in
tanto imperio, tam depravatis moribus, tam corruptrice provincia, divina videantur necesse est* [5].

Sans les épithètes [6], le discours languit et paraît presque sans
âme et sans vie. Il ne faut pourtant pas trop les multiplier. Car,
pour me servir de la comparaison de Quintilien, il en est des
épithètes dans le discours comme des valets dans l'armée, qui
la surchargeraient extrêmement, et ne serviraient qu'à l'embarrasser si chaque soldat avait le sien ; parce qu'alors on double-
rait le nombre sans doubler les forces.

§ IV. *De l'arrangement des mots.*

On ne peut disconvenir que l'arrangement des mots ne contribue beaucoup à la beauté, et quelquefois même à la force du
discours. Il y a dans l'homme un goût naturel [7] qui le rend sen-

---

[1] M. Fléchier.
[2] Senec. de tranq. animi.
[3] Idem, Epist. 95.
[4] De Consol. ad Helv. c. 17.
[5] Epist. 1, ad Quint. frat. lib. I.
[6] « Talis est ratio hujusce virtutis,
ut sine appositis nuda sit, et incompta
oratio. Ne oneretur tamen multis. Nam
fit longa et impedita, ut... eam judices

similem agmini totidem lixas habenti,
quot milites quoque : in quo et numerus
est duplex, nec duplam virium. » Quint.
lib. 8, cap. 6.)
[7] « Natura ducimur ad modos. » (Idem.
lib. 9, cap. 4.)
« Aures, vel animus aurium nuntio
naturalem quamdam in se continet vocum omnium mensionem... Animadver-

sible au nombre et à la cadence; et pour introduire dans les langues cette espèce d'harmonie et de concert, il n'a fallu que consulter la nature, qu'étudier le génie de ces langues, que sonder et interroger pour ainsi dire les oreilles [1], que Cicéron appelle avec raison un juge fier et dédaigneux. En effet, quelque belle que soit une pensée en elle-même, si les mots qui l'expriment sont mal arrangés, la délicatesse de l'oreille en est choquée. Une composition dure et rude la blesse [2], au lieu qu'elle est agréablement flattée de celle qui est douce et coulante. Si le nombre est mal soutenu, et que la chute en soit trop prompte, elle sent qu'il y manque quelque chose, et n'est point satisfaite. Si au contraire il a quelque chose de traînant et de superflu, elle le rejette et ne le peut souffrir. En un mot, il n'y a qu'un discours plein et nombreux qui puisse la contenter.

Une preuve que ce goût est naturel [3], c'est qu'il est commun au savant et à l'ignorant; avec cette différence néanmoins que le premier en connaît les raisons [4], et que l'autre n'en juge que par le sentiment. Aussi Cicéron ne comprend-il pas qu'on puisse être homme [5], et ne pas sentir le nombre et l'harmonie du discours : et il n'en juge pas tant par ce qu'il éprouvait lui-même que par ce qui arrivait souvent à tout un peuple, qui, charmé par des chutes nombreuses de périodes, témoignait son contentement et son goût par des acclamations publiques et générales.

Il est donc très-important que les jeunes gens soient formés de bonne heure à discerner dans les auteurs cet arrangement. Il faut

---

sum est, eadem natura admonente, esse quosdam certos cursus conclusionesque verborum. » (Cíc. *Orat.* n. 177, 178.)

[1] « Graves sententiæ inconditis verbis elatæ offendunt áures, quarum est judicium superbissimum. » (Ibid. n. 150.)

« Aurium sensus fastidiosissimus. » (Id. *ad Herenn.* lib. 4, n. 32.)

[2] « Itaque et longiora et breviora judicat, et perfecta ac moderata semper exspectat. Mutila sentit quædam, et quasi decurtata, quibus tanquam debito fraudetur : productiora alia, et quasi immoderatius excurrentia; quæ magis etiam aspernantur aures. » (Id. *Orat.* n. 177, 178.)

« Optime de illa (compositione) judicant aures, quæ et plena sentiunt : et parum expleta desiderant, et fra-

gosis offenduntur, et lenibus mulcentur, et contortis excitantur, et stabilia probant, clauda deprehendunt, redundantia et nimia fastidiunt. » (Quintil. lib. 9, cap. 4.)

[3] » Unum est et simplex aurium judicium, et promiscue ac communiter stultis ac sapientibus a natura datum. » (Cic. *pro Font.* n. 12.)

[4] « Docti rationem componendi intelligunt, indocti voluptatem. » (Quintil. lib. 9, cap. 4.)

[5] « Quod qui non sentiunt, quas aures habeant, aut quid in his hominis simile sit, nescio. Meæ quidem, etc..... Quid dico meas? Conciones sæpe exclamare vidi, quum apte verba cecidissent. » (Cic. *Orat.* n. 168.)

leur faire admirer comment les mots sont dans la main de l'orateur comme une cire molle et flexible [1], qu'il manie et qu'il tourne comme il veut, et à laquelle il fait prendre toutes les formes qu'il lui plaît : comment, par la différente structure qu'il leur donne ; le discours tantôt marche avec une gravité majestueuse, ou coule avec une prompte et légère rapidité; tantôt charme et enlève l'auditeur par une douce harmonie, ou le pénètre d'horreur et de saisissement par une cadence dure et âpre, selon la différence des sujets qu'il traite. On leur fera observer que cet arrangement a une vertu merveilleuse, non-seulement pour plaire, mais encore pour faire impression sur les esprits. Car [2], comme le remarque Quintilien, il n'est guère possible qu'une chose aille au cœur, quand elle commence par choquer l'oreille, qui en est comme le vestibule et l'entrée. Au contraire, l'homme écoute volontiers ce qui lui plaît [3], et il est conduit par le plaisir à croire ce qu'on lui dit.

Comme la qualité et la mesure des mots ne dépendent point de l'orateur, et qu'il les trouve pour ainsi dire tout taillés [4], son habileté consiste à les mettre dans un tel ordre, et à les arranger ensemble de telle sorte, que leur concours et leur union, sans laisser aucun vide ni causer aucune rudesse, rendent le discours doux, coulant, agréable. Et il n'est point de mots, quelque durs qu'ils paraissent par eux-mêmes, qui, placés à propos par une main habile, ne puissent contribuer à l'harmonie du discours : comme [5], dans un bâtiment, les pierres les plus brutes et

---

[1] « Nihil est tam tenerum, neque tam flexibile, neque quod tam facile sequatur quocumque ducas, quam oratio... Ea nos (verba) quum jacentia sustulimus e medio, sicut mollissimam ceram ad nostrum arbitrium formamus et fingimus. Itaque tum graves sumus, tum subtiles, tum medium quiddam tenemus : sic institutam nostram sententiam sequitur orationis genus. » (*De Orat.* lib. 3, n. 176, 177.)

« Rebus accommodanda compositio, ut asperis asperos etiam numeros adhiberi oporteat, et cum dicente æque audientem exhorrescere. » (QUINT. lib. 9, cap. 4.)

« Idque ad omnem rationem, et aurium voluptatem, et animorum motum

mutatur et vertitur. » (Ibid.)

[2] « Nihil intrare potest in affectum, quod in aure velut quodam vestibulo statim offendit. » (Ibid.)

[3] « Voluptate ad fidem ducitur. » (Ibid.)

[4] « Collocationis est componere et struere verba sic, ut neve asper eorum concursus, neve hiulcus sit, sed quodam modo coagmentatus et levis... Hæc est collocatio, quæ junctam orationem efficit, quæ cohærentem, quæ levem, quæ æquabiliter fluentem. » (CIC. *de Orat.* lib. 3, n. 171, 172.)

[5] « Sicut in structura saxorum rudium etiam ipsa enormitas invenit cui applicari, et in quo possit insistere. » (QUINT. lib. 9, cap. 4.)

les plus irrégulières y trouvent leur place. Isocrate, à proprement parler, fut le premier chez les Grecs qui les rendit attentifs à cette grâce du nombre et de la cadence ; et nous verrons bientôt que Cicéron rendit le même service à la langue de son pays.

Les règles que Cicéron et Quintilien ont données sur cette matière, en marquant la nature des différents pieds qu'on doit employer dans le discours, peuvent servir aux jeunes gens, pourvu qu'on en fasse un choix judicieux. Les observations de Sylvius, intitulées *Progymnasmata*, qui sont à la fin de l'apparat de Cicéron, peuvent aussi leur être d'un grand usage. Mais le meilleur maître qu'ils puissent consulter et étudier sur cette matière est Cicéron lui-même. Ce fut lui qui le premier s'aperçut que la langue latine manquait d'une beauté que les anciens Romains avaient absolument ignorée ou négligée, et qui pouvait cependant en relever beaucoup le prix et l'excellence. Comme il était extrêmement jaloux de l'honneur de sa patrie, il entreprit, en donnant au discours latin du son, de la cadence et de l'harmonie, d'égaler, s'il se pouvait, la langue de son pays à celle des Grecs ; qui a de ce côté un merveilleux avantage. Il est étonnant de voir comment en peu d'années il amena sur ce point la langue latine à une souveraine perfection, qui n'est ordinairement le fruit que d'une longue expérience, et qui s'avance peu à peu par des accroissements fort lents. C'est donc lui que les jeunes gens doivent se proposer pour modèle, en ceci comme dans tout le reste. Ils trouveront dans les historiens de belles pensées et de riches expressions : mais ils ne doivent pas y chercher un arrangement de mots nombreux et périodique. Le style de l'histoire [1], qui doit être aisé, naturel, coulant, ne s'accommode point de ces cadences graves et mesurées que demande la majesté d'un discours oratoire.

Le moyen le plus facile et le plus sûr de faire sentir aux jeunes gens la beauté de l'arrangement des mots, est de pratiquer ce que Cicéron lui-même a fait dans les livres de l'Orateur en traitant cette matière : c'est-à-dire de choisir, dans les livres qu'on leur explique, quelques endroits des plus nombreux et des plus pério-

[1] « Historiæ, quæ currere debet ac clausulæ. » (QUINTIL. lib. 9, cap. 4.) ferri, minus conveniunt intersistentes

diques, et d'en déranger l'ordre et la structure [1]. Les mêmes pensées et les mêmes expressions demeureront, mais non pas la
même grâce, ni la même force : et plus ces endroits brilleront
par le sens et par la diction, plus ils deviendront choquants par
ce dérangement, parce que la magnificence même des mots le
rendra encore plus remarquable. Les oreilles des jeunes gens,
formées de cette sorte par une lecture assidue de Cicéron, et accoutumées à la cadence douce et harmonieuse de ses périodes,
deviendront fines, délicates, difficiles à contenter ; et, comme il
le dit lui-même [2], elles discerneront parfaitement une période
pleine et nombreuse, et elles sentiront aussi si quelque chose y
manque ou est de trop.

Quoique le nombre doive être répandu dans tout le corps et le
tissu de la période [3], et que ce soit de cette union et de ce concert
de toutes les parties que résulte l'harmonie dont nous parlons,
cependant on convient que c'est à la fin surtout qu'il paraît et
se fait sentir. Les oreilles, entraînées dans le reste par la continuité des paroles comme par un torrent, ne sont en état de bien
juger des sons que lorsque le cours rapide du discours, s'arrêtant pour un moment, leur laisse une espèce d'entre-repos. Aussi
est-ce en cet endroit que l'admiration de l'auditeur, suspendue
jusque-là par un plaisir enchanteur, éclate tout à coup par des
cris et des applaudissements publics.

Le commencement demande aussi un soin particulier [4], parce
que l'oreille, y donnant une attention toute nouvelle, en remarque aisément les défauts.

C'est donc sur le commencement et sur la fin de la période
que doit principalement rouler l'examen qu'on en fera faire aux

---

[1] « Quod cuique visum erit vehementer, dulciter, speciose dictum, solvat et turbet : aberit omnis vis, jucunditas, decor... Illud notasse satis habeo, quo pulchriora et sensu et elocutione dissolveris, hoc orationem magis deformem fore : quia negligentia collocationis ipsa verborum luce deprehenditur. (Ibid.)

[2] « Meæ quidem (aures) et perfecto completoque verbórum ambitu gaudent, et curta sentiunt, nec amant redundantia. » (Cic. Orat. n. 168.)

[3] « In omni quidem corpore, totoque,

ut ita dixerim, tractu, numeris inserta est (compositio). Magis tamen desideratur in clausulis, et apparet. Aures continuam vocem secutæ, ductæque velut prono decurrentis orationis flumine, tum magis judicant, quum ille impetus stetit, et intuendi tempus dedit. Hæc est sedes orationis : hoc auditor exspectat : hic laus omnis declamat. » (Quintil. lib. 9, cap. 4.)

[4] « Proximam clausulis diligentiam postulant initia : nam et ad hæc intentus auditor est. » (Ibid.)

jeunes gens : et il ne faut pas manquer de les rendre attentifs à la merveilleuse variété que Cicéron a répandue dans ses nombres pour éviter l'ennuyeuse uniformité des mêmes cadences, qui las sent et rebutent l'auditeur. J'en excepte pourtant cette chute devenue si triviale, *esse videatur*, dont on lui a justement reproché l'affectation, et par laquelle il termine un grand nombre de ses phrases. Elle se trouve plus de dix fois dans la seule harangue *pro lege Manilia*.

Il y a un arrangement plus marqué et plus étudié, qui peut convenir aux discours d'appareil et de cérémonie, tels que sont ceux du genre démonstratif, où l'auditeur [1], n'étant point sur ses gardes contre les surprises de l'art, ne craint point qu'on tende des piéges à sa religion. Car alors, bien loin d'être choqué de ces cadences mesurées et nombreuses, il sait gré à l'orateur de lui procurer par là un doux et innocent plaisir. Il n'en est pas ainsi quand il s'agit de matières graves et sérieuses, où l'on ne cherche qu'à instruire et qu'à toucher. La cadence pour lors doit avoir aussi quelque chose de grave et de sérieux; et il faut [2] que cette amorce du plaisir qu'on prépare aux auditeurs soit comme enveloppée et cachée sous la solidité des pensées et sous la beauté des expressions, dont ils soient tellement occupés, qu'ils paraissent ne pas faire d'attention au nombre et à l'arrangement.

EXEMPLES.

Il ne faut qu'ouvrir les ouvrages de Cicéron pour se convaincre par ses propres yeux, ou plutôt par ses oreilles, de tout ce qui a été dit jusqu'ici.

Quod si e portu solventibus, ii, qui jam in portum ex alto invehuntur, præcipere summo studio solent et tempestatum rationem, et prædonum, et locorum; quod natura affert ut eis faveamus, qui eadem pericula, quibus nos perfuncti su-

---

[1] « Quum is est auditor, qui non vereatur ne compositæ orationis insidiis sua fides attentetur, gratiam quoque habet oratori, voluptati aurium servienti. » (Cic. *Orat.* n. 208.)

[2] « Sic minime animadvertetur delectationis aucupium, et quadrandæ orationis industria : quæ latebit eo magis, si et verborum et sententiarum ponderibus utemur. Nam qui audiunt, hæc duo animadvertunt, et jucunda sibi censent, verba dico et sententias : eaque dum animis attentis admirantes excipiunt, fugit eos et prætervolat numerus; qui tamen si abesset, illa ipsa delectarent. » (Ibid. n. 197.)

*mus, ingrediuntur : quo tandem me animo esse oportet,
prope jam ex magna jactatione terram videntem, in hunc, cui
video maximas reipublicæ tempestates esse subeundas* [1]. Rien
n'est plus nombreux que cette période. Le dérangement de quelques mots la défigurerait étrangement.

*Omnes urbanæ res, omnia hæc nostra præclara studia, et
hæc forensis laus et industria, latent in tutela ac præsidio
bellicæ virtutis. Simul atque increpuit suspicio tumultus, artes
illico nostræ conticescunt* [2]. Cette cadence finale, qui est un di-
chorée, est extrêmement nombreuse : et c'est par cette raison même
que Cicéron croit qu'on ne doit pas l'employer trop souvent dans
le discours, parce que l'affectation, même dans les meilleures
choses, devient vicieuse. *Animadverti, judices, omnem accusa-
toris orationem in duas divisam esse partes* [3]. L'ordre naturel
demandait qu'on mît, *in duas partes divisam esse*. Quelle différence! *Rectum erat, sed durum et incomptum*, dit Quintilien
en faisant remarquer cet arrangement.

*Quam spem cogitationum et consiliorum meorum, quum
graves communium temporum, tum varii nostri casus fefel-
lerunt. Nam qui locus quietis et tranquillitatis plenissimus
fore videbatur, in eo maximæ molestiarum et turbulentis-
simæ tempestates exstiterunt* [4]. La musique a-t-elle une harmonie plus douce et plus nombreuse que l'est celle de ces périodes?

*Hæc centuripina navis erat incredibili celeritate velis....
Evolarat jam e conspectu fere fugiens quadriremis, quum
etiam tunc cæteræ naves in suo loco moliebantur* [5]. Tout contribue ici à la rapidité : le choix des mots aussi bien que leur arrangement, et le choix des lettres mêmes, presque toutes liquides
et coulantes : *incredibili celeritate velis*. Cette cadence du
commencement, *Evolarat jam*, etc., est aussi prompte et légère
que le vaisseau même; au lieu que celle de la fin, composée
d'un seul mot fort long et pesant, représente merveilleusement
les efforts d'une flotte mal équipée, *moliebantur*.

---

[1] Pro Mur. n. 4.
[2] Pro Mur. n. 22.
[3] Pro Cluent. n. I.
[4] Lib. I. de Orat. n. 2.
[5] Verrin. 7. n. 87.

*Respice celeritatem rapidissimi temporis : cogita, brevita-
tem hujus spatii, per quod citatissimi currimus* [1]. Il est visible que Sénèque a voulu ici marquer la rapidité du temps par
celle des mots et des lettres.

*Servius agitat rem militarem : insectatur totam hanc lega-
tionem : assiduitatis, et operarum harum quotidianarum putat esse consulatum* [2]. On ne peut pas douter que Cicéron n'ait
affecté de mettre ici trois génitifs pluriels assez longs et de
même terminaison, qui partout ailleurs feraient un très-mauvais effet, pour rendre plus méprisable et plus dégoûtante la profession que son adversaire prenait à tâche de relever. Il paraît
avoir copié cet endroit d'après Térence : *O faciem pulchram !
Deleo omnes dehinc ex animo mulieres. Tædet quotidianarum harum formarum* [3].

Le même orateur, voulant prouver que Milon n'était point parti
de Rome dans le dessein d'attaquer Clodius, décrit ainsi son
équipage : *Quum hic insidiator, qui iter illud ad cædem facien-
dam apparasset, cum uxore veheretur in rheda, penulatus,
vulgi magno impedimento, ac muliebri et delicato ancil-
larum puerorumque comitatu.* Qui, pour peu qu'il ait d'oreille,
ne sent pas, à la simple lecture de cet endroit, que l'orateur a
affecté d'employer ici de longs mots, composés de plusieurs syllabes, et qu'il les a exprès entassés les uns sur les autres, pour
mieux peindre cet attirail de femmes et de valets plus propres
à embarrasser qu'à servir dans un combat ?

D'une seconde sorte d'arrangement.

L'arrangement dont j'ai parlé jusqu'ici n'a pour but, à parler
proprement, que le plaisir de l'oreille, et se termine à rendre le
discours plus nombreux. Il y en a un d'un autre genre, par lequel l'orateur cherche moins à donner à ses pensées de la grâce
que de la force. Cet arrangement consiste à disposer de telle
sorte certaines expressions, que le discours aille toujours en
croissant, et que les dernières soient toujours les plus fortes, et
ajoutent quelque chose à celles qui ont précédé. Quelquefois

[1] Epist. 99.
[2] Pro Mur. n. 21.
[3] Eunuch. act. 2, sc. 3.

aussi l'on rejette à la fin certains mots qui ont une énergie particulière, et qui font la principale force d'une pensée ou d'une
description, afin que, séparés pour ainsi dire des autres, et mis
dans une plus grande évidence, ils produisent sur l'esprit tout
leur effet. Cette sorte d'arrangement n'est pas moins remarquable que la première, et elle mérite toute l'attention des maîtres.
J'en apporterai deux ou trois exemples, tirés aussi de Cicéron,
et j'y joindrai les réflexions de Quintilien, qui seules seraient
capables de former le goût, et d'apprendre comment il faut
entendre et expliquer les auteurs.

1. *Tu istis faucibus, istis lateribus, ista gladiatoria to-*
tius corporis firmitate, tantum vini in Hippiæ nuptiis exhau-
seras, ut tibi necesse esset in populi romani conspectu vomere
postridie [1]. Quintilien pèse tous les mots de cette description.
Quid fauces et latera, dit-il; ad ebrietatem? Minime sunt
otiosa. Nam respicientes ad hæc possumus æstimare quantum
ille vini in Hippiæ nuptiis exhauserit, quod ferre et coquere
non posset illa gladiatoria corporis firmitate.

On sent assez l'effet que produit l'arrangement de ces mots,
faucibus, lateribus, gladiatoria totius corporis firmitate,
qui vont toujours en croissant. On remarquerait peut-être moins
la raison qui a porté Cicéron à rejeter à la fin ce mot *postridie,*
si Quintilien ne nous y rendait attentifs. *Sæpe est vehemens*
aliquis sensus in verbo : quod si in media parte sententiæ
latet, transiri intentione, et obscurari circumjacentibus solet,
in clausula positum assignatur auditori et infigitur, quale est
illud Ciceronis : ut tibi necesse esset in conspectu populi romani vomere postridie. *Transfer hoc ultimum, minus valebit.*
Nam totius ductus hic est quasi mucro, ut per se fœdæ vo-
mendi necessitati, jam nihil ultra exspectantibus, hanc quo-
que adjiceret deformitatem, ut cibus teneri non posset post-
ridie [2].

Mais écoutons Cicéron, qui développe lui-même sa pensée, et
nous fait toucher au doigt ce qui y est renfermé. *O rem non*
modo visu fœdam, sed etiam auditu! Si hoc tibi inter cœnam
in tuis immanibus illis poculis accidisset, quis non turpe du-

[1] Philip. 2, n. 63.   [2] Quintil. l. 9, cap. 4.

ceret? In cœtu vero populi romani, negotium publicum ge-
rens, magister equitum, cui ructare turpe esset, is vomens
frustis esculentis, vinum redolentibus, gremium suum et to-
tum tribunal implevit [1]. Il est visible que les dernières expressions enchérissent toujours sur les premières. *Singula incremen-*
tum habent. Per se deforme, vel non in cœtu vomere : in cœtu
etiam non populi : populi etiam non romani : vel si nullum ne-
gotium ageret, vel si non publicum, vel si non magister equi-
tum. Sed alius divideret hæc, et circa singulos gradus mo-
raretur : hic in sublime etiam currit, et ad summum pervenit
non nixu, sed impetu [2]. Voilà un beau modèle d'explication
pour les maîtres.

Au reste, quelque belle que soit la description que fait ici l'o-
rateur romain du vomissement d'Antoine, et quelque précaution qu'il prenne en avertissant d'abord de l'effet qu'elle doit
produire, *O rem non modo visu fœdam, sed etiam auditu!* je
ne crois pas que notre langue, délicate comme elle est sur les
bienséances, pût souffrir ce détail de circonstances qui blessent et révoltent l'imagination ; et elle n'emploierait jamais ces
termes, *vomere, ructare, frustis esculentis.* C'est une occasion
de faire sentir aux jeunes gens la différence du génie des langues [3], et l'avantage incontestable que la nôtre a en cela sur la
grecque et sur la latine.

2. *Stetit soleatus prætor populi romani, cum pallio purpureo*
tunicaque talari, muliercula nixus in littore [4]. Ce dernier mot,
in littore, placé à la fin, ajoute une force infinie à la pensée de
Cicéron. J'en rendrai ailleurs la raison, lorsque je tâcherai de
développer la beauté de cette description, et je rapporterai l'admirable explication que fait Quintilien de cet endroit.

3. *Aderat janitor carceris, carnifex prætoris, mors ter-*
rorque sociorum, et civium romanorum, lictor Sextius. [5]
Qui mettrait *lictor Sextius* au commencement gâterait tout : il
faut que l'appareil terrible de ce bourreau marche avant lui.

---

[1] Philip. 2, n. 63.
[2] Quint. l. 8, cap. 4.
[3] Peut-être la coutume de s'exciter
exprès au vomissement après le repas,

fort ordinaire pour lors, rendait-elle ces
expressions moins choquantes
[4] Verrin. 7, n. 85.
[5] Ibid. 7. n. 117.

Qui dérangerait les membres de cette période ôterait toute la beauté du discours, qui doit [1], selon les règles de la rhétorique et du bon sens, aller toujours en croissant. Cette règle cependant cède ici à la délicatesse de l'oreille, qui aurait été blessée si l'on eût mis *terror morsque sociorum*, comme l'ordre naturel le demandait, *mors* étant plus fort que *terror*.

§ V. Des figures.

On appelle figures de rhétorique certains tours et certaines façons de s'exprimer qui s'éloignent en quelque chose de la manière commune et simple de parler, et qu'on emploie pour donner plus de grâce ou plus de force au discours. Elles consistent ou dans les mots, ou dans les pensées. Je renferme dans les premières ce que les rhéteurs appellent *tropes*, quoiqu'il puisse y avoir quelque différence.

Il est bien important de faire remarquer aux jeunes gens, dans la lecture des auteurs, l'usage que la bonne éloquence sait faire des figures, le secours qu'elle en tire non-seulement pour plaire, mais aussi pour persuader et pour toucher; et comment sans elle le discours languit, tombe dans une espèce de monotonie, et est presque comme un corps sans âme. Quintilien nous en donne une juste idée par une comparaison qui est fort naturelle. Une statue [2], dit-il, tout unie et toute d'une pièce depuis le haut jusqu'en bas, la tête droite sur les épaules, les bras pendants, les pieds joints, n'aurait aucune grâce, et paraîtrait immobile et comme morte. Ce sont les différentes attitudes des pieds, des mains, du visage, de la tête, qui, variées en une infinité de manières, selon la diversité des sujets, communiquent aux ouvrages de l'art une espèce d'action et de mouvement, et leur donnent comme une âme et une vie.

[1] « Crescere solet oratio verbis omnibus altius atque altius insurgentibus. » (QUINTIL. lib. 8, cap. 4.)

[2] « Recti corporis vel minima gratia est. Neque enim adversa sit facies, et demissa brachia; et juncti pedes, et a summis ad ima rigens opus. Flexus ille, et, ut sic dixerim, motus, dat actum quemdam effictis. Ideo nec ad unum modum formatæ manus, et in vultu mille species..... Quam quidem gratiam et delectationem afferunt figuræ, quæque in sensibus, quæque in verbis sunt. » (Idem, lib. 2, cap. 14.)

Figures de mots.

La MÉTAPHORE[1] est une figure qui, à la place des mots propres qui manquent ou ne sont pas assez énergiques, substitue des
termes figurés, qu'elle emprunte d'ailleurs par une espèce d'é-
change. Ainsi l'on a appelé *gemma* le bourgeon de la vigne,
parce qu'il n'y avait point de mot propre pour l'exprimer : on a
dit, *incensus ira, inflammatus furore*, au lieu de dire *iratus,
furens*, pour mieux peindre l'effet de ces passions. Par où l'on
voit que ce qui n'avait d'abord été inventé que par nécessité, à
cause du défaut et de la disette des mots propres, a contribué
depuis à la beauté et à l'ornement du discours : de même à peu
près que les vêtements ont été employés dans le commencement
pour couvrir le corps et le défendre contre le froid, et ensuite
ont servi à l'embellir et à l'orner. Toute métaphore doit donc
trouver vide la place dont elle se saisit[2]; ou du moins, si elle en
chasse un mot propre, avoir plus de force que ce mot auquel
elle est substituée.

Cette figure est une de celles qui donnent le plus de grâce, de
force et de noblesse au discours ; et l'on a pu remarquer, dans
tous les passages que j'ai cités, que les expressions les plus exquises sont presque toutes métaphoriques, et qu'elles tirent ordinairement tout leur prix de cette figure. En effet, elle a cet avantage particulier[3], comme le remarque Quintilien, de briller de
sa propre lumière dans le discours le plus éclatant; et de s'y
faire distinguer. En substituant le figuré au simple, elle enrichit en quelque sorte la langue d'une infinité d'expressions : elle
jette une grande variété dans le discours : elle relève et ennoblit
les choses les plus petites et les plus communes : elle plaît extrêmement par l'ingénieuse hardiesse qu'il y a d'aller au loin cher-

[1] « Tertius ille modus transferendi verbi late patet, quem necessitas genuit, inopia coactà primo et angustiis, post autem delectatio jucunditasque celebravit. Nam ut vestis frigoris depellendi causa reperta primo, post adhiberi cœpta est ad ornatum etiam corporis et dignitatem : sic verbi translatio instituta est inopiæ causa, frequentata delectationis..... Ergo hæ translationes quasi mutuationes sunt, quum quod non habeas, aliunde sumas. Illæ paulo audaciores, quæ non inopiam indicant, sed orationi splendoris aliquid accersunt. » (Cic. *de Orat.* lib. 3, n. 155, 156.)

[2] « Metaphora aut vacantem occupare locum debet, aut, si in alienum venit, plus valere eo quod expellit. » (Quintil. lib. 8, cap. 6.)

[3] « Ita jucunda atque nitida, ut in oratione quamlibet clara, proprio tamen lumine eluceat. » (Id. ibid.)

cher des expressions étrangères [1], à la place des naturelles qui sont sous la main : elle fait une agréable illusion à l'esprit en lui montrant une chose, et lui en signifiant une autre : enfin, elle donne du corps, pour ainsi dire, aux choses les plus spirituelles, et les fait presque toucher au doigt et à l'œil par les images sensibles qu'elle en trace à l'imagination.

Pour faire comprendre la force de la métaphore, il faut avoir grand soin de commencer toujours par l'explication du sens simple et naturel, sur lequel est fondé le sens figuré, et sans lequel ce dernier ne peut être bien entendu.

Le moyen le plus sûr aussi et le plus facile de faire sentir la beauté de la métaphore, et en général d'expliquer comme il faut les beaux endrois des auteurs, est de substituer le simple au figuré, et de dépouiller une phrase fort brillante de tous ses ornements, en la réduisant à une proposition toute simple. C'est la méthode que Cicéron lui-même a pratiquée : et quel meilleur modèle pouvons-nous suivre ? Il veut expliquer la force et l'énergie d'une expression métaphorique qui se trouve dans ces vers d'un ancien poëte :

> . . . . Vive, Ulysses, dum licet :
> Oculis postremum lumen radiatum rape.

Voici comme il s'y prend : *Non dixit* cape, *non* pete ; *haberet enim moram sperantis diutius esse sese victurum : sed* rape. *Hoc verbum est ad id aptatum, quod ante dixerat,* DUM LICET [2]. Horace emploie la même pensée :

> Dona præsentis cape lætus horæ [3].

Un habile interprète [4] prétend qu'il faut lire *rape* au lieu de

[1] « In suorum verborum maxima copia, tamen homines aliena multo magis, si sunt ratione translata, delectant. Id accidere credo, vel quod ingenii specimen est quoddam transilire ante pedes posita, et alia longe repetita sumere : vel quod is, qui audit, alio ducitur cogitatione, neque tamen aberrat, quæ maxima est delectatio. . . vel quod omnis translatio, quæ quidem sumpta ratione est ad sensus ipsos admovetur, maxime oculorum, qui est sensus acerrimus. » (Cic. *de Orat.* lib. 3, n. 159, 160.)

[2] De Or. lib. 3, n. 162.

[3] Od. 8, lib. 3. [vers. penult.]

[4] Dacier, après Lambin, qui a le premier fait valoir la leçon *rape* donnée par plusieurs manuscrits. Beutley défend d'une manière victorieuse la leçon *cape*, par des raisons analogues à celles de Rollin : *Quid enim opus est*, dit-il, *ut*

cape. Je doute qu'il ait raison ; car il s'agit dans Horace d'un homme qui, libre de tout soin et de toute inquiétude, et se flattant de l'espérance d'une longue vie, jouit paisiblement des plaisirs que chaque jour lui présente, et le mot *cape* convient fort à une telle situation : au lieu que chez l'ancien poëte on exhorte Ulysse à saisir le moment présent, de peur qu'il ne lui échappe et ne lui soit enlevé par une mort prompte et imprévue. *Postremum lumen radiatum rape.* Cicéron s'est servi d'un mot pareil, et non avec moins de grâce : *Quo quisque est solertior et ingeniosior, hoc docet iracundius et laboriosius. Quod enim ipse celeriter arripuit, id quum tarde percipi videt, discruciatur* [1]. Il suffit d'avertir qu'il ne dit pas *facile didicit*, mais *celeriter arripuit* : on en sent bien la différence.

Quand la métaphore est continuée, et qu'elle ne consiste pas en un seul mot, on l'appelle ALLÉGORIE. *Equidem cæteras tempestates et procellas in illis duntaxat fluctibus concionum semper Miloni putavi esse subeundas.* On pouvait dire simplement : *Equidem multa pericula in populi concionibus semper Miloni putavi esse subeunda.*

« Souvenez-vous du commencement et des suites de la guerre « qui, n'étant d'abord qu'une étincelle, embrase aujourd'hui « toute l'Europe. »

« Jamais il ne s'éleva sur son front serein aucun de ces nuages « que forment le dégoût ou la défiance. »

« Ses vertus le firent connaître au public, et produisirent cette « première fleur de réputation [2] qui répand son odeur plus agréa- « ble que les parfums sur tout le reste d'une belle vie [3] . »

Il faut [4], quand on emploie cette figure, avoir soin de demeurer toujours dans la même similitude, et ne pas sauter brusquement d'une image à une autre, ni, par exemple, après avoir

---

ea quæ donata sunt, rapere velimus? Rapiamus, si fas est, negata aut fugientia ; quæ oblata præsto sunt, capiamus et sumamus. — L.

[1] Pro Quint. Rosc. n. 31.

[2] « Melius est nomen bonum, quam unguenta pretiosa. » (*Eccles.* 7 , 2.)

[3] M. Fléchier.

[4] « Id imprimis est custodiendum , ut quo ex genere cœperis translationis, hoc desinas. Multi enim, quum initium a tempestate sumpserunt, incendio aut ruina finiunt : quæ est inconsequentia rerum fœdissima. » (QUINTIL. lib. 8, cap. 1.)

commencé par la tempête, finir par l'incendie. On reproche ce défaut à Horace dans ce vers [1] :

Et male tornatos incudi reddere versus [2] ;

où il joint ensemble deux idées bien différentes, le tour et l'enclume. Mais quelques interprètes l'excusent. Je ne sais si l'on ne pourrait pas faire aussi justement le même reproche à Cicéron dans ce passage du second livre de l'Orateur : *Ut quum in sole ambulem, etiamsi ob aliam causam ambulem, fieri tamen natura ut colorer : sic, quum istos libros ad Misenum studiosius legerim, sentio orationem meam illorum quasi cantu colorari* [3]. Comment concilier ces deux derniers mots, *cantu* et *colorari*? et quel rapport *cantus* peut-il avoir avec un écrit ?

La PÉRIPHRASE OU CIRCONLOCUTION. Cette figure est quelquefois absolument nécessaire, comme lorsque l'on parle de choses que la bienséance ne permet pas d'exprimer par leurs noms : *Ad requisita naturæ* [4]. Souvent elle n'est employée que pour l'ornement ; et cela est assez ordinaire aux poëtes. Quelquefois on s'en sert pour exprimer plus noblement une chose qui sans cela paraîtrait basse, ou pour couvrir ou adoucir la dureté de certaines propositions qui blesseraient, si elles étaient présentées nûment et simplement.

1. Pour l'ornement.

« Le roi, pour donner une marque immortelle de l'estime et
« de l'amitié dont il honorait ce grand capitaine (M. de Turenne),
« donne une place illustre à ses glorieuses cendres parmi ces
« maîtres de la terre qui conservent encore dans la magnificence
« de leurs tombeaux une image de celle de leurs trônes [5]. » *Au lieu
de dire simplement* : « donne une place à ses cendres dans le
« tombeau des rois. »

[1] Art. Poet. v. 441.
[2] De Orat. lib. 2 , n. 60.
[3] Aussi Bentley lisait *ter natos ;* mais cette correction a été fort mal accueillie : et en effet elle est peu digne de ce grand critique. D'autres, tels que Ménage, Guyet, Wakefield, ont lu *formatos*, le-çon bien préférable. M. Gesner a soutenu la leçon ordinaire, en disant que *tornus* devait s'entendre, dans un sens figuré, du poinçon sur lequel se frappaient les pièces de monnaie. — L

[4] Sallust
[5] Mascaron.

C'est là ce qui l'emporte aux lieux où naît l'aurore,
Où le Perse est brûlé de l'astre qu'il adore [1].

2. Pour relever des choses communes ou basses.

« Déjà prenait l'essor pour se sauver dans les montagnes cet
« aigle dont le vol hardi avait d'abord effrayé nos provinces.
« *C'est-à-dire l'armée des Allemands.* Ces foudres de bronze
« que l'enfer a inventés pour la destruction des hommes ton-
« naient de tous côtés. *C'est-à-dire les canons* [2]. »

3. Pour adoucir des propositions dures.

Cicéron, dans le plaidoyer pour Milon, forcé d'avouer que
ses gens avaient tué Clodius, ne le dit pas ainsi, *Interfecerunt,
jugularunt Clodium* : mais, en usant de périphrase, il cache
l'horreur de ce meurtre sous une idée qui ne pouvait déplaire
aux juges, et qui semblait même les intéresser. *Fecerunt id servi
Milonis (dicam enim non derivandi criminis causa, sed ut
factum est) neque imperante, neque sciente, neque præsente
domino, quod suos quisque servos in tali re facere voluisset* [3].

Vibius Virius, lorsqu'il exhorte les sénateurs de Capoue à
prendre du poison pour ne point tomber vifs entre les mains
des Romains, au lieu de dire que ce poison leur procurera une
prompte mort, décrit par une élégante périphrase les malheurs
dont ce breuvage les délivrera, et leur cache par cette figure les
horreurs de la mort. *Satiatis vino ciboque poculum idem, quod
mihi datum fuerit, circumferetur. Ea potio corpus ab cruciatu, animum a contumeliis, oculos, aures, a videndis au-
diendisque omnibus acerbis indignisque quæ manent victos,
vindicabit* [4].

Manlius savait combien le nom seul de *roi* était odieux aux
Romains, et capable de les révolter : il voulait cependant les
porter à lui donner cette qualité. Il le fait d'une manière adroite
en se contentant de prendre le titre de protecteur, mais en leur
insinuant que celui de roi, qu'il se donne bien de garde de nommer, le mettrait plus en état de leur rendre service. *Ego me*

[1] Despréaux.
[2] Fléchier.
Pro Milone, n. 29.
Liv, lib. 26, n. 13.

patronum profiteor plebis, quod mihi cura mea et fides nomen induit. Vos, si quo insigni magis imperii honorisve nomine vestrum appellabitis ducem, eo utemini potentiore ad obtinenda ea quæ vultis [1].

On a remarqué avec raison certains tours dont les anciens [2] se sont servis pour adoucir des propositions dures et choquantes. Thémistocle, voyant approcher Xerxès avec une armée formidable, conseillait aux Athéniens d'abandonner leur ville; mais il le fit en termes plus doux, et les exhorta à mettre leur ville en dépôt entre les mains des dieux : *Ut urbem apud deos deponerent; quia durum erat dicere,* UT RELINQUERENT [3]. Un autre [4] était d'avis qu'on fît fondre des statues d'or dressées à la Victoire, pour subvenir aux nécessités de la guerre. Il employa un détour, et dit qu'il fallait faire usage des victoires : *Et qui victorias aureas in usum belli conflari volebat, ita declinavit, victoriis utendum esse.*

La RÉPÉTITION est une figure assez commune, à laquelle on donne différents noms, parce qu'il y en a de différentes sortes. Elle est fort propre à exprimer le caractère des passions vives et impétueuses, telles que sont, par exemple, la colère et la douleur, qui s'occupent fortement d'une même chose, qui ne voient que cet objet, et qui, par cette raison, répètent souvent les termes qui le représentent. C'est ainsi que Virgile peint la douleur d'Orphée après la mort d'Eurydice :

> *Te, dulcis conjux, te solo in littore secum,*
> *Te, veniente die, te, decedente, canebat* [5].

Pline le jeune emploie la même figure en déplorant la mort de Virginius, qui avait été son tuteur, et qu'il regardait comme son père. *Volui tibi multa alia scribere, sed totus animus in hac una contemplatione defixus est. Virginium cogito, Virginium*

---

[1] Liv. lib. 6, n. 18.

[2] « Celebrata apud Græcos schemata, per quæ res asperas mollius significant. » (QUINTIL. lib. 9, cap. 2 [§ 92].) == Appelés par les Grecs *euphémismes* (DEMETR. PHALER. *de Elocut.,* § 297). — L.

[3] En grec : τὴν μὲν παρακαταθέσθαι

τῇ Ἀθηνᾷ τῇ Ἀθηναίων μηδεούσῃ (PLUTARCH. *in Themistocle,* § 10). — L.

[4] C'était Nicias : les expressions grecques sont celles-ci : ὅτι συγχρησόμεθα ταῖς Νίκαις εἰς τὸν πόλεμον (ap. DEMETR. PHALER., *de Elocutione,* § 298). — L.

[5] Georg. l. 4, v. 465.

*video; Virginium jam vanis imaginibus, recentibus tamen,
audio, alloquor, teneo* [1].

Cicéron en fournit une infinité d'exemples. *Bona, miserum
me! (consumptis enim lacrymis, tamen infixus animo hæret
dolor) bona, inquam, Cn. Pompeii acerbissimæ voci subjecta
præconis* [2]... *Vivis, et vivis non ad deponendam, sed ad con-
firmandam audaciam* [3]... *Cædebatur virgis in medio foro Messanæ civis romanus, judices.... Quum ille imploraret sæpius
usurparetque nomen civitatis, crux, crux, inquam, infelici et
ærumnoso, qui nunquam istam potestatem viderat, comparabatur* [4].

Cette figure est excellente aussi pour insister fortement sur
quelque preuve, sur quelque vérité. Pline l'ancien [5] veut faire
sentir la folie des hommes qui se donnent tant de peines pour
s'assurer ici un établissement, et qui souvent arment leurs mains
les uns contre les autres, pour donner un peu plus d'étendue aux
limites de leur pays. Après avoir représenté la terre entière comme
un petit point presque indivisible en comparaison de tout l'univers, Voilà, dit-il, où nous cherchons à nous établir et à nous
enrichir : voilà où nous voulons être les maîtres et dominer :
voilà ce qui agite le genre humain par de si violentes secousses :
voilà ce qui est l'objet de notre ambition, la matière de nos disputes, la cause de tant de guerres sanglantes, même entre
des concitoyens et des frères. *Hæc est materia gloriæ nostræ,
hæc sedes : hic honores gerimus, hic exercemus imperia, hic
opes cupimus : hic tumultuatur humanum genus : hic instau-
ramus bella etiam civilia, mutuisque cædibus laxiorem faci-
mus terram.* Toute la vivacité de cet endroit consiste dans la
répétition, qui semble, à chaque membre, montrer ce petit point
de terre pour lequel les hommes se donnent tant de tourments,
jusqu'à s'entre-battre et s'entre-tuer pour y avoir quelque petite
part. Et encore que leur en reste-t-il, après leur mort, qu'ils
puissent occuper? *Quota terrarum parte gaudeat? vel, quum
ad mensuram suæ avaritiæ propagaverit, quam tandem por-
tionem ejus defunctus obtineat?*

---

[1] Lib. 2, ep. I.
[2] 2 Philip. n. 64.
[3] I Catil. n. I.

[4] 7 Verr. n. 161.
[5] Lib. 2, c. 68.

Rompez, rompez tout pacte avec l'impiété....
Daigne, daigne, mon Dieu, sur Mathan et sur elle
Répandre cet esprit d'imprudence et d'erreur,
De la chute des rois funeste avant-coureur....
          Dieu des Juifs, tu l'emportes !....
David, David triomphe : Achab seul est détruit[1]...

L'argent, l'argent, dit-on : sans lui tout est stérile ;
La vertu sans l'argent n'est qu'un meuble inutile.
L'argent en honnête homme érige un scélérat ;
L'argent seul au palais peut faire un magistrat[2].

      Quel carnage de toutes parts !
On égorge à la fois les enfants, les vieillards ;
    Et la sœur, et le frère ;
    Et la fille, et la mère ;
Le fils dans les bras de son père[3].

Retrancher de tous ces endroits la répétition, c'est en effacer toute la beauté, en affaiblir toute la force, et ôter aux passions le langage qui leur est naturel.

Antithèse, distribution, et autres figures pareilles.

« Les ANTITHÈSES bien ménagées, dit le père Bouhours, « plaisent infiniment dans les ouvrages d'esprit. Elles y font à « peu près le même effet que dans la peinture les ombres et les « jours qu'un bon peintre a l'art de dispenser à propos ; ou « dans la musique les voix hautes et les voix basses qu'un habile « maître sait mêler ensemble. » *Vicit pudorem libido, timorem audacia, rationem amentia*[4]. *Odit populus romanus privatam luxuriam, publicam magnificentiam diligit*[5]...

Les capitaines chrétiens doivent avoir le cœur doux et charitable, lors même que leurs mains sont sanglantes ; et adorer intérieurement le Créateur, lorsqu'ils se trouvent dans la triste nécessité de détruire ses créatures[6].

Il y a d'autres figures qui consistent principalement dans un certain arrangement et un rapport de paroles qui, placées avec art

---

[1] Racine.
[2] Despréaux
[3] Racine.

[4] Pro Cluent. n. 15.
[5] Pro Mur. n. 76.
[6] Fléchier.

et justesse ; et comme avec symétrie dans un certain ordre, se répondent mutuellement les unes aux autres, et par cette espèce de concert étudié et mesuré flattent agréablement l'oreille et l'esprit.

Cicéron n'a pas négligé cette grâce du discours [1], à laquelle quelques anciens, comme Isocrate, s'étaient livrés sans réserve : et il nous a montré l'usage qu'on devait faire de ces figures, en les employant rarement et avec sobriété, et ayant toujours pris soin de les relever par la force et la solidité des pensées, sans quoi elles seraient d'un léger mérite.

Est enim hæc, judices., non scripta, sed nata lex, quam non didicimus, accepimus, legimus, verum ex natura ipsa arripuimus, hausimus, expressimus; ad quam non docti, sed facti ; non instituti, sed imbuti sumus : ut, si vita nostra in aliquas insidias, si in vim, si in tela aut latronum aut inimicorum incidisset, omnis honesta ratio esset expediendæ salutis [2].... *Et sine invidia culpa plectatur, et sine culpa invidia ponatur* [3].

Sénèque est plein de ces sortes de figures. *Magnus est ille qui fictilibus sic utitur, quemadmodum argento; nec ille minor est, qui sic argento utitur, quemadmodum fictilibus. Infirmi animi est, pati non posse divitias* [4]... *Tu quidem orbis terrarum rationes administras, tam abstinenter quam alienas, tam diligenter quam tuas, tam religiose quam publicas. In officio amorem consequeris, in quo odium vitare difficile est* [5].

« Un homme grand dans l'adversité par son courage, dans la « prospérité par sa modestie, dans les difficultés par sa prudence, « dans les périls par sa valeur, dans la religion par sa piété. »

« Il ne fit que changer de vertu, quand la fortune changeait « de face; heureux sans orgueil, malheureux avec dignité. »

« Il a eu dans la jeunesse toute la prudence d'un âge avancé, « et dans un âge avancé toute la vigueur de la jeunesse [6]. »

---

[1] « Delectatus est his etiam M. Tullius : verum et modum adhibuit non ingratæ, nisi copia redundet, voluptati ; et rem alioqui levem sententiarum pondere implevit. ». (QUINTIL. lib. 9, cap. I.)

[2] Pro Milone, n. 10.
[3] Pro Cluent. n. 5.
[4] Sen. ep. 5.
[5] De Brev. vit. c. 18.
[6] Fléchier.

« On imagine aisément avec quelle ardeur et quelle persévé-
« rance s'attache à une étude un homme d'esprit dont elle est le
« plus grand plaisir, et un homme de bien dont elle est devenue
« le devoir essentiel. »

« Il avait cette innocence et cette simplicité de mœurs que l'on
« conserve ordinairement quand on a moins de commerce avec
« les hommes qu'avec les livres ; et il n'avait point cette rudesse
« et une certaine fierté sauvage que donne assez souvent le com-
« merce des livres sans celui des hommes [1]. »

« Un seul est frappé, et tous sont délivrés. Dieu frappe son
« Fils innocent pour l'amour des hommes coupables, et pardonne
« aux hommes coupables pour l'amour de son Fils innocent [2]. »

Toutes ces pensées sont fort belles et fort solides par elles-
mêmes : mais il faut avouer que le tour et la manière dont elles
sont exprimées y ajoutent beaucoup de grâce. Pour le mieux
sentir, il n'y a qu'à les réduire à une manière de parler simple
et commune. C'est ce que je vais tâcher de faire observer dans
deux beaux endroits de Cicéron, où paraît surtout cet arrangement de paroles dont nous parlons ici.

Ce grand orateur, en plaidant pour Ligarius, avait dit à César
que les princes n'ont rien par où ils puissent approcher de plus
près des dieux qu'en faisant du bien aux hommes. Il pouvait
ajouter simplement que sa fortune et son bon naturel lui procu-
raient ce glorieux avantage : c'est là le fond de la pensée. Mais
Cicéron l'exprime avec bien plus de noblesse et d'élégance, en
marquant séparément par une espèce de distribution ce qui lui
vient de la fortune, et ce qu'il faut attribuer à son bon naturel.
L'une lui donne le pouvoir de faire du bien, l'autre lui en donne
la volonté ; et c'est en cela que consiste la grandeur de sa fortune et l'excellence de son naturel. *Nihil habet nec fortuna
tua majus, quam ut possis, nec natura tua melius quam ut
velis conservare quamplurimos [3]*: Tous les mots se répondent
ici avec une justesse merveilleuse : *Fortuna, natura : majus,
melius : possis, velis.* Est-il possible de dire plus de choses en
moins de mots, et d'une manière plus ornée ?

[1] Fontenelle
[2] Bossuet.
[3] Pro Lig. n. 38.

L'éloge de Roscius le comédien est du même goût. *Etenim quum artifex ejusmodi sit* (Q. Roscius), *ut solus dignus videatur esse qui scenam introeat, tum vir ejusmodi est, ut solus videatur dignus qui eo non accedat* [1]. Cicéron fait encore dans un autre endroit un éloge magnifique du même Roscius, qui peut nous apprendre aussi comment la même pensée peut être tournée en différentes manières.

Qui medius fidius (audacter dico) plus fidei quam artis, plus veritatis quam disciplinæ possidet in se : quem populus romanus meliorem virum quam histrionem esse arbitratur : qui ita dignissimus est scena propter artificum, ut dignissimus sit curia propter abstinentiam [2]. Ce double éloge se réduit à dire que Roscius est encore plus honnête homme qu'excellent acteur. Sous combien de faces cette pensée nous est-elle montrée! Peut-on rien imaginer de plus délicat que ce premier tour que Cicéron lui donne? « Roscius est un si excellent acteur, « qu'il paraît seul digne de monter sur le théâtre : mais d'un « autre côté il est si homme de bien, qu'il paraît seul digne de « n'y monter jamais. » Il n'y a pas moins de délicatesse dans le second éloge. Le dernier membre aurait eu peut-être plus de grâce, si au mot d'*artificium* on en eût substitué un qui se terminât comme *abstinentiam*. Car une des principales beautés des figures dont nous parlons ici, qui consistent dans un arrangement étudié et mesuré, est que les mots se répondent nonseulement pour le sens, mais, s'il se peut, pour le son et la cadence. *Ita dignissimus est scena propter artis peritiam, ut dignissimus sit curia propter abstinentiam.* Mais Cicéron a mieux aimé renoncer à cette petite élégance que d'affaiblir la beauté du sens par une expression moins propre; et il nous donne lieu d'ajouter ici quelques réflexions de Quintilien sur l'usage qu'il faut faire de ces sortes de figures.

Comme elles ne consistent [3] que dans certains tours et certain

---

[1] Pro Quint. Rosc. com. n. 78.
[2] Ibid. n. 17.
[3] « Sunt qui, neglecto rerum pondere et viribus sententiarum, si vel inania verba in hos modos depravarint, summos se judicent artifices, ideoque nou

desinunt eas nectere : quas sine sententia sectari tam est ridiculum, quam quærere habitum gestumque sine corpore. » (QUINTIL. lib. 9, cap. 3.)
« Sed ne hæ quidem densandæ sunt nimis. » (Id. ibid.)

arrangement de paroles, et que les paroles ne doivent servir qu'à exprimer les pensées, on sent assez qu'il serait absurde de s'attacher à ces tours et à cet arrangement, en négligeant le fond même des pensées et des choses. Mais, quelque solide qu'on le suppose, ces figures doivent être employées rarement, parce que plus l'art et l'étude s'y montrent, plus l'affectation se fait sentir et devient vicieuse. Enfin [1], il faut que la nature des choses qu'on traite soit susceptible de ces sortes d'ornements. Car quand il s'agit, par exemple, de toucher et d'attendrir les auditeurs, de les effrayer par la vue des maux dont ils sont menacés, d'exciter en eux une juste indignation contre le crime, d'employer des supplications vives et empressées, un orateur ne se rendrait-il pas ridicule s'il entreprenait de le faire par des périodes mesurées, par des antithèses, et de pareilles figures, qui ne sont propres qu'à éteindre le feu des passions, et à faire sentir la vanité d'un orateur occupé de lui seul et du soin de faire admirer son esprit, lorsqu'il ne devrait songer qu'à tirer les larmes des yeux de ses auditeurs, et à les remplir des sentiments de crainte, de colère, ou de douleur, qu'il veut leur inspirer?

Figures par allusion.

Je ne dois pas finir cet article, qui regarde les figures de mots, sans dire quelque chose de celles qui consistent dans une ressemblance affectée, et dans une espèce de jeux de mots. *Amari jucundum est, si curetur ne quid insit amari. Avium dulcedo ad avium ducit. Ex oratore arator factus.* Le seul nom de Verrès, qui en latin signifie *un porc*, en fournit plusieurs. *Hinc illi homines erant, qui etiam ridiculi inveniebantur ex dolore: quorum alii, ut audistis, negabant mirandum esse,* jus tam nequam esse verrinum : *alii etiam frigidiores erant; sed quia stomachabantur, ridiculi videbantur esse, quum sacerdotem exsecrabantur,* qui Verrem tam nequam *reliquisset* [2].

---

[1] « Sciendum imprimis quid quisque in orando postulet locus, quid persona, quid tempus... Ubi enim atrocitate, invidia, miseratione, pugnandum est, quis ferat contrapositis, et pariter cadentibus, et consimilibus, irascentem, flentem, rogantem? quum in his rebus cura verborum deroget affectibus fidem, et ubicumque ars ostentatur, veritas abesse videatur. » (Ibid.)

[2] 3 Verr. n. 121.

(Le préteur à qui Verrès avait succédé s'appelait *Sacerdos.*) *Quæego non commemorarem (neque enim, perfacete dicta, neque porro hac severitate digna sunt); nisi ;etc. Ex nomine istius quid in provincia facturus esset perridiculi homines augurabantur ... ad everrendam provinciam venerat. Quod unquam; judices; hujusmodi everriculum ulla in provincia fuit ²?*

Cicéron, en rapportant ces plaisanteries, a soin de marquer combien elles lui paraissent froides et puériles, et par là il apprend aux jeunes gens ce qu'ils en doivent penser, et les met en garde contre un mauvais goût qui serait assez de leur âge, et qui leur ferait trouver de l'esprit dans ces sortes de figures.

Il ne faut pas pourtant condamner généralement toutes les allusions. Il y en a de véritablement ingénieuses, qui donnent beaucoup de grâce au discours : et elles doivent paraître telles quand elles sont pleines de sens, et fondées sur une pensée solide et sur une ressemblance naturelle. Cicéron avait rapporté la manière juste et désintéressée dont Verrès s'était conduit dans une certaine affaire. Il ajoute cette réflexion : *Est adhuc, id quod vos omnes admirari video, non Verres, sed Q. Mucius. Quid enim facere potuit elegantius ad hominum existimationem? æquius ad levandam mulieris calamitatem? vehementius ad quæstoris libidinem coercendam? Summe hæc omnia mihi videntur esse laudanda. Sed repente e vestigio,* ex homine, *tanquam aliquo Circæo poculo,* factus est Verres: *Redit ad se, ad mores suos. Nam ex illa pecunia magnam partem ad se vertit: mulieri reddit quantulum visum est ³.* Il me semble que cette allusion, fondée sur ce que la fable dit de Circé, qui par de certains breuvages changeait les hommes en pourceaux (et c'est ce que signifie *Verres* en latin), est ici fort heureuse et fort naturelle.

Dans l'examen qu'avait fait Cicéron des journaux d'un certain négociant de Sicile [4], il se trouva que les cinq dernières lettres de ce mot *Verrutius,* qui y revenait souvent, étaient toujours effacées, et qu'il n'en restait que les quatre premières

---

[1] 4 Verr. n. 18 et 19.   [3] I Verr. n. 57.
[2] 6 Verr. n. 53.   [4] 4 Verr. n. 186, etc.

lettres, *Verr.* C'était un nom supposé, sous lequel Verrès s'était caché pour exercer une criante usure. Cicéron produisit cette pièce dans le procès : *ut omnes mortales*, dit-il, *istius avaritiæ non jam vestigia, sed ipsa cubilia videre possint*[1]. *Videtis Verrutium ? videtis primas litteras integras ? videtis extremam partem nominis, caudam illam Verris, tanquam in luto, demersam esse in litura*[2] ? Peut-on condamner un tel jeu de mots, surtout dans une occasion où l'orateur croyait avoir besoin d'égayer les juges, et où il voulait rendre Verrès ridicule et méprisable ? Quelquefois la ressemblance des mots, ou le simple changement de préposition, ou le même mot pris en différents sens, produit une sorte d'agrément qui n'est point à rejeter. *Hanc reipublicæ pestem paulisper reprimi, non in perpetuum comprimi posse*[3]... *non emissus ex urbe, sed immissus in urbem esse videatur*[4]... *Civis bonarum artium, bonarum partium*[5]. Un ancien disait d'un esclave qui volait dans la maison, qu'il n'y avait rien de fermé pour lui : *Solum esse cui domi, nihil sit nec obsignatum, nec occlusum*[6] : ce qui convient aussi à un fidèle serviteur à qui l'on se fie pleinement.

Figures de pensées.

Je me contenterai d'en rapporter seulement quelques-unes des plus marquées.

L'INTERROGATION, L'APOSTROPHE, L'EXCLAMATION, sont des figures fort communes, mais qui peuvent servir infiniment à rendre le discours plus fort, plus vif, plus touchant.

Usque adeone mori miserum est[7] ? C'est de ce ton que parle un homme près d'aller au combat ; au lieu qu'un vieillard malade et près de mourir dirait froidement : *Non est usque adeo miserum mori.*

Énée, dans un récit, remarque que, si on avait été attentif à un certain événement, Troie n'aurait pas été prise :

Trojaque, nunc stares ; Priamique arx alta, maneres[8].

L'APOSTROPHE fait sentir toute la tendresse d'un bon citoyen

[1] N. 190.
[2] N. 191.
[3] 2 Catil. n. 30.
[4] N. 27.
[5] Pro Cœl. n. 77.
[6] De Orat l. 2, n. 248
[7] Æn. lib. 12, v. 646.
[8] Æn. lib. 2, v. 56.

pour sa patrie. Changez une lettre, *staret*, *maneret* : ce sentiment diparaît.

Cicéron termine ainsi le récit qu'il avait fait du supplice d'un citoyen romain : *O nomen dulce libertatis ! o jus eximium nostræ civitatis ! O lex Porcia, legesque Semproniæ ! o graviter desiderata, et aliquando reddita plebi romanæ, tribunitia potestas ! Huccine tandem omnia reciderunt, ut civis romanus in provincia populi romani, in oppido fœderatorum, ab eo qui beneficio populi romani fasces et secures haberet, deligatus in foro virgis cæderetur* [1] ? Voilà le vrai langage de la douleur et de l'indignation.

Cicéron réunit presque toutes ces figures, et y en joint encore d'autres, dans un endroit qui est fort vif. *Quid enim, Tubero, tuus ille districtus in acie Pharsalica gladius agebat ? cujus latus ille mucro petebat ? qui sensus erat armorum tuorum ? quæ tua mens ? oculi ? manus ? ardor animi ? quid cupiebas ? quid optabas* [2] ? Tout cela se réduit à dire que Tubéron lui-même s'était trouvé à la bataille de Pharsale, et qu'il avait porté les armes contre César. Mais quelle force ne donnent point à cette pensée tant et de si vives figures entassées les unes sur les autres ? Ne semblent-elles pas insinuer que l'épée de Tubéron allait partout dans la mêlée chercher César ? Car Cicéron avait dit immédiatement auparavant : *Contra ipsum Cæsarem est congressus armatus.*

« Princesse dont la destinée est si grande et si glorieuse, faut-il « que vous naissiez en la puissance des ennemis de votre mai- « son ! O Éternel, veillez sur elle. Anges saints, rangez alen- « tour vos escadrons invisibles, et faites la garde autour du « berceau d'une princesse si grande et si délaissée [3]. »

« Retraites sombres où la honte renferme la pauvreté com- « bien de fois a-t-elle fait couler jusqu'à vous ses consolations et « ses aumônes, inquiète de vos besoins et de vos chagrins, et plus « soigneuse de cacher ses charités que vous ne l'étiez de cacher « votre misère [4] ! »

---

[1] 7 Verr. n. 161 et 162.
[2] Pro Ligar. n. 9.
[3] Bossuet.
[4] Fléchier.

O fortuné séjour! ô champs aimés des cieux,
Que, pour jamais foulant vos prés délicieux,
Ne puis-je ici fixer ma course vagabonde,
Et, connu de vous seul, oublier tout le monde[1]!

O rives du Jourdain! ô champs aimés des cieux !
  Sacrés monts, fertiles vallées
  Par cent miracles signalées!
  Du doux pays de nos aïeux
  Serons-nous toujours exilées[2]?

Abner s'était plaint qu'on ne voyait plus de miracles. Joad, plein d'une sainte indignation, lui répond ainsi :

Et quel temps fut jamais si fertile en miracles?
Quand Dieu par plus d'effets montra-t-il son pouvoir?
Auras-tu donc toujours des yeux pour ne point voir,
Peuple ingrat? Quoi! toujours les plus grandes merveilles,
Sans ébranler ton cœur, frapperont tes oreilles?

La PROSOPOPÉE est une figure qui prête de l'action et du mouvement aux choses insensibles ; qui fait parler les personnes, soit absentes, soit présentes, les choses inanimées, quelquefois même les morts.

Il est ordinaire aux poëtes de donner de l'indignation et de l'admiration aux fleuves, aux arbres; de la tristesse aux bêtes, etc.

Atque indignatum magnis stridoribus æquor....
         Pontem indignatus Araxes....
Miraturque novas frondes, et non sua poma....
         It tristis arator,
Mœrentem abjungens fraterna morte juvencum[3].

Sous les fougueux coursiers l'onde écume et se plaint...
J'entends déjà frémir les deux mers étonnées
Je voir leurs flots unis au pied des Pyrénées[4].

Pline l'ancien, dans ses descriptions, approche souvent de la hardiesse poétique. Il peint merveilleusement par deux traits la

[1] Despréaux.
[2] Racine

[3] Virgile.
[4] Despréaux.

douleur et la honte d'un paon qui, ayant perdu sa queue, ne cherche plus qu'à se cacher : *Cauda amissa pudibundus ac mœrens quærit latebram* [1]. Dans un autre endroit il donne un sentiment de joie à la terre, qui se voyait autrefois cultivée par des laboureurs victorieux, et fendue avec un soc chargé de lauriers : *gaudente terra vomere laureato, et triumphali aratore* [2]. Il dit ailleurs que les maisons où étaient disposées par ordre les statues des héros d'une noble race se sentaient encore de leurs triomphes après avoir changé de maîtres, et que les murailles reprochaient à un lâche qui les habitait que tous les jours il entrait dans un lieu consacré par les monuments de la vertu et de la gloire d'autrui. *Triumphabant etiam dominis mutatis ipsæ domus ; et erat hæc stimulatio ingens, exprobrantibus tectis quotidie imbellem dominum intrare in alienum triumphum* [3]. La traduction de cet endroit, qui est du père Bouhours, ne pouvant rendre l'ingénieuse brièveté de la dernière pensée, *intrare in alienum triumphum*, y a substitué un autre tour, fort beau à la vérité, mais plus long, et par cette raison moins vif.

Cicéron emploie la même pensée ; mais il lui donne plus d'étendue, comme il convient à l'orateur. C'est en parlant de la maison du grand Pompée, qu'Antoine avait envahie. Il demande à ce dernier si, en entrant dans ce vestibule orné des dépouilles des ennemis, et des becs de vaisseaux pris sur eux, il a cru entrer dans sa maison. Puis, usant de la figure dont il s'agit ici, il dit qu'il a compassion des toits mêmes et des murs de cette maison infortunée, qui n'avait rien vu ni entendu sous Pompée que de sage et d'honnête, et qui maintenant est devenue la retraite impure des débauches d'Antoine. *An tu illa in vestibulo rostra, et hostium spolia quum aspexisti, domum tuam te introire putas? fieri non potest. Quamvis enim sine mente, sine sensu sis, ut es ; tamen et te, et tua, et tuos nosti.... Me quidem miseret parietum ipsorum atque tectorum. Quid enim unquam domus illa viderat nisi pudicum, nisi ex optimo more et sanc-*

---

[1] Lib. 10, c. 20.
[2] Lib. 18, c. 3.
[3] Lib. 35, c. 2.

tissima disciplina?.... Nunc in hujus sedibus pro cubiculis stabula, pro tricliniis popinæ sunt [1].

Cette figure, qui personnifie les choses inanimées, donne beaucoup de grâce et de vivacité au discours. Cicéron, en plaidant pour Milon, avait dit que la loi des Douze Tables permettait, en certains cas, de tuer un voleur; d'où il tire cette conclusion : *Quis est qui, quoquo modo quis interfectus sit, puniendum putet; quum videat aliquando gladium nobis ad occidendum hominem ab ipsis porrigi legibus* [2]? Il pouvait dire simplement : *quum videat licere nobis aliquando per leges hominum occidere.* Au lieu de cela il personnifie les lois, et nous les représente comme si elles accouraient au secours d'un homme qui se trouve attaqué par des voleurs, et comme si elles lui mettaient elles-mêmes l'épée en main pour se défendre. Cela est tout autrement vif. Il emploie encore la même figure quelques lignes après : *Silent enim leges inter arma, nec se exspectari jubent : quum ei, qui exspectare velit, ante injusta pœna luenda sit, quam justa repetenda* [3].

« A ces cris Jérusalem redoubla ses pleurs; les voûtes du « temple s'ébranlèrent; le Jourdain se troubla, et tous ses ri- « vages retentirent du son de ces lugubres paroles : *Comment* « *est mort cet homme puissant qui sauvait le peuple d'Is-* « *raël?* »

« Vous savez que naturellement la victoire est cruelle, inso- « lente, impie. Monsieur de Turenne la rendait douce, raisonna- « ble et religieuse. »

« Depuis que la justice gémit sous un amas de lois et de for- « malités embarrassées, et qu'on s'est fait un art de se ruiner les « uns les autres par la chicane, les rois n'ont pu suffire à cette « fonction [4]. »

« Sa beauté n'a-t-elle pas toujours été sous la garde de la plus « scrupuleuse vertu? »

« Je ne vous raconterai point la suite trop fortunée de ses « entreprises (de Cromwell), ni ses fameuses victoires dont

---

[1] 2 Philip. n. 68, 69.
[2] Pro Milone, n. 9.
[3] N. 10.
[4] Fléchier.

« la vertu était indignée, ni cette longue prospérité qui a étonné
« l'univers [1]. »

« La raison conduit l'homme jusqu'à une entière conviction
« des preuves historiques de la religion chrétienne, après quoi
« elle le livre et l'abandonne à une autre lumière, non pas con-
« traire, mais toute différente, et infiniment supérieure [2]. »

Il est une autre espèce de prosopopée encore plus vive et plus
hardie que la première. C'est lorsqu'on apostrophe des choses
insensibles et inanimées, ou qu'on les fait parler elles-mêmes;
ou qu'au lieu de rapporter indirectement les discours de ceux
dont il s'agit, on met ces discours dans leur propre bouche; ou
enfin lorsqu'on va jusqu'à faire parler les morts.

1. Apostropher des choses insensibles.

Cicéron, après avoir décrit la mort de Clodius, et l'avoir attribuée à une providence particulière, dit que la religion même et
les autels y ont été sensibles, et leur adresse ensuite son discours.
*Religiones mehercule ipsæ, aræque, quum illam belluam ca-
dere viderunt, commovisse se videntur, et jus in illo suum
retinuisse. Vos enim albani tumuli atque luci, vos, inquam,
imploro atque obtestor, vosque Albanorum obrutæ aræ, etc [3].*

« Sans cette paix, Flandre, théâtre sanglant où se passent tant
« de scènes tragiques, tu aurais accru le nombre de nos provin-
« ces; et, au lieu d'être la source malheureuse de nos guerres,
« tu serais aujourd'hui le fruit paisible de nos victoires [4]. »

« Glaive du Seigneur, quel coup vous venez de frapper [5]! »

2. Faire parler des choses inanimées.

Cicéron, dans l'une des Catilinaires [6], introduit la patrie, et
la fait parler tantôt à Catilina, tantôt à lui-même. Appius, dans
le beau discours qu'il fait au sujet de la continuation du siége de
Veïes, introduit de même la république, qui représente aux soldats que, puisqu'elle les paye pour toute l'année, ils lui doivent
le service pour toute l'année. *An si ad calculos eum respublica*

---

[1] Bossuet.   [4] Fléchier.
[2] Fontenelle.   [5] Bossuet.
[3] Pro Milone n. 85.   [6] I Catil. n. 18 et 27.

*rocel, non merito dicat : Annua æra habes, annuam operam
ede ? An tu æquum censes militia semestri solidum te stipen-
dium accipere* [1] *?*

3. Les discours mis dans la bouche même des personnes
font tout un autre effet que si l'on se contentait de les rapporter
par un simple récit ; et ils sont merveilleux pour exciter ou l'indignation, ou la compassion.

C'est par cette figure que Cicéron, dans le dernier de ses plaidoyers contre Verrès, peint la cruelle avarice d'un geôlier qui
mettait à prix les larmes et la douleur des pères et des mères,
qui leur faisait acheter chèrement la triste consolation de voir et
d'embrasser leurs enfants, et qui exigeait d'eux de l'argent pour
faire mourir d'un seul coup ces malheureuses victimes de la
cruauté de Verrès. *Aderat janitor carceris, carnifex prætoris,
mors terrorque sociorum et civium, lictor Sextius, cui ex omni
gemitu doloreque certa merces comparabatur. Ut adeas, tantum dabis : ut tibi cibum intro ferre liceat, tantum. Nemo
recusabat. Quid, ut uno ictu securis afferam mortem filio tuo,
quid dabis? ne diu crucietur? ne sæpius feriatur? ne cum sensu
doloris aliquo aut cruciatu spiritus auferatur? Etiam ob hanc
causam pecunia lictori dabatur. O magnum atque intoleran-
dum dolorem! o gravem acerbamque fortunam! Non vitam
liberum, sed mortis celeritatem pretio redimere cogebantur* [2].

Milon n'était pas d'un caractère qui lui permît de descendre à
de basses supplications. Cicéron lui met dans la bouche un discours plein de grandeur et de noblesse, et en même temps extrêmement tendre et touchant. *Valeant*, inquit, *valeant cives mei.
Sint incolumes, sint florentes, sint beati. Stet hæc urbs præclara, mihique patria carissima, quoquo modo merita de me
erit. Tranquilla republica cives mei (quoniam mihi cum illis
non licet), sine me ipsi, sed per me tamen perfruantur. Ego
cedam atque abibo. etc.* [3]. L'effet de cette figure [4] est de rendre
comme présentes les personnes que l'on fait parler, et de faire
qu'on s'imagine les voir et les entendre elles-mêmes.

---

[1] Tit. Liv. lib. 5, n. 4.
[2] 7 Verrin. 117, 118.
[3] Pro Milone, n. 93.
[4] « Non audire judex videtur aliena

mala deflentes, sed sensum ac vocem
auribus accipere miserorum, quorum
etiam mutus adspectus lacrymas movet. »
(Quint. 1 6, c. 1.)

4. L'orateur va encore plus loin. Il ouvre quelquefois les tombeaux, et en fait sortir les morts pour faire des exhortations ou des réprimandes aux vivants. On a deux beaux exemples de cette figure dans le plaidoyer de Cicéron pour Cœlius [1]. On peut les consulter.

D'autres fois, il adresse son discours aux morts. « Grande reine, « je satisfais à vos plus tendres désirs quand je célèbre ce mo- « narque; et ce cœur qui n'a jamais vécu que pour lui se réveille, « tout cendre qu'il est, et devient sensible, même sous ce drap « mortuaire, au nom d'un époux si cher [2]. »

Ces sortes de fictions [3], pour plaire, demandent, comme l'a observé Quintilien, d'être soutenues d'une grande force d'éloquence : car les choses extraordinaires, incroyables, et qui sont comme hors de la nature, n'ont point un effet médiocre. Il faut nécessairement ou qu'elles fassent une forte impression, parce qu'elles vont au delà du vrai; ou qu'elles soient regardées comme des puérilités, parce qu'elles sont fausses.

L'HYPOTYPOSE [4] est une figure qui peint l'image des choses dont on parle, avec des couleurs si vives, qu'on s'imagine les voir de ses propres yeux, et non simplement en entendre le récit. Et c'est en quoi consiste principalement la force et le pouvoir de l'éloquence, qui ne domine point assez pleinement, et qui n'a pas tout le succès qu'elle doit avoir si elle frappe simplement les oreilles sans remuer l'imagination et sans aller jusqu'au cœur.

1. Ces images se font quelquefois en peu de mots, et ce ne sont pas les moins vives.

Virgile peint en un vers et demi la consternation de la mère d'Euryale au moment qu'elle apprit sa mort :

---

1 Pro Cœl. n. 33-36.
2 Bossuet.
3 « Magna quædam vis eloquentiæ desideratur. Falsa enim et incredibilia natura necesse est aut magis moveant, quia supra vera sunt; aut pro vanis accipiantur, quia vera non sunt. » (QUINT. lib. 9, cap. 2.)
4 « Ὑποτύπωσις dicitur proposita quædam forma rerum ita expressa ver-

bis, ut cerni potius videatur, quam audiri. » (Id. ibid.)
« Magna virtus est, res, de quibus loquimur, clare, atque ut cerni videantur, enuntiare. Non enim satis efficit, neque, ut debet, plene dominatur oratio, si usque ad aures volet, atque ea sibi judex, de quibus cognoscit, narrari credit, non exprimi, et oculis mentis ostendi » (Id. lib. 8, c. 3.)

Miseræ calor ossa reliquit :
Excussi manibus radii, revolutaque pensa [1].

Cicéron peint en deux lignes la colère, ou plutôt la fureur de Verrès. *Ipse inflammatus scelere ac furore in forum venit. Ardebant oculi : toto ex ore crudelitas eminebat* [2].

Il fait ailleurs en aussi peu de mots un autre portrait de Verrès encore plus beau, quoiqu'il frappe moins d'abord : comme il est de certains tableaux dont la beauté n'est aperçue que par les connaisseurs. *Stetit soleatus prætor populi romani cum pallio purpureo tunicaque talari, muliercula nixus in littore* [3]. Quintilien développe d'une manière admirable toute la force et l'énergie renfermée dans cette courte description. J'en rapporterai les paroles mêmes, parce qu'elles peuvent servir de modèle aux maîtres pour entendre et pour expliquer les auteurs. *An quisquam*, dit-il, *tam procul a concipiendis imaginibus rerum abest, ut quum illa in Verrem legit, stetit soleatus*, etc., *non solùm ipsum os intueri videatur, et locum, et habitum, sed quædam etiam ex iis, quæ dicta non sunt, sibi ipse adstruat? Ego certe mihi cernere videor, et vultum, et oculos, et deformes utriusque blanditias, et eorum qui aderant tacitam adversationem ac timidam verecundiam* [4]. Qu'on change quelques mots dans la description de Cicéron, et qu'on en dérange d'autres en mettant *stetit Verres in littore..... cum muliere colloquens*, cet excellent tableau perdra une grande partie de sa vivacité et de ses couleurs. La principale beauté consiste à peindre un préteur du peuple romain dans l'attitude où le représente Cicéron, appuyé nonchalamment sur une femme. Ces deux mots, *muliercula nixus*, sont une peinture parlante, qui présente aux yeux et à l'esprit tout ce que Quintilien y voit. *In littore*, réservé pour la fin, y ajoute le dernier trait, comme on l'a déjà remarqué ailleurs, et marque la licence effrénée de Verrès, qui, paraissant en cette indigne posture sur le rivage et aux yeux de tout le monde, semble braver insolemment la bienséance et l'honnêteté publique.

[1] Æn. lib. 9, v. 475.
[2] 7 Verrin. n. 160.
[3] Ibid. n. 85.
[4] Quintil. lib. 8, c. 3.

Nos poëtes sont pleins de ces descriptions courtes et vives.

> Son coursier, écumant sous son maître intrépide,
> Nage tout orgueilleux de la main qui le guide [1].

Et ailleurs :

> Quatre bœufs attelés, d'un pas tranquille et lent,
> Promenaient dans Paris le monarque indolent.

Mais rien n'est plus achevé que le portrait qui suit :

> La Mollesse oppressée
> Dans sa bouche à ce mot sent sa langue glacée,
> Et, lasse de parler, succombant sous l'effort,
> Soupire, étend les bras, ferme l'œil, et s'endort.

2. Les descriptions que j'ai rapportées jusqu'ici sont courtes, et ne peignent qu'un simple objet. Il y en a de plus longues et de plus détaillées, qui ressemblent à ces tableaux où l'on représente plusieurs personnages, dont toutes les attitudes frappent et se font remarquer. Telle est cette description d'un repas de débauche, qui était dans une harangue de Cicéron qui n'est pas parvenue jusqu'à nous : *Videbar mihi videre alios intrantes, alios autem exeuntes, partim ex vino vacillantes, partim hesterna potatione oscitantes. Versabatur inter hos Gallius unguentis oblitus, redimitus coronis. Humus erat immunda, lutulenta vino, coronis languidulis et spinis cooperta piscium.* Quintilien, qui nous a conservé ce beau morceau, nous en fait sentir la beauté et le prix par un seul mot, mais plein de vivacité, et qui dit tout : *Quid plus videret, qui intrasset?* Il fait lui-même une excellente description d'une ville prise d'assaut et pillée, qui mérite bien d'être lue. On en trouve beaucoup de pareilles dans Cicéron, qui n'échapperont pas à l'exactitude d'un bon maître. Nos auteurs français, soit poëtes, soit orateurs, en peuvent fournir aussi un grand nombre.

Josabet, dans *Athalie*, décrit merveilleusement la manière dont elle sauva Joas du carnage.

---

[1] Despréaux.

Hélas ! l'état horrible où le ciel me l'offrit
Revient à tout moment effrayer mon esprit.
De princes égorgés la chambre était remplie :
Un poignard à la main, l'implacable Athalie
Au carnage animait ses barbares soldats,
Et poursuivait le cours de ses assassinats.
Joas, laissé pour mort, frappa soudain ma vue :
Je me figure encor sa nourrice éperdue,
Qui devant les bourreaux s'était jetée en vain,
Et, faible, le tenait renversé sur son sein.
Je le pris tout sanglant. En baignant son visage,
Mes pleurs du sentiment lui rendirent l'usage ;
Et, soit frayeur encore, ou pour me caresser,
De ses bras innocents je me sentis presser [1].

La peinture que fait M. Fléchier des hôpitaux peut servir de
modèle dans ce genre : c'est dans l'oraison funèbre de la reine.
« Voyons-la dans ces hôpitaux où elle pratiquait ses miséricor-
« des publiques ; dans ces lieux où se ramassent toutes les infir-
« mités et tous les accidents de la vie humaine ; où les gémisse-
« ments et les plaintes de ceux qui souffrent remplissent l'âme
« d'une tristesse importune ; où l'odeur qui s'exhale de tant de
« corps languissants porte dans le cœur de ceux qui les servent
« le dégoût et la défaillance ; où l'on voit la douleur et la pau-
« vreté exercer à l'envi leur funeste empire ; et où l'image de la
« misère et de la mort entre presque par tous les sens : c'est là
« que, s'élevant au-dessus des craintes et des délicatesses de la
« nature pour satisfaire à sa charité au péril de sa santé même,
« on la vit toutes les semaines essuyer les larmes de celui-ci,
« pourvoir aux besoins de celui-là ; procurer aux uns des remèdes
« et des adoucissements à leurs maux, aux autres des consola-
« tions de l'esprit et des secours pour la conscience. »

Ces endroits sont fort propres à former le goût des jeunes gens.
On doit les avertir que le moyen le plus sûr de réussir dans ces
sortes de descriptions est de consulter la nature [2], de la bien
étudier, et de la prendre pour guide ; en sorte que chacun sente

[1] Racine.
[2] « Naturam intueamur, hanc sequa-
mur. Omnis eloquentia circa opera vitæ
TR. DES ÉTUD. T. 1.

est : ad se refert quisque quæ audit ; et
id facillime accipiunt animi, quod co-
gnoscunt. » (Quint. lib. 8, cap. 3.)

en soi-même la vérité de ce qu'on dit, et trouve dans son propre fonds les sentiments qui sont exprimés dans le discours. Pour cela il faut se représenter vivement toutes les circonstances de la chose qu'on veut décrire,[1] et se la rendre présente à soi-même par la force de l'imagination, comme si l'on en était réellement témoin, et qu'on la vît de ses propres yeux. Et pourquoi[2], dit Quintilien, l'imagination en cette rencontre ne ferait-elle pas en faveur de l'orateur ce qu'elle fait à l'égard des personnes passionnées; d'un avare, par exemple, ou d'un ambitieux, qui, dans ces espèces de songes et de douces rêveries où ils se forment mille projets chimériques de fortune ou de richesses, se livrent tellement à l'objet de leur passion, et en sont si fortement occupés, qu'ils croient effectivement le voir, le posséder, et en être les maîtres?

Il fournit lui-même un modèle de cette manière de faire une description, que je rapporterai tout entier, parce qu'il montre aux jeunes gens comment ils doivent s'y prendre pour bien composer. *Ut hominem occisum querar, non omnia, quæ in re præsenti accidisse credibile est, in oculis habebo? Non percussor ille subitus erumpet? non expavescet circumventus? exclamabit, vel rogabit, vel fugiet? non ferientem, non concidentem videbo? non animo sanguis, et pallor, et gemitus, extremus denique exspirantis hiatus insidet[3]?* Cet endroit paraît copié d'après Cicéron, qui décrit ainsi une pareille action : *Nonne vobis hæc, quæ audistis, cernere oculis videmini, judices? Non illum miserum ignarum casus sui, redeuntem a cœna videtis? non positas insidias? non impetum repentinum? Non versatur ante oculos vobis in cæde Glaucia? Non adest iste Roscius? non suis manibus in curru collocat Automedon-*

---

[1] « Per quas (φαντασίας) imagines rerum absentium ita repræsentantur animo, ut eas cernere oculis ac præsentes habere videamur. Has quisquis bene conceperit, is erit affectibus potentissimus. Hunc quidam dicunt εὐφαντασίωτον, qui sibi res, voces, actus, secundum verum, optime finget. » (Id. lib. 6, cap. 2.)

[2] « Nam si inter otia animorum, et spes inanes, et velut somnia quædam vigilantium, ita nos hæ de quibus loquimur imagines prosequuntur, ut peregrinari, navigare, præliari, populos alloqui, divitiarum quas non habemus usum videamur disponere; nec cogitare, sed facere : hoc animi vitium ad utilitatem non transferemus? » (Id. ibid.)

[3] Quintil. lib. 6, c. 2.

*tem illum, sui sceleris acerbissimi nefariæque victoriæ nun-
cium* [1]?

Images.

Les derniers mots de la description que je viens de citer m'a-
vertissent d'indiquer ici aux jeunes gens une des sources les plus
ordinaires des beautés du discours, qui consiste à donner, pour
ainsi dire, du corps et de la réalité aux choses dont on parle, et
à les peindre par des traits visibles qui frappent les sens, qui
remuent l'imagination, et qui montrent un objet sensible. Cette
manière a quelque rapport à la figure précédente, qui est l'hypotypose, si elle n'en fait pas partie. *Non suis manibus in curru
collocat Automedontem illum?* Ces mots, *suis manibus*, produisent ici l'effet dont je parle, et présentent à l'esprit une image.
Il en est de même de ces deux vers, que j'ai déjà cités :

> Un poignard à la main, l'implacable Athalie
> Au carnage animait ses barbares soldats....

Ce trait, *un poignard à la main*, en fait toute la vivacité. Il
y a une infinité de manières de peindre ainsi les objets qu'on décrit : j'en rapporterai plusieurs exemples, dont le lecteur fera
l'application à la règle que j'ai indiquée.

*Tendit ad vos virgo vestalis manus supplices easdem, quas
pro vobis diis immortalibus tendere consuevit.... Prospicite
ne ignis ille æternus, nocturnis Fonteiæ laboribus vigiliisque
servatus, sacerdotis Vestæ lacrymis exstinctus esse dica-
tur* [2].

*Hæc magnitudo maleficii facit ut, nisi pene manifestum
parricidium proferatur, credibile non sit... Pene dicam res-
persas manus sanguine paterno judices videant oportet, si
tantum facinus, tam immane, tam acerbum, credituri
sint* [3].

« Quel peuple n'a pas ressenti les effets de sa valeur? et quel
endroit de nos frontières n'a pas servi de théâtre à sa gloire? »

---

[1] Pro Rosc. Amer. n. 98.
[2] Pro M. Font. n. 37, 38.
[3] Pro Rosc. Amer. n. 68.

« Dans le tumulte des armées, il s'entretenait des douces et
« secrètes espérances de sa solitude. D'une main il foudroyait
« les Amalécites, et il levait déjà l'autre pour attirer sur lui
« les bénédictions célestes. »

« Elle lui a montré à lever ses mains pures et innocentes vers
« le ciel. »

« Avant que d'entrer dans les charges, il voulut en connaître
« les devoirs. Le premier tribunal où il monta fut celui de sa
« conscience, pour y sonder le fond de ses intentions. »

« Quand il rétablissait le culte de Dieu dans ses conquêtes, et
« que, marchant sur ces remparts qu'il venait de foudroyer, il
« allait lui offrir pour premier hommage, au pied de ses autels
« renouvelés, les lauriers qu'il avait cueillis.... »

« Je ne crains pas de mêler ses louanges au sacrifice qu'on
« offre pour elle, et je prends sur l'autel tout l'encens que je
« brûle sur son tombeau. »

« Qu'est-il besoin de lever le voile qu'elle a jeté sur ses ac-
« tions? »

« Il s'appliqua à découvrir la vérité au travers des voiles du
« mensonge et de l'imposture, dont les cupidités humaines la
« couvrent[1]. »

« Est-ce dans la cour, est-ce dans les armées, est-ce sous le
« casque et sous la cuirasse, que s'apprennent de telles véri-
« tés[2]? »

« Vous croyez donc que les déplaisirs et les plus mortelles
« douleurs ne se cachent pas sous la pourpre, ou qu'un royaume
« est un remède universel à tous les maux? »

« Il me semble que je vois encore tomber cette fleur. » On parle
de la mort d'un prince enfant.

« Quand tout cédait à Louis, et que nous crûmes voir revenir
« le temps des miracles où les murailles tombaient au bruit des
« trompettes, tous les peuples jetaient les yeux sur la reine, et
« croyaient voir partir de son oratoire la foudre qui accablait
« tant de villes[3]. »

« Sous un air serein et tranquille (il s'agit de Louis XIV), il

---

[1] Fléchier.
[2] Mascaron.
[3] Bossuet.

« formait ces foudres dont le bruit a retenti par tout le monde, et
« ceux qui sont encore sur le point d'éclater [1]. »

> Pour comble de prospérité ,
> Il espère (*l'impie*) revivre en sa postérité :
> Et d'enfants à sa table une riante troupe
> Semble boire avec lui la joie à pleine coupe [2].

Avant que de finir cet article, je dois avertir, en général [3],
que l'usage des figures demande beaucoup de discernement et
de prudence. Elles servent comme de sel et d'assaisonnement
au discours pour relever le style, pour éviter une façon de parler
vulgaire et commune, pour prévenir le dégoût que causerait une
ennuyeuse uniformité; et dès lors elles doivent être employées
avec mesure et discrétion. Car si l'usage en devient trop fréquent,
elles perdent cette grâce même de la variété qui fait leur principal mérite; et plus elles sont brillantes, plus elles choquent et
lassent par une affectation vicieuse, qui marque qu'elles ne sont
point naturelles, mais recherchées avec trop de soin, et comme
amenées par force.

Il n'est pas nécessaire de faire observer qu'il y a des figures
qui sont devenues si communes et si triviales, qu'elles ont perdu
toute leur grâce, surtout lorsqu'elles sont très-longues. *Mise-*
rum est exturbari fortunis omnibus : miserius est injuria.
Acerbum est... acerbius. Calamitosum est... calamitosius. Fu-
nestum est.... funestius. Indignum est.... indignius. Luctuosum
est.... luctuosius. Horribile est.... horribilius [4]. L'auditeur
prévient la réponse, et est fatigué par cette espèce de refrain,
qui est toujours sur le même ton. Il en est de même de cette autre figure, qui est encore plus ennuyeuse : *Qui sunt qui fœdera*
sæpe ruperunt? Carthaginienses. Qui sunt qui in Italia cru-
dele bellum gesserunt? Carthaginienses. Qui sunt, etc. [5] ?

---

[1] Pellisson.
[2] Racine.
[3] « Una in re maxime utilis, ut quotidiani et semper eodem modo formati
sermonis fastidium levet, et nos a vulgari dicendi genere defendat. Quo si
quis parce, et quum res poscet, utetur,
velut adsperso quodam condimento,
jucundior erit. At qui nimium affecta-
verit, ipsam illam gratiam varietatis

amittet.... Nam et secretæ, et extra vul-
garem usum positæ, ideoque magis no-
biles, ut novitate aurem excitant, ita
copia satiant : nec se obvias fuisse dicenti, sed conquisitas, et ex omnibus la-
tebris extractas congestasque declarant. »
(QUINTIL. l. 9, c. 3.)
[4] Pro Quint. n. 95.
[5] Cornif. l. 4

§ VI. Des précautions oratoires.

Je donne ici ce nom à de certains ménagements que l'orateur doit prendre pour ne point blesser la délicatesse de ceux devant qui ou de qui il parle, à des tours étudiés et artificieux dont il se sert pour dire de certaines choses qui autrement paraîtraient dures et choquantes. J'appelle tout cela *précautions oratoires*, parce qu'en tout cela il y a un art et une adresse propres certainement à la rhétorique, qui méritent bien qu'on y rende les jeunes gens attentifs. Quelques exemples rendront la chose plus sensible.

Chrysogonus, affranchi de Sylla, avait tant de crédit auprès de son maître, tout-puissant alors dans la république, qu'aucun avocat n'osa plaider contre lui en faveur de Roscius. Il n'y eut que Cicéron qui eut le courage, tout jeune qu'il était, de se charger d'une cause si délicate. Il a grand soin, dans toute la suite de son plaidoyer, d'avertir en plusieurs endroits [1] que Sylla n'avait eu aucune connaissance de toutes les injustices de son affranchi; qu'on s'était fort appliqué à les lui cacher; qu'on avait fermé tout accès auprès de lui à ceux qui auraient pu lui en donner avis [2]; qu'enfin il n'était pas étonnant que Sylla, chargé seul du soin de rétablir et de gouverner la république, eût ignoré ou négligé plusieurs choses, puisqu'il en échappait beaucoup à la connaissance et à l'attention de Jupiter même dans le gouvernement de l'univers. On sent bien que de telles précautions étaient absolument nécessaires.

Cicéron, dans le plaidoyer intitulé *Divinatio in Verrem*, est obligé de montrer qu'il est plus digne que Cécilius de plaider contre Verrès. Une telle cause [3], pour ne point choquer, devait être maniée avec beaucoup d'adresse et d'habileté; car les louanges qu'on se donne à soi-même sont toujours odieuses, surtout quand elles roulent sur l'esprit et sur l'éloquence. Cicéron, après avoir prouvé que Cécilius n'a aucune des qualités nécessaires pour soutenir un plaidoyer si important, n'a garde de se

[1] Pro Rosc. Amer. n. 21 et 22, 25; 91, 110, 127.
[2] N. 131.
[3] « Intelligo quam scopuloso difficili-que in loco verser. Nam quum omnis arrogantia odiosa est, tum illa ingenii atque eloquentiæ multo molestissima. » (N. 36.)

lés attribuer à lui-même : une vanité si grossière aurait révolté
tous les esprits. Il dit [1] seulement qu'il a travaillé toute sa vie
pour les acquérir, et que si, malgré un long travail, il n'a pu en
venir à bout, il n'est pas étonnant que Cécilius, qui n'a jamais
eu aucune idée de cette noble profession, en soit absolument incapable.

En plaidant pour Flaccus, il avait à réfuter le témoignage de
plusieurs Grecs qui avaient déposé contre sa partie. Pour le
faire avec plus de succès, il entreprend de décrier la nation même,
comme peu délicate sur ce qui regarde la bonne foi et la sincérité. Il ne commence pas brusquement par un reproche si dur ;
il met d'abord comme à l'écart beaucoup d'honnêtes gens qui
n'ont point pris de part à l'aveugle passion de quelques-uns de
leurs compatriotes. Il donne ensuite de grandes louanges à la
nation en général, dont il relève extrêmement le génie, l'habileté,
la politesse, le goût pour les arts, et le merveilleux talent pour
l'éloquence ; mais il ajoute que cette nation ne s'est jamais pi-
quée d'exactitude et de sincérité dans les témoignages. *Verumtamen hoc dico de toto genere Græcorum : tribuo illis litteras ;
do multarum artium disciplinam ; non adimo sermonis leporem, ingeniorum acumen, dicendi copiam ; denique etiam,
si qua sibi alia sumunt, non repugno : testimoniorum religionem et fidem nunquam ista natio coluit, totiusque hujusce rei
quæ sit vis, quæ auctoritas, quod pondus, ignorant* [2].

On sait que Cicéron excellait surtout à émouvoir les passions,
et que, par les discours tendres et touchants qu'il mettait dans
la bouche de ses parties, en finissant ses plaidoyers, il faisait
souvent couler les larmes des yeux de tous ceux qui l'écoutaient.
La grandeur d'âme et la noble fierté dont se piquait Milon ôtait
à son avocat cette ressource si puissante. Mais Cicéron [3] sut tirer avantage de son courage même, pour lui gagner la faveur
des juges ; et il prit sur lui le caractère et le personnage de suppliant, qu'il ne pouvait donner à sa partie.

---

[1] « Fortasse dices : Quid ? Ergo hæc
in te sunt omnia ? Utinam quidem es-
sent ! Verumtamen ut esse possent magno studio mihi a pueritia est elaboratum. » (N. 40,).

[2] Pro Flacco, n. 9

[3] « Ergo et ille captavit ex illa præ-
stantia animi favorem, et in locum lacrymarum ejus ipse successit. » (Quintil. lib. 6, cap. 1.)

Le respect inviolable que les enfants doivent à leurs pères et mères, lors même qu'ils en sont traités avec dureté et avec injustice, rend très-difficiles certaines conjonctures où ils sont obligés de parler contre eux ; et c'est dans ces occasions où la bonne rhétorique fournit des tours et des ménagements qui, sans rien faire perdre des avantages de la cause, savent rendre à l'autorité paternelle tout ce qui lui est dû. Il faut alors qu'on sente qu'il n'y a qu'une nécessité indispensable qui arrache de la bouche des enfants des plaintes que le cœur voudrait supprimer, et qu'au travers même de ces plaintes on entrevoie un fond non-seulement de respect, mais d'amour et de tendresse. On peut voir un bel exemple de ce précepte dans le plaidoyer pour Cluentius [2], que sa mère avait traité avec une cruauté inouïe.

La règle que je viens de toucher regarde tout inférieur qui a des prétentions légitimes à faire valoir contre un supérieur qu'il doit respecter et honorer.

Il y a des occasions où des raisons d'intérêt ou de bienséance ne nous permettent pas de nous expliquer en termes clairs et précis, et où [3] cependant nous voulons faire entendre au juge ce que nous n'osons lui dire ouvertement. Un fils, par exemple, ne peut gagner son procès sans découvrir un crime dont son père est coupable. Il faut [4], dit Quintilien, que les choses mêmes conduisent insensiblement le juge à deviner ce qu'on ne veut pas lui dire ; que, tout autre motif étant écarté, il soit comme forcé à voir l'unique qui reste, mais que le respect pour un père empêche de découvrir. Et pour lors il faut que le discours du fils, suspendu, entrecoupé et interrompu de temps en temps comme par un silence forcé et par de vifs sentiments de tendresse, fasse connaître la violence qu'il se fait pour ne pas laisser échapper des paroles que la force de la vérité semble vouloir arracher de sa

---

[1] « Hoc illis commune remedium est, si in tota actione æqualiter appareat, non honor modo, sed etiam caritas : præterea causa sit nobis justa sic dicendi ; neque id moderate tantum faciamus, sed etiam necessario. » (Id. lib. 11, cap. 1.)

[2] N. 12 et 17.

[3] « In quo per quamdam suspicionem, quod non dicimus, accipi volumus. » (Idem, lib. 9, c. 2.)

[4] « Res ipsæ perducant judicem ad suspicionem, et amoliamur cætera, ut hoc solum supersit : in quo multum etiam affectus juvant, et interrupta silentio dictio, et cunctationes. Sic enim fiet, ut judex quærat illud nescio quid, quod ipse fortasse non crederet, si audiret : et ei, quod a se inventum existimat, credat. » (Ibid.)

bouche. Par là le juge est porté à chercher ce je ne sais quoi qu'il ne croirait peut-être pas si on le lui avait découvert, mais dont il est pleinement convaincu parce qu'il croit l'avoir trouvé de lui-même.

Il y a aussi des personnes d'un caractère si respectable et d'une réputation si universelle, que leur nom seul est un poids qui accable leurs adversaires. Tel était Caton à l'égard de Muréna ; et l'on ne peut trop faire remarquer aux jeunes gens l'art merveilleux avec lequel Cicéron [1], sans toucher à la personne même de Caton, qui devait être pour lui comme sacrée, et qui certainement était inaccessible et invulnérable à la censure la plus maligne, sut pourtant lui ôter une partie de son autorité et de son crédit par le portrait qu'il fit de la secte des stoïciens, qu'il tourna en ridicule avec tant d'esprit et d'agrément, que Caton lui-même ne put s'empêcher d'en rire.

Y eut-il jamais une affaire plus délicate et plus difficile à manier que celle dont Cicéron se chargea en osant se déclarer contre la loi agraire ? On appelait ainsi la loi qui ordonnait des distributions de terre pour ceux d'entre le peuple qui étaient les plus pauvres. Cette loi avait dans tous les temps servi d'appât et d'amorce aux tribuns pour gagner la populace et pour se l'attacher. Elle paraissait en effet lui être très-favorable, en lui procurant un repos tranquille et une retraite assurée. Cependant Cicéron entreprend de la faire rejeter par le peuple même, qui venait de le nommer consul avec une distinction qui était sans exemple. S'il eût commencé par se déclarer ouvertement contre cette loi, il aurait trouvé toutes les oreilles et tous les cœurs fermés, et le peuple se serait généralement révolté contre lui. Il était trop habile et connaissait trop les hommes pour en user ainsi. C'est une chose admirable de voir pendant combien de temps il tient l'esprit de ses auditeurs en suspens, sans leur laisser entrevoir en aucune manière le parti qu'il avait pris, ni le sentiment qu'il voulait leur inspirer. Il emploie d'abord tous les traits de son éloquence pour témoigner au peuple la vive reconnaissance dont il

---

[1] « Quam molli autem articulo tractavit Catonem, cujus naturam summe admiratus, non ipsius vitio, sed stoïcæ sectæ, quibusdam in rebus factam duriorem videri volebat ! » (QUINTIL. lib. II, cap. I.)

était pénétré pour le bienfait signalé qu'il venait d'en recevoir. Il
en relève avec soin toutes les circonstances, qui lui étaient si
honorables. Il marque ensuite les devoirs et les obligations que
lui impose un consentement si unanime du peuple à lui donner
le consulat. Il déclare que, lui étant redevable de tout ce qu'il
est, il prétend bien, et dans l'exercice de sa charge et pendant
toute sa vie, être *populaire*. Mais il avertit que ce mot a besoin
d'explication : et, après en avoir démêlé les différents sens ;
après avoir découvert les secrètes intrigues des tribuns, qui
couvraient de ce spécieux nom leurs desseins ambitieux ; après
avoir loué hautement les Gracques, zélés défenseurs de la loi
agraire, et dont la mémoire, par cette raison, était si chère au
peuple romain ; après s'être ainsi insinué peu à peu et par degrés
dans l'esprit de ses auditeurs, et s'en être enfin rendu maître absolu, il n'ose pas encore cependant attaquer ouvertement la loi
dont il s'agissait ; mais il se contente de protester qu'en cas que le
peuple, après l'avoir entendu, ne reconnaisse pas que cette loi,
sous un dehors flatteur, donne en effet atteinte à son repos et à
sa liberté, il se joindra à lui et se rendra à son sentiment. C'est
ici un modèle parfait de ce qu'on appelle dans l'école *exorde
par insinuation*; et il me semble qu'un seul endroit comme
celui-ci est bien capable de former l'esprit des jeunes gens, et de
leur apprendre la manière adroite et respectueuse avec laquelle
ils doivent combattre le sentiment de ceux à qui la reconnaissance et la soumission ne leur permettent pas de résister directement. Il eut à Rome tout l'effet qu'on en devait attendre ; et le
peuple, détrompé par l'éloquent discours de son consul, rejeta
lui-même la loi.

L'endroit de la harangue de Cicéron pour Ligarius où l'on
examine ce qu'il fallait penser du parti de Pompée, demandait
d'être traité avec une extrême délicatesse. Tubéron avait taxé de
crime la conduite de ceux qui avaient porté les armes contre
César. Cicéron relève et condamne la dureté de cette expression ;
et, après avoir rapporté les différents noms qu'on donnait à la
démarche de ceux qui s'étaient déclarés pour Pompée ; erreur,
crainte, cupidité, passion, prévention, entêtement, témérité :
« Pour moi, dit-il, si l'on me demande quel est le propre et vérita-

« ble nom que l'on doit donner à notre malheur, il me semble
« que c'est une fatale influence qui a aveuglé les hommes et les
« a entraînés comme malgré eux; en sorte qu'on ne doit pas s'é-
« tonner que la volonté insurmontable des dieux l'ait emporté
« sur les conseils des hommes. » *Ac mihi quidem, si proprium
et verum nomen nostri mali quæratur, fatalis quædam cala-
mitas incidisse videtur, et improvidas hominum mentes occu-
pavisse : ut nemo mirari debeat, humana consilia divina ne-
cessitate esse superata* [1]. Il n'y avait rien dans cette définition
d'injurieux pour le parti de Pompée; et., loin de devoir choquer
César, elle était très-flatteuse pour lui.

Nos écrivains, quand ils ont eu à parler des dernières guerres
civiles qui troublèrent la France, semblent avoir eu en vue l'endroit de Cicéron que je viens de rapporter; mais ils ont bien enchéri sur leur modèle.

« Hélas! malheureuse France, pour être défaite de cet en-
« nemi, ne t'en restait-il pas assez d'autres sans tourner tes mains
« contre toi-même? Quelle fatale influence te porta à répandre
« tant de sang?... Que ne peut-on effacer ces tristes années de la
« suite de l'histoire, et les dérober à la connaissance de nos ne-
« veux! Mais puisqu'il est impossible de passer sur des choses
« que tant de sang répandu a trop vivement marquées, mon-
« trons-les du moins avec l'artifice de ce peintre qui, pour cacher
« la difformité d'un visage, inventa l'art du profil. Dérobons à
« notre vue ce défaut de lumière, et cette nuit funeste qui, for-
« mée dans la confusion des affaires publiques par tant de divers
« intérêts, fit égarer ceux même qui cherchaient le bon che-
« min [2]. »

« Souvenez-vous, messieurs, de ce temps de désordre et de
« trouble où l'esprit ténébreux de discorde confondait le droit
« avec la passion, le devoir avec l'intérêt, la bonne cause avec
« la mauvaise; où les astres les plus brillants souffrirent presque
« tous quelque éclipse, et les plus fidèles sujets se virent entraî-
« nés malgré eux par le torrent des partis, comme ces pilotes qui,
« se trouvant surpris de l'orage en pleine mer, sont contraints de

---

[1] Pro Ligar. n. 17.
[2] Mascaron, Orais. funèbre de M. de Turenne.

« quitter la route qu'ils veulent tenir, et de s'abandonner pour
« un temps au gré des vents et de la tempête. Telle est la justice
« de Dieu; telle est l'infirmité naturelle des hommes. Mais le sage
« revient aisément à soi; et il y a dans la politique, comme dans
« la religion, une espèce de pénitence plus glorieuse que l'inno-
« cence même, qui répare avantageusement un peu de fragilité
« par des vertus extraordinaires et par une ferveur continuelle[1]. »

« Que dirai-je donc? Dieu permit aux vents et à la mer de
« gronder et de s'émouvoir, et la tempête s'éleva. Un air empoi-
« sonné de factions et de révoltes gagna le cœur de l'État, et
« se répandit dans les parties les plus éloignées. Les passions
« que nos péchés avaient allumées rompirent les digues de la
« justice et de la raison; et les plus sages même, entraînés par le
« malheur des engagements et des conjonctures contre leur pro-
« pre inclination, se trouvèrent, sans y penser, hors des bornes
« de leur devoir[2]. »

§ VII. Des passions.

Je serais extrêmement long si j'entreprenais de toucher, même
légèrement, tout ce qui regarde cette matière, l'une des plus importantes qui soient dans la rhétorique. On sait que les passions
sont comme l'âme du discours; que c'est ce qui lui donne une impétuosité et une véhémence qui emportent et entraînent tout;
et que l'orateur[3] exerce par là sur ses auditeurs un empire absolu, et leur inspire tels sentiments qu'il lui plaît, quelquefois
en profitant adroitement de la pente et de la disposition favorable qu'il trouve dans les esprits, mais d'autres fois en surmon-
tant toute leur résistance par la force victorieuse du discours, et
les obligeant de se rendre comme malgré eux. César ne put s'en
défendre lorsqu'il entendit le plaidoyer de Cicéron en faveur de
Ligarius, quoiqu'il se tînt fort sur ses gardes contre son éloquence,
étant sorti de chez lui très-déterminé à ne point pardonner à ce
dernier.

---

[1] Fléchier, Or. funèbre de M. de Turenne.

[2] Fléchier, Or. funèbre de M. le Tellier.

[3] « Tantam vim habet illa, quæ recte a bono poeta dicta est *flexanima* atque omnium *regina rerum oratio*, ut
non modo inclinantem erigere, aut stan-
tem inclinare, sed etiam adversantem
et repugnantem, ut imperator bonus ac
fortis, capere possit. » (Cic. *de Orat.*
lib. 2, n. 187.)

Je me contente de renvoyer les jeunes gens à la lecture des péroraisons de Cicéron, et de les exhorter à y faire eux-mêmes l'application des excellents préceptes que Cicéron et Quintilien nous ont laissés sur ce sujet. Le plus important de tous est que[1], pour toucher les autres, il faut être touché soi-même ; et, pour l'être, il faut se bien pénétrer du sujet que l'on traite, en être pleinement convaincu, en sentir toute la vérité et toute l'importance, se représenter fortement l'image des choses dont on veut se servir pour émouvoir les auditeurs, en faire des peintures vives et touchantes : et elles seront telles, si l'on a bien soin d'étudier la nature et de la prendre toujours pour guide. Car d'où vient qu'on voit des personnes ignorantes[2] s'exprimer si éloquemment dans le premier mouvement de leur douleur ou de leur colère, sinon parce que ces sentiments ne sont point étudiés ni contrefaits, mais puisés dans la vérité et dans la nature même ?

Un Athénien vint trouver Démosthène[3], et le pria de vouloir plaider pour lui contre un citoyen de qui il disait avoir été fort outragé. Et comme il racontait ce prétendu mauvais traitement d'un ton tranquille et froid, sans s'émouvoir, sans s'échauffer : Il n'est rien de tout cela, dit Démosthène ; vous n'avez point été maltraité comme vous le dites. Comment ! répliqua l'autre en haussant la voix et paraissant tout ému, je n'ai point été maltraité ? je n'ai point été outragé ? A ce ton Démosthène reconnut la vérité, et se chargea de la cause. Cicéron[4] rapporte quelque chose de pareil d'un orateur nommé Callidius, contre qui il plaidait. Quoi ! lui dit-il, s'il était vrai qu'on en eût

---

[1] « Summa circa movendos affectus in hoc posita est, ut moveamur ipsi... Primum est ut apud nos valeant ea quæ valere apud judicem volumus, afficiamurque antequam afficere conemur... Uti miseratione opus erit, nobis ea de quibus querimur, accidisse credamus, atque id animo nostro persuadeamus. Nos illi simus, quos gravia, indigna, tristia passos queramur. Nec agamus rem quasi alienam, sed assumamus parumper illum dolorem. Ita dicemus, quæ in simili nostro casu dicturi essemus. » (QUINTIL. lib. 6, cap. 2.)

[2] « Quid enim aliud est causæ, ut lugentes utique in recenti dolore disertissime quædam exclamare videantur, et ira nonnumquam indoctis quoque eloquentiam faciat, quam quod illis inest vis mentis, et veritas ipsa morum ? » (Id. ibid.)

[3] Plut. in vita Demosth.

[4] « Hoc ipsum posui pro argumento, quod ille tam solute egisset, tam leniter, tam oscitanter. Tu isthuc, M. Callidi, nisi fingeres, sic ageres ?... Ubi dolor ? ubi ardor animi, qui etiam ex infantium ingeniis elicere voces et querelas solet ? Nulla perturbatio animi, nulla corporis... Itaque tantum abfuit ut inflammares nostros animos : somnum isto loco vix tenebamus. In Bruto, n. 277-278.

voulu à votre vie, comme vous le prétendez, auriez-vous parlé d'un tel attentat avec cet air de langueur et de nonchalance qui, bien loin de remuer vos auditeurs, n'était propre qu'à les endormir? Est-ce là le langage de la douleur et de l'indignation, qui mettent dans la bouche des enfants même des plaintes vives et animées? Ces deux exemples nous montrent qu'il faut être touché soi-même si l'on veut toucher les autres, et ressentir en soi les mouvements qu'on veut leur inspirer. *Si vis me flere, dolendum est primum ipsi tibi* [1].

La *péroraison*, à proprement parler, est le lieu des passions [2]. C'est là que l'orateur, pour achever d'abattre les esprits et pour enlever leur consentement, déploie sans ménagement, selon l'importance et la nature des affaires, tout ce que l'éloquence a de plus fort, de plus tendre et de plus affectueux.

Quelquefois il n'attend pas à la fin du discours pour exciter ainsi les mouvements. Il les place après chaque récit, quand la cause en a plusieurs; ou après chaque partie du récit, quand il est trop long; ou enfin après la preuve de chaque fait; et c'est ce qu'on appelle *amplification*. Les Verrines en fournissent beaucoup d'exemples.

L'orateur emploie aussi les mouvements dans les autres parties du discours, mais d'une manière plus courte [3], et avec beaucoup plus de retenue et de réserve. *Omnes hos affectus.... aliæ quoque partes recipiunt, sed breviores* [4]. Et c'est ce qu'Antoine observa avec tant de succès dans son beau plaidoyer pour Norbanus : *Ut tu illa omnia odio, invidia, misericordia miscuisti* [5] dit Sulpicius, après avoir parcouru et indiqué toute la suite et toutes les parties de ce discours.

« J'admire, dit Quintilien [6], ceux qui prétendent que dans le « récit on ne doit point exciter de passions. Si par là ils entendent « seulement qu'on ne doit pas s'y arrêter longtemps, comme « on le fait dans la péroraison, ils ont raison; car il faut y évi- « ter les longueurs. Mais je ne vois pas pourquoi, en instrui- « sant les juges, on ne songerait point à les toucher; vu que,

---

[1] Horat.
[2] Quintil. lib. 6, cap. 1.
[3] « Degustanda hæc (miseratio) proœ- mio, non consumenda.» (Quint. 1. 4, c. 1.)
[4] Quintil. 1. 6, cap. 1.
[5] Cic. de Orat. 1. 2, n. 203.
[6] Quintil. 1. 4, cap. 2.

« si l'on a pu réussir dès lors à leur inspirer quelques sentiments
« de colère ou de compassion, on les trouvera bien mieux dis-
« posés à recevoir et à goûter les preuves. C'est ainsi que Cicéron
« en a usé en décrivant le supplice d'un citoyen romain [1], et en
« rapportant dans un autre endroit la cruauté que Verrès exerça
« sur Philodamus. » *Quid? Philodami casum nonne* per totam
expositionem *incendit invidia* [2]? (paroles qui montrent que cette
narration entière est touchante et pathétique.) « En effet, d'at-
« tendre [3] à la fin d'un discours pour attirer la compassion sur
« des choses qu'on aura racontées d'un œil sec, c'est s'y pren-
« dre un peu tard. » Un récit de choses graves et touchantes serait très-imparfait, s'il n'était vif et passionné.

L'endroit du supplice de Gavius, dans la dernière Verrine [4],
suffit seul pour justifier les règles qu'on vient d'établir. Cicéron,
après avoir préparé au fait [5] par une espèce d'exorde [6] qui est
fort animé, et avoir raconté comment et pourquoi Gavius fut
amené à Messine devant Verrès, vient à la description du supplice [7]. Il insiste d'abord sur deux circonstances : sur ce qu'un citoyen romain a été frappé de verges au milieu de la place publique de Messine, et sur ce qu'il a été mis en croix. Ces circonstances sont racontées, non froidement et sans passion, mais
d'une manière extrêmement vive et touchante : *Cædebatur virgis in medio foro Messanæ civis romanus, judices, quum in-
terea nullus gemitus, nulla vox alia illius miseri inter dolorem
crepitumque plagarum audiebatur, nisi hæc :* Civis romanus
sum. *Hac se commemoratione civitatis omnia verbera depul-
surum, cruciatumque a corpore dejecturum arbitrabatur. Is
non modo hoc non perfecit, ut virgarum vim deprecaretur,
sed, quum imploraret sæpius usurparetque nomen civitatis,
crux, crux, inquam, infelici et ærumnoso, qui nunquam istam potestatem viderat, comparabatur.*

Ce récit, déjà fort pathétique par lui-même, est suivi de l'amplification [8], dans laquelle Cicéron, avec son éloquence ordinaire,

[1] 7 Verrin. n. 171.
[2] 3 Verrin. n. 176.
[3] « Serum est advocare his rebus affectum, quas securus narraveris. »
[4] 7 Verrin. n. 157, 171.
[5] N. 157, 158.
[6] N. 159.
[7] N. 160, 161.
[8] N. 161-167.

fait sentir toute l'indignité de ce traitement. *O nomen dulce libertatis ! o jus eximium nostræ civitatis !* etc.

Il rapporte une dernière circonstance du supplice, et reproche à Verrès d'avoir choisi exprès, pour faire mourir ce citoyen romain, un endroit d'où ce pauvre malheureux pouvait, du haut de la potence, envisager l'Italie en expirant : *ut ille, qui se civem romanum diceret, ex cruce Italiam cernere, ac domum suam prospicere posset* [1]. Cette pensée, fort touchante, quoique exprimée en deux lignes, est aussitôt après étendue et développée. *Italiæ conspectus ad eam rem ab isto electus est, ut ille, in dolore cruciatuque moriens, perangusto freto divisa servitutis ac libertatis jura cognosceret ; Italia autem alumnum suum extremo summoque supplicio affectum videret.*

L'amplification ne manque pas de suivre, et elle met cette circonstance dans tout son jour. *Facinus est vinciri civem romanum*, etc. [2].

Enfin Cicéron termine tout cet endroit par une figure également hardie et pathétique, et par une dernière réflexion qui intéresse tous les citoyens, et qui semble tenir lieu d'épilogue, en disant que, s'il parlait dans une solitude, les rochers les plus durs seraient touchés du récit d'un traitement si indigne : combien donc, à plus forte raison, doivent l'être des sénateurs et des juges, qui par leur état et leur place sont les protecteurs des lois et les défenseurs de la liberté romaine ! *Si in aliqua desertissima solitudine ad saxa et scopulos hæc conqueri et deplorare vellem, tamen omnia muta atque inanima tanta et tam indigna rerum atrocitate commoverentur*, etc. [3].

Voilà un modèle parfait de la manière dont une narration peut être passionnée, soit dans le récit même, soit par les réflexions qui le suivent.

Une espèce de hasard [4] fournit sur-le-champ à Crassus un trait

[1] N. 168.
[2] N. 169.
[3] N. 170-171.
[4] « Quas tragœdias egit idem (Crassus), quum casu in eadem causa cum funere efferretur anus Junia ! Proh dii immortales, quæ fuit illa, quanta vis, quam inexspectata, quam repentina ! quum, conjectis oculis, gestu omni imminenti, summa gravitate et celeritate verborum : Brute, quid sedes ? Quid illam anum patri nuntiare vis tuo ? quid illis omnibus, quorum imagines duci vides ? quid majoribus tuis ? quid L. Bruto, qui hunc populum dominatu regio liberavit ? quid te facere ? cui rei, cui gloriæ, cui virtuti studere ? Patrimonione augendo, etc. Tu lucem adspicere audes ? tu hos in-

d'éloquence très-vif et très-véhément. Cicéron nous l'a conservé dans le second livre de l'Orateur. Pendant qu'il plaidait contre Brutus, le convoi d'une dame romaine, parente de ce dernier, passa dans la place publique, où l'on sait qu'était le barreau. Alors interrompant son discours : « Quelle nouvelle voulez-vous, dit-« il à Brutus, que cette morte aille porter à votre père? Que « souhaitez-vous qu'elle dise à ces illustres Romains dont on « porte ici les images, à vos ancêtres, à ce Brutus qui délivra le « peuple de la domination des rois? A quoi leur dira-t-elle que « vous vous appliquez? De quelle belle action, de quelle vertu, de « quelle sorte de gloire leur apprendra-t-elle que vous vous pi- « quez? » Et, après avoir fait un long dénombrement de tous ses défauts : « Pouvez-vous encore après cela, continua-t-il, sou-« tenir la lumière du jour, vous montrer dans cette ville, vous « présenter devant vos citoyens? La vue même de cette morte, « et de ces images qui semblent vous reprocher tous vos déré-« glements, ne doit-elle pas vous remplir de crainte et d'hor-« reur? »

Quelquefois ce n'est qu'un trait et un sentiment, jeté dans le discours, qui produit cet effet. Cicéron, dans le court récit qu'il fait en parlant pour Ligarius, pouvait, selon la remarque de Quintilien, se contenter de dire : *Tum Ligarius nullo se implicari negotio passus est.* Mais il y joint une image [1] qui rend ce récit et plus vraisemblable et plus touchant. *Tum Ligarius domum spectans, et ad suos redire cupiens, nullo se implicari negotio passus est* [2].

Virgile, en moins d'un vers, décrit d'une manière fort tendre la mort d'un jeune homme qui avait quitté Argos, lieu de sa naissance, pour s'attacher à Évandre :

Et dulces moriens reminiscitur Argos [3].

Ce tendre regard d'un jeune homme mourant vers sa patrie qu'il

---

tueri? tu in foro, tu in urbe, tu in civium esse conspectu? Tu illam mortuam, tu imagines ipsas non perhorrescis? « (Cic, de Orat. lib. 2, n. 225, 226.)

[1] « Ita, quod exponebat, et ratione fecit credibile, et affectus quoque implevit. » (Quint. lib. 4, c. 2.)
[2] Pro Lig. n. 3.
[3] Æn. lib. x, v. 782.

ne reverra plus[1], et ce triste souvenir de ce qu'il avait de plus doux et de plus cher au monde, forment en trois mots un tableau parfait, *dulces... reminiscitur... moriens.*

Ces endroits sont fort touchants, parce que les images qu'ils expriment réveillent un sentiment d'amour et de tendresse pour la patrie, que chacun porte dans son cœur; et ils ont plus de rapport à cette sorte de mouvement dont il va être parlé.

Outre cette première[2] espèce de passions plus fortes et plus véhémentes, à laquelle les rhéteurs donnent le nom de πάθος, il y en a une autre sorte qu'ils appellent ἦθος[3], qui consiste dans des sentiments plus doux, plus tendres, plus insinuants, mais qui n'en sont pas pour cela moins touchants ni moins vifs; dont l'effet n'est pas de renverser, d'entraîner, d'emporter tout comme de vive force, mais d'intéresser et d'attendrir en s'insinuant doucement jusqu'au fond du cœur. Ces passions ont lieu entre des personnes liées ensemble par quelque union étroite; entre un prince et des sujets, un père et des enfants, un tuteur et des pupilles, un bienfaiteur et ceux qui en ont reçu du bien. Elles

---

[1] « Quid? Non idem poeta penitus ultimi fati cepit imaginem? ut diceret, *Et dulces moriens reminiscitur Argos.* (Id. ibid.)

[2] « Affectus igitur hos concitatos, illos mites atque compositos esse dixerunt: in altero vehementer commotos, in altero lenes: denique hos imperare, illos persuadere: hos ad perturbationem, illos ad benevolentiam prævalere. » (Id. lib. 6, cap. 3.)

[3] Ἦθος id erit, quod ante omnia bonitate commendabitur: non solum mite ac placidum; sed plerumque blandum, et humanum, et audientibus amabile atque jucundum. In quo exprimendo summa virtus ea est, ut fluere omnia ex natura rerum hominumque videantur, quo mores dicentis ex oratione pelluceant et quodam modo agnoscantur. Quod est sine dubio inter conjunctas maxime personas, quoties perferimus, ignoscimus, satisfacimus, monemus, procul ab ira, procul ab odio.... Hoc omne bonum et comem virum poscit. » (QUINTIL. lib. 6, cap. 3.)

« Duo sunt, quæ bene tractata ab oratore admirabilem eloquentiam faciant: quorum alterum est quod Græci ἠθικὸν vocant, ad naturam, est ad mores, et ad omnem vitæ consuetudinem accommodatum: alterum quod iidem παθητικὸν nominant, quo perturbantur animi et concitantur, in quo uno regnat oratio. Illud superius come, jucundum, ad benevolentiam conciliandam paratum: hoc vehemens, incensum, incitatum, quo causæ eripiuntur; quod quum rapide fertur, sustineri nullo pacto potest. » (CIC. *Orat.* n. 128.)

« Non semper fortis oratio quæritur, sed sæpe placida, summissa, lenis, quæ maxime commendat reos... Horum igitur exprimere mores oratione, justos, integros, religiosos, timidos, perferentes injuriarum, mirum quiddam valet: et hoc vel in principiis, vel in re narranda, vel in perorando tantam habet vim, si est suaviter et cum sensu tractatum, ut sæpe plus quam causa valeat. Tantum autem efficitur sensu quodam ac ratione dicendi, ut quasi mores oratoris effingat oratio. Genere enim quodam sententiarum, et genere verborum, adhibita etiam actione leni facilitateque significandi, efficitur ut probi, ut bene morati, ut boni viri esse videantur. » (Idem, *de Orat.* n. 183, 184.)

consistent, pour ceux qui sont supérieurs et qu'on a offensés, dans un certain caractère de douceur, de bonté, d'humanité, de patience, qui est sans fiel et sans aigreur, qui sait souffrir l'injure et l'oublier, et qui ne peut résister aux prières et aux larmes; et, pour les autres, dans une facilité à reconnaître leurs fautes, à les avouer, à en marquer leur douleur, à s'humilier, à se soumettre, et à donner toutes les satisfactions qu'on peut désirer. Tout cela doit se faire d'une manière simple et naturelle, sans étude et sans affectation; l'air, l'extérieur, le geste, le ton, le style, tout doit respirer je ne sais quoi de doux et de tendre qui parte du cœur et qui aille droit au cœur. Les mœurs de celui qui parle doivent se peindre dans son discours sans qu'il y pense. On sent bien que non-seulement pour l'éloquence, mais pour le commerce ordinaire de la vie, rien n'est plus aimable qu'un tel caractère; et l'on ne peut trop porter les jeunes gens à s'y rendre attentifs, à l'étudier et à l'imiter.

On en trouve un bel exemple dans l'une des homélies de saint Jean Chrysostome au peuple d'Antioche. Comme cet endroit est fort éloquent et fort capable de former le goût des jeunes gens, qu'il me soit permis de m'y étendre un peu plus que ne semble peut-être le demander la matière que je traite actuellement, et d'en faire une espèce d'analyse et d'abrégé:

L'empereur Théodose avait envoyé des officiers et des troupes à Antioche, pour punir cette ville rebelle d'une sédition dans laquelle on avait renversé les statues de l'empereur et de l'impératrice Flaccille sa femme, qui pour lors était morte. Flavien, évêque d'Antioche, malgré la rigueur de la saison, malgré son extrême vieillesse, et la maladie d'une sœur qu'il laissait mourante, partit sur-le-champ pour aller implorer la clémence du prince en faveur de son peuple. Quand il fut arrivé dans le palais, et qu'il fut en présence du prince dès qu'il l'aperçut il s'arrêta de loin, baissant les yeux, versant des larmes, se couvrant le visage, demeurant muet, comme s'il eût été lui-même coupable. Voilà un exorde plein d'art, et un silence infiniment plus éloquent que toutes les paroles qu'il aurait pu employer. Aussi saint Chrysostome remarque-t-il que par cet extérieur lugubre et pathétique son dessein était de préparer une entrée à son discours, et de s'insinuer peu à peu dans le cœur du prince, pour y faire succéder aux sentiments de colère et de vengeance dont il était plein ceux de douceur et de compassion, dont sa cause avait besoin.

L'empereur, le voyant en cet état, ne lui fit point de durs reproches, comme il avait lieu de s'y attendre. Il ne lui dit point : Quoi ! vous venez me demander grâce pour des rebelles, pour des ingrats, pour des gens indignes de vivre, et qui méritent les derniers supplices? Mais, prenant un ton de douceur, il lui fit un long dénombrement de tous les bienfaits dont il avait comblé la ville d'Antioche; et à chacun de ces bienfaits il ajoute : « Est-ce donc là la reconnaissance que j'en devais at-
« tendre? Quel sujet de plainte ces citoyens avaient-ils contre
« moi? quel mal leur avais-je fait? Mais pourquoi porter leur
« insolence jusque sur les morts? En avaient-ils reçu quelque in-
« jure? Quelle tendresse n'avais-je pas témoignée pour leur ville !
« Ne sait-on pas que je l'aimais plus que ma patrie même, et
« que c'était pour moi la joie la plus douce de penser que bientôt
« je serais en état d'y faire un voyage [1]? »

Pour lors le saint évêque, ne pouvant soutenir plus long-temps de si tendres reproches : « Il est vrai (dit-il, en pous-
« sant de profonds soupirs), la bonté dont vous nous avez ho-
« norés, seigneur, ne pouvait aller plus loin : et c'est ce qui
« augmente notre crime et notre douleur. De quelque manière
« que vous nous traitiez, vous ne pouvez nous punir comme
« nous le méritons. Hélas ! l'état où nous sommes est déjà pour
« nous une cruelle punition. Quoi! toute la terre saura notre
« ingratitude!

« Si les barbares avaient renversé notre ville, elle ne serait
« point sans ressource et sans espérance, tant qu'elle vous aurait
« pour protecteur; mais à qui maintenant aura-t-elle recours,
« depuis qu'elle s'est rendue indigne de votre protection?

« L'envie du démon, jaloux de son bonheur, l'a précipitée
« dans cet abîme de maux dont vous seul la pouvez tirer. J'ose
« le dire, seigneur, c'est votre affection même qui nous les a
« attirés en excitant contre nous la jalousie de cet esprit malin.

[1] Homel. 20.

« Mais, à l'exemple de Dieu, vous pouvez tirer un bien infini du
« mal qu'il a prétendu nous faire.

« Votre clémence, dans cette occasion, vous fera plus d'hon-
« neur que vos victoires les plus éclatantes. On a renversé vos
« statues : si vous pardonnez ce crime, on vous en élèvera d'au-
« tres, non de marbre ou d'airain, que le temps fait périr, mais
« qui subsisteront éternellement dans le cœur de tous ceux qui
« entendront parler de cette action. »

Il lui propose ensuite l'exemple de Constantin, qui, étant pressé
par ses courtisans de se venger de quelques séditieux qui avaient
défiguré une de ses statues à coups de pierres, ne fit que passer
la main sur son visage, et leur répondit en souriant qu'il ne se
sentait point blessé.

Il lui remet devant les yeux sa propre clémence, et le fait
souvenir d'une de ses lois, dans laquelle, après avoir ordonné
qu'on ouvrît les prisons et qu'on fît grâce aux criminels dans
le temps de la solennité de Pâques, il avait ajouté cette parole
mémorable : *Plût à Dieu que je pusse de même ouvrir les tombeaux et rendre la vie aux morts !* Ce temps est venu, seigneur ;
vous le pouvez maintenant, etc.

Il intéresse l'honneur de la religion dans cette affaire : « Tous
« les Juifs et les païens, dit-il, ont les yeux ouverts sur vous,
« et attendent l'arrêt que vous allez prononcer. S'il nous est
« favorable, pleins d'admiration, ils s'écrieront : Certes il faut
« que le Dieu des chrétiens soit bien puissant. Il met un frein à la
« colère de ceux qui ne reconnaissent point de maître sur la terre,
« et des hommes il sait en faire des anges. »

Après avoir répondu à l'objection qu'on pouvait lui faire sur
les suites fâcheuses qu'il y avait à craindre si ce crime demeurait
impuni, et avoir montré que Théodose, par un exemple si rare
de clémence, pouvait édifier toute la terre et instruire tous les
siècles à venir, il continue ainsi :

« Il vous sera infiniment glorieux, seigneur, d'avoir accordé
« ce pardon à la prière d'un ministre du Seigneur ; et l'on verra
« bien que, sans faire attention à l'indignité de l'ambassadeur,
« vous n'aurez respecté en lui que la puissance du maître de la
« part de qui il vient.

« Car ce n'est pas seulement au nom des habitants d'Antioche
« que je parais ici : j'y viens de la part du souverain Maître des
« hommes et des anges, vous déclarer que si vous pardonnez
« aux hommes leurs fautes, le Père céleste vous pardonnera les
« vôtres. Souvenez-vous, grand prince, de ce jour terrible où
« vous paraîtrez devant le Roi des rois pour y rendre compte de
« vos actions. Vous allez vous-même prononcer votre jugement.
« Les autres ambassadeurs ont coutume d'étaler devant les prin-
« ces vers qui on les envoie des présents magnifiques : pour moi,
« je ne présente à votre majesté que le saint livre des Évangiles ;
« et j'ose vous exhorter à imiter votre maître, qui tous les jours
« ne cesse de faire du bien à ceux qui l'outragent. »

Enfin il conclut tout son discours en assurant le prince que
s'il refuse à cette ville infortunée la grâce qu'elle lui demande,
il n'y rentrera jamais, et ne considérera plus comme sa patrie
une ville que le prince le plus doux qui soit sur la terre regarde avec indignation, et à qui il n'aura pu se résoudre de pardonner.

Théodose ne put résister à la force de ce discours. Il eut de la
peine à retenir ses larmes ; et, dissimulant autant qu'il pouvait
son émotion, il dit ce peu de mots au patriarche : « Si Jésus-
« Christ, tout Dieu qu'il est, a bien voulu pardonner aux hommes
« qui le crucifiaient, dois-je faire difficulté de pardonner à mes
« sujets qui m'ont offensé, moi qui ne suis qu'un homme mortel
« comme eux, et serviteur du même maître? » Alors Flavien se
prosterna, et lui souhaita toutes les prospérités qu'il méritait par
l'action qu'il venait de faire. Et comme ce prélat témoignait quelque envie de passer la fête de Pâques à Antioche : « Allez, mon
« père (lui dit Théodose en l'embrassant), et ne différez pas d'un
« moment la consolation que votre peuple recevra par votre
« retour, et par les assurances que vous lui donnerez de la grâce
« que je lui accorde. Je sais qu'il est encore dans la douleur
« et dans la crainte. Partez, et portez-lui pour la fête de Pâques
« l'abolition de son crime. Priez Dieu qu'il bénisse mes armes,
« et soyez assuré qu'après cette guerre j'irai moi-même consoler
« la ville d'Antioche. »

Le saint prélat partit sur-le-champ ; et, pour avancer la joie de ses citoyens, il dépêcha un courrier plus prompt que lui, qui tira la ville de l'inquiétude et de l'alarme où elle était.

Je prie encore, en finissant, qu'on me pardonne la longueur de cette espèce de digression. J'ai cru que l'extrait de cette éloquente homélie pouvait être aussi utile aux jeunes gèns qu'aucun endroit des auteurs profanes. Il y aurait beaucoup de réflexions à faire, principalement sur deux caractères incompatibles en apparence, et qui se trouvent néanmoins réunis dans le discours de Flavien, l'humilité et l'abaissement d'un suppliant, la noblesse et la grandeur d'un évêque; mais qui sont tellement tempérées l'une par l'autre, qu'elles se prêtent toujours un mutuel secours. On le voit d'abord tremblant, suppliant et comme abattu aux pieds de l'empereur. Puis, vers la fin du discours, il paraît revêtu de tout l'éclat et de toute la majesté du maître dont il est le ministre. Il commande, il menace, il intimide : toujours grand cependant dans son abaissement, toujours humble dans son élévation. Mais je me contente de la réflexion qui est naturelle au sujet qui m'a donné lieu de rapporter cette histoire. Il me semble que ces deux discours de Flavien et de Théodose peuvent être proposés comme un modèle excellent dans ce genre de passions douces et tendres. Je ne prétends pas par là en exclure les passions fortes et véhémentes qui y sont quelquefois mêlées : mais si je ne me trompe, ce sont les premières qui y dominent.

FIN DU TOME PREMIER.

TABLE DES MATIÈRES

45

LIVRE SECOND.

DE L'INTELLIGENCE DES LANGUES.

CHAPITRE PREMIER.

CHAPITRE II.

CHAPITRE III.

LIVRE TROISIÈME.

DE LA POÉSIE.

CHAPITRE PREMIER.

CHAPITRE II.

DE LA LECTURE D'HOMÈRE.

CHAPITRE PREMIER.

CHAPITRE II.

FIN DE LA TABLE DU TOME PREMIER.

www.ingramcontent.com/pod-product-compliance
Lightning Source LLC
Chambersburg PA
CBHW070626270326
41926CB00011B/1826